파이썬과 생성형 AI 엔진을 활용하고 싶은 분들을 위한 활용서

챗GPT를 활용한 파이썬 프로그래밍

LLM 활용과 바이브 코딩

저자 김종덕

아이티포럼

챗GPT를 활용한
파이썬 프로그래밍 3RD EDITION
LLM 활용과 바이브 코딩

저자	김종덕
초판 발행	2025년 8월 31일
발행처	아이티포럼
발행인	김연홍
디자인	Studio 7kg
편집	이재덕
주소	경기도 안산시 단원구 당곡1로 28번지 912동 502호
전화	02) 865-3701
등록번호	제 2012-000001 호
등록일자	2012년 1월 26일
ISBN	978-89-97945-10-8 93000
가격	32,000원

이 책은 저작권법에 따라 보호받는 저작물로 무단제제 및 무단복제를 금지합니다.
이 책의 전부 또는 일부를 이용하려면 반드시 저작권자의 서면 동의를 받아야 합니다.
학교를 제외한 기관에서 이 책을 교육용 교재로 사용할 경우 저작권자의 서면 동의를 받아야 합니다.
본 서적의 수업 자료 및 오탈자, 수정 내용은 아이티포럼 출판사 네이버 카페
(https://cafe.naver.com/itforum01)에서 제공 및 안내 받으실 수 있습니다.
잘못 만들어진 책은 구입하신 곳에서 교환하여 드립니다.

Preface

ChatGPT(생성형 AI 엔진)가 출시되기 이전과 출시된 이후로 개발자들과 엔지니어 의 생각이 많이 바뀌고 있습니다. 코드 어시스턴트(보조도구)의 형태로, 비주얼 스튜디오 코드에 추가로 설치해서 사용하는 코파일럿, Cursor IDE, 구글의 제미나이 CLI와 같이 각각의 회사들이 치열한 경쟁을 하면서 좀 더 다양한 생성형 AI 엔진들이 코딩을 하는 영역에 활용되고 있습니다. 최근에는 바이브 코딩이란 새로운 분야도 각광을 받고 있습니다. 각 분야의 개발자들의 다양한 경험담과 활용 사례 등이 나오고 있습니다. 저도 2년 정도 사용해 보면서 앞으로 꽤 많이 달라질 것이라는 생각이 들고 있습니다. 업무에 어느정도 적절하게 활용한다면 개인의 생산성도 늘릴 수 있고, 코딩 공부에도 상당히 도움을 줄 수 있다고 보고 있습니다. 물론 사람의 습성이 변화를 싫어하고 기존 방식대로 작업을 하는 것을 좋아하기는 합니다. 그래서 아마도 천천히 변화가 되면서 우리의 삶도 영향을 받을 것이라고 생각합니다.

저는 매달 서점에 들려서 트렌드를 파악하는 것을 좋아합니다. 이미 전세계적으로 파이썬 관련 책들은 2천권 이상 출시가 되었고, ChatGPT 관련 책들도 1천5백권을 넘어서고 있습니다(2025년 7월초 YES24기준 – 3년이내 출판된 책). 그럼에도 파이썬과 ChatGPT관련 새로운 책이 필요한지 의문이 생길 수 있습니다.

그러나 저는 아직도 새로운 형태의 책들이 필요하다고 생각하고 있습니다. 비슷해 보이는 강의와 책들이 많지만 그래도 조금씩 다른 강의와 책이 항상 필요하다고 생각합니다.

몇 년 동안 파이썬을 교육하면서 어떻게 하면 파이썬을 효과적으로 가르치고 전달할지를 고민한 적이 많았습니다. 주로 멀티캠퍼스에서 강의를 하고 있고, 생산성본부와 에티버스에서도 강의를 하고 있습니다. 기업체에 소속된 개발자분들과 엔지니어분들도 많이 만나고 있고, 미취업자 비전공자반의 강의를 해보기도 했습니다. 대부분 문법만 강의하면 재미가 없고… 문법의 기초 없이 라이브러리만 가르치는 것도 문제가 있고… 그래서 기존 개발자들과 처음 IT에 입문하는 분들이 좀 더 쉽게 적응하실 수 있도록 파이썬의 문법도 공부하고 라이브러리 활용도 같이 공부할 수 있도록 이 책의 내용들을 구성했습니다.

이 책의 목차는 제가 보통 기업체에서 오신 분들을 5일 동안(1주 34시간) 가르치는 내용들과 거의 비슷하게 구성을 했습니다. 빠르게 독학을 한다면 2주정도 걸리는 시간이고 천천히 이 책을 보면서 따라한다면 4주정도면 충분히 볼 수 있는 분량입니다. 개정판에서는 내용이 좀 더 추가되었기 때문에 필요한 파트만 선택해서 봐도 됩니다.

이 책은 크게 3개의 파트로 구성되어 있습니다. 첫번째 파트는 파이썬의 문법과 ChatGPT(생성형 AI – LLM)의 기본적인 사용방법을 학습하는 1장에서 6장까지의 내용입니다. 아무래도 기초가 튼튼해야 더 많은 형태로 활용할 수 있습니다. 기존에 파이썬의

Preface

문법을 공부해 본 분들은 다시 한번 정리할 수 있도록 내용을 구성했으며, 처음 개발을 하는 분들을 위해서도 변수와 함수부터 학습하실 수 있도록 책의 내용을 구성했습니다. 그럼에도 처음 프로그래밍을 공부하는 분들에게는 좀 어려운 내용일 수 있습니다. 그러나 반복해서 보시면 내용을 이해하는데 도움이 될 것 같습니다. 처음에 설치나 접근이 어려운 분들은 제가 유튜브 채널에 올려둔 영상을 같이 보셔도 됩니다.

두번째 파트인 7장에서 11장은 파이썬 내부 라이브러리를 살펴보고, 외부 라이브러리를 설치하고 활용하는 방법에 대한 내용입니다. 여기서는 좀 더 ChatGPT와 구글 AI Studio를 재미있게 활용하는 방법에 대해서 설명합니다. 파이썬에서 인기 있는 주제인 웹크롤링에 대한 내용과 PyQt를 사용해서 GUI(Graphic User Interface)를 만들어서 실행 파일로 배포하는 방법을 설명합니다. 요즘 인기 있는 데이터 분석과 시각화에 대한 내용들도 데이터베이스에서 시작해서 Pandas, matplotlib 라이브러리를 활용하는 방법들로 구성했습니다.

세번째 파트는 개정판에서 추가된 내용으로 12장에서 15장까지의 내용입니다. 12장에서는 GPT4o와 구글 AI Studio를 활용한 데이터 분석과 시각화로 직접 파이썬으로 코딩하지 않아도 기본적인 데이터 분석과 시각화가 가능한 것을 다루고 있습니다. 13장은 OpenAI API를 사용해서 내가 만드는 프로그램에 생성형 AI를 활용하는 내용을 다루고 있습니다. 14장은 LangChain 라이브러리를 활용해서 LLM 엔진을 활용하는 부분을 다루고 있습니다. 생성형 AI와 LLM을 내 프로그램에서 어떻게 활용할 수 있는지를 살펴봅니다. 15장은 3판에서 추가된 내용으로 바이브 코딩에서 사용되는 비주얼 스튜디오 코드에 코파일럿을 추가 설치해서 사용하는 법, Cursor IDE를 설치하고 사용하는 법, 구글의 제미나이 CLI를 설치해서 사용하는 방법등을 추가했습니다.

ChatGPT와 구글 AI Studio의 경우 간단하게 글을 생성하는 것도 좋지만, 마치 옆에 실력 있는 동료 개발자를 앉혀 놓고 도움을 받는 형태로 파이썬의 필요한 코드를 생성하고, 주석을 추가하고, 기존 코드를 좀 더 멋진 코드로 작성해 달라고 부탁하면서 공부도 할 수 있습니다. 내가 만드는 애플리케이션에 OpenAI API를 활용하면 정말 막강한 애플리케이션을 손쉽게 만들 수 있습니다. 앞으로는 이런 생성형 AI의 도움을 받을 일이 더 많아질 것 같습니다.

ChatGPT는 전세계의 모든 도서관에 있는 책을 읽고, 모든 커뮤니티의 글을 읽고 세상의 다양한 코드들을 학습한 똘똘한 엔진입니다. 한 명의 개발자가 평생 볼 수 있는 코드의 양에는 한계가 있는데 그 한계를 뛰어 넘고 있는 생성형 AI 엔진입니다. 이런 트렌드라면 ChatGPT를 사용하지 않는 것이 오히려 손해를 보는 상황일 수도 있습니다. 최근에 인기를 끌고 있는 비주얼 스튜디오 코드에 코파일럿을 사용하는 방법과 무료로 사용할 수 있는 구글 AI Studio에 관련된 내용들도 3판에 추가를 했습니다.

이 책을 보시면서 'ChatGPT와 같은 생성형 AI를 이렇게도 활용할 수 있구나!' 하는 느낌을 받으셨으면 합니다. 저도 많은 분들의 사용 경험과 생성된 코드들을 보면서 영감을 얻고 배우고 있습니다.

이 책이 출간되기까지 가족들의 도움이 가장 많았습니다. 늘 남편을 지지해 주는 아내 홍은미와 직장인이 된 예지, 예준이에게 늘 고맙고 사랑한다고 전하고 싶습니다. 늘 부족한 아들을 위해 기도해 주시는 어머니와 장인, 장모님에게도 감사를 드립니다.

늘 모자라고 부족한 강사가 강의할 수 있도록 아낌없는 배려를 해주시는 멀티캠퍼스와 생산성본부, 휴넷, 에티버스의 담당자분들에게도 감사를 전합니다. 이 책을 출간할 수 있도록 물심양면 도움을 준 아이티포럼의 김연홍 대표에게도 감사의 인사를 전합니다.

이 책의 소스는 아래의 주소에서 다운로드 받을 수 있습니다.

https://github.com/papasmf1/ChatGPTPython3

이 책의 온라인 강의는 아래의 사이트에서 보실 수 있습니다. 샘즈 온라인 강의와 휴넷 비즈니스 스쿨, 인프런 온라인 강의가 아래의 주소에서 서비스 되고 있습니다. 제 유튜브 채널도 있습니다.

https://ssamz.com/
https://hbs.hunet.co.kr/
https://www.inflearn.com/
https://www.youtube.com/@papasmf1

독자 여러분의 건투를 빕니다. 부족하거나 추가되는 내용들은 깃허브를 통해서, 유튜브 강의와 블로그를 통해서 지속적으로 제공하도록 하겠습니다.

2025년 7월말 저자 김종덕

CONTENTS

1장 파이썬소개와 개발도구 설치하기

1.1 왜 Python을 공부해야 하는가?   2
1.2 Python 설치와 Visual Studio Code 설치하기   8
1.3 ChatGPT에 가입해서 기본적인 프롬프트 활용하기   24
1.4 ChatGPT에 명령(task)과 맥락(context)을 지정하기   33
1.5 마이크로소프트의 코파일럿 사용하기   43
1.6 구글의 AI Studio사용하기   47

2장 파이썬의 자료 형식과 연산자 사용하기

2.1 변수와 함수에 대한 기본 개념   54
2.2 숫자와 문자열 형식 사용하기   55
2.3 문자열에서 인덱싱과 슬라이싱 사용하기   57
2.4 List, Tuple, Set, Dict 형식 사용하기   60
2.5 값 형식(Value Type)과 참조 형식(Reference Type) 비교하기   73
2.6 파이썬의 연산자 사용하기   77
2.7 ChatGPT로 기본 형식에 대한 코드를 생성해서 연습하기   79

3장 파이썬의 함수사용과 분기 반복문 사용하기

3.1 함수를 사용하는 이유   86
3.2 함수를 정의하고 호출하기   86
3.3 다양한 함수 만들어 보기   91
3.4 가변인자를 처리하는 함수 만들기   92
3.5 람다함수 정의하기   94
3.6 ChatGPT로 함수를 생성해서 연습하기   97
3.7 분기 반복문 사용하기   99
3.8 반복문에서 활용할 수 있는 리스트 컴프리헨션 사용하기   105

4장 파이썬에서 클래스 사용과 모듈, 패키지 활용하기

4.1	객체지향 프로그래밍 이해하기	108
4.2	클래스를 정의하고 인스턴스 생성하기	113
4.3	object 클래스 공부하기	120
4.4	클래스 내부에 멤버 변수를 숨기기	123
4.5	상속받고 재정의하기	127
4.6	모듈과 패키지를 사용하기	131
4.7	pyinstaller를 설치해서 실행 파일(*.exe) 만들어보기	139
4.8	패키지에 대한 소개	141
4.9	생성형 AI로 클래스 코드 생성해보기	142

5장 파이썬의 서식처리와 파일 입출력하기

5.1	파이썬에 문자열 정렬하고 연결하기	152
5.2	다양한 서식 문자를 사용하기	155
5.3	f-string을 사용해서 서식 문자를 사용하기	156
5.4	파이썬에서 파일을 생성하고 읽고 쓰는 작업하기	158

6장 파이썬에서 문자열 처리 메서드와 정규 표현식 활용하기

6.1	파이썬에서 기본적인 문자열 처리하기	166
6.2	정규 표현식(Regular expression -re) 문법 공부하기	172
6.3	생성형 AI로 복잡한 정규표현수식을 생성해서 사용하기	181

7장 파이썬의 내장 라이브러리를 살펴보고 활용하기

7.1	time, datetime모듈로 날짜와 시간 다루기	190
7.2	os.path, os, random, glob, shutil 모듈 사용해보기	194
7.3	ChatGPT와 Python을 사용해서 다운로드 받은 파일들 자동으로 분류하기	201

CONTENTS

8장 파이썬에서 데이터베이스 활용하기

8.1	데이터베이스에 대한 기본적인 개념	206
8.2	SQLite를 사용한 Python 코딩	210
8.3	DB Browser for SQLite 사용하기	223
8.4	생성형 AI 엔진을 데이터베이스 학습에 활용하기	230

9장 웹크롤링을 위한 BeautifulSoup 설치와 활용하기

9.1	크롤링에 필요한 라이브러리들 설치하기	246
9.2	기본적인 HTML, CSS에 대한 이해	248
9.3	BeautifulSoup 사용하기	255
9.4	Selenium, requests, clipboard 사용하기	272
9.5	ChatGPT를 사용해서 네이버 신문기사 크롤링하기	282

10장 PyQt를 설치해서 GUI 프로그래밍 활용하기

10.1	PyQt 소개와 설치하기	294
10.2	Qt Designer를 사용해서 간단한 GUI 화면 만들기	296
10.3	좀 더 복잡한 GUI 화면 만들기 - 시그널과 슬롯 처리	305
10.4	SQLite와 같이 사용할 GUI 화면 만들기	315
10.5	Pyinstaller를 사용해서 실행 파일로 만들기	334
10.6	Qt Designer를 사용하지 않고 GUI 화면 만들기	337
10.7	BeautifulSoup과 같이 사용할 GUI 화면 만들기	342
10.8	ChatGPT를 사용해서 리팩토링한 코드 생성하기	349

11장 파이썬에서 데이터 분석과 시각화 활용하기

11.1	파이썬을 사용한 데이터 분석과 시각화에 대한 기본적인 소개	360
11.2	Pandas, matplotlib, seaborn 설치하기	362
11.3	Pandas의 대표클래스인 Series, DataFrame 사용하기	369
11.4	여러 개의 데이터 프레임을 좌우, 위아래로 연결하기	380
11.5	데이터 수집, 데이터 집계, 시각화 단계 개념잡기	394
11.6	판다스의 전역 함수로 데이터 로딩해서 데이터 프레임 생성하기	396
11.7	상세 데이터를 집계하기	405
11.8	데이터를 시각화하기	414
11.9	Gapminder 데이터셋을 사용해서 연습하기	428

12장 ChatGPT와 AI Studio를 사용한 데이터 분석 자동화와 시각화 하기

12.1	GPT4o의 멀티 모달과 구글 AI Studio를 사용한 데이터 분석 소개	440
12.2	GPT4o와 구글 AI Studio를 사용한 데이터 분석 자동화와 시각화 하기	452

13장 OpenAI의 API를 사용한 프로그래밍

13.1	OpenAI API 키 생성하기	468
13.2	구글의 코랩 사용하기	470
13.3	파이썬에서 OpenAI API 사용하기	473
13.4	PyQt와 OpenAI API를 사용해서 컴퓨터 비전 애플리케이션 만들기	478

CONTENTS

14장 LLM을 활용한 프로그래밍 – LangChain 사용하기

- 14.1 생성형 AI에 대한 소개 … 488
- 14.2 LangChain 소개와 설치해서 사용하기 … 495
- 14.3 LangChain에서 프롬프트 템플릿 사용하기 … 501
- 14.4 RAG(Retrieval Augmented Generation)기법 사용하기 … 511
- 14.5 LangChain에서 Agent 사용하기 … 515

15장 바이브 코딩의 세계를 탐험하기

- 15.1 비주얼스튜디오 코드에 코파일럿 설치해서 사용하기 … 520
- 15.2 커서 IDE를 사용해서 코드 생성하기 … 537
- 15.3 구글의 제미나이 CLI를 설치해서 사용하기 … 566

1장

파이썬 소개와 개발도구 설치하기

1.1 왜 파이썬을 공부해야 하는가?

1.2 Python 설치와 Visual Studio Code 설치하기

1.3 ChatGPT에 회원가입하고 기본적인 프롬프트 활용하기

1.4 ChatGPT에 명령(task)과 맥락(context)을 지정하기

1.5 마이크로소프트의 코파일럿 사용하기

1.6 구글의 AI Studio 사용하기

1.1 왜 Python을 공부해야 하는가?

개인적으로 몇 년 동안 교육센터에서 Python 프로그래밍 수업을 진행하면서 다양한 분들을 만나고 있습니다. 요즘은 개발자가 아닌 일반인 분들(시민 개발자)도 수업을 듣고 있습니다. 물론 대부분의 경우는 기존에 개발을 하던 엔지니어분들과 개발자분들이 수업을 듣는 경우가 많기는 합니다. 하지만 요즘은 생성형 AI와 LLM(Large Language Model) 때문에 파이썬 수업에 입과하시는 분들이 더 증가하고 있습니다.

사람들은 인공지능 시대에 컴퓨터와 대화하는 방법에 대해 궁금해하고 있습니다. 특히 ChatGPT가 크게 인기를 끌면서 이미 업무에 활용하는 분들이 상당히 많아졌습니다. 앞으로 직업의 미래가 어떻게 변할지 궁금하기도 하고 두렵기도 합니다. 최근에는 바이브 코딩도 유행하고 있습니다. 앞으로 세월이 흐르면 디테일한 코드는 개발자가 직접 작성하지 않고 말로 코딩하는 시대가 열릴 것 같습니다.

결론부터 말씀드리면, '준비가 되어 있다면 그렇게 두렵지 않다'는 겁니다. 내가 잘하는 분야의 지식을 더 잘 정리해서 전달해주는 도구가 생성형 AI와 LLM입니다. 최근에는 ChatGPT도 사용하지만, 클로드코드, 구글 AI Studio와 코파일럿과 같은 다양한 코드 생성 AI 엔진들도 사용할 수 있습니다. 이런 생성형 AI 서비스들을 사용한다면 우리의 기존 능력 + 일종의 지식 증폭기처럼 사용할 수 있습니다. 지금 우리 곁에 있는 스마트폰처럼 개인비서의 역할을 ChatGPT와 같은 인공지능 엔진이 해 줄 가능성이 더욱 커지고 있습니다.

미래에 닥칠 변화를 준비할 시간이 우리에게는 있습니다. 대부분의 사람들은 변화를 싫어하기 때문에 아마도 점진적으로 변화될 것입니다. 그럼에도 우리는 미래를 미리 미리 준비해야 합니다.

그래서 앞으로는 많은 부분이 인공지능을 통해 자동화 되겠지만, 내가 알고 있는 기반 지식이 풍부하다면 더욱 생성형 AI와 Python을 연동해서 활용할 수 있는 가능성이 높아집니다. 아는 만큼 우리는 볼 수 있습니다. 내가 알고 있는 영역이 많다면 더욱 유리합니다. 요즘은 도메인 지식(업무 영역)이 풍부한 분들이 더 유리한 세상이 되고 있습니다.

간단하게 파이썬과 다른 개발 언어들의 시작된 연도를 정리해 보았습니다.

- 파이썬은 1991년 귀도 반 로썸(Guido van Rossum)이 발표한 인터프리터 언어
- 구글의 3대 개발 언어 중에 하나로 채택되면서 사용자층이 늘어남

- 프로그래밍 언어가 만들어진 역사

    1. C언어 : 1960년대말에서 1970년초

    2. Python : 1991년

    3. Visual Basic : 1991년

    4. Java : 1995년

    5. C# : 2001년

    6. Swift : 2014년

파이썬은 귀도 반 로썸이 1991년도에 발표한 언어입니다. 거의 34년 정도 된 생각보다 오래된 언어입니다. 요즘 많이 사용하는 Java, C#, Swift와 같은 언어와 비교하면 고전적인 언어라고 할 수 있는데, 언어가 무척 간결하고 실용적입니다. 그래서 요즘에도 각광을 받는 인기 있는 언어입니다. 특히 데이터 분석과 인공지능 분야에서 선두를 달리고 있는 멋진 개발 언어입니다.

즉, 컴퓨터(기계)와 빨리 대화하는데 매우 유리한 언어입니다.

물론 모든 분야에서 파이썬이 최고라고 주장하는 것은 아닙니다. 개발된 코드의 성능을 고민한다면, C,C++과 같은 언어가 유리할 수 있습니다. 주로 윈도우 환경에서 GUI(그래픽 유저 인터페이스)를 만들어야 하는 경우라면 C#, VB.NET이 보다 유리할 수 있습니다. 웹 프로그래밍과 서버 환경의 프로그래밍을 한다면 Java, node.js등을 고려할 수 있습니다.

그럼에도 불구하고 다양한 환경을 모두 커버하지는 않지만, 파이썬은 데이터 분석과 시각화, 인공지능 분야에서는 인기 있는 개발 언어와 환경, 라이브러리를 제공합니다. http://www.python.org 사이트에 접속하면 현재 쌓여있는 라이브러리 숫자가 700만개를 넘어갑니다. 지속적으로 개발되고 있는 프로젝트도 65만개가 넘어갑니다(2025년 7월 기준).

파이썬은 높은 생산성을 가지고 있어서 다른 언어로 일주일 정도 개발해야 되는 분량이라면 파이썬은 반나절이면 가능한 경우도 많습니다. 속도가 느리다는 단점이 있지만, 빠르게 코드를 완성할 수 있다는 멋진 장점이 있는 언어입니다.

✳ 파이썬의 특징

- 생산성이 좋다 : "Life is too short, You need python."
  (인생은 너무 짧으니 파이썬이 필요해.)

- 풍부한 라이브러리 : 광범위한 라이브러리가 내장되어 있고 확장성이 뛰어나다.

- 가독성 : 간결하고 가독성이 좋다. "Simple is Best"

- 접착성 : C언어로 되어 있는 모듈을 쉽게 만들어 붙일 수 있다.

- 무료 : 파이썬은 파이썬 소프트웨어 재단에서 관리하고 있으며 무료로 사용한다.

- 유니코드 : 문자열을 유니코드로 처리하므로 한글, 중국어, 영어 문제없이 처리한다.

- 동적 타이핑 : 런타임 시에 타입 체크를 하는 동시에 자동으로 메모리 관리를 한다.

사실 파이썬은 오픈 소스 생태계의 지지를 가장 크게 받고 있는 언어입니다. 그러한 수혜를 톡톡히 받았다고 볼 수 있습니다. 기존에 일반 유저들은 상업용 소프트웨어를 많이 사용하는 환경에 있었다고 볼 수 있습니다. 지금은 오픈소스의 선순환적인 생태계가 활성화되면서 개발자와 일반 유저들이 그 혜택을 많이 보고 있습니다.

혹시 이 책을 보시면서 LAMP(Linux, Apache, MySQL, PHP)라는 단어를 처음 들어본다면 앞으로 이런 환경에 익숙해 지면 됩니다. 요즘의 클라우드 환경에서는 OpenStack이란 단어를 더 많이 사용하고 있습니다. 이미 수많은 기업들과 조직이 무료로 구축할 수 있는 개발 환경과 언어를 사용하고 있습니다. 토스나 카뱅과 같은 핀테크의 플랫폼도 이러한 오픈소스 기반을 사용하는 경우가 많아지고 있습니다. 무료로 사용할 수 있는 운영체제인 Linux를 설치해서 Apache 웹서버를 사용하고, 데이터베이스도 무료로 제공되는 MySQL 등을 사용해서 PHP, Perl, Python등의 언어로 개발하는 경우가 늘어나고 있습니다. 요즘은 개발 도구도 무료로 제공되는 Visual Studio Code를 많이 사용하고 있습니다. Cursor IDE 같은 환경도 상당히 강력한 개발환경입니다. 구글의 코랩과 같은 환경도 설치하지 않고 손쉽게 사용할 수 있는 환경입니다.

✳ 오픈 소스의 생태계

- 무료로 사용할 수 있는 소프트웨어들이 대부분이다.

- LAMP기반으로 개발과 운영을 하는 경우가 많다.

📎 **그림 1-1** LAMP스택

개발자들이 자주 참고하는 스택오버플로우 사이트의 개발 언어 통계 자료입니다. 대부분 1등에서 3등 정도의 위치에 파이썬이 있는 것을 볼 수 있습니다. 투비인덱스(https://www.tiobe.com/tiobe-index)와 스택오버플로우(https://stackoverflow.com) 등이 약간 순위가 다르긴 한데 대부분 3등안에 파이썬이 들어갑니다.

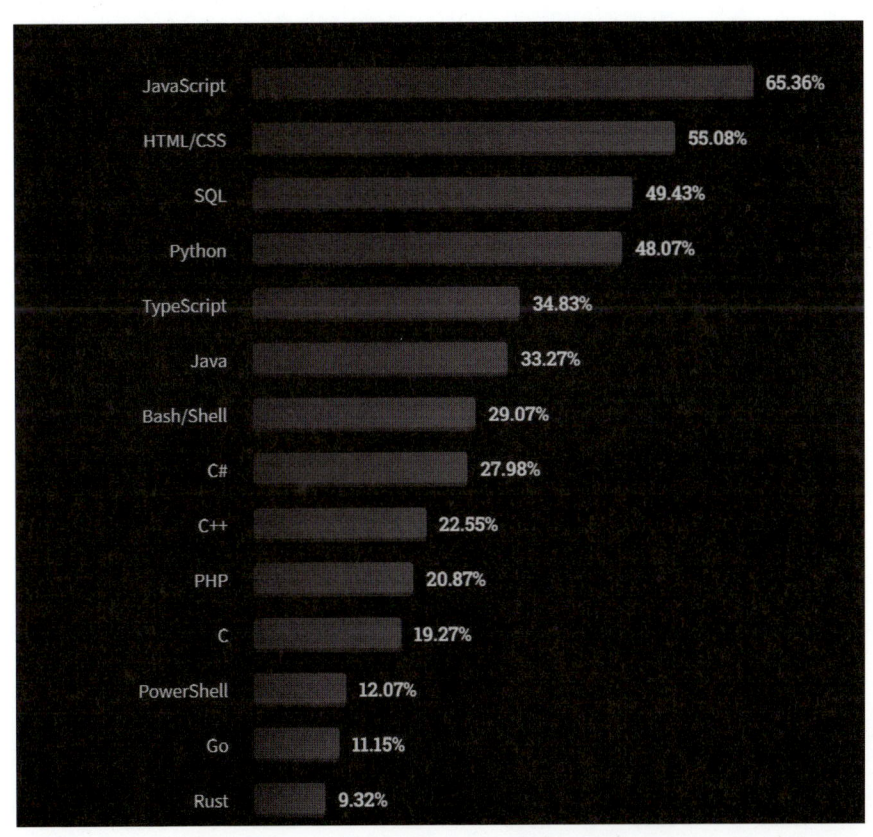

📎 **그림 1-2** 스택오버플로우에서의 파이썬언어의 순위

매년 미국의 글래스도어에서 발표하는 유망직업 10선에서 무려 8개가 IT관련, 개발 관련 직업입니다. 개발자들이나 엔지니어들이 북미나 외국에서 받는 연봉을 보면 상당한 금액을 받는 것을 알 수 있습니다. 국내도 개발자들에 대한 처우나 연봉이 지속적으로 올라가고 있습니다. 물론 그렇지 않은 경우도 있습니다. 개발자와 엔지니어가 대우를 받는 세상이 되어야 합니다. 요즘 실력있는 개발자나 엔지니어들의 몸값이 점점 올라가는 분위기입니다.

Top 10 Best Jobs in America for 2022

Rank	Job Title	Median Salary	Overall Rating	Active Job Openings
1	Enterprise Architect	$144,997	4.1	14,021
2	Full Stack Engineer	$101,794	4.3	11,252
3	Data Scientist	$120,000	4.1	10,071
4	Dev Ops Engineer	$120,095	4.2	8,548
5	Strategy Manager	$140,000	4.2	6,977
6	Machine Learning Engineer	$130,489	4.3	6,801
7	Data Engineer	$113,960	4.0	11,821
8	Software Engineer	$116,638	3.9	64,155
9	Java Developer	$107,099	4.1	10,201
10	Product Manager	$125,317	4.0	17,725

🔑 **그림 1-3** 2022년 10개의 유망한 직업(출처 글래스도어)

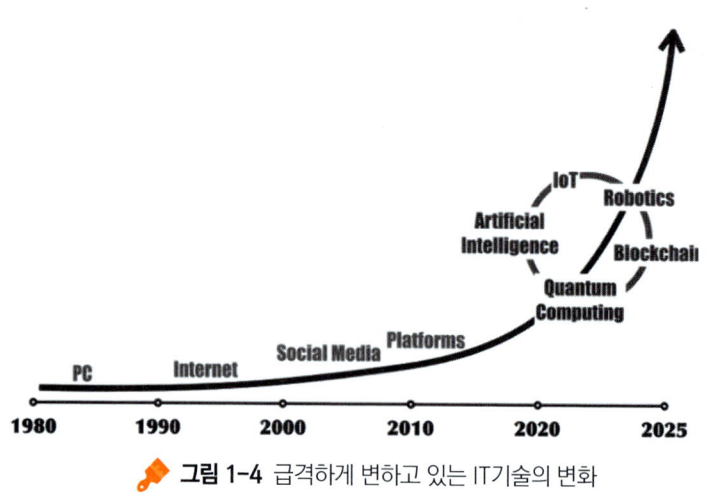

🔑 **그림 1-4** 급격하게 변하고 있는 IT기술의 변화

위의 그림을 보면 변화의 속도가 빨라지면서 개발자들에게는 늘 시간이 부족합니다. 10년 단위로 큰 기술의 변화가 있었다면, 요즘은 거의 6개월, 1년 단위로 기술이 변하고 있습니다. 코로나19 이후에는 더욱 IT기술에 대한 의존도가 올라가고 있고 변화도 더 빨라진 느낌입니다. ChatGPT를 보면 일반인들도 인공지능 엔진을 사용할 수 있는 시장으로 더 빠르게 가고 있는 분위기입니다.

파이썬은 아래와 같은 분야에서 다양하게 활용되고 있습니다. 생성형 AI와 데이터 사이언스와 머신러닝, 딥러닝 분야가 가장 활발하게 사용되는 분야입니다. 앞으로 이 책을 통해 파이썬의 기본 문법을 배우고 Pandas, Matplotlib, Seaborn을 통해서 데이터 분석과 시각화를 공부할 수 있습니다. 머신러닝과 딥러닝을 공부하실 분들은 Scikit-learn, Tensorflow, Keras등을 사용할 수 있습니다.

웹크롤링 작업이 필요한 경우는 BeautifulSoup라이브러리를 사용할 수 있습니다.

GUI가 필요하다면 기존 파이썬 코드에 PyQt라이브러리를 설치해서 사용할 수 있습니다. 기본 문법을 학습하고 다양한 외부 라이브러리들을 설치해서 생성형 AI의 도움을 받으면서 좀 더 코드를 완성해 보려고 합니다.

표 1-1 파이썬으로 활용할 수 있는 다양한 분야

분야	설명
데이터 사이언스	Pandas, Matplotlib…
머신러닝, 딥러닝	Scikit-learn, Tensorflow, Keras…
시스템 유틸리티	각종 시스템 유틸리티와 도구
GUI	Tcl/tk를 이용한 GUI, PyQt
웹 크롤링	BeautifulSoup을 사용한 웹 상의 데이터 수집
DB 프로그래밍	Oracle, DB II, MySQL등 유명 DB에 대한 파이썬 인터페이스가 있다.
각종 텍스트 프로세싱	정규 표현식을 사용해서 문자열을 아주 쉽게 처리할 수 있다.

1.2 Python 설치와 Visual Studio Code 설치하기

먼저 파이썬을 설치해야 합니다. 우리는 python 3.10을 사용합니다. 파이썬의 버전은 새롭게 변경될 수 있습니다. 꼭 최신 버전을 사용할 필요는 없지만, 사용하면서 조금씩 최신 버전으로 올려도 됩니다.

📌 **그림 1-5** 파이썬 설치옵션에서 Add python.exe to PATH를 체크합니다.

위의 그림과 같이 2개의 체크박스가 나옵니다. 윈도우 환경변수인 PATH에 추가하는 것이 편리하기 때문에 "Add python.exe to PATH"를 체크해 줍니다.

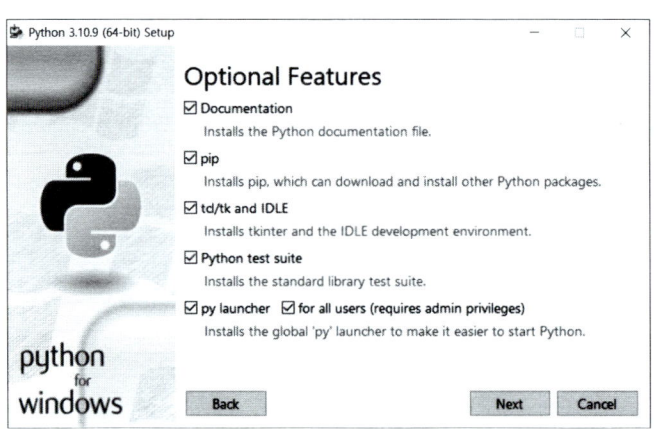

📌 **그림 1-6** 옵셔널 피쳐스는 선택된 내용들을 그대로 두고 Next를 클릭합니다.

Advanced Options는 아래와 같이 "c:₩Python310"와 같이 간단하게 변경합니다. 아무래도 폴더 구조가 복잡하면 접근하기 힘들기 때문에 접근하기 쉽고 간단하게 폴더명을 변경합니다. 이 책에서 계속해서 c:₩Python310 폴더를 살펴보기 때문에 접근하기 쉽게 간단하게 변경하는 것이 좋습니다.

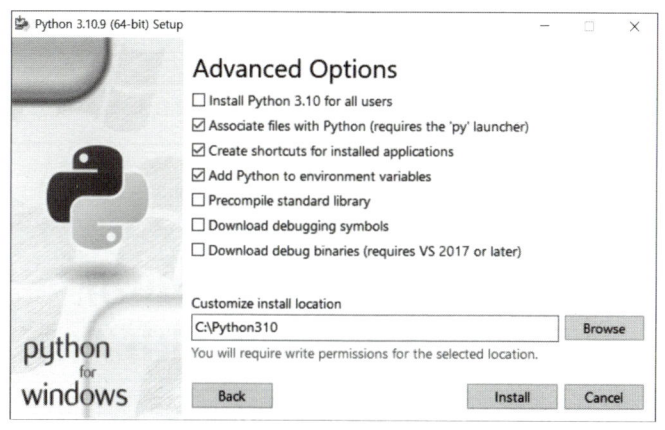

🖌 **그림 1-7** Advanced Options는 위와 같이 설치 경로를 수정합니다.

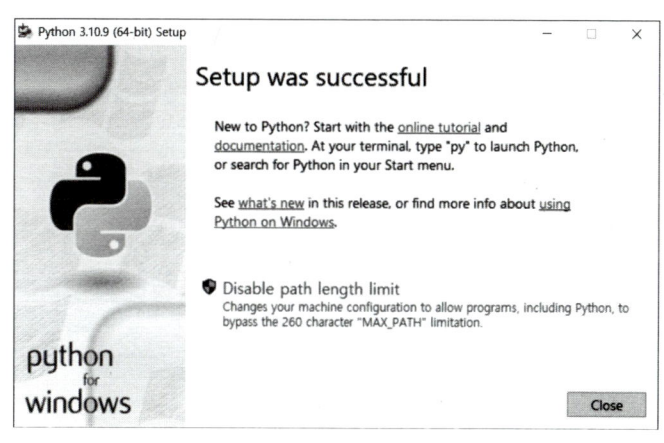

🖌 **그림 1-8**

설치가 정상적으로 종료되면 위와 같이 출력됩니다.

우리가 주로 사용할 파이썬의 개발도구는 꾸준하게 파이썬 커뮤니티에서 인기를 끌고 있는 Visual Studio Code입니다. 이 툴은 다양한 개발언어의 환경을 지원하면서 윈도우, 맥, 리눅스를 모두 지원하는 만능의 통합 에디터입니다. python IDLE를 사용하면서 추가로 설치해서 사용하면 복잡한 코드나 파일로 구성된 스크립트를 쉽게 디버깅할 수 있는 장점이 있습니다.

설치를 하려면 https://code.visualstudio.com 사이트에 접속해서 최신 버전을 받으면 됩니다. 업데이트가 빠르게 진행되서 책에서 사용하는 버전보다 높은 버전들이 보여도 전혀 문제 없습니다. 최신 버전을 설치하면 됩니다. 윈도우, 맥, 리눅스등의 주요 플랫폼을 모두 지원합니다.

저는 개인적으로 맥북과 윈도우 노트북에 동일한 Visual Studio Code를 설치해서 사용하고 있습니다.

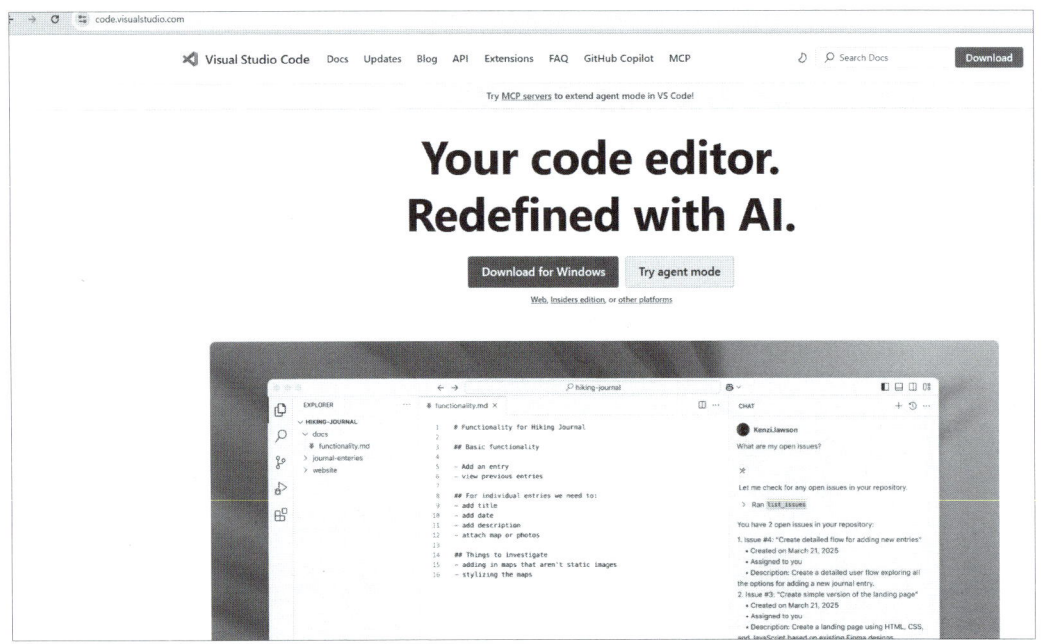

📌 그림 1-9 code.visualstudio.com에서 비주얼스튜디오 코드를 다운로드 합니다.

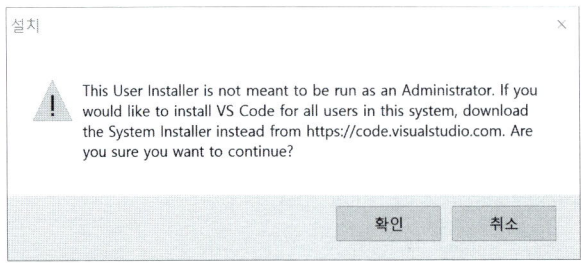

📌 그림 1-10 비주얼스튜디오 코드는 설치할 때 관리자 계정으로 실행해야 합니다.

비주얼스튜디오 코드는 기본 옵션으로 설치하면 됩니다. 다만 처음 설치를 실행할 때 관리자 권한으로 설치를 해야 합니다. 위의 그림 1-10과 같이 경고 메시지가 출력됩니다. 설치 파일을 다운로드 받아서 마우스 오른쪽 버튼을 클릭해서 "관리자 권한으로 실행"을 클릭하면 됩니다. 위의 경고 메시지는 관리자 권한으로 실행을 해도 나오긴 합니다.

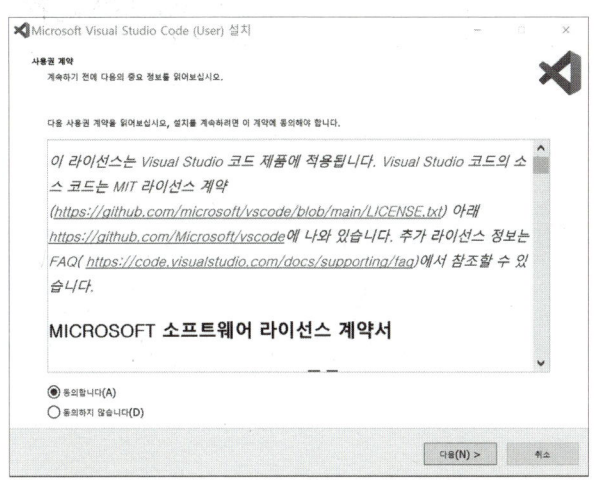

그림 1-11 라이선스 계약서에 동의하면 됩니다.

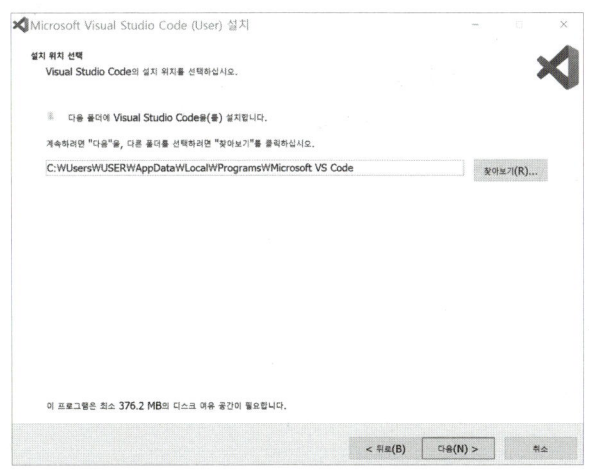

그림 1-12 기본 폴더에 설치하면 됩니다.

비주얼스튜디오 코드는 약간의 환경 셋팅이 필요합니다. 기존 다른 개발 통합툴과는 달리 VisualStudio Code는 툴바(상단에 보통 나오는 버튼들)가 상단에 없고 왼쪽에 출력됩니다. 메뉴와 단축키를 통해 사용하면 됩니다. 파일(File) → 기본설정(Preferences) → 설정(Settings)을 클릭합니다. 실습을 위해 글자체나 글자크기 등을 변경할 수 있습니다.

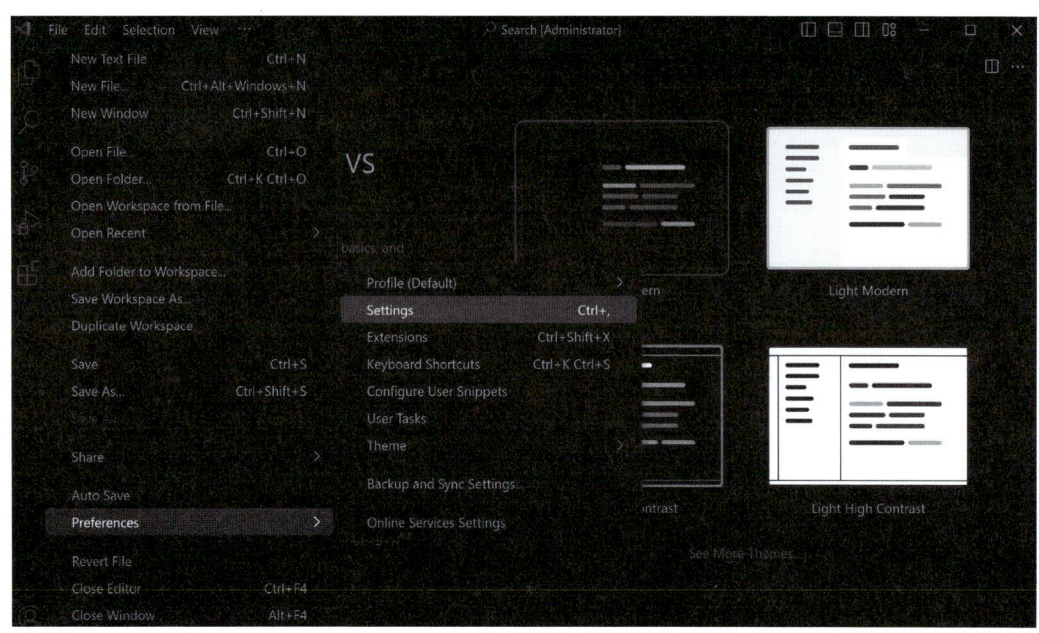

🖌 **그림 1-13** 설정에서 폰트크기를 변경합니다.

File 메뉴에서 Preferences에서 Settings를 클릭합니다. 혹시 한글 언어팩을 먼저 설치했다면, 파일 → 기본설정 → 설정을 클릭해도 됩니다.

Text Editor 항목을 클릭해서 메뉴를 펼치면 Font 항목에서 Font Size를 변경할 수 있습니다. 10 포인트가 너무 작다면 12~16 포인트로 변경하면 됩니다. 저는 소스를 좀 더 크게 보여드리기 위해서 18로 지정을 했습니다.

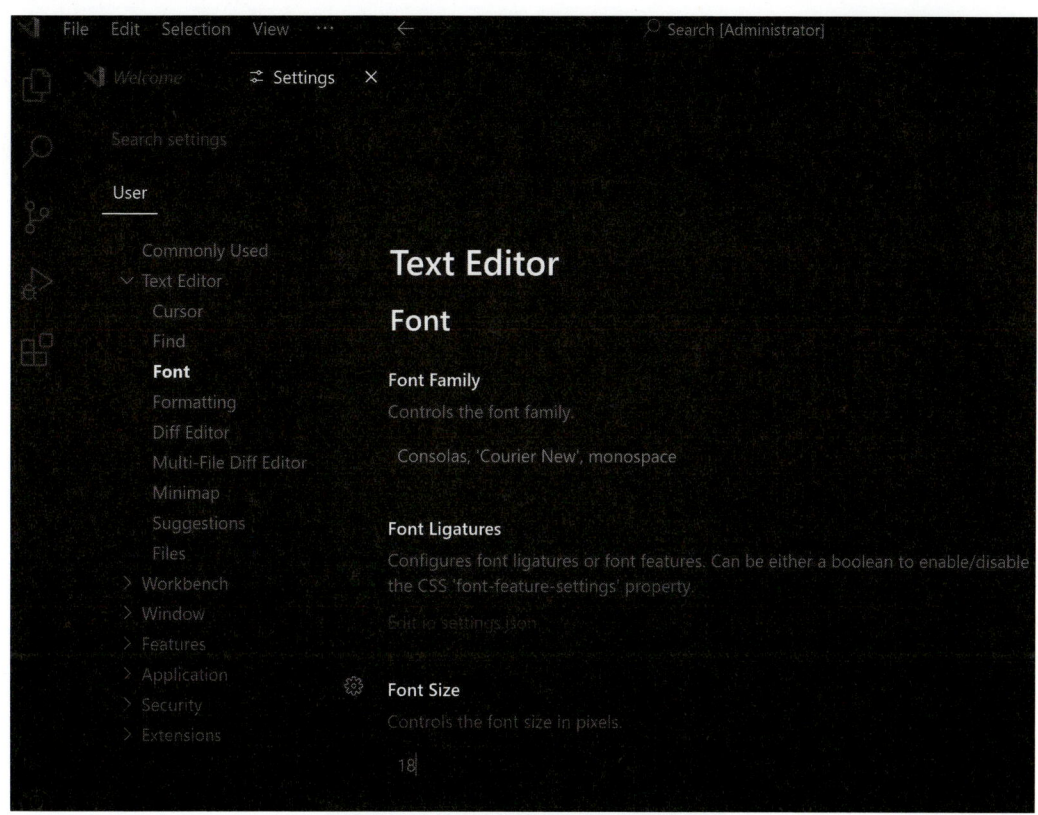

🖌 그림 1-14

이제 익스텐션(Extension)을 설치하면 파이썬을 위한 개발툴로 활용할 수 있습니다. Visual Studio Code에서 왼쪽에 있는 탭에서 Extension을 클릭합니다. 왼쪽 상단에서 아래쪽으로 내려오면 다섯번째에 있는 버튼입니다. 마켓플레이스에서 Python을 입력합니다. 가장 위쪽에 올라오는 Python(일종의 확장팩으로 파이썬을 인식함)을 설치하면 됩니다. 마켓플레이스에서 검색을 하지 않아도 가장 인기 있는 확장팩으로 상단에 올라옵니다.

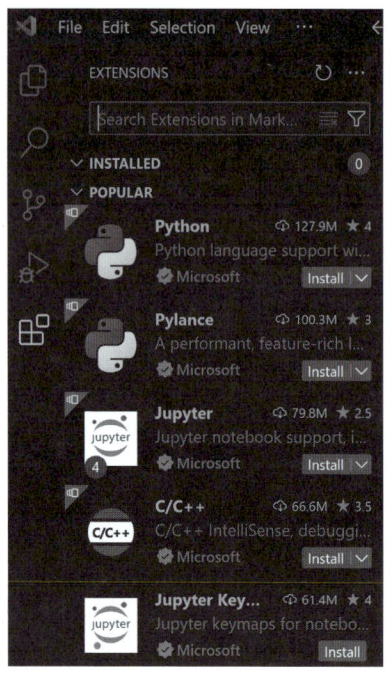

🖍 **그림 1-15** 확장(Extensions)에서 Python을 설치하면 됩니다. Install버튼을 클릭합니다.

🖍 **그림 1-16** 추가로 설치된 확장들이 있습니다.

그림 1-16을 보면 추가로 설치된 Python Debugger와 Pylance등이 있습니다. 자동으로 설치되는 확장들로 보면 됩니다. 비주얼 스튜디오 코드는 계속 버전업이 되기 때문에 독자분들이 설치할 때는 다른 형태로 변경되어 있을 수 있습니다. 혹시 설치가 변경되는 부분들은 제 블로그를 통해서도 알려드리겠습니다. 버전업이 빠른 경우는 종이책의 한계가 있다고 봅니다.

아무래도 이런 개발툴은 한글 지원이 되면 좀 더 편합니다. 익스텐션에서 "Korean Language Pack for Visual Studio Code"을 검색해서 Install을 클릭하면 한글로 변경됩니다. 상단의 검색창에서 "Korean"을 입력하면 바로 검색이 됩니다. 혹시 Visual Studio Code가 영문으로 계속 나오면 툴을 한번 종료했다가 다시 시작하면 됩니다.

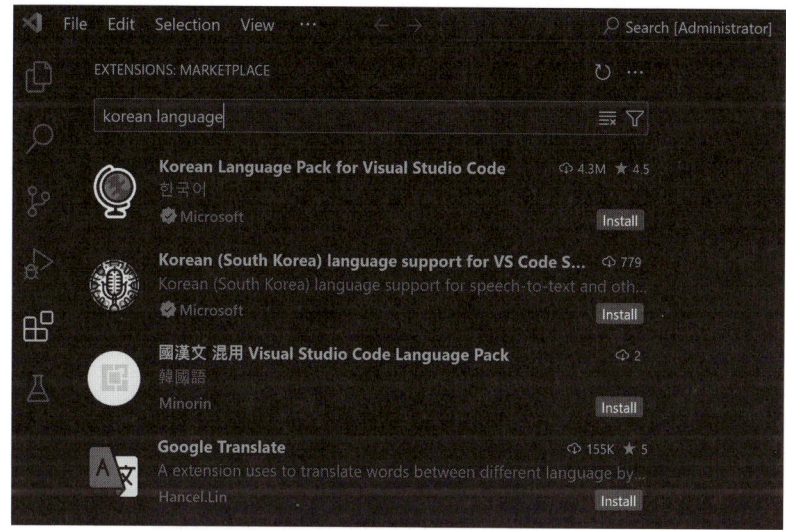

🏷️ **그림 1-17** 확장(Extensions)에서 Korean Language Pack for Visual Studio Code를 설치합니다.

설치하고 오른쪽 하단에 "Change Language and Restart"가 출력되면 클릭해서 툴을 재시작하면 됩니다. 혹시 비주얼스튜디오 코드를 사용하다가 메뉴가 다시 영문으로 출력되는 경우에도 툴을 재시작하면 정상적으로 돌아옵니다. 간혹 비주얼 스튜디오 코드를 사용하다가 자동으로 업데이트되는 경우들이 있습니다. 이런 경우 한글메뉴가 아닌 다시 영문 메뉴로 나올 수 있습니다. 이런 경우에 재시작을 하면 됩니다.

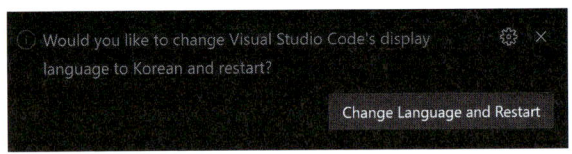

🔖 **그림 1-18** 비주얼 스튜디오 코드를 다시 시작하기

비주얼스튜디오 코드를 사용할 때 작업 폴더를 먼저 지정해야 합니다. 비주얼스튜디오 코드의 왼쪽 상단에 있는 첫 번째 버튼을 클릭합니다. 작업 폴더는 특정 폴더를 지정해서 파일리스트를 보고 디버깅 작업등을 셋팅하기 위해서 선행되어야 하는 작업입니다. 단어 그대로 작업을 위한 폴더입니다. 우리는 c:₩work 폴더를 윈도우 탐색기로 하나 생성해서 사용합니다.

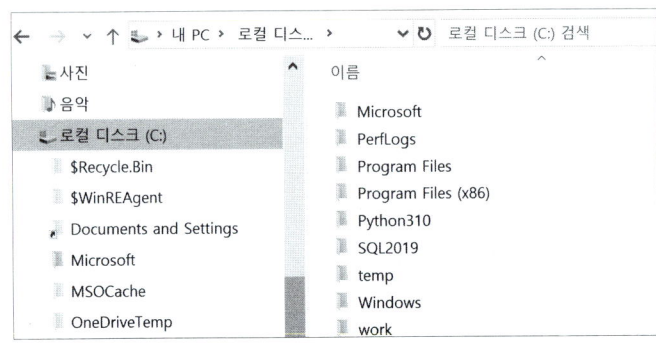

🔖 **그림 1-19** work 폴더를 하나 생성해서 작업 폴더로 지정합니다.

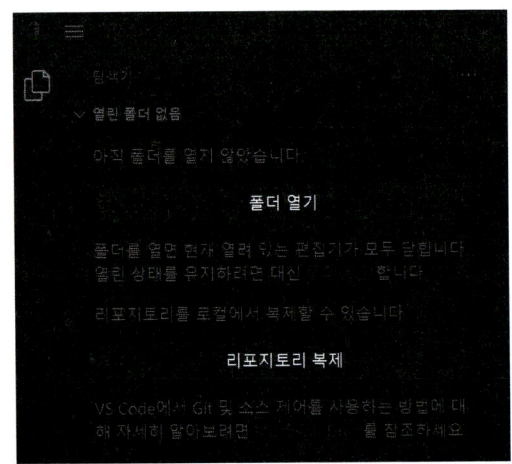

🔖 **그림 1-20** 작업 폴더 지정하기

그림 1-20과 같이 왼쪽의 툴바에서 첫번째 버튼을 클릭하고 "폴더 열기"를 클릭해서 c:₩work를 작업 폴더로 지정하면 됩니다.

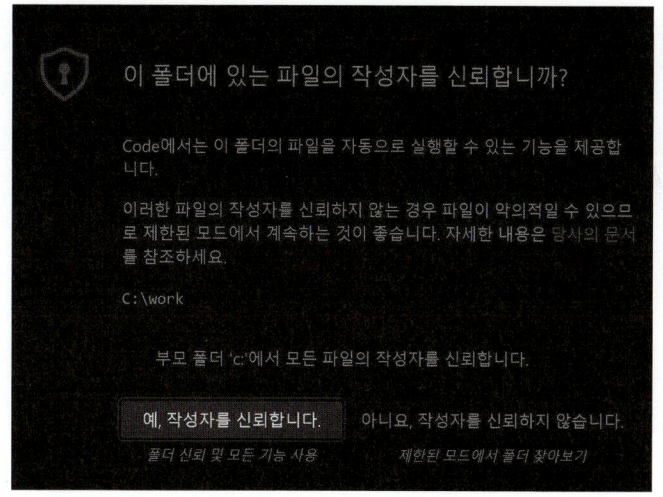

 그림 1-21 이 폴더의 파일을 작성하는 사람을 신뢰한다는 체크입니다.

위와 같이 c:\work를 지정하면 처음에는 "이 폴더에 있는 파일의 작성자를 신뢰합니까?"라는 메시지가 출력됩니다. 체크만 하면 됩니다. 당연히 내가 작업하는 파일에 대해서 신뢰(?)를 해야 합니다. 처음에 한번 작업 폴더를 지정할 때만 출력됩니다.

테스트를 위해 파일메뉴에서 "새 텍스트 파일"을 클릭합니다. 파일 메뉴에서 저장을 클릭하고 파일 이름에 "demo"을 입력하고 파일 형식에서 "Python"을 찾아서 클릭합니다. 파일 형식 콤보박스를 클릭하면 다양한 언어들을 지원하는 것을 볼 수 있습니다. 우리는 주로 *.py로 끝나는 파이썬 소스 파일로 저장을 하면 됩니다.

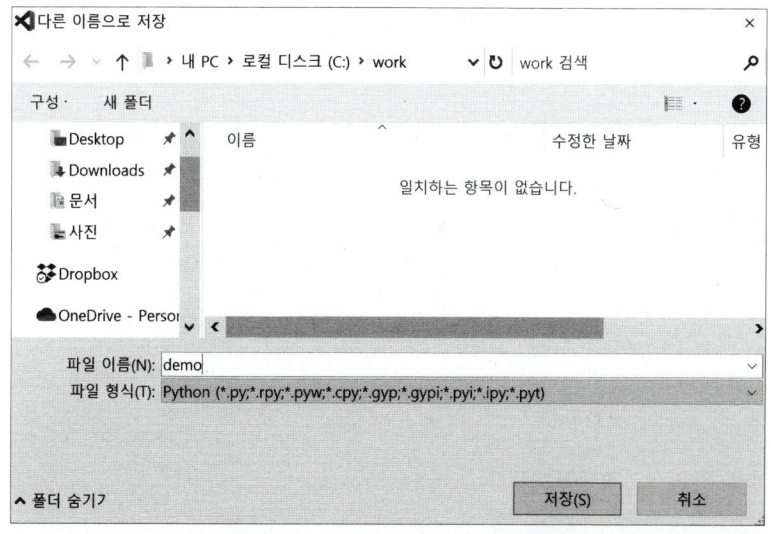

 그림 1-22 demo.py라고 파일을 저장한다.

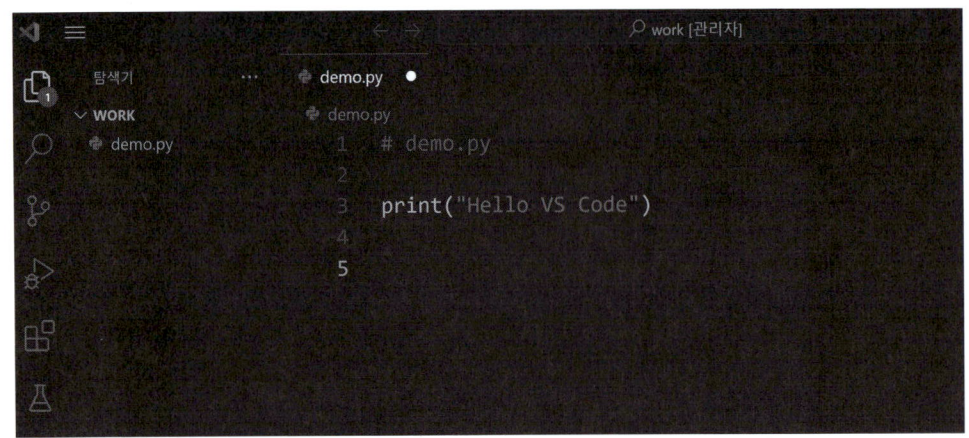

그림 1-23

다음과 같이 코드를 작성해 봅니다. 하나의 문자열을 출력하는 간단한 코드입니다.

print("Hello VS Code")

우리가 앞으로 주력으로 사용할 개발 도구가 비주얼 스튜디오 코드입니다. 한번 파일명을 주고 저장하면 계속 편집해도 자동 저장을 하도록 하면 편리합니다. 파일 메뉴에서 "자동 저장"을 한번 클릭해 두면 됩니다.

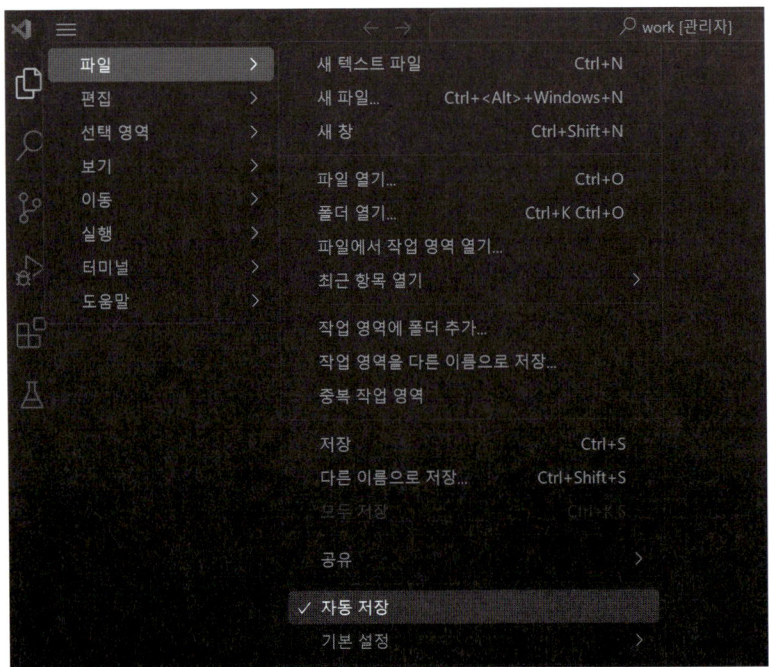

그림 1-24 자동 저장을 체크해 둡니다.

작성한 코드를 실행할 경우 마우스 오른쪽 버튼을 클릭해서 "Python실행" → "터미널에서 Python파일 실행(Run Python File in Terminal)"을 클릭하면 됩니다. 한글팩을 설치하면 컨텍스트 메뉴(팝업 메뉴창)도 한글로 출력됩니다. 하단에 터미널이 오픈되서 결과가 출력됩니다. 비주얼 스튜디오 코드의 하단에 일종의 실행창(Command)이 오픈되어서 실행결과를 볼 수 있습니다.

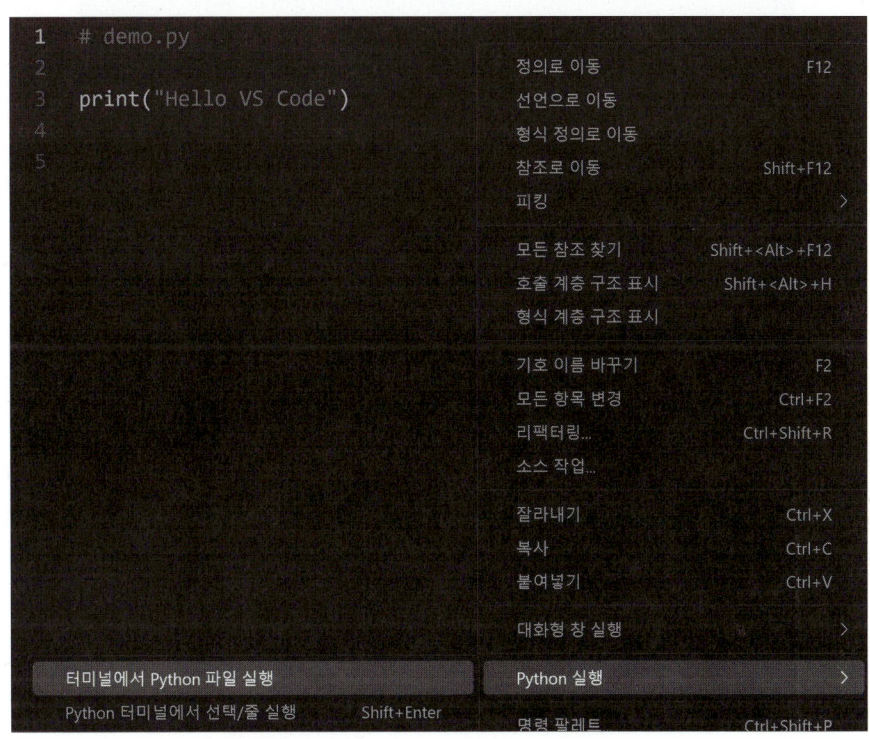

그림 1-25 작성한 파이썬 코드를 실행하기

```
demo.py  ×
 demo.py
  1  # demo.py
  2
  3  print("Hello VS Code")
  4
  5










문제   출력   디버그 콘솔   터미널   포트
PS C:\work> & C:/Python310/python.exe c:/work/demo.py
Hello VS Code
PS C:\work>
```

📌 **그림 1-26** 하단의 터미널창에서 실행결과를 확인하기

위의 그림을 보면 실행 결과가 하단의 터미널창에서 출력되는 것을 볼 수 있습니다. python.exe를 실행해서 우리가 작성한 소스 코드를 실행하는 형태입니다. 혹시 실행이 되지 않는다면 설치 순서가 파이썬을 설치하고 비주얼 스튜디오 코드 순서로 설치했는지를 다시 확인해 봅니다. 또는 다른 파이썬 버전들을 사용하고 있거나 아나콘다 패키지를 설치해서 이미 파이썬을 사용하고 있었다면 설치 환경의 충돌이 발생할 수 있습니다. 그림 1-27을 보면 오른쪽 하단에 언어가 "python"으로 되어 있고, "3.10.9"와 같이 버전이 출력되는 것을 볼 수 있습니다. 이 버전을 클릭하면 상단에 다시 파이썬의 실행되는 경로를 선택할 수 있습니다. 이 부분에서 "python 3.10"을 선택해 두면 정상적으로 실행됩니다.

제가 수업을 진행할 경우에 너무 복잡하게 파이썬 개발 환경들이 설치되어 있는 것도 종종 보게됩니다. 잘 안되면 깨끗하게 충돌나는 환경들을 삭제하고 처음부터 다시 설치하셔도 됩니다. 처음에는 좀 어려워도 나중에는 수월하게 개발 환경을 셋팅하게 될겁니다.

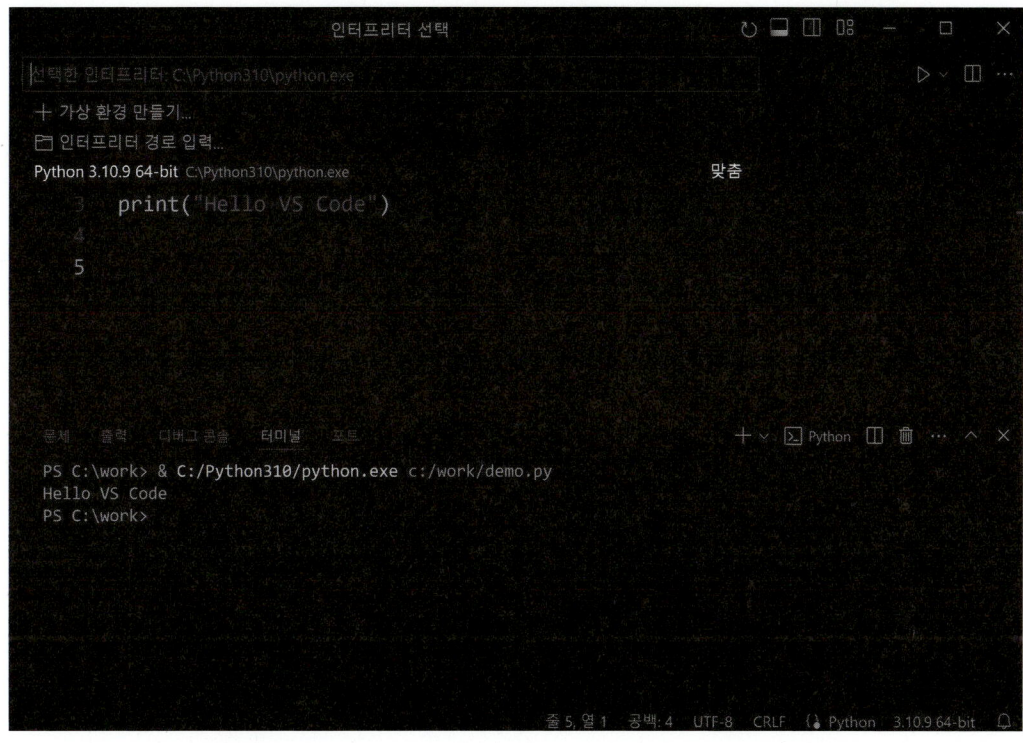

🏷️ **그림 1-27** 파이썬 버전을 확인하고 실행 경로를 선택하면 됩니다.

좀 더 진행을 해보겠습니다. 자~~ 이번에는 디버깅하는 방법을 연습해 봅니다. 디버깅 환경을 셋팅하면 논리적인 오류를 알기위해서 코드 내부를 Step by Step(라인 단위로 추적해서 살펴보기)으로 살펴보기 위한 도구를 사용할 수 있습니다. 작성중인 demo.py 파일에 보면, 라인번호 바로 앞에 마우스로 클릭해서 중단점(Break Point)를 추가할 수 있는 공간이 있습니다. 여기를 클릭해서 적색 점이 추가되면 디버깅하는 모드에서는 중단점 역할을 수행합니다. 적색점은 토글이 가능합니다. 한번 더 클릭하면 삭제가 되고, 다시 클릭하면 중단점이 추가됩니다. 왼쪽상단에 위치한 버튼들 중에 네 번째 있는 디버그 버튼(풍뎅이 그림이 있는 삼각형모양)을 클릭합니다. 처음 디버깅을 하는 경우에는 환경값을 구성해야 합니다. 디버깅 정보를 가지고 있는 launch.json 파일을 생성해야 합니다. 비주얼 스튜디오 코드에서 왼쪽의 버튼 중에 삼각형으로 되어 있는 플레이 버튼이 "실행 및 디버그"버튼입니다. "launch.json 파일 만들기"를 클릭하면 됩니다. 처음 한번만 클릭하면 됩니다. 셋팅이 되면 이 화면은 더 이상 보이지 않습니다.

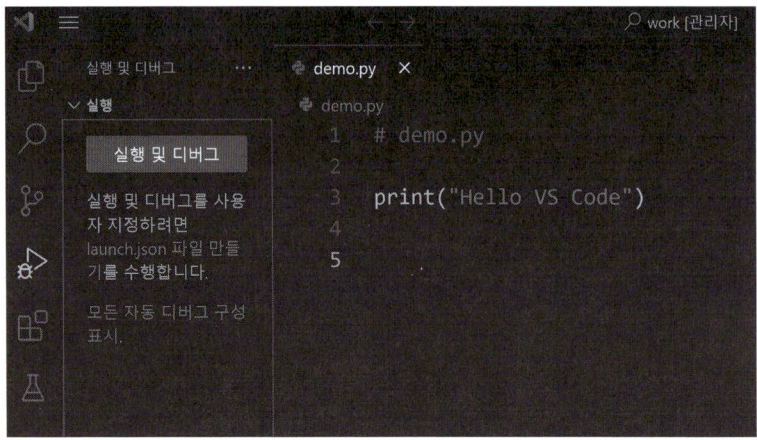

📌 **그림 1-28** 왼쪽 툴바에서 네번째 버튼(삼각형이 있는)을 클릭합니다.

위와 같이 화면이 출력되면 왼쪽 툴바에서 삼각형 표시가 있는 네번째 버튼을 클릭하고 "launch.json 파일 만들기"를 클릭합니다. 이 파일은 디버깅을 위한 환경을 셋팅할 경우 필요한 파일입니다. 이 파일은 수정할 내용은 없고 확인만 하고 바로 닫으면 됩니다.

📌 **그림 1-29** 상단에 출력된 "Python Debugger"를 선택합니다.

상단에 출력된 디버거 선택에서 "Python Debugger"를 선택하면 됩니다. 앞에서 설치한 "Python"확장팩에서 자동으로 추가 설치된 확장팩입니다.

아래의 화면과 같이 디버그 구성 선택을 물어보면, 가장 상단에 있는 "Python 파일"을 클릭하면 됩니다. 우리는 웹 환경이 아닌 기본 파이썬 개발 환경에서 작업을 하기 때문입니다. 아직은 복잡한 디버깅 환경이 아니기 때문에 가장 처음 나오는 "Python 파일"을 클릭하면 디버그 구성이 종료됩니다.

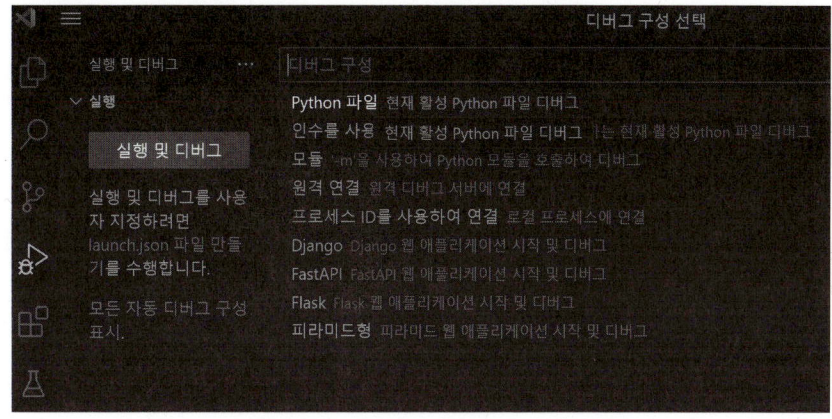

그림 1-30 Python파일을 클릭하기

다음과 같이 코딩해서 for i in lst: 라인번호 앞에 있는 왼쪽의 빈 공간을 클릭하면 적색점이 추가됩니다. 보통은 이런 적색점을 중단점(Break Point)이라고 합니다. 디버깅 모드로 실행을 할 때 중단점이 있으면, 일단 멈추고 실행을 기다리게 됩니다. 코드를 한줄씩 단계별로 실행할 때 매우 유용하게 사용할 수 있습니다. 아래와 같이 간단한 코드를 입력해서 디버깅하는 방법을 연습해 봅니다.

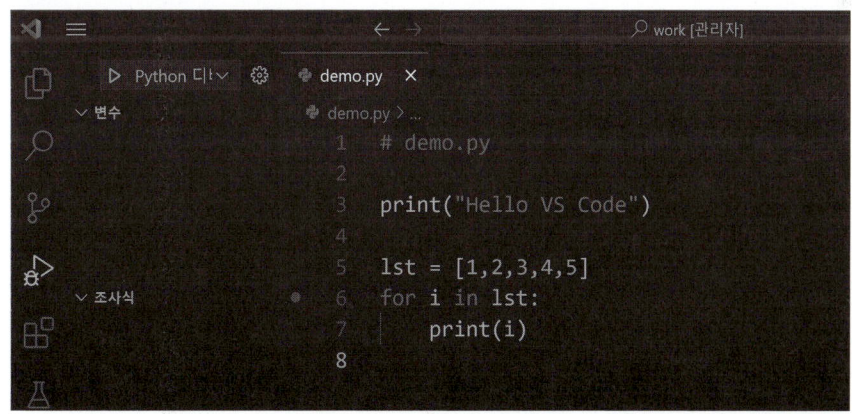

그림 1-31 디버깅하기

전체 코드입니다.

 전체 코드

```python
print("Hello VS Code")

lst = [1,2,3,4,5]
for i in lst:
    print(i)
```

상단에 보면 왼쪽에 플레이 버튼(녹색의 삼각형 표시)을 클릭하면 디버깅이 시작됩니다(단축키는 F5입니다). 중단점에서 실행이 멈춘 상태에서 단축키로 F11을 누르면, 라인단위(Step Into)로 디버깅되는 것을 볼 수 있습니다. Visual Studio Code는 코드 자동완성과 디버깅하는 용도로 사용이 가능한 멋진 도구입니다!

다른 개발자가 작성한 코드를 분석하거나 혹은 내가 작성한 코드에 문제점이 있는지를 체크하고 검사할 경우 디버깅하는 도구가 있다면 편하게 작업을 할 수 있습니다. 여러 번 사용하면서 익숙해지도록 연습을 하면 됩니다.

디버깅을 하면서 실행할 경우는 단축키로 F5를 클릭하면 됩니다. 디버깅을 하지 않고 실행할 경우 단축키로 ctrl-F5를 클릭해서, 바로 결과를 확인해도 됩니다. 디버깅 없이 실행을 하면 좀 더 빨리 결과가 출력됩니다.

1.3 ChatGPT에 가입해서 기본적인 프롬프트 활용하기

파이썬을 공부하거나 활용할 때 ChatGPT를 같이 사용해 보면 매우 매우 막강합니다. 파이썬과 ChatGPT를 계속 사용하면서 데이터 분석까지 공부를 해보면 가장 잘 어울리고 활용도가 높은 언어가 파이썬이라는 생각이 들겁니다.

기존에 사용하던 구글 계정이 있다면 간단하게 연동할 수 있습니다. 보통은 구글의 계정과 연동하면 됩니다. 아래의 웹사이트로 접속하면 됩니다.

그림 1-32 openAI웹사이트에 접속하기

상단에 있는 "무료로 회원 가입" 버튼을 클릭하고 아래의 화면 하단에 있는 "구글로 계속 하기"를 클릭합니다. 기존에 구글계정이 있다면 구글계정을 연동해서 사용하면 편리합니다. 마이크로소프트의 계정이 있어도 바로 연동이 됩니다.

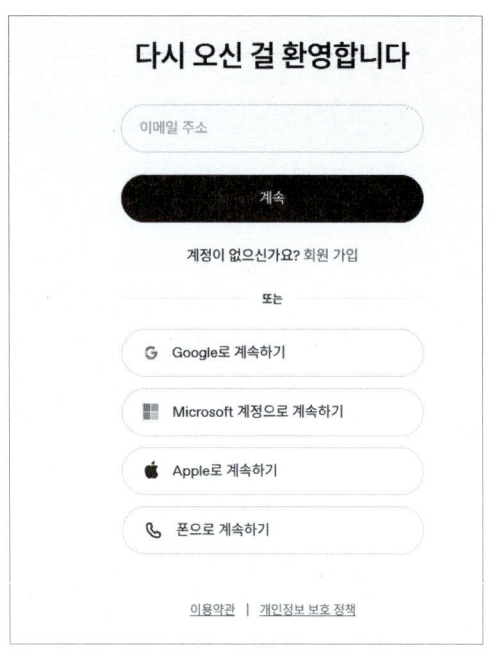

🎨 **그림 1-33** 구글이나 마이크로소프트, 애플 계정등과 연동할 수 있습니다

간단하게 암호를 입력하고 이메일로 한번 검증을 해야 합니다. 그러면 바로 승인이 됩니다.

🎨 **그림 1-34** ChatGPT 실행 화면

내가 원하는 주제와 맥락, 포맷을 상세하게 지정하는 것이 좋습니다. 우리는 여러 번 프롬프트에 입력하는 방법을 연습하려고 합니다.

 **ChatGPT 명령**

'초보자가 파이썬을 공부할 때 좋은 파이썬 책의 목차를 작성해줘'

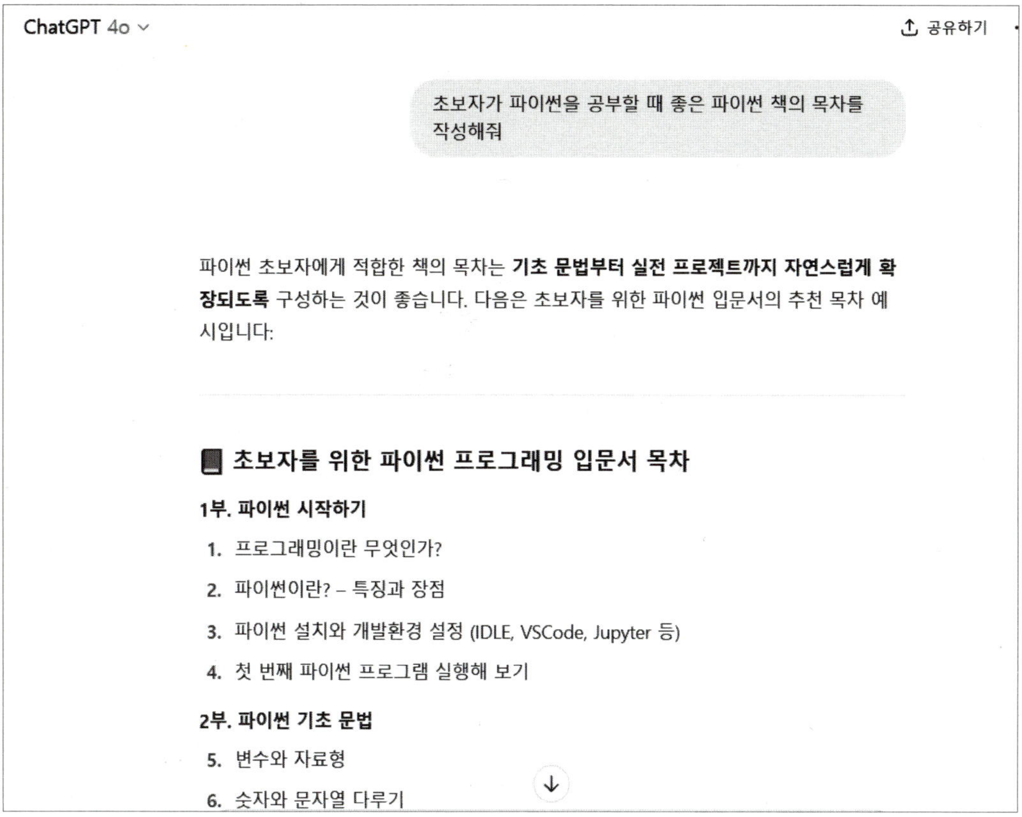

 그림 1-35 생성된 결과

초보자를 위한 파이썬 책의 목차가 나옵니다. ChatGPT의 경우 이렇게 목차를 빠르게 생성하는 기능, 글을 쓰는 기능, 코드를 생성하는 기능에 최적화되어 있습니다. 이번에는 아래와 같이 프롬프트에 다시 입력해 보았습니다.

 ChatGPT 명령

'파이썬의 내장 형식인 List, Tuple, Set, Dict형식을 비교하는 코드를 작성해줘'

실제 생성된 코드는 오른쪽 상단의 "복사"를 클릭해서 비주얼 스튜디오 코드에 새로운 파일로 붙여넣기를 하고, 한번 실행해 볼 필요가 있습니다. 생성형 AI는 거짓말도 하기 때문에 코드가 동작하지 않는 경우도 있습니다. 그러므로 유저가 반드시 검증을 해봐야 합니다. 물론 기본적인 코드들은 상당히 잘 생성됩니다.

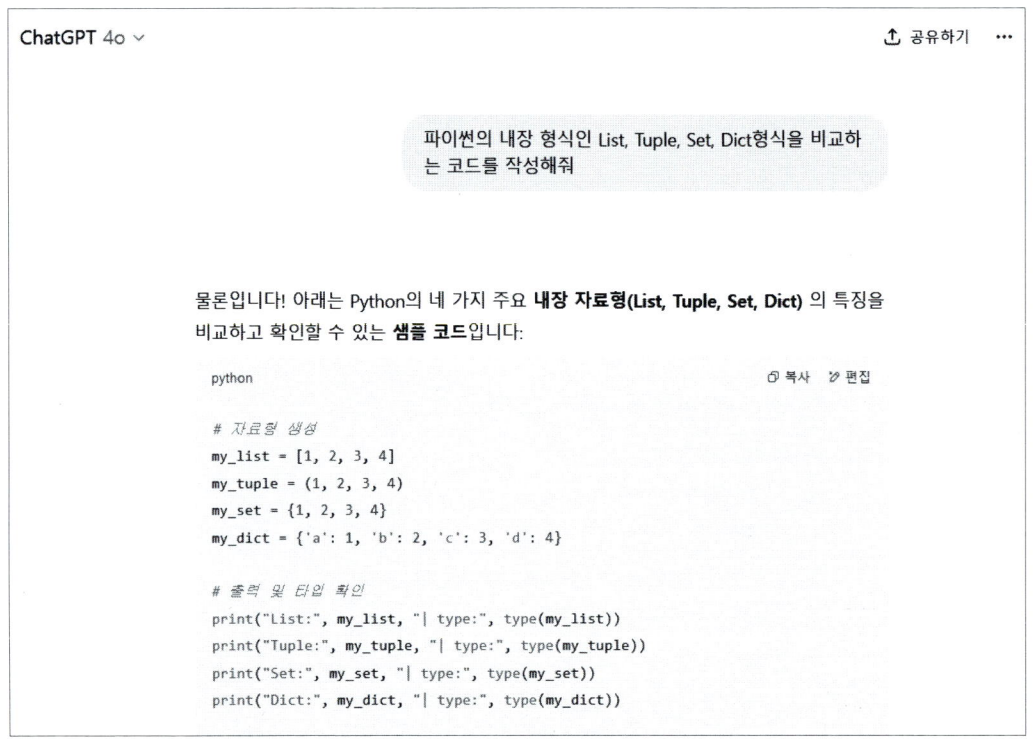

그림 1-36 파이썬의 내장 형식 비교

무료 버전을 사용하는 것도 좋고, 유료로 결제해서 GPT4o, o3, o4-mini 버전을 사용해도 됩니다. GPT4o(Omni) 버전이 출시되면서 하루에 10번정도 무료로 이미지도 올려서 분석할 수 있도록 개선되었습니다. 한달에 $20불(한화로 3만원정도)를 결제해서 사용해도 상당히 좋습니다. 저도 몇 개의 생성형 AI를 결제해서 사용하고 있습니다.

생성된 코드를 오른쪽 상단의 "복사"를 클릭해서 Visual Studio Code에 입력하면 아래와 같이 결과를 확인할 수 있습니다. 실제 잘 동작되는지 확인할 필요가 있습니다.

아래는 ChatGPT가 자동으로 생성한 코드입니다.

전체 코드

```python
# 자료형 생성
my_list = [1, 2, 3, 4]
my_tuple = (1, 2, 3, 4)
my_set = {1, 2, 3, 4}
my_dict = {'a': 1, 'b': 2, 'c': 3, 'd': 4}

# 출력 및 타입 확인
print("List:", my_list, "| type:", type(my_list))
print("Tuple:", my_tuple, "| type:", type(my_tuple))
print("Set:", my_set, "| type:", type(my_set))
print("Dict:", my_dict, "| type:", type(my_dict))

# 인덱싱 (List, Tuple은 가능 / Set, Dict은 불가능)
print("\n--- Indexing ---")
print("List[0]:", my_list[0])
print("Tuple[0]:", my_tuple[0])
# print(my_set[0])   # 오류 발생
print("Dict['a']:", my_dict['a'])

# 수정 가능 여부 (List, Set, Dict은 가능 / Tuple은 불가능)
print("\n--- Mutability ---")
my_list[0] = 100
# my_tuple[0] = 100   # 오류 발생 (수정 불가)
my_set.add(5)
my_dict['e'] = 5
print("Modified List:", my_list)
print("Modified Set:", my_set)
print("Modified Dict:", my_dict)

# 중복 허용 여부 (List, Tuple, Dict(키)는 중복 허용 / Set은 중복 허용 X)
print("\n--- Duplicates ---")
dup_list = [1, 1, 2, 2]
dup_tuple = (1, 1, 2, 2)
dup_set = {1, 1, 2, 2}
dup_dict = {'a': 1, 'a': 2}   # 마지막 값만 유지됨
print("dup_list:", dup_list)
print("dup_tuple:", dup_tuple)
print("dup_set:", dup_set)
print("dup_dict:", dup_dict)
```

```python
# 반복문 사용 예시
print("\n--- Loop Example ---")
for item in my_list:
    print("List item:", item)

for key, value in my_dict.items():
    print("Dict key-value:", key, value)
```

Visual Studio Code에 생성된 코드를 붙여넣기해서 실행하면 됩니다. 저보다 예제를 더 잘 만드네요. 매년 생성되는 코드를 비교해 보면 상당히 코드의 질이 좋아지고 있습니다.

이번에는 프롬프트에 아래와 같이 입력을 해 보았습니다.

 ChatGPT 명령

'개발언어를 처음 공부하는 사람에게 파이썬을 공부할 수 있는 좋은 방법을 5가지 설명해줘'

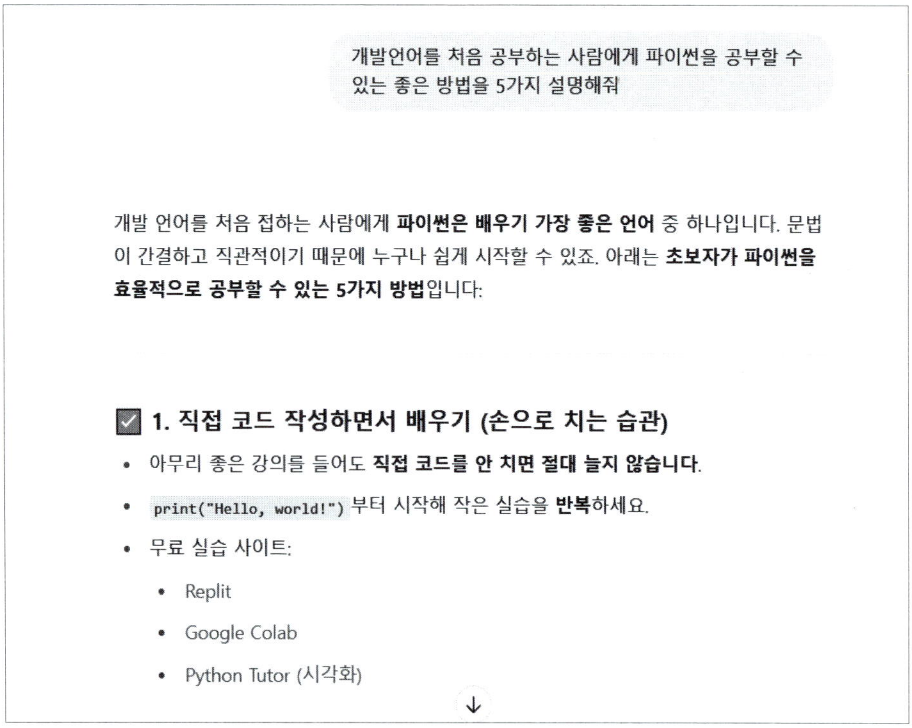

 그림 1-37 파이썬을 공부하는 방법

개발 언어를 처음 접하는 사람에게 파이썬은 배우기 가장 좋은 언어 중 하나입니다. 문법이 간결하고 직관적이기 때문에 누구나 쉽게 시작할 수 있죠. 아래는 초보자가 파이썬을 효율적으로 공부할 수 있는 5가지 방법입니다

☑ 1. 직접 코드 작성하면서 배우기 (손으로 치는 습관)

- 아무리 좋은 강의를 들어도 직접 코드를 안 치면 절대 늘지 않습니다.
- print("Hello, world!")부터 시작해 작은 실습을 반복하세요.
- 무료 실습 사이트:
    - Replit
    - Google Colab
    - Python Tutor (시각화)

☑ 2. 한 권의 입문서 끝까지 따라가기

- 여러 책을 펼쳐놓기보다, 입문서 한 권을 끝까지 완독하는 게 중요합니다.
- 추천 입문서 예:
    - 『혼자 공부하는 파이썬』
    - 『Do it! 파이썬 입문』
    - 『점프 투 파이썬』
- 책에 나오는 예제를 직접 타이핑하면서 공부하세요.

☑ 3. 작은 프로젝트를 만들어보기

- 목표가 있는 프로젝트는 동기를 유지하는 데 효과적입니다.
- 예시:
    - 계산기 만들기
    - 숫자 맞추기 게임
    - 간단한 가계부 프로그램
    - 나만의 미니 퀴즈 앱
- 처음부터 어렵게 시작하지 말고, 완성 경험을 쌓는 게 핵심입니다.

☑ 4. 온라인 강의와 실습 병행하기

- 눈으로만 강의를 보면 착각합니다. "이해 ≠ 습득"
- 코드 따라치고, 중간에 멈추고 수정도 해보세요.
- 추천 강의:
  - [패스트캠퍼스, 인프런의 기초 강의]
  - [유튜브 '나도코딩', '생활코딩']
  - [Codecademy, Coursera, Udemy]

☑ 5. 꾸준히 기록하고 질문하기

- 공부한 내용을 블로그, 노션, 다이어리 등에 기록하면 기억이 오래갑니다.
- 궁금한 점은 Stack Overflow, GitHub, 디스코드, 카페 등 커뮤니티에서 질문하세요.
- 다른 사람의 질문을 읽는 것만으로도 실력이 늡니다.

🎯 마무리 TIP

"완벽하게 이해하고 넘어가려 하지 마세요. 일단 써보고, 막히면 다시 돌아오세요."

파이썬은 실전과 시행착오 속에서 빠르게 성장하는 언어입니다. 도움이 필요하면 언제든 코치해드릴게요!

이러한 방법들을 활용해 파이썬을 체계적으로 학습한다면, 개발 언어를 처음 공부하는 사람도 효과적으로 실력을 키울 수 있습니다.

1.4 ChatGPT에 명령(task)과 맥락(context)을 지정하기

앞에서 조금씩 ChatGPT를 사용해 보았는데, 이번에는 좀 더 탄탄하게 기본기를 다져보려고 합니다. 아래와 같은 내용들을 한번 고민해 볼 수 있습니다. ChatGPT가 학습한 60% 정도의 데이터가 영어로 구성되어 있기 때문에 아무래도 한글보다는 영어로 질문하는 것이 유리하지만 최근 버전들은 한글로 입력을 해도 큰 문제없이 답변이 잘 나오기는 합니다. 토큰이라는 것은 하나의 글자, 또는 단어가 될 수 있습니다. 토큰이라는 단위는 사용하는 언어와 환경에 따라 달라질 수 있습니다. 한글은 토큰의 숫자가 늘어나기 때문에 영어로 질문하는 것이 유리합니다. 우리는 일단 파이썬을 공부하면서 활용할 생각이기 때문에 토큰에 따른 비용을 신경쓰지 않고 한글로 질문을 하면 됩니다.

아무래도 명확하게 질문을 해야 정확한 답변을 얻을 수 있습니다. 내가 원하는 것이 파이썬 코드이고, 어떤 문제에 대한 답인지를 자세하게 기술하면 좋습니다.

- 올바른 질문을 해야 올바른 답변을 얻을 수 있다. – 사전 배경과 내가 원하는 내용이 무엇인지 정확하게 정리해서 질문한다.
- 한 번에 장황한 질문은 NO! 짧고 간결하게 질문하자.
- 올바른 결과가 나오지 않으면 여러 번 질문을 해도 된다.

ChatGPT의 장점과 단점을 정리해 보면 아래와 같습니다. 모든 경우에 적합한 만능의 도구는 아니지만 새로운 글을 작성하고 정리하고 코딩하는 능력은 정말 탁월합니다. 저도 요즘 블로그에 글을 쓰거나 코드를 작성할 때, 예제를 만들 때 도움을 많이 받고 있습니다. 이 책에 실린 그림과 코드를 생성하는 용도로도 사용을 했습니다.

장점

- 새로운 아이디어를 제공하는 능력: 책의 목차를 만들거나 새로운 아이디어를 정리해서 제공하는 능력이 좋다.
- 정리 요약 기능
- 간단한 코딩 능력

단점

- 일관성 없는 결과물

- 한글 입출력의 불편함

- ChatGPT 4o의 경우 2023년 10월까지 데이터만 학습을 했다. 최근 데이터가 없다. o4-mini의 경우는 2024년 6월까지의 데이터를 학습

- 내용이 올바른지 검증할 지식과 도메인이 필요

- ChatGPT는 학습하지만 학습하지 못한다 - 대화내에서 주고 받은 내용은 어느 정도 기억하지만 새로운 대화를 시작하면 새롭게 시작한다.

GPT4o의 경우 응답속도도 개선이 되고, 멀티모달이라는 형태로 문자, 그림, 음성등을 사용해서 실시간 작업을 할 수 있게 되었습니다. 마이크로소프트의 코파일럿을 사용하면 참고한 레퍼런스 주소도 보여줍니다. 구글의 AI Studio도 무료로 사용할 수 있는 토큰의 양이 많아지면서 상당히 인기를 끌고 있습니다.

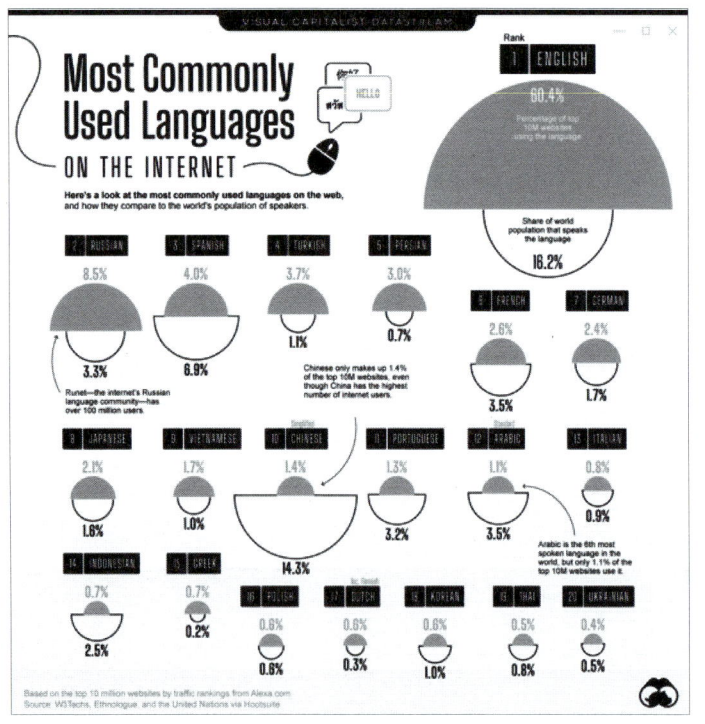

그림 1-38

위의 도표를 보면 생성형 AI 엔진인 ChatGPT가 학습한 자료의 양이 영어가 60%정도 되고, 한글은 0.6%정도 되는 것을 알 수 있습니다. 저는 개인적으로 영어를 잘하면 앞으로도 참 유리하겠다는 생각이 많이 들었습니다. 영어권에서 태어나서 일상적으로 영어를 사용하는 사람이라면 얼마나 좋을까? 이런 생각도 합니다. 그런데 생성형 AI를 꾸준히 사용하면 결국은 실시간으로 언어 문제도 해결될 것 같습니다. 온디바이스AI기기들이 꾸준하게 출시되면 조만간 언어의 장벽도 해결될 것 같습니다.

개발자나 엔지니어라면 어떻게 ChatGPT를 활용하면 좋을까요? 아래와 같이 정리를 해 보았습니다.

- 복잡한 코드를 분석할 때 도움이 된다.
- 특정 언어에 익숙하지 않을 때 코드 분석에 도움이 된다.
- 코드를 작성해 달라고 부탁할 수 있다.
- 생각보다 코드를 잘 만들어준다. 물론 해당 코드를 분석할 수 있는 사전 지식이 필요하다.
- 다양한 언어를 시도할 수 있다(python, JavaScript, Java, C#, C…)
- 버그 및 에러 찾기
- 문서화 작업
- 개발자 1명이 평생 볼 수 없는 엄청난 분량의 코드를 학습했다.

파이썬을 공부하면서 예제 코드를 작성해 달라고 해도 좋고, 다른 사람들이 작성한 코드를 설명해 달라고 요청을 해도 됩니다. 한 명의 개발자가 평생 볼 수 없는 엄청난 양의 코드(전세계 모든 도서관의 책과 커뮤니티의 글들을 학습한 ChatGPT)를 보고 학습한 엔진이기 때문에 꽤 품질이 좋은 코드를 생성해 줍니다. 우리는 파이썬 코드를 생성하고 있지만, Java, C#, JavaScript, Swift등과 같은 다양한 언어로 시도해 볼 수 있습니다. 저도 이미 알고 있는 개발언어로 다양하게 코드를 생성해 보고 있습니다. 개발자나 엔지니어가 알고 있는 지식과 경험이 풍부하다면 더 많은 작업들을 자동으로 처리할 수 있습니다.

ChatGPT활용의 한계점도 분명히 있습니다. LLM(Large Language Model-초거대 언어 모델)모델은 기본적으로 문장을 생성하기 때문에 환상(Hallucination)에 대한 문제를 기본적으로 가지고 있습니다. 이 부분은 개발자가 크로스 체크를 해야 합니다. 내가 이미 알고 있는 도메인 지식(업무에 관련된)이 앞으로는 더 중요해질 것으로 보고 있습니다. 예를 들면,

생성된 코드를 꼭 실행해서 결과가 잘 나오는지 검증을 해야 합니다. 또는 구글링을 통해 한번 더 체크를 해봐야 합니다. 회사 내부에서 사용하는 자료를 함부로 올리는 경우도 문제가 될 수 있습니다.

✳ 신뢰성과 보안문제

- 언제든 잘못된 정보를 생성할 수 있기 때문에 무조건 신뢰할 수 없다.
- 반드시 생성된 내용을 재검토를 해야 한다.
- 아울러 ChatGPT가 제공하는 코드나 문서는 비슷한 질문을 하는 다른 사람에게도 동일하게 제시될 수 있어 보안 취약성에도 주의해야 한다.

✳ 저작권문제

- 비주얼 스튜디오 코드 코파일럿(코딩을 할 때 자동으로 코드를 추천해주는 기능)과 마찬가지로 ChatGPT에서 제공한 코드에는 저작권 문제가 있을 수 있다. 이 부분은 참조하는 코드를 약간씩 수정해서 보여주기 때문에 문제를 피해가고 있습니다.

앞으로 개발자가 사라질 것인가? 라는 주제로 많은 의견들이 각 커뮤니티에 올라오고 있습니다. 개인적으로는 오히려 개발자가 더 필요하지 않을까라고 생각하고 있습니다.

다만 경험이 많은 시니어 개발자들에게는 유리한 환경이지만, 초보 개발자가 앞으로 살아남기는 더 힘들어질 것이라는 전망도 나오고 있습니다. 우리는 꾸준히 스킬업을 해서 살아남아야 합니다. 생성형 AI 엔진을 하나의 도구(Tool)로 열심히 사용하면 됩니다. 앞으로 살아남는 개발자는 이런 생성형엔진을 활용하면서 전체 코드를 조율하고 튜닝할 수 있는 사람들이 몸값이 더 높아지고 살아남을 확률이 커질 것으로 전망합니다. 하지만 사람은 사실 쉽게 변하지 않습니다. 그래서 예상과 다르게 천천히 문화가 변할겁니다. 우리에게는 아직 준비할 수 있는 시간이 충분히 있습니다. 사회적, 문화적 충격이 오기전에 미리 미리 준비하면 됩니다.

🔆 앞으로는 개발자라는 직업은 사라지는가?

- 가까운 미래에 인공지능이 개발자를 완전히 대체하긴 어려울 것이다.
- 다만 인공지능이 점차 발전하면 기존에 개발자가 하던 역할을 대신 수행할 것이다.
- 따라서 개발자는 직접 코드를 분석하고 작성하는 역할에서 벗어나서, 인공지능을 감독하고 소프트웨어 개발 및 배포 과정에서 발생할 수 있는 리스크를 관리하는 역할로 바뀔 수도 있다.
- 단순 개발이 아닌 일종의 코드 컨설턴트 형태로 바뀔 수 있다.
- AI 디바이드의 시대: 이제는 생산형 AI를 잘 사용하는 개발자와 그렇지 않은 개발자로 나뉠 것이다.

프롬프트의 기본 구조는 내용과 형식으로 구성됩니다. 프롬프트 엔지니어라는 직업이 미국에서 새롭게 부상하는 직업이라는 기사가 있었습니다. 사실 누구나 생성형 AI 엔진을 사용하는 형태로 일의 형태가 변하고 있어서 시간이 지나면 이런 직업은 사라질 수 있습니다.

프롬프트에 말뭉치를 입력하는 약간의 요령이 필요합니다. 아래와 같이 프롬프트에 입력하는 내용에 명령(task) + 맥락(context)을 지정해야 합니다. 예를 들면, 파이썬이라는 언어로 어떤 흐름의 코드를 원하는지 명확하게 지정하면 좋습니다. 페르소나의 경우 특정 업종의 종사자로 지정할 수 있습니다. 파이썬 전문가, 마케팅 전문가, UI/UX전문가와 같은 형태입니다. 예시의 경우 예를 추가로 들어주면 좋습니다. 포맷의 경우도 일반 텍스트, 도표, 이미지, JSON(JavaScript Object Notation), HTML등을 지정할 수 있습니다. 어조는 생성되는 문장의 톤을 조절하는 경우에 사용하면 좋습니다.

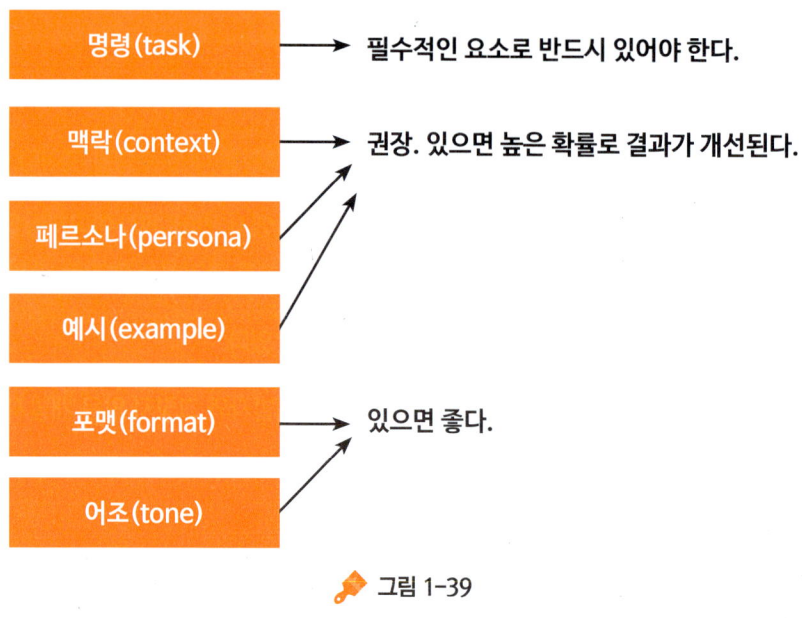

그림 1-39

프롬프트를 잘 활용하려면 아래와 같이 명확하게 입력을 하면 좋습니다.

- 명령(task): 명령은 반드시 포함되어야 합니다. ~작성해줘. ~코드를 생성해줘와 같은 서술어 형태로 제시해야 합니다. 자세한 답변을 원한다면 한번에 하나의 명령(task)만 주는것이 좋습니다.

- 맥락(context): 맥락에 대한 설명도 충실히 해야 합니다. 어떤 배경인지, 어떤 조건이나 규칙이 있는지, 최종적으로 어떤 산출물이 나와야 하는지를 상세히 설명합니다. 상황을 구체적으로 제시할수록 ChatGPT가 맥락을 파악하기 쉬워져서 훌륭한 답변을 제공합니다.

- 페르소나 [persona]: 해당 문제를 가장 잘 해결할 만한 사람이 누구일지 상상하고, 그 역할을 맡아서 대화하라고 하면 도움이 됩니다. 예를 들면 '애플의 CEO입장에서 애플의 생태계를 설명해봐'와 같이 특정 직업군을 지정합니다.

- 예시(example): 예를 들면 아래와 같이 설명할 수 있다를 추가합니다. 추가로 적절한 예를 제시합니다.

- 포맷(format): 리스트 형태로 생성해줘. 도표 형태로 만들어줘. 파이썬 코드로 생성해줘와 같이 특정 포맷을 명시하면 더 좋습니다.

- 어조(tone): 결과물의 어조도 정할 수 있습니다. '간단명료하게', '친근한 말투로' 같은 형용사를 주거나, 특정 텍스트의 어조를 따라하라고 하면 됩니다.

내가 원하는 결과와 다르게 나오면 한번이 아닌 여러 번 요청을 해서 수정해 달라고 계속 요구를 해도 됩니다. 내 옆자리에 경험이 풍부한 시니어 개발자를 동료로 두고 모르면 물어보고, 필요하면 귀찮은 코딩을 시키는 느낌을 계속 받게 됩니다. 물론 ChatGPT는 기계이기 때문에 갑자기 주제가 변경되는 것을 인식하지 못합니다. 새로운 주제의 대화가 시작되어야 한다면, 왼쪽 상단에 있는 "새 채팅"버튼을 클릭해서 새로운 대화를 시작해야 합니다.

프롬프트에서 아래와 같은 형식을 지정할 수 있습니다.

✅ 표 1-2

원하는 출력 형식	영어 프롬프트	한글 프롬프트
텍스트	Write it in plain text format.	일반 텍스트형식으로 써주세요.
리스트	Make it in list format.	리스트형식으로 만들어주세요.
도표	Make it in tabular(table) format	도표형식으로 만들어주세요.
CSV	Make it in CSV format	CSV형식으로 만들어주세요.
HTML	Make it in HTML format	HTML형식으로 만들어주세요.
마크다운	Make it in Markdown format	마크다운형식으로 만들어주세요.
프로그램 코드	Make it in Python format	파이썬코드를 만들어주세요.

우리는 앞으로 대부분 파이썬 코드를 생성해달라고 요청을 하면 됩니다. 다만 글을 작성하거나 다른 포맷을 요구하면 리스트형태나 도표(Table)형태로 만들어 달라고 요청을 하면 됩니다. CSV(comma-separated values-보통은 데이터로 사용하는 파일포맷), HTML포맷도 상당히 잘 생성합니다.

아래와 같이 다양한 포맷으로 생성해 달라고 시도하면 됩니다.

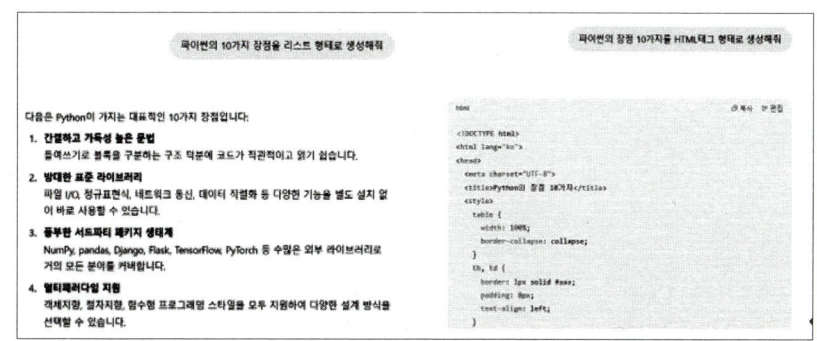

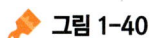

그림 1-40

다음과 같이 요청을 해도 됩니다. 어떤 단어를 배치하는지에 따라서 결과물이 달라집니다. '써주세요(Write)'의 경우 일반적인 텍스트 결과물을 원할 때 사용합니다. '생성해주세요(Generate)'라고 요청을 해도 됩니다. 우리는 파이썬 코드를 생성해 달라, 리스트를 만들어 달라고 요구하면 됩니다.

아니면 이해가 잘 안되는 내용들은 '설명해주세요(Explain)'라는 단어를 사용하면 좋습니다. 어떤 부분이 다른지를 자세하게 설명해달라고 하면 됩니다.

긴 보고서의 경우 '요약해달라(Summarize)'라고 해도 됩니다. 정보가 너무 많다면 '분석해달라(Analyze)'라고 해도 됩니다. 창의적인 아이디어가 필요한 경우라면 '브레인스토밍(Brainstorm)'이라고 부탁해도 됩니다. 정말로 가능성이 많은 ChatGPT입니다.^^

표 1-3

명령어	용도	활용 사례
써주세요 Write	일반적인 텍스트 결과물을 원할 때 사용한다.	초보자를 위한 파이썬책의 목차를 써주세요.
생성해주세요 Generate	특정 표나 리스트, 코드처럼 형식을 갖추고 있는 것을 써달라고 할 때 주로 사용한다.	Python의 List, Dict, Set, Tuple을 비교하는 설명과 코드를 생성해주세요.
설명해주세요 Explain	더 자세하게, 쉽게, 다르게 설명이 필요할 때 사용한다.	ChatGPT에 대해서 아이들도 이해할 수 있게 1000자이내로 설명해주세요.
요약해주세요 Summarize	긴 문장을 짧게 요약할 때 사용한다.	아래의 기사를 주요 아이디어 5개로 요약해주세요.
분석해주세요 Analyze	산재된 정보를 원하는 목표와 형식으로 분석할 때 사용한다.	아래의 데이터를 분석하고 3개의 글머리 기호로 간략한 의견을 써주세요.
브레인스토밍 Brainstorm	제약없이 창의적인 아이디어를 요청할 때 사용한다.	한국의 저출산문제에 대한 창의적인 솔루션을 브레인스토밍해주세요.

> 파이썬의 장점을 5살 아이도 이해할 수 있게 쉽게 설명해줘

파이썬은 이렇게 멋진 점이 있어요. 마치 다섯 살 친구도 쉽게 알 수 있는 이야기로 설명해 줄게요!

1. **말랑말랑한 블록 놀이 같아요**
   파이썬은 블록을 맞추듯이 차례차례 문장을 써요. 그래서 마치 레고 블록을 쌓듯 쉽고 예쁘게 코드를 만들 수 있어요.

2. **친구가 정말 많아요**
   파이썬으로 뭘 만들고 싶을 때, 이미 만들어진 작은 장난감(라이브러리)을 가져다 쓸 수 있어요. 마치 블록 가게에 멋진 장난감이 잔뜩 있는 것과 같죠.

3. **어디서든 놀 수 있어요**
   집에 있는 컴퓨터든, 엄마 회사 컴퓨터든, 학교 컴퓨터든 파이썬을 설치하면 바로 놀 수 있어요. 마치 어디를 가든 공놀이를 할 수 있는 것처럼요.

4. **생각이 바로바로 보여요**
   그림을 그리거나 계산을 해보고 싶으면, 바로 코드를 쓰고 "실행" 버튼만 누르면 돼요. 아이스크림을 빨리 먹고 싶을 때 종이컵에 바로 담아주는 기계 같아요!

 그림 1-41

특정분야의 전문가로 만드는 "페르소나" 프롬프트 전략도 있습니다. 예를 들면, UX Designer라고 운을 띄우고 작업을 진행합니다. 그러면 그런 관점의 글이 생성됩니다. '영화 전문가로서, CEO처럼 말을 해줘, 글을 생성해줘'라고 요청을 하면 꽤 재미있는 페르소나로 생성됩니다. 이런 내용들을 알아내서 전파해주시는 분들도 참 대단합니다. 저도 많은 글과 책을 통해 도움을 받고 있습니다.

- 특정분야의 전문가로 만드는 "페르소나 프롬프트"
- Act as UX Designer라고 운을 띄우고 입력한다.
- Act as Movie Director
- Act as CEO 와 같이 입력하면 회사의 대표처럼 글을 작성해준다.

애플의 아이폰의 UX에 대해서 UX Designer로써 장점을 10가지 정리해줘

2초 동안 생각함 >

다음은 UX 디자이너 관점에서 바라본 애플 아이폰의 주요 UX 장점 10가지입니다:

1. **일관된 디자인 언어 (Human Interface Guidelines) 적용**
    - 애플의 HIG를 기반으로 앱 전반에 걸쳐 일관된 아이콘, 타이포그래피, 간격을 유지해 사용자가 학습 없이도 직관적으로 인터페이스를 이해할 수 있습니다.
2. **제스처 중심의 내비게이션**
    - 홈 버튼 제거 이후부터 도입된 스와이프·탭 중심 내비게이션은 물리적 제스처와 디지털 동작이 자연스럽게 결합되어 흐름이 끊기지 않습니다.
3. **디테일을 살린 모션 디자인**
    - 앱 전환, 버튼 누름, 로딩 애니메이션 등 세밀한 모션 피드백으로 인터랙션의 결과를 시각·촉각적으로 명확히 전달합니다.

그림 1-42

마치 내가 애플의 CEO가 된 느낌으로, Act as CEO 와 같이 입력하면 회사의 대표처럼 글을 작성해주기도 합니다. 참으로 신통한 생성형 엔진입니다. 꾸준하게 사용하면서 계속 활용하는 방법들이 나오고 있습니다.

애플의 CEO처럼 아이폰, 아이패드, 맥북의 연결성과 장점을 설명해줘

다음은 애플의 CEO가 무대 위에서 발표하듯, 아이폰·아이패드·맥북이 한몸처럼 연결되어 제공하는 경험과 그 장점을 정리한 내용입니다.

1. 완전한 에코시스템 연결성

- **Handoff & Continuity**
    - 이메일 작성, 웹 브라우징, 문서 편집 등 한 기기에서 시작한 작업을 다른 기기에서 즉시 이어서 할 수 있습니다. 예를 들어, 아이폰에서 작성하던 메일을 맥북에서 클릭 한 번으로 마무리할 수 있습니다.
- **Universal Clipboard**
    - 아이폰에서 복사한 텍스트나 이미지를 아이패드·맥북에서 붙여넣기 가능. 작은 화면에서 복사한 내용을 큰 화면에서 바로 활용할 수 있어 생산성이 극대화됩니다.

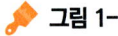

그림 1-43

프롬프트을 입력할 때 2가지 방법을 사용할 수 있습니다. 싱글턴과 멀티턴은 프롬프트 사용 횟수를 기준으로 구분하며, 각 방식에 따라 결과물 생성 시간과 품질이 달라지기도 합니다. 한번 질문을 했는데 제대로 생성이 안되면 에러를 수정해 달라고 요청을 하거나 다시 만들어 달라고 요청을 하면 됩니다. 원하는 답변이 나올때까지 계속 추궁(?)을 하면 됩니다. ㅎㅎ

📙 표 1-4

구분	싱글턴	멀티턴
프롬프트 사용 횟수	한번	여러번
결과물 생성 시간	짧음(수초에서 수십초 이내)	싱글턴에 비해 긴 시간 소요
결과물 품질	정형화된 업무라면 멀티턴과 유사한 결과물 확보 가능	대부분 싱글턴에 비해 더 나은 품질의 결과물을 받을 수 있음
난이도	보통-높음	높음

매번 생성되는 결과가 달라질 수 있기 때문에 제가 보여드리는 결과와 다르게 나올 수 있습니다. 사용하는 ChatGPT의 버전에 따라서도 조금씩 다르게 나옵니다. 다만 많이 사용하지 않는다면 무료 버전으로 사용하시고, 업무에 적극 활용하겠다면 하면 매달 20불정도의 금액으로 결제해서 사용해도 됩니다. 일단 사용을 해보는 것이 중요합니다. 생성형 AI 엔진을 사용해 보면 생각이 바뀔 수 있습니다. 앞으로 얼마나 이 시장이 커지고 방대하게 사용될지 사뭇 궁금하기도 합니다.

1.5 마이크로소프트의 코파일럿 사용하기

마이크로소프트에서 제공하는 코파일럿(copilot)은 아래의 웹사이트를 통해 서비스 받을 수 있습니다. 코파일럿은 부조종사라는 의미의 단어입니다. 내 옆자리에 코딩 잘하는 개발자를 한명 두고 같이 일을 하는 느낌으로 활용할 수 있습니다.

 https://copilot.microsoft.com/

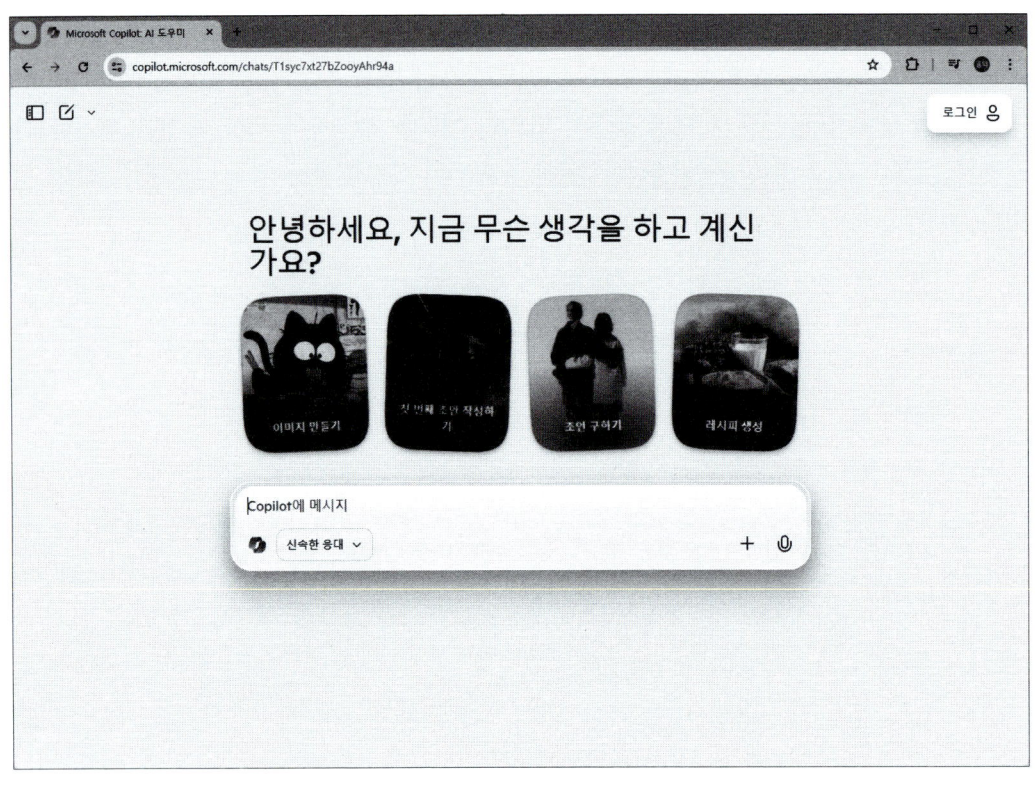

그림 1-44

마이크로소프트의 계정이 없다면 기존 사용하던 구글의 지메일 계정을 연동해서 사용하면 됩니다. 구글의 지메일 계정이 있으면 다양한 생성형 AI 서비스를 연결해서 사용할 수 있어서 편리합니다.

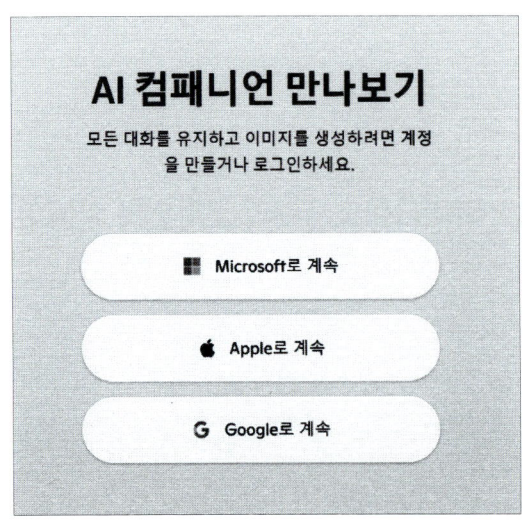

그림 1-45 계정 생성

🖌 **그림 1-46** 기존 지메일 계정과 연동하는 경우 간단한 정보들을 입력하면 됩니다.

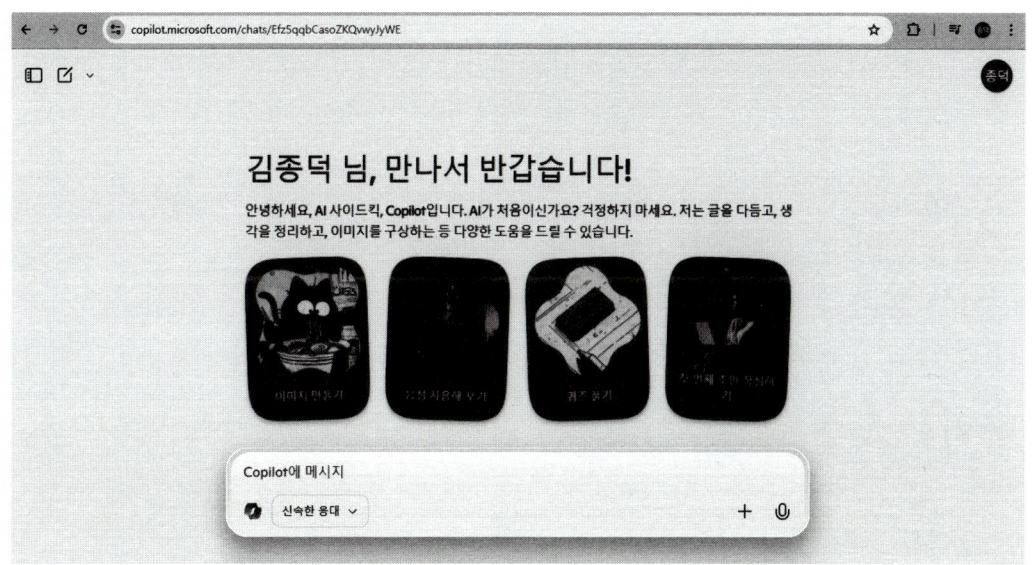

🖌 **그림 1-47** 코파일럿에서 이미지 만들기

프롬프트에 아래와 같이 입력을 했습니다.

> 서울의 남산을 배경으로 맥북을 들고 있는 2명의 한국의 20대 남성과 여성 개발자가 웃고 있는 사진을 생성해줘

생성된 결과입니다. 꽤 이미지를 잘 생성합니다. ㅎㅎ 이미지 생성을 자주 하지 않는다면 쏠쏠하게 사용할 수 있습니다. 저도 가끔씩 사용하고 있습니다.

그림 1-48 생성된 이미지

이렇게 생성된 이미지를 클릭해서 다운로드 받으면 다양한 문서에 활용할 수 있습니다. 저작권이 없는 이미지이기 때문에 필요하면 내 업무에 사용할 수 있습니다.

1.6 구글의 AI Studio 사용하기

구글의 지메일 계정은 대부분 사용하시는 분들이 많기 때문에 구글에 가입하는 부분은 생략하겠습니다. ㅎㅎ 아래와 같이 입력하면 바로 구글 계정과 연동해서 구글의 AI Studio를 사용할 수 있습니다.

사실 구글은 인공지능의 붐을 일으킨 회사인데 한동안 OpenAI에 뒤쳐진 것 같은 느낌을 받았습니다. 2025년 5월에 구글IO행사에서 다시 화려하게 부활한 구글의 인공지능 서비스들을 만날 수 있었습니다. 치열한 경쟁으로 소비자인 우리는 좀 더 저렴하게 또는 무료로 다양한 생성형 AI 서비스를 사용할 수 있습니다.

> https://aistudio.google.com/prompts/new_chat

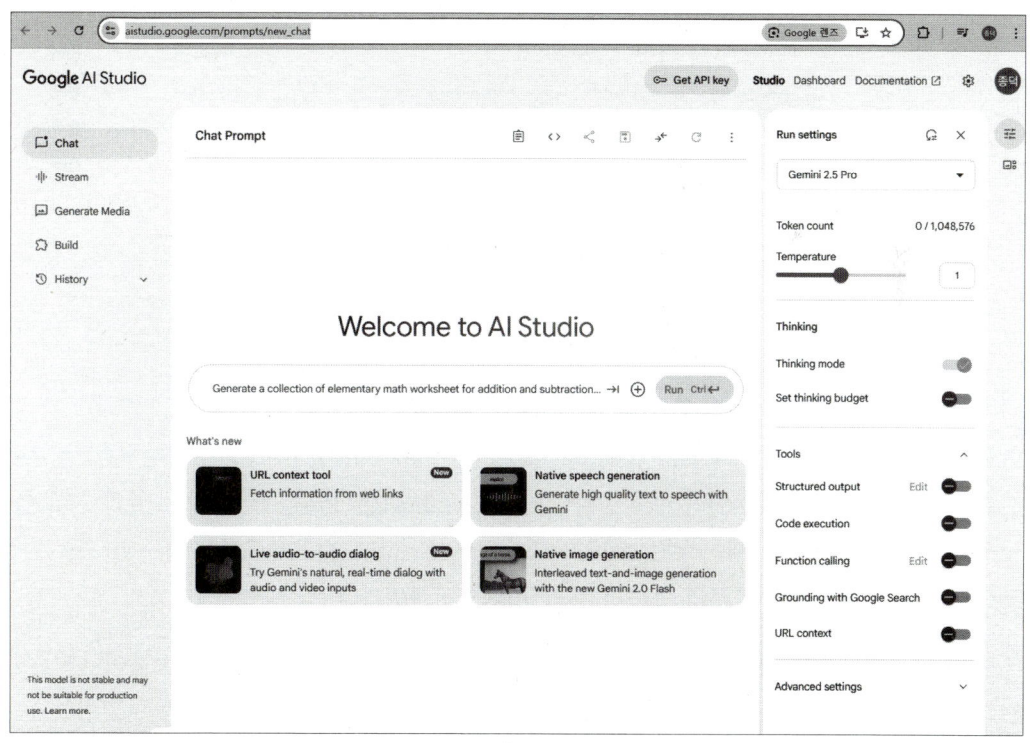

그림 1-49 구글의 AI Studio

사용법은 ChatGPT와 동일합니다. 왼쪽에 있는 "Chat"을 클릭해서 프롬프트에 내용을 입력하면 됩니다.

> 생성형 AI의 종류를 정리해줘

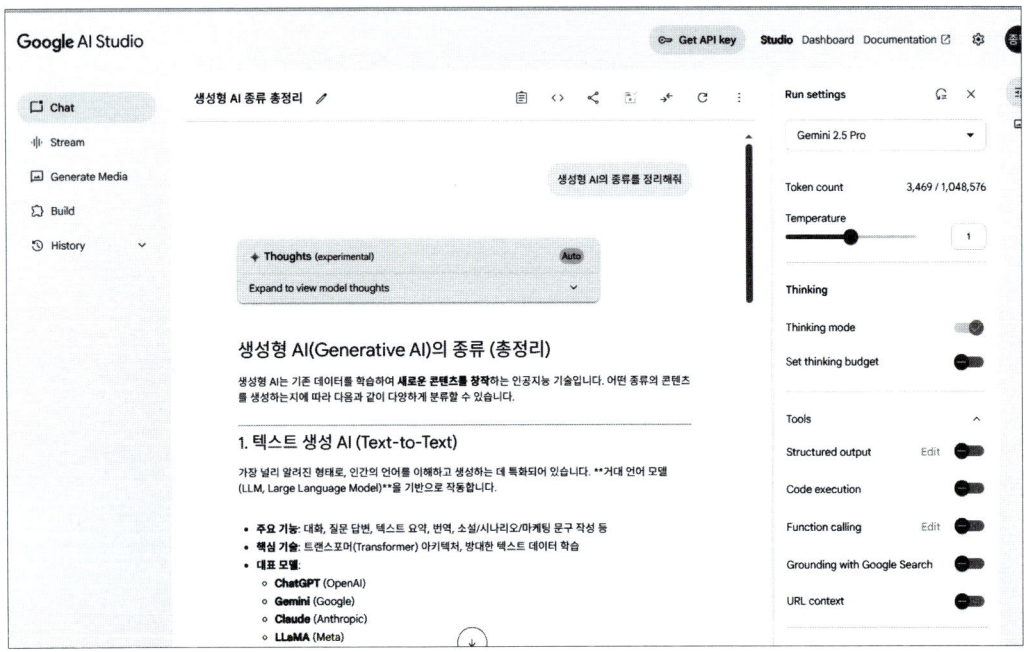

🖌 **그림 1-50** 구글의 AI Studio 사용하기

구글 AI Studio의 경우 왼쪽에 "Chat", "Stream", "Generate media"메뉴가 있습니다. 각각 채팅을 하거나 라이브 스트림을 하거나 이미지와 비디오를 생성할 수 있는 메뉴들입니다.

현재 제가 사용하고 있는 모델은 "Gemini 2.5 Pro", "Gemini 2.5 Flash"입니다. 앞으로 버전은 계속 올라갈겁니다. 일반적인 상황에서는 Gemini 2.5 Pro를 사용해서 글과 코드를 생성하면 됩니다. 좀 더 빠른 반응속도가 필요하면 Gemini 2.5 Flash를 사용하면 됩니다. 무료로 사용할 수 있는 토큰의 숫자가 무려 100만 토큰입니다.

온도(Temperature)의 경우 0에 가까우면 사실에 기반한 딱딱한 어조로 출력물이 만들어집니다. 온도를 1로 높이면 좀 더 창의적인 결과물이 나옵니다.

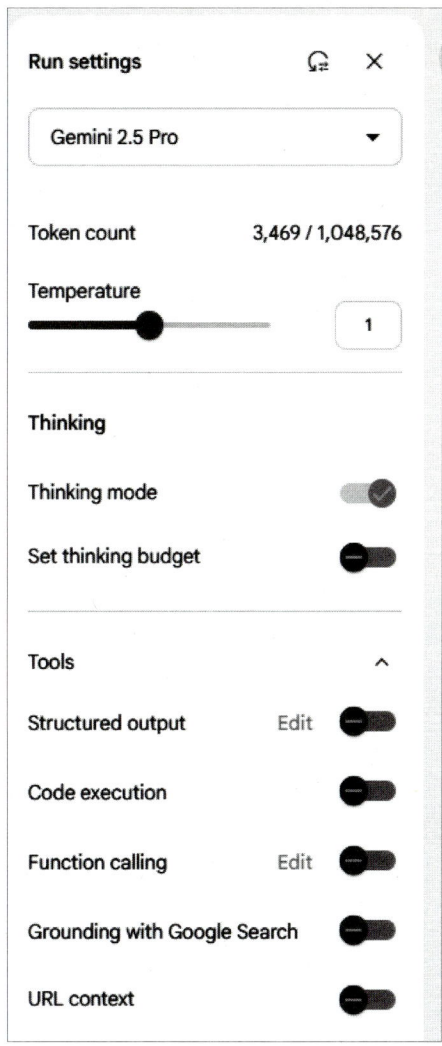

🔑 **그림 1-51** LLM 모델과 토큰 숫자와 온도를 조절할 수 있는 메뉴

빅테크들의 경쟁이 치열해지면서 ChatGPT를 사용하던, 코파일럿을 사용하던, 구글 AI Studio를 사용하던 비슷한 결과들이 나오고 있습니다. 소비자 입장에서는 이렇게 무료로 사용할 수 있거나 저렴한 가격으로 사용할 수 있는 서비스들이 많은 것이 장점이라고 할 수 있습니다.

전체적인 사용성을 생각하면 아직도 ChatGPT가 상당히 마음에 듭니다. 다만 코드 생성은 클로드의 손을 들어주는 개발자들이 많아졌습니다. 비용을 생각하면 구글의 AI Studio도 상당히 마음에 듭니다. 비주얼스튜디오 코드에서 무료로 사용할 수 있는 코파일럿도 상당히 좋은 코드 생성 서비스입니다.

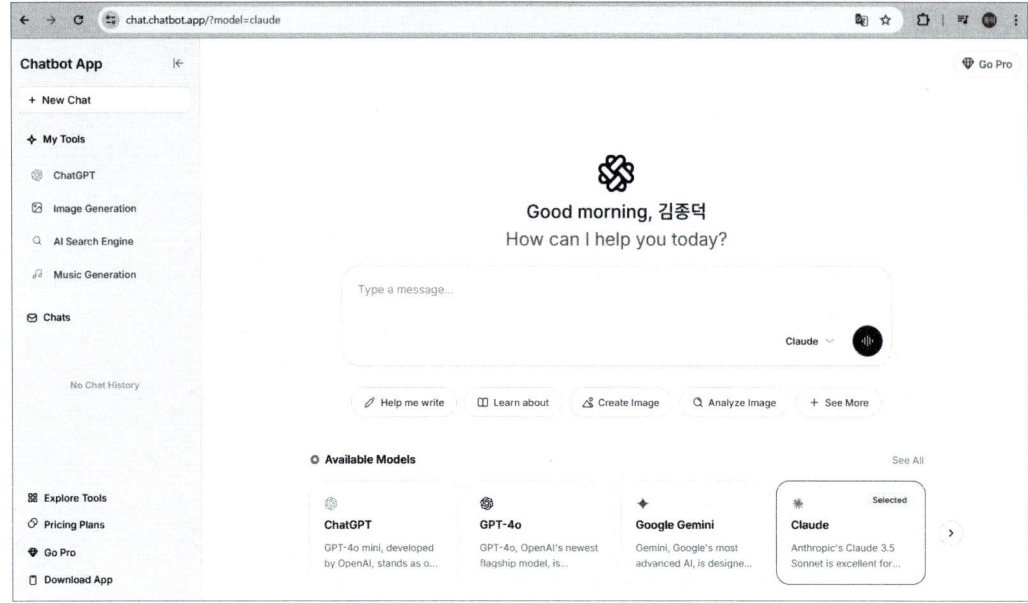

그림 1-52 클로드를 사용하기

요즘은 LLM 모델을 다운로드 받아서 오프라인 상태에서도 사용이 가능해졌습니다. PC나 노트북에 다운로드 받아서 설치형으로 사용해도 됩니다. 작은 크기의 모델들이 나오고 있어서 저도 가끔씩 사용하고 있습니다. 아래의 주소에서 윈도우용, 맥용을 다운로드 받을 수 있습니다. 윈도우 노트북과 맥미니 m4를 같이 사용하고 있는데 파이썬과 비주얼스튜디오코드, LM Studio를 모두 동일하게 사용할 수 있습니다.

https://lmstudio.ai/

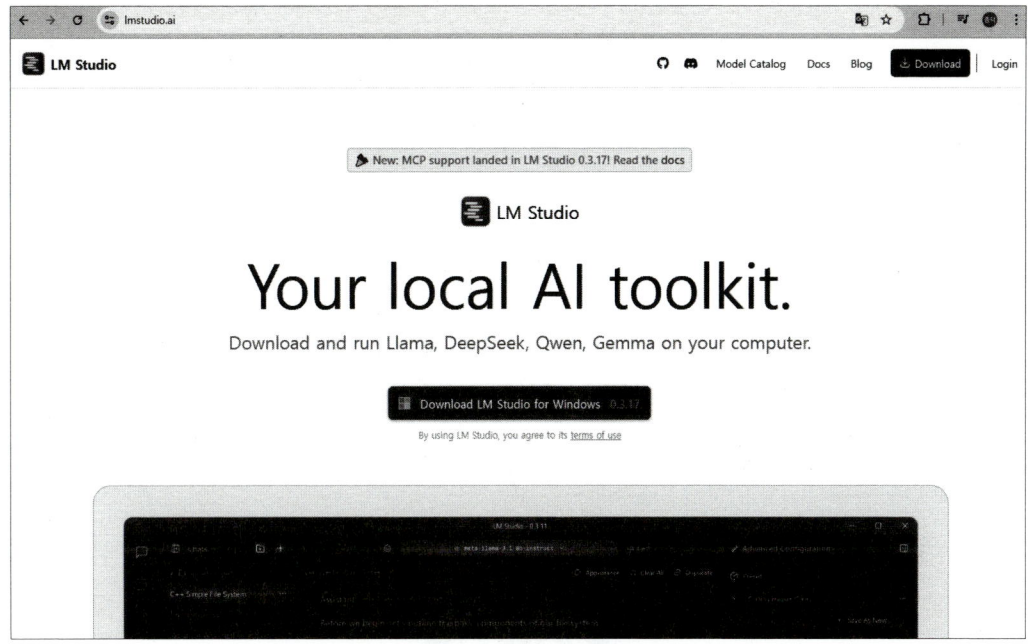

그림 1-53 LM Studio 사용하기

앞으로는 이렇게 작은 모델로 특화된 LLM 엔진들을 다양하게 사용할 것 같습니다. 이미 스마트폰에 탑재되서 활용하는 내용들이 나오고 있습니다. 온라인이 아닌 오프라인 상태에서도 활용할 수 있게 되었습니다. 얼마나 더 발전할지 흥미진진합니다. ㅎㅎ

챗GPT를 활용한
파이썬 프로그래밍

2장
파이썬의 자료 형식과 연산자 사용하기

2.1 　변수와 함수에 대한 기본 개념

2.2 　숫자와 문자열 형식 사용하기

2.3 　문자열에서 인덱싱과 슬라이싱 사용하기

2.4 　List, Tuple, Set, Dict 형식 사용하기

2.5 　값 형식(Value Type)과 참조 형식(Reference Type) 비교하기

2.6 　파이썬의 연산자 사용하기

2.7 　ChatGPT로 기본 형식에 대한 코드를 생성해서 연습하기

2.1 변수와 함수에 대한 기본 개념

프로그래밍을 할 때 기본적으로 변수와 함수라는 개념을 사용하게 됩니다. 변수는 임시로 메모리에 데이터를 저장하는 것을 의미합니다. 값을 임시로 저장해 두고 계산을 하거나 나중에 사용할 것을 미리 담아둔다고 생각하면 됩니다. 요리에 비유를 하자면 별도의 그릇에 각각의 요리재료들을 담아둔 것을 생각하면 됩니다. 각 그릇에 담아둔 재료를 가지고 맛있는 요리를 하기 위한 사전 준비 작업에 해당됩니다.

변수명을 만들 때 주의할 점은 아래와 같습니다.

- 변수의 이름은 알파벳, 숫자, 언더바로 구성됩니다.
- 변수의 이름에 첫 글자는 숫자로 시작할 수 없습니다.
- 여러 개의 단어를 연결하는 경우 각 단어의 첫글자를 대문자로 지정하거나 첫 단어 전체를 소문자로 지정합니다.
- 파이썬의 키워드(예약어)를 변수명으로 사용하면 안됩니다.

예를 들면, num1, strA, x, y와 같이 변수명을 사용할 수 있습니다.

1num, 2num과 같이 변수명을 사용하면 안됩니다. 숫자가 맨 앞에 나오는 것은 허용되지 않습니다. 클래스이름(일종의 형식을 새롭게 정의하는 것)의 경우 DemoProduct와 같이 각 단어의 첫글자를 대문자로 지정합니다.

변수명과 함수명의 경우 getProduct(), updateProduct()와 같이 첫단어를 소문자로 지정하고 두 번째부터의 단어는 첫글자를 대문자로 지정합니다.

아래의 그림처럼 변수는 하나의 박스 또는 그릇이라고 생각할 수 있습니다. 여기에 외부에서 볼 수 있도록 라벨을 붙여둔 것이 변수명입니다. 계산을 위한 데이터나 입력받은 값, 텍스트파일에서 읽은 문자열 등을 저장할 수 있습니다.

그림 2-1 파이썬의 변수

2.2 숫자와 문자열 형식 사용하기

파이썬의 내장 형식들을 사용해 봅니다. 파이썬에는 다른 언어에서 사용하는 선언이라는 개념이 없기 때문에 형식을 미리 지정할 수 없습니다. 그래서 변수를 선언하는 것이 아닌 변수의 초기화 작업이라고 말하기도 합니다. 파이썬에서 숫자형식은 정수형과 실수형을 사용할 수 있습니다.

```
x = 100
y = 3.14
```

위와 같이 초기화를 하면 정수형(int)과 실수형(float)으로 초기화됩니다.

문자열의 경우 "demo", 'demo'와 같이 문자열 데이터를 묶어주면 str 형식으로 초기화됩니다. 큰따옴표와 작은따옴표를 구분하지 않고 사용할 수 있습니다. 다른 언어의 경우 string 형식이라고 말하는 형식이 파이썬에서는 str 형식입니다. 파이썬은 축약된 형태의 단어들을 많이 사용하는 간결하고 실용적인 언어입니다.

```
strA = "python is very powerful"
strB = "파이썬은 강력해"
```

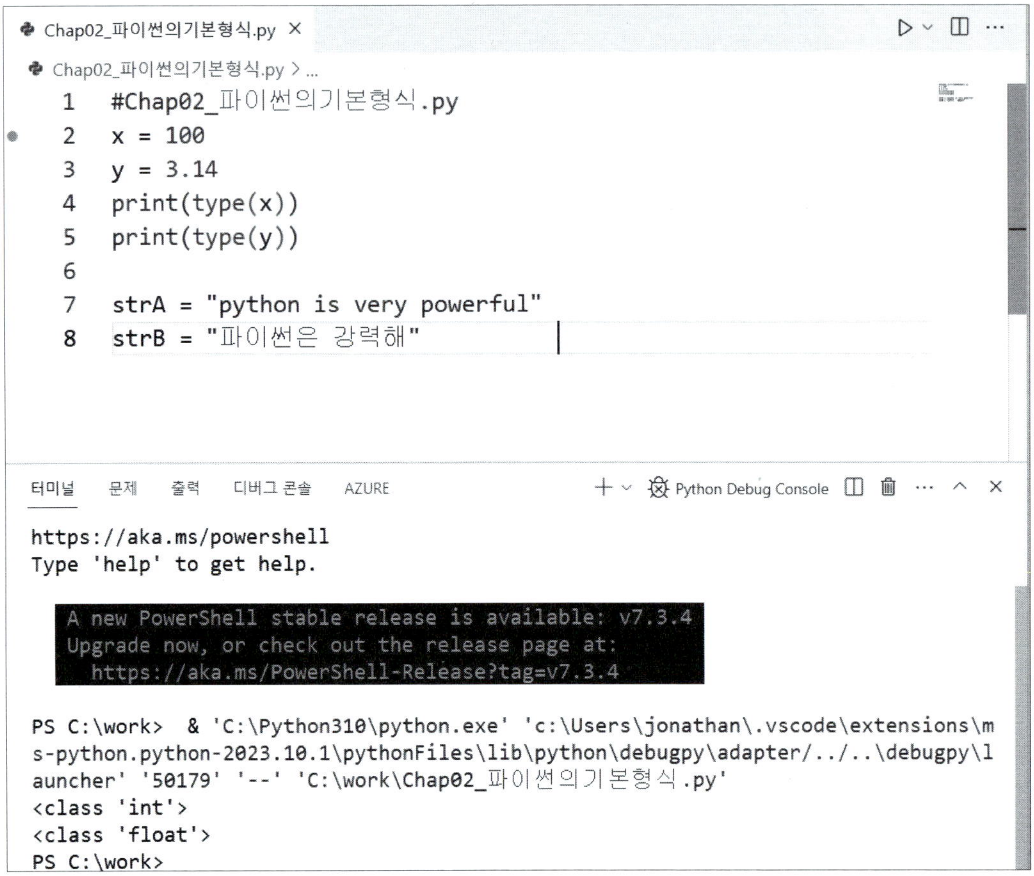

Chap02_파이썬의기본형식.py
Chap02_파이썬의기본형식.py > ...
1 #Chap02_파이썬의기본형식.py
2 x = 100
3 y = 3.14
4 print(type(x))
5 print(type(y))
6
7 strA = "python is very powerful"
8 strB = "파이썬은 강력해"
터미널
문제
출력
디버그 콘솔
AZURE
Python Debug Console
https://aka.ms/powershell
Type 'help' to get help.
A new PowerShell stable release is available: v7.3.4
Upgrade now, or check out the release page at:
https://aka.ms/PowerShell-Release?tag=v7.3.4
PS C:\work> & 'C:\Python310\python.exe' 'c:\Users\jonathan\.vscode\extensions\ms-python.python-2023.10.1\pythonFiles\lib\python\debugpy\adapter/../..\debugpy\launcher' '50179' '--' 'C:\work\Chap02_파이썬의기본형식.py'
<class 'int'>
<class 'float'>
PS C:\work>

그림 2-2 파이썬의 변수와 함수 사용

위와 같이 입력하고 Chap02_파이썬_기본형식.py로 저장해서 마우스 오른쪽 버튼을 클릭해서 "파이썬 실행" → "터미널에서 파이썬 파일 실행"을 클릭하면 됩니다. 각각 정수와 실수 값이 출력되고 형식 정보가 출력됩니다.

len()이라는 함수는 문자열의 길이(글자의 숫자)를 리턴합니다. 함수는 어떤 기능들이 구현된 것을 의미하는데, 파이썬에는 우리가 미리 정의된 기능들을 불러서 사용할 수 있는 함수들이 수백 개 정도 제공됩니다. 개발자가 필요한 도구들을 처음부터 전부 만들면서 작업을 할 수 없기 때문에 기본적인 기능들은 대부분 내장 함수들로 제공됩니다. 많이 사용하는 기본 기능들이 내장된 함수 형태로 제공된다고 생각하면 됩니다.

변수와 함수는 뒤쪽에 붙는 ()(괄호)를 통해서 쉽게 구분할 수 있습니다. 변수명 끝부분은 ()가 없고, 함수명 끝부분은 ()가 붙는 것을 볼 수 있습니다.

함수(Function)는 우리가 원하는 코드를 미리 저장해 두고 해당 이름을 호출해서 입력 데이터(매개변수, 파라메터)를 넘기면, 원하는 출력을 얻을 수 있습니다.

그림 2-3 파이썬의 함수

다중라인(Multiple line)으로 저장할 경우 """, '''를 앞뒤에 기술하면 됩니다. 큰따옴표나 작은따옴표가 3개씩 앞뒤에 있는 형태입니다. 우리가 엔터키를 입력하면 내부적으로 "₩n"으로 저장됩니다. 이러한 문자들을 특수문자(Escape Character)라고 말합니다. 개행문자(newline) 또는 줄바꿈 문자라고도 합니다.

어떤 작업을 할 때 입력된 다중 라인을 그대로 저장해야 할 경우도 있습니다. 이런 경우 아래와 같이 사용할 수 있습니다.

```
strC = """다중 라인으로 저장할 경우
이렇게 묶으면
다중 라인으로 인식합니다."""
print(strC)
```

2.3 문자열에서 인덱싱과 슬라이싱 사용하기

문자열을 변수에 담아서 사용하는 경우 전체 문자열을 사용하기도 하고, 일부분을 잘라서 사용하기도 합니다. 전체 문자열이 부담스럽다면 이런 방법들을 사용할 수 있습니다.

앞쪽에서 뒤쪽으로 접근하는 경우(0, 1, 2…)

0	1	2	3	4	5
p	y	t	h	o	n
-6	-5	-4	-3	-2	-1

뒤쪽에서 앞쪽으로 접근하는 경우(-1,-2,-3…)

```
strA = "python"
strB = "파이썬은 강력해"
```

위의 문자열 변수에서 전체 문자열 변수를 사용해도 되고, 부분적으로 잘라서 사용할 경우는 strA[0], strA[1]와 같이 앞에서 뒤로 이동하는 경우는 0,1,2와 같이 번호를 지정해서 사용할 수 있습니다. 뒤에서 접근하는 경우는 -1,-2와 같이 지정해도 됩니다. 앞에서부터 접근할 때 0번부터 정수 첨자가 제공되는 것에 주의해야 합니다.

전체가 필요없다면 이렇게 필요한 구간만 지정해서 사용하는 것을 슬라이싱이라고 합니다. [시작:종료:스텝]으로 구성되어 있습니다. 하나의 숫자만 지정해서 인덱싱을 할 수도 있지만, 구간을 지정해서 [0:2]라고 시작과 종료를 지정하면 0부터 2번 인덱스 바로 앞까지 슬라이싱할 수 있습니다. 그러면 "py"라는 문자열을 리턴받게 됩니다. 조심할 부분은 종료값은 자기 자신의 값은 제외된다는 부분입니다. 0부터 카운트를 하기 때문에 2번 정수첨자(Index) 바로 앞까지만 포함이 됩니다.

그런데 이렇게 코딩할 경우 strA[0:2]라고 지정하는 것과 약식(축약된 형태)으로 strA[:2]라고 지정하는 것은 동일한 결과를 리턴받을 수 있습니다. 시작을 생략하면 무조건 0부터 슬라이싱이 됩니다. 종료를 생략하면 마지막방(끝부분의 첨자)까지 포함된다고 보면 됩니다. strB[:]와 같이 지정하면 시작과 종료가 생략된 경우로 전체를 의미합니다. 정수첨자를 사용하는 것이 어색하다면 방이라고 지칭을 해도 됩니다. 개발자들은 축약된 형태로 사용하는 것을 선호합니다. 그래서 다양한 표현식들을 모두 익혀야 합니다.

이런 표현식이 아직은 이해가 되지 않을 수 있습니다. 일반적으로 파이썬에서는 대량의 데이터를 다루는 경우가 많기 때문에 긴 문자열의 일부를 슬라이싱해서 필요한 구간만 추출해서 사용할 수 있습니다. 앞부분의 10개, 또는 뒷부분의 5개와 같이 지정하는 것이 가능합니다. 연습을 통해 이런 표현식이 익숙해져야 합니다. 여러 번 반복해서 연습하면 좋습니다.

전체코드입니다.

전체 코드

```python
#Chap02_문자열인덱싱과슬라이싱.py
strA = "python"
strB = "파이썬은 강력해"

print( strA[0] )
print( strA[1] )
print( strA[-1] )
print( strA[-2] )

#특정 영역을 지정하는 경우
print( strA[0:2] )
print( strA[:2] )
print( strA[-2:] )
print( strB[-3:] )
print( strB[:] )
```

실행 결과

```
p
y
n
o
py
py
on
강력해
파이썬은 강력해
PS C:\work>
```

2.4 List, Tuple, Set, Dict 형식 사용하기

여러 개의 데이터를 묶어서 한 번에 다룰 때 배열(Array)을 사용하게 됩니다. 예를 들면, 아래와 같이 빵을 파는 매장에서 빵을 살 때 쟁반에 담아서 다루는 경우를 생각해 볼 수 있습니다. 하나가 아닌 많은 빵을 담아서 이동해야 한다면 큰 쟁반이 필요합니다. 파이썬에서 많은 양의 데이터를 다룰 때 일반적으로 배열을 사용하게 됩니다. 1건이 아닌 1천건, 1만건의 데이터를 담을 그릇 또는 가방이 필요합니다.

또는 이렇게 생각을 해도 됩니다. 우리가 집에서 십자드라이버와 일자드라이버를 용도별로 준비해서 사용합니다. 아이폰의 경우 별모양의 드라이버를 사용하기도 합니다. 용도별로 상황에 맞게 사용할 수 있는 List, Tuple, Dict, Set형식이 준비되어 있다고 생각하면 됩니다. 사용하는 용도에 따라서 파이썬이 제공하는 미리 준비된 형식들에 담아서 사용하면 됩니다.

배열(Array)을 사용하는 이유: 많은 데이터를 다루는 경우에는 변수는 하나씩 초기화해서 사용하기 어렵습니다. 1천 개, 1만 개를 개별적으로 초기화할 수 없죠.

그래서 한 번에 많은 데이터를 저장해두고 필요한 데이터들을 입출력해서 사용하면 좋습니다. 이런 경우 파이썬의 내장 형식인 리스트(List), 튜플(Tuple), 세트(Set), 딕셔너리(Dict) 등을 사용할 수 있습니다. 앞으로 아래와 같은 코드를 많이 사용하게 됩니다. lst라는 변수에 5개의 숫자를 담은 리스트(List)형식을 초기화했다라고 말합니다.

```
lst = [1,2,3,4,5]
```

🔖 **그림 2-4** 배열은 여러 개의 데이터를 담는 그릇과 비슷합니다.

일종의 동적 배열(필요하면 얼마든지 추가하고 삭제할 수 있는)로 제공되는 것이 리스트 (List)형식입니다. []로 초기화하며, 입력한 순서대로 출력이 됩니다. 입력, 수정, 삭제, 검색 기능이 모두 제공됩니다. 개수는 len()내장 함수로 알 수 있습니다. 5개의 방에 각 숫자들이 저장되어 있고, 형식은 List임을 알 수 있습니다.

방번호	0	1	2	3	4
값	1	2	3	4	5

파이썬에서는 정수 첨자(방번호)가 0부터 시작되는 것에 조심하면 됩니다. 각 방에 있는 값들을 보면 1,2,3,4,5와 같은 값들을 지정해서 하나씩 추출할 수 있습니다.

🖌 **그림 2-5** 파이썬의 리스트형식

리스트에는 입력, 수정, 삭제, 검색 기능이 전부 가능합니다. 동적인 배열 형태로 사용할 수 있고, 필요하면 초기화한 후에 4개의 기능을 모두 사용할 수 있습니다. 입력된 순서대로 출력이 되는 형식입니다. 데이터를 담아서 사용하는 경우 주로 리스트와 딕셔너리가 많이 사용됩니다. 파이썬을 계속해서 사용하다 보면, 어떤 형식을 사용할지 감을 잡을 수 있게 됩니다. 파이썬을 공부하는 초기에는 [], (), {}와 같은 기호가 어떤 형식으로 초기화되는지를 암기해 두면 도움이 됩니다. 대괄호(Square bracket)라고 부르는 []를 사용해서 초기화 하면 리스트 형식이 됩니다.

리스트형식에 새로운 값을 추가할 경우 append() 메서드를 주로 사용합니다. 기존 리스트에 새로운 값을 뒤쪽에 차곡 차곡 첨부해주는 형태로 추가됩니다. 입력되는 값의 위치를 정해서 입력하는 경우는 insert(위치지정, 값)형태로 추가하면 됩니다. insert(1, 20)과 같이 실행하면, 1번방에 20을 추가합니다. 기존 값들은 뒤로 밀리게 됩니다. 기존 값을 수정하는 경우 lst[0] = 100과 같이 방번호를 지정해서 수정하면 됩니다. 일종의 정수첨자(0번, 1번과 같은 번호)를 활용해서 슬라이싱하거나 수정할 수 있습니다.

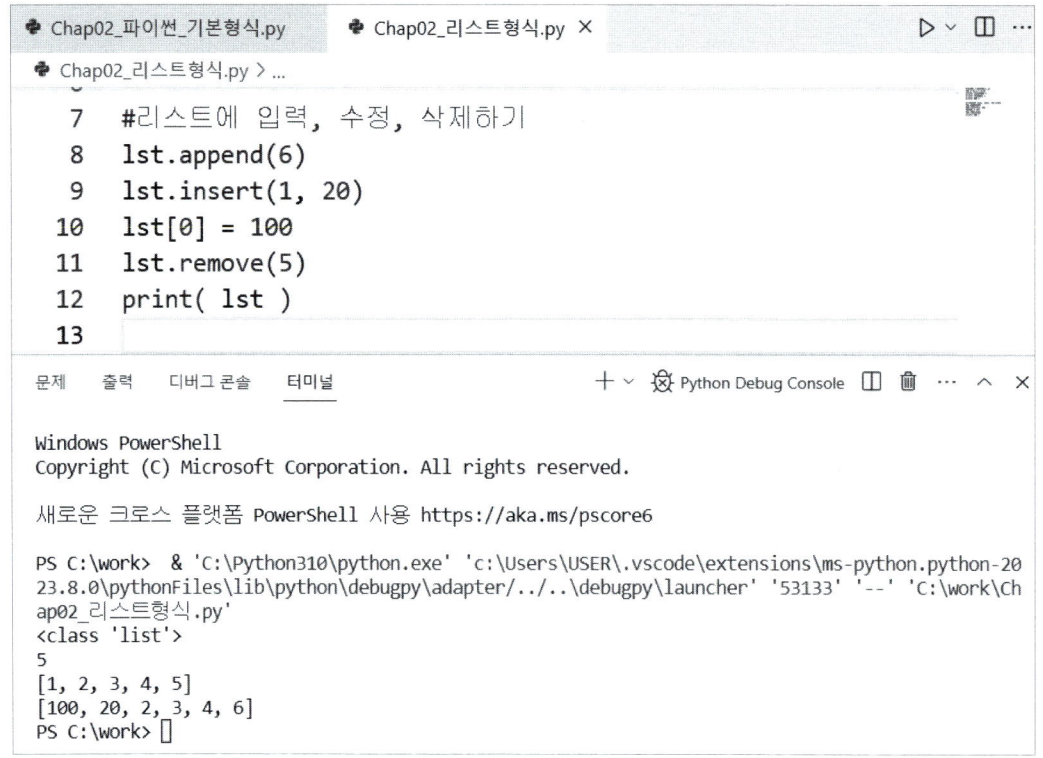

그림 2-6 리스트형식

전체 실습 코드는 아래와 같습니다.

전체 코드

```
#Chap02_리스트형식.py
lst = [1,2,3,4,5]
print( type(lst) )
print( len(lst) )
print( lst )

#리스트에 입력, 수정, 삭제하기
lst.append(6)
lst.insert(1,20)
lst[0] = 100
lst.remove(5)
print( lst )
```

실행 결과

```
<class 'list'>
5
[1, 2, 3, 4, 5]
[100, 20, 2, 3, 4, 6]
```

튜플(Tuple)의 경우 한 번에 묶어서 입력을 하거나 리턴을 하는 경우에 많이 사용합니다. 튜플은 둥근괄호 ()를 사용해서 초기화 합니다. 입력한 순서대로 출력이 되는데, 읽기전용으로 사용되며 제공되는 메서드는 index(), count()만 제공이 됩니다. 다양한 기능을 제공하는 리스트와는 다른 형식입니다. 튜플은 용도가 제한적입니다. 여러 개의 데이터를 실어 나르는 형태로 데이터를 담아서 실어 나르는 바구니라고 볼 수 있습니다. 요즘 물건을 구매해도 매장에서 비닐봉투를 주지 않기 때문에 개인적으로 에코백을 가지고 다닙니다. 이런 에코백에 데이터를 담아서 실어 나른다고 생각해도 됩니다. 튜플은 하나가 아닌 여러 개의 데이터를 담아서 한 번에 실어 나르는 용도로 사용합니다.

아래의 코드를 보면 튜플을 활용하는 몇 가지 예제들이 나옵니다. index() 메서드는 200이라는 값이 있는 방의 번호를 리턴합니다. count() 메서드는 300이란 숫자가 몇 번 나오는지 보여줍니다. "id: %s"라는 문자열은 %s라는 값을 입력 데이터로 튜플에 넘겨주면, "kim"이라는 문자열로 치환이 됩니다. 2개의 %s가 있는 자리에 튜플형식으로 2개의 값을 묶어서 한꺼번에 전달합니다. 각각 "kim", "김유신"이라는 문자열로 치환됩니다. 정수값으로 치환하는 경우라면 %d를 사용할 수 있습니다.

def라는 키워드는 파이썬에서 함수를 정의할 때 사용하는 키워드(파이썬 언어에 미리 예약된 단어)입니다. define이라는 단어의 약자를 사용한다고 생각하면 됩니다. 간단하게 def times(a,b):라고 2개의 값을 덧셈을 한 값과 곱셈을 한 값을 리턴하는 함수입니다.

일반적으로 다른 개발 언어에서는 하나의 값만 리턴(값을 반환하는 것)하는 경우가 많은데, 파이썬에서는 튜플이 있습니다. 이렇게 여러 개를 묶어서 전달하는 경우 튜플형식으로 리턴됩니다. 보통은 :을 코딩 라인의 끝에 기술하고 엔터를 클릭하면 대부분의 개발툴에서 바로 아래의 라인에 자동으로 탭(4칸의 공백 문자)으로 들여쓰기가 추가됩니다. 이런 들여쓰기는 함수의 본문(또는 해당 부분을 바디로 인식)을 나타내는 의미로 파이썬 언어에서 사용합니다.

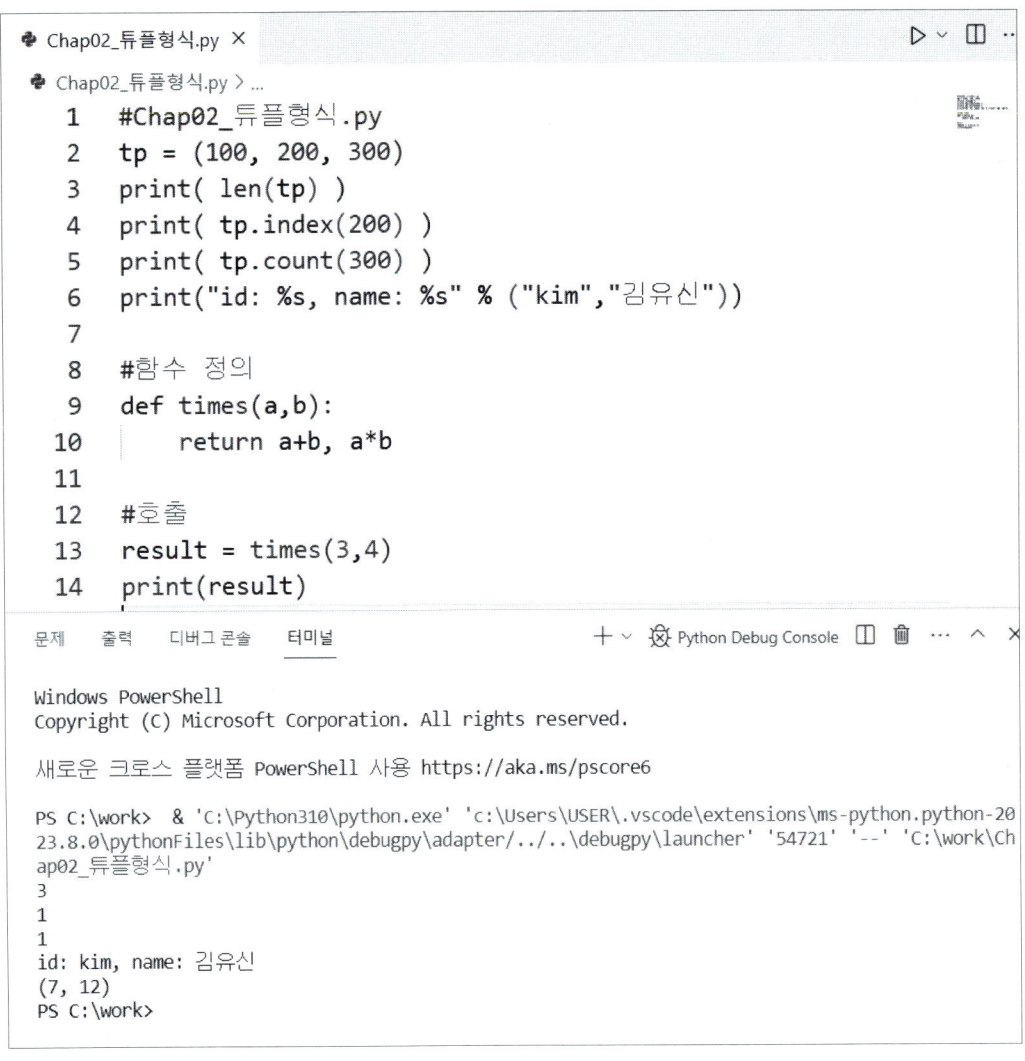

그림 2-7 튜플형식

전체 코드입니다.

전체 코드

```python
#Chap02_튜플형식.py
tp = (100, 200, 300)
print( len(tp) )
print( tp.index(200) )
print( tp.count(300) )
print("id: %s, name: %s" % ("kim","김유신"))

#함수 정의
def times(a,b):
    return a+b, a*b

#호출
result = times(3,4)
print(result)
```

실행 결과

```
3
1
1
id: kim, name: 김유신
(7, 12)
```

딕셔너리(Dict, 사전형태의 구조)는 파이썬 언어 내부에서도 상당히 많이 활용되는 실용적인 형식입니다. 아래의 예제는 회사 내부에 있는 장비의 이름과 개수를 연결해서 정합니다. "키":"값"과 같은 형태로 저장하며, {}를 사용해서 시작과 종료를 표시합니다. 콜론 앞에 있는 키를 통해서 단번에 빠른 검색을 할 수 있습니다. device["아이폰"]과 같이 키를 지정하면 해당 키에 매핑된 값을 바로 리턴합니다. 딕셔너리는 대부분 키를 중심으로 작업할 수 있습니다.

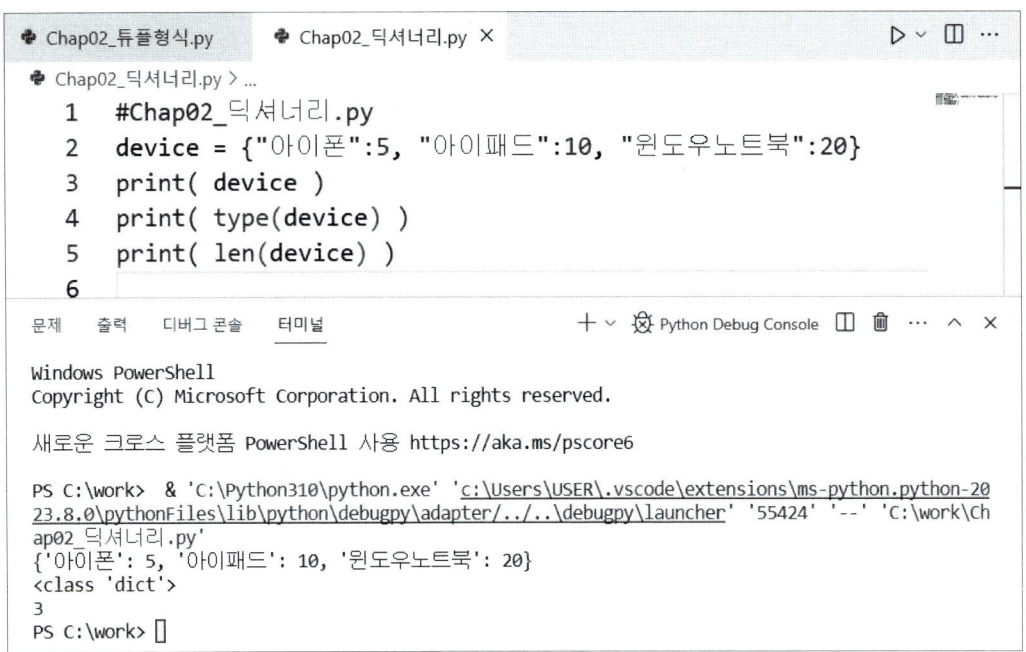

그림 2-8 딕셔너리

딕셔너리는 키에 매핑된 값을 빠르게 검색할 수 있는 실용적인 자료구조라고 할 수 있습니다. 간단한 키를 통해 바로 값을 검색할 수 있는 구조입니다.

아래와 같이 검색, 입력, 수정, 삭제 작업을 수행할 수 있습니다. 기능만 비교한다면 List형식과 비슷합니다. 다만 List형식은 입력한 순서대로 출력이 되지만, 딕셔너리(Dict)는 순서가 없기 때문에 입력된 순서로 출력되지 않을 수 있습니다. 순서를 보장하지 않기 때문에 리스트에서 사용했던 슬라이싱 문법을 사용할 수 없습니다.

```
  6
  7    print( device["아이폰"] )
  8    #입력
  9    device["맥북"] = 15
 10    #수정
 11    device["아이폰"] = 6
 12    #삭제
 13    del device["아이패드"]
 14    print( device )
 15
```

```
Windows PowerShell
Copyright (C) Microsoft Corporation. All rights reserved.

새로운 크로스 플랫폼 PowerShell 사용 https://aka.ms/pscore6

PS C:\work> & 'C:\Python310\python.exe' 'c:\Users\USER\.vscode\extensions\ms-python.python-20
23.8.0\pythonFiles\lib\python\debugpy\adapter/../..\debugpy\launcher' '55484' '--' 'C:\work\Ch
ap02_딕셔너리.py'
{'아이폰': 5, '아이패드': 10, '윈도우노트북': 20}
<class 'dict'>
3
5
{'아이폰': 6, '윈도우노트북': 20, '맥북': 15}
PS C:\work>
```

그림 2-9 딕셔너리의 입력, 수정, 삭제작업

키를 지정해서 해당 키가 없으면 새로운 키와 값이 입력이 되며, 기존 키가 있는 경우라면 값을 수정하고, del키워드와 같이 사용해서 지정하면 해당 키와 값이 삭제가 됩니다. 항상 키중심으로 작업한다는 것을 명심하면 됩니다.

전체코드입니다.

 전체 코드

```python
#Chap02_딕셔너리.py
device = {"아이폰":5, "아이패드":10, "윈도우노트북":20}
print( device )
print( type(device) )
print( len(device) )
```

```
#검색
print( device["아이폰"] )
#입력

device["맥북"] = 15
#수정
device["아이폰"] = 6
#삭제
del device["아이패드"]
print( device )
```

실행 결과

```
{'아이폰': 5, '아이패드': 10, '윈도우노트북': 20}
<class 'dict'>
3
5
{'아이폰': 6, '윈도우노트북': 20, '맥북': 15}
```

딕셔너리는 자주 사용되는 형식입니다. 다른 예제를 통해서 한번 더 살펴봅니다.

이번에는 이름과 전화번호를 딕셔너리형식에 담아서 사용하는 경우입니다.

```
phone = {"kim":"010-123-134","lee":"010-222-3333","park":"010-456-7890"}

print(phone)
```

위와 같이 코딩을 하고 출력해 보면 김씨, 이씨, 박씨의 전화번호가 저장되어 있는 것을 확인할 수 있습니다.

딕셔너리의 경우 항상 키를 통해서 검색, 입력, 수정, 삭제 작업을 합니다. 키 중심으로 맵핑되어 있는 구조라서 항상 키를 통해서 작업합니다.

```
#검색
print(phone["kim"])
#입력
phone["kang"] = "010-123-4567"
print(phone)
#수정
phone["kim"] = "010-111-2222"
print(phone)
#삭제
del phone["kim"]
```

반복 구문을 사용할 경우 phone.items() 메서드는 키와 값을 동시에 리턴합니다. 혹시 키만 받아서 사용할 경우는 phone.keys() 메서드를 호출하면 됩니다. 값만 받아서 작업할 경우 phone.values() 메서드를 호출하면 됩니다.

```
#반복구문
for item in phone.items():
    print(item)

#2개의 반복변수 사용
for k,v in phone.items():
    print(k,v)

#키만 받는 경우
for key in phone.keys():
    print(key)

#값만 받는 경우
for value in phone.values():
    print(value)
```

전체 코드입니다.

전체 코드

```python
#Chap02_딕셔너리_전화번호.py

phone = {"kim":"010-123-134","lee":"010-222-3333","park":"010-456-7890"}

print(phone)
#검색
print(phone["kim"])
#입력
phone["kang"] = "010-123-4567"
print(phone)
#수정
phone["kim"] = "010-111-2222"
print(phone)
#삭제
del phone["kim"]

#반복구문
for item in phone.items():
    print(item)

#2개의 반복변수 사용
for k,v in phone.items():
    print(k,v)

#키만 받는 경우
for key in phone.keys():
    print(key)

#값만 받는 경우
for value in phone.values():
    print(value)
```

```
17   #반복구문
18   for item in phone.items():
19       print(item)
20
21   #2개의 반복변수 사용
22   for k,v in phone.items():
23       print(k,v)
24
25   #키만 받는 경우
26   for key in phone.keys():
27       print(key)
28
29   #값만 받는 경우
30   for value in phone.values():
31       print(value)
32
```

문제 출력 디버그 콘솔 터미널 포트

```
010-123-134
{'kim': '010-123-134', 'lee': '010-222-3333', 'park': '010-456-7890', 'kang': '010-123-4567'}
{'kim': '010-111-2222', 'lee': '010-222-3333', 'park': '010-456-7890', 'kang': '010-123-4567'}
('lee', '010-222-3333')
('park', '010-456-7890')
('kang', '010-123-4567')
lee 010-222-3333
park 010-456-7890
kang 010-123-4567
lee
park
kang
010-222-3333
010-456-7890
010-123-4567
```

그림 2-10 실행결과

마지막으로 살펴볼 파이썬의 세트(Set)형식은 자주 사용되지 않습니다. 다만 집합형태의 작업이 필요하면 사용할 수 있습니다. 세트 형식은 입력한 순서대로 출력되지 않으며, 유일한 값이여야 합니다. 유니크(유일한)하지 않은 값은 자동으로 삭제됩니다. 합집합, 교집합, 차집합을 구할 수 있는 메서드가 제공됩니다. a변수의 중복되는 3이 제거되고, b변수의 경우도 중복되는 4라는 값이 자동으로 제거됩니다. 각각 union(합집합), intersection(교집합), difference(차집합) 메서드를 통해 집합 연산을 수행할 수 있습니다. 우리에게 익숙한 집합 연산의 결과를 보여줍니다.

전체 코드입니다.

전체 코드

```python
#Chap02_세트형식.py
a = {1,2,3,3}
b = {3,4,4,5}
print( a )
print( b )
print( type(a) )
print( a.union(b) )
print( a.intersection(b) )
print( a.difference(b) )
```

실행 결과

```
{1, 2, 3}
{3, 4, 5}
<class 'set'>
{1, 2, 3, 4, 5}
{3}
{1, 2}
PS C:\work>
```

필요하면 기존 형식을 다른 형식으로 변환할 수 있습니다. 이런 문법을 형식변환(Type casting)이라고 하며, Tuple형식으로 받았을 때 데이터를 추가하거나 삭제하려면 List형식으로 변환해서 사용할 수 있습니다. 경우에 따라서 필요하면 Set이나, List, Tuple형식으로 변환해서 사용하면 됩니다. 아래의 코드에서 list()를 잘 기억해두면 됩니다. 우리는 자주 리스트형식으로 리턴을 받아서 사용하는 경우가 많기 때문에 매우 유용하게 사용할 수 있는 함수 중에 하나입니다. 사실은 리스트 클래스 형식의 초기화 메서드라고 해야 정확하지만 아직 클래스와 초기화 메서드에 대한 내용을 진행하지 않았기 때문에 함수라고만 말하겠습니다. 일단 함수를 공부하고 뒤쪽에서 클래스에 대해서 자세하게 다루겠습니다.

형식 변환(Type casting)을 하면, 원하는 형식으로 변환해서 필요한 메서드를 호출할 수 있습니다. 주로 리스트와 같은 형태로 많이 변환을 합니다.

전체 코드입니다.

전체 코드

```
#Chap02_형식변환.py
a = set((1,2,3))
print( type(a) )
b = list(a)
b.append(4)
print( b )
c = tuple(b)
print( type(c) )
print( c )
```

실행 결과

```
<class 'set'>
[1, 2, 3, 4]
<class 'tuple'>
(1, 2, 3, 4)
PS C:\work>
```

2.5 값 형식(Value Type)과 참조 형식(Reference Type) 비교하기

파이썬은 변수의 형식을 지원하면서 참조 형식(Reference Type)만 지원하는 독특한 언어입니다. 대부분의 개발 언어에서는 값 형식(단순하게 값만 복사)과 참조 형식(참조만 복사)을 동시에 제공하는 경우가 일반적입니다. 이 부분을 먼저 살펴보려고 합니다.

비교를 위해서 약간의 다른 개발 언어를 예로 들어보겠습니다.

값 형식(Value Type)은 단순하게 값을 복사해서 사용하는 형식입니다. Call By Value 또는 Pass By Value 방식이라고 부르기도 합니다.

Java나 C#과 같은 개발 언어들은 코딩을 할 때 앞쪽에 형식을 선언할 수 있습니다. int, string, bool과 같이 특정 형식을 지정할 수 있습니다. 물론 파이썬은 이런 형태로 선언을 하지 않고, 바로 초기화를 해서 사용합니다. 일단 값을 복사하는 값 형식(Value Type)에 대한 설명을 위한 코드라고 생각하면 됩니다. 정수 형식의 int x = 5;를 실행해서 정수를 저장하고 정수 형식의 int y = x;를 대입하는 코드를 실행하면, 사실은 x가 아닌 x가 가진 값만 단순하게 복사해서 대입을 하기 때문에 이런 형식의 코드를 Pass By Value방식으로 값을 복사해서 전달한다고 말합니다. y = 6;이란 코드가 실행되면 y는 6이란 값을 가지게 됩니다. 물론 x는 여전히 5라는 값을 저장해서 사용합니다. x와 y라는 변수의 연결고리가 별도로 없기 때문에 전혀 변경에 대한 영향을 받지 않습니다. 당연한 결과라고 할 수 있습니다.

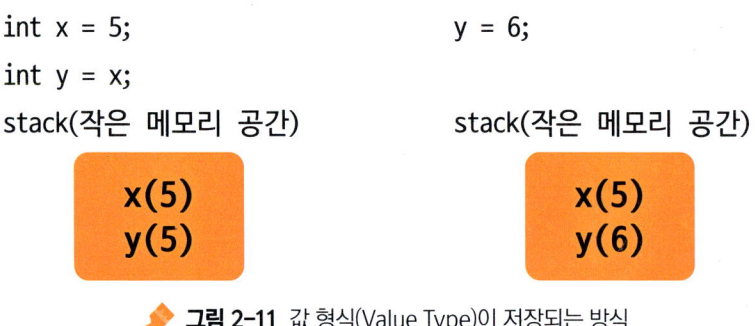

 그림 2-11 값 형식(Value Type)이 저장되는 방식

위의 코드와 다르게 참조 형식(Reference Type)은 초기화된 객체를 참조하는 형태로 복사를 합니다. Call By Reference 또는 Pass By Reference(참조가 복사되서 전달된다는 의미)라고 보통 말합니다. 파이썬은 항상 참조가 복사되는 언어입니다. 내부적으로 객체가 있는 시작 주소가 전달된다고 생각하면 됩니다.

Java 또는 C#과 같은 개발 언어에서는 DemoClass와 같이 사용자가 정의한 클래스 형식을 지정할 수 있습니다.

DemoClass라는 새로운 클래스 형식의 demo라는 인스턴스(복사본)을 생성해서 사용하는 경우에 DemoClass demoB = demo;라고 코딩을 하면, 하나의 인스턴스(복사본 객체)를 생성해서 demo와 demoB라는 변수가 참조하는 경우라고 할 수 있습니다. 아래의 데모 코드에서는 phone과 p가 이런 형태의 코드를 보여주고 있습니다. 참조만 복사가 되며, 원본은 하나고 서로 다른 이름으로 같은 곳을 바라보고 있다고 생각하면 됩니다.

```
DemoClass demo = new DemoClass();
DemoClass demoB = demo;
```
(우리가 앞으로 만들 형식-클래스)   Heap(연속된 메모리 공간)

demo ──┐
        ├─→ **객체(Object)**
demoB ──┘

🔑 **그림 2-12** 참조 형식(Reference Type)의 저장되는 방식

아래의 데모 코드에는 in이라는 키워드도 사용합니다. in은 include의 약자라고 생각하면 됩니다. 딕셔너리 형식에서 특정키가 포함되어 있는지 여부를 검사할 때 in키워드를 사용합니다. for ~ in ~의 경우 반복해서 값을 출력할 경우 사용하는 반복문입니다. in을 단독으로 사용하는 경우는 include의 약자로 포함여부를 검사할 때 사용합니다. List형식에서도 사용할 수 있지만 아래의 데모코드에서는 딕셔너리에서 한번 사용해 보겠습니다.

반대로 not in이라고 코딩을 하면, 포함되어 있지 않은 경우를 검사할 때 사용합니다. "park" in phone이라고 하면 park이 포함되어 있다는 것을 의미하고, 참과 거짓, True/False 중의 하나를 리턴하는 bool형식으로 반환이 됩니다.

p = phone이라는 코드는 phone을 복사해서 p에 대입하는 것이 아닙니다. phone의 참조만 복사해서 p에 대입을 합니다. 이런 형태의 코드를 참조만 복사해서 전달하는 형태의 코드라고 말합니다. 앞에서 설명한 Pass By Reference가 바로 이런 형태를 뜻합니다.

동일한 하나의 객체를 본명은 phone인데 추가된 별명으로 p라고 부르는 것으로 이해해도 됩니다. 우리가 친한 친구들을 본명으로도 부르고, 별명으로도 부르는 것과 비슷합니다.

id() 함수를 사용하면 내부의 일련번호(주소와 비슷한 정수값)을 리턴받을 수 있습니다. 같은 번호를 리턴하면 같은 객체라고 생각하면 됩니다. 다른 번호가 리턴되면 다른 메모리 주소(실제 메모리 주소는 아니지만…)에 저장된 다른 객체라고 판단할 수 있습니다.

p["moon"] = "010-1234-5678"과 같이 실행하면, p에만 추가되는 것이 아닌 phone에도 동일한 결과가 보입니다. 사실 하나의 딕셔너리 객체를 2개의 이름으로 호출하고 있는 상황입니다. p = phone을 실행해서 참조가 복사되었기 때문에 그렇습니다.

```
17  #참조를 복사해서 전달한다.
18  phone = {"kim":"010-111-2222", "lee":"010-123-1234",
19      "park":"010-222-3333"}
20  print( phone )
21  print("포함 여부 체크:", "park" in phone)
22  print("포함되어 있지 않은 경우 체크:" "moon" not in phone)
23
24  p = phone
25  print( id(phone), id(p) )
26  p["moon"] = "010-1234-5678"
27  print( phone )
28  print( p )
29
```

```
<class 'dict'>
3
5
{'아이폰': 6, '윈도우노트북': 20, '맥북': 15}
{'kim': '010-111-2222', 'lee': '010-123-1234', 'park': '010-222-3333'}
포함 여부 체크: True
True
2115020307008 2115020307008
{'kim': '010-111-2222', 'lee': '010-123-1234', 'park': '010-222-3333', 'moon': '010-1234-5678'}
{'kim': '010-111-2222', 'lee': '010-123-1234', 'park': '010-222-3333', 'moon': '010-1234-5678'}
PS C:\work>
```

그림 2-13 딕셔너리 실행결과

전체 코드입니다.

전체 코드

```python
#Chap02_참조 형식.py
#참조를 복사해서 전달한다.
phone = {"kim":"010-111-2222", "lee":"010-123-1234",
    "park":"010-222-3333"}
print( phone )
print("포함 여부 체크:", "park" in phone)
print("포함되어 있지 않은 경우 체크:" "moon" not in phone)

p = phone
print( id(phone), id(p) )
p["moon"] = "010-1234-5678"
print( phone )
print( p )
```

> **실행 결과**
>
> ```
> {'kim': '010-111-2222', 'lee': '010-123-1234', 'park': '010-222-3333'}
> 포함 여부 체크: True
> 포함 되어 있지 않은 경우 체크:True
> 1947080571456 1947080571456
> {'kim': '010-111-2222', 'lee': '010-123-1234', 'park': '010-222-3333',
> 'moon': '010-1234-5678'}
> {'kim': '010-111-2222', 'lee': '010-123-1234', 'park': '010-222-3333',
> 'moon': '010-1234-5678'}
> ```

2.6 파이썬의 연산자 사용하기

파이썬에서 사용하는 연산자에는 +,-,*,/와 같은 사칙연산자도 있고, 이외 다양한 연산자들이 제공됩니다. 그 중에는 약간의 테스트가 필요한 연산자들이 있습니다. 특히 /, //, %연산자를 조심해야 합니다.

5/2는 2.5라는 실수 결과값이 나옵니다. 나누기 연산자로 /가 아닌 //를 사용하는 경우도 있습니다. 5//2는 2라는 정수값만 리턴합니다. 결과로 정수만 받을 경우에는 5//2와 같이 연산을 하면 됩니다. 5%2는 나머지값을 구하는 연산의 경우에 사용하며 몫이 아닌, 나머지값을 리턴합니다.

and연산자의 경우 "~이면서", "~이고"와 같이 번역을 하면 작업을 하기가 쉬워집니다. 꼼꼼하게 체크하는 느낌의 연산자인데 첫 번째도 참이면서, 두 번째도 참이고, 세 번째도 참이면과 같이 말을 만들어 보면 됩니다. 하나라도 False가 있다면, 최종적인 결과는 False가 됩니다.

or연산자의 경우 "~이거나"와 같이 번역을 합니다. 첫 번째가 참이거나, 두 번째가 참이거나 같이 말을 만들어 보면 됩니다. 하나라도 참이면, 전체 수식이 True가 됩니다.

전체코드입니다.

전체 코드

```python
#Chap02_파이썬의연산자.py
print( 3 + 5 )
print ( 2*3 )
print( 2**10 )
print( 5/2 )
#정수값만 결과로 받을때
print( 5//2 )
#나머지값을 결과로 받을때
print( 5%2 )
#and연산자는 ~이면서, ~이고
print( True and True and True )
print( True and True and False )
#or연산자는 ~이거나
print( True or False or False )
```

실행 결과

```
8
6
1024
2.5
2
1
True
False
True
PS C:\work>
```

2.7 ChatGPT로 기본 형식에 대한 코드를 생성해서 연습하기

파이썬의 기본형식이라고 할 수 있는 List, Tuple, Dict를 비교하는 코드를 작성해달라고 ChatGPT에 요청을 했습니다. 비교적 간단한 코드이지만 List형식의 유연함과 Tuple형식은 검색만 가능하다는 것을 잘 보여주고 있습니다.

 ChatGPT 명령

파이썬의 List, Tuple, Dict의 장점과 단점을 비교할수있는 데모코드를 작성해줘

순차적으로 처리하는 List형식은 정수 첨자를 사용할 수 있지만, Dict는 문자열을 키로 사용해서 값을 바로 검색할 수 있는 형식이라는 것도 설명하고 있습니다. 한글로 주석까지 만들어 준 똑똑한 생성형 AI 엔진입니다.

제가 생성한 것과 실행결과가 조금 다르게 나올 수 있습니다. 그러면 조금 더 상세하게 코드를 작성해 달라고 다시 요청을 해도 됩니다.

ChatGPT가 생성한 코드에 아직 설명하지 못한 내용들이 나옵니다. f-string이라는 문법으로 변수명을 바로 넘겨서 출력하는 형태입니다. print()함수 내부에 format() 메서드를 사용하는 것보다는 변수명을 바로 넘겨서 처리하는 것이 보다 편리합니다. 앞쪽에 소문자 f를 붙이고 {변수명}과 같이 사용할 수 있습니다.

```
for key, value in my_dict.items():
    print(f"키: {key}, 값: {value}")
```

time()모듈의 time()함수를 사용해서 각각 리스트와 튜플, 딕셔너리의 수행속도를 비교하는 코드도 작성해 줍니다.

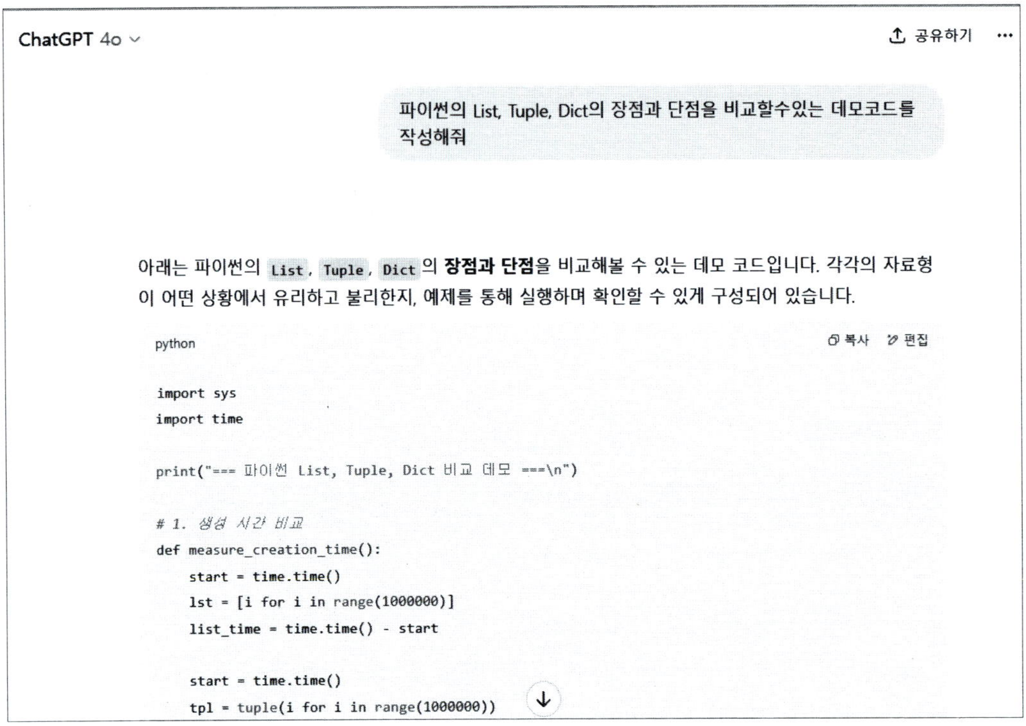

그림 2-14

전체코드입니다.

 전체 코드

```python
import sys
import time

print("=== 파이썬 List, Tuple, Dict 비교 데모 ===\n")

# 1. 생성 시간 비교
def measure_creation_time():
    start = time.time()
    lst = [i for i in range(1000000)]
    list_time = time.time() - start

    start = time.time()
    tpl = tuple(i for i in range(1000000))
    tuple_time = time.time() - start
```

```python
    start = time.time()
    dct = {i: i for i in range(1000000)}
    dict_time = time.time() - start

    print(f"[생성 시간 비교 (100만 항목)]")
    print(f"List 생성 시간: {list_time:.6f}초")
    print(f"Tuple 생성 시간: {tuple_time:.6f}초")
    print(f"Dict 생성 시간: {dict_time:.6f}초\n")

# 2. 메모리 사용 비교
def measure_memory_usage():
    lst = [0] * 1000
    tpl = tuple(lst)
    dct = {i: 0 for i in range(1000)}

    print("[메모리 사용량 비교 (1000개 항목)]")
    print(f"List 메모리: {sys.getsizeof(lst)} bytes")
    print(f"Tuple 메모리: {sys.getsizeof(tpl)} bytes")
    print(f"Dict 메모리: {sys.getsizeof(dct)} bytes\n")

# 3. 변경 가능 여부
def mutability_demo():
    print("[변경 가능성(Mutability)]")
    lst = [1, 2, 3]
    tpl = (1, 2, 3)
    dct = {"a": 1, "b": 2}

    lst[0] = 99   # 가능
    print(f"List 변경: {lst}")

    try:
        tpl[0] = 99   # 오류 발생
    except TypeError as e:
        print(f"Tuple 변경 불가: {e}")

    dct["a"] = 99   # 가능
    print(f"Dict 변경: {dct}\n")
```

```python
# 4. 탐색 속도 비교
def lookup_demo():
    print("[탐색 속도 비교]")
    lst = list(range(100000))
    dct = {i: i for i in range(100000)}

    start = time.time()
    _ = 99999 in lst
    list_lookup = time.time() - start

    start = time.time()
    _ = 99999 in dct
    dict_lookup = time.time() - start

    print(f"List에서 값 찾기: {list_lookup:.6f}초")
    print(f"Dict에서 키 찾기: {dict_lookup:.6f}초\n")

# 실행
measure_creation_time()
measure_memory_usage()
mutability_demo()
lookup_demo()
```

실행 결과

```
=== 파이썬 List, Tuple, Dict 비교 데모 ===

[생성 시간 비교 (100만 항목)]
List 생성 시간: 0.050609초
Tuple 생성 시간: 0.101998초
Dict 생성 시간: 0.085988초
[메모리 사용량 비교 (1000개 항목)]
List 메모리: 8056 bytes
Tuple 메모리: 8040 bytes
Dict 메모리: 36960 bytes
```

```
[변경 가능성(Mutability)]
List 변경: [99, 2, 3]
Tuple 변경 불가: 'tuple' object does not support item assignment
Dict 변경: {'a': 99, 'b': 2}

[탐색 속도 비교]
List에서 값 찾기: 0.000000초
Dict에서 키 찾기: 0.000000초
```

챗GPT를 활용한
파이썬 프로그래밍

3장

파이썬의 함수사용과 분기 반복문 사용하기

3.1 함수를 사용하는 이유

3.2 함수를 정의하고 호출하기

3.3 다양한 함수 만들어 보기

3.4 가변인자를 처리하는 함수 만들기

3.5 람다함수 정의하기

3.6 ChatGPT로 함수를 생성해서 연습하기

3.7 분기 반복문 사용하기

3.8 반복문에서 활용할 수 있는 리스트 컴프리헨션 사용하기

3.1 함수를 사용하는 이유

파이썬으로 함수를 정의하면, 자주 호출하는 코드를 재사용할 수 있습니다. 개발자들은 게으르기(?) 때문에 동일한 코드를 반복 작성하는 것을 싫어합니다. 사실 이런 반복작업을 대부분은 선호하지 않습니다. 그래서 함수에 이름을 부여하고 이름을 바로 호출할 수 있도록 준비해 두는 작업입니다.

가능하면 재사용이 가능한 형태로 만들어서 나만의 연장통(라이브러리)에 들어있는 도구로 사용하면 좋습니다. 함수를 정의하고, 클래스를 정의해서 모듈(하나의 파일)에 저장해서 다시 로딩하면 개발 작업이 좀 더 편해질 수 있습니다. 다양한 모듈들을 하나의 폴더 형태로 제공하는 것을 패키지(폴더)라고 부르기도 합니다. 앞으로 하나씩 학습하면서 정리를 하면 됩니다.

3.2 함수를 정의하고 호출하기

아래와 같이 간단한 함수를 작성해 봅니다. def라는 키워드(예약어)는 define의 약자입니다. 함수를 정의할 경우 사용합니다. setValue()는 함수명이고, newValue라는 입력데이터(입력파라메터, 매개변수)를 요구하는 경우입니다.

파이썬에서 :기호는 본문(Body)이 있는 경우 들여쓰기를 할 경우에 사용합니다. setValue() 함수의 들여쓰기를 한 블록은 주석을 포함해서 3줄입니다. 파이썬은 { }와 같은 기호나 begin, end키워드를 사용하지 않고, 들여쓰기(Indentation)를 통해 해당 블록을 명시합니다. 들여쓰기를 한 블록이 처음에는 좀 이상해 보일 수 있지만, 익숙해지면 나름 편하게 사용할 수 있습니다. 아래의 코드는 입력받은 newValue 입력 데이터를 x라는 지역 변수에 넘겨주고 그대로 출력하는 코드입니다.

```
def setValue(newValue):
    #지역변수
    x = newValue
    print("지역변수 x:", x)
```

함수 내부에 초기화되어 있는 변수를 지역 변수(Local variable)라고 부릅니다. 함수 내부에서 주로 사용이 됩니다. 함수 외부에서 초기화되어 있다면, 전역 변수(Global variable)라고 부릅니다. 전역 변수는 다양한 함수에서 읽기 작업을 수행할 수 있습니다. 일종의 공통 데이터라고 볼 수 있습니다. 함수 내부에서 초기화되었는지, 아니면 함수 외부의 전역공간에서 초기화되었는 지를 통해서 구분할 수 있습니다.

파이썬에는 네임스페이스(Namespace)라는 개념이 있습니다. 함수를 정의하면 함수 내부와 외부를 구분할 수 있는 네임스페이스가 생성됩니다. 저는 편의상 방이라고 지칭을 하고 있습니다. 동일한 이름의 변수가 있다면 함수 내부에 있는 것과 외부에 있는 것을 방이름을 통해 구분할 수 있습니다.

예를 들면, 아래와 같은 그림을 참고해서 지역변수와 전역변수를 구분해 보겠습니다. func()이라는 함수를 정의할 때 함수 내부에 초기화되어 있는 x=1이라는 코드는 지역변수 x를 초기화하는 코드입니다. 함수 외부에 전역변수 x=10이 초기화 되어 있지만 func() 함수 내부에서는 지역 변수를 우선적으로 사용합니다. x+y를 리턴하라는 코드를 실행할 경우 y라는 지역변수가 초기화되어 있지 않다면, 외부에 있는 전역변수 y=20을 읽어서 연산을 수행합니다.

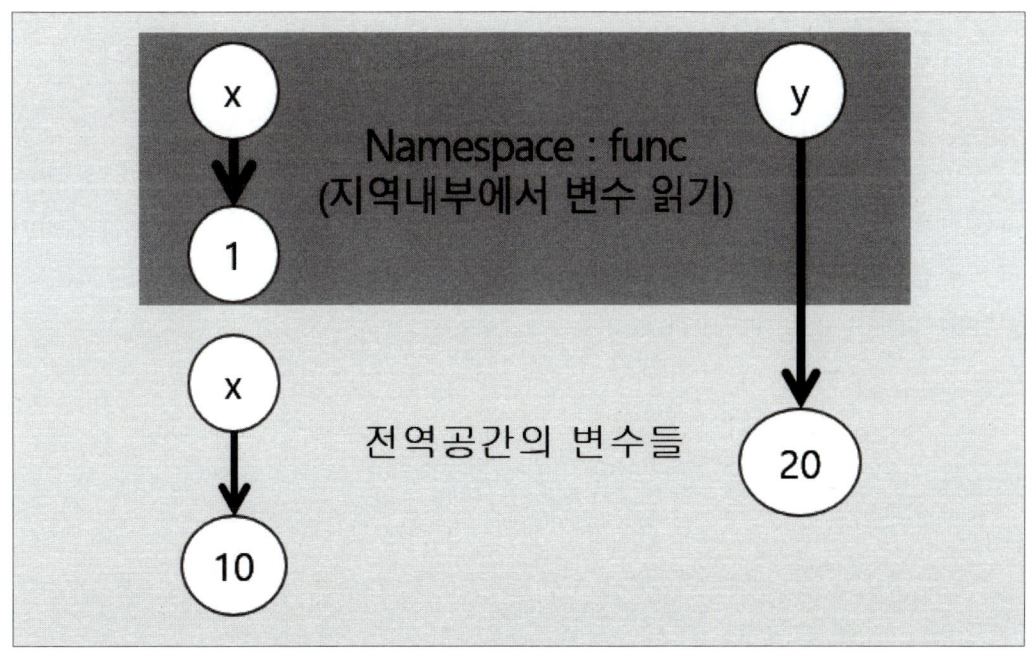

그림 3-1

```python
#Chap03_간단한함수만들기.py
#함수정의
def setValue(newValue):
    #지역변수
    x = newValue
    print("지역변수 x:", x)

#호출
retValue = setValue(5)
print(retValue)

#함수정의
def swap(x,y):
    return y,x

#호출
print( swap(3,4) )
```

```
PS C:\work> & 'C:\Python310\python.exe' 'c:\Users\jonathan\.vscode\extensions\ms-python.python-2023.8.0\pythonFiles\lib\python\debugpy\adapter/../..\debugpy\launcher' '61297' '--' 'C:\work\Chap03_간단한함수만들기.py'
지역변수 x: 5
None
(4, 3)
```

🔑 그림 3-2

함수를 정의해서 사용할 경우 값을 리턴하지 않고 결과만 출력하고 종료하는 경우도 있고, 어떤 함수를 값을 리턴하고 종료할 수 있습니다. 아래의 setValue() 함수를 값을 리턴하지 않고 값을 출력만 하고 종료됩니다. 반면에 swap() 함수는 동시에 2개의 값을 리턴하고 종료됩니다. 여러 개의 값을 리턴하는 경우 파이썬은 튜플(Tuple)형식으로 담아서 리턴합니다.

전체코드입니다.

전체 코드

```python
#Chap03_간단한함수만들기.py
#함수정의
def setValue(newValue):
    #지역변수
    x = newValue
    print("지역변수 x:", x)

#호출
retValue = setValue(5)
print(retValue)

#함수정의
def swap(x,y):
    return y,x

#호출
print( swap(3,4) )
```

실행 결과

```
지역변수 x: 5
None
(4, 3)
```

함수 내부의 변수명을 해석할 때 우선 순위는 1) 지역변수(Local), 2) 전역변수(Global), 3) 파이썬에 내장된 상수(Built-in)와 같은 우선 순위로 해석을 합니다. 앞글자를 연속으로 쓰면 LGB라고 읽을 수 있고, 함수의 경우 LGB순서(Local, Global, Built-in)로 이름을 찾아서 해석을 합니다. 함수 내부의 지역 변수(Local)가 있다면 우선적으로 사용하고, 없는 경우 전역변수(Global)를 찾고, 그래도 없으면 파이썬 언어에 내장된 상수(Built-in)를 찾습니다. 상수는 파이썬 언어와 해당 라이브러리(내부 부품)의 정해진 숫자값을 의미합니다. 그럼에도 이름이 없다면 변수명을 해석할 수 없기 때문에 에러가 발생합니다.

전체 코드입니다.

전체 코드

```python
#Chap03_이름해석규칙.py

#전역변수
x = 10
y = 20

#함수 정의
def func():
    x = 1
    return x+y

#호출
print( func() )

#함수 정의
def func2():
    return x+y

#호출
print( func2() )
```

실행 결과

```
21
30
PS C:\work>
```

위의 코드를 보면 func()은 함수 내부에서 x = 1이라는 지역변수를 우선적으로 사용합니다. y변수는 지역변수가 없기 때문에 전역변수 y = 20으로 초기화되어 있는 값을 사용해서 결과는 21이 출력됩니다. 함수 내부에 지역변수가 없으면 함수 외부의 전역변수값을 사용하게 됩니다.

func2() 함수의 경우 내부에 지역변수가 없기 때문에 외부의 전역변수인 x = 10, y = 20을 사용해서 30을 출력합니다.

3.3 다양한 함수 만들어 보기

파이썬의 함수를 정의할 때 기본값을 명시하면 생략이 가능한 옵션값이 되기 때문에 작업하기가 더 편리할 수 있습니다. 자주 사용되는 값을 기본값(default value)으로 주면 생략할 경우 기본값이 입력됩니다. 기본값을 주면 파라메터(매개변수)가 필수로 입력되는 것이 아닌 옵션이 되기 때문에 값을 생략해도 되고, 원하는 값을 넘겨도 됩니다.

키워드 인자라는 단어는 함수의 입력되는 데이터, 즉 파라메터(매개변수)를 넘길 때 상세하게 파라메터명을 기술하는 것을 의미합니다. 혹시 순서가 변경되거나 몇 개를 누락해도 파이썬이 오해하지 않도록 상세하게 기술하는 것을 의미합니다. 경우에 따라서 입력되는 인자도 있고, 생략되는 경우도 있다면 상세하게 파라메터명(매개변수명)을 기술하는 것이 좋습니다.

전체코드입니다.

 전체 코드

```python
#Chap03_기본값명시_키워드인자전달.py
#함수 정의
def times(a=10, b=20):
    return a*b

#호출
print( times() )
print( times(5) )
print( times(5,6) )

#키워드인자전달(파라메터명을 명시)
def connectURI(server, port):
    strURL = "http://" + server + ":" + port
    return strURL

#호출
print( connectURI("naver.com", "80") )
print( connectURI(port="8080", server="naver.com") )
```

> **실행 결과**
>
> ```
> 200
> 100
> 30
> http://naver.com:80
> http://naver.com:8080
> ```

3.4 가변인자를 처리하는 함수 만들기

가변인자는 입력되는 파라미터(매개변수)의 갯수가 정해져 있지 않은 가변적인 경우에 사용됩니다. 예를 들면, 파라미터가 입력되는 갯수가 다양한 경우입니다. 다음의 union() 함수는 *tp로 입력되는 파라미터가 2개, 3개, 10개가 입력되어도 전부 튜플로 받아서 내부에서 루프를 돌면서 처리합니다. 입력되는 파라미터가 가변적이어도 잘 처리를 합니다. *는 C언어의 포인터(메모리 상의 주소)가 아닌 튜플형식임을 의미합니다. 파이썬은 개발자가 직접 주소를 처리하지 않는 쉽고 심플한 언어입니다. 우리는 대부분 주소를 핸들링하지 않고 파이썬 코드를 작성하고 있습니다.

우리가 작성하는 대부분의 함수는 입력되는 파라미터(매개변수)의 갯수가 정해져 있는 경우가 많습니다. 그런데 간혹 파라미터의 갯수가 정해져 있지 않은 가변적인 상황들이 발생할 수 있습니다. 이런 경우 사용할 수 있는 코드입니다. 아래의 코드는 2개의 단어 또는 그 이상의 단어를 받아서 각 단어에 있는 유일한 글자를 리스트에 담아서 합집합 형태로 리턴하는 코드입니다. 함수 내부에 result = []로 지역변수에 리스트를 초기화합니다. 아래의 구문은 반복문을 2번 돌고 있는데 외부에 있는 for item in tp는 튜플형태로 입력된 단어를 0번(정수첨자), 1번(정수첨자)을 돌면서 "HAM"(0번방), "SPAM"(1번방)과 같이 각 단어를 슬라이싱해서 item반복변수로 전달합니다. 내부에 있는 for x in item의 경우 각 단어를 다시 H(0번방), A(1번방), M(2번방)와 같이 각 캐릭터로 슬라이싱해서 x라는 반복변수로 전달합니다. 자연스럽게 반복하면서 각 방에 슬라이싱 된 단어과 캐릭터를 받아서 처리하면 됩니다.

if x not in result구문은 만약에 result라는 리스트에 x라는 글자가 포함되어 있지 않다면 result.append(x) 메서드를 실행해서 리스트에 첨부하라는 코드입니다. 전체 루프를 다 돌고 나면, return result를 해서 각 단어들의 글자의 합집합을 리턴하는 코드입니다. 단어를 2개를 주던, 3개를 주던 다양한 갯수의 단어들을 받아서 합집합 형태의 글자를 리턴합니다.

전체코드입니다.

 전체 코드

```python
#Chap03_가변인자처리함수.py
#가변인자(갯수가 정해져 있지 않은경우)
def union(*tp):
    result = []
    for item in tp:
        for x in item:
            if x not in result:
                result.append(x)
    return result

print( union("HAM","SPAM") )
print( union("HAM","SPAM","EGG") )
```

실행 결과

```
['H', 'A', 'M', 'S', 'P']
['H', 'A', 'M', 'S', 'P', 'E', 'G']
PS C:\work>
```

3.5 람다함수 정의하기

별도의 함수명을 지정하지 않고 정의할 수 있는 람다함수는 용도가 정해져 있습니다. 간결하게 한줄로 함수를 정의할 때 람다표현식으로 불리는 문법을 사용합니다. 이름이 없는(재사용 없음) 일회성 함수를 정의할 때 사용합니다. 이름이 없기 때문에 익명함수라고도 부릅니다.

lambda라는 키워드를 사용해서 입력 : 프로세싱이라고 읽으면 작성하고 읽기가 편해집니다. 다음의 코드는 x,y를 입력받아서 x*y로 처리한다는 코드입니다. 기본적으로 있어야 하는 def, return과 같은 예약어를 생략하고도 한줄로 간단하게 함수를 정의할 수 있습니다.

주로 함수의 파라메터(매개변수)로 함수를 정의하는 경우에 사용하면 편리합니다. 아직은 익숙하지 않다면 사용하지 않아도 됩니다. 다만 다른 개발자들이 이렇게 작성한 코드를 이해할 수 있으면 됩니다. 그런데 아마도 파이썬에 익숙해지면 이런 표현식을 자주 사용하게 될 겁니다.

내장함수인 dir() 함수는 간결하게 메모리에 있는 함수나 변수의 목록을 출력합니다. 약간 더 디테일한 정보가 필요하면 다른 내장함수인 globals() 함수를 사용하면 됩니다. {키:값…}형태의 딕셔너리로 함수와 변수를 구분해서 보여줍니다. 람다함수의 경우 별도로 저장을 한 경우가 아니라면, 한번 사용하고 흔적이 남지 않는 것을 알 수 있습니다.

g = lambda x,y:x*y는 변수 g에 저장되어 여러 번 사용할 수 있지만, (lambda x:x*x)의 경우 정의하고 바로 (3)을 x라는 변수에 넘겨서 사용한 후 사라집니다. 별도로 호출할 일이 없는 함수의 경우라면, 두 번째 형태로 활용할 수 있습니다.

전체 코드입니다.

전체 코드

```python
#Chap03_람다함수.py
#람다 함수 정의
g = lambda x,y:x*y
print( g(2,3) )
print( g(3,5) )
print( (lambda  x:x*x)(3) )
print( globals() )
```

> **실행 결과**

```
6
15
9
{'__name__': '__main__', '__doc__': None, '__package__': None, '__loader__':
<_frozen_importlib_external.SourceFileLoader object at 0x0000020A836A4850>,
'__spec__': None, '__annotations__': {}, '__builtins__': <module 'builtins'
(built-in)>, '__file__': 'C:\\work\\Chap03_람다함수.py', '__cached__': None,
'g': <function <lambda> at 0x0000020A835E3E20>}
PS C:\work>
```

앞에서 배운 람다함수를 활용하는 경우를 살펴보려고 합니다. 파이썬에서는 필터링하는 함수를 내장함수로 제공합니다. 특정 조건을 만족하는 결과물을 만들어야 하는 경우 filter()라는 내장함수를 사용할 수 있습니다. filter(None, 열거 가능한 형식을 두 번째 파라메터로 지정합니다)를 넘기면, 아직은 필터링 조건이 없기 때문에 lst = [10,25,30]이 전부 출력됩니다.

None은 아직 필터링 하는 조건 함수가 없는 경우 비어 있다는 의미로 None키워드를 사용한 경우입니다. 다른 개발 언어들은 null 또는 nil이라고 표현하는 키워드가 파이썬에서는 None입니다. 값이 없다 또는 비어있다는 의미입니다. 아직 초기화가 안된 상태라고 생각해도 됩니다.

getBiggerThan20()이라는 필터링의 조건에 해당하는 함수를 정의해서 함수명을 넘기면 함수의 참조가 넘어갑니다. 파이썬에서는 항상 참조가 전달된다고 생각하면 됩니다. filter(getBiggerThan20, 열거가능한형식)와 같이 코딩하면 됩니다. 이 함수의 내부에는 return i > 20이라는 논리식이 코딩되어 있습니다. 이 논리식이 True가 되면 결과에 포함됩니다.

앞에서 학습을 했던 람다함수를 사용하면 iterL = filter(lambda i:i>20, lst)와 같이 간결하게 한줄로 코딩할 수 있습니다. 앞에서 학습한 조각 조각의 문법이 지속적으로 연결되고 결합되는 것을 확인할 수 있습니다.

map()이라는 내장 함수를 사용하면 반복적인 값들을 맵핑해서 사용할 수 있습니다. 아래와 같이 코딩을 하면 [1,2,3]리스트에 있는 값들에 각각 10을 더한 값이 최종적으로 출력됩니다. 하나의 값(스칼라라고 합니다)에만 적용하지 않고 다중의 값(리스트와 같은 형태)에 맵핑을 해서 처리하는 경우라면 map() 함수를 사용하는 것이 좋습니다.

```python
lst = [1,2,3]
def add10(i):
    return i + 10

for item in map(add10, lst):
    print(item)
```

전체코드입니다.

 전체 코드

```python
#Chap03_필터링하는함수.py
#필터링하는 함수
lst = [10,25,30]
iterL = filter(None, lst)
for item in iterL:
    print(item)

#조건에 해당하는 함수
def getBiggerThan20(i):
    return i > 20

iterL = filter(getBiggerThan20, lst)
for item in iterL:
    print(item)

print("==람다함수정의==")
iterL = filter(lambda i: i>20, lst)
for item in iterL:
    print(item)

#맵핑하는 함수
lst = [1,2,3]
def add10(i):
    return i + 10

for item in map(add10, lst):
    print(item)
```

실행 결과

```
10
25
30
25
30
==람다함수정의==
25
30
11
12
13
PS C:\work>
```

3.6 ChatGPT로 함수를 생성해서 연습하기

앞에서 학습한 연산자와 함수를 결합해서 ChatGPT에 아래와 같이 요청을 했습니다. 프롬프트에 아래와 같이 입력을 합니다. 생성된 결과는 매번 다르게 나올 수 있습니다. 다만 실행되는 결과는 비슷한 형태로 나올겁니다.

ChatGPT 명령

> 파이썬에서 덧셈, 뺄셈, 곱셈, 나눗셈을 하는 +,-,*,/ 연산자를 사용하는 함수형태의 코드를 작성해줘

> 파이썬에서 덧셈, 뺄셈, 곱셈, 나눗셈을 하는 +,-,*,/ 연산자를 사용하는 함수형태의 코드를 작성해줘

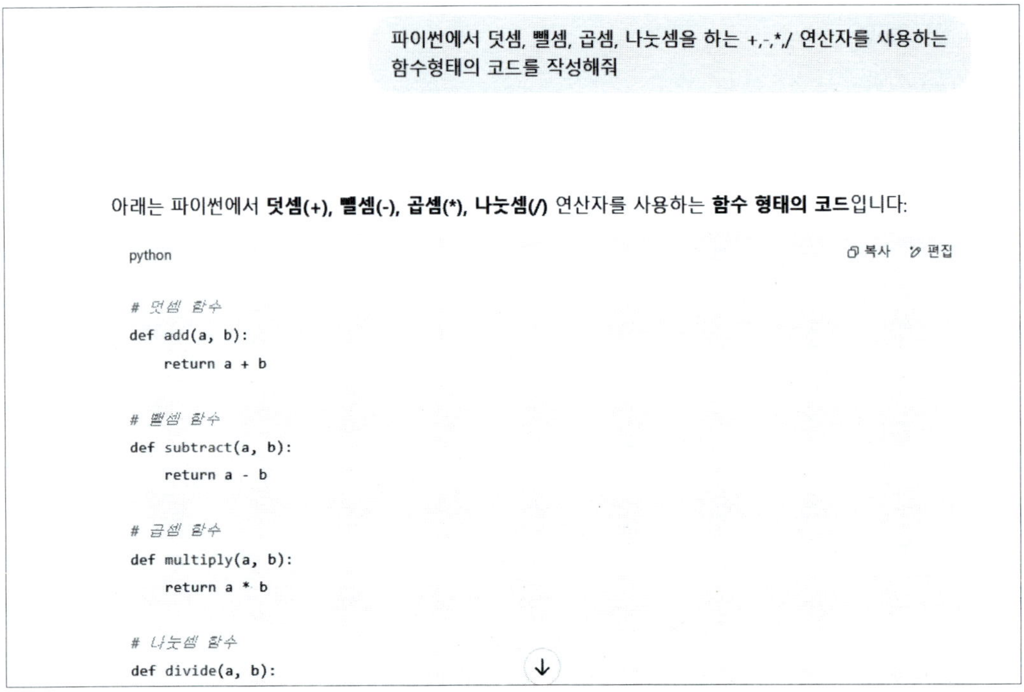

아래는 파이썬에서 **덧셈(+), 뺄셈(-), 곱셈(*), 나눗셈(/)** 연산자를 사용하는 **함수 형태의 코드**입니다:

```python
# 덧셈 함수
def add(a, b):
    return a + b

# 뺄셈 함수
def subtract(a, b):
    return a - b

# 곱셈 함수
def multiply(a, b):
    return a * b

# 나눗셈 함수
def divide(a, b):
```

 그림 3-3 사칙연산을 수행하는 함수들을 생성

전체코드입니다.

전체 코드

```python
#Chap03_ChatGPT_사칙연산하는함수.py
# 덧셈 함수
def add(a, b):
    return a + b

# 뺄셈 함수
def subtract(a, b):
    return a - b

# 곱셈 함수
def multiply(a, b):
    return a * b

# 나눗셈 함수
def divide(a, b):
    if b == 0:
```

```
        return "0으로 나눌 수 없습니다."
    return a / b

# 테스트
x = 10
y = 5

print("덧셈:", add(x, y))         # 15
print("뺄셈:", subtract(x, y))    # 5
print("곱셈:", multiply(x, y))    # 50
print("나눗셈:", divide(x, y))    # 2.0
```

실행 결과

```
덧셈: 15
뺄셈: 5
곱셈: 50
나눗셈: 2.0
```

3.7 분기 반복문 사용하기

파이썬에서 분기(결정)구문은 if else로 제공됩니다. 간단하게 True인 경우와 False인 경우를 분기할 수 있습니다. 참인 경우와 거짓인 경우를 분기해서 처리한다는 의미입니다. 특이한 부분은 elif라는 키워드입니다. else if라고 사용하는 언어가 많은데, 파이썬은 elif라는 축약어를 사용합니다. 파이썬은 간결함을 추구하기 때문에 축약된 단어를 사용하는 경우가 많습니다. 파이썬 언어에서 전반적으로 나타나는 형태입니다.

분기 구문의 경우 if구문만 사용해서 True인 경우만 처리해도 됩니다. if 조건식: else:을 사용하면 True(참)인 경우와 False(거짓)인 경우를 각각 처리할 수 있습니다. 조건을 여러 번 체크하는 경우라면 if ~ elif ~ elif~ else를 사용할 수 있습니다. 비교적 분기(결정하는 구문)구문을 간편하게 제공하고 있습니다. 다른 개발 언어에서는 select case구문이나 switch 구문을 제공하지만 파이썬은 오로지 if else구문을 통해서만 분기구문을 처리합니다.

```
if <조건식>:
    <구문>
```

```
if <조건식>:
    <구문>
else:
    <구문>
```

```
if <조건식 1>:
    <구문 1>
elif <조건식 2>:
    <구문 2>
else:
    <구문 3>
```

🖌 **그림 3-4**

아래와 같은 데모 코드를 작성해서 if else구문을 연습해 봅니다. input() 함수는 입력을 받을 경우 사용합니다. 사용자에게 "점수를 입력:"을 프롬프트로 출력을 하고, 입력을 받으면 input() 함수는 무조건 str 형식(문자열)으로 리턴됩니다.

우리는 숫자를 비교하기 때문에 int(input())과 같이 숫자형식으로 변환을 해서 score변수에 저장을 합니다. 90 ~ 100점 구간이면, 등급은 "A"로 지정합니다. 이렇게 80점대, 70점대, 60점대, 그 이하를 구분해서 각각 "B", "C", "D", "F"를 지정했습니다.

```python
#Chap03_ifelse.py

score = int(input("점수를 입력:"))
if 90 <= score <= 100:
    grade = "A"
elif 80 <= score < 90:
    grade = "B"
elif 70 <= score < 80:
    grade = "C"
elif 60 <= score < 70:
    grade = "D"
```

```
TERMINAL   PROBLEMS   OUTPUT   DEBUG CONSOLE   AZURE

Copyright (c) Microsoft Corporation.

https://aka.ms/powershell
Type 'help' to get help.

A new PowerShell stable release is available: v7.3.4
Upgrade now, or check out the release page at:
  https://aka.ms/PowerShell-Release?tag=v7.3.4

PS C:\work>  & 'C:\Python310\python.exe' 'c:\Users\jonathan\.vscode\extensions\ms-python.python-2023.8.0\pythonFiles\lib\python\debugpy\adapter/../..\debugpy\launcher' '61692' '-
-' 'C:\work\Chap03_ifelse.py'
점수를 입력:88
등급은 B
PS C:\work>
```

🖌 **그림 3-5**

전체코드입니다.

전체 코드

```python
#Chap03_ifelse.py
score = int(input("점수를 입력:"))
if 90 <= score <= 100:
    grade = "A"
elif 80 <= score < 90:
    grade = "B"
elif 70 <= score < 80:
    grade = "C"
elif 60 <= score < 70:
    grade = "D"
else:
    grade = "F"

print("등급은 " + grade)
```

실행 결과

하단의 실행된 터미널 결과창으로 마우스 커서를 클릭해서 88과 같은 숫자를 입력하면 됩니다.

```
점수를 입력:88
등급은 B
PS C:\work>
```

파이썬에서 반복구문은 while과 for in구문을 사용할 수 있습니다. 몇 번을 반복할지 모른다면 while 구문을 사용할 수 있고, 개수를 알고 있는 경우라면 for in구문을 사용하면 됩니다. 파이썬에서는 일반적인 경우에 for in구문을 사용합니다. 아무래도 반복할 횟수가 정해져 있는 리스트, 튜플, 딕셔너리들은 for in구문을 사용하는 것이 간편합니다.

반복할 횟수를 알지 못하는 경우라면 while 구문을 사용합니다. 예를 들면 텍스트 파일을 처리하는 경우라면 파일을 오픈해서 읽기작업을 시도해 봐야 몇 줄인지 알 수 있습니다.

또는 계산을 통해 반복을 제어하는 경우, 데이터베이스에 접속해서 행데이터가 몇 건인지 알아야 반복을 하는 경우라면, while루프를 사용하면 됩니다.

반면에 갯수가 정해져 있는 튜플, 리스트, 딕셔너리와 같은 경우라면, for in구문을 사용하는 것이 편리합니다. fruit딕셔너리 변수의 경우 items() 메서드를 호출하면, key와 value를 모두 리턴합니다. keys() 메서드는 key만 리턴하고, values() 메서드를 호출하면 value만 리턴합니다.

전체코드입니다.

 전체 코드

```python
#Chap03_forin반복구문.py
value = 5
while value > 0:
    print(value)
    value -= 1

#대부분 갯수가 정해져있는 경우
lst = [100,200,300]
for item in lst:
    print(item)

fruit = {"apple":10, "banana":20, "kiwi":30}
for item in fruit.items():
    print(item)

print("key, value를 별도로 처리하는 경우")
for k,v in fruit.items():
    print(k,v)
```

실행 결과

```
5
4
3
2
1
100
200
300
('apple', 10)
('banana', 20)
('kiwi', 30)
key, value를 별도로 처리하는 경우
apple 10
banana 20
kiwi 30
```

반복구문을 사용하면서 추가 탈출 조건으로 break와 continue 구문을 사용할 수 있습니다. 특정 조건이 되면 탈출해야 하는 경우 break를 사용하고, 특정 조건에서는 스킵을 해야 하는 경우라면 continue를 사용하면 됩니다.

list(range(1,11)) 의 경우 규칙이 있는 숫자를 생성해주는 수열함수 range(시작,종료)를 지정하면, 종료되는 숫자 바로 앞까지 수열을 생성해 줍니다. 이 생성된 결과를 바로 list()로 리턴받기 위한 코드입니다.

원래는 for ~ in ~:루프를 돌면서 1부터 10까지 출력을 하는 코드인데 내부에 if i > 5:라는 분기 구문이 추가되어 있습니다. i라는 변수값이 5보다 큰 상황이 발생하면, 루프를 탈출하게 됩니다. i가 6이라는 상황이 되면, break구문을 실행해서 for ~ in ~:루프를 탈출합니다.

continue 구문은 루프를 탈출하지 않고, 조건이 참이 되면 루프의 남은 블럭을 skip하는 형태로 진행이 됩니다. if i % 2 = 0은 i값을 2로 나눈 나머지값이 0이면(짝수인 경우), 하단에 있는print(i)를 skip합니다. 결국은 홀수값만 출력이 됩니다.

전체코드입니다.

전체 코드

```python
#Chap03_반복문에서continue_break.py
print("---break---")
lst = list(range(1,11))
print( lst )
for i in lst:
    if i > 5:
        break
    print("item:{0}".format(i))

print("---continue---")
lst = list(range(1,11))
print( lst )
for i in lst:
    if i % 2 == 0:
        continue
    print(i)
```

실행 결과

```
---break---
[1, 2, 3, 4, 5, 6, 7, 8, 9, 10]
item:1
item:2
item:3
item:4
item:5
---continue---
[1, 2, 3, 4, 5, 6, 7, 8, 9, 10]
1
3
5
7
9
```

3.8 반복문에서 활용할 수 있는 리스트 컴프리헨션 사용하기

파이썬에서는 간결한 표현식을 사용하는 몇 가지 방법이 있습니다. 파이썬의 리스트 컴프리헨션(list comprehension)은 간결하게 한 줄에 반복문과 분기문, 그리고 가공식까지 모두 지정할 수 있습니다. 리스트 임베딩, 리스트 함축이라고 표현하고도 합니다.

```
[expression for item in iterable if condition]
```

위와 같은 형태로 간결하게 압축을 해서 코딩할 수 있습니다.

복잡한 경우라면 다중라인으로 작성하는 방법을 사용하지만, 가능하다면 한줄로 간결하게 코딩할 수 있기 때문에 파이썬 개발자들은 "파이썬스러운 코드"라고 말하기도 합니다. 우리가 친구들에게 "구글링해!", "줌으로 접속해!"라고 말하는 느낌입니다. 최근에는 "ChatGPT에게 물어봐!"라고도 말합니다.

lst라는 리스트를 아래와 같이 사용하면 i > 5라는 논리식을 만족하는 값만 받아서 i**2로 가공한 결과를 리스트에 저장해서 바로 결과를 출력합니다.

'어떻게 이런 간결한 한줄의 코드로 표현할 수 있나?' 라는 생각이 들기도 합니다.

반복구문을 사용하면서 필터링하는 조건문과 가공하는 표현식이 한줄로 정리됩니다. 매우 간결하고 강력한 형태입니다.

fruits = ("apple", "banana", "kiwi")의 경우 튜플로 과일의 이름을 담고, [len(i) for i in fruits]라고 하면 반복문을 실행하면서 각 단어의 길이를 리턴해서 최종적으로 리스트에 담아서 출력합니다. fruits2의 경우 딕셔너리 형태로 키:값을 담아서 값에 해당되는 과일의 이름을 대문자로 변경해서 리스트에 담아서 리턴하는 코드입니다.

str 클래스는 upper() 메서드와 lower() 메서드를 제공합니다. 각각 대문자로 소문자로 변경하는 메서드입니다. 딕셔너리의 값을 리턴하는 메서드인 values()를 사용해서 해당 리턴된 값을 upper() 메서드를 사용해서 대문자로 변경하고 리스트에 담아서 리턴하는 코드입니다. str 클래스의 문자열을 처리하는 메서드들은 5장에서 자세하게 학습합니다.

전체코드입니다.

전체 코드

```python
#Chap03_리스트컴프리헨션.py
#리스트컴프리헨션
lst = list(range(1,11))
print( [i**2 for i in lst if i > 5] )

fruits = ("apple", "banana", "kiwi")
print( [len(i) for i in fruits] )

fruits2 = {100:"apple", 200:"banana", 300:"kiwi"}
print( [v.upper() for v in fruits2.values()] )
```

실행 결과

```
[36, 49, 64, 81, 100]
[5, 6, 4]
['APPLE', 'BANANA', 'KIWI']
```

4장

파이썬에서 클래스 사용과 모듈, 패키지 활용하기

4.1 객체지향 프로그래밍 이해하기

4.2 클래스를 정의하고 인스턴스 생성하기

4.3 object 클래스 공부하기

4.4 클래스 내부에 멤버 변수를 숨기기

4.5 상속받고 재정의하기

4.6 모듈과 패키지를 사용하기

4.7 pyinstaller를 설치해서 실행 파일(*.exe) 만들어보기

4.8 패키지에 대한 소개

4.9 생성형 AI로 클래스 코드 생성해보기

4.1 객체지향 프로그래밍 이해하기

파이썬에서 클래스를 정의해서 사용하면 커스텀 형식을 활용하는 것이 수월해집니다. 앞에서 함수를 정의해서 사용했던 것에서 좀 더 재사용하는 부품을 규모있게 만든다고 생각해도 됩니다. 함수는 1개의 기능을 구현하는 작은 부품이라고 할 수 있습니다. 클래스는 N개의 변수와 N개의 함수가 하나의 형식 내부에 초기화되어 있고, 정의되어 있는 좀 더 규모가 있는 부품입니다. 이런 부품들을 이후에는 모듈 형태로 만들어서 필요할 경우 로딩하는 형태로 재사용을 하게 됩니다.

기존에 다른 개발 언어를 사용하던 개발자라면 파이썬의 클래스 정의가 좀 더 쉽게 느껴질 수 있습니다. 제공되는 키워드가 생각보다 간단하기 때문입니다. 그런데 처음 개발에 입문하는 분들에게는 객체지향언어에 대한 개념이 좀 어렵기는 합니다. 차근 차근 하나씩 살펴보겠습니다.

클래스(Class) 정의

- 파이썬에 내장되어 있는 클래스들이 있지만, 사용자가 필요하면 자기만의 형식(Type)을 정의해서 사용할 수 있습니다. 회사마다 또는 개인의 업무마다 형식은 다를 수 있기 때문에 필요한 데이터(멤버 변수)와 액션(일정한 로직을 수행하는 함수로 멤버 메서드)을 처리하는 코드를 추가할 수 있습니다.
- 직원 클래스: 사번, 이름, 부서코드 등의 데이터가 필요하고, 입사, 퇴사와 같은 액션이 필요합니다.
- 제품 클래스: 제품번호, 제품명, 설명, 분류코드 등이 필요하고, 제품등록, 수정, 삭제와 조회 등의 액션이 필요합니다.

클래스(Class)는 보통 쿠키틀, 붕어빵틀, 템플릿, 거푸집과 같은 단어로 설명을 합니다. 어떤 복사본(Instance, Object)을 생성하기 위해 미리 만들어져 있는 틀을 의미합니다. 내가 사용하고 싶은 데이터(멤버 변수)와 내가 필요한 로직(멤버 메서드)을 하나의 형식에 모아두는 형태를 의미합니다. 미리 틀을 만들고, 해당 틀로 복사본(인스턴스)를 생성해서 사용하는 형태라고 보면 됩니다.

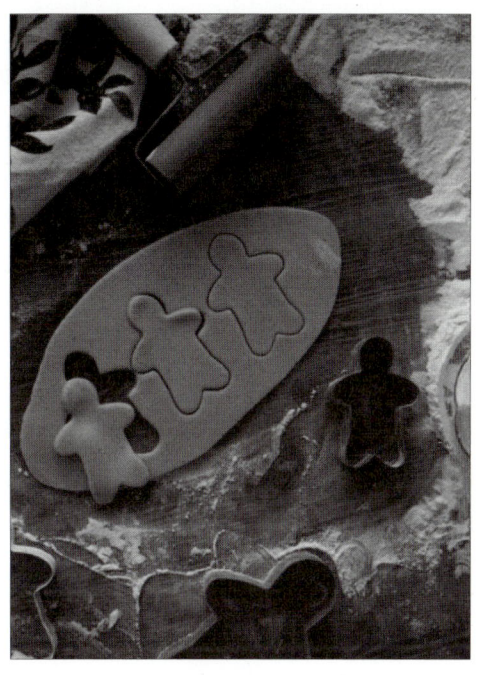

그림 4-1

함수는 1개의 기능만 제공합니다. 반면에 커스텀 형식으로 정의하는 클래스의 경우 관련된 데이터를 멤버 변수로 초기화하고, 관련된 함수를 멤버메서드로 정의해서 사용할 수 있습니다. 전역변수와 전역 함수로 작성했던 앞의 함수를 사용했던 코드들과 다르게 관련있는 전역변수와 전역 함수를 하나의 형식내부에 배치할 수 있습니다. 좀 더 복잡하고 규모가 있는 코드를 작성한다면 클래스가 도움이 될 수 있습니다. 예를 들면, 공통 코드를 모아둔 Person 클래스를 정의해서 코드를 상속받아서 파생된 Manager클래스, Employee클래스, Alba클래스를 만들면, 코드의 관리도 편해지고 작업시간을 줄일 수 있습니다. 작은 부품들로 구성된 각각의 함수보다는 연관된 내용들이 한곳에 모여있는 클래스가 관리하기가 더 수월합니다.

- 함수: 1개의 로직(알고리즘)을 구현한 간단한 형태입니다.
- 클래스: N개의 데이터와 N개의 함수가 해당 형식 내부에 구현된 좀 더 복잡한 형태입니다. 규모가 크고 복잡한 경우 좀 더 유리합니다.
- 모듈: 물리적인 1개의 파일에 N개의 함수와 N개의 클래스가 하나의 모듈에 저장되어 있는 형태입니다. 모듈을 사용하면 해당 코드를 쉽게 배포하고 재사용하는 단위로 사용할 수 있습니다. 다음번 작업에 필요하다면 이 모듈을 메모리에 로딩해서 재사용하면 됩니다.

- 패키지: 하나의 폴더에 관련된 모듈들을 모아두고 처리하는 형태입니다. 하나의 모듈로 모든 것을 구현하기 힘든 경우라면 별도의 모듈들로 파일을 나누고 하나의 폴더에 모아둘 수 있습니다. 이런 형태가 바로 패키지 입니다. 폴더 안에 폴더가 있는 복잡한 형태로도 제공됩니다. 우리가 이 책의 후반부에서 주로 사용할 외부 라이브러리들은 대부분 패키지 형태로 제공됩니다.

이제는 아래 사진의 레고블럭처럼 조립이 가능한 코딩 시장이 열리고 있습니다. 최근의 생성형 AI열풍과 파이썬, 노코드(No Code-코딩을 하지 않고 드래그 & 드롭으로 조립해서 앱과 웹을 개발하는 기술)를 보면, 약간의 코딩 지식으로 방대한 양의 코드를 자동 생성해서 조립하는 것이 가능한 시대가 열리고 있습니다. 노코드는 대부분 코딩을 하지 않고 드래그 & 드롭을 통해서 앱과 웹사이트 등을 만드는 기술들을 의미합니다. 파이썬으로 코딩하는 것이 부담되면, 노코드와 같은 솔루션도 시장에 많이 나와 있습니다. 구글의 AppSheet나 마이크로소프트의 PowerApps가 대표적인 제품들입니다.

앞으로는 전문 개발자가 아닌 시민 개발자들(전문 개발자가 아닌 일반인을 의미합니다)이 만드는 코딩 작업이 좀 더 수월해 질겁니다. 생성형 AI 엔진을 사용해서 보다 쉽게 코드를 생성하고 조립하는 시대가 열릴 것으로 보고 있습니다. 이미 우리는 ChatGPT, 코파일럿, 구글 AI Studio와 같은 생성형 AI 엔진을 파이썬과 같이 사용해 보면서 가능성을 보고 있습니다.

그림 4-2

📍 그림 4-3

✳️ 객체지향 프로그래밍(Object Oriented Programming)의 3가지 특징

- 추상성(Abstraction): 사용자에게 꼭 필요한 부분만 코드로 구현하는 것을 뜻한다.
- 상속성(Inheritance): 공통 분모에 해당되는 부분을 구현해서 부모 클래스로 구현된 부분을 코드를 상속받아서 사용하는 자식 클래스로 생성할 수 있다.
- 다형성(Polymorphism): 부모 클래스의 코드를 상속받아서 동일한 이름의 요소이지만, 다른 액션을 수행하도록 덮어쓰기(override)를 할 수 있다.

추상성 (Abstraction)	상속성 (Inheritance)	다형성 (Polymorphism)
사용자에게 꼭 필요한 부분만 코드로 구현하는 것을 뜻한다.	공통 분모에 해당되는 부분을 구현해서 부모 클래스로 구현된 부분을 코드를 상속받아서 사용하는 자식 클래스로 생성할 수 있다.	부모 클래스의 코드를 상속받아서 동일한 이름의 요소이지만 다른 액션을 수행하도록 덮어쓰기(override)를 할 수 있다.

📍 그림 4-4

객체지향 프로그래밍을 한다는 것은 기존의 함수중심의 프로그래밍과 다른 부분이 많습니다. 앞에서는 하나의 함수를 만들고 호출하는 형태로 작업을 했다면, 이제는 복잡한 코드를 구현할 때 먼저 클래스를 정의하고, 해당 클래스를 객체(인스턴스, 복사본)으로 생성해서 접근하는 코드로 작업할 수 있습니다.

필요한 것만 추상화시켜서 변수와 함수 형태로 구현하면 됩니다. 파이썬은 은폐성이라는 개념이 약하기 때문에 보통 추상성(추상화)이라는 단어를 많이 사용합니다. 필요한 것만 추상화시켜서 코드로 구현하면 됩니다.

개인적으로 여행을 참 좋아합니다. 아마도 많은 독자분들도 대부분 여행을 좋아하시죠? 새로운 장소에서 새로운 사람들을 만나는 것을 좋아하는데 여행을 미리 준비하면서 추상화된 지도를 보고 나중에 위성사진을 보게 됩니다. 꼭 필요한 것만 추상화해서 구현하고, 아래의 그림처럼 익숙해지면 자세한 사진을 보면 됩니다. 이렇게 추상화된 지도를 먼저 보고 위성사진으로 디테일하게 여행할 장소를 보는 것처럼, 클래스를 정의할 경우도 비슷합니다. 모든 것을 디테일하게 구현하는 것이 아닌 꼭 필요한 데이터와 로직만 구현하면 됩니다. 추상화라는 것은 이런 형태입니다. 필요한 것만 추상화 시켜서 코드로 구현하면 됩니다. Person이라는 클래스라면, 사람의 모든 것이 아닌 필요한 name, phoneNumber의 변수와 약간의 로직을 수행하는 메서드 정도만 구현해도 됩니다. 우리에게 필요한 부분만 추상화 시켜서 구현합니다.

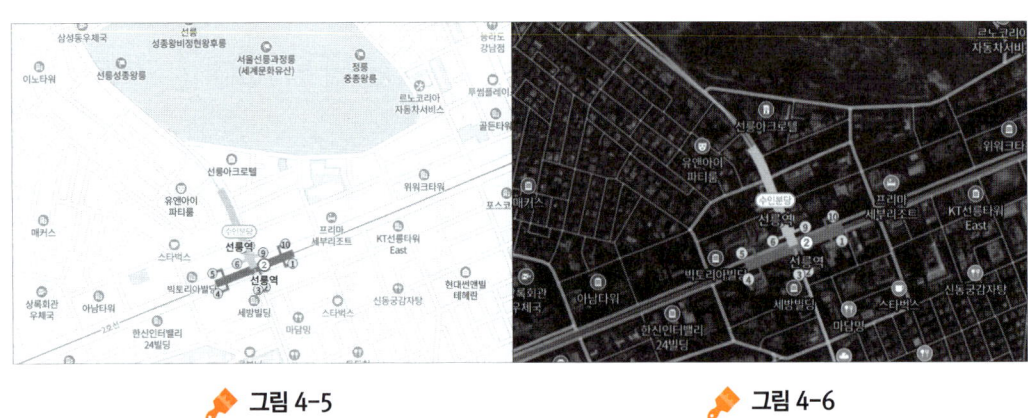

🖌 그림 4-5　　　　　　　　　🖌 그림 4-6

부모 클래스(공통 코드를 가지고 있는 부분)의 코드를 자식 클래스(파생 코드를 가지고 있는 부분)로 만들 수 있습니다. 비슷한 형식의 클래스들을 만들 때 공통 코드를 상속을 받고, 특화된 코드는 파생 형식에 추가해서 만들면 됩니다.

부모 클래스의 코드를 자식 클래스에서 상속받아서 바로 사용하거나, 마음에 들지 않으면 덮어쓰기와 같은 작업을 할 수 있습니다. 예를 들면, 아래와 같이 Person이라는 부모 클래스를 정의하고, 코드를 상속받아서 비슷한 Sutdent클래스를 만들 수 있습니다.

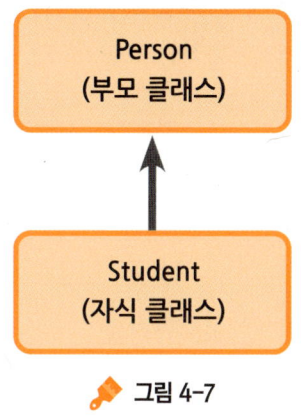

그림 4-7

다만 개념적인 부분이 많기 때문에 개발 언어를 처음 다루는 분들이라면 감이 잘 오지 않을 수 있습니다. 익숙해지는 방법은 계속해서 간단한 클래스를 만들어보고 사용해 보는 것입니다.

함수와 클래스를 비교해서 정의하고 사용해 보면 반복을 통해서 감을 잡을 수 있습니다. 시간을 계속 투자해서 반복해서 클래스를 연습해 보시길 권합니다.

4.2 클래스를 정의하고 인스턴스 생성하기

아래의 코드는 Person이라는 이름의 클래스를 정의한 코드입니다. 앞에서 공부했던 def키워드가 클래스 내부에 들어오면 함수가 아닌 멤버 메서드라고 부릅니다. __init__() 메서드는 초기화 메서드라고 부릅니다. 주로 멤버 변수들을 초기화하는 용도로 사용합니다. __이름__() 이런 형태로 작성하는 멤버 변수나 멤버 메서드는 파이썬의 object 클래스에 정의되어 있거나 초기화 되어 있는 멤버들입니다. 앞뒤에 "_"를 2개씩 사용해서 더블언더바라고 읽기도 합니다. 앞뒤에 "__"와 같은 기호가 붙은 멤버들은 특별한 용도가 지정되어 있다고 생각하면 됩니다. __init__() 메서드는 주로 인스턴스 멤버 변수(복사본을 생성했을 때의 내부 변수)의 초기화를 담당하는 초기화 루틴을 수행합니다.

클래스 내부에 멤버 변수는 name 하나만 존재합니다. self라는 단어는 파이썬에서는 키워드가 아닙니다. Java나 C# 같은 언어에서는 self나 this가 키워드로 예약이 되어 있고, 현재 클래스로 만든 인스턴스(복사본)을 가리키는 용도로 사용됩니다. 파이썬에서는 예약어는 아니지만 대부분의 개발자들이 현재 클래스로 만들어진 인스턴스(복사본)를 가리키는 단어(self)로 사용하긴 합니다. 일종의 관용적인 표현이라고 생각하면 됩니다. 다들 그렇게 사용한다는 의미입니다.

내가 다른 개발자들과 다르게 this나 me라는 단어를 사용하겠다고 해도 self가 키워드는 아니기 때문에 에러는 발생하지 않습니다. 다만 이런 코드를 다른 개발자들이 보면 이상하게 생각할 수 있습니다.

그래서 기존에 다른 개발자들이 코딩하는 규칙을 따르는 것이 좋습니다. 클래스의 메서드를 정의할 때 첫 번째 파라메터(매개변수)는 자리가 예약되어 있어서 자기 자신을 가리키는 용도로만 사용한다고 생각하면 됩니다. 마이크로소프트의 C#이란 언어는 예약어로 사용하는 키워드가 110개 정도 됩니다. Java도 53개가 넘는 키워드를 제공하는 파이썬은 고작(?) 35개 정도 됩니다. 파이썬은 꼭 필요한 키워드만 제공되는 독특한 언어라고 할 수 있습니다.

self라는 이름을 첫 번째 파라메터명으로 사용하고 멤버 변수 앞에 붙여서 사용해야 외부의 전역변수와 내부의 멤버 변수를 명확하게 구분할 수 있습니다.

우리는 앞으로 습관적으로 클래스의 메서드를 만들 때 선언의 첫 번째 인자로 입력되는 self는 해당 클래스로 만들어진 인스턴스(복사본)의 내부 멤버를 호출할 때 붙여서 사용하려고 합니다. 파이썬은 모호한 부분이 많기 때문에 명확하게 지정을 해서 코딩하는 것이 안전합니다. 개발자들은 이런 형태의 코드를 명시적으로 지정한다고 말합니다. 파이썬의 속담 중에 "모호한 것 보다는 명시적인 것이 좋다!"라는 속담이 있습니다.

전체코드입니다.

전체 코드

```python
#Chap04_Person 클래스.py
class Person:
    def __init__(self):
        self.name = "default name"
    def print(self):
        print("My name is {0}".format(self.name))

p1 = Person()
p2 = Person()
p1.name = "전우치"
p1.print()
p2.print()
```

실행 결과

```
My name is 전우치
My name is default name
PS C:\work>
```

해당 클래스(원본)의 인스턴스(복사본)을 만들 때 p1 = Person()과 같이 생성합니다. 실행 결과를 확인해 보면, 아래와 같습니다. Person이라는 클래스(원본)로 p1, p2와 같이 2개의 인스턴스를 생성해서 p1.name을 "전우치"로 수정했기 때문에 print() 메서드가 리턴하는 결과가 서로 다른 것을 확인할 수 있습니다. 각각의 상태 데이터가 p1, p2 인스턴스가 존재하는 각각의 네임스페이스(namespace-변수명 등이 저장된 별도의 공간)에 별도로 저장되어 있기 때문입니다.

네임스페이스(namespace)라는 단어는 파이썬이 사용하는 전체 메모리 공간에서 별도의 격리된 공간들이 있음을 의미합니다. 변수명이나 함수명(메서드명) 등이 충돌할 수 있기 때문에 격리된 이름공간을 별도로 만들고, 여기에 각각의 변수(데이터)들을 저장할 수 있습니다. 아래의 그림과 같습니다.

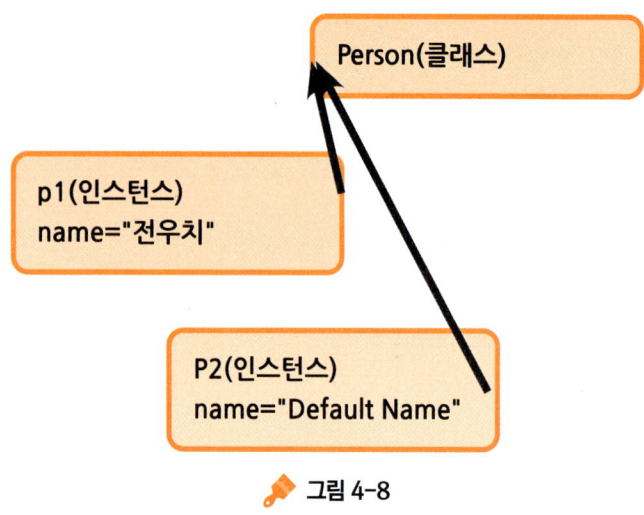

그림 4-8

파이썬은 클래스를 정의하면 Person 클래스가 별도의 네임스페이스로 만들어 집니다. p1, p2와 같은 인스턴스를 생성하면 역시 별도의 네임스페이스로 만들어지기 때문에 각자의 name을 별도로 저장할 수 있습니다. Person 클래스 내부에는 멤버 메서드가 저장됩니다.

반복해서 다시 설명드리면, 네임스페이스(namespace)를 사용하는 이유는 전역변수나 지역 변수가 충돌할 수 있기 때문에 새로운 함수를 정의할 때 함수명으로 네임스페이스(방)가 만들어집니다. 클래스를 정의할 경우도 별도의 네임스페이스가 만들어지고 여기에 멤버 변수나 멤버메서드를 저장해 둡니다. 이런 장치는 기본적으로 이름 충돌을 피할 수 있는 파이썬의 기본 기능입니다. 대부분의 현대적인 개발언어에도 있는 특징입니다.

파이썬은 사용하다 보면 특이한 요소들을 많이 가지고 있는 스크립트(인터프리터) 언어입니다. 런타임(코드가 실행되고 있는 상황)시에 기존에 없던 멤버 변수를 추가해서 동적으로 형식을 확장할 수 있는 언어입니다. 기존에 개발자들이 많이 사용하던 C, C++, C#과 같은 정적인 언어들은 컴파일(빌드, 만들기)라는 작업을 하면서 디자인타임(코딩을 하는 중)과 런타임(코드가 실행되는 중)을 구분해서 사용합니다. 컴파일을 하면서 오타도 체크를 해주는데 파이썬은 이런 부분이 많이 부족합니다. 그래서 좋은 툴의 도움을 받으면서 코딩 작업을 해야 합니다.

사실 인터프리터 언어인 파이썬에서는 디자인타임과 런타임의 구분이 잘 안될 수 있습니다. 코드를 입력하고 엔터를 클릭하면, 바로 바로 라인단위로 실행되는 언어가 바로 파이썬입니다. 다만 비주얼스튜디오 코드와 같은 통합툴로 작업하는 경우라면, 전체 코드를 모아서 나중에 실행할 수 있습니다. 이런 경우 디자인타임과 런타임을 좀 더 명확하게 구분할 수 있습니다.

기존 개발자들이 많이 사용하는 Java, C#과 같은 컴파일되는 언어들과 비교하면 파이썬은 문법이 많이 느슨하고 모호한 부분이 있습니다. 파이썬에는 기존 언어에서 제공하던 키워드가 없는 경우가 많습니다. 기존 개발 언어에서 사용하던 클래스 문법과 비교하면 말도 안되는 상황입니다. ㅎㅎ 그럼에도 이런 단점을 미리 파악하고 사용하면 됩니다.

클래스를 변경하지 않았음에도 아래와 같이 Person.title을 초기화하면 클래스 원본에 title 변수가 추가됩니다. 개발자가 필요하니까 추가했을 것이라고 파이썬은 판단하고 추가합니다. 가능하면 이런 특징은 알고 사용하지 않는 것이 안전합니다. 정말 필요하다고 생각한다면, Person 클래스에 title변수를 추가하는 형태로 변경하는 것이 좋습니다. 오타가 체크되지 않기 때문에 조심해서 사용해야 할 특징이라고 보면 됩니다.

지금과 같은 경우에 개발도구에서 자동완성이 되지 않는 것은 조심하는 것이 좋습니다. title 멤버 변수는 기존에 정의된 Person 클래스 내부에 없기 때문에 보여주지 못하는 경우입니다. 요즘 개발도구가 좋아져서 내부 라이브러리, 외부 라이브러리 모두 자동 완성 기능을 지원하기 때문에 자동 완성이 되지 않는다면, 억지로 코딩할 필요는 없습니다. 가능하면 정말로 필요한 멤버 변수가 title이라면, Person 클래스의 내부에 직접 추가해서 사용하는 것이 안전합니다.

```
#런타임시에 title변수 추가
Person.title = "New title"
print( p1.title )
print( p2.title )
print( Person.title )
```

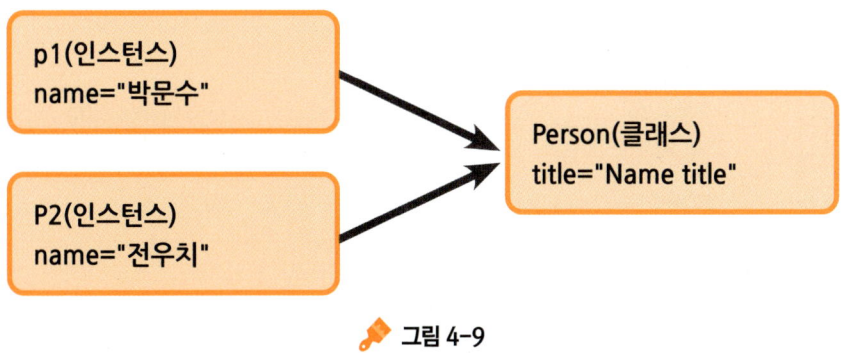

그림 4-9

실행하면 아래와 같이 추가된 멤버 변수에 모두 접근이 됩니다. p1이나 p2 인스턴스에는 없지만, 참조를 통해서 Person 클래스에 있는 title변수에 접근할 수 있습니다.

전체코드입니다.

전체 코드

```python
#Chap04_Person 클래스.py
class Person:
    def __init__(self):
        self.name = "default name"
    def print(self):
        print("My name is {0}".format(self.name))

p1 = Person()
p2 = Person()
p1.name = "전우치"
p1.print()
p2.print()

#런타임시에 title변수 추가
Person.title = "New title"
print( p1.title )
print( p2.title )
print( Person.title )
```

실행 결과

```
My name is 전우치
My name is default name
New title
New title
New title
PS C:\work>
```

아래의 코드는 전역변수 strName과 DemoString 클래스의 내부 멤버 변수 strName 이름이 겹치는 경우의 문제점입니다. 전역변수와 클래스의 멤버 변수명 충돌이 발생하기 때문에 정확하게 기술을 해주어야 합니다.

전체코드입니다.

전체 코드

```
#Chap04_전역변수와이름충돌
#전역변수
strName = "전역변수의 값"

class DemoString:
    def __init__(self):
        self.strName = ""
    def set(self, msg):
        self.strName = msg
    def print(self):
        print(strName)

g = DemoString()
g.set("멤버 변수에 셋팅")
g.print()
```

실행 결과

```
전역변수의 값
PS C:\work>
```

위의 코드에서 print() 메서드에서 self를 파라메터로 기술하고 print(strName)과 같이 self를 누락하면, 외부에 전역변수 값을 읽어오기 때문에 아래와 같이 "전역변수의 값"이 출력됩니다.

아래와 같이 수정하면 쉽게 수정할 수 있습니다. print() 메서드 안의 코드에서 self. strName과 같이 정확하게 멤버 변수임을 기술하면 됩니다. 약간의 미세한 차이라고 할 수 있지만 조심해야 합니다. 가능하면 클래스의 메서드를 정의하면서 내부 멤버에 접근할 경우 항상 self를 붙인다고 생각하면 편합니다. 파이썬은 모호한 것보다는 명확하게 코딩하는 습관이 중요합니다.

수정한 코드입니다.

```
...
    def print(self):
        #이 부분을 수정
        print(self.strName)
```

4.3 object 클래스 공부하기

파이썬에서 작성하는 클래스의 상속 계층도입니다. 파이썬의 근본이 되는 클래스는 object 클래스입니다. 클래스를 나무라고 가정한다면, 뒤집어서 보면 뿌리 역할(파이썬의 근본에 해당?)을 담당하는 Root, Top클래스(상속 계층의 가장 상단에 있음)라고도 부릅니다. object클래스에 중요한 멤버들이 많이 정의되어 있기 때문에 디테일한 요소들은 몰라도 조상격의 클래스명과 몇 개의 메서드들을 알아두면 도움이 됩니다. 우리가 앞으로 만나게 되는 '__이름__'과 같은 형태로 더블언더바(__)가 앞뒤에 있는 요소들은 용도가 특별히 정해져 있다고 보면 됩니다. 이런 형태의 이름들은 개발자가 함부로 사용하면 안됩니다. 이름이 충돌나기 때문에(생각보다 많이 있습니다) 우리는 필요하면 앞에만 __(더블언더바)를 붙이는 형태로 멤버 변수명, 멤버 메서드명에 작업하려고 합니다.

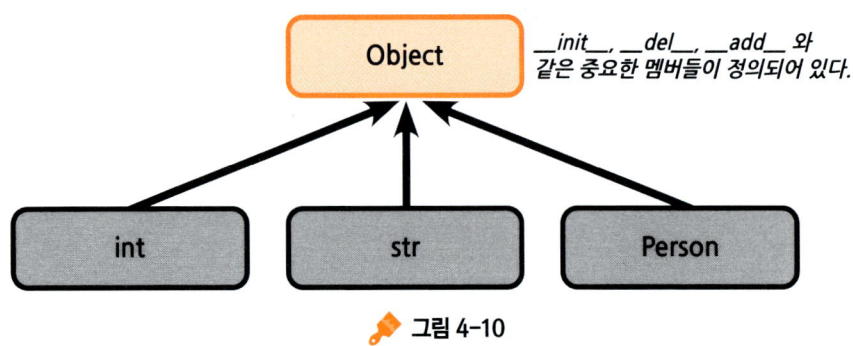

그림 4-10

Java와 C# 같은 언어들이 인기를 끌면서 파이썬도 3.* 버전에서 객체지향적인 요소들이 더 강화되었습니다. 생성자와 소멸자 역할을 하는 메서드, 문자열을 리턴하는 메서드들을 알아두면 도움이 됩니다.

__init__(self) 메서드는 초기화 루틴을 수행하는 일종의 생성자 메서드입니다. 인스턴스가 생성될 때 가장 먼저 실행이 됩니다. __del__(self) 메서드는 인스턴스가 소멸될 때 가장 마지막에 실행되는 소멸자 메서드입니다. __str__(self)는 인스턴스의 문자열을 출력하도록 요구될 때 호출되는 메서드입니다. Java나 C# 같은 언어에서는 toString() 메서드라고도 부릅니다.

클래스나 인스턴스의 문자열을 출력하라는 요청이 들어오면, 자동으로 맵핑되서 실행되는 개발자가 원하는 문자열을 리턴하는 함수라고 생각하면 됩니다. 우리가 실제로 사용하려는 요소들이 많지는 않아서 이렇게 3개의 멤버 메서드들만 미리 공부해 두면 됩니다.

아래와 같이 코드로 초기화 메서드(생성자라고도 하며 가장 먼저 실행되는 메서드)와 소멸자 메서드(인스턴스가 소멸될 때 마지막에 실행되는 메서드)를 보여주는 코드입니다. 보통은 특정 클래스의 인스턴스를 생성하고 필요한 메서드를 호출해서 사용이 끝나면 del d와 같은 코드를 크게 신경을 쓰지 않습니다. 직접 필요할 때 인스턴스를 메모리에서 제거할 수 있지만, 자동으로 메모리에서 관리되기 때문에 크게 신경을 쓰지 않습니다.

GC(Garbage Collection) 서비스가 제공되기 때문에 Java, C#과 같은 언어들과 동일하게 개발자가 참조 카운트(인스턴스의 사용횟수)를 신경쓰지 않고 작업할 수 있습니다. 참조 카운트는 현재 인스턴스를 몇 번 사용하고 있는지를 횟수를 기록해서 이 횟수가 0이 되면 스스로 메모리에서 제거되는 것을 의미합니다.

개발자가 인스턴스를 생성해서 d = DemoClass(5)와 같이 하나의 참조를 사용하다가 del d를 하면, 참조 카운트가 0으로 줄어들고, 스스로 메모리에서 제거됩니다. 그런데 이렇게 메모리에서 제거하는 부분은 GC(Garbage Collection)를 통해 제거되기 때문에 전혀 신경쓰지 않고 코딩을 합니다. 가비지 컬렉션은 자동 쓰레기 수거 서비스라고 생각하면 됩니다.

아래의 코드에서 del d를 주석처리하고 실행해 보면, d라는 인스턴스를 만들고 사용이 끝난 후 터미널을 종료할 때 소멸자 메서드가 자동 호출되면서 인스턴스가 소멸되는 것을 볼 수 있습니다. 사용하지 않는 인스턴스들을 주기적으로 제거하는 것을 기다릴 수 없기 때문에 아래와 같이 간단한 코드로만 결과를 살펴보겠습니다. 개발자는 로직에 집중하고 메모리 관리는 파이썬 인터프리터가 자동으로 관리해 준다고 생각하면 편합니다. 개발하기에 편리한 기본 인프라가 많이 제공되는 개발 언어가 사용하기 좋은 언어입니다. 우리가 공부하고 있는 파이썬은 사람이 사용하기에 무지 편한 멋진 언어입니다.

우리는 클래스를 정의할 때 초기화 메서드(생성자)는 꼭 필요한 경우가 대부분입니다. 소멸자 메서드는 거의 사용하지 않습니다. 소멸자의 경우 크게 신경쓰지 않고 작업을 합니다. 사용하지 않는 인스턴스들은 주기적으로 제거되기 때문에 메모리 할당과 해지에 크게 신경을 쓰지 않고 개발할 수 있습니다.

전체코드입니다.

 전체 코드

```
#Chap04_생성자와소멸자.py
class DemoClass:
    #생성자(인스턴스를 생성할 때 가장 먼저 실행)
    def __init__(self, value):
        self.value = value
        print("인스턴스가 생성되었습니다. value:", value)
    #소멸자(인스턴스를 소멸할 때 가장 마지막에 실행)
    def __del__(self):
        print("인스턴스가 소멸되었습니다.")

#인스턴스 생성
d = DemoClass(5)
#아래의 코드는 주석처리해도 결과는 동일하다.
del d

print("전체 코드 실행 종료")
```

 실행 결과

```
인스턴스가 생성되었습니다. value: 5
인스턴스가 소멸되었습니다.
전체 코드 실행 종료
```

4.4 클래스 내부에 멤버 변수를 숨기기

클래스의 멤버 변수를 내부에 숨기는 방법은 다음과 같습니다. 파이썬의 클래스에서 초기화한 멤버 변수와 멤버메서드가 전부 public하게 외부에 노출됩니다. 일반적으로 다른 객체지향언어에서는 멤버 변수를 숨기고 필요한 멤버메서드만 노출하는 것과는 다른 특징입니다.

아래의 그림을 보면 노트북을 TV나 빔프로젝트와 연결할 때 흔하게 사용하는 HDMI포트입니다. 우리는 이런 연결단자의 모양을 보고 바로 연결을 하면 됩니다. 대부분은 내부에 어떤 핀이 어떤 신호를 처리하는지 전혀 신경을 쓰지 않습니다. 가전제품이나 전자제품을 연결할 때 표준 단자(HDMI, USB…)를 아무 생각없이 연결하는 형태라고 보면 됩니다.

우리는 파이썬의 클래스를 정의하면서 내부에 있는 데이터를 전혀 신경쓰지 않고 노출된 메서드를 통해서 해당 작업을 실행하면 됩니다. 예를 들면, 은행의 계정을 처리하는 BankAccount클래스라면, 초기화를 하고 입금, 출금을 처리해서 결과만 보면 됩니다. 상세한 데이터와 로직은 클래스 내부에서만 처리하면 됩니다. 이러한 특징을 은폐성이라고 보통은 설명합니다.

- 은폐성(Encapsulation): 객체 내부에 데이터(멤버 변수)와 로직을 숨기고, 필요한 메서드를 통해서만 접근하도록 유도합니다.

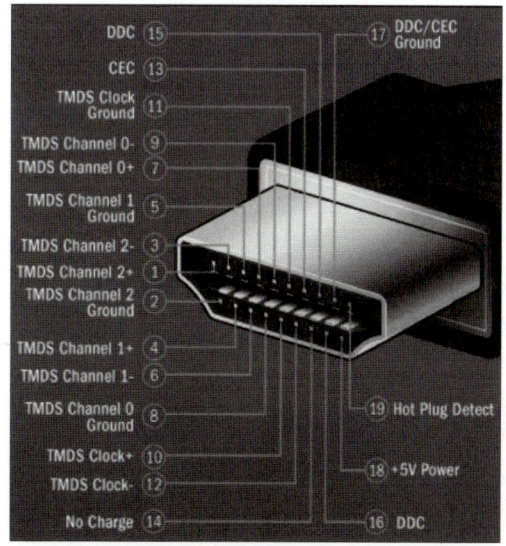

그림 4-11

예를 들면, 다른 개발 언어에서는 클래스 내부에 멤버 변수를 숨길 경우 private이라는 키워드를 제공합니다. 내부에서만 접근하도록 접근을 제한하는 키워드입니다. 클래스 내부나 외부에서 자유롭게 사용할 경우는 public이라는 키워드를 사용합니다. 파이썬은 이런 엑세스 수정자(엑세스 한정자)를 제공하지 않고, 기본적으로 public하게 외부나 내부에서 제한 없이 접근하도록 허용합니다.

아래의 BankAccount클래스 코드는 은행의 계정을 나타내는 클래스입니다. id, name, balance를 입력받아서 인스턴스(복사본)를 바로 초기화할 수 있습니다. 입금 작업을 처리할 경우 deposit() 메서드를 호출하면 되고, 출금 작업을 처리할 때 withdraw()를 호출하면 됩니다.

최종 결과를 보고 싶은 경우는 account1이라는 인스턴스(복사본)를 print() 함수에 넘기면 미리 정의된 __str__() 메서드를 호출하게 됩니다. 개발자가 리턴하고 싶은 문자열을 미리 정의해 두면 됩니다. object 클래스에 미리 정의된 메서드라서 상속받아서 구현하면 내가 원하는 문자열을 리턴할 수 있고, 내가 구현하지 않으면 기본적으로 클래스명(Type명)을 출력하도록 되어 있습니다.

먼저 클래스를 정의하고, 인스턴스를 생성한 후에 필요한 메서드를 호출하면 우리가 원하는 대부분의 작업들은 종료가 됩니다. 일반적으로 멤버 변수에 접근하지 않고도 외부에서 호출할 수 있는 메서드만을 사용해서 대부분의 작업을 할 수 있습니다.

전체 코드입니다.

 전체 코드

```
#Chap04_BankAccount클래스.py
#은행의 계정을 표현한 클래스
class BankAccount:
    #생성자(초기화 메서드)
    def __init__(self, id, name, balance):
        self.id = id
        self.name = name
        self.balance = balance
    #입금처리 메서드
    def deposit(self, amount):
        self.balance += amount
    #출금처리 메서드
    def withdraw(self, amount):
```

```
        self.balance -= amount
    #문자열 형태로 인스턴스의 결과를 출력하는 메서드
    def __str__(self):
        return "{0} , {1} , {2}".format(self.id, \
            self.name, self.balance)

#인스턴스 객체를 생성
account1 = BankAccount(100, "전우치", 15000)
account1.deposit(5000)
account1.withdraw(3000)
#외부에서 멤버 변수에 접근할 수 있는 경우(문제점)
account1.balance = 15000000
print(account1)
```

 실행 결과

```
100 , 전우치 , 15000000
PS C:\work>
```

그런데 위와 같은 코드에서 account1.balance = 15000000으로 변경하는 코드가 실행이 됩니다. 현재의 코드는 id, name, balance와 같은 멤버 변수를 외부에서 읽기, 쓰기 작업을 할 수 있습니다. 이 경우 가능하면 외부의 간섭을 피하기 위해 초기화 메서드, 입금, 출금을 처리하는 메서드는 노출하고, 멤버 변수는 숨기는 것이 좋습니다. 불필요한 접근을 피하고 해당 메서드로만 작업을 하도록 코드를 변경해 보겠습니다. 외부에서 멤버 변수에 불필요하게 접근하는 것을 막는 방어적인 형태의 코드입니다.

이런 작업을 파이썬에서는 이름 변경(Naming Mangling)이라고 합니다. 외부에서 멤버 변수에 대한 접근은 막고, 노출된 메서드로만 접근하도록 하는 방법입니다. 멤버 변수의 이름을 내부에서는 그대로 사용하고, 외부에서는 접근하게 힘들게 이름을 변경(원래의 이름이 복잡하게 변경됨)합니다. 문법이라기 보다는 이름 규칙이라고 생각하면 됩니다.

아래의 데모 코드와 같이 id, name, balance 멤버 변수명 앞에 __id, __name, __balance로 이름을 수정하면 됩니다. 변수명 앞에 더블언더바(__)를 붙이면 됩니다. BankAccount 클래스 내부에서만 사용하겠다고 파이썬에게 알려주면 됩니다. 클래스의 외부, 즉 인스턴스에서는 원래의 이름으로 접근이 안됩니다. 아래와 같이 수정하면 됩니다.

전체코드입니다.

전체 코드

```python
#Chap04_BankAccount클래스_이름변경.py
#은행의 계정을 표현한 클래스
class BankAccount:
    #생성자(초기화 메서드)
    def __init__(self, id, name, balance):
        self.__id = id
        self.__name = name
        self.__balance = balance
    #입금처리 메서드
    def deposit(self, amount):
        self.__balance += amount
    #출금처리 메서드
    def withdraw(self, amount):
        self.__balance -= amount
    #문자열 형태로 인스턴스의 결과를 출력하는 메서드
    def __str__(self):
        return "{0} , {1} , {2}".format(self.__id, \
            self.__name, self.__balance)

#인스턴스 객체를 생성
account1 = BankAccount(100, "전우치", 15000)
account1.deposit(5000)
account1.withdraw(3000)
print(account1)
#클래스 외부에서 접근하려고 시도하면 에러발생
print(account1.__balance)
```

실행 결과

```
100 , 전우치 , 17000
Traceback (most recent call last):
  File "C:\work\Chap04_BankAccount클래스_이름변경.py", line 26, in <module>
    print(account1.__balance)
AttributeError: 'BankAccount' object has no attribute '__balance'
PS C:\work>
```

클래스 내부에서는 __balance를 그대로 사용했지만, 인스턴스를 만들어서 클래스 외부에서 접근할 경우 __balance변수가 숨겨진 것을 알 수 있습니다.

4.5 상속받고 재정의하기

클래스의 상속을 사용하면, 공통 코드를 작성해서 부모 클래스의 코드를 상속받아서 사용할 수 있기 때문에 자식 클래스를 만드는 것이 더 쉬워질 수 있습니다.

개발자들은 이런 경우 상단의 클래스를 부모 클래스(Super class)라고도 부르고, 하단의 클래스를 자식 클래스(Sub class)라고도 합니다. 기본형식과 파생형식이라고 볼 수 있는데, 우리는 부모 클래스와 자식 클래스라고 사용하는 용어를 통일하겠습니다. 부모 클래스에 공통의 코드를 미리 작성해 두고, 자식 클래스를 만들면 좀 더 짜임새있게 코드를 배치하는 작업이 가능해 집니다.

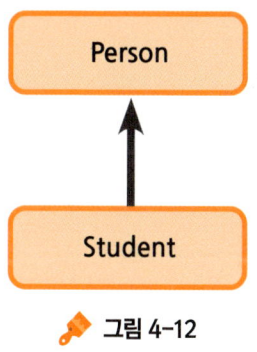

그림 4-12

예를 들면, Person이라는 공통 클래스를 만들어 두면, Manager, Employee, Alba와 같은 클래스들이 추가로 필요할 때 빠르게 대응할 수 있습니다. 각 파생형식에 필요한 멤버 변수를 추가하고, 기존 상속받은 코드가 마음에 들지 않으면 덮어쓰기(재정의, override)를 할 수도 있습니다.

Person 클래스의 멤버 변수는 name, phoneNumber입니다. 자식 클래스로 정의한 Student에서는 name, phoneNumber, subject, studentID 이렇게 4개의 멤버 변수가 필요해서 상속받은 초기화 메서드를 사용하지 않고 재정의를 했습니다.

공통코드로 작성한 부모 클래스를 상속받아서 자식 클래스를 만드는 경우 대부분 초기화 메서드에 변수들이 추가될 수 있습니다. 이런 경우 덮어쓰기(재정의)를 통해 변수가 추가되는 것을 해결할 수 있습니다.

전체코드입니다.

 전체 코드

```python
#Chap04_부모 클래스_자식 클래스.py
#부모 클래스 정의
class Person:
    def __init__(self, name, phoneNumber):
        self.name = name
        self.phoneNumber = phoneNumber
    def printInfo(self):
        print("Info(Name:{0}, Phone Number: {1})".format(self.name, self.phoneNumber))
    def working(self):
        print("지금 일하고 있음")
    def sleeping(self):
        print("지금 잠자고 있음")

#자식 클래스 정의
class Student(Person):
    def __init__(self, name, phoneNumber, subject, studentID):
        self.name = name
        self.phoneNumber = phoneNumber
        self.subject = subject
        self.studentID = studentID

#인스턴스 생성
p = Person("전우치", "010-222-1234")
s = Student("이순신", "010-111-1234", "빅데이터", "230123")
print(p.__dict__)
print(s.__dict__)
```

> **실행 결과**
>
> ```
> {'name': '전우치', 'phoneNumber': '010-222-1234'}
> {'name': '이순신', 'phoneNumber': '010-111-1234', 'subject': '빅데이터',
> 'studentID': '230123'}
> PS C:\work>
> ```

__dict__는 우리가 생성하지 않았지만, object 클래스에 미리 준비된 속성입니다. 각 객체의 내부에 있는 값을 딕셔너리 형태로 보여줍니다.

다음의 코드는 Student 클래스의 초기화 메서드에서 반복되는 코드를 수정한 코드입니다. Person.__init__(self, name, phoneNumber)와 같이 수정하면, 부모 클래스에서 초기화하는 코드를 그대로 사용할 수 있습니다. 다른 언어와 같이 super, base와 같은 부모 클래스를 가리키는 키워드는 제공되지 않지만(필요한 경우는 super() 함수가 제공됩니다), 비슷한 느낌으로 부모 클래스의 초기화 메서드를 직접 호출할 수 있습니다.

self라는 단어로 각 인스턴스 메서드의 첫 번째 인자를 지정해서 자기 자신을 가리키도록 한 것처럼 부모 클래스에 있는 초기화 메서드를 지정할 수 있습니다. 키워드는 없지만 직접 Person.__init__()와 같이 호출해서 부모의 초기화 루틴을 실행하도록 하면 됩니다.

```python
class Student(Person):
    def __init__(self, name, phoneNumber, subject, studentID):
        #부모의 생성자메서드 호출
        Person.__init__(self, name, phoneNumber)
        self.subject = subject
```

Person 클래스에서 제공된 printInfo() 메서드의 경우 Student클래스에 추가된 멤버 변수가 전부 출력되지 않기 때문에 Student클래스에서 상속받아서 덮어쓰기(재정의)를 했습니다. 4개의 멤버 변수를 모두 출력하도록 코드를 수정했습니다.

```python
class Student(Person):
    def __init__(self, name, phoneNumber, subject, studentID):
        #부모의 생성자메서드 호출
        Person.__init__(self, name, phoneNumber)
        self.subject = subject
        self.studentID = studentID
```

```python
    #상속받은 메서드를 재정의(덮어쓰기)
    def printInfo(self):
        print("Info(Name:{0}, Phone Number: {1})".format(
            self.name, self.phoneNumber))
        print("Info(Subject:{0}, StudentID: {1})".format(
            self.subject, self.studentID))
```

조금 더 수정된 전체코드입니다.

```python
#Chap04_부모 클래스_자식 클래스_변경.py
#부모 클래스 정의
class Person:
    def __init__(self, name, phoneNumber):
        self.name = name
        self.phoneNumber = phoneNumber
    def printInfo(self):
        print("Info(Name:{0}, Phone Number: {1})".format(
            self.name, self.phoneNumber))
    def working(self):
        print("지금 일하고 있음")
    def sleeping(self):
        print("지금 잠자고 있음")

#자식 클래스 정의
class Student(Person):
    def __init__(self, name, phoneNumber, subject, studentID):
        #부모의 생성자메서드 호출
        Person.__init__(self, name, phoneNumber)
        self.subject = subject
        self.studentID = studentID
    #상속받은 메서드를 재정의(덮어쓰기)
    def printInfo(self):
        print("Info(Name:{0}, Phone Number: {1})".format(
            self.name, self.phoneNumber))
        print("Info(Subject:{0}, StudentID: {1})".format(
            self.subject, self.studentID))
```

```
#인스턴스 생성
p = Person("전우치", "010-222-1234")
s = Student("이순신", "010-111-1234", "빅데이터학과", "230123")
s.printInfo()
s.working()
s.sleeping()
```

 실행 결과

```
Info(Name:이순신, Phone Number: 010-111-1234)
Info(Subject:빅데이터학과, StudentID: 230123)
지금 일하고 있음
지금 잠자고 있음
PS C:\work>
```

이런 형태로 필요하면 상속을 받아서 재정의를 할 수 있습니다. 상속받아서 그대로 사용하는 경우도 있고, 필요하다면 상속받아서 재정의를 할 수도 있습니다. 생성자(초기화) 메서드와 printInfo() 메서드는 재정의를 했고, working(), sleeping() 메서드는 상속받아서 그대로 사용을 했습니다.

4.6 모듈과 패키지를 사용하기

파이썬에서 모듈과 패키지를 사용해 보도록 합니다. 개발자가 필요한 모든 코드를 매번 반복해서 작성할 수 없기 때문에 기존 작성했던 함수나 클래스를 모듈(1개의 물리적인 파일)에 저장해 두고, 다시 메모리에 로딩을 해서 재사용할 수 있다. 여러 개의 모듈들이 저장된 폴더 형태로 제공되는 것을 파이썬에서는 패키지라고 합니다.

다음과 같이 import math를 실행하면, 기존에 사용하지 않던 수학함수를 가지고 있는 math모듈이 메모리에 로딩됩니다. 개발자를 목수(어떤 것을 조립하고 만드는 사람)라고 가정하면, 기존에 사용하지 않았던 새로운 연장통을 열어서 도구들을 바닥에 펼쳐놓고 사용한다는 의미입니다.

간단한 모듈을 연습하기에는 Python IDLE환경이 편합니다. Python IDLE를 실행해서 아래와 같이 입력해 봅니다.

처음 로딩한 math모듈의 함수 목록은

```
import math
dir(math)
```

위와 같이 실행해서 목록을 확인하면 됩니다.

math라는 네임스페이스(방)안에 있기 때문에

```
math.log(100)
math.cos(1)
math.pi
```

와 같이 네임스페이스명을 앞쪽에 기술해야 합니다.

```
>>> import math
>>> dir(math)
['__doc__', '__loader__', '__name__', '__package__', '__spec__', 'acos', 'acosh', 'asin', 'asinh', 'atan', 'atan2', 'atanh', 'ceil', 'comb', 'copysign', 'cos', 'cosh', 'degrees', 'dist', 'e', 'erf', 'erfc', 'exp', 'expm1', 'fabs', 'factorial', 'floor', 'fmod', 'frexp', 'fsum', 'gamma', 'gcd', 'hypot', 'inf', 'isclose', 'isfinite', 'isinf', 'isnan', 'isqrt', 'lcm', 'ldexp', 'lgamma', 'log', 'log10', 'log1p', 'log2', 'modf', 'nan', 'nextafter', 'perm', 'pi', 'pow', 'prod', 'radians', 'remainder', 'sin', 'sinh', 'sqrt', 'tan', 'tanh', 'tau', 'trunc', 'ulp']
>>> math.log(100)
4.605170185988092
>>> math.cos(1)
0.5403023058681398
>>> math.pi
3.141592653589793
```

🖌 그림 4-13

수학 함수들을 사용한다면, import math를 통해서 math모듈을 메모리에 올리고 해당 함수들을 호출하면 됩니다. 네임스페이스(namespace)를 생성해서 해당 네임스페이스(일종의 격리된 내부 공간) 내부에 함수들을 로딩하기 때문에 호출할 경우 math.pow(2,10)와 같이 사용해야 합니다.

파이썬을 설치하고 내부 라이브러리 목록을 살펴보고 싶은 경우라면, 아래의 주소를 방문해서 상단의 언어를 Korean으로 변경하고, 파이썬 버전을 3.10으로 변경해서 보면 됩니다.

 https://docs.python.org/ko/3.10/library/index.html

라이브러리 레퍼런스를 클릭하면, 전체 라이브러리 목록을 확인할 수 있습니다.

내가 하는 어떤 작업(업무 자동화, 데이터 수집과 분석...)을 코딩을 통해 해결해야 하는 경우 다양한 내부 라이브러리와 외부 라이브러리(pip.exe를 통해서 설치)를 사용해야 합니다. 파이썬 문법을 공부한 이후에 꾸준하게 라이브러리를 학습해야 합니다.

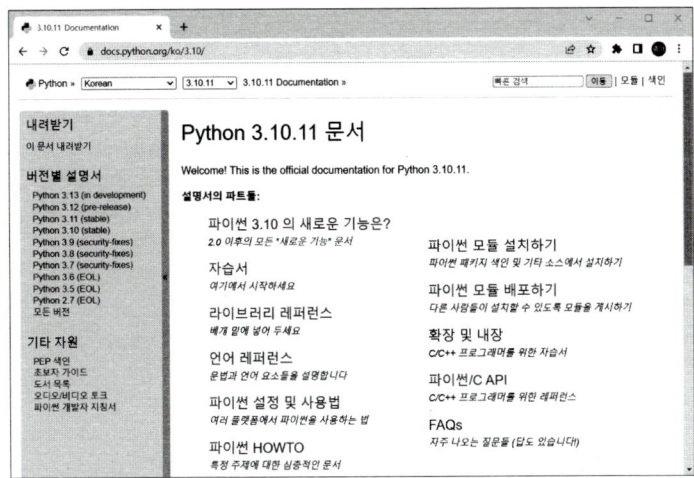

그림 4-14

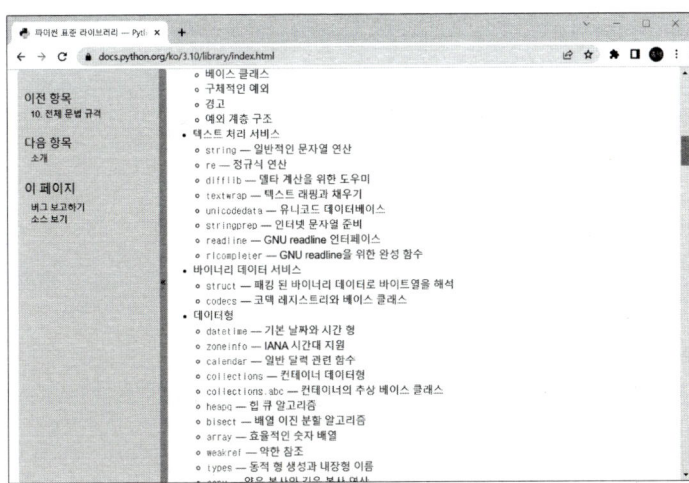

그림 4-15

파이썬을 설치하면, 기본적으로 200개의 라이브러리(모듈과 패키지)가 설치됩니다. 실제 개발을 하려면 다양한 라이브러리의 도움을 받아야 합니다. 파일을 다루고, 문자열을 처리하고, 데이터베이스를 사용하려면, 내부 라이브러리의 도움을 받아야 합니다.

크롤링을 하려면, BeautifulSoap을 설치해서 사용해야 합니다. 데이터 분석과 시각화를 하려면, Pandas, matplotlib과 같이 라이브러리의 도움이 필요합니다. 앞으로 9장과 11장에서 학습하게 될 내용들입니다.

기존에 제공되는 내장 라이브러리처럼 내가 작성한 모듈을 사용하려면 c:₩Python310₩Lib 폴더에 모듈을 복사하면 됩니다. 교재에서 제공된 DemoSet.py 파일과 DemoModule.py을 복사해서 사용하면 됩니다.

그림 4-16

내가 만든 또는 우리 회사 내부에서 만든 공통 모듈(공통단)을 편하게 사용한다면, 이렇게 c:₩Python310₩Lib 폴더에 복사해서 사용하면 됩니다.

DemoSet.py 파일입니다.

```
def __testFunction():
    print("모듈 내부에서만 사용")

def intersection(listX, listY):
    result = []
    for x in listX:
        if x in listY:
            result.append(x)
    return result
```

```
def union(*tp):
    result = []
    for item in tp:
        for x in item:
            if not x in result:
                result.append(x)
    return result
```

DemoModule.py 파일입니다.

```
print("모듈이 로딩됩니다.")
x = 2
def printX():
    print("x: {0}".format(x))
```

DemoSet.py 모듈에는 2개의 리스트를 받으면 합집합을 리턴하는 union() 함수와 교집합을 리턴하는 intersection() 함수가 정의되어 있습니다. __testFunction() 함수는 모듈 내부에 숨겨둘 함수입니다. 모듈 외부에는 보여주지 않고 모듈 내부에서만 숨겨서 사용한다면, 이름 변경(이름 숨김) 규칙인 '__'를 변수명이나 함수명 앞에 붙여서 작성하면 됩니다.

위의 DemoSet.py모듈을 로딩해서 사용하는 코드입니다. 파이썬 IDLE를 실행해서 아래와 같이 입력해서 테스트하면 됩니다.

```
import DemoSet
a = [1,2,3]
b = [3,4,5]
DemoSet.union(a,b)
DemoSet.intersection(a,b)
```

위와 같이 DemoSet모듈을 로딩해서 각각 합집합과 교집합을 리턴하는 함수를 호출하면 됩니다. 내장함수인 dir()을 사용해서 어떤 네임스페이스가 생성되었는지 알 수 있습니다. 또한 해당 네임스페이스에 어떤 함수들이 있는지를 간단한 목록으로 확인할 수 있다. dir(DemoSet)이라고 입력해서 실행하면 해당 네임스페이스 내부의 함수목록을 확인할 수 있습니다.

```
>>> import DemoSet
>>> dir()
['DemoSet', '__annotations__', '__builtins__', '__doc__', '__loader__', '__na
me__', '__package__', '__spec__', 'math']
>>> dir(DemoSet)
['__builtins__', '__cached__', '__doc__', '__file__', '__loader__', '__name__
', '__package__', '__spec__', '__testFunction', 'intersection', 'union']
>>>
>>> a = [1,2,3]
>>> b = [3,4,5]
>>> DemoSet.union(a,b)
[1, 2, 3, 4, 5]
>>> DemoSet.intersection(a,b)
[3]
```

그림 4-17

위와 같이 DemoSet.py를 Lib 폴더에 복사하고, import DemoSet과 같이 실행하면 바로 로딩되어서 사용할 수 있습니다. DemoSet.union()을 실행하거나 DemoSet.intersection()을 실행하면 됩니다.

라이브러리를 로딩할 때 4가지 방식을 사용할 수 있습니다. 앞으로 우리가 사용한 내부 라이브러리나 외부 라이브러리를 이런 방식으로 선언해서 사용하게 됩니다.

- import 모듈명: 이렇게 로딩을 하면 네임스페이스가 만들어지고 해당 모듈명.함수명, 모듈명.클래스명과 같이 접근하면 됩니다. 이름충돌을 피할 수 있지만, 호출하는 이름이 길어지기 때문에 타이핑을 많이 해야 합니다.

- from 모듈명 import 함수명: 이렇게 로딩을 하면 네임스페이스명이 생략되고, 해당 함수만 메모리에 로딩이 되기 때문에 간단하게 함수명만 호출해서 사용할 수 있습니다. 이름충돌이 발생할 수 있지만, 함수 호출이 간단하게 처리됩니다.

- from 모듈명 import * : 이렇게 호출하면 해당 모듈의 __로 시작하는 함수들을 제외하고(__로 시작하는 함수명을 변경해서 모듈 내부에 숨겨달라는 부탁으로 파이썬이 이해) 모든 함수를 네임스페이스명 없이 호출할 수 있습니다. 이름충돌이 발생할 수 있지만, 함수 호출이 간단하게 처리됩니다.

- import 모듈명 as 별칭: 모듈의 이름이 너무 길면, 별칭을 as구문 뒤에 지정해서 별칭으로 호출하면 됩니다. import pandas as pd와 같이 사용할 수 있습니다.

개발자마다 다른 스타일의 로딩을 사용할 수 있기 때문에 선언을 어떻게 하는지에 따라서 후속 코드들이 달라질 수 있습니다. 아래의 경우 DemoSet에서 union() 함수만 사용하겠다는 선언입니다.

기존에 로딩한 것을 리셋하고 다시 작업을 하기 위해서 Python IDLE의 Shell메뉴를 클릭하면, "Restart Shell"이 있습니다. Python IDLE툴을 끄고 다시 켜는 수고를 하지 않고, 바로 리셋을 할 수 있습니다. "Restart Shell"을 클릭합니다.

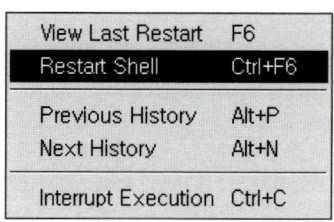

그림 4-18

이번에는 아래와 같이 코딩을 해서 DemoSet모듈에 있는 union() 함수만 로딩을 합니다.

```
from DemoSet import union
dir()
union([1,2,3], [3,4,5])
```

이 경우는 DemoSet모듈에 있는 union() 함수만 사용하겠다는 의미입니다. dir() 함수로 확인을 하면, union() 함수만 로딩이 되어 있습니다.

```
========================= RESTART: Shell =========================
>>> from DemoSet import union
>>> dir()
['__annotations__', '__builtins__', '__doc__', '__loader__', '__name__', '__package__', '__spec__', 'union']
>>> union([1,2,3], [3,4,5])
[1, 2, 3, 4, 5]
```

그림 4-19

다시 Python IDLE의 Shell메뉴의 Restart Shell을 클릭합니다. 이렇게 리셋(기존 메모리에 로딩된 것을 삭제하고 다시 초기화 하는 작업입니다)을 하고 다시 아래와 같이 선언하면, DemoSet 모듈의 __로 시작하는 함수들을 제외하고 모든 함수들을 네임스페이스 없이 전역 공간에 로딩합니다. 이번에는 __testFunction() 함수는 숨기고, intersection() 함수와 union() 함수를 호출할 수 있습니다. 개발자가 숨기고 싶어하는 __로 시작하는 함수들은 숨기고, 노출할 필요가 있는 함수들만 보여줍니다.

```
========================== RESTART: Shell ==========================
>>> from DemoSet import *
>>> dir()
['__annotations__', '__builtins__', '__doc__', '__loader__', '__name_
_', '__package__', '__spec__', 'intersection', 'union']
>>> intersection([1,2,3], [3,4,5])
[3]
>>> union([1,2,3], [3,4,5])
[1, 2, 3, 4, 5]
```

그림 4-20

나중에 우리가 사용하게 되는 Pandas라이브러리의 경우 import pandas as pd 와 같은 형태로 선언을 하면, pandas라는 이름 대신에 간단하게 pd라는 별칭을 사용할 수 있습니다. 앞으로 외부 라이브러리(추가로 설치한 부품들)를 사용할 때 as라는 키워드도 라이브러리를 선언할 때 많이 사용하게 됩니다. 이름이 너무 복잡하게 되어 있는 경우라면, 한 글자 또는 두 글자로 된 약어를 사용하는 것이 좋습니다.

두 번째 파일로 제공된 DemoModule의 경우 이름이 너무 길게 되어 있어서 d1이라는 별칭을 걸어줍니다. d1이라는 약어로 접근하는 것이 보다 편리합니다.

아래와 같이 실행하면 됩니다. 이렇게 선언을 하면 아래와 같이 d1이란 이름을 계속 사용해서 d1.x = 10을 입력하고, 해당 값을 d1.printX() 함수를 호출해서 출력해보면 됩니다.

전체 연습하는 코드입니다.

```
import DemoModule as d1

모듈이 로딩됩니다.
d1.x = 10
d1.printX()
x: 10
```

4.7 pyinstaller를 설치해서 실행 파일(*.exe) 만들어보기

모듈을 실행 파일 형태로 만들려면, pyinstaller를 설치해야 합니다. 보안상 소스코드를 그대로 배포할 수 없는 경우라면, 실행 파일 형태로 만들어서 배포하는 것을 고려할 수 있습니다. cmd 명령어로 커맨드창을 오픈해서 아래와 같이 설치합니다. 윈도우 탐색기에서 상단의 주소에 cmd를 입력하고 클릭하면 됩니다. pip.exe를 사용하면 기존에 내 PC나 노트북에 설치되어 있지 않은 라이브러리를 매우 쉽게 설치할 수 있습니다. 추가 부품들을 설치한다고 생각하면 됩니다.

```
pip install pyinstaller
```

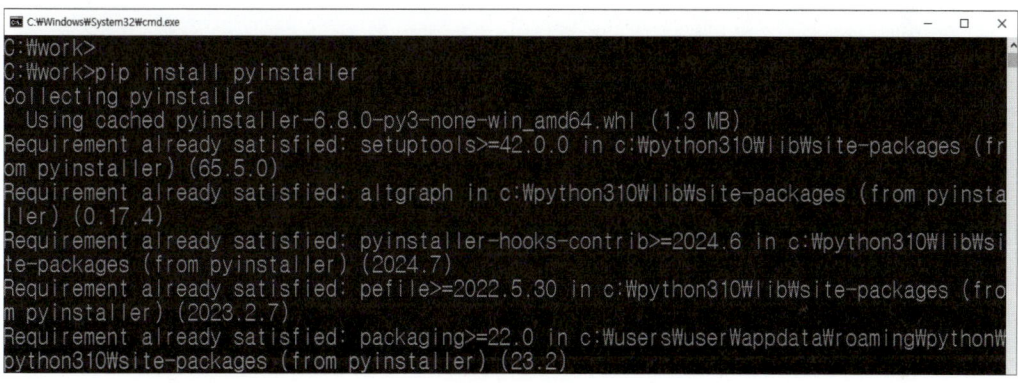

그림 4-21

앞에서 생성했던 Chap04_BankAccount.py 파일을 아래와 같이 실행하면, 실행 파일로 만들 수 있습니다.

```
pyinstaller --onefile Chap04_BankAccount클래스.py
```

위 명령으로 실행 파일을 만들면 됩니다. 별도의 화면은 없기 때문에 커맨드창에서 직접 실행해야 합니다. --onefile(-표시가 2개입니다.) 이라는 옵션은 하나의 파일로 만들어달라는 뜻입니다. 윈도우10이나 윈도우11의 경우 VC++컴파일러가 내장되어 있기 때문에 이런 컴파일러의 도움을 받아서 *.exe형태의 실행 파일(기계어코드)을 만들 수 있습니다. macOS의 경우는 Xcode가 설치되어 있다면, 비슷한 형태로 실행 파일을 만들 수 있습니다. 리눅스의 경우 gcc컴파일러가 설치되어 있으면, 동일하게 작업을 할 수 있습니다.

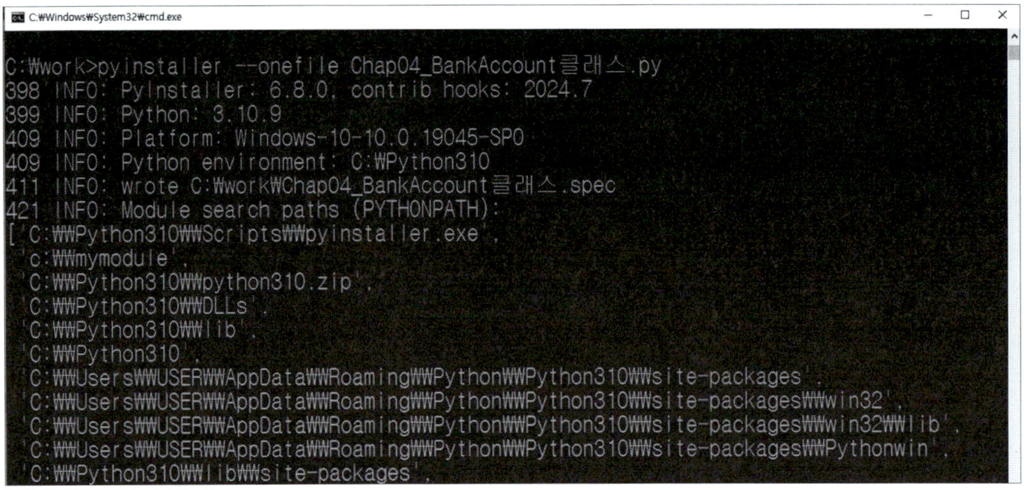

그림 4-22

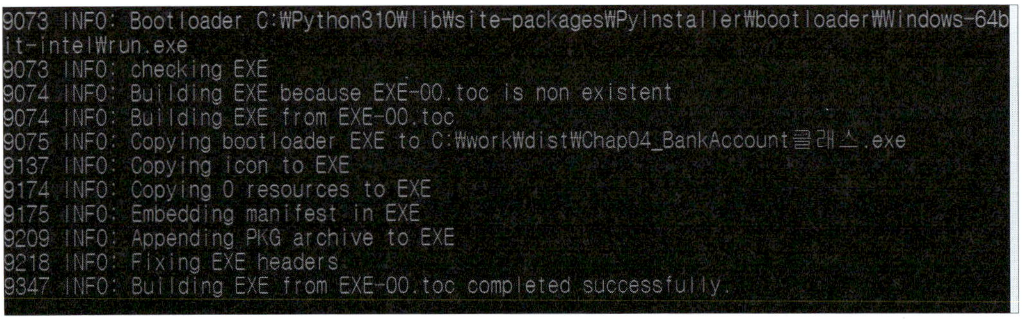

그림 4-23

커맨드창(cmd)에서 dir을 실행해서 파일과 폴더 목록을 보면 build와 dist 폴더가 보입니다. build는 컴파일에 필요한 파일들을 모아두는 폴더이고, dist는 배포(distribution)할 파일을 저장한 폴더입니다.

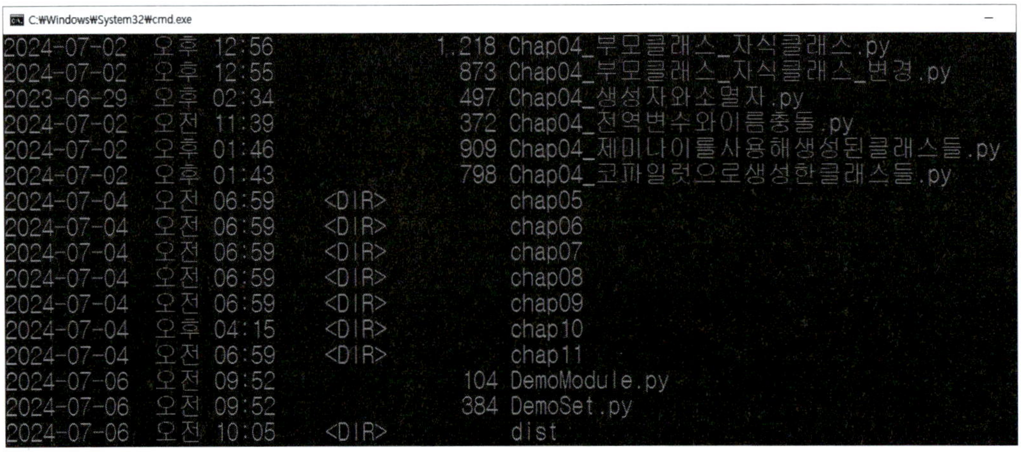

그림 4-24

```
cd dist
```

위 명령을 실행해서 dist 폴더에 있는 실행 파일을 실행해서 결과를 확인해 봅니다.

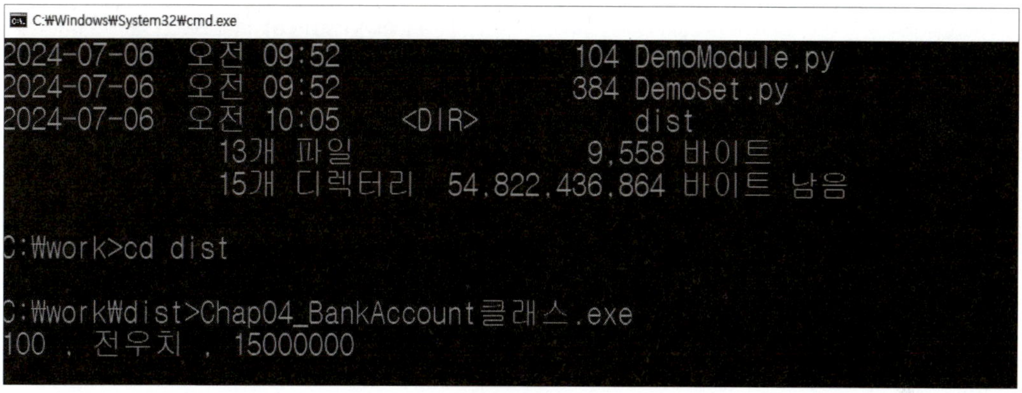

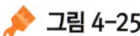
그림 4-25

고객에게 보안상 소스를 제공하지 않고 실행 파일 형태로 제공한다면, 이렇게 만들어서 배포할 수 있습니다. 아직은 별도의 화면이 없기 때문에 이렇게 커맨드창 상태에서 직접 실행을 해야 합니다. 이 책의 10장에서는 PyQt를 설치해서 GUI 기반의 화면을 만들어서 사용해 보도록 합니다. 결국은 우리가 처리한 로직과 데이터를 고객이 쉽게 사용할 수 있도록 이런 화면을 제공해야 합니다.

4.8 패키지에 대한 소개

패키지는 다양한 모듈들을 하나의 폴더에 묶어서 배포하는 보다 큰 단위를 의미합니다. 우리가 폴더라고 생각하는 형태를 파이썬은 패키지로 인식합니다. 대부분의 복잡한 라이브러리들은 패키지로 제공된다고 생각하면 됩니다.

앞에서 우리는 함수를 정의해서 사용했는데 함수는 1개의 기능을 구현한 작은 단위입니다. 모듈은 이러한 함수들 또는 클래스들을 여러 개 가지고 있는 1개의 물리적인 파일을 의미합니다. 패키지는 이러한 모듈들을 여러 개 가지고 있는 보다 복잡한 형태의 폴더 구조를 의미합니다. 앞으로 웹서버와의 통신에 사용할 urllib가 이러한 형태의 패키지 중에 하나입니다. 웹크롤링에 사용하는 BeautifulSoup이나 데이터 분석에 사용하는 Pandas도 복잡한 패키지 형태로 제공이 됩니다.

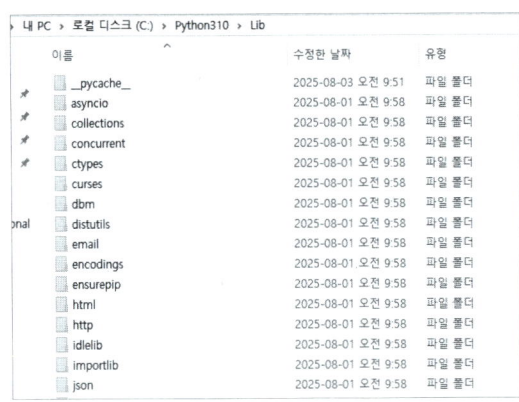

1) 함수: 하나의 기능을 구현
2) 모듈: 하나의 파일에 다수의 함수나 클래스를 정의
3) 패키지: 폴더 안에 다수의 모듈을 저장하여 관리

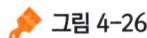

그림 4-26

패키지로 제공되는 라이브러리는 아무래도 이름이 길고 번거로운 부분이 있기 때문에 아래와 같이 선언하는 것이 좋습니다.

```
from 패키지명 import 모듈명
```

이렇게 선언을 하면 기본적으로 패키지명은 생략하고 접근하겠다는 의도입니다. 패키지명.모듈명.함수명과 같이 호출하면 매우 번거롭기 때문에, 패키지명을 생략하고 바로 모듈명.함수명과 같이 접근하는 것을 개발자들은 선호합니다.

아무래도 자주 사용하는 함수나 클래스라면 간편하게 접근할 수 있는 이름이 더 좋습니다. 패키지 기반의 라이브러리들은 이 책의 후반부에서 계속 사용을 할 예정입니다.

4.9 생성형 AI로 클래스 코드 생성해보기

이번에는 앞에서 배운 내용을 ChatGPT를 통해 생성해보고 검증해 봅니다. ㅎㅎ ChatGPT의 프롬프트에 다음과 같이 입력을 했습니다.

ChatGPT 명령

파이썬에서 부모 클래스로 Person을 정의하고, 자식 클래스로 Manager, Employee, Alba클래스를 정의하려고 한다. Person의 멤버 변수는 id, name이고, 이러한 멤버 변수를 출력하는 printInfo()인스턴스메서드가 정의되어 있다. Manager에는 skill, title 멤버 변수가 추가되어 있고, Employee에는 title만 추가되어 있다. 이러한 파이썬의 클래스 코드를 생성해줘

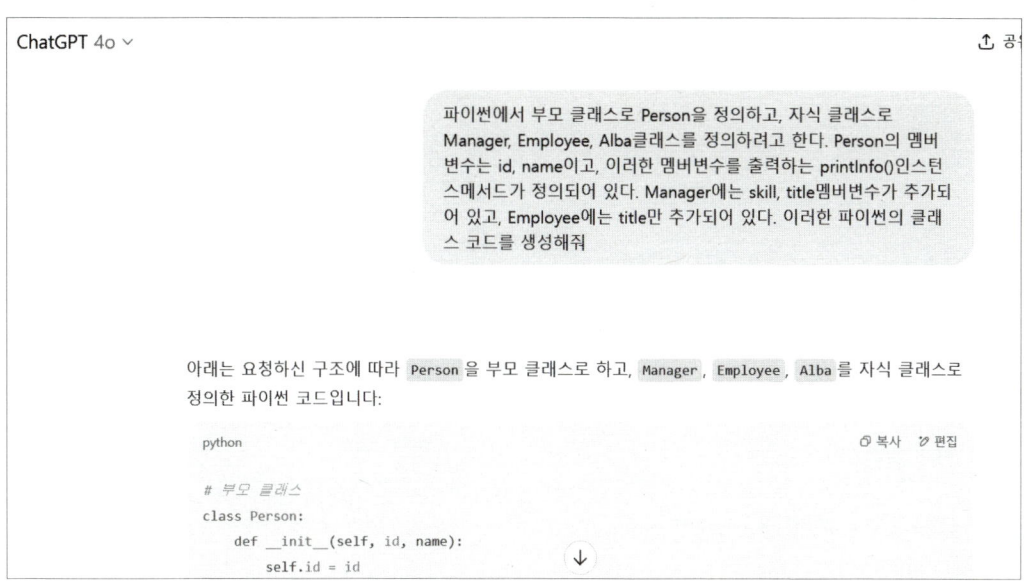

그림 4-27

앞에서 생성한 클래스들을 사용해서 10개의 인스턴스도 샘플로 추가 생성해 달라고 요청을 했습니다.

ChatGPT 명령

위의 클래스들을 사용해서 10개의 인스턴스를 생성하는 샘플 코드도 추가로 생성해줘

그림 4-28

완성된 전체코드입니다.

 전체 코드

```
#Chap04_ChatGPT클래스생성코드.py
class Person:
    def __init__(self, id, name):
        self.id = id
        self.name = name

    def printInfo(self):
        print(f"ID: {self.id}, Name: {self.name}")


class Manager(Person):
    def __init__(self, id, name, skill, title):
        super().__init__(id, name)
        self.skill = skill
        self.title = title

    def printInfo(self):
        super().printInfo()
        print(f"Skill: {self.skill}, Title: {self.title}")
```

```python
class Employee(Person):
    def __init__(self, id, name, title):
        super().__init__(id, name)
        self.title = title

    def printInfo(self):
        super().printInfo()
        print(f"Title: {self.title}")

class Alba(Person):
    def __init__(self, id, name):
        super().__init__(id, name)

    def printInfo(self):
        super().printInfo()

# 인스턴스 생성 및 출력
instances = [
    Manager(1, "Alice Johnson", "Management", "General Manager"),
    Manager(2, "Bob Smith", "IT", "IT Manager"),
    Employee(3, "Charlie Brown", "Software Engineer"),
    Employee(4, "David Wilson", "Analyst"),
    Alba(5, "Eve Davis"),
    Alba(6, "Frank Miller"),
    Manager(7, "Grace Lee", "Marketing", "Marketing Manager"),
    Employee(8, "Hannah Martin", "HR Specialist"),
    Alba(9, "Ivy Thompson"),
    Employee(10, "Jack White", "Sales Representative")
]

for instance in instances:
    instance.printInfo()
    print()

# 앞서 정의한 클래스 코드를 포함한 상태라고 가정합니다

if __name__ == "__main__":
    # 10개의 인스턴스 생성
```

```python
people = [
    Manager("M01", "Alice", "Python", "Team Lead"),
    Manager("M02", "David", "Project Management", "Senior Manager"),
    Employee("E01", "Bob", "Developer"),
    Employee("E02", "Eve", "Designer"),
    Employee("E03", "Frank", "Tester"),
    Alba("A01", "Charlie"),
    Alba("A02", "Grace"),
    Alba("A03", "Hannah"),
    Manager("M03", "Ivy", "Cloud Architecture", "CTO"),
    Employee("E04", "Jake", "Support Engineer")
]

# 각 인스턴스의 정보 출력
for idx, person in enumerate(people, start=1):
    print(f"\n--- Person {idx} Info ---")
    person.printInfo()
```

실행 결과

```
ID: 1, Name: Alice Johnson
Skill: Management, Title: General Manager

ID: 2, Name: Bob Smith
Skill: IT, Title: IT Manager

…
--- Person 9 Info ---
ID: M03, Name: Ivy
Skill: Cloud Architecture, Title: CTO

--- Person 10 Info ---
ID: E04, Name: Jake
Title: Support Engineer
```

우리가 직접 코딩을 해서 만들었던 클래스들과 비슷하게 코드가 생성된 것을 확인할 수 있습니다. 마이크로소프트의 코파일럿이나 구글 AI Studio를 사용해도 비슷한 결과들을 얻을 수 있습니다.

이번에는 구글의 AI Studio에 접속해서 동일한 프롬프트를 입력해 봅니다.

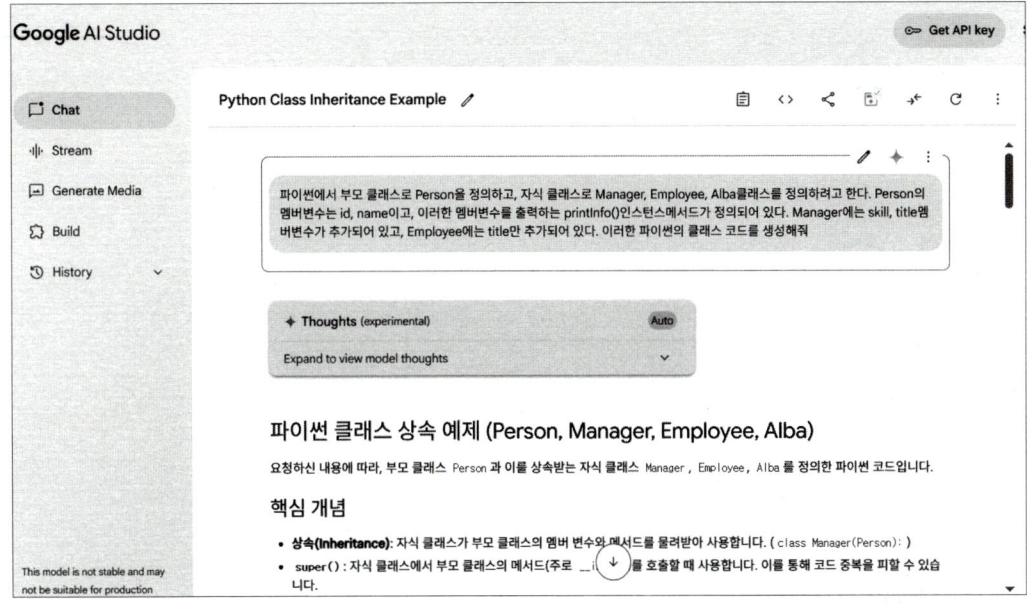

 그림 4-29 구글 AI Studio를 사용해서 생성한 코드입니다.

생성된 코드입니다.

전체 코드

```python
# 1. 부모 클래스 정의
class Person:
    """
    모든 구성원의 기본이 되는 부모 클래스
    """
    def __init__(self, id, name):
        """
        생성자: id와 name을 초기화합니다.
        """
        self.id = id
        self.name = name
```

```python
    def printInfo(self):
        """
        id와 name 정보를 출력하는 인스턴스 메서드
        """
        print(f"ID: {self.id}")
        print(f"이름: {self.name}")

# 2. 자식 클래스 정의
class Manager(Person):
    """
    Person 클래스를 상속받는 Manager 클래스
    """
    def __init__(self, id, name, skill, title):
        """
        생성자: 부모 클래스의 __init__을 호출하여 id, name을 초기화하고,
               추가 멤버 변수인 skill과 title을 초기화합니다.
        """
        super().__init__(id, name)  # 부모 클래스의 생성자 호출
        self.skill = skill
        self.title = title

    def printInfo(self):
        """
        메서드 오버라이딩: 부모의 printInfo()를 호출하여 기본 정보를 출력하고,
                        Manager의 추가 정보를 출력합니다.
        """
        super().printInfo()  # 부모 클래스의 printInfo() 메서드 호출
        print(f"보유기술: {self.skill}")
        print(f"직책: {self.title}")

class Employee(Person):
    """
    Person 클래스를 상속받는 Employee 클래스
    """
    def __init__(self, id, name, title):
        """
        생성자: 부모 클래스의 __init__을 호출하여 id, name을 초기화하고,
               추가 멤버 변수인 title을 초기화합니다.
```

```python
        """
        super().__init__(id, name) # 부모 클래스의 생성자 호출
        self.title = title

    def printInfo(self):
        """
        메서드 오버라이딩: 부모의 printInfo()를 호출하여 기본 정보를 출력하고,
                    Employee의 추가 정보를 출력합니다.
        """
        super().printInfo() # 부모 클래스의 printInfo() 메서드 호출
        print(f"직책: {self.title}")

class Alba(Person):
    """
    Person 클래스를 상속받는 Alba 클래스
    """
    # Alba 클래스는 추가적인 멤버 변수가 없으므로,
    # __init__ 메서드를 별도로 정의(오버라이딩)할 필요가 없습니다.
    # 인스턴스 생성 시 부모인 Person의 __init__이 자동으로 호출됩니다.
    # printInfo 메서드 또한 부모의 것을 그대로 사용합니다.
    pass

# 3. 클래스 사용 예제
print("--- 매니저 정보 ---")
manager = Manager("M001", "김관리", "프로젝트 관리", "팀장")
manager.printInfo()

print("\n--- 직원 정보 ---")
employee = Employee("E001", "이직원", "대리")
employee.printInfo()

print("\n--- 아르바이트 정보 ---")
alba = Alba("A001", "박알바")
alba.printInfo()
```

> **실행 결과**

```
--- 매니저 정보 ---
ID: M001
이름: 김관리
보유기술: 프로젝트 관리
직책: 팀장

--- 직원 정보 ---
ID: E001
이름: 이직원
직책: 대리

--- 아르바이트 정보 ---
ID: A001
이름: 박알바
```

구글의 AI Studio도 상당히 코드가 잘 생성되는 것을 볼 수 있습니다. 생성형 AI시장의 경쟁이 치열해 지면서 앞으로 우리는 골라서 해당 서비스들을 사용하면 될 것 같습니다. 전체적으로는 ChatGPT가 좀 더 마음에 들지만 다른 업체들도 놀고 있지 않습니다. ㅎㅎ

5장

파이썬의 서식처리와 파일 입출력하기

5.1 파이썬에 문자열 정렬하고 연결하기

5.2 다양한 서식 문자를 사용하기

5.3 f-string을 사용해서 서식 문자를 사용하기

5.4 파이썬에서 파일을 생성하고 읽고 쓰는 작업하기

5.1 파이썬에 문자열 정렬하고 연결하기

파이썬에서 문자열과 숫자를 출력할 때 서식을 지정할 수 있습니다. 아래와 같은 코드를 실행하면 아무래도 숫자는 오른쪽으로 정렬을 해서 출력하는 것이 익숙합니다. 엑셀과 같은 도구를 사용해서 숫자를 처리하는 경우가 많아서 그럴 수 있습니다. 이미 이런 정렬방식에 대부분 사용자들이 익숙해져 있기 때문에 파이썬에서 숫자를 출력할 경우 str 클래스의 rjust() 메서드를 호출해서 사용하면 좋습니다. right justify라는 단어의 약자로 rjust()를 사용하고 있고, 숫자 3은 전체가 3자리라는 의미입니다. 각각 오른쪽정렬, 왼쪽정렬에 rjust(), ljust() 메서드를 사용합니다. 파이썬은 늘 약어를 함수명이나 메서드명으로 사용하는 경우가 많습니다. 파이썬 언어가 간결함을 추구하기 때문에 그렇습니다.

전체코드입니다.

 전체 코드

```python
#Chap05_정렬방식지정하기.py
for x in range(1,10):
    print(x,"*",x,"=",x*x)

print("--오른쪽 정렬---")
for x in range(1,10):
    print(x,"*",x,"=", str(x*x).rjust(3))

print("--앞쪽에 0으로 채우기---")
for x in range(1,10):
    print(x,"*",x,"=", str(x*x).zfill(3))
```

실행 결과

```
1 * 1 = 1
2 * 2 = 4
3 * 3 = 9
4 * 4 = 16
5 * 5 = 25
6 * 6 = 36
7 * 7 = 49
8 * 8 = 64
9 * 9 = 81
---오른쪽 정렬---
1 * 1 =   1
2 * 2 =   4
3 * 3 =   9
4 * 4 =  16
5 * 5 =  25
6 * 6 =  36
7 * 7 =  49
8 * 8 =  64
9 * 9 =  81
---앞쪽에 0으로 채우기---
1 * 1 = 001
2 * 2 = 004
3 * 3 = 009
4 * 4 = 016
5 * 5 = 025
6 * 6 = 036
7 * 7 = 049
8 * 8 = 064
9 * 9 = 081
PS C:\work>
```

아래와 같은 코드도 조심해야 합니다. 문자열과 문자열을 결합연산을 하는 경우 + 연산자로 문자열을 연결하면 됩니다. 다만 문자열과 숫자를 결합연산하려고 하면 에러가 발생할 수 있습니다. 파이썬으로 문자열을 다룰 경우 많이 발생하는 에러 중에 하나입니다.

아래와 같은 코드는 TypeError가 발생합니다.

코드 예제

```python
url = "https://www.python.org/?page=" + 1
print(url)
```

실행 결과

```
Traceback (most recent call last):
  File "C:\work\Chap05_정렬방식지정하기.py", line 14, in <module>
    url = "https://www.python.org/?page=" + 1
TypeError: can only concatenate str (not "int") to str
PS C:\work>
```

아래와 같이 str() 함수 또는 str()클래스의 생성자(초기화 메서드)를 사용해서 문자열(str)로 변환하면, 문제없이 문자열로 연결됩니다.

코드 예제

```python
url = "https://www.python.org/?page=" + str(1)
print(url)
```

실행 결과

```
https://www.python.org/?page=1
PS C:\work>
```

5.2 다양한 서식 문자를 사용하기

대부분의 작업에서 우리는 십진수를 사용합니다. 간혹 16진수와 2진수를 사용할 경우가 있다면, {0:x}, {0:b}와 같이 서식을 지정할 수 있습니다. hexdecimal의 약자로 x를 서식 문자로 지정하면, 16진수로 변환해서 출력합니다. binary의 b를 약자로 사용해서 서식 문자로 지정하면, 2진수로 변환해서 출력합니다. {0:,}와 같이 지정하면, 숫자를 출력할 때 자동으로 3자리마다 ,(콤마)를 추가해서 숫자를 읽기 편하게 만들어 줍니다.

과학연산의 결과(e)를 출력하거나 실수 결과(f)를 출력할 경우 아래와 같이 지정할 수 있습니다. {0:.2f}와 같이 지정하면, 실수를 출력할 때 소수점이하 2자리까지만 출력하도록 지정해서 출력합니다.

전체코드입니다.

전체 코드

```
#Chap05_서식지정하기.py
print("---서식지정하기---")
print("{0:x}".format(10))
print("{0:b}".format(10))
print("{0:e}".format(4/3))
print("{0:f}".format(4/3))
print("{0:.2f}".format(4/3))
print("{0:,}".format(15000000))
```

실행 결과

```
---서식지정하기---
a
1010
1.333333e+00
1.333333
1.33
15,000,000
PS C:\work>
```

5.3 f-string을 사용해서 서식 문자를 사용하기

f-string문법을 사용하면 좀 더 간결하게 서식을 지정할 수 있습니다. 숫자를 출력할 때 〉, 〈기호를 사용하면 오른쪽 정렬과 왼쪽 정렬을 지정할 수 있습니다. 공백에 0을 출력하고 싶다면 :0과 같이 지정하면 됩니다.

아래와 같이 서식을 지정하면 오른쪽 정렬방식으로 숫자를 출력합니다.

```
value = 12345
formatted_str = f"{value:>10}"
print(formatted_str)   # 출력: '     12345'
```

이번에는 오른쪽 정렬 + 빈자리 0으로 채우기를 하는 형태입니다.

```
formatted_str = f"{value:0>10}"
print(formatted_str)   # 출력: '0000012345'
```

출력할 때 왼쪽 정렬 + 빈자리 *로 채우기를 해도 됩니다.

```
formatted_str = f"{value:*<10}"
print(formatted_str)   # 출력: '12345*****'
```

숫자를 출력하는 경우 3자리마다 콤마를 출력할 수 있습니다.

```
value = 1234567890
formatted_str = f"{value:,}"
print(formatted_str)   # 출력: '1,234,567,890'
```

몇개의 서식 문자를 결합해서 사용해도 됩니다. 20자리 오른쪽 정렬 + 빈자리 *로 채우기 + 3자리마다 콤마 추가를 하는 코드입니다. 이렇게 다양하게 서식 문자를 활용할 수 있습니다.

```
value = 1234567
formatted_str = f"{value:*>20,}"
print(formatted_str)    # 출력: '*********1,234,567'
```

전체 코드입니다.

 전체 코드

```
#Chap05_f-string사용하기.py

value = 12345
# 기본적인 오른쪽 정렬 (기본은 공백으로 채움)
formatted_str = f"{value:>10}"
print(formatted_str)    # 출력: '     12345'

# 오른쪽 정렬 + 빈자리 0으로 채우기
formatted_str = f"{value:0>10}"
print(formatted_str)    # 출력: '0000012345'

# 왼쪽 정렬 + 빈자리 *로 채우기
formatted_str = f"{value:*<10}"
print(formatted_str)    # 출력: '12345*****'

value = 1234567890

# 3자리마다 콤마 추가
formatted_str = f"{value:,}"
print(formatted_str)    # 출력: '1,234,567,890'

value = 1234567

# 20자리 오른쪽 정렬 + 빈자리 *로 채우기 + 3자리마다 콤마 추가
formatted_str = f"{value:*>20,}"
print(formatted_str)    # 출력: '*********1,234,567'
```

> **실행 결과**
>
> ```
> 12345
> 0000012345
> 12345*****
> 1,234,567,890
> ***********1,234,567
> ```

5.4 파이썬에서 파일을 생성하고 읽고 쓰는 작업하기

파일을 입출력하는 경우 open() 함수를 통해서 처리합니다. 이름은 open() 함수이지만, 파일을 생성하고 쓰기와 읽기, 첨부와 같은 대부분의 작업들을 open() 함수가 리턴하는 파일 인스턴스를 사용해서 처리할 수 있습니다.

대부분의 개발자들이 open() 함수가 리턴하는 파일 인스턴스를 f라고 작성하는 경우가 많습니다. file을 의미하는 약어로 f를 많이 사용합니다. 간결함을 추구하는 게으른 파이썬 개발자들의 특징입니다.

```
f = open(file, mode)
```

파일명을 지정하고 모드값으로 "rt", "r", "wt", "a+","rb","wb"와 같이 조합해서 지정할 수 있습니다. 기본값(default value)으로 지정되는 값이 "rt"입니다. "rt"는 read text의 약어입니다. 두 번째 파라메터를 생략해도 기본값인 "rt"와 동일합니다. 모드값을 생략하거나, "r"만 지정하거나, "rt"를 지정해도 결과는 전부 read text모드가 됩니다. 텍스트 파일을 읽기 모드로 접근하게 됩니다.

"wt"는 write text의 약자입니다. "a+"는 append + read + write형태의 모드값입니다. 기존에 파일이 없으면 생성하고, 있으면 파일의 맨 끝으로 가서 첨부하는 작업을 할 경우에 사용합니다. "wt"는 파일이 있는 경우도 덮어쓰기를 하기 때문에 좀 위험할 수 있습니다. 기존 파일에 첨부 작업을 하는 경우라면, "a+"를 사용하는 것이 좋습니다.

- r: 읽기 모드(Read, 디폴트)
- w: 쓰기 모드(Write)
- a: 쓰기 + 이어쓰기 모드(Append)
- +: 읽기 + 쓰기 모드
- b: 바이너리 모드(Binary)
- t: 텍스트 모드(Text, 디폴트)

반복된 연습을 통해 파일을 잘 다룰 수 있도록 코딩을 해보면 도움이 됩니다. 앞으로 크롤링 한 결과를 파일로 출력하고, GUI 화면을 통해 생성된 데이터를 파일로 출력할 수 있습니다. 다양한 용도로 결과물을 파일로 저장하거나 로딩할 때 사용하면 됩니다.

파일은 읽기, 쓰기와 같은 작업들이 종료되면, close() 메서드를 사용해서 정상적으로 버퍼를 비우고 종료하도록 해야 합니다. 큰 파일을 읽기나 쓰기를 하는 경우 계속 작업중인 상태일 수 있기 때문에 읽기나 쓰기에 관련된 버퍼(메모리)를 비우고 작업을 안전하게 종료한 후 마무리를 하고 나가야 합니다. 파일에 쓰기작업은 늘 write() 메서드를 사용하면 됩니다. 약간 조심할 부분은 하나의 라인에 쓰기 작업이 끝나면 "₩n"을 미리 미리 코딩해서 라인을 변경해야 합니다. 이런 작업을 하지 않으면 옆으로 계속 쓰기가 진행되서 나중에 읽기 작업이 불편할 수 있습니다. ㅎㅎ

전체코드입니다.

 전체 코드

```python
#Chap05_파일입출력하기.py
print("---파일쓰기---")
f = open("c:\\work\\test.txt", "wt")
f.write("첫 번째\n두 번째\n세 번째\n")
f.close()

print("---파일읽기---")
f = open("c:\\work\\test.txt", "rt")
result = f.read()
print(result)
f.close()
```

> **실행 결과**
>
> ```
> ---파일쓰기---
> ---파일읽기---
> 첫 번째
> 두 번째
> 세 번째
>
> PS C:\work>
> ```

작업이 종료되었는 여부를 알고 싶다면 f.closed 속성을 사용해서 정상적으로 종료가 되었는 지를 물어볼 수 있습니다. 우리는 지금 각자의 PC나 노트북에서 작업을 하고 있기 때문에 큰 문제는 없지만, 다중 사용자 환경의 서버에서 파일 작업을 하거나 대용량의 파일을 다루는 경우는 문제가 됩니다. 꼭 파일의 작업을 정상적으로 종료하고 빠져나왔는지를 확인해야 합니다.

파일을 읽을 경우 용도별로 사용할 수 있도록 read(), readline(), readlines() 메서드가 준비되어 있습니다. read() 메서드는 파일을 처음부터 끝까지 읽어서 하나의 문자열 변수로 리턴하는 메서드입니다. 파일의 크기가 크지 않다면 간편하게 사용할 수 있습니다. readline() 메서드의 경우 파일의 크기가 100MB ~ 1GB정도 된다면, 한 번에 한라인씩 읽어서 결과를 처리하는 메서드입니다. while 구문을 사용해서 약간 작업을 더 해주면 됩니다.

파일의 크기가 너무 작거나 크지 않고 수백 라인 정도라면, readlines() 메서드를 사용해서 리스트형식으로 받아서 처리할 수 있습니다. 적당한 읽기 메서드를 선택해서 사용하면 됩니다. 파일의 크기가 크지 않은 대부분의 경우라면, read() 메서드로 읽기작업을 처리하는 경우가 일반적이기는 합니다.

아래의 코드에서 f.seek(0)은 읽기 작업을 전부 진행하면 파일의 끝 부분(EOF-End Of Flie)을 파일 포인터(파일의 어느 부분을 읽어야 하는지를 가리키는 기능)가 참조하고 있기 때문에, 다시 읽기 작업을 하는 경우 파일 포인터를 처음을 가리키도록 0바이트로 옮기는 코드가 필요합니다. 다시 처음부터 파일 읽기 작업을 하도록 리셋한다고 생각하면 됩니다. 보통은 read(), readlines(), readline() 메서드 중에 하나를 읽기 작업에 사용하면 됩니다. 대부분의 경우 read() 메서드를 사용하는 경우가 많긴 합니다. ㅎㅎ

아래의 코드에서는 read() 메서드를 사용해서 파일 끝까지 한번에 읽어오기도 하고, 파일 포인터를 0바이트로 옮겨서 readline() 메서드를 사용해서 여러 번 읽기 작업을 연습하는 코드입니다. readlines() 메서드를 사용하면 여러 라인으로 된 내용을 읽어서 리스트형태로 리턴받을 수 있습니다.

전체코드입니다.

전체 코드

```python
#Chap05_파일입출력하기_읽기메서드연습.py
print("---파일쓰기---")
f = open("c:\\work\\test.txt", "wt")
f.write("첫 번째\n두 번째\n세 번째\n")
f.close()

print("---파일읽기---")
f = open("c:\\work\\test.txt", "rt")
print("---read() 메서드호출--")
result = f.read()
print(result)

print("---readline() 메서드호출--")
#파일포인터를 다시 처음으로 이동
f.seek(0)
print( f.readline() )
print( f.readline() )

print("---readlines() 메서드호출--")
f.seek(0)
lst = f.readlines()
print(lst)

#읽기 작업이 다 끝나면 마지막에 닫기
f.close()
```

> **실행 결과**

```
---파일쓰기---
---파일읽기---
---read() 메서드호출--
첫 번째
두 번째
세 번째

---readline() 메서드호출--
첫 번째

두 번째

---readlines() 메서드호출--
['첫 번째\n', '두 번째\n', '세 번째\n']
```

조금 이상한 부분은 readline() 메서드를 호출한 코드에서 빈줄이 추가로 출력되는 부분입니다.

```
---readline() 메서드호출--
첫 번째

두 번째
```

이 부분은 print() 함수가 문자열을 출력하고 개행을 하는데, 추가로 "₩n"특수문자가 출력되서 그렇습니다. 이 부분을 수정해 봅니다. 다음과 같이 print() 함수의 종료문자를 삭제하면 됩니다. end=""이렇게 추가를 합니다. 원래는 end="₩n"인데 이 부분을 ""로 삭제하면 해결됩니다.

```
print( f.readline(), end="" )
```

수정된 코드입니다.

```
…
print("---readline() 메서드호출--")
#파일포인터를 다시 처음으로 이동
f.seek(0)
print( f.readline(), end="" )
print( f.readline(), end="" )

print("---readlines() 메서드호출--")
f.seek(0)
lst = f.readlines()
print(lst)
for item in lst:
    print(item, end="")

#읽기 작업이 다 끝나면 마지막에 닫기
f.close()
```

실행 결과

```
---readline() 메서드호출--
첫 번째
두 번째
---readlines() 메서드호출--
['첫 번째\n', '두 번째\n', '세 번째\n']
첫 번째
두 번째
세 번째
PS C:\work>
```

이제는 빈줄이 출력되지 않고, 정상적으로 출력되는 것을 확인할 수 있습니다. 약간의 코드로 이렇게 보정을 해주면, 원하는 결과를 얻을 수 있습니다.

챗GPT를 활용한
파이썬 프로그래밍

6장

파이썬에서 문자열 처리 메서드와 정규 표현식 활용하기

6.1 파이썬에서 기본적인 문자열 처리하기

6.2 정규 표현식(Regular expression) 문법 공부하기

6.3 생성형 AI로 복잡한 정규표현수식을 생성해서 사용하기

6.1 파이썬에서 기본적인 문자열 처리하기

파이썬에서 문자열 처리에 사용되는 str 클래스는 다양한 메서드를 제공합니다. str 클래스가 제공하는 전체 메서드는 상당히 많지만 자주 사용되는 메서드는 대략 15개 정도 됩니다. 이런 메서드들을 이번 연습을 통해서 미리 익혀두면 됩니다. 자주 사용되지 않는 메서드는 필요할 경우 매뉴얼을 찾아보면 됩니다. http://www.python.org에서 docs로 제공되는 문서를 참고하면 됩니다.

문자열의 길이를 리턴받는 경우 기존에 사용하던 전역 함수 len()을 그대로 사용합니다. strA와 strB의 경우 각각의 문자열의 길이는 공백 문자를 포함해서 8글자, 23글자입니다. capitalize() 메서드의 경우 영문이면, 첫글자를 대문자로 변경해 줍니다.

count() 메서드는 특정 글자나 패턴이 몇 번 출현하는지 출현횟수를 리턴합니다. count("p")라고 지정하면 "p"라는 글자가 2번 나온다고 출력됩니다.

count("p", 7) 메서드에서 시작과 종료위치를 지정할 수 있습니다. 7이라는 시작위치를 지정하면 종료위치를 생략하면 맨끝까지 위치가 지정됩니다. 이렇게 "is very powerful"구간만 지정하면 "p"라는 글자가 1번 나온다고 카운트합니다.

코드 예제

```python
strA = "파이썬은 강력해"
strB = "python is very powerful"

print("---문자열의 길이 출력---")
print(len(strA))
print(len(strB))
print(strB.capitalize())
print(strB.count("p"))
print(strB.count("p",7))
```

실행 결과

```
---문자열의 길이 출력---
8
23
Python is very powerful
2
1
```

startswith()나 endswith()는 시작하는 패턴과 끝나는 패턴을 체크해서 True, False값을 리턴합니다. 영문이라면 upper() 메서드로 전체를 대문자로 변경하거나, lower() 메서드를 사용해서 전체를 소문자로 변경할 수 있습니다.

코드 예제

```python
print("---시작패턴과 끝패턴을 체크---")
print(strB.startswith("python"))
print(strB.endswith("ful"))

print("---대문자로 변환하고 소문자로 변환---")
result = strB.upper()
print(result)
print(result.lower())
```

실행 결과

```
---시작패턴과 끝패턴을 체크---
True
True
---대문자로 변환하고 소문자로 변환---
PYTHON IS VERY POWERFUL
python is very powerful
```

isalnum() 메서드는 해당 문자열 데이터(변수)가 알파벳과 숫자로만 구성되어 있는지 여부를 리턴합니다. 숫자로만 구성되어 있는지 여부를 알고 싶다면, isdecimal() 메서드를 사용하면 됩니다. 사용자가 입력한 내용에 문자열과 숫자가 포함되어 있는지 여부를 체크하는 경우에 사용하면 됩니다. 순수하게 알파벳과 숫자로만 구성이 되어 있는지는 isalnum() 메서드, 또는 숫자로만 구성되어 있는지는 isdecimal() 메서드로 체크하면 됩니다. "MBC2580"은 순수하게 알파벳과 숫자로만 구성이 되어 있지만, "MBC:2580"의 경우는 다른 글자(:)가 포함되어 있어서 False가 출력됩니다. "2580"은 문자열의 내부가 숫자이므로 isdecimal() 메서드로 물어보면 True가 나옵니다.

코드 예제

```python
print("---알파벳과 숫자로만 구성되어 있는지---")
print("MBC2580".isalnum())
print("MBC:2580".isalnum())
print("2580".isdecimal())
```

실행 결과

```
---알파벳과 숫자로만 구성되어 있는지---
True
False
True
```

strip() 메서드의 경우 데이터로 사용할 문자열에서 사용하지 않는 앞뒤에 있는 공백 문자나 불필요한 문자들을 한 번에 제거하는 기능을 제공합니다. strip("◇ ")와 같이 지정하면 한 번에 불필요한 문자들(◇, 공백 문자가 앞뒤에 오면)을 제거할 수 있습니다. 텍스트파일에 있는 문자열들을 읽어온 경우에 사용하지 않는 앞뒤에 있는 공백 문자나 불필요한 문자들을 제거할 때 strip() 메서드를 매우 유용하게 사용할 수 있습니다.

웹크롤링(웹에 있는 데이터를 수집하는 작업)을 하는 경우에도 strip() 메서드를 통해 불필요한 앞뒤의 문자들을 손쉽게 제거할 수 있습니다. data.strip("◇ ")와 같이 기술하면, 문자열 변수 앞뒤에 위치한 "〈", "〉", " "와 같은 문자들은 전부 제거할 수 있습니다.

코드 예제

```
print("---앞뒤에 있는 불필요한 문자열 잘라내기---")
data = "<<<   피자 햄버거 치킨   >>>"
result2 = data.strip("<> ")
print(result2)
```

실행 결과

```
---앞뒤에 있는 불필요한 문자열 잘라내기---
피자 햄버거 치킨
```

split() 메서드는 공백 문자(공백 문자가 아닌 경우는 지정할 수 있음)를 기준으로 문자열을 리스트로 분할해서 리턴받을 수 있습니다. 다시 이런 리스트를 하나의 문자열로 조립할 때 join() 메서드를 사용할 수 있습니다. 하나의 긴 문장으로 구성된 문자열 변수의 내용을 공백 문자를 기준으로 리스트로 변환해서 사용할 경우라면, split() 메서드를 사용하면 됩니다. 반대로 리스트형태로 받은 데이터를 하나의 문자열로 다시 조립해야 하는 경우라면, join() 메서드를 사용하면 됩니다.

앞에서 언급한 str 클래스의 메서드들만 사용해도 충분하게 문자열을 재미있게 다룰 수 있습니다. 손에 익을 정도로 충분하게 연습을 해 봅니다.

코드 예제

```
print("---문자열을 리스트로 변환하고 다시 합치기---")
lst = result2.split()
print("list:{0}".format(lst))
result3 = " ".join(lst)
print("다시 하나로 조립:{0}".format(result3))
```

실행 결과

```
---문자열을 리스트로 변환하고 다시 합치기---
list:['피자', '햄버거', '치킨']
다시 하나로 조립:피자 햄버거 치킨
PS C:\work>
```

전체코드입니다

전체 코드

```python
#Chap06_문자열처리메서드.py
strA = "파이썬은 강력해"
strB = "python is very powerful"

print("---문자열의 길이 출력---")
print(len(strA))
print(len(strB))
print(strB.capitalize())
print(strB.count("p"))
print(strB.count("p",7))

print("---시작패턴과 끝패턴을 체크---")
print(strB.startswith("python"))
print(strB.endswith("ful"))

print("---대문자로 변환하고 소문자로 변환---")
result = strB.upper()
print(result)
print(result.lower())

print("---알파벳과 숫자로만 구성되어 있는지---")
print("MBC2580".isalnum())
print("MBC:2580".isalnum())
print("2580".isdecimal())

print("---앞뒤에 있는 불필요한 문자열 잘라내기---")
data = "<<<  피자 햄버거 치킨   >>>"
result2 = data.strip("<> ")
print(result2)
```

```python
print("---문자열을 치환하기---")
result3 = result2.replace("피자", "피자 콜라")
print(result3)

print("---문자열을 리스트로 변환하고 다시 합치기---")
lst = result2.split()
print("list:{0}".format(lst))
result3 = " ".join(lst)
print("다시 하나로 조립:{0}".format(result3))
```

실행 결과

```
---문자열의 길이 출력---
8
23
Python is very powerful
2
1
---시작패턴과 끝패턴을 체크---
True
True
---대문자로 변환하고 소문자로 변환---
PYTHON IS VERY POWERFUL
python is very powerful
---알파벳과 숫자로만 구성되어 있는지---
True
False
True
---앞뒤에 있는 불필요한 문자열 잘라내기---
피자 햄버거 치킨
---문자열을 치환하기---
피자 콜라 햄버거 치킨
---문자열을 리스트로 변환하고 다시 합치기---
list:['피자', '햄버거', '치킨']
다시 하나로 조립:피자 햄버거 치킨
PS C:\work>
```

6.2 정규 표현식(Regular expression - re) 문법 공부하기

문자열을 검색할 때 특정한 규칙이 있는 경우라면 단번에 찾아낼 수 있습니다. 정규 표현식(Regular expression)을 사용하면 특정한 규칙을 가지고 있는 문자열을 한 번에 찾아낼 수 있습니다. 예를 들면, 이메일 주소는 @를 포함하고 있는 문자열입니다. 우편번호는 숫자가 연속으로 5자리 검색되어야 합니다. 연도라면 숫자가 연속으로 4자리 있어야 합니다. 이렇게 특정한 패턴(특정한 규칙)이 있는 것은 정규 표현식을 사용하면 한 번에 찾아낼 수 있습니다. 직접 개발자가 로직을 구성하는 것보다 간편하며 손에 익혀두면 자주 활용할 수 있는 강력한 문법 중에 하나입니다.

그런데 문제는 생각보다 문법이 좀 복잡합니다. 그렇지만 우리는 간단한 데모 코드를 통해 이런 정규 표현식을 미리 익혀두려고 합니다. 파이썬을 사용하다 보면 곳곳에서 종종 이런 정규 표현식의 패턴을 만나게 됩니다. 깃허브에서 필요한 코드를 받아서 사용하다 보면 정규 표현식에 대한 언급이 없이 툭툭 튀어 나오는 표현식입니다. ㅎㅎ 자주 사용되는 간단한 패턴들을 몇 가지 익혀두면 조금 더 편하게 사용할 수 있습니다.

아래는 re.search()나 re.match()와 같은 함수에서 사용하는 검색하고자 하는 패턴을 정의할 경우 사용하는 특수 기호들입니다. 주로 몇개의 약속된 문자들을 조합을 해서 사용합니다.

- . : 개행문자를 제외한 문자 1자를 나타낸다.
- ^ : 문자열을 시작을 나타낸다. 예를 들면, ^app는 app로 시작되는 패턴의 문자열을 가져온다.
- $: 문자열의 종료를 나타낸다. 예를 들면, ful$는 ful로 끝나는 패턴의 문자열을 가져온다.
- [] : 문자의 집합을 나타낸다. 예를 들면, [abcd]는 'a', 'b', 'c', 'd' 중 한 문자와 매칭된다. [a-z]는 알파벳 소문자가 와야 하며, [0-9]는 숫자만 와야 한다.
- | : A|B와 같이 'A' 또는 'B'를 나타낸다.
- () : 괄호 안에 정규식을 그룹으로 만든다. 예를 들면, 전화번호인 경우 (02)-(3429)-(5000)이라면 첫 번째 그룹과 두 번째, 세 번째 그룹을 분리해서 가져올 수 있다. 자주 사용되지 않으며, 필요한 경우 사용할 수 있다.

특정한 문자의 출현횟수를 지정할 때, *, +, ?와 같은 기호를 사용합니다. 예를 들면, a*, b* 과 같이 지정하면, 앞에 나오는 글자가 0번에서 N번 출현할 수 있다는 의미입니다. a+, b+ 와 같이 지정하면, 앞에 나오는 글자가 최소한 1번에서 N번 출현할 수 있다는 의미입니다. a?, b?와 같이 지정하면, 앞에 나오는 글자가 0번이나 1번만 출현할 수 있다는 의미입니다.

- * : 앞에 배치된 해당 문자가 0회 이상 반복됨을 나타낸다. 정리하면 0~N번 출현 횟수를 말한다.

- \+ : 앞에 배치된 해당 문자가 1회 이상 반복됨을 나타낸다. 정리하면 1~N번 출현 횟수를 말한다.

- ? : 앞에 배치된 해당 문자가 0 혹은 1회 반복됨을 나타낸다.

- {m} : 문자가 m회 반복됨을 나타낸다. ₩d{4}는 숫자가 연속으로 4자리 오는 경우를 말한다.

- {m,n} : 문자가 m회부터 n회까지 반복되는 모든 경우를 나타낸다. ₩d{3,4}는 숫자가 3자리 또는 4자리까지 오는 경우를 말한다.

- {m,} 문자가 m회부터 무한 반복되는 모든 경우를 나타낸다.

예를 들여서 정규 표현식을 사용해 봅니다. 아래와 같이 정리할 수 있습니다.

- 정규식 'app.e'는 'apple', 'appLe', 'app-e', 'app e'가 매칭된다.
- 정규식 '^app'는 'apple and orange'는 매칭되지만, 'orange and apple'는 매칭되지 않는다.
- 정규식 'ple$'는 'orange and apple'는 매칭되지만, 'apple and orange'는 매칭되지 않는다.
- 정규식 'appl[a-z]'은 'apple', 'applz'와 같이 가장 마지막에 소문자가 오는 경우는 매칭된다.
- 정규식 'appl[^a-z]'은 위와 반대로 마지막에 소문자가 오는 경우를 제외한 모든 경우에 매칭된다.
- 정규식 'ap*le'는 'ale', 'aple', 'apppple'와 같이 p가 0회 이상 반복되는 모든 경우와 매칭된다(*는 0회 이상 반복).
- 정규식 'ap+le'는 'aple', 'appple'와 매칭되지만, 'ale'는 매칭되지 않는다(+는 1회 이상 반복).

- 정규식 'ap?le'는 'ale', 'aple'와 매칭되지만, 'apple', 'appple'와는 매칭되지 않는다. (0회 또는 1회 반복)

그런데 생각보다 복잡하기 때문에 아래와 같은 확장 문자열을 같이 사용하면 보다 간결하게 찾고자 하는 문자열의 패턴을 지정할 수 있습니다. 예를 들면, 앞에서 사용했던 \n, \t가 아닌, 추가된 확장 문자열들이 사용됩니다. \w는 wide character의 약자로, 우리가 사용하는 한글, 중국어, 일본어등은 유니코드에 해당됩니다. 1바이트가 아닌, 가변적으로 몇 개의 바이트를 사용해서 문자를 읽고 사용하기 때문에 이런 글자의 약자로 \w를 지정하면, 유니코드를 포함해서 사용할 수 있습니다.

\d는 digit의 약자로 숫자를 의미합니다. [0-9]보다는 간결하게 \d를 사용해서 숫자를 검색하는 경우에 사용할 수 있습니다. \s는 space의 약자로 공백 문자를 의미하고 \b는 blank의 약자로 찾고자 하는 문자열의 패턴의 앞과 뒤에 위치한 공백 문자를 지정할 경우 사용할 수 있습니다. \s와 \b가 약간 다른 의미의 공백 문자를 지정할 때 사용되는 것을 알 수 있습니다.

✶ 확장 문자열: 이스케이프 문자열도 정의되어 있다.

- \w : 유니코드인 경우 숫자, 밑줄을 포함하는 모든 언어의 표현 가능한 문자
- \d : 유니코드인 경우 [0-9]를 포함하는 모든 숫자
- \s : 유니코드인 경우 [\t\n\r\f\v]를 포함하는 공백 문자
- \b : 단어의 시작과 끝의 빈 공백

re모듈은 정규 표현식을 사용해서 검색을 할 경우 사용합니다. 주로 특정 단어 또는 패턴을 검색할 경우 처음부터 끝까지 검색을 하는 re.search() 함수를 사용하면 됩니다. re.match() 함수는 정확하게 일치하는 패턴인 경우 매칭 오브젝트를 리턴합니다. 다른 문자들을 포함하고 있다면, 결과가 리턴되지 않습니다.

정확하게 일치하는 패턴만 검색하면 match() 함수를 사용하겠지만, 일반적으로 처음이나, 중간, 또는 끝부분까지 검색을 해서 포함하고 있는 단어나 패턴인 경우를 검색한다면 search() 함수를 사용하면 됩니다.

✳ re 모듈 함수:

- re.search(pattern, string[, flags]): string 전체에 대해 pattern이 존재하는지 검사해 MatchObject 인스턴스를 반환한다.

- re.match(pattern, string[, flags]): string이 시작하는 부분부터 pattern이 존재하는지 검사해서 MatchObject인스턴스를 반환한다.

- re.compile(pattern[, flags]): pattern을 컴파일해서 정규 표현식 객체를 반환한다.

아래의 코드를 통해서 re.search() 함수와 re.match() 함수를 비교해 보도록 합니다. 정규 표현식의 각 글자들을 조합해서 검색하는 작업을 진행해 봅니다. 정규 표현식을 사용하기 위해서 import re를 선언해야 합니다. 주로 정규 표현식으로 검색을 실행할 때는 re.search() 함수와 re.match() 함수를 사용합니다. 실행결과는 매칭오브젝트형태로 리턴되기 때문에 〈re.Match object; span=(0, 4), match='35th'〉와 같이 보기 불편하게 출력됩니다. 이 결과는 0번 인덱스에서 4번 인덱스 바로 앞까지 4글자를 검색했다는 의미입니다. 우리는 결과만 바로 보면 되기 때문에 result.group() 메서드를 호출하면 35th라는 글자를 바로 리턴받을 수 있습니다. 깔끔하게 결과만 확인할 수 있습니다.

코드 예제

```
import re

result = re.search("[0-9]*th", "35th")
print(result)
print(result.group())
result = re.match("[0-9]*th", "35th")
print(result)
print(result.group())
```

실행 결과

```
<re.Match object; span=(0, 4), match='35th'>
35th
<re.Match object; span=(0, 4), match='35th'>
35th
```

위의 코드를 보면 "[0-9]*th"는 [0-9]는 숫자범위에 해당하는 0부터 9까지의 숫자를 의미합니다. *는 0~N번까지 출현횟수를 의미합니다. 앞부분에는 숫자가 출현하거나 출현하지 않을 수 있고, th라는 글자를 포함하고 있으면 됩니다. 약간의 조합을 통해서 사용하기 때문에 조합했을 경우의 패턴을 잘 살펴봐야 합니다. 현재는 re.search() 함수와 re.match() 함수의 차이가 없습니다.

두 번째 코드는 약간의 함정이 추가되어 있는 코드입니다. re.search("[0-9]*th", " 35th")에는 두 번째 입력 파라미터에 빈칸이 2개 추가되어 있습니다. search() 함수의 경우 전혀 신경쓰지 않고 앞부분에서 중간부분, 끝부분까지 지독하게 검색을 해서 매칭오브젝트를 리턴합니다.

match() 함수의 경우 앞부분의 빈칸을 보고 바로 포기하게 됩니다. 그래서 검색을 제대로 하지 못하고 None(보통 다른 개발언어들은 null이라는 키워드를 사용합니다. 값이 없는 비어있는 상태를 의미합니다.)이라는 결과가 나왔습니다. match() 함수의 경우 정확하게 일치하는 패턴만 검색하는 용도로 사용합니다. 이런 차이가 있기 때문에 일반적으로 우리가 생각하는 검색은 search() 함수를 사용하면 됩니다.

웹크롤링작업을 할 경우도 우리가 원하는 문자열을 검색할 때 search() 함수를 통해서 특정 문자열을 포함한 컨텐츠를 가져오는 코드를 작성해 보도록 하겠습니다. 미리 미리 이런 코드를 연습한다고 보면 됩니다.

코드 예제

```
#함정이 추가된 경우
result = re.search("[0-9]*th", "  35th")
print(result)
print(result.group())
result = re.match("[0-9]*th", "  35th")
print(result)
print(result.group())
```

실행 결과

```
<re.Match object; span=(2, 6), match='35th'>
35th
None
Traceback (most recent call last):
  File "C:\work\Chap06_정규 표현식.py", line 17, in <module>
    print(result.group())
AttributeError: 'NoneType' object has no attribute 'group'
```

전체코드입니다.

전체 코드

```python
#Chap06_정규 표현식.py
import re

result = re.search("[0-9]*th", "35th")
print(result)
print(result.group())
result = re.match("[0-9]*th", "35th")
print(result)
print(result.group())

#함정이 추가된 경우
result = re.search("[0-9]*th", "  35th")
print(result)
print(result.group())
result = re.match("[0-9]*th", "  35th")
print(result)
print(result.group())
```

실행 결과

```
<re.Match object; span=(0, 4), match='35th'>
35th
<re.Match object; span=(0, 4), match='35th'>
35th
<re.Match object; span=(2, 6), match='35th'>
35th
None
Traceback (most recent call last):
  File "C:\work\Chap06_정규 표현식.py", line 17, in <module>
    print(result.group())
AttributeError: 'NoneType' object has no attribute 'group'
```

특정 단어를 찾는 경우 re.search("apple", "검색할 문자열")와 같이 지정할 수 있습니다. 숫자가 연속으로 4자리로 구성되어 있으면 연도라고 생각할 수 있습니다. 이런 경우 \d{4}와 같이 지정하면, digit(숫자)이 연속으로 4자리 배치되는 경우를 의미합니다. 우편번호와 같은 경우라면, 숫자가 연속으로 5자리로 구성되어 있습니다. \d{5}와 같이 지정하면, digit(숫자)이 연속으로 5자리인 경우를 의미합니다. 익숙해지면 직접 로직을 작성하는 것보다 이런 특정 패턴을 단번에 정의할 수 있습니다. 일단 사용하기 쉬운 패턴들을 사용해 봅니다.

코드 예제

```python
print("---특정 단어를 찾는 경우---")
result = re.search("apple", "빅테크에서 apple의 위상")
print(result.group())
print("---연도를 찾는경우---")
result = re.search("\d{4}", "올해는 2024년")
print(result.group())
print("---우편번호를 찾는경우---")
result = re.search("\d{5}", "우리동네는 52100")
print(result.group())
```

실행 결과

```
---특정 단어를 찾는 경우---
apple
---연도를 찾는경우---
2024
---우편번호를 찾는경우---
52100
```

영문의 경우 대소문자를 모두 포함해서 찾는 경우라면, re.compile() 함수에 해당 단어를 지정하면서 옵션으로 re.I나 re.IGNORECASE를 지정하면 됩니다. 리턴받은 컴파일 객체에서 findall() 메서드를 사용해서 결과를 리스트로 받으면 됩니다.

코드 예제

```python
print("---대소문자를 모두 찾는 경우---")
data = "Apple id big company and apple is very delicious"
c = re.compile("apple", re.IGNORECASE)
print(c.findall(data))
```

실행 결과

```
---대소문자를 모두 찾는 경우---
['Apple', 'apple']
```

다중라인을 전부 검색해서 결과를 리턴받는 경우도 re.compile() 함수에 re.M 또는 re.MULTILINE을 지정해서 전체를 검색하도록 하면, 빈 줄을 제외하고 글자가 하나라도 시작하는 패턴(^.+)이 있는 3줄을 리턴합니다. 특수문자들을 다양하게 조합해서 사용할 수 있습니다.

코드 예제

```python
print("---다중 라인을 전부 검색할 경우---")
data = """파이썬은
누구나 쉽게 배워서

사용할 수 있는 멋진 언어입니다."""
c = re.compile("^.+", re.MULTILINE)
print(c.findall(data))
```

실행 결과

```
---다중 라인을 전부 검색할 경우---
['파이썬은 ', '누구나 쉽게 배워서 ', '사용할 수 있는 멋진 언어입니다.']
```

전체코드입니다.

전체 코드

```python
#Chap06_정규 표현식2.py
import re

print("---특정 단어를 찾는 경우---")
result = re.search("apple", "빅테크에서 apple의 위상")
print(result.group())
print("---연도를 찾는경우---")
result = re.search("\d{4}", "올해는 2024년")
print(result.group())
print("---우편번호를 찾는경우---")
result = re.search("\d{5}", "우리동네는 52100")
print(result.group())

print("---대소문자를 모두 찾는 경우---")
data = "Apple id big company and apple is very delicious"
c = re.compile("apple", re.IGNORECASE)
print(c.findall(data))
```

```
print("---다중 라인을 전부 검색할 경우---")
data = """파이썬은
누구나 쉽게 배워서
사용할 수 있는 멋진 언어입니다."""
c = re.compile("^.+", re.MULTILINE)
print(c.findall(data))
```

실행 결과

```
---특정 단어를 찾는 경우---
apple
---연도를 찾는경우---
2024
---우편번호를 찾는경우---
52100
---대소문자를 모두 찾는 경우---
['Apple', 'apple']
---다중 라인을 전부 검색할 경우---
['파이썬은 ', '누구나 쉽게 배워서 ', '사용할 수 있는 멋진 언어입니다.']
```

6.3 생성형 AI로 복잡한 정규 표현식을 생성해서 사용하기

이번에는 우리가 작업하기 귀찮은 정규 표현식을 ChatGPT에 시켜보겠습니다.

프롬프트에 아래와 같이 입력합니다.

 ChatGPT 명령

파이썬에서 re모듈의 search() 함수를 사용해서 이메일주소를 체크하는 코드를 작성해줘

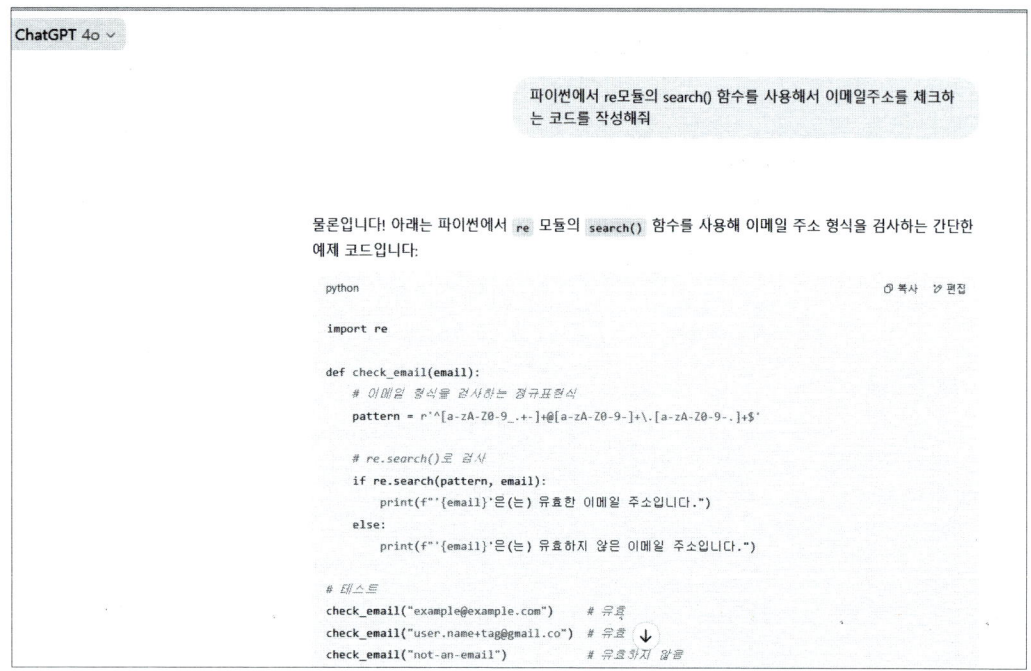

그림 6-1 이메일 주소를 체크하는 정규 표현식을 생성하기

 **ChatGPT 명령**

정규 표현식 패턴을 자세하게 설명해주고, 샘플 데이터를 10개 생성해서 테스트하는 코드도 작성해줘

결과를 확인한 후 다시 요청을 했습니다. ChatGPT가 다시 아래와 같이 설명을 합니다. 아래의 패턴에서 소문자 r을 추가한 것은 백슬래시를 ₩₩이렇게 두번 겹쳐서 사용하지 않고 ₩이렇게 한번만 사용하겠다는 raw string notation문법입니다. 혹시라도 백슬래시를 추가해서 사용하는 경우를 대비해서 미리 미리 붙여서 사용하면 편합니다. 앞에서 학습했던 정규 표현식의 기호들을 잘 조립해서 생성한 것을 알 수 있습니다.

```
pattern = r'^[a-zA-Z0-9_.+-]+@[a-zA-Z0-9-]+\.[a-zA-Z0-9-.]+$'
```

- ^ : 문자열의 시작을 의미합니다.

- [a-zA-Z0-9_.+-]+ : 이메일 주소의 사용자명을 나타냅니다. 이는 다음 문자의 조합을 포함할 수 있습니다:

  - a-z : 소문자 알파벳

  - A-Z : 대문자 알파벳

  - 0-9 : 숫자

  - _.+- : 밑줄(_), 점(.), 더하기(+), 빼기(-) 기호

  - + : 앞의 문자셋이 한 번 이상 반복됨을 의미합니다.

- @ : '@' 문자가 있어야 함을 의미합니다.

- [a-zA-Z0-9-]+ : 도메인 이름을 나타냅니다. 이는 다음 문자의 조합을 포함할 수 있습니다:

  - a-z : 소문자 알파벳

  - A-Z : 대문자 알파벳

  - 0-9 : 숫자

  - - : 빼기(-) 기호

  - + : 앞의 문자셋이 한 번 이상 반복됨을 의미합니다.

- . : 점(.) 문자가 있어야 함을 의미합니다.

- [a-zA-Z0-9-.]+ : 도메인 확장자를 나타냅니다. 이는 다음 문자의 조합을 포함할 수 있습니다:

  - a-z : 소문자 알파벳

  - A-Z : 대문자 알파벳

  - 0-9 : 숫자

  - -. : 빼기(-) 기호와 점(.) 기호

  - + : 앞의 문자셋이 한 번 이상 반복됨을 의미합니다.

- $: 문자열의 끝을 의미합니다.

내가 파이썬으로 작성하기 귀찮은 코드가 있다면, ChatGPT를 적극 활용하면 됩니다. 다만 기본적인 문법을 알고 있어야 하고, 결과를 검증할 수 있는 실력이 있어야 합니다.

생성된 전체 코드입니다.

 전체 코드

```python
#Chap06_ChatGPT이메일주소체크.py

import re

def check_email(email):
    pattern = r'^[a-zA-Z0-9_.+-]+@[a-zA-Z0-9-]+\.[a-zA-Z0-9-.]+$'
    if re.search(pattern, email):
        return True
    else:
        return False

# 샘플 이메일 리스트
emails = [
    "john.doe@example.com",       # 유효
    "user_name123@domain.co",     # 유효
    "user+tag@sub.domain.org",    # 유효
    "invalid-email.com",          # '@' 없음
    "user@.com",                  # 도메인 없음
    "user@domain",                # TLD 없음
    "@nouser.com",                # 로컬 파트 없음
    "user@domain.c",              # 너무 짧은 TLD (허용 가능)
    "user@domain..com",           # 연속된 점
    "user@@domain.com"            # '@' 두 개
]

# 결과 출력
for email in emails:
    result = check_email(email)
    print(f"{email:30} -> {'☑ 유효함' if result else '✘ 유효하지 않음'}")
```

실행 결과

```
john.doe@example.com        -> ☑ 유효함
user_name123@domain.co      -> ☑ 유효함
user+tag@sub.domain.org     -> ☑ 유효함
invalid-email.com           -> ✗ 유효하지 않음
user@.com                   -> ✗ 유효하지 않음
user@domain                 -> ✗ 유효하지 않음
@nouser.com                 -> ✗ 유효하지 않음
user@domain.c               -> ☑ 유효함
user@domain..com            -> ☑ 유효함
user@@domain.com            -> ✗ 유효하지 않음
PS C:\work>
```

파이썬 코딩을 하면서 중간 중간 튀어나오는 정규 표현식은 이런 식으로 정리하고 활용하면 좋습니다. 구글링을 해도 비슷한 결과물들이 나오지만, ChatGPT를 활용하면 옆자리에 코딩 잘하는 개발자를 동료로 두고 지시하면서 빠르게 코드를 완성하는 느낌입니다.

이번에는 구글 AI Studio를 사용해서 동일한 코드를 생성해 봅니다.

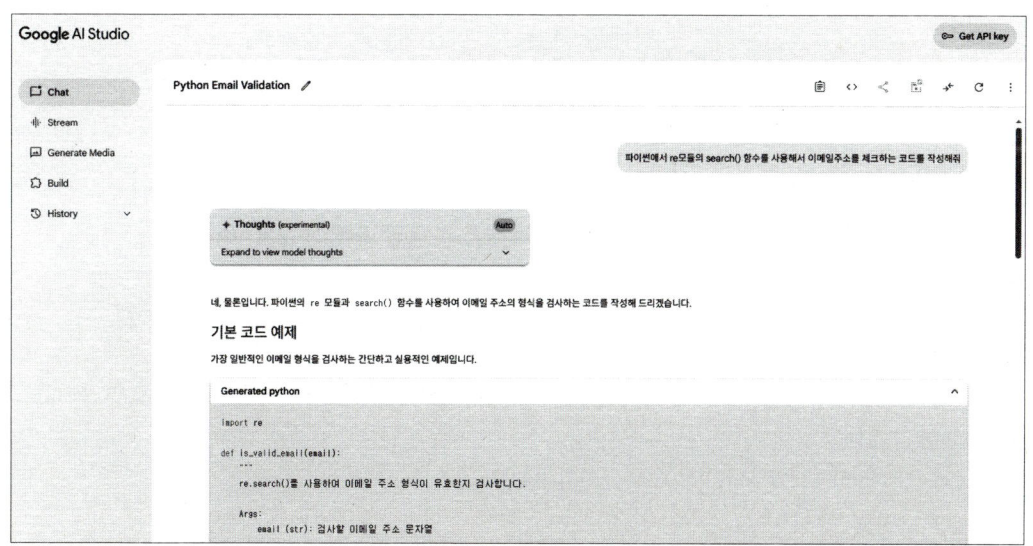

🔑 그림 6-2

생성된 코드입니다. 생성된 코드에 약간의 차이가 있습니다. 이번에는 패턴의 뒷부분을 보면 {2,}$이 있습니다. .기호가 나온 이후에 2자리 이상의 영문자로 대소문자가 출현한다는 의미입니다.

코드 예제

```python
import re

def is_valid_email(email):
    """
    re.search()를 사용하여 이메일 주소 형식이 유효한지 검사합니다.

    Args:
        email (str): 검사할 이메일 주소 문자열

    Returns:
        bool: 형식이 유효하면 True, 그렇지 않으면 False를 반환합니다.
    """
    # 이메일 정규 표현식 패턴
    # r''는 raw string으로, 백슬래시를 문자로 그대로 인식하게 해줍니다.
    # ^ : 문자열의 시작
    # [a-zA-Z0-9._%+-]+ : 이메일 사용자 이름 부분 (알파벳, 숫자, ., _, %, +, -가 1번 이상 반복)
    # @ : '@' 문자
    # [a-zA-Z0-9.-]+ : 도메인 이름 부분
    # \. : '.' 문자 (정규식에서 .은 모든 문자를 의미하므로 \를 붙여줌)
    # [a-zA-Z]{2,} : 최상위 도메인 (TLD) 부분 (알파벳이 2자 이상)
    # $ : 문자열의 끝
    email_pattern = r'^[a-zA-Z0-9._%+-]+@[a-zA-Z0-9.-]+\.[a-zA-Z]{2,}$'

    # re.search()는 패턴과 일치하는 부분이 있으면 match 객체를, 없으면 None을 반환합니다.
    if re.search(email_pattern, email):
        return True
    else:
        return False
```

```python
# --- 테스트 예제 ---

# 유효한 이메일 주소
valid_emails = [
    "test@example.com",
    "user.name@domain.co.kr",
    "user_name+tag@sub.domain.org",
    "12345@my-domain.net"
]

# 유효하지 않은 이메일 주소
invalid_emails = [
    "plainaddress",            # @가 없음
    "@missing-local.com",      # @ 앞부분이 없음
    "username@.com",           # 도메인 이름이 없음
    "username@domain..com",    # .. 연속 사용
    "username@domain.c",       # 최상위 도메인이 너무 짧음
    "username@domain.com."     # .으로 끝남
]

print("--- 유효한 이메일 테스트 ---")
for email in valid_emails:
    result = "유효함" if is_valid_email(email) else "유효하지 않음"
    print(f"'{email}': {result}")

print("\n--- 유효하지 않은 이메일 테스트 ---")
for email in invalid_emails:
    result = "유효함" if is_valid_email(email) else "유효하지 않음"
    print(f"'{email}': {result}")
```

실행 결과

```
--- 유효한 이메일 테스트 ---
'test@example.com': 유효함
'user.name@domain.co.kr': 유효함
'user_name+tag@sub.domain.org': 유효함
'12345@my-domain.net': 유효함
```

```
--- 유효하지 않은 이메일 테스트 ---
'plainaddress': 유효하지 않음
'@missing-local.com': 유효하지 않음
'username@.com': 유효하지 않음
'username@domain..com': 유효함
'username@domain.c': 유효하지 않음
'username@domain.com.': 유효하지 않음
```

복잡한 정규 표현식은 이렇게 자동으로 생성해서 체크하면 좋습니다.

7장

파이썬의 내장 라이브러리를 살펴보고 활용하기

7.1 time, datetime 모듈로 날짜와 시간 다루기

7.2 os.path, os, random, glob, shutil 모듈 사용해보기

7.3 ChatGPT와 Python을 사용해서 다운로드 받은 파일들 자동으로 분류하기

7.1 time, datetime모듈로 날짜와 시간 다루기

파이썬에는 기본적으로 200개의 내장 라이브러리가 있습니다. 이 중에서 10개 정도만 미리 알아두면 유용하게 활용할 수 있습니다. time, datetime, os, os.path, glob, random, shutil모듈들이 바로 그 주인공들입니다.

프로그래밍을 해서 어떤 문제들을 해결하고, 업무를 자동화하려면 개발에 필요한 기본적인 주변 지식들(운영체제, 데이터베이스, 네트워크, 클라우드…)이 필요합니다. 꾸준한 공부를 통해서 하나씩 경험하면서 기술 스택을 쌓아나가면 됩니다. 이미 경험이 풍부한 시니어 개발자 분들은 공감하실 수 있는 내용입니다. 혹시 개발이 처음이라면 앞으로 계속 공부할 꺼리들이 제가 잔소리를 하지 않아도 꾸준하게 꼬리에 꼬리를 물고 나타날 겁니다. 공부는 끝이 없고 신기술들은 계속 나옵니다. 강력한 라이브러리들도 계속 출현합니다:)

이런 문제들은 파이썬에서 제공하는 라이브러리들을 사용해서 필요한 코드들을 모아서 해결하는 경우도 많기 때문에 다양한 라이브러리들을 사용해본 경험이 중요할 수 있습니다. 다양한 라이브러리들이 있기 때문에 사용을 해보고 잊어버려도 됩니다. 나중에 해당 샘플 코드를 보면서 다시 코드를 조립해서 결과물을 만들면 됩니다.

우리가 어떤 작업을 코딩을 통해 해결하려면 어느 정도 문제해결을 위한 언어와 라이브러리의 사용경험이 필요합니다. 개발자들은 늘 새로운 문제들을 해결해 나가는 해결사입니다. ㅎㅎ

파이썬에 내장된 라이브러리 목록을 확인하는 방법은 아래와 같이 python.org에 접속해서 내장 라이브러리 목록을 체크하면 됩니다. 아래의 주소로 접속하면 바로 파이썬 3.10의 한글로 번역된 라이브러리 목록에 접속할 수 있습니다.

 https://docs.python.org/ko/3.10/

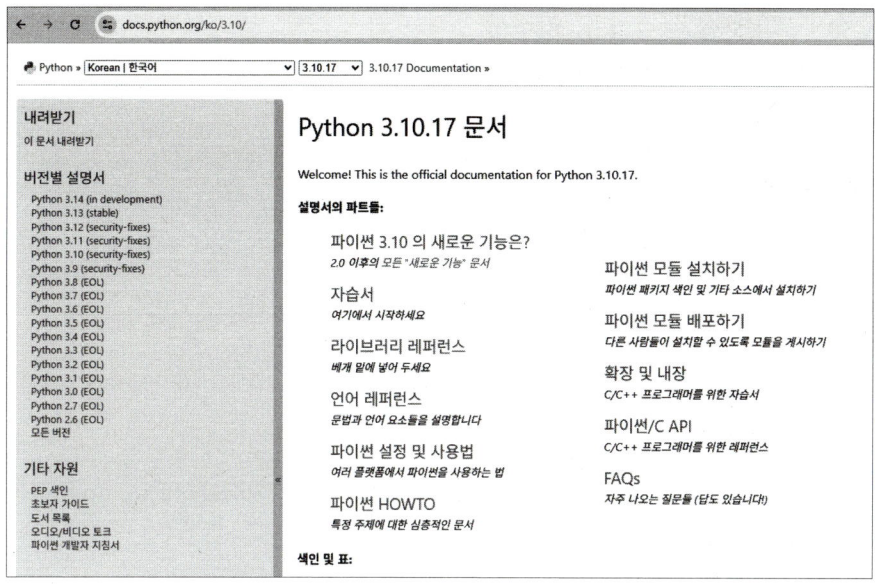

그림 7-1

https://www.python.org/에 접속해서 상단에 있는 Docs를 클릭해서 상단에 나오는 Korean으로 언어를 변경하고, 3.10으로 버전을 변경하면 됩니다. 전체가 한글화되어 있지는 않지만, 그래도 편안하게 대부분 한글로 번역된 라이브러리 목록을 볼 수 있습니다. 아래의 목록에서 라이브러리 레퍼런스를 클릭하면 됩니다.

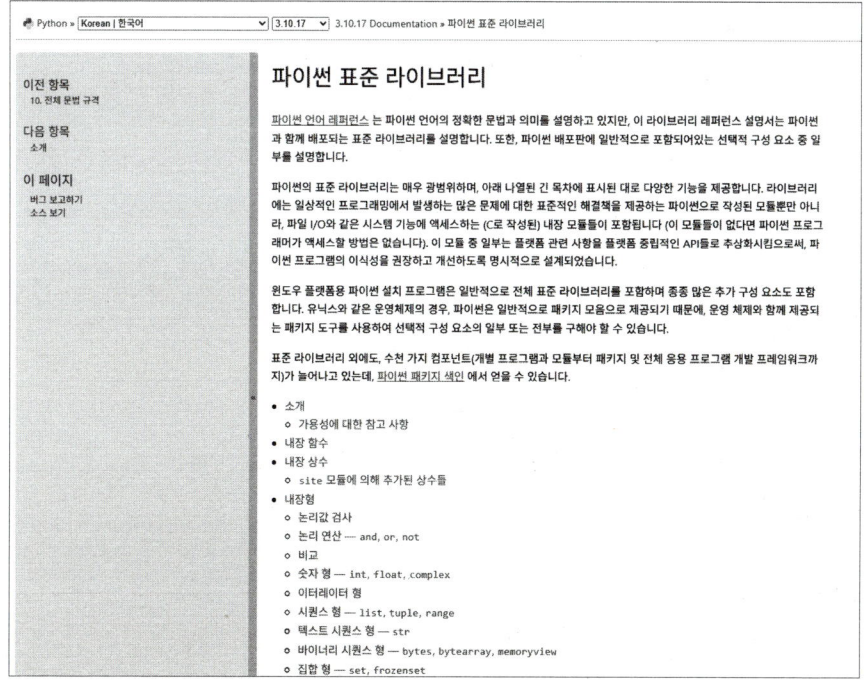

그림 7-2

전체 목록이 200개 정도 됩니다. 여기서 우리는 꼭 필요한 몇 개의 라이브러리들을 학습해봅니다. 일단 time모듈에 있는 함수들부터 사용해 봅니다.

✳ time 모듈 함수:

- time.time() : 1970년 1월 1일 자정 이후로 누적된 초를 float단위로 반환한다.
- time.sleep(secs) : 현재 동작 중인 프로세스를 주어진 초만큼 정지시킨다.
- time.gmtime([secs]) : 입력된 초를 변환해 UTC 기준의 struct_time 시퀀스 객체로 반환한다.
- time.localtime([secs]) : 입력된 초를 변환해 지방 표준시 기준의 struct_time 시퀀스 객체를 반환한다.

아래와 같이 간단하게 time()모듈을 로딩해서 사용하면 됩니다. time() 함수는 1970년 1월 1일 자정 이후에 누적된 초를 의미합니다. gmtime() 함수는 표준 시간을 리턴합니다. localtime() 함수는 해당 지역의 현재 시간을 리턴합니다.

내가 작성한 코드가 너무 빠르게 실행된다면 의도적으로 지연시간을 추가할 때 time.sleep(10)과 같이 지정해서 10초를 대기하도록 만들 수 있습니다. 1분에 한번씩 코드가 실행되도록 한다면, time.sleep(60)으로 지정하면 됩니다.

아래의 코드는 현재 누적된 초를 출력하고 time.sleep(5)는 5초를 대기하고, 다시 누적된 초를 출력하는 코드입니다. 표준시간과 한국의 시간을 비교해서 출력합니다.

전체코드입니다.

 전체 코드

```
#chap07_time모듈.py
import time

print(time.time())
time.sleep(5)
print(time.time())
```

```
print("---표준시간---")
print(time.gmtime())
print("---한국시간---")
print(time.localtime())
```

실행 결과

```
1751251245.1478257
1751251250.1625798
---표준시간---
time.struct_time(tm_year=2025, tm_mon=6, tm_mday=30, tm_hour=2, tm_min=40,
tm_sec=50, tm_wday=0, tm_yday=181, tm_isdst=0)
---한국시간---
time.struct_time(tm_year=2025, tm_mon=6, tm_mday=30, tm_hour=11, tm_min=40,
tm_sec=50, tm_wday=0, tm_yday=181, tm_isdst=0)
```

날짜와 시간을 사용하는 경우에는 좀 더 복잡한 datetime모듈을 사용하면 됩니다. date 클래스, time클래스, datetime클래스, timedelta클래스가 약간씩 다른 용도로 사용됩니다. time모듈은 시,분,초를 사용할 경우에 필요하며, 날짜와 시간을 같이 사용하는 경우는 datetime모듈에서 제공하는 클래스들을 사용하면 됩니다.

✱ 날짜시간(datetime) 모듈:

- class datetime.date : 일반적으로 사용되는 그레고리안 달력의 년, 월, 일을 나타낸다.

- class datetime.time : 시간을 시, 분, 초, 마이크로 초 시간대로 나타낸다.

- class datetime.datetime : date 클래스와 time클래스의 조합으로 년, 월, 일, 시, 분, 초, 마이크로 초 등 시간대 정보를 나타낸다.

- class datetime.timedelta : 두 날짜 혹은 시간 사이의 기간을 표현한다.

전체코드입니다.

전체 코드

```
#Chap07_datetime모듈.py
from datetime import *

d1 = date(2025, 7, 1)
print( d1 )
print("---오늘날짜를 리턴---")
d2 = date.today()
print( d2 )
print("오늘 날짜에 100일을 더하기:{0}".format(d2))
d3 = timedelta(days=100)
print( d2 + d3 )
d4 = datetime.now()
print("현재 날짜와 시간을 출력:{0}".format(d4))
```

실행 결과

```
2025-07-01
---오늘날짜를 리턴---
2025-06-30
오늘 날짜에 100일을 더하기:2025-06-30
2025-10-08
현재 날짜와 시간을 출력:2025-06-30 11:46:11.004251
```

7.2 os.path, os, random, glob 모듈 사용해보기

랜덤하게 실수나 정수를 생성할 경우 random모듈을 사용할 수 있습니다. numpy에 있는 랜덤모듈을 더 많이 사용하지만 사용법이 비슷하기 때문에 미리 연습을 해봅니다.

- 랜덤 모듈 : 임의의 정수, 실수를 생성하거나 시퀀스 객체 중 임의의 값을 선택하는 연산을 위해 랜덤 모듈을 제공한다.
    - random.seed([x]) : 임의 숫자 생성기의 초기화 작업을 한다.
    - random.random() : 0.0 <= 1.0 사이의 임의의 float 숫자를 반환한다.
    - random.shuffle(x[, random]) : 입력 받은 시퀀스 객체를 섞는다.
    - random.sample(population, k) : 두 번째 인자 k개만큼의 아이템을 첫 번째 인자인 시퀀스나 셋 객체로부터 임의로 중복 없이 추출한다.

random.random() 함수를 사용하면 0.0에서 1.0사이의 랜덤한 실수를 리턴받을 수 있습니다. 아래와 같이 사용해 볼 수 있습니다.

리스트 컴프리헨션(리스트 임베딩, 리스트 압축)문법을 사용하면 다음과 같습니다.

```
[random.randrange(20) for i in range(10)]
```

이 코드는 10번을 반복하면서 0에서 19까지의 구간의 숫자(20을 제외한 바로 앞까지의 숫자가 포함) 10개를 랜덤하게 리스트에 저장하는 내용입니다. 그런데 이 경우 동일한 숫자들이 여러 번 출력되는 것을 볼 수 있습니다.

아래의 코드를 보면 16이 두번 출력되거나 7이 두번 출력되는 것을 볼 수 있습니다.

만일 유니크한 숫자가 필요하다면 다음 과 같이 실행하면 됩니다.

```
random.sample(range(20), 10)
```

이 코드는 0에서 19까지의 숫자에서 10개의 유니크한 값을 출력합니다. 간혹 랜덤값이 필요할 경우 사용할 수 있고, 이 책의 뒤쪽에서는 numpy에 있는 random모듈을 사용하기도 합니다.

전체코드입니다.

전체 코드

```python
#Chap07_random모듈.py
import random

print("---랜덤하게 실수 생성---")
print(random.random())
print(random.random())
print("---구간을 2.0에서 5.0으로 지정---")
print(random.uniform(2,5))
print("---randrange() 함수를 사용한 생성---")
print([random.randrange(20) for i in range(10)])
print([random.randrange(20) for i in range(10)])
print("---sample() 함수를 사용한 생성---")
print(random.sample(range(20),10))
print(random.sample(range(20),10))
```

실행 결과

```
0.6749110877263916
0.3907924975956615
---구간을 2.0에서 5.0으로 지정---
4.752484440774602
---randrange() 함수를 사용한 생성---
[1, 8, 0, 16, 19, 5, 17, 15, 7, 16]
[11, 19, 5, 2, 7, 7, 16, 3, 5, 18]
---sample() 함수를 사용한 생성---
[14, 11, 8, 2, 1, 18, 3, 6, 10, 5]
[18, 12, 19, 2, 4, 7, 6, 10, 17, 8]
PS C:\work>
```

파일이름을 출력하거나 파일이 있는지 체크하고 삭제할 경우 사용할 수 있는 함수들이 os.path에서 제공됩니다. 운영체제에 관련된 기능들은 os를 통해 사용할 수 있습니다. 하나의 모듈인 os모듈안에 os.path를 사용해서 파일의 경로를 다룰 수 있고, 운영체제 관련 정보는 os이름으로 접근할 수 있습니다. 파일 리스트를 얻어오는 경우 별도의 glob 모듈을 사용하면 됩니다.

모듈의 이름이 복잡한 경우 from 모듈명을 사용하면, 모듈명을 생략하고 해당 모듈의 함수들에 바로 접근할 수 있습니다. from os.path import *라고 선언을 하면, os.path라는 네임스페이스명(방이름)을 생략하고 바로 abspath(), basename()과 같이 해당 모듈의 함수를 바로 호출할 수 있습니다.

이름충돌을 경험할 수 있지만, 자주 사용하는 함수들이라면 호출이 좀 더 쉬워집니다.

- 파일 입출력 기능을 이용해서 파일을 생성하거나 기존 파일을 관리할 수 있다.
  - from os.path import *를 실행하고 사용한다.
  - abspath('tmp') : 현재 경로를 prefix로 해서 입력 받은 경로를 절대 경로로 바꿔서 반환한다.
  - basename(path) : 입력 받은 경로의 기본 이름(base name)을 반환한다.
  - exists(path) : 입력 받은 경로가 존재하면, True를 리턴 한다.
  - isfile(), isdir(): 입력받은 파일이나 경로가 파일인지, 폴더인지의 여부를 리턴한다.

exists() 함수를 사용하면, 특정 파일이 있는지 여부를 바로 체크할 수 있습니다. python.exe파일이 있다면, getsize() 함수를 사용해서 파일의 크기를 출력합니다.

코드 예제

```
print("---python.exe파일이 있다면---")
if exists("c:\\python310\\python.exe"):
    print("파일크기: {0}".format(getsize("c:\\python310\\python.exe")))
else:
    print("파일이 없습니다.")
```

from os import *를 선언하면 os모듈에 있는 system() 함수를 사용할 수 있습니다. 파이썬 코드를 실행하면서 외부 실행 파일을 실행할 경우 호출하면 됩니다. 윈도우에서 제공하는 notepad.exe를 실행해 봅니다.

코드 예제

```
#특정 파일을 실행할 경우
system("notepad.exe")
```

현재 작업하는 폴더를 알고 싶은 경우 getcwd() 함수를 사용하면 됩니다. getcwd()라는 함수명은 get current working directory의 약자라고 생각하면 됩니다. chdir("..") 함수를 사용해서 현재 폴더에서 상위 폴더로 이동합니다. 그리고 다시 work 폴더로 이동합니다.

코드 예제

```
print("현재폴더:{0}".format(getcwd()))
chdir("..")
chdir("c:\\work")
print("현재폴더:{0}".format(getcwd()))
```

현재 폴더에 있는 확장자가 py인 파일들의 리스트를 리턴받아서 for ~ in ~루프를 사용해서 파일 목록을 출력해 봅니다.

코드 예제

```
lst = glob.glob("*.py")
for item in lst:
    print(item)
```

위의 코드를 실행하면 notepad.exe가 실행되고, c:\work 폴더에 있는 파일 목록이 출력됩니다.

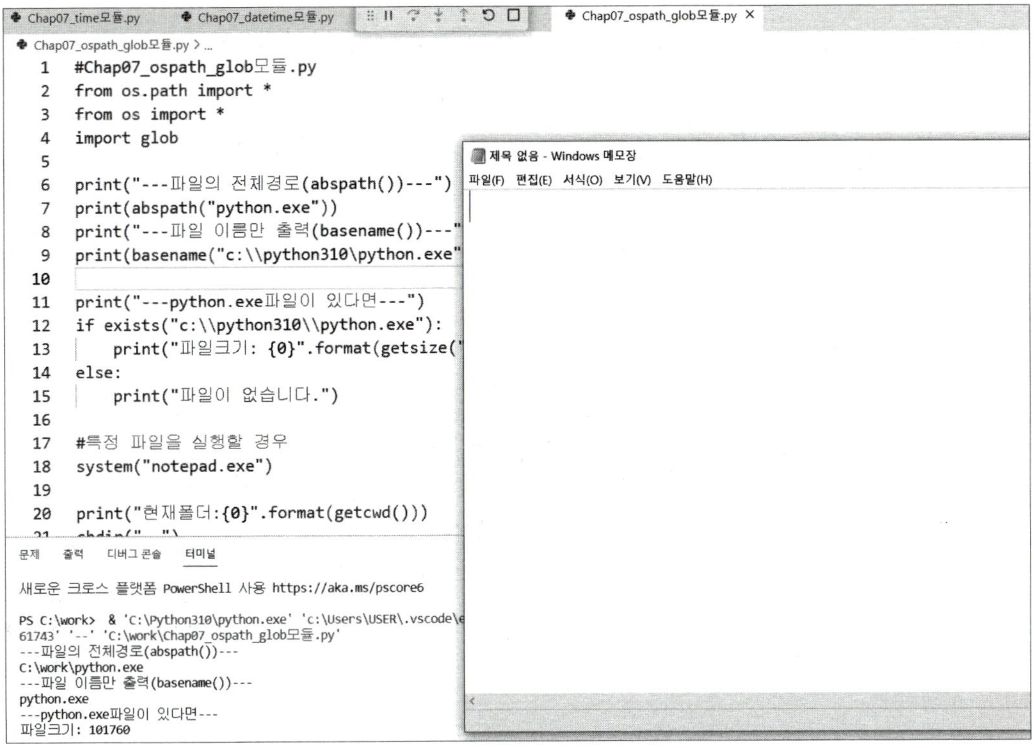

그림 7-3

전체코드입니다.

 전체 코드

```
#Chap07_ospath_glob 모듈.py
from os.path import *
from os import *
import glob

print("---파일의 전체경로(abspath())---")
print(abspath("python.exe"))
print("---파일 이름만 출력(basename())---")
print(basename("c:\\python310\python.exe"))

print("---python.exe파일이 있다면---")
if exists("c:\\python310\\python.exe"):
```

```
        print("파일크기: {0}".format(getsize("c:\\python310\\python.exe")))
else:
        print("파일이 없습니다.")

#특정 파일을 실행할 경우
system("notepad.exe")

print("현재폴더:{0}".format(getcwd()))
chdir("..")
chdir("c:\\work")
print("현재폴더:{0}".format(getcwd()))
lst = glob.glob("*.py")
for item in lst:
    print(item)
```

실행 결과

```
---파일의 전체경로(abspath())---
C:\work\python.exe
---파일 이름만 출력(basename())---
python.exe
---python.exe파일이 있다면---
파일크기: 101760
현재폴더:c:\work
Chap02_ChatGPT_ListTupleDict형식비교.py
Chap02_딕셔너리.py
Chap02_리스트형식.py
...
```

shutil모듈의 경우 move()함수와 copy()함수가 제공됩니다. 현재 폴더에 있는 파일들을 이동할 경우 move()함수를 사용하고, 복사할 경우는 copy()함수를 사용하면 됩니다.

```
shutil.move("이동할 파일명", "파일을 이동시킬 폴더명")

shutil.copy("복사할 파열명", "복사한 파일을 저장할 폴더명")
```

위와 같이 지정할 수 있습니다.

7.3 ChatGPT와 Python을 사용해서 다운로드 받은 파일들 자동으로 분류하기

이번에는 앞에서 배운 모듈들을 활용할 수 있는 코드를 ChatGPT를 통해서 자동 생성해 봅니다.

ChatGPT에 접속을 해서 왼쪽 상단에 있는 "새 채팅"을 클릭합니다. 새로운 주제로 물어볼 경우 계속 "새 채팅"을 클릭해야 합니다. 주제와 맥락이 변경된 것을 ChatGPT는 모르기 때문에 주제가 변경된 경우 새로운 대화를 시작해야 합니다. 프롬프트에 아래와 같이 입력합니다.

자세하게 기술을 하면 할수록 더 정교한 코드들이 나옵니다. 한 번에 마음에 드는 코드가 생성되지 않으면, 좀 더 반복해서 기술해도 됩니다.

ChatGPT 명령

파이썬의 os, os.path, glob 모듈등을 사용해서 윈도우 10에서 다운로드 받은 폴더의 파일을 4가지로 자동 분류하는 코드를 작성해줘. *.jpeg, *.jpg, *.JPEG, *.JPG와 같은 이미지들은 c:\Users\student\Downloads\Images 폴더에, *.pdf와 같은 PDF 파일들은 c:\Users\student\Downloads\PDFs 폴더에, *.csv, *.tsv, *.xlsx 파일들은 c:\Users\student\Downloads\DataSets 폴더에, *.zip 파일들은 c:\Users\student\Downloads\Archives 폴더에 분류하는 코드를 작성해줘

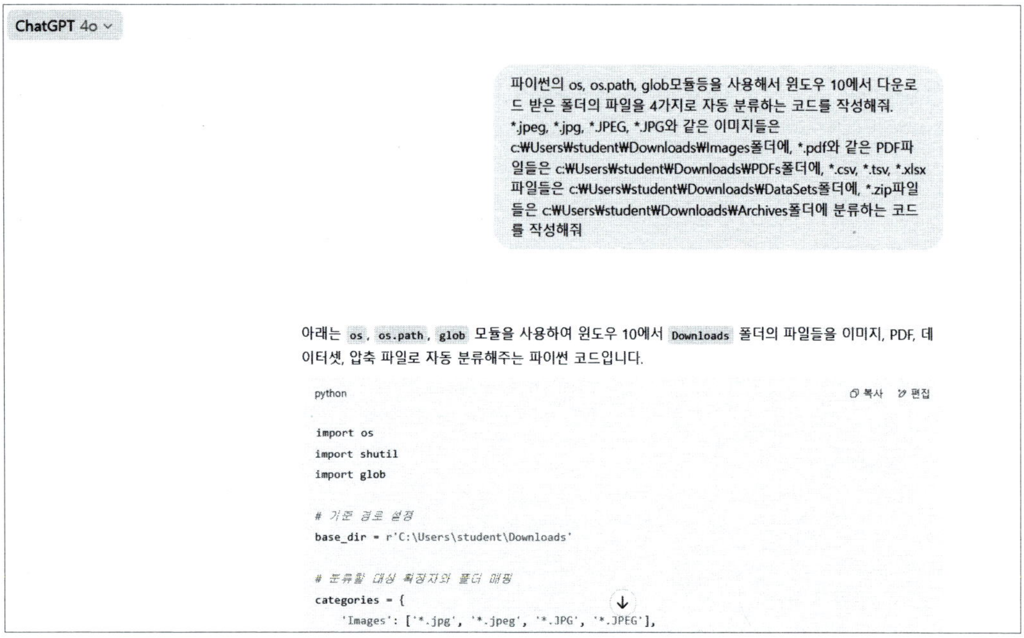

그림 7-4

생성된 전체 코드입니다.

전체 코드

```
#Chap07_ChatGPT로생성한_다운로드받은파일자동분류.py
import os
import shutil
import glob

# 기준 경로 설정
base_dir = r'C:\Users\student\Downloads'

# 분류할 대상 확장자와 폴더 매핑
categories = {
    'Images': ['*.jpg', '*.jpeg', '*.JPG', '*.JPEG'],
    'PDFs': ['*.pdf'],
    'DataSets': ['*.csv', '*.tsv', '*.xlsx'],
    'Archives': ['*.zip']
}
```

```
# 각 폴더 생성 및 파일 이동
for folder, patterns in categories.items():
    target_dir = os.path.join(base_dir, folder)
    if not os.path.exists(target_dir):
        os.makedirs(target_dir)

    for pattern in patterns:
        files = glob.glob(os.path.join(base_dir, pattern))
        for file in files:
            try:
                shutil.move(file, target_dir)
                print(f'Moved {os.path.basename(file)} → {folder}')
            except Exception as e:
                print(f'Error moving {file}: {e}')
```

이 책에서 제공하는 demo₩Chap07 폴더에 있는 파일들을 복사해서 샘플로 사용하면 됩니다.

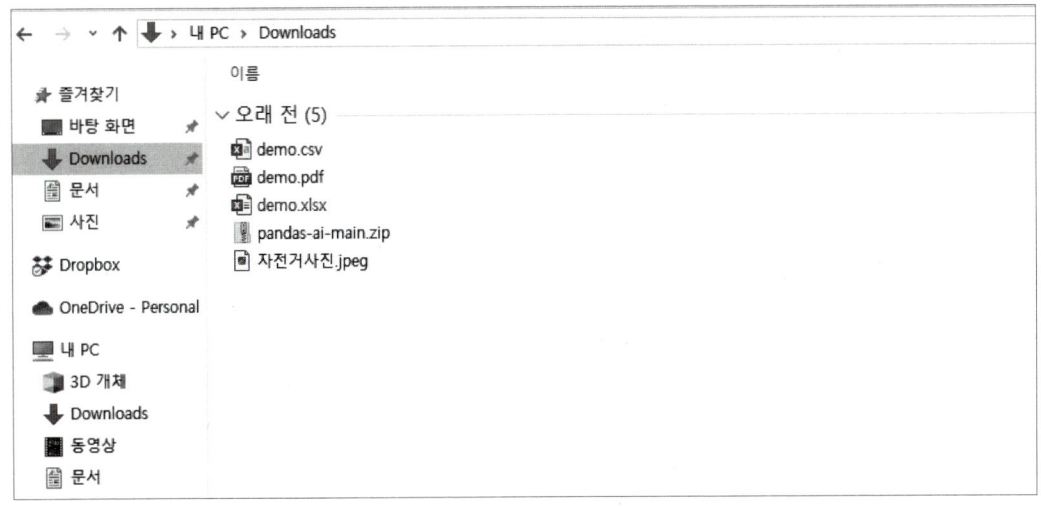

📌 그림 7-5

위의 그림은 파이썬 코드를 실행하기 전 상태입니다. 생성된 코드를 실행하면 아래와 같이 자동으로 하위 폴더를 생성해서 파일들을 분류해 줍니다. 확장자에 맞게 파일들이 자동으로 분류된 것을 볼 수 있습니다.

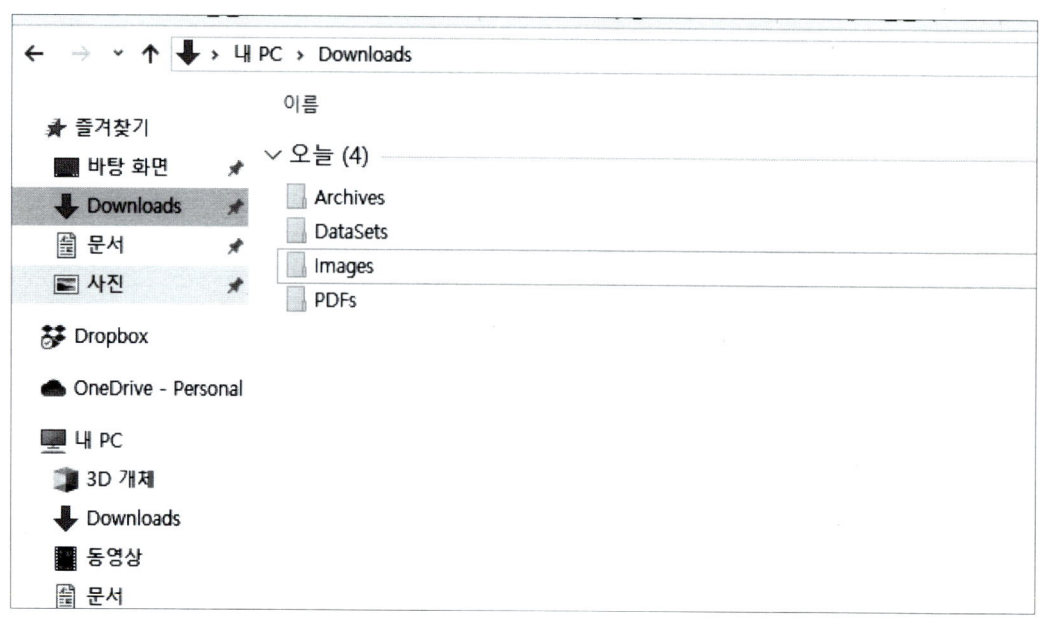

그림 7-6

이렇게 내가 작성하기 귀찮은 코드를 ChatGPT에 시켜보면, 재미있는 결과물들이 나옵니다. 공부하면서 보조 도구로 활용해도 재미있습니다. ^^

8장

파이썬에서 데이터베이스 활용하기

8.1 데이터베이스에 대한 기본적인 개념

8.2 SQLite를 사용한 Python 코딩

8.3 DB Browser for SQLite 사용하기

8.4 생성형 AI 엔진을 데이터베이스 학습에 활용하기

8.1 데이터베이스에 대한 기본적인 개념

파이썬으로 데이터를 관리해야 하는 상황이라면 SQLite를 사용해서 간단하게 고객리스트, 직원리스트, 판매리스트등을 관리할 수 있습니다. 웹 크롤링으로 수집한 데이터도 데이터베이스의 테이블에 저장하면 필요할 때 검색, 입력, 수정, 삭제와 같은 빈번한 작업들을 쉽게 처리할 수 있습니다.

기존 데이터베이스를 사용해 본 개발자의 경우 MySQL, PostgreSQL 등을 파이썬에 빠르게 연동할 수 있습니다. 요즘은 데이터베이스의 경우도 오픈소스를 사용하는 경우가 너무나 많아졌습니다. 오픈소스의 영향력이 상당하는 것을 알 수 있습니다. 우리는 가장 부담이 없는 SQLite를 파이썬과 같이 사용하려고 합니다. 초보자 분들도 쉽게 접근할 수 있는 제품입니다.

데이터베이스를 사용해 본 경험이 없어도 손쉽게 배우고 활용할 수 있습니다. 기존에 다양한 데이터베이스를 사용해 본 경험이 있는 개발자분들은 크게 문제가 없다고 봅니다. 바로 사용하실 수 있습니다.

만약에 데이터베이스를 사용해본 경험이 없다면, 이렇게 생각해도 됩니다. 우리는 필요하다면 텍스트파일에 데이터를 저장하거나 아니면 엑셀 파일에 데이터를 저장을 해서 사용하게 됩니다. 그런데 텍스트파일에 직접 데이터를 저장하는 구조를 내가 만들어야 한다면 부담이 상당히 클 수 있습니다. 자료 구조를 직접 디자인하고 입출력하는 코드를 전부 작성해야 합니다.

그래서 엑셀의 도움을 받으면 데이터를 정리하고 입출력하기가 매우 수월해 집니다. 아래의 경우 하나의 엑셀 파일(데이터베이스와 비교)에 고객명단과 제품목록과 같은 각각의 시트(테이블과 비교)로 분리해서 관리할 수 있으며, 각 데이터를 성격에 맞게 해당 컬럼들로 구성해서 각각 별도의 시트로 관리할 수 있습니다.

데이터베이스가 처음이라도 이런 작업을 해보셨을 겁니다. 데이터를 별도로 분류하고 정리하는 작업들은 사실 늘 필요합니다.

🖌 **그림 8-1** 엑셀 파일에는 이렇게 여러개의 시트들이 있습니다.

개발자가 자료 구조를 직접 파일형태로 구현해서 작업하기에는 작업량이 많기 때문에 대부분의 개발환경에서 Back-end로 데이터베이스 서버와 웹서버 등을 사용하고 있습니다. 요즘은 1인 기업의 비즈니스를 하는 경우라도 데이터베이스와 웹서버, 앱을 활용하는 경우가 상당히 많습니다. 온라인 환경의 발전때문이라고 볼 수 있습니다. 데이터베이스가 없다면, 데이터를 관리하기가 상당히 어려울 겁니다.

🖌 **그림 8-2** 데이터베이스를 사용하는 경우의 그림입니다.

요즘은 AWS(아마존웹서비스), Azure(마이크로소프트의 클라우드서비스), GCP(구글의 클라우드서비스)와 같은 클라우드 환경에서 쉽게 사용할 수 있는 데이터베이스들이 상당히 많아졌습니다. SQL 구문과 간단한 구조만 알아도 바로 준비해서 데이터베이스를 사용할 수 있습니다. 세상 참 좋아졌습니다! 파이썬의 문법과 기본 활용 라이브러리를 학습한 이후에 AI관련 분야와 Cloud분야를 공부해 보시면, 파이썬을 활용하는 폭이 더 넓어질 겁니다.

일단은 이런 작업을 잘 모른다고 하면, 파이썬과 SQLite를 같이 사용하는 연습을 통해 기본적인 구조와 명령을 이해하면 도움이 됩니다. 우리는 데이터베이스에 해당 데이터를 테이블이라는 형태로 저장하려고 합니다. 엑셀에서 사용하는 한 장의 종이(워크시트)가 테이블이라고 생각해도 됩니다. 고객 리스트, 제품 리스트, 판매 리스트와 같은 데이터는 여러 개의 열과 행으로 구성되어 있습니다. 각 행을 레코드 또는 Row라고도 합니다.

일단은 이런 작업을 잘 모른다고 하면, 파이썬과 SQLite를 같이 사용하는 연습을 통해 기본적인 구조와 명령을 이해하면 도움이 됩니다. 우리는 데이터베이스에 해당 데이터를 테이블이라는 형태로 저장하려고 합니다. 엑셀에서 사용하는 한 장의 종이(워크시트)가 테이블이라고 생각해도 됩니다. 고객 리스트, 제품 리스트, 판매 리스트와 같은 데이터는 여러 개의 열과 행으로 구성되어 있습니다. 각 행을 레코드 또는 Row라고도 합니다.

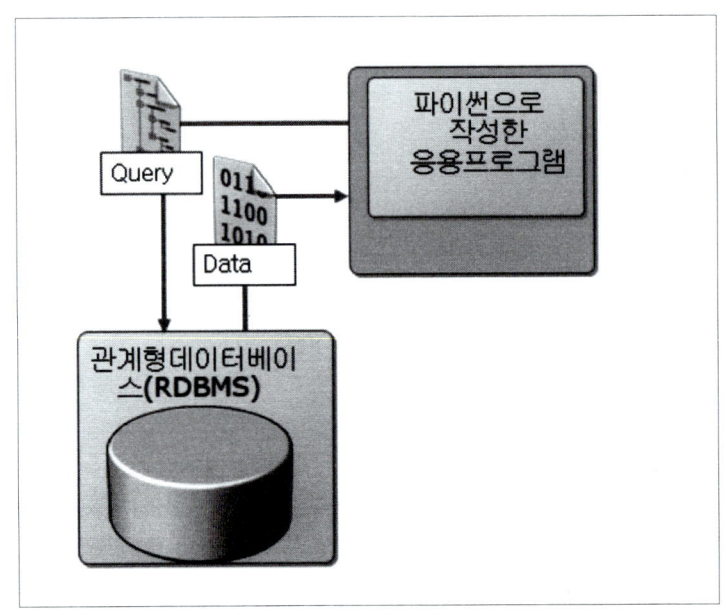

그림 8-3 데이터베이스를 사용하는 파이썬 응용 프로그램

SQLite는 로컬데이터베이스 파일 형태로 파이썬 코드와 같이 저장해서 배포하기 때문에 학습하기에도 쉽고, 금방 활용할 수 있는 재미있는 데이터베이스 관리 시스템(DBMS)입니다.

우리가 일상적으로 사용하는 많은 모바일 앱에서도 로컬 데이터베이스 파일로 SQLite를 많이 활용하고 있습니다. 전자성경이나 전자사전과 같은 모바일앱들이 대표적인 경우입니다.

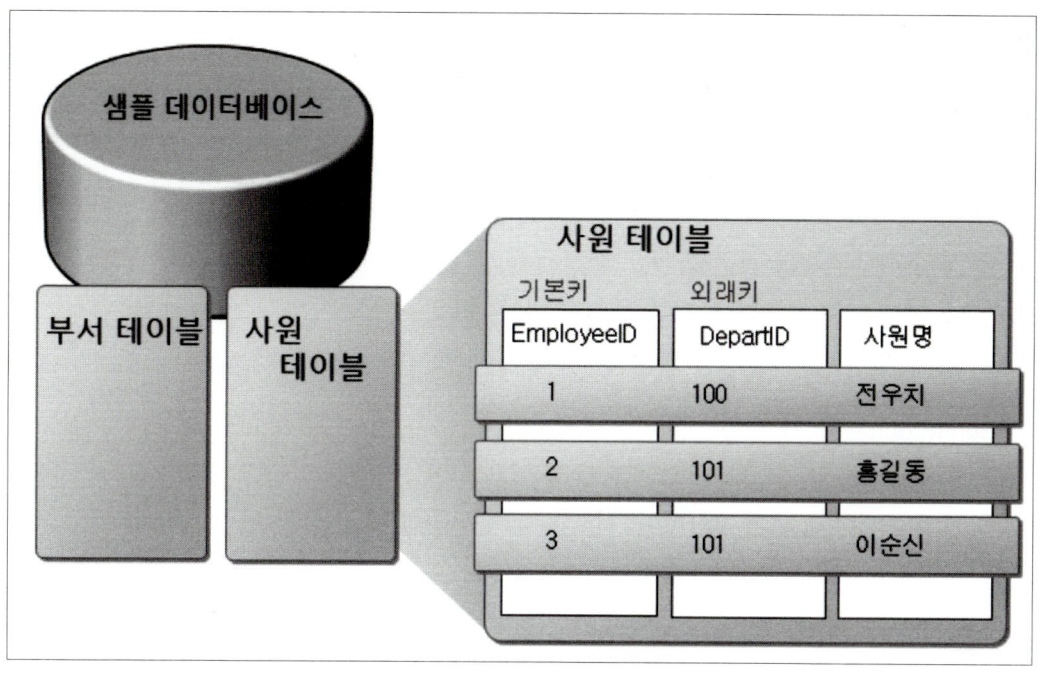

그림 8-4

데이터가 저장되는 공간을 데이터베이스라고 합니다. 엑셀과 비교를 한다면, 하나의 엑셀 파일에 다양한 시트들(워크북안에 워크시트들이 여러장)이 저장되는 것과 비슷합니다.

sheet1, sheet2, sheet3…과 같이 저장되는 것처럼 내가 사용하는 데이터베이스라면 부서에 관련된 내용이 저장되는 부서테이블, 직원테이블과 같이 각각의 데이터가 저장되는 테이블을 만들 수 있습니다. 하나의 테이블에 모든 자료를 저장하면, 입력하고 수정하고, 검색하는 작업이 힘들 수 있습니다. 가능하면 자료별로 분리를 해서 저장을 하는 것이 유리합니다.

사원 데이터를 저장하는 사원테이블이라면, 사번, 부서코드, 이름, 직급, 주소, 핸드폰번호 등이 저장되는 컬럼(열)들이 필요하고, 하나의 행 데이터를 레코드(로우)라고 부르기도 합니다.

사번을 기본키(Primary key)라고 지정해서 레코드의 행 데이터에 유일성을 부여하면, 검색, 수정, 삭제를 할 경우 특정 행번호(유일한 값)에 해당하는 레코드(행) 데이터에만 작업할 수 있습니다. 구분을 할 수 없다면, 문제가 발생할 수 있습니다. 기본키라는 속성은 각각의 행 데이터(로우 또는 레코드)를 구분하기 위한 컬럼이라고 생각하면 됩니다.

8.2 SQLite를 사용한 Python 코딩

기본적으로 테이블의 구조를 생성하고, SQL(Structure Query Language)을 사용해서 입력, 수정, 삭제, 검색과 같은 작업을 수행해야 합니다. 4개의 기본 구문을 연습해서 전화번호를 입출력하는 코드를 작성해 보려고 합니다.

SQLite로 작업을 하는 경우 2개의 클래스가 제공됩니다. 연결과 관련된 작업을 수행하는 Connection클래스와 SQL 구문을 실행하고, 결과를 리턴하는 Cursor클래스가 제공됩니다. Connection클래스에서는 연결 후에 실제 SQL 구문을 실행할 Cursor객체를 리턴하는 cursor() 메서드를 제공합니다. 데이터베이스 파일에 연결후 바로 cursor() 메서드를 호출해서 SQL 구문을 실행할 준비를 하면 됩니다.

트랜잭션작업을 위해 Connection클래스에서는 commit() 메서드와 rollback() 메서드를 제공합니다. 여러 개의 구문을 하나의 처리 단위로 묶어서 처리한 후에 정상적인 경우라면, commit() 메서드를 호출합니다. 문제가 있는 경우라면 rollback() 메서드를 호출하면 됩니다. 중요한 SQL 구문들을 처리할 경우는 여러 개의 구문을 묶어서 한번에 정상적인 처리를 하거나, 중간에 에러가 발생한 경우는 처음부터 다시 처리할 수 있도록 취소하고 종료할 수 있습니다. 보통 개발자들은 TP(트랜잭션 처리를 한다)라고 합니다.

- Connection 클래스 : 연결된 데이터베이스를 동작시키는 역할을 한다.
  - Connection.cursor() : 커서 객체를 생성한다.
  - Connection.rollback() : 지금까지 작업한 내용을 DB에 반영하지 않고 트랜잭션 이전 상태로 되돌린다.
  - Connection.commit() : 지금까지 작업한 내용을 DB에 반영한다.
  - Connection.close() : DB연결을 종료한다.
  - Connection.execute(sql[, parameters]) : 임시 Cursor객체를 생성해 해당 execute 메서드를 실행한다.

실질적인 SQL 구문의 실행과 처리 결과를 다룰 경우 Cursor클래스를 사용합니다. execute() 메서드는 1개의 SQL 구문을 처리할 경우 사용합니다. 반복적으로 SQL 구문을 실행할 경우 executemany() 메서드를 사용하면 됩니다. 다중 라인으로 구성된 SQL 배치 파일을 실행하는 경우라면, executescript() 메서드를 사용합니다.

- Cursor 클래스 : 실질적으로 데이터베이스에서 SQL문장을 실행하고 조회된 결과를 가져오는 역할을 한다.
    - Cursor.execute(sql[, parameters]) : SQL문장을 실행한다.
    - Cursor.executemany(sql, seq_of_parameters) : 동일한 SQL문장을 매개변수만 변경하면서 실행한다.
    - Cursor.executescript(sql_script) : 세미콜론으로 구분된 SQL문장을 실행한다.
    - Cursor.fetchone() : 조회된 결과로부터 데이터 1개를 반환한다.
    - Cursor.fetchmany([size=cursor.arraysize]) : 입력 받은 size만큼의 데이터를 리스트 형태로 반환한다.
    - Cursor.fetchall() : 조회된 결과 모드를 리스트로 반환

검색한 결과를 다루는 경우 fetchone()은 1건씩 받아서 처리하는 경우 사용합니다. 10개, 20개를 하나의 블록으로 처리할 때 fetchmany() 메서드를 사용하고, 전체를 리턴받는 경우 fetchall() 메서드를 사용할 수 있습니다.

첫 번째 코드는 아래와 같이 임시로 메모리에 테이블을 생성해서 작업을 합니다. 실행이 잘 되면, sample.db와 같이 데이터베이스 파일로 저장하면 됩니다.

con = sqlite3.connect(":memory:")은 임시로 메모리상에 작업을 하겠다는 코드입니다. ":memory:"은 약속된 문자열이라고 생각하면 됩니다. 문자열 그대로 코딩해야 합니다.

연결객체를 con으로 리턴받아서 cur = con.cursor()를 실행하면, 대부분의 SQL 구문을 실행할 커서 객체를 cur로 리턴받게 됩니다. con이라는 변수명은 Connection의 약자로 사용을 했고, cur는 Cursor클래스의 약자를 변수명으로 지정했습니다.

코드 예제

```
import sqlite3

#연결객체 생성(임시로 메모리에 저장)
con = sqlite3.connect(":memory:")
#SQL 구문을 실행할 커서 객체 리턴
cur = con.cursor()
```

예를 들어서 명함을 받아서 이름과 핸드폰 번호를 저장하는 경우라면, 이런 데이터를 저장할 테이블 구조가 필요합니다.

기존에 테이블이 있을 수 있기 때문에 create table if not exists PhoneBook과 같이 기술하면 PhoneBook테이블이 없는 경우 테이블을 생성합니다. 원래는 "CREATE TABLE IF NOT EXISTS"와 같이 관례적으로 대문자로 구문을 입력해야 하지만, 입력이 불편하다면 편하게 소문자로 입력하도록 합니다. SQL 구문들은 대부분의 경우 대소문자 구문을 안하는 경우가 많습니다.

테이블을 생성할 때 create구문을, 수정할 때 alter구문, 삭제할 때 drop구문을 사용할 수 있습니다. SQL 구문은 영어구문을 순차적으로 기술해서 사용하고 있습니다. 우리가 영어권에서 태어났다면 아마도 더 쉽게 학습을 했을겁니다. IT분야에서 일하고 공부를 하면 영어가 참 중요함을 늘 느끼고 있습니다.

코드 예제

```
#SQL 구문을 실행할 커서 객체 리턴
cur = con.cursor()
cur.execute(
    "create table if not exists PhoneBook " +
    "(id integer primary key autoincrement, name text, phoneNum text);")
```

일단 1건의 데이터를 입력해 봅니다. 문자열 내부에서 문자열로 처리할 경우 쌍따옴표 ""내부에서 단일따옴표 ''를 사용하면 편리합니다. 이렇게 처리하지 않으면 "SQL 구문₩"데이터₩" SQL 구문"와 같이 처리해야 합니다. 간단하게 외부 문자열과 내부 문자열 표시를 한다면, 다음과 같이 구성하는 것이 편합니다.

코드 예제

```
cur.execute("insert into PhoneBook (name, phoneNum) values ('홍길동','010-111-1234');")
```

입력 구문의 경우 "INSERT INTO PhoneBook (컬럼명…) VALUES (…)"와 같이 사용합니다. SQL 구문은 대소문자를 구분하지 않기 때문에 편하게 입력해도 됩니다. 원래는 관례적으로 SQL 구문은 대문자로 나머지 테이블명과 컬럼명은 대문자와 소문자를 혼합해서 입력하긴 합니다. 대문자로 입력하는 것이 불편하다면, 위의 코드와 같이 소문자로 입력해서 처리해도 됩니다.

다만 대부분의 개발자들은 기존 SQL 구문을 대문자로 입력해서 처리합니다. 우리는 크게 신경을 쓰지 않고 편하게 코딩을 하겠습니다.

입력 파라메터를 처리하는 경우는 아래와 같이 ?로 변경하면 됩니다. "INSERT INTO PhoneBook (name, phoneNum) VALUES (?,?);"라고 기술하면, ?자리는 나중에 입력되는 파라메터로 변환되어서 처리됩니다.

코드 예제

```
name = "이순신"
phoneNumber = "010-222-1234"
cur.execute("insert into PhoneBook (name, phoneNum) values (?, ?);", (name, phoneNumber))
```

다중의 데이터를 입력하는 경우에는 executemany() 메서드를 사용하면 됩니다. Tuple내부에 Tuple을 넘겨서 2개의 데이터를 미리 입력해두고, executemany() 메서드에 넘기면 해당 데이터의 개수만큼 입력 구문을 실행합니다. 2개의 행데이터 안에 2개의 컬럼 데이터가 저장된 구조입니다. 배열의 배열 형태인데 일종의 2차원 배열이라고 생각하면 됩니다. 리스트안에 리스트를 담을 수 있고, 튜플안에서 튜플을 담을 수 있습니다.

코드 예제

```
datalist = (("전우치","010-123-1234"), ("박문수","010-1234-5678"))
cur.executemany("insert into PhoneBook (name, phoneNum) values (?, ?);", datalist)
```

결과를 확인할 때 검색 구문을 사용하면 됩니다. "SELECT * FROM PhoneBook;"과 같은 구문을 사용하면 PhoneBook이라는 테이블에서 모든 컬럼의 데이터를 검색하라는 의미입니다. 여기서는 결과를 출력할 때 for ~ in ~반복구문을 사용해서 검색한 데이터를 모두 출력하도록 했습니다. 각 행의 모든 컬럼 데이터는 Tuple형태로 출력됩니다.

코드 예제

```
cur.execute("select * from PhoneBook;")
for row in cur:
    print(row)
```

실행 결과

```
(1, '홍길동', '010-111-1234')
(2, '이순신', '010-222-1234')
(3, '전우치', '010-123-1234')
(4, '박문수', '010-1234-5678')
```

전체 코드입니다

전체 코드

```python
#Chap08_Sqlite사용1.py
import sqlite3

#연결객체 생성(임시로 메모리에 저장)
con = sqlite3.connect(":memory:")
#SQL 구문을 실행할 커서 객체 리턴
cur = con.cursor()
cur.execute(
    "create table if not exists PhoneBook " +
    "(id integer primary key autoincrement, name text, phoneNum text);")
#1건 입력
cur.execute("insert into PhoneBook (name, phoneNum) values ('홍길동','010-111-1234');")
#파라미터로 입력 처리
name = "이순신"
phoneNumber = "010-222-1234"
cur.execute("insert into PhoneBook (name, phoneNum) values (?, ?);", (name, phoneNumber))
```

```
#다중의 데이터를 입력
datalist = (("전우치","010-123-1234"), ("박문수","010-1234-5678"))
cur.executemany("insert into PhoneBook (name, phoneNum) values (?, ?);",
datalist)

#결과를 확인
cur.execute("select * from PhoneBook;")
for row in cur:
    print(row)
```

실행 결과

```
(1, '홍길동', '010-111-1234')
(2, '이순신', '010-222-1234')
(3, '전우치', '010-123-1234')
(4, '박문수', '010-1234-5678')
PS C:\work>
```

수정과 삭제 구문도 연습해 봅니다. "UPDATE 테이블명 SET 컬럼명=값, 컬럼명=값… WHERE 조건"과 같이 구성됩니다. 수정할 경우는 전체 레코드에 해당되지 않기 때문에 조건이 필요합니다. id=1과 같이 특정 조건을 만족하는 경우만 수정작업을 하도록 지정합니다.

코드 예제

```
cur.execute("update PhoneBook set name='김길동', phoneNum='010-333-5555'
where id=1;")
```

삭제작업을 할 경우 "DELETE FROM 테이블명 WHERE 조건절"과 같이 작성합니다. 이 경우에도 삭제할 행의 조건에 해당되는 부분을 WHERE절에 지정해서 해당 조건을 만족하는 레코드(행)만 삭제하도록 합니다.

코드 예제

```
cur.execute("delete from PhoneBook where id=2;")
```

결과를 확인할 경우 다시 검색 구문을 실행해서 버퍼에 해당 데이터들을 로딩되도록 합니다. 이번에는 fetchall() 메서드를 사용해서 전체 레코드를 리턴받아서 처리합니다.

코드 예제

```
cur.execute("select * from PhoneBook;")
print(cur.fetchall())
```

실행 결과

```
[(1, '김길동', '010-333-5555'), (3, '전우치', '010-123-1234'), (4, '박문수', '010-123-5678')]
```

전체코드입니다.

전체 코드

```python
#Chap08_Sqlite사용2.py
import sqlite3

#연결객체 생성(임시로 메모리에 저장)
con = sqlite3.connect(":memory:")
#SQL 구문을 실행할 커서 객체 리턴
cur = con.cursor()
cur.execute(
    "create table if not exists PhoneBook " +
    "(id integer primary key autoincrement, name text, phoneNum text);")

#1건 입력
cur.execute("insert into PhoneBook (name, phoneNum) values ('홍길동','010-111-1234');"
```

```
#파라메터로 입력 처리
name = "이순신"
phoneNumber = "010-222-1234"
cur.execute("insert into PhoneBook (name, phoneNum) values (?, ?);", (name, 
phoneNumber))

#다중의 데이터를 입력
datalist = (("전우치","010-123-1234"), ("박문수","010-1234-5678"))
cur.executemany("insert into PhoneBook (name, phoneNum) values (?, ?);", 
datalist)

#수정 작업
cur.execute("update PhoneBook set name='김길동', phoneNum='010-333-5555' 
where id=1;")

#삭제 작업
cur.execute("delete from PhoneBook where id=2;")

#결과 확인
cur.execute("select * from PhoneBook;")
print(cur.fetchall())
```

실행 결과

```
[(1, '김길동', '010-333-5555'), (3, '전우치', '010-123-1234'), (4, '박문
수', '010-1234-5678')]
PS C:\work>
```

실행결과를 리턴받을 때 아래와 같이 fetchone(), fetchmany(크기), fetchall() 메서드를 사용할 수 있습니다. 1건을 리턴받아서 처리할 때 fetchone()을 사용합니다. 데이터가 많은 경우 10건씩 잘라서 블록단위로 리턴받는 경우 fetchmany(10)을 지정할 수 있습니다. 데이터가 많지 않은 경우 라면 fetchall() 메서드를 사용해도 됩니다.

다만 조심할 부분은 데이터베이스의 테이블에 데이터는 저장되어 있지만, 임시 버퍼로 검색한 결과를 로딩해서 사용하기 때문에 패치 명령어를 수행하면, 임시 버퍼에서는 데이터가 삭제됩니다. 이런 경우 다시 검색 구문을 실행해서 버퍼를 채우면, 다시 검색 작업을 할 수 있습니다.

보통은 입력과 수정, 삭제를 한 이후에 fetchall()과 같이 메서드로 한 번에 검색을 하면 됩니다. 용도별로 사용할 수 있도록 다양한 결과를 리턴하는 메서드들이 준비되어 있다고 보면 됩니다. 아래의 fetch**()로 시작되는 메서드 중에 하나를 사용하면 됩니다. 아니면 for ~ in ~루프를 돌려서 결과를 바로 확인해도 됩니다.

코드 예제

```
cur.execute("select * from PhoneBook;")
print("===fetchone()===")
print(cur.fetchone())
print("===fetchmany(2)===")
print(cur.fetchmany(2))
print("===fetchall()===")
cur.execute("select * from PhoneBook;")
print(cur.fetchall())
```

실행 결과

```
===fetchone()===
(1, '김길동', '010-333-5555')
===fetchmany(2)===
[(3, '전우치', '010-123-1234'), (4, '박문수', '010-123-5678')]
===fetchall()===
[(1, '김길동', '010-333-5555'), (3, '전우치', '010-123-1234'), (4, '박문수', '010-123-5678')]
PS C:\work>
```

데이터베이스의 테이블에 입력, 수정, 삭제와 같은 쓰기 작업을 실행한 경우는 종료하기 전에 commit() 메서드를 실행해야 합니다. 정상적으로 작업을 종료한다는 commit() 메서드를 실행하지 않으면, 전부 취소되고 작업이 종료될 수 있습니다. 데이터베이스 관리 시스템(DBMS)의 종류에 따라서 다르기는 하지만, SQLite의 경우 자동커밋(auto commit)이 되지 않습니다.

물론 SQLite의 기본 셋팅의 모드값을 변경해 줄 수 있지만, 일반적으로 기본 값으로 셋팅해서 사용하기 때문에 개발자가 작업을 정상 종료할 수 있도록 con.commit()과 같이 호출해야 합니다.

아래의 코드는 커밋을 하지 않으면 취소가 되는 것을 확인할 수 있는 코드입니다. 정상적으로 입력된 결과가 출력된 것으로 보입니다.

전체코드입니다.

 전체 코드

```python
#Chap08_commit을 하지않은경우.py
# 트랜잭션처리를 하지 않은 경우
import sqlite3

#연결객체 생성(이번에는 데이터베이스 파일로 저장)
con = sqlite3.connect("c:\\work\\test.db")
#SQL 구문을 실행할 커서 객체 리턴
cur = con.cursor()
cur.execute(
    "create table if not exists PhoneBook " +
    "(id integer primary key autoincrement, name text, phoneNum text);")
#1건 입력
cur.execute("insert into PhoneBook (name, phoneNum) values ('홍길동','010-111-1234');")
#파라메터로 입력 처리
name = "이순신"
phoneNumber = "010-222-1234"
cur.execute("insert into PhoneBook (name, phoneNum) values (?, ?);", (name, phoneNumber))

#다중의 데이터를 입력
datalist = (("전우치","010-123-1234"), ("박문수","010-123-5678"))
cur.executemany("insert into PhoneBook (name, phoneNum) values (?, ?);", datalist)

#결과를 확인
cur.execute("select * from PhoneBook;")
for row in cur:
    print(row)
```

실행 결과

```
(1, '홍길동', '010-111-1234')
(2, '이순신', '010-222-1234')
(3, '전우치', '010-123-1234')
(4, '박문수', '010-123-5678')
PS C:\work>
```

아래와 같이 새로운 파일로 작성해서 다시 test.db에 연결해서 검색을 해보면 결과가 출력되지 않습니다.

코드 예제

```python
#Chap08_commit하지않은경우_결과확인.py
# 트랜잭션처리를 하지 않은 경우
import sqlite3

#연결객체 생성(이번에는 데이터베이스 파일로 저장)
con = sqlite3.connect("c:\\work\\test.db")
#SQL 구문을 실행할 커서 객체 리턴
cur = con.cursor()

#결과를 확인
cur.execute("select * from PhoneBook;")
for row in cur:
    print(row)
```

실행 결과

```
PS C:\work>
```

이번에는 아래와 같이 cur.commit() 메서드를 호출하는 코드를 추가합니다. 기존 작업했던 데이터베이스 파일명을 다음과 같이 수정합니다.

코드 예제

```
con = sqlite3.connect("c:\\work\\sample.db")
```

파일의 가장 하단에 아래의 코드를 추가합니다.

 코드 예제

```
con.commit()
```

전체코드입니다. 데이터베이스 파일명이 sample.db로 수정된 것을 꼭 확인하도록 합니다.

전체 코드

```python
#Chap08_정상적으로commit을 한 경우.py
import sqlite3

#연결객체 생성(이번에는 sample.db 파일로 저장)
con = sqlite3.connect("c:\\work\\sample.db")
#SQL 구문을 실행할 커서 객체 리턴
cur = con.cursor()
cur.execute(
    "create table if not exists PhoneBook " +
    "(id integer primary key autoincrement, name text, phoneNum text);")
#1건 입력
cur.execute("insert into PhoneBook (name, phoneNum) values ('홍길동','010-111-1234');")
#파라메터로 입력 처리
name = "이순신"
phoneNumber = "010-222-1234"
cur.execute("insert into PhoneBook (name, phoneNum) values (?, ?);", (name, phoneNumber))
```

```
#다중의 데이터를 입력
datalist = (("전우치","010-123-1234"), ("박문수","010-123-5678"))
cur.executemany("insert into PhoneBook (name, phoneNum) values (?, ?);",
datalist)

#결과를 확인
cur.execute("select * from PhoneBook;")
for row in cur:
    print(row)

#정상적으로 커밋
con.commit()
```

실행 결과

```
(1, '홍길동', '010-111-1234')
(2, '이순신', '010-222-1234')
(3, '전우치', '010-123-1234')
(4, '박문수', '010-123-5678')
```

기존 코드를 아래와 같이 수정해서 다시 한번 확인을 해 봅니다.

전체코드입니다.

전체 코드

```
#Chap08_정상적으로commit을 한 경우 결과확인.py
import sqlite3

#연결객체 생성
con = sqlite3.connect("c:\\work\\sample.db")
cur = con.cursor()
cur.execute("select * from PhoneBook;")
print(cur.fetchall())
```

실행결과입니다. 입력된 데이터가 그대로 출력되었습니다.

 실행 결과

```
[(1, '홍길동', '010-111-1234'), (2, '이순신', '010-222-1234'), (3, '전우
치', '010-123-1234'), (4, '박문수', '010-123-5678')]
PS C:\work>
```

8.3 DB Browser for SQLite 사용하기

대부분의 SQL 구문을 직접 입력해서 처리하기에는 작업량이 많기 때문에 개발과 관리를 도와주는 비주얼한 툴을 사용하면 좀 더 수월하게 작업을 할 수 있습니다.

DB Browser for SQLite 사이트에서 제공하는 관리툴을 사용하면 편리합니다. 아래의 웹 사이트에서 해당 툴을 다운로드 받아서 설치하면 됩니다.

 https://sqlitebrowser.org/

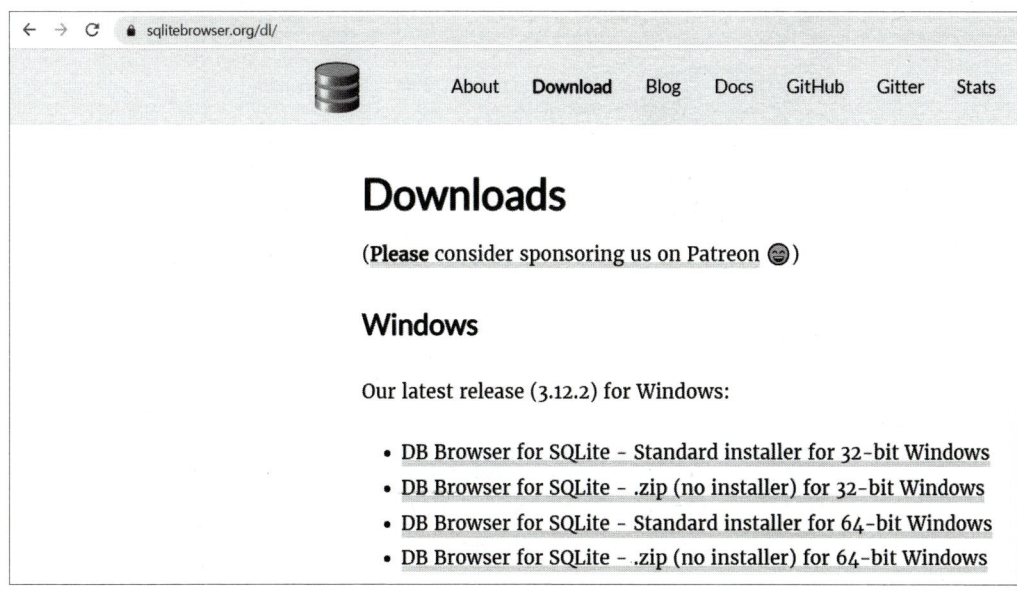

그림 8-5

상단에 있는 Download 메뉴를 클릭하면 윈도우용과 macOS용을 선택해서 받을 수 있습니다. 윈도우를 사용하고 있다면, DB Browser for SQLite – Standard installer for 64-bit Windows를 클릭해서 설치 버전을 받으면 됩니다. 하단의 그림에서 세번째 있는 프로그램입니다.

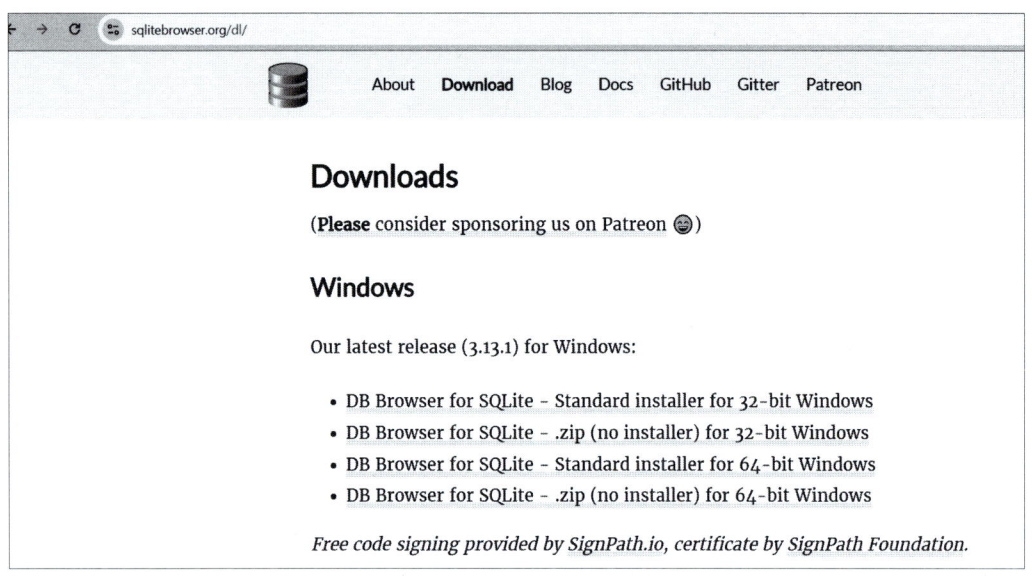

그림 8-6

설치는 상당히 간단합니다. 오픈소스 라이선스를 확인하고, 데스크탑의 숏컷 아이콘(단축 아이콘)을 체크해 주면 됩니다.

그림 8-7

설치 화면 하단에 있는 I accept…를 체크해주면 됩니다.

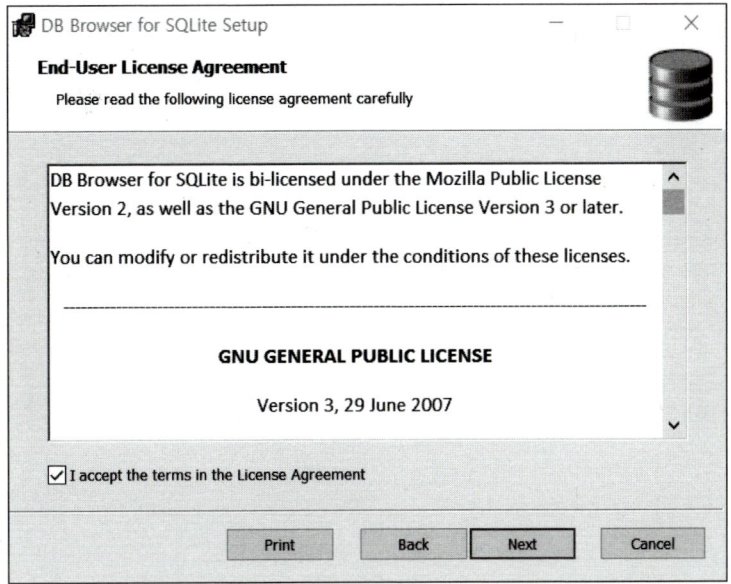

그림 8-8

우리는 DB Browser에 있는 Desktop에 체크를 해서 해당 도구만 사용하면 됩니다. 윈도우의 바탕화면에 숏컷아이콘을 설치해줍니다.

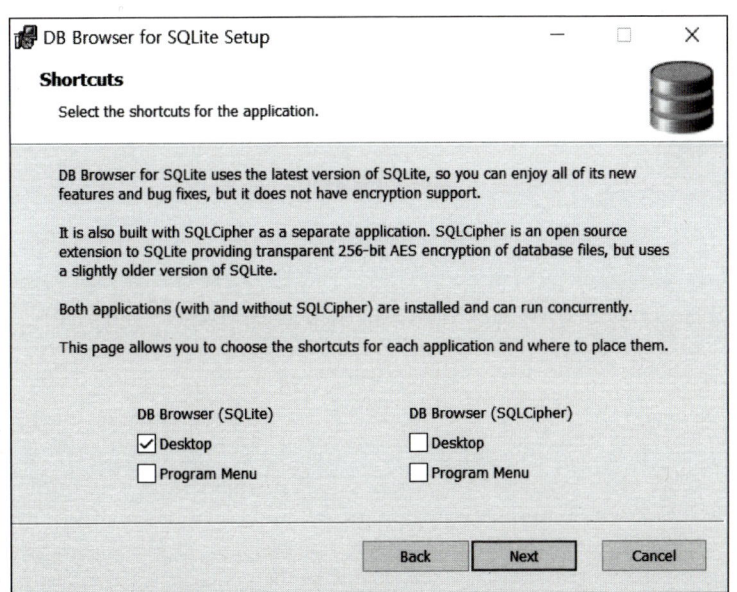

그림 8-9

DB Browser for SQLite는 상당히 직관적인 툴입니다. 비슷한 도구를 사용해 본 개발자들은 쉽게 적응할 수 있습니다. 이런 관리툴을 처음 사용해 본다면, 다음과 같이 차근 차근 따라하면 됩니다. ㅎㅎ

상단의 "새 데이터베이스"를 클릭합니다.

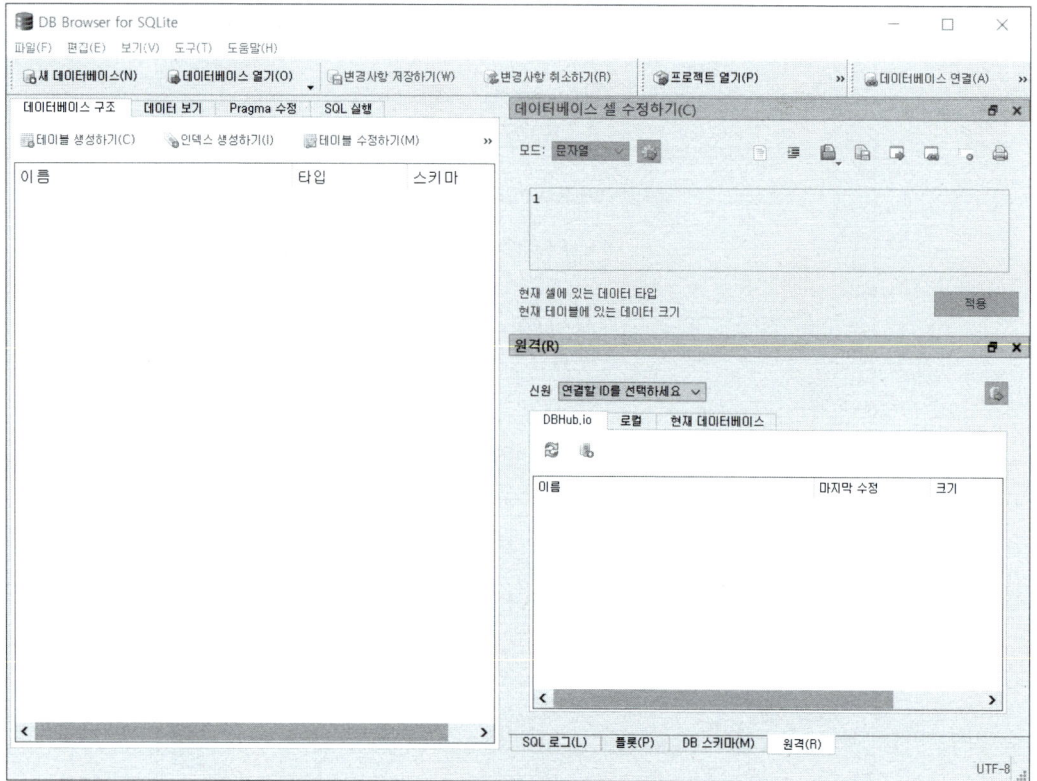

그림 8-10

작업하는 폴더를 클릭해서 선택하면 됩니다. 우리는 c:\work 폴더를 작업 폴더로 선택합니다. "sample2.db"라고 입력해서 데이터베이스 파일을 먼저 생성합니다.

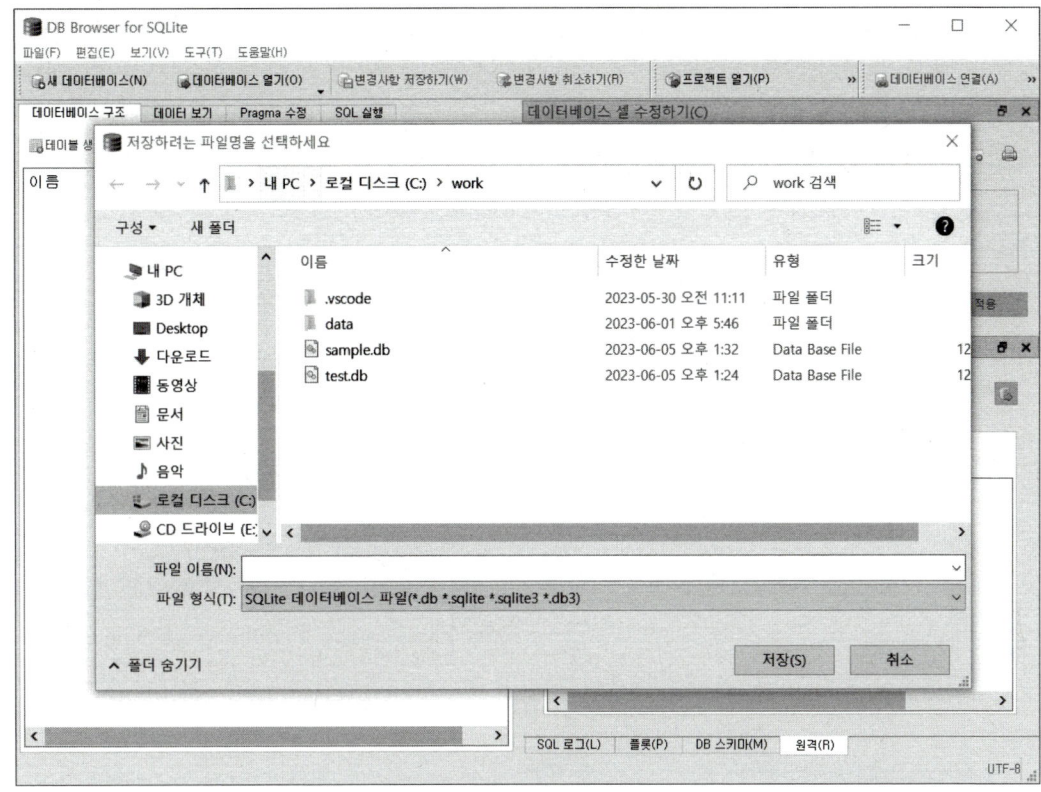

그림 8-11

사원데이터를 저장할 테이블을 Employee라고 만들려고 합니다. 테이블명에 "Employee"를 입력합니다. 필드에 있는 "추가"버튼을 3번 클릭해서 3개의 컬럼을 생성합니다.

id 컬럼은 형식은 INTEGER에 NN, PK, AI등을 모두 체크합니다. name 컬럼은 형식은 TEXT로 NN만 체크합니다. title 컬럼도 형식은 TEXT로 NN만 체크합니다.

컬럼의 형식은 정수, 실수, 문자열, 바이너리데이터형식을 선택할 수 있습니다. 기존 개발자들이 많이 사용하는 상용 데이터베이스들(Oracle, MS SQLServer)과 비교하면 컬럼 형식이 매우 단순하게 되어 있습니다.

우리는 정수와 문자열형식을 사용합니다.

NN은 NOT NULL의 약자로, 필수로 입력해야 한다는 의미입니다. PK는 PRIMARY KEY의 약자로, 유일한 키로 값이 입력되는지를 체크해 줍니다. AI는 AUTOINCREMENT의 약자로, 자동으로 1부터 시작해서 하나씩 증가되는 숫자를 생성해 줍니다. 해당 숫자를 자동으로 생성해준다고 생각하면 됩니다.

사실 SQL 구문을 암기해서 기계적으로 입력하는 개발자들도 많이 있습니다. 이렇게 작업하는 방식이 유지보수 하기에는 더 좋을 수 있습니다. 다만 우리는 좀 더 편하게 비주얼한 툴을 사용해서 비교적 쉽게 테이블을 생성해 보고 있습니다. 처음 작업하는 분들에게는 툴이 있는 것이 좀 더 작업하기 수월합니다.

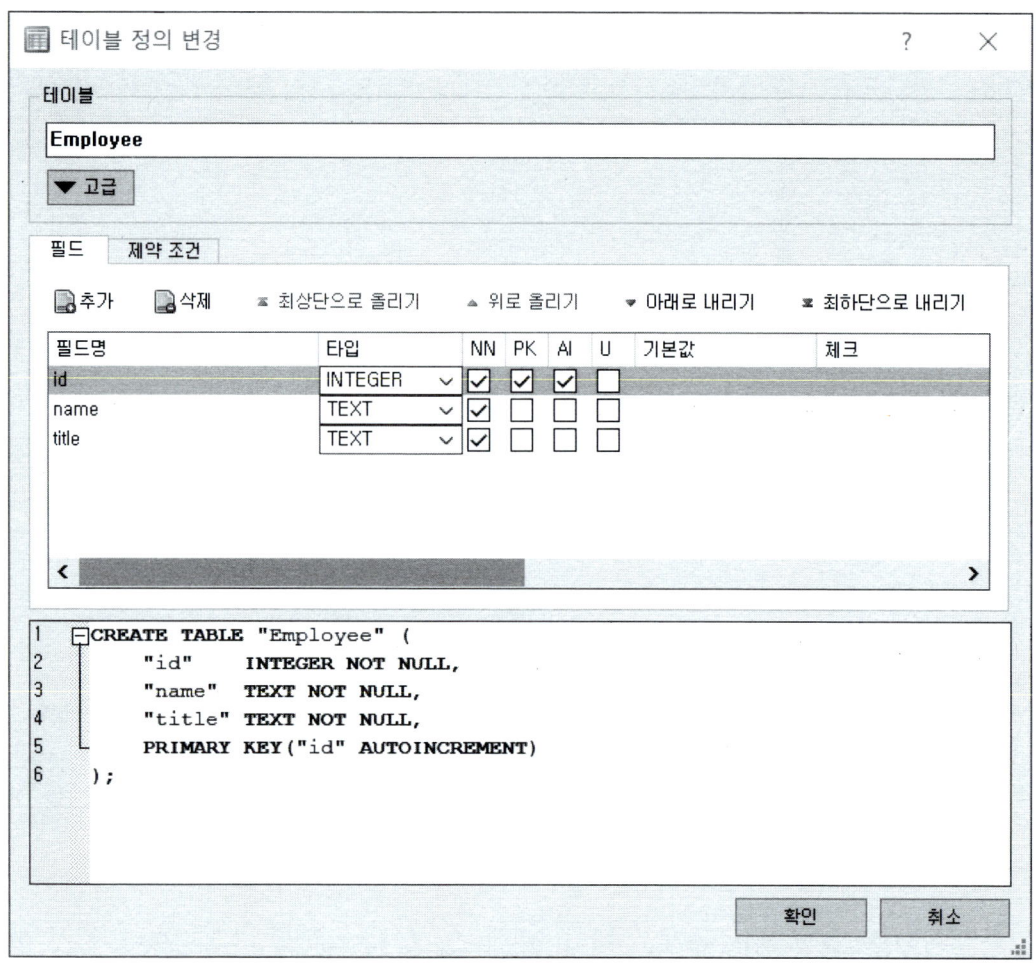

그림 8-12

몇 개의 탭이 제공되는데, 데이터베이스구조, 데이터보기 등을 클릭해보면 생성된 테이블이나 레코드(행)데이터를 살펴볼 수 있습니다.

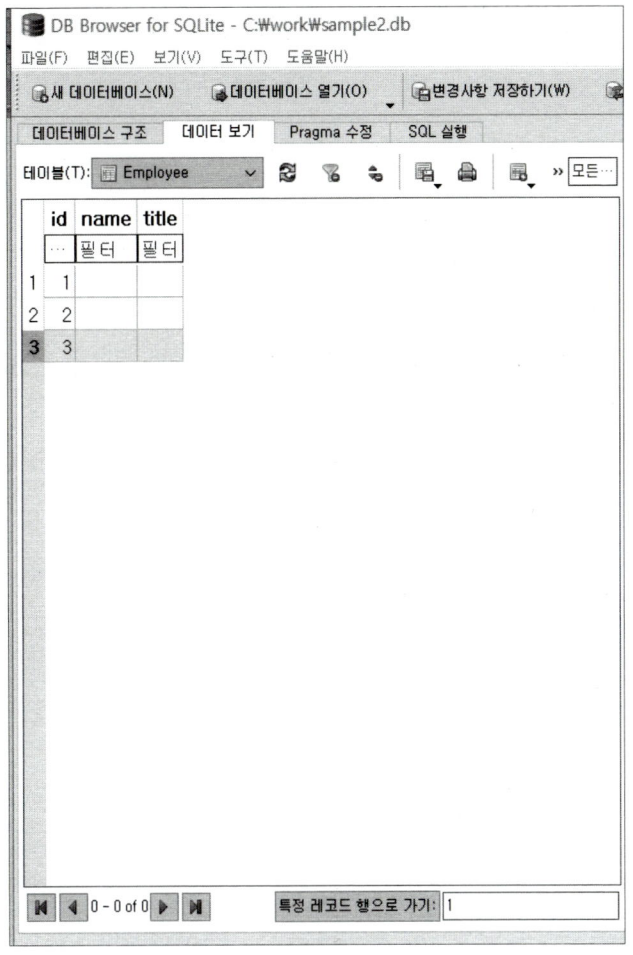

그림 8-13

데이터 보기탭을 클릭해서 아래와 같이 몇 건의 레코드를 입력해 볼 수 있습니다. 데이터 보기캡의 상단에 있는 툴바의 버튼 중에 +표시가 붙은 버튼이 입력작업을 하는 버튼입니다. 살짝 마우스를 가져가면, 툴팁 풍선 도움말이 출력됩니다. 이 버튼을 3번 클릭하고, 아래와 같이 3건을 입력합니다. id컬럼의 경우 자동증가 속성이 체크되어 있어서 1부터 시작해서 하나씩 증가되는 숫자가 자동으로 생성됩니다. 입력작업이 끝나면, 상단의 "변경사항 저장하기"를 클릭하고 종료하면 됩니다. 항상 테이블의 구조가 변경되거나 새로운 데이터들이 입력되는 경우에는 변경된 내용들이 저장되어야 합니다.

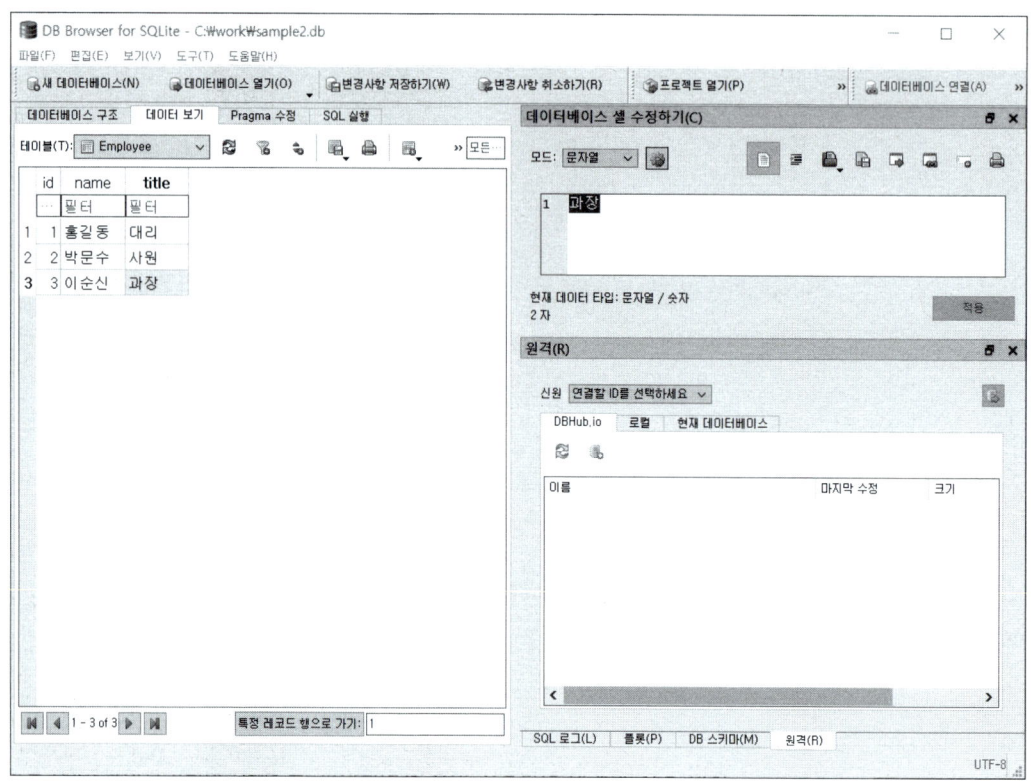

그림 8-14

아무래도 콘솔기반으로만 작업하면 입출력이 쉽지 않기 때문에 이후에 학습을 하는 PyQt라이브러리와 SQLite를 파이썬에서 같이 사용하면, 멋진 GUI(Graphical User Interface) 기반으로 작업을 할 수 있습니다. 제공되는 기본 샘플을 응용하면 고객관리, 제품관리, 크롤링한 결과를 관리하는 작업들을 보다 쉽게 처리할 수 있습니다. GUI 기반의 작업은 뒤에서 학습을 하는 10장의 PyQt 활용편에서 만들어 봅니다.

8.4 생성형 AI 엔진을 데이터베이스 학습에 활용하기

ChatGPT를 사용하면 SQL 구문도 상당히 잘 생성해 줍니다. 왼쪽 상단의 "새 채팅"을 클릭해서 새로운 대화를 시작합니다. 프롬프트에 아래와 같이 입력합니다.

ChatGPT 명령

파이썬에서 SQLite를 사용하면서 제품 데이터를 다루는 테이블에 입출력하는 코드를 작성하려고 한다. Products라는 테이블에 productID (integer), productName (text), productPrice (integer)를 가지고 있는 형태의 코드로 테이블을 생성해서 insert, update, delete, select하는 코드를 작성해줘

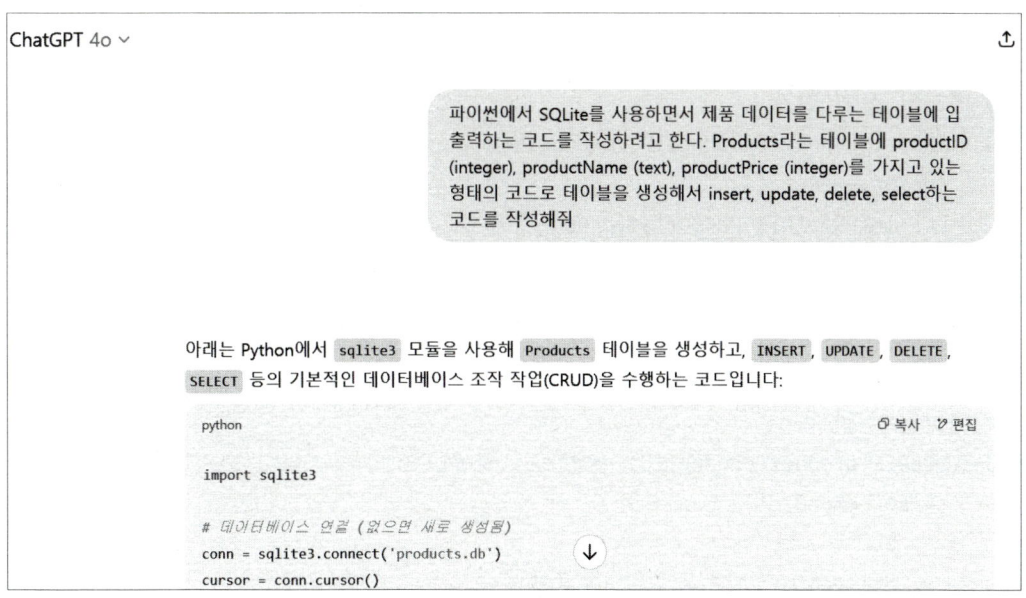

그림 8-15

전체 코드입니다. 생성되는 코드는 매번 조금씩 다르게 나올 수 있습니다. 다만 결과가 비슷한지를 확인하면 됩니다.

전체 코드

```
#Chap08_ChatGPT가생성한SQL 구문.py
import sqlite3

# 데이터베이스 연결 (없으면 새로 생성됨)
conn = sqlite3.connect('products.db')
cursor = conn.cursor()
```

Chapter 08 파이썬에서 데이터베이스 활용하기 | 231

```python
# 테이블 생성
cursor.execute('''
    CREATE TABLE IF NOT EXISTS Products (
        productID INTEGER PRIMARY KEY,
        productName TEXT NOT NULL,
        productPrice INTEGER NOT NULL
    )
''')
conn.commit()

# 데이터 삽입 함수
def insert_product(productID, productName, productPrice):
    cursor.execute('''
        INSERT INTO Products (productID, productName, productPrice)
        VALUES (?, ?, ?)
    ''', (productID, productName, productPrice))
    conn.commit()

# 데이터 수정 함수
def update_product(productID, newName, newPrice):
    cursor.execute('''
        UPDATE Products
        SET productName = ?, productPrice = ?
        WHERE productID = ?
    ''', (newName, newPrice, productID))
    conn.commit()

# 데이터 삭제 함수
def delete_product(productID):
    cursor.execute('''
        DELETE FROM Products
        WHERE productID = ?
    ''', (productID,))
    conn.commit()

# 데이터 조회 함수
def select_all_products():
    cursor.execute('SELECT * FROM Products')
    rows = cursor.fetchall()
```

```python
    for row in rows:
        print(f'ID: {row[0]}, Name: {row[1]}, Price: {row[2]}')

# 테스트 실행 예시
if __name__ == '__main__':
    # 삽입
    insert_product(1, '노트북', 1200000)
    insert_product(2, '모니터', 300000)

    # 조회
    print('--- 삽입 후 조회 ---')
    select_all_products()

    # 수정
    update_product(2, '게이밍 모니터', 350000)
    print('--- 수정 후 조회 ---')
    select_all_products()

    # 삭제
    delete_product(1)
    print('--- 삭제 후 조회 ---')
    select_all_products()

    # 연결 종료
    conn.close()
```

실행 결과

```
--- 삽입 후 조회 ---
ID: 1, Name: 노트북, Price: 1200000
ID: 2, Name: 모니터, Price: 300000
--- 수정 후 조회 ---
ID: 1, Name: 노트북, Price: 1200000
ID: 2, Name: 게이밍 모니터, Price: 350000
--- 삭제 후 조회 ---
ID: 2, Name: 게이밍 모니터, Price: 350000
```

간단하게 활용하는 예제이지만 이렇게 Python과 SQL 구문을 같이 사용하는 경우에도 사용할 수 있습니다. 기본 SQL 구문을 함수형태로 만들어서 제공하고 있습니다. 클래스 기반의 메서드로 생성해달라고 해도 잘 변경될 것 같습니다.

프롬프트에 아래와 같이 입력합니다.

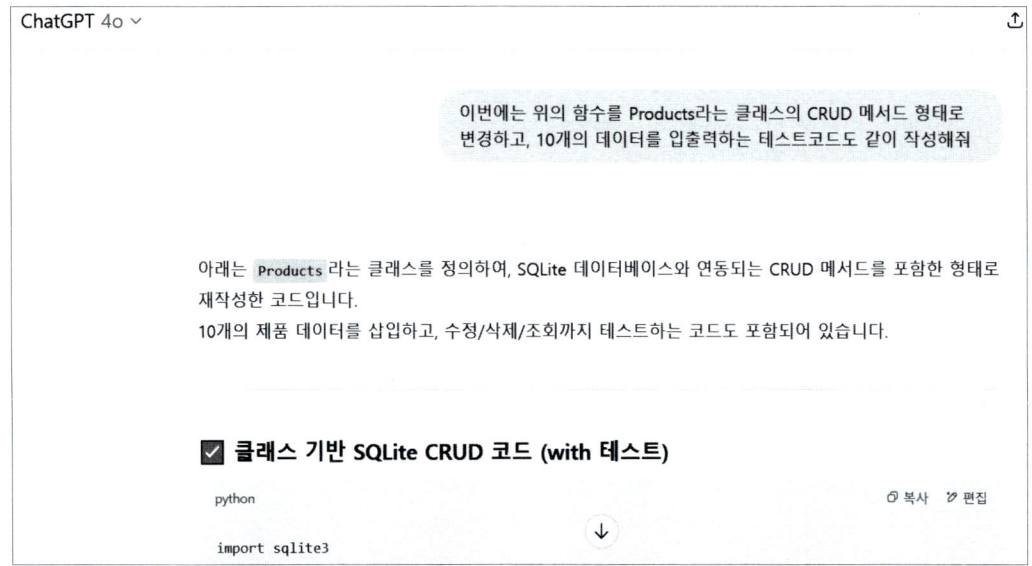

그림 8-16

기존에 생성된 c:\work 폴더의 Products.db 파일을 삭제하고 다시 아래의 코드를 실행하면 됩니다.

전체코드입니다.

 **전체 코드**

```python
#Chap08_ChatGPT가생성한구문을클래스로변경해달라고요청.py
import sqlite3

class Products:
    def __init__(self, db_name='products.db'):
        self.conn = sqlite3.connect(db_name)
        self.cursor = self.conn.cursor()
        self.create_table()

    def create_table(self):
        self.cursor.execute('''
            CREATE TABLE IF NOT EXISTS Products (
                productID INTEGER PRIMARY KEY,
                productName TEXT NOT NULL,
                productPrice INTEGER NOT NULL
            )
        ''')
        self.conn.commit()

    def insert(self, productID, productName, productPrice):
        self.cursor.execute('''
            INSERT INTO Products (productID, productName, productPrice)
            VALUES (?, ?, ?)
        ''', (productID, productName, productPrice))
        self.conn.commit()

    def update(self, productID, newName, newPrice):
        self.cursor.execute('''
            UPDATE Products
            SET productName = ?, productPrice = ?
            WHERE productID = ?
        ''', (newName, newPrice, productID))
        self.conn.commit()

    def delete(self, productID):
        self.cursor.execute('''
            DELETE FROM Products
```

```python
            WHERE productID = ?
        ''', (productID,))
        self.conn.commit()

    def select_all(self):
        self.cursor.execute('SELECT * FROM Products')
        return self.cursor.fetchall()

    def close(self):
        self.conn.close()


# 테스트 코드
if __name__ == '__main__':
    db = Products()

    # 10개의 데이터 삽입
    sample_products = [
        (1, '노트북', 1200000),
        (2, '모니터', 300000),
        (3, '키보드', 50000),
        (4, '마우스', 25000),
        (5, '스피커', 70000),
        (6, '프린터', 150000),
        (7, '웹캠', 40000),
        (8, 'USB 허브', 20000),
        (9, 'SSD 1TB', 130000),
        (10, '헤드셋', 90000)
    ]

    for pid, name, price in sample_products:
        db.insert(pid, name, price)

    # 전체 데이터 출력
    print('--- 전체 제품 목록 ---')
    for row in db.select_all():
        print(f'ID: {row[0]}, Name: {row[1]}, Price: {row[2]}')
```

```python
# 제품 수정
db.update(3, '기계식 키보드', 75000)
print('\n--- 수정 후 목록 ---')
for row in db.select_all():
    print(f'ID: {row[0]}, Name: {row[1]}, Price: {row[2]}')

# 제품 삭제
db.delete(5)
print('\n--- 삭제 후 목록 ---')
for row in db.select_all():
    print(f'ID: {row[0]}, Name: {row[1]}, Price: {row[2]}')

db.close()
```

상당히 깔끔하게 Products클래스의 4개의 CRUD 메서드 형태로 생성이 되었습니다. 간단한 SQL 구문들이지만 꽤 잘 생성하는 것을 확인할 수 있습니다.

실행 결과

```
--- 전체 제품 목록 ---
ID: 1, Name: 노트북, Price: 1200000
ID: 2, Name: 모니터, Price: 300000
ID: 3, Name: 키보드, Price: 50000
ID: 4, Name: 마우스, Price: 25000
ID: 5, Name: 스피커, Price: 70000
ID: 6, Name: 프린터, Price: 150000
ID: 7, Name: 웹캠, Price: 40000
ID: 8, Name: USB 허브, Price: 20000
ID: 9, Name: SSD 1TB, Price: 130000
ID: 10, Name: 헤드셋, Price: 90000

--- 수정 후 목록 ---
ID: 1, Name: 노트북, Price: 1200000
ID: 2, Name: 모니터, Price: 300000
ID: 3, Name: 기계식 키보드, Price: 75000
ID: 4, Name: 마우스, Price: 25000
ID: 5, Name: 스피커, Price: 70000
```

```
ID: 6, Name: 프린터, Price: 150000
ID: 7, Name: 웹캠, Price: 40000
ID: 8, Name: USB 허브, Price: 20000
ID: 9, Name: SSD 1TB, Price: 130000
ID: 10, Name: 헤드셋, Price: 90000

--- 삭제 후 목록 ---
ID: 1, Name: 노트북, Price: 1200000
ID: 2, Name: 모니터, Price: 300000
ID: 3, Name: 기계식 키보드, Price: 75000
ID: 4, Name: 마우스, Price: 25000
ID: 6, Name: 프린터, Price: 150000
ID: 7, Name: 웹캠, Price: 40000
ID: 8, Name: USB 허브, Price: 20000
ID: 9, Name: SSD 1TB, Price: 130000
ID: 10, Name: 헤드셋, Price: 90000
```

이번에는 구글 AI Studio에 접속해서 동일한 프롬프트를 입력해서 생성해 봅니다.

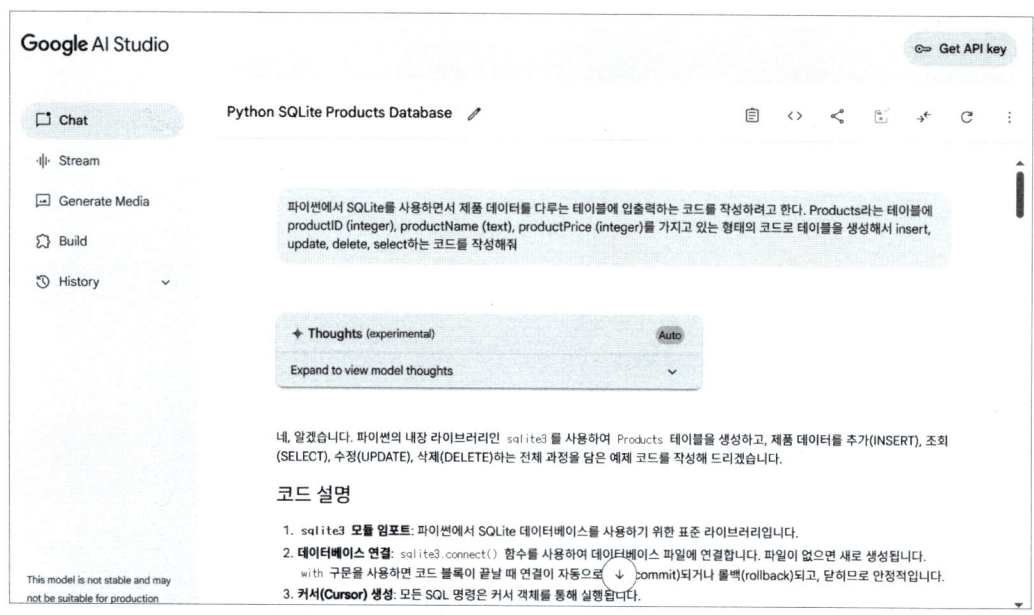

그림 8-17

생성된 전체 코드입니다. 거의 비슷하게 생성이 됩니다. 개발자 입장에서 편한 것을 사용하면 됩니다.

 전체 코드

```python
#Chap08_구글AIStudio에서생성한SQL 구문.py
import sqlite3

# 데이터베이스 연결 함수
def get_db_connection():
    """데이터베이스에 연결하고 커서를 반환합니다."""
    # 'products.db' 파일에 데이터베이스를 생성하거나 연결합니다.
    # with 구문을 사용하면 작업 후 자동으로 연결이 닫힙니다.
    conn = sqlite3.connect('products.db')
    # 결과를 딕셔너리 형태로 받기 위해 row_factory 설정
    conn.row_factory = sqlite3.Row
    return conn

# 1. 테이블 생성 함수
def create_table(conn):
    """Products 테이블을 생성합니다."""
    cursor = conn.cursor()
    print("--- 1. 테이블 생성 ---")
    # IF NOT EXISTS: 테이블이 이미 존재하면 오류 없이 넘어갑니다.
    cursor.execute('''
        CREATE TABLE IF NOT EXISTS Products (
            productID INTEGER PRIMARY KEY,
            productName TEXT NOT NULL,
            productPrice INTEGER NOT NULL
        )
    ''')
    # 변경사항을 데이터베이스에 반영합니다.
    conn.commit()
    print("'Products' 테이블이 성공적으로 생성되었거나 이미 존재합니다.\n")

# 2. 데이터 추가 함수 (INSERT)
def insert_product(conn, name, price):
    """새로운 제품을 추가합니다."""
```

```python
    cursor = conn.cursor()
    sql = "INSERT INTO Products (productName, productPrice) VALUES (?, ?)"
    # SQL 인젝션 방지를 위해 플레이스홀더(?) 사용
    cursor.execute(sql, (name, price))
    conn.commit()
    print(f"제품 추가: '{name}' (가격: {price})")

# 3. 데이터 조회 함수 (SELECT)
def select_all_products(conn):
    """모든 제품 목록을 조회하고 출력합니다."""
    cursor = conn.cursor()
    cursor.execute("SELECT * FROM Products")

    # 모든 결과를 가져옵니다.
    products = cursor.fetchall()

    if not products:
        print("테이블에 제품이 없습니다.")
        return

    print("\n--- 전체 제품 목록 ---")
    for product in products:
        # conn.row_factory = sqlite3.Row 설정으로 컬럼 이름으로 접근 가능
        print(f"ID: {product['productID']}, 이름: {product['productName']}, 가격: {product['productPrice']}")
    print("-" * 20)

# 4. 데이터 수정 함수 (UPDATE)
def update_product_price(conn, product_id, new_price):
    """특정 제품의 가격을 수정합니다."""
    cursor = conn.cursor()
    sql = "UPDATE Products SET productPrice = ? WHERE productID = ?"
    cursor.execute(sql, (new_price, product_id))
    conn.commit()
    # rowcount: 마지막 실행으로 영향을 받은 행의 수
    if cursor.rowcount > 0:
        print(f"\n--- 제품 ID {product_id}의 가격을 {new_price}으로 수정했습니다. ---")
    else:
        print(f"\n--- 제품 ID {product_id}을(를) 찾을 수 없습니다. ---")
```

```python
# 5. 데이터 삭제 함수 (DELETE)
def delete_product(conn, product_id):
    """특정 제품을 삭제합니다."""
    cursor = conn.cursor()
    sql = "DELETE FROM Products WHERE productID = ?"
    cursor.execute(sql, (product_id,))
    conn.commit()
    if cursor.rowcount > 0:
        print(f"\n--- 제품 ID {product_id}을(를) 삭제했습니다. ---")
    else:
        print(f"\n--- 제품 ID {product_id}을(를) 찾을 수 없습니다. ---")


# 메인 실행 로직
if __name__ == "__main__":
    # 데이터베이스 연결
    conn = get_db_connection()

    # 1. 테이블 생성
    create_table(conn)

    # 초기화를 위해 기존 데이터 모두 삭제 (테스트 시 유용)
    conn.execute("DELETE FROM Products")
    conn.commit()

    # 2. 데이터 추가 (INSERT)
    print("\n--- 2. 데이터 삽입 (INSERT) ---")
    insert_product(conn, '노트북', 1500000)
    insert_product(conn, '마우스', 50000)
    insert_product(conn, '키보드', 120000)

    # 3. 전체 데이터 조회 (SELECT)
    select_all_products(conn)

    # 4. 데이터 수정 (UPDATE) - ID가 2인 '마우스'의 가격을 60000으로 변경
    update_product_price(conn, 2, 60000)

    # 수정 후 전체 데이터 다시 조회
    select_all_products(conn)
```

```python
# 5. 데이터 삭제 (DELETE) - ID가 3인 '키보드' 삭제
delete_product(conn, 3)

# 삭제 후 최종 데이터 조회
select_all_products(conn)

# 데이터베이스 연결 종료
conn.close()
print("\n데이터베이스 연결이 종료되었습니다.")
```

실행 결과

```
--- 1. 테이블 생성 ---
'Products' 테이블이 성공적으로 생성되었거나 이미 존재합니다.


--- 2. 데이터 삽입 (INSERT) ---
제품 추가: '노트북' (가격: 1500000)
제품 추가: '마우스' (가격: 50000)
제품 추가: '키보드' (가격: 120000)

--- 전체 제품 목록 ---
ID: 1, 이름: 노트북, 가격: 1500000
ID: 2, 이름: 마우스, 가격: 50000
ID: 3, 이름: 키보드, 가격: 120000
--------------------

--- 제품 ID 2의 가격을 60000으로 수정했습니다. ---

--- 전체 제품 목록 ---
ID: 1, 이름: 노트북, 가격: 1500000
ID: 2, 이름: 마우스, 가격: 60000
ID: 3, 이름: 키보드, 가격: 120000
--------------------

--- 제품 ID 3을(를) 삭제했습니다. ---
```

```
--- 전체 제품 목록 ---
ID: 1, 이름: 노트북, 가격: 1500000
ID: 2, 이름: 마우스, 가격: 60000
--------------------

데이터베이스 연결이 종료되었습니다.
PS C:\work>
```

챗GPT를 활용한
파이썬 프로그래밍

9장
웹크롤링을 위한 BeautifulSoup 설치와 활용하기

9.1 크롤링에 필요한 라이브러리들 설치하기

9.2 기본적인 HTML, CSS에 대한 이해

9.3 BeautifulSoup 사용하기

9.4 Selenium, requests, clipboard 사용하기

9.5 ChatGPT를 사용해서 네이버 신문기사 크롤링하기

9.1 크롤링에 필요한 라이브러리들 설치하기

일반적으로 필요한 정보를 인터넷상에서 검색을 해서 워드에 모아두는 작업을 하는 경우가 많습니다. 저도 블로그나 카페에 있는 자료들을 검색해서 모아두고 글을 작성하는 경우가 많습니다. 업무에 필요해서 매일 일정한 시간을 들여서 하는 이런 데이터 수집 작업을 자동화 할 수 있다면, 우리는 시간을 절약할 수 있을 겁니다.

업무 자동화(RPA-Robotic Process Automation)를 통해서 우리는 반복적인 업무에서 벗어날 수 있습니다. 우리는 절약한 시간에 다른 생산성있는 일에 집중하면 됩니다.

인터넷상에 있는 정보를 검색해서 가치가 있는 데이터를 추출할 수 있는 기술을 웹 크롤링이라고 부릅니다.

인터넷 상에 있는 데이터를 가져올 때 Open API 형태(웹사이트의 주소로 접속해서 데이터를 바로 받는 형태로 제공된다)로 제공되면, 개발자 입장에서 편하게 데이터를 xml(eXtensible Markup Language) 포맷이나 json(JavaScript Object Notation) 포맷 기반으로 가져올 수 있지만, 그렇지 않은 경우라면 약간의 파이썬 코딩을 통해 데이터를 가져올 수 있습니다.

파이썬은 pip 명령을 통해서 내 PC에 없는 라이브러리를 추가로 설치할 수 있습니다. cmd(Command의 약자로 도스창을 의미)를 실행해서 아래와 같은 옵션들로 추가 라이브러리를 설치할 수 있습니다.

- pip(Python Install Package)를 사용하면 쉽게 설치할 수 있습니다.
  - pip list : 설치된 목록을 볼 수 있습니다.
  - pip install BeautifulSoup4: 새로운 패키지를 설치합니다.
  - pip uninstall BeautifulSoup4: 설치된 패키지를 제거합니다.
  - 에러가 발생하는 경우는 pip3.exe를 사용해도 됩니다.

파이썬 진영의 유명한 라이브러리중에 BeautifulSoup이라는 라이브러리를 설치해서 사용하면, 필요한 데이터들을 수집할 수 있습니다. 아래의 사이트에 접속하면 다운로드 받아서 바로 BeautifulSoup을 설치할 수 있습니다.

http://www.crummy.com/software/BeautifulSoup/

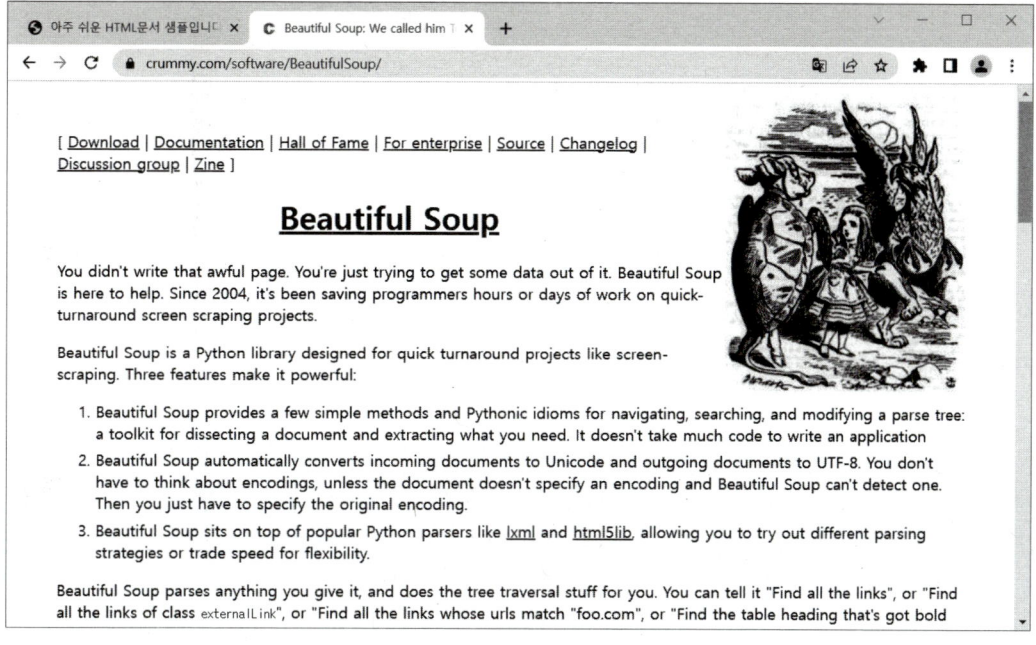

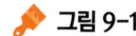

그림 9-1

또는 pip를 사용해서 쉽게 설치할 수 있습니다. 도스창(cmd)을 실행해서 아래의 명령어로 설치합니다. 파이썬이 설치된 폴더 밑에 Scripts 폴더로 이동해서 명령을 실행합니다. 파이썬 3.10이 설치되어 있다면, c:\python310\scripts폴더로 이동해서 실행합니다.

사실 c:\Python310\Scripts 폴더는 윈도우에 공용 경로(PATH)로 등록되어 있기 때문에 아무 폴더에서나 pip.exe를 실행해도 됩니다. 다만 pip로 외부 라이브러리를 설치하는 것이 아직 익숙하지 않다면, 한번정도는 Scripts 폴더를 살펴보면 좋습니다.

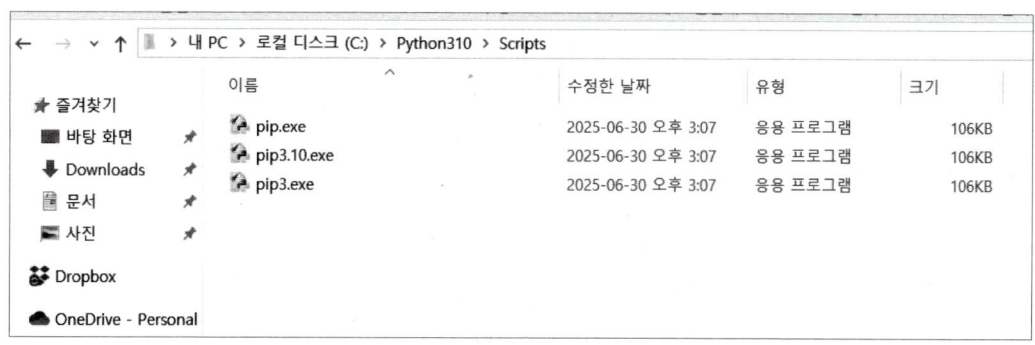

그림 9-2

윈도우 탐색기의 상단 주소창에 cmd를 입력해서 커맨드창(Command)을 오픈합니다.

```
pip install beautifulsoup4
```

또는

```
pip install bs4
```

와 같이 설치할 수 있습니다. 하단에 Successfully installed…라고 출력되면 문제없이 설치된 상태입니다.

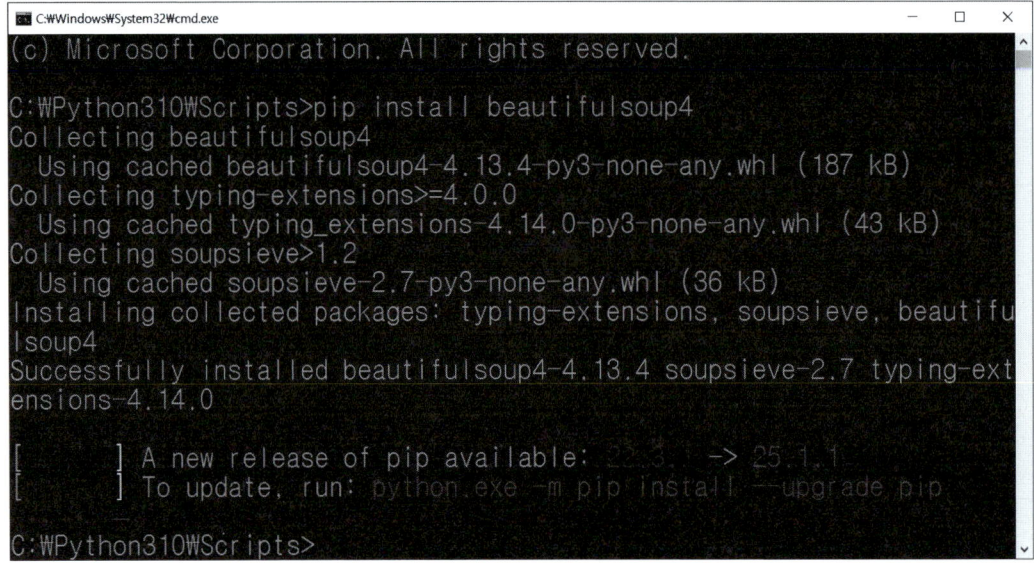

그림 9-3

9.2 기본적인 HTML, CSS에 대한 이해

이번에는 웹페이지를 생성할 때 사용하는 HTML(HyperText Markup Language)5에 대해서 살펴보려고 합니다. 우리는 웹페이지를 개발하는 개발자들은 아니지만, 웹페이지를 크롤링하려면 기본적인 HTML 기술에 대해서 이해하고 있어야 합니다.

HTML4.01 버전에서 HTML5 버전으로 버전업되는 것에는 상당한 문제들이 있었습니다. 오픈되고 표준적인 기술을 위한 업체들의 연계와 과정들이 있었기 때문에 상당히 시간이 걸려서야 지금과 같은 형태가 지원되었다고 보면 됩니다.

2014년 10월 28일 HTML5 권고안이 발표되었으니 현재의 시점에서 보면 웹기반의 개발자들을 많이 괴롭혀오던 문제들이 지금은 대부분 해결된 상태입니다. 오픈되어 있고 현대적인 웹 애플리케이션을 개발하기 위한 사실상의 표준을 만들고 정착하기까지 꽤 오랜 시간이 걸렸다고 볼 수 있습니다.

다만 우리는 웹페이지를 생성하려는 것은 아니고 웹크롤링을 시도하기 때문에, 간단한 HTML Tag(태그) 또는 Element(요소)를 약간 이해하고 있으면 됩니다. CSS(Cascading Style Sheet)의 경우도 스타일시트를 적용하는 Tag의 Attribute(속성)을 일부 이용해서 필터링을 하기 때문에 이 부분을 잘 살펴보면 됩니다.

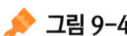 그림 9-4

웹서버에서 문자열을 가지고 오기 전에 간단한 연습을 먼저 해 봅니다. 이 책에서 제공하는 Chap09_test.HTML 문서를 사용합니다. 아래와 같이 작성되어 있는 문서입니다. HTML 문서에서 사용하는 태그(Tag, Element)는 일반적으로 컨텐츠를 표현하기 위한 용도로 사용합니다. 우리가 학습할 웹 크롤링에서는 태그와 속성을 사용해서 필요한 태그를 검색해서 내부의 컨텐츠를 추출하기 위해 태그를 검색하는 작업을 해야 합니다.

일단 HTML 문서나 태그가 익숙하지 않다면 일단 슬쩍 태그를 한번 살펴봅니다. 〈html〉태그 안에 〈head〉태그가 있고 대부분의 컨텐츠는 〈body〉태그 안쪽에 있습니다. 문단을 나누는 용도로 사용하는 것이 〈p〉태그입니다. 별도의 내용들로 구분할 때 보통 〈div〉, 〈span〉태그를 사용합니다.

전체코드입니다. Chap09_test.html파일입니다.

전체 코드

```html
<!DOCTYPE html>
<html>
    <head>
        <title>
            아주 쉬운 HTML 문서 샘플입니다.
        </title>
    </head>
    <body>
        <div>
            <p class="inner-text" id="first">
                네이버 사이트
                <a href="http://www.naver.com" id="naver">
                네이버
                </a>
            </p>
            <p class="inner-text">
                파이썬 사이트
                <a href="https://www.python.org" id="python">
                Python
                </a>
            </p>
        </div>
        <p class="outer-text" id="second">
            <b>
                데이터 과학은 멋집니다.
            </b>
        </p>
        <p class="outer-text">
            <b>
                지속적인 학습이 필요합니다.
            </b>
        </p>
    </body>
</html>
```

윈도우 탐색기에서 더블클릭해서 결과를 보면 아래와 같습니다. 네이버를 클릭하면 네이버 홈페이지로 이동하고, Python을 클릭하면 파이썬 사이트로 이동합니다. ⟨p⟩태그가 독립문단을 의미하는 태그이고, ⟨a⟩는 앵커태그로 강제로 해당 주소로 이동하는 기능이 있는 태그입니다.

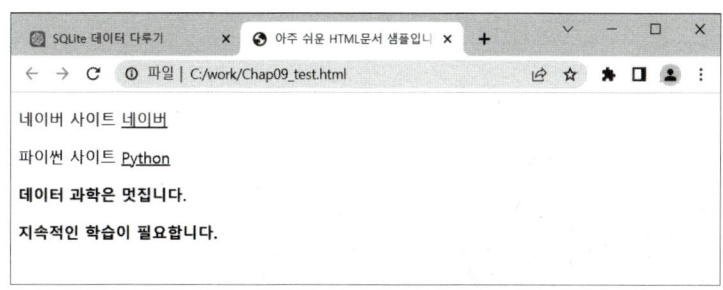

🔖 그림 9-5

웹브라우저에서 마우스 오른쪽을 클릭해서 "페이지에서 소스보기"를 클릭합니다.

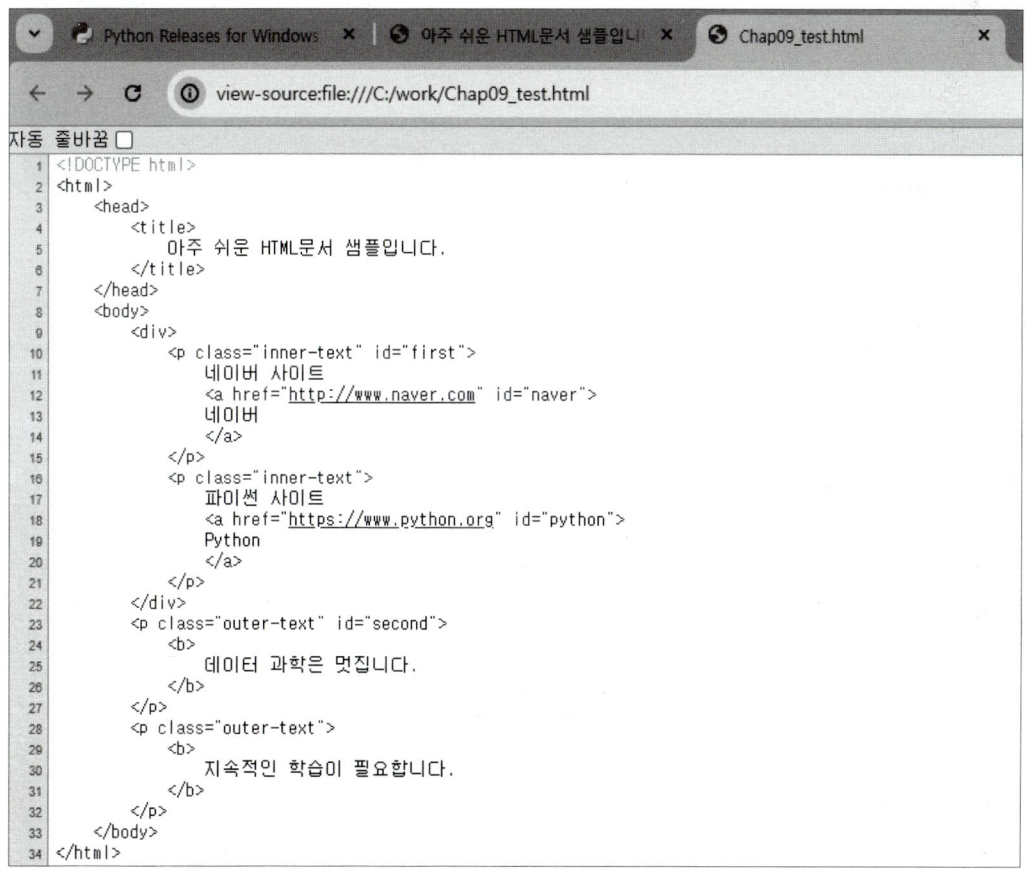

🔖 그림 9-6

사실상 HTML태그는 공부해 보면 데이터를 어떻게 표현할지를 담당하는 간단한 마크업 언어라는 것을 알 수 있습니다. 개수도 많지 않기 때문에 https://www.w3schools.com/ 사이트를 방문해서 조금씩 정리하고 공부하면 됩니다. 대략 3시간 ~ 4시간 정도 시간을 투자하면 어렵지 않게 정리할 수 있습니다.

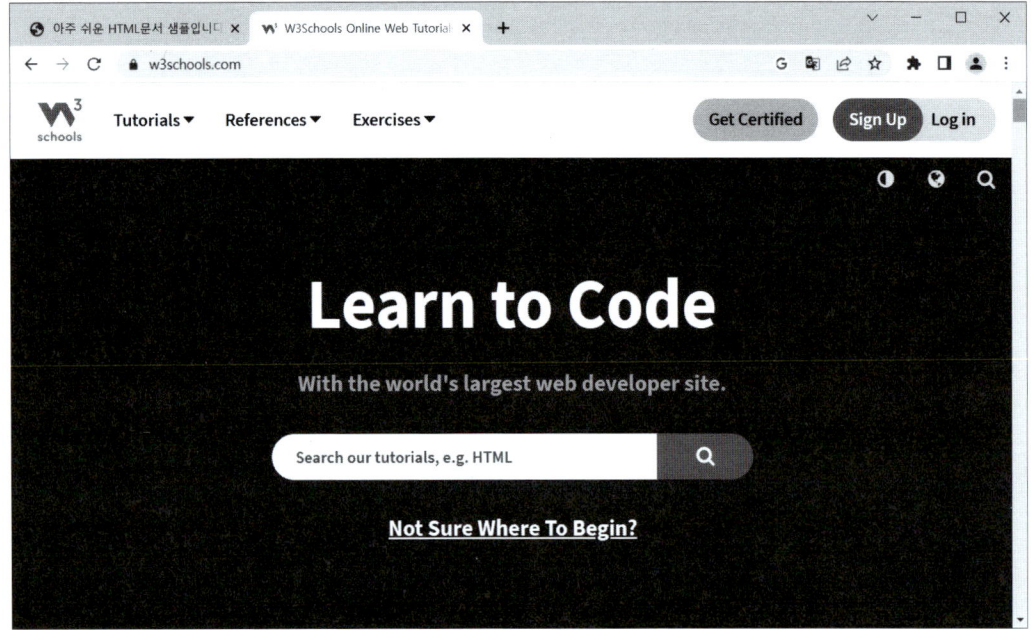

그림 9-7

CSS(Cascading Style Sheets)의 경우 HTML 문서에 있는 태그를 좀 더 미려하게 출력하도록 스타일을 적용할 경우 사용할 수 있습니다. 스타일시트의 기능이 많지만, 우리는 간단하게 HTML태그에 특정 스타일을 적용할 경우 사용하는 class 속성을 살펴보려고 합니다.

HTML 문서 내부에 다음과 같이 스타일을 정의할 수 있습니다. 〈style〉태그 내부에 .select는 어떤 태그가 class 속성을 select로 지정한 경우에 적용되는 스타일입니다. 태그를 명시하지 않고 .select라고 정의했기 때문에 태그의 내부에 class="select"라고 되어 있는 속성에 해당 속성이 적용됩니다.

코드 예제

```
<style>
    /* class 속성으로 select를 가지는 태그의 color 속성을 red로 지정한다 */
    .select {
        color: red;
    }
</style>

<ul>
    <li class="select">Lorem ipsum</li>
    <li>Lorem ipsum</li>
    <li class="select">Lirem ipsum</li>
    <li>Lorem ipsum</li>
</ul>
```

전체코드입니다. Chap09_Selector.html파일입니다.

전체 코드

```
<!DOCTYPE html>
<html xmlns="http://www.w3.org/1999/xhtml">
<head>
<meta http-equiv="Content-Type" content="text/html; charset=utf-8"/>
    <title></title>
    <style>
        /* class 속성으로 select를 가지는 태그의 color 속성을 red로 지정한다 */
        .select {
            color: red;
        }
    </style>
</head>
<body>
    <ul>
```

```
            <li class="select">Lorem ipsum</li>
            <li>Lorem ipsum</li>
            <li class="select">Lirem ipsum</li>
            <li>Lorem ipsum</li>
        </ul>
    </body>
</html>
```

실행하면 다음과 같이 1번과 3번 라인이 빨간색으로 스타일이 적용되서 출력됩니다.

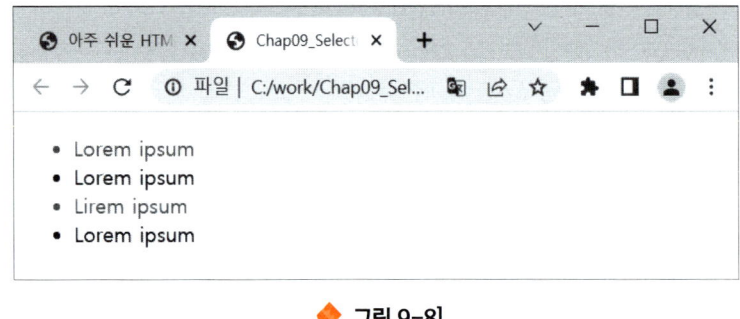

그림 9-8]

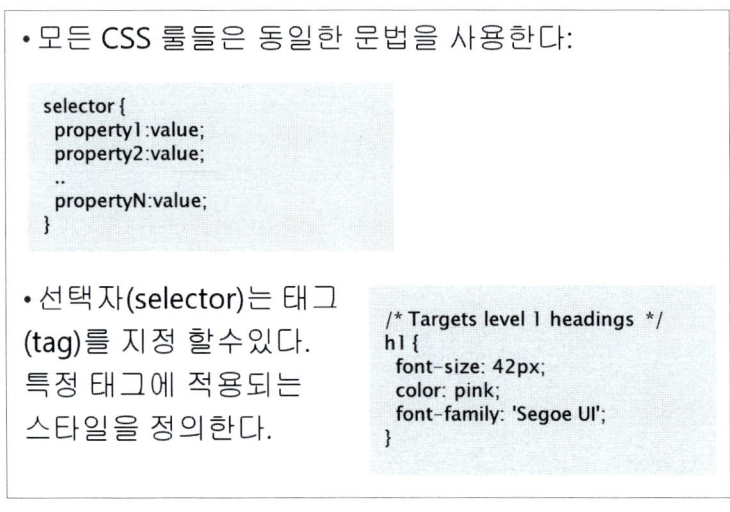

그림 9-9

스타일시트는 위와 같이 정의하면, 해당 문서 내부의 〈h1〉태그에 적용이 됩니다. 기본 스타일이 아닌 폰트의 크기, 칼라, 글자체를 모두 변경할 수 있습니다. 조금은 밋밋한 기본적인 태그의 스타일을 멋지게 변경할 수 있습니다.

> - 3개의 기본 CSS 선택자(selector)들이 있다.
>   - tag selector: h2{} 이런 형태로 사용하면 웹페이지에 있는 모든 h2 태그에 적용된다.
>   - class selector: .title {} 디자인을 위해 class=title로 되어 있는 태그만을 특정해서 필터링을 할 수 있다. 웹툰의 제목에만 title스타일을 적용하겠다는 의미이다.
>   - id selector: #first {} 특정 태그(tag)만을 지정하는 경우라면 id=first와 같이 지정할 수 있다.
>
> ```
> <div class="title">이 제품에 대한 설명</div>
> <span class="title">다양한 데모</span>
> <p id="first">여기를 지정한다</p>
> ```

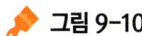

그림 9-10

태그 선택자(tag selector)는 특정 태그를 지정하면, 해당 태그에 전부 적용이 됩니다. 태그 자체를 선택하면 적용되는 범위가 넓어지기 때문에 이런 경우 클래스 선택자(class selector)나 아이디 선택자(id selector)를 사용하는 경우가 많습니다. class='title'이라고 지정을 하면, 어떤 태그이든 클래스 속성이 'title'인 경우에 미리 정의한 스타일이 적용되도록 합니다. id='first'라고 지정하면, id='first'라고 되어 있는 태그에만 적용이 됩니다.

우리가 이런 기본적인 스타일시트의 문법을 공부하는 이유는 이런 특징들을 사용해서 필요한 태그 내부에 있는 컨텐츠만 검색해서 가져오려고 합니다. 약간의 필터링 과정을 통해서 HTML 문서 내부에 있는 나에게 필요한 일부 내용만 검색하려고 합니다.

9.3 BeautifulSoup 사용하기

이제는 태그를 파이썬으로 읽어들여서 아래와 같이 작업해 봅니다. pip 명령으로 설치한 BeautifulSoup을 메모리에 로딩합니다.

```
from bs4 import BeautifulSoup
```

아래와 같이 코딩하면, 저장된 HTML 문서를 읽어서 스프 객체를 만들고, 보기 좋게 정리해서 출력을 합니다. 전체 문서의 내용이 출력되었습니다. 앞에서 학습을 했던 open() 함수에 Chap09_test.html파일명을 지정하고, rt(Read Text)로 모드값을 지정합니다. encoding방식은 지정을 하는 것이 유리합니다. 대부분의 경우에 문제가 없지만, 혹시 한글이 깨지는 경우가 발생한다면 encoding방식을 'utf-8'로 지정하면 됩니다.

open() 함수에 연속으로 read() 메서드를 불러서 연속적으로 함수나 메서드를 호출할 수 있습니다. 이런 형태의 코드를 메서드 체인 방식(또는 함수 체인 방식)이라고 합니다.

BeautifulSoup()클래스의 초기화 메서드(생성자)에 읽어온 문자열 변수 page를 넘기고 'html.parser'라고 지정하면, HTML 문서를 파싱(읽어서 처리)하는 작업을 수행할 수 있습니다. 이렇게 생성된 soup객체를 사용해서 검색하는 작업을 아래에서 실행합니다. 일단은 soup.prettify() 메서드를 사용해서 로딩된 전체 문서를 출력해 봅니다. 앞에서 살펴본 HTML 문서의 기본적인 내용이 출력됩니다.

코드 예제

```python
page = open('c:\\work\\Chap09_test.html', 'rt', encoding='utf-8').read()
soup = BeautifulSoup(page, 'html.parser')
print(soup.prettify())
```

전체코드입니다.

전체 코드

```python
#Chap09_BeautifulSoup사용하기.py
# BeautifulSoup을 임포트하기
from bs4 import BeautifulSoup

page = open('c:\\work\\Chap09_test.html', 'rt', encoding='utf-8').read()
soup = BeautifulSoup(page, 'html.parser')
print(soup.prettify())
```

실행 결과

```
<!DOCTYPE html>
<html>
 <head>
  <title>
   아주 쉬운 HTML 문서 샘플입니다.
  </title>
 </head>
 ...
```

자! 이제 BeautifulSoup을 사용해서 검색을 하는 방법을 공부해 봅니다.

HTML 문서 내부에 있는 <p>태그만 찾을 경우 아래와 같이 soup객체에서 find_all() 메서드를 호출하면 됩니다. find_all() 메서드의 경우 끝까지 검색을 해서 결과를 리스트형태(정확하게는 List가 아닌 ResultSet이라는 확장된 형식으로 제공됩니다)로 리턴됩니다. 4개의 <p>태그가 리스트안에 저장된 것을 확인할 수 있습니다. 기존에 출력된 내용이 계속 출력되면 출력되는 내용이 많아지기 때문에, #print(soup.prettify())와 같이 주석처리를 하면서 연습을 하면 좋습니다.

결과를 보면 리스트[] 형식 내부에 0번에서 3번방까지 <p>태그가 검색된 것을 볼 수 있습니다. find_all()의 리턴형인 ResultSet은 파이썬의 내장 형식인 List형식 보다 확장된 형식입니다.

코드 예제

```
#print(soup.prettify())
#문서 내부에 <p>태그 전부 검색하기
print(soup.find_all("p"))
```

실행 결과

```
[<p class="inner-text" id="first">
            네이버 사이트
            <a href="http://www.naver.com" id="naver">
            네이버
            </a>
</p>, <p class="inner-text">
            파이썬 사이트
            <a href="https://www.python.org" id="python">
            Python
            </a>
</p>, <p class="outer-text" id="second">
<b>
            데이터 과학은 멋집니다.
            </b>
</p>, <p class="outer-text">
<b>
            지속적인 학습이 필요합니다.
            </b>
</p>]
```

이번에는 하나의 p태그만 검색하기 위해 find메서드를 사용합니다. 결과를 보면 첫 번째 〈p〉태그만 나오는 것을 볼 수 있습니다.

코드 예제

```python
#문서 내부에 <p>태그 전부 검색하기
#print(soup.find_all("p"))
#이번에는 하나의 <p>태그만 검색
print(soup.find('p'))
```

실행 결과

```
<p class="inner-text" id="first">
            네이버 사이트
            <a href="http://www.naver.com" id="naver">
            네이버
            </a>
</p>
PS C:\work>
```

특징이 있는 p태그를 찾을 때는 아래와 같이 합니다.〈p〉태그 중에 속성으로 class="outer-text"를 가지고 있는 경우만 검색합니다. 원래는 HTML태그에 스타일을 적용하기 위해서 〈p class="outer-text"〉라고 class 속성에 지정을 했지만, 우리는 특정 태그의 그룹을 검색하는 용도로 사용하면 됩니다. 여러 개의 〈p〉태그에서 조건에 맞는 2개만 검색해서 결과로 받아옵니다. 여기서 약간 이상한 부분은 class_에서 _가 추가로 붙어있는 부분입니다.

파이썬에서 class는 새로운 형식을 정의할 때 사용하는 키워드입니다. 그래서 class라는 단어는 변수명이나 매개변수명으로 사용될 수 없습니다. 이런 이유로 class_와 같은 매개변수명을 변경해서 사용하고 있습니다.

코드 예제

```python
#이번에는 하나의 <p>태그만 검색
#print(soup.find('p'))
#특징이 있는 <p class='outer-text>태그 검색
print(soup.find_all('p', class_='outer-text'))
```

> **실행 결과**

```
[<p class="outer-text" id="second">
<b>
            데이터 과학은 멋집니다.
        </b>
</p>, <p class="outer-text">
<b>
            지속적인 학습이 필요합니다.
        </b>
</p>]
PS C:\work>
```

위에서 사용했던 class_를 사용하지 않고, attrs 속성(attributes의 약자)을 사용해도 됩니다. 보통은 class가 아닌 다른 속성을 태그에서 지정해서 사용하기도 합니다. 이런 경우 attrs={'class':'outer-text'}와 같이 사용할 수 있습니다. 결과는 동일하게 2개의 〈p〉태그가 출력됩니다. 대부분의 경우에 이런 형태의 코드를 선호합니다.

> **코드 예제**

```python
#특징이 있는 <p class='outer-text>태그 검색
#print(soup.find_all('p', class_='outer-text'))
#atts 속성을 지정해서 검색
print(soup.find_all("p", attrs={'class':'outer-text'}))
```

> **실행 결과**

```
[<p class="outer-text" id="second">
<b>
            데이터 과학은 멋집니다.
        </b>
</p>, <p class="outer-text">
<b>
            지속적인 학습이 필요합니다.
        </b>
</p>]
PS C:\work>
```

이번에는 태그의 속성중에 id가 first인 것을 검색합니다. <p>태그 중에 id가 first인 것 하나만 검색결과로 나옵니다.

코드 예제

```
#atts 속성을 지정해서 검색
#print(soup.find_all("p", attrs={'class':'outer-text'}))
#태그의 id='first'인것을 검색
print(soup.find_all(id='first'))
```

실행 결과

```
[<p class="inner-text" id="first">
    네이버 사이트
    <a href="http://www.naver.com" id="naver">
    네이버
    </a>
</p>]
PS C:\work>
```

이번에는 태그 안쪽에 있는 문자열만 추출해 봅니다. text 속성을 사용하면, 태그 안에 있는 텍스트만 가지고 올 수 있습니다. 우리가 원하는 것은 사실 태그가 아닌 태그 안에 있는 문자열입니다. 대부분 text 속성을 사용하거나 get_text() 메서드를 호출하면 됩니다. tag.text.strip()과 같이 지정하면 text 속성을 사용하면서 앞뒤에 있는 공백을 strip() 메서드를 사용해서 자동으로 제거해 줍니다.

코드 예제

```
# print(soup.find_all(id='first'))
#<p>태그를 검색해서 태그 내부에 있는 문자열을 가져온다.
for tag in soup.find_all('p'):
    print(tag.text.strip())
```

실행 결과

```
네이버 사이트

                네이버
파이썬 사이트

                Python
데이터 과학은 멋집니다.
지속적인 학습이 필요합니다.
PS C:\work>
```

출력된 결과를 보면 약간의 빈 줄이 출력되는 것을 볼 수 있습니다. 자연스럽게 text 속성을 사용해서 태그는 제거를 했지만, 빈 공간들이 보입니다. 앞에서 학습을 했던 str 클래스의 replace() 메서드를 사용해서 "₩n"과 같은 개행문자들을 제거하면 됩니다.

코드 예제

```python
#<p>태그를 검색해서 태그 내부에 있는 문자열을 가져온다.
for tag in soup.find_all('p'):
    title = tag.text.strip()
    title = title.replace("\n", "")
    print(title)
```

실행 결과

```
네이버 사이트                          네이버
파이썬 사이트                          Python
데이터 과학은 멋집니다.
지속적인 학습이 필요합니다.
PS C:\work>
```

앞에서 연습한 내용들을 모두 합친 전체코드입니다.

전체 코드

```python
#Chap09_BeautifulSoup사용하기.py
# BeautifulSoup을 임포트하기
from bs4 import BeautifulSoup

page = open('c:\\work\\Chap09_test.html', 'rt', encoding='utf-8').read()
soup = BeautifulSoup(page, 'html.parser')

#print(soup.prettify())
#문서 내부에 <p>태그 전부 검색하기
print(soup.find_all("p"))
#이번에는 하나의 <p>태그만 검색
print(soup.find('p'))
#특징이 있는 <p class='outer-text>태그 검색
print(soup.find_all('p', class_='outer-text'))
#atts 속성을 지정해서 검색
print(soup.find_all("p", attrs={'class':'outer-text'}))
#태그의 id='first'인것을 검색
print(soup.find_all(id='first'))
#<p>태그를 검색해서 태그 내부에 있는 문자열을 가져온다.
for tag in soup.find_all('p'):
    title = tag.text.strip()
    title = title.replace("\n", "")
    print(title)
```

실행 결과

```
[<p class="inner-text" id="first">
            네이버 사이트
            <a href="http://www.naver.com" id="credu">
            네이버
            </a>
...
```

```
네이버 사이트                    네이버
파이썬 사이트                    Python
데이터 과학은 멋집니다.
지속적인 학습이 필요합니다.
PS C:\work>
```

실제 웹사이트를 방문해서 웹크롤링을 해보려고 합니다. 국내에는 수십 개의 유명한 커뮤니티들이 있습니다. 저도 자주 방문하는 커뮤니티 중의 하나가 클리앙입니다.

저와 같이 전자기기를 좋아하는 회원들이 상당히 많은 곳입니다. 저도 스마트폰이 나오기 전에 소니 클리에를 사용하고 팜파일럿이라는 PDA 기기를 초기부터 사용한 유저입니다. 저처럼 전자기기를 좋아하는 아저씨들, 개발자들이 잔뜩 모여있는 재미있는 사이트입니다. ㅎㅎ

여기의 회원중고장터 메뉴를 클릭하면, 아래와 같은 주소가 보입니다.

 https://www.clien.net/service/board/sold

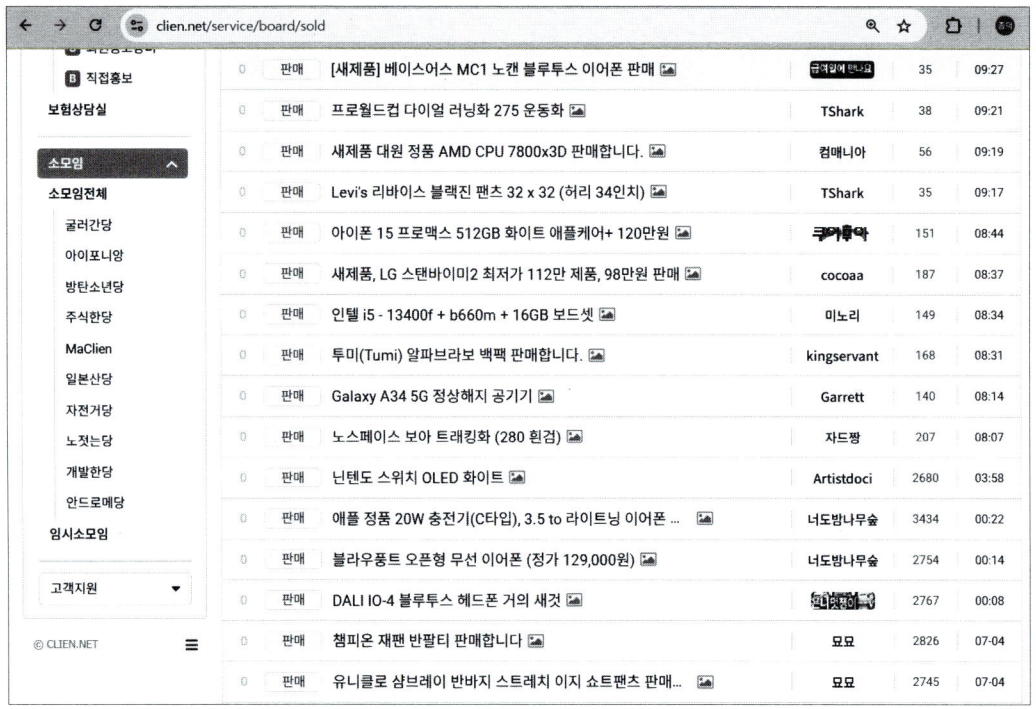

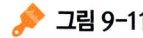 그림 9-11

크롬 웹브라우저에는 개발자들이 소스를 볼 때 사용하는 개발자 도구가 제공됩니다. 크롬 웹브라우저에서 F12를 클릭해서 개발자 도구로 웹페이지를 구성하는 태그를 살펴보려고 합니다. F12를 클릭하면 아래의 화면처럼 오른쪽에 개발자 도구가 출력됩니다.

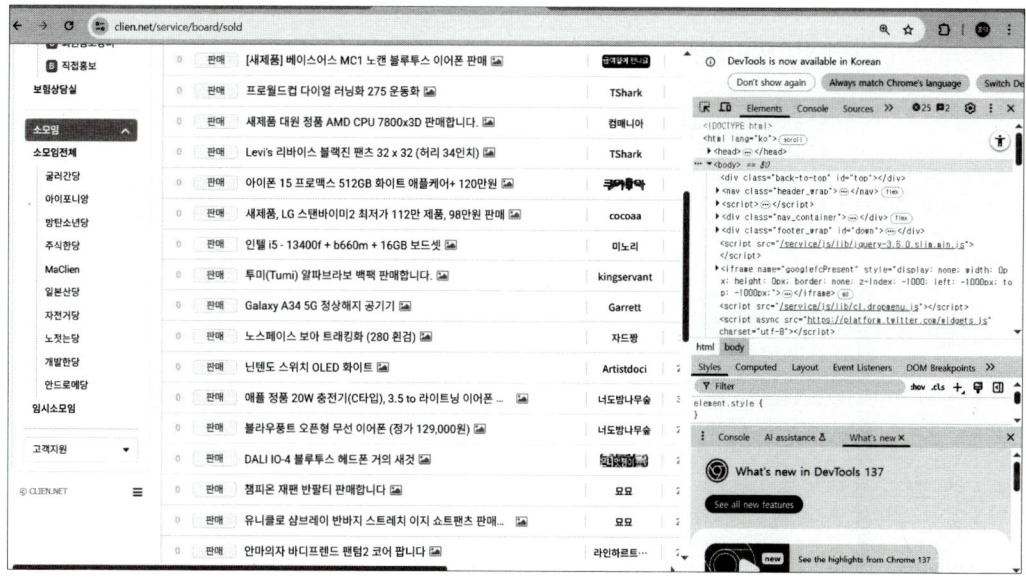

그림 9-12

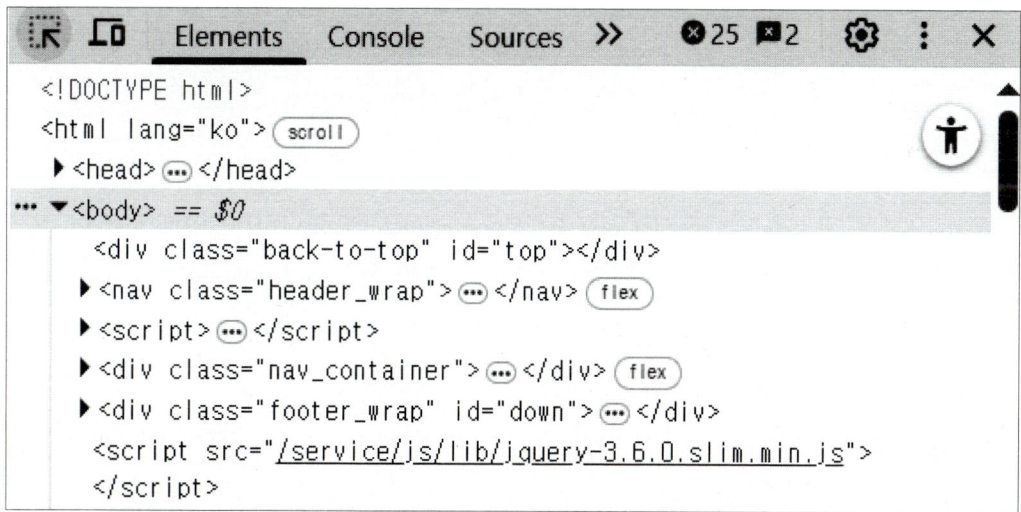

그림 9-13 개발자 도구의 상단에 있는 첫번째 툴바 버튼을 클릭

Chapter 09 웹크롤링을 위한 BeautifulSoup설치와 활용 | 265

개발자 도구 왼쪽 상단의 Select an element버튼(왼쪽 상단을 가리키는 커서 모양)을 클릭해서 회원중고장터에 올라온 매물중에 아이폰15 매물을 선택해 봅니다. 현재 중고장터에 올라온 마음에 드는 매물을 하나 선택하면 됩니다. ㅎㅎ 내부의 문자열만 선택하는 것도 가능하고, 전체 셀을 선택하는 것도 가능합니다. 내부의 문자열만 살짝 선택해 봅니다. 매물 제목이 있는 한칸만 선택하면 됩니다.

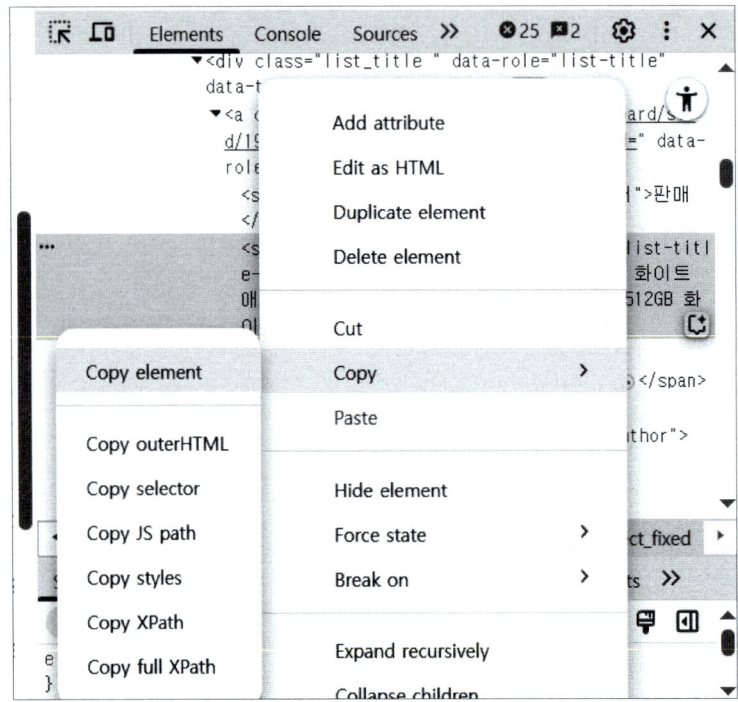

그림 9-14

마우스 오른쪽 버튼을 클릭해서 Copy -> Copy element를 클릭하면, 아래와 같이 검색할 태그를 복사할 수 있습니다. 이 경우는 <span>태그 중에 data-role 속성이 "list-title-text"인 경우를 검색해서 가져오면 매물의 제목을 쉽게 수집할 수 있습니다.

코드 예제

```
<span class="subject_fixed" data-role="list-title-text" title="아이패드 에어 M3 11 128g WIFI 미개봉 새제품 팝니다">
        아이패드 에어 M3 11 128g WIFI 미개봉 새제품 팝니다
</span>
```

이제 웹사이트의 주소도 검색을 했고, 태그의 형태도 분석을 했습니다. 이런 형태로 크롤링하는 코드를 작성하면 됩니다.

 전체 코드

```python
#Chap09_클리앙중고장터검색_1단계.py

from bs4 import BeautifulSoup
import urllib.request

# 중고장터 게시판 URL
url = 'https://www.clien.net/service/board/use'
headers = {'User-Agent': 'Mozilla/5.0'}  # User-Agent 설정 필요

req = urllib.request.Request(url, headers=headers)
data = urllib.request.urlopen(req).read()
soup = BeautifulSoup(data, 'html.parser')

# 게시글 제목을 포함하는 태그들 찾기
list = soup.find_all('span', attrs={'data-role': 'list-title-text'})

# 제목 출력
for item in list:
    title = item.text.strip()
    print(title)
```

 실행 결과

```
[새제품] 베이스어스 MC1 노캔 블루투스 이어폰 판매
프월드컵 다이얼 러닝화 275 운동화
새제품 대원 정품 AMD CPU 7800x3D 판매합니다.
Levi's 리바이스 블랙진 팬츠 32 x 32 (허리 34인치)
아이폰 15 프로맥스 512GB 화이트 애플케어+ 120만원
새제품, LG 스탠바이미2 최저가 112만 제품, 98만원 판매
인텔 i5 - 13400f + b660m + 16GB 보드셋
투미(Tumi) 알파브라보 백팩 판매합니다.
…
```

이번에는 하나의 페이지가 아닌 10개의 페이지를 검색하려고 합니다. 각 웹사이트마다 페이지 번호가 0부터 시작하거나, 1부터 시작하는 경우가 다르기 때문에 페이지 번호를 클릭했을 때 URL 주소를 잘 관찰해야 합니다. 아래와 같은 형태로 생성되기 때문에 0,1,2,…9까지 생성하면, 10개의 페이지를 수집할 수 있습니다. 하단의 페이지 번호에서 2번을 클릭하고, 변경된 URL 주소를 살펴봅니다.

 https://…/service/board/sold?&od=T31&category=0&po=1

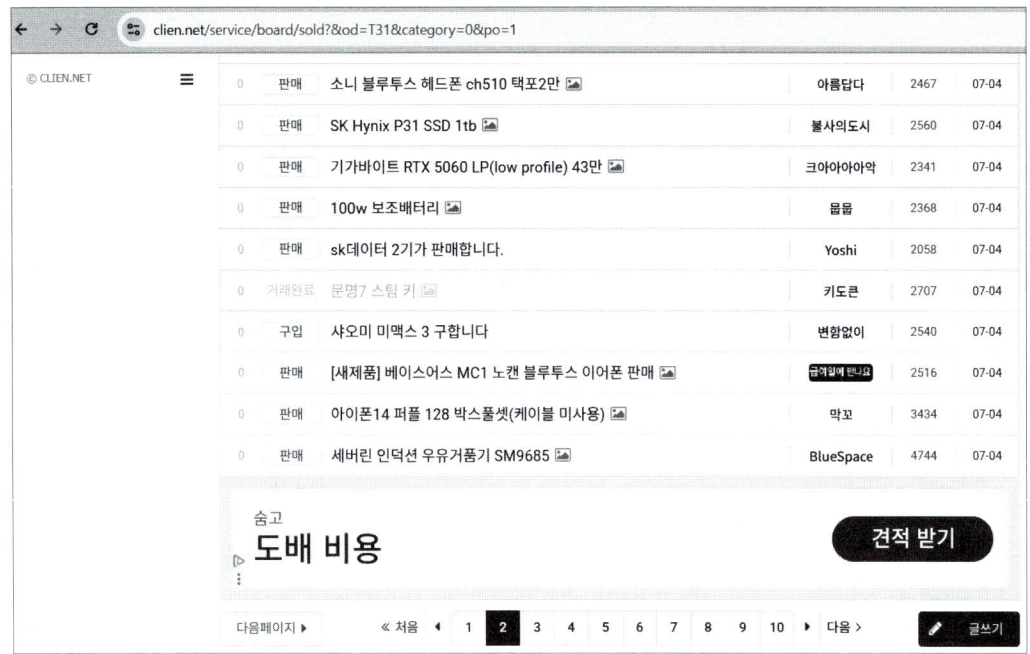

그림 9-15

10번 페이지를 클릭하면 주소가 아래와 같이 변경됩니다. 이런 형태의 주소라면 range(0,10)과 같이 지정해서 0부터 9까지 수열을+ 생성해서 URL 주소를 만들면 대응할 수 있습니다.

 https://…/service/board/sold?&od=T31&category=0&po=9

지금 검색해서 가져올 내용이 〈span class='subject_fixed' data-role='list-title-text'〉로 되어 있는 〈span〉태그만 필터링을 해서 가져오면 됩니다. 이 경우 find_all() 메서드에 'span'태그를 명시하고, attrs(Attributes)에 파이썬의 딕셔너리 형태로 키과 값을 넘기면 됩니다. 실제 검색한 태그와 비교하면서 작성하면 됩니다. 해당 페이지의 수백개의 〈span〉태그에서 이런 태그는 페이지당 30개가 출력됩니다. 이렇게 필터링을 하면, 30개의 게시물이 10번 반복되니 300개를 바로 가져올 수 있습니다.

이렇게 작성된 클리앙의 회원중고장터 10개의 페이지를 크롤링하는 전체코드입니다.

 전체 코드

```
#Chap09_클리앙중고장터검색_2단계.py

from bs4 import BeautifulSoup
import urllib.request

for i in range(0,11):
    # 중고장터 게시판 URL
    url = 'https://www.clien.net/service/board/sold?&od=T31&category=0&po=' + str(i)
    print(url)
    headers = {'User-Agent': 'Mozilla/5.0'}  # User-Agent 설정 필요

    req = urllib.request.Request(url, headers=headers)
    data = urllib.request.urlopen(req).read()
    soup = BeautifulSoup(data, 'html.parser')

    # 게시글 제목을 포함하는 태그들 찾기
    list = soup.find_all('span', attrs={'data-role': 'list-title-text'})

    # 제목 출력
    for item in list:
        title = item.text.strip()
        print(title)
```

실행 결과

```
https://www.clien.net/service/board/sold?&od=T31&category=0&po=0
Lenovo Thunderbolt 3 Dock 판매합니다.
DELL SAS HDD 7E2000 판매합니다.
MikroTik 미크로틱 hEX S 판매합니다.
[새제품] 베이스어스 MC1 노캔 블루투스 이어폰 판매
프로월드컵 다이얼 러닝화 275 운동화
새제품 대원 정품 AMD CPU 7800x3D 판매합니다.
…
https://www.clien.net/service/board/sold?&od=T31&category=0&po=1
소니 엑스페리아1 mk.1 팝니다
니케 아이패드 미니6 마그네틱 거치대
삼성갤럭시북 이온 i7-10510U 노트북 팝니다
…
```

이번에는 특정 키워드를 검색하고 파일에 저장하는 형태로 변경해 봅니다. 회원중고장터의 게시물 제목에서 아이폰, 아이패드, 애플워치와 같은 형태의 키워드 검색이 가능합니다. 전체 매물은 많기 때문에 특정 단어가 들어간 매물만 검색을 해서 clien.txt파일로 저장합니다. 이번에도 open() 함수를 사용해서 wt(Write Text)모드를 지정하면 됩니다.

코드 예제

```python
f = open("clien.txt", "wt", encoding="utf-8")
```

앞에서 정규 표현식에서 학습을 했던 re.search() 함수를 사용하면 바로 해결할 수 있습니다. re모듈에 있는 search("맥북", 문자열데이터) 함수에 찾고자 하는 단어(패턴)를 지정해서 포함하고 있으면, 화면에 출력하고 파일에 저장하면서 개행(\n)을 하면 됩니다.

코드 예제

```python
if re.search("맥북", title):
    print(title)
    f.write(title + "\n")
```

이번에는 매물 제목을 검색을 하고 결과를 파일에 저장하는 전체 코드입니다.

전체 코드

```python
#Chap09_클리앙중고장터검색_3단계.py
from bs4 import BeautifulSoup
import urllib.request
import re

#수집한 결과를 파일에 저장
f = open("clien.txt", "wt", encoding="utf-8")
for i in range(0,11):
    # 중고장터 게시판 URL
    url = 'https://www.clien.net/service/board/sold?&od=T31&category=0&po=' + str(i)
    print(url)
    headers = {'User-Agent': 'Mozilla/5.0'}  # User-Agent 설정 필요

    req = urllib.request.Request(url, headers=headers)
    data = urllib.request.urlopen(req).read()
    soup = BeautifulSoup(data, 'html.parser')

    # 게시글 제목을 포함하는 태그들 찾기
    list = soup.find_all('span', attrs={'data-role': 'list-title-text'})

    # 제목 출력
    for item in list:
        title = item.text.strip()
        if re.search("맥북", title):
            print(title)
            f.write(title + "\n")

#파일 닫고 종료하기
f.close()
```

실행결과입니다. clien.txt파일로도 저장된 것을 확인할 수 있습니다.

 실행 결과

```
https://www.clien.net/service/board/sold?&od=T31&category=0&po=0
게이밍노트북 으로 맥북 교환
https://www.clien.net/service/board/sold?&od=T31&category=0&po=1
https://www.clien.net/service/board/sold?&od=T31&category=0&po=2
https://www.clien.net/service/board/sold?&od=T31&category=0&po=3
애플 맥북 프로 14인치 실버 (M3 Pro/36GB/512GB) 판매
https://www.clien.net/service/board/sold?&od=T31&category=0&po=4
https://www.clien.net/service/board/sold?&od=T31&category=0&po=5
맥북에어 M2 실버 8GB 512GB 85만원
https://www.clien.net/service/board/sold?&od=T31&category=0&po=6
애플 맥북 프로 14인치 실버 (M3 Pro/36GB/512GB) 판매
```

9.4 Selenium, request, clipboard 사용하기

정적인 웹페이지가 아닌 동적인 웹페이지라면 앞에서 학습한 BeautifulSoap라이브러리가 아닌 다른 라이브러리를 사용할 수 있습니다. JavaScript를 사용해서 동적으로 만들어지는 페이지라면 Selenium을 사용해야 합니다. Selenium 4.6 이상의 버전은 크롬 드라이버(일종의 실행 파일을 운영체제와 웹브라우저 버전마다 별도 다운로드 받아서 설치)을 수동으로 설치하는 수고를 하지 않아도 됩니다.

▶ **표 9-1** 정적 수집과 동적 수집을 비교

	정적 수집	동적 수집
사용 패키지	requests, urllib	selenium
수집 커버리지	정적인 웹페이지	정적,동적인 웹페이지
수집 속도	빠름	상대적으로 느림
파싱 패키지	beautifulsoup	beautifulsoup, selenium

정적인 데이터 수집이 작업하기는 좀 더 쉽고 속도가 빠릅니다. 다만 다양한 한계상황들이 발생하면 추가로 selenium을 사용해서 처리할 수 있습니다.

어떤 웹사이트들은 소스보기를 해도 해당 내용이 보이지 않는 경우가 있습니다. 또한 로그인을 요구하거나 하는 경우도 BeautifulSoup만으로는 한계가 있습니다. 이런 경우 Selenium을 사용할 수 있습니다.

셀리니움을 추가로 설치해서 사용하면, 웹브라우저를 원격으로 제어하는 코드도 가능합니다. 어떤 웹사이트들은 로그인을 요구하는 경우도 있습니다. 이런 경우라면 추가로 셀리니움을 설치해서 사용하면 됩니다. pip를 사용해서 아래와 같이 추가 설치합니다. 윈도우 탐색기의 주소에서 cmd를 입력해서 커맨드창을 실행합니다. 아래의 명령어를 하나씩 입력해서 설치하면 됩니다.

코드 예제

```
pip install selenium
pip install requests
pip install clipboard
```

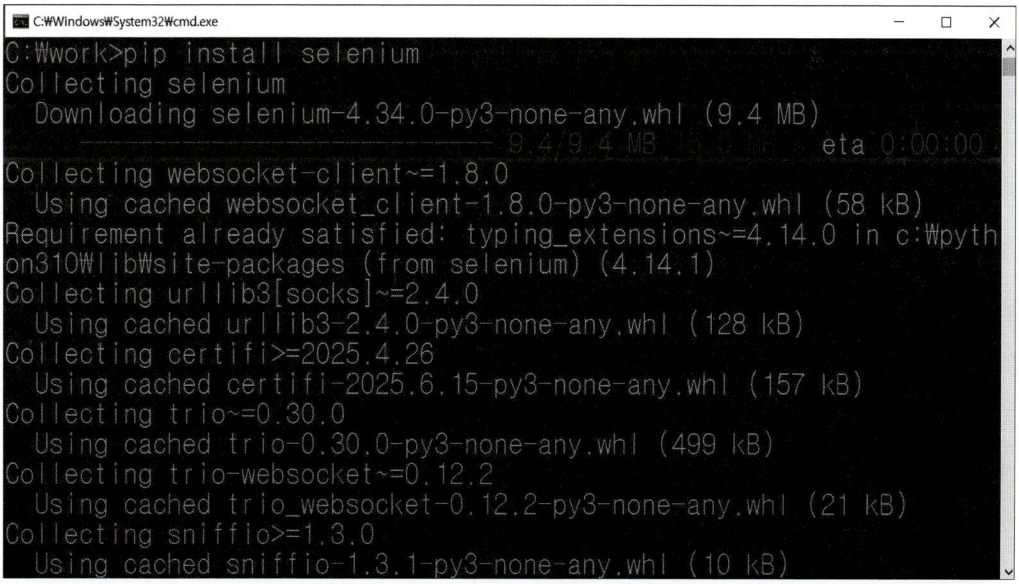

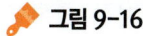

그림 9-16

BeautifulSoup만으로 크롤링이 안되는 경우라면 몇 개의 라이브러리를 같이 사용하는 것도 좋습니다. selenium은 자동화 테스트를 위해 사용하는 라이브러리입니다. requests의 경우 앞에서 사용했던 urllib.request를 좀 더 포장해서 사용하기 쉽게 제공되는 라이브러리입니다. clipboard의 경우 사람이 특정 문자열을 입력해서 복사하고 붙여넣기를 하는 것처럼 사용할 수 있는 재미있는 라이브러리입니다.

Selenium에서 주로 사용되는 메서드들은 다음과 같습니다.

- find_element(By.ID)
- find_element(By.CLASS_NAME)
- find_element(By.XPATH)
- find_element(By.CSS_SELECTOR)

find_element() 메서드에 로케이터를 지정해서 사용할 수 있습니다. 태그의 ID 속성을 사용해서 검색하거나 class 속성을 사용할 수 있습니다. 아니면 계층 구조 형태의 XPath표현식을 사용할 수 있습니다. 앞에서 학습을 했던 CSS선택자를 사용해서 한번에 작업을 해도 됩니다.

기능을 조작할 경우는 다음의 메서드를 사용할 수 있습니다.

- 클릭 : .click( )
- 키 입력: .send_keys( )

검색어를 입력하고 검색 버튼을 클릭할 경우 click() 메서드를 사용합니다. 아이디와 암호를 입력하는 경우라면 send_keys() 메서드를 사용할 수 있습니다.

직접 예제를 작성하면서 살펴보도록 합니다. 구글 검색창을 출력해서 "맥북"을 검색어로 입력하고 검색을 하는 코드를 Selenium 기반으로 작성해 보겠습니다.

 https://www.google.co.kr

위의 주소로 접속을 합니다. 웹브라우저를 크롬을 사용하는 경우 F12를 클릭해서 오른쪽에 개발자 도구를 사용할 수 있습니다. 개발자 도구 왼쪽 상단에 있는 툴바의 버튼을 클릭해서 검색창의 내부를 잘 선택해서 클릭해 보면 〈textarea class="gLFyf"로 되어 있는 것을 찾을 수 있습니다.

그림 9-17

아래의 코드를 실행하면 크롬드라이버를 가져올 수 있습니다. 코드를 통해서 원격으로 크롬 웹브라우저를 실행하는 코드 입니다.

코드 예제

```
driver = webdriver.Chrome()
```

URL 주소 추가해서 실행합니다.

코드 예제

```
driver.get("https://www.google.co.kr")
```

검색어태그를 찾기위해 find_element() 메서드를 사용하고 앞에서 찾은 class 속성명을 입력하면 됩니다.

코드 예제

```
searchBox = driver.find_element(By.CLASS_NAME, "gLFyf")
```

내가 검색할 단어를 send_keys() 메서드에 입력하면 그대로 해당 단어가 입력됩니다. Enter키를 누른 것처럼 send_keys() 메서드에 Keys.RETURN을 입력합니다. 잠시 대기 시간을 지정해야 창이 바로 닫히지 않습니다.

```
searchBox.send_keys("맥북")
searchBox.send_keys(Keys.RETURN)
time.sleep(5)
```

전체 코드입니다.

 전체 코드

```
#Chap09_셀리니옴기본사용_구글검색창조정.py
from selenium import webdriver
from selenium.webdriver.common.keys import Keys
from selenium.webdriver.common.by import By
import time

#크롬드라이버 실행
driver = webdriver.Chrome()
#URL 주소 추가해서 실행
driver.get("https://www.google.co.kr")
#창이 오픈되고 3초를 대기한다.
time.sleep(3)

#<textarea class="gLFyf"
#검색어창 찾기
searchBox = driver.find_element(By.CLASS_NAME, "gLFyf")
#XPath를 사용하는 경우
#//*[@id="APjFqb"]
#searchBox = driver.find_element(By.XPATH,"//*[@id='APjFqb']")

searchBox.send_keys("맥북")
searchBox.send_keys(Keys.RETURN)
time.sleep(5)
```

실행하면 다음과 같이 원격으로 웹브라우저가 조정됩니다. 크롬 웹브라우저 상단에 자동화된 테스트 소프트웨어에 의해 제어되고 있다는 경고가 출력됩니다.

최근에서 이런 크롤링 코드를 구글에서 감지해서 캡챠가 출력될 수 있습니다. 셀리니움을 사용해서 크롤링하는 것을 막는 창과 방패의 싸움이라고 할 수 있습니다.

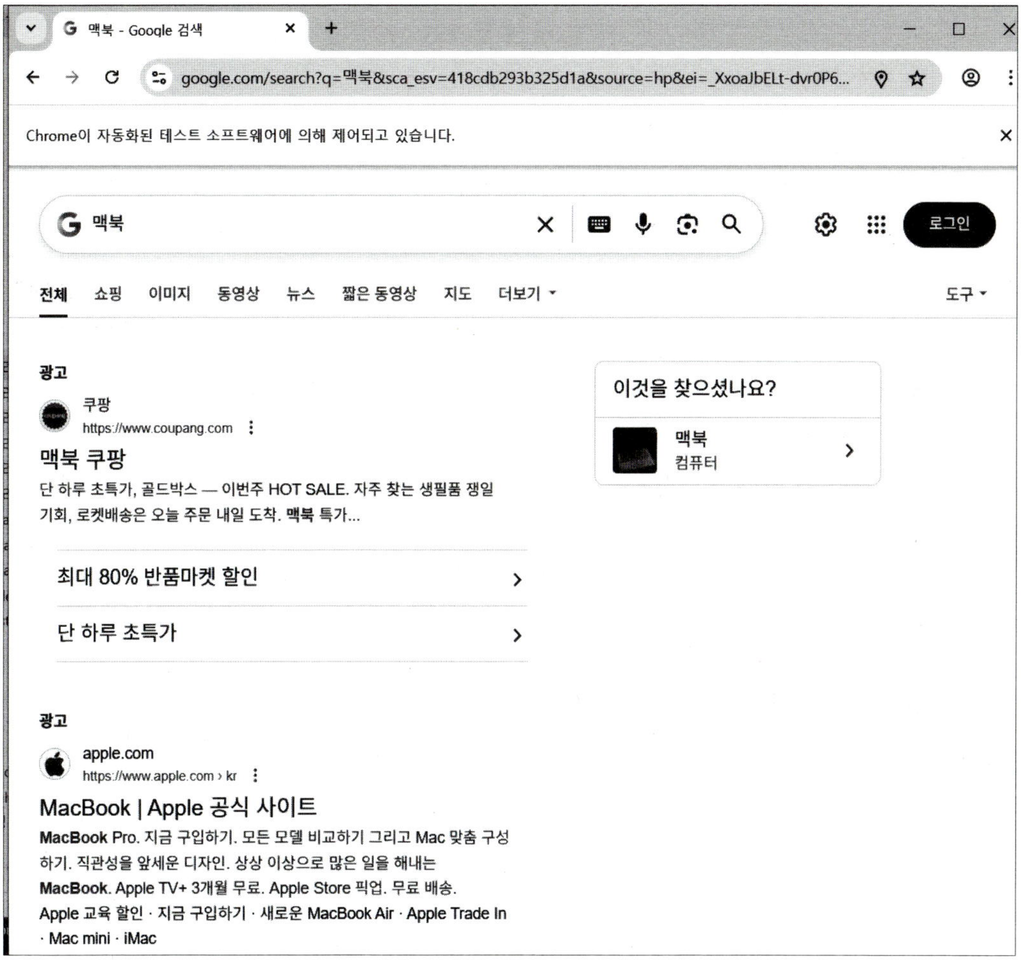

그림 9-18

네이버의 카페나 블로그를 검색하는 경우 먼저 로그인을 처리해야 크롤링할 수 있습니다. 이런 경우는 아래와 같이 처리할 수 있습니다. 미리 본인이 사용하는 아이디와 암호를 입력해서 클립보드에서 복사해서 붙여넣기를 하는 것처럼 처리할 수 있습니다. 네이버의 로그인하는 주소는 다음과 같습니다. 로그인하는 주소는 변경될 수 있습니다. 실제 웹브라우저창의 주소를 복사해서 사용하면 됩니다.

https://nid.naver.com/nidlogin.login?mode=form&url=https://www.naver.com/

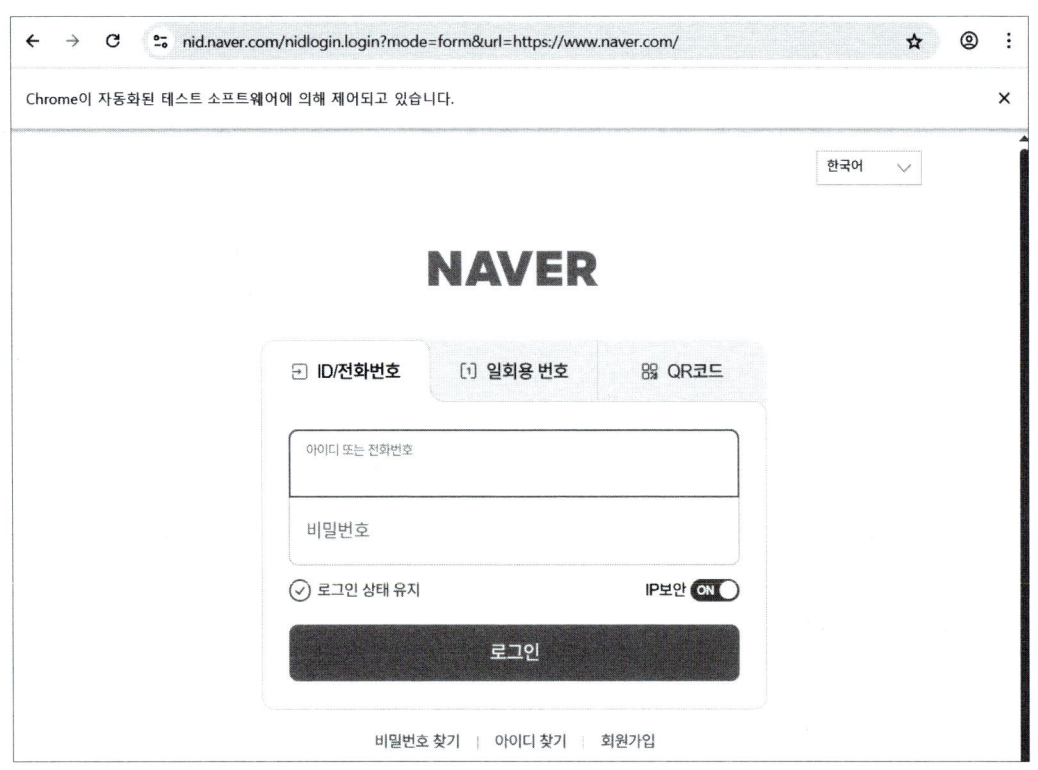

그림 9-19

F12를 클릭해서 개발자도구를 사용해서 입력 태그를 검색해 봅니다. 아이디 입력하는 태그의 이름은 id인 것을 찾을 수 있습니다. 암호를 입력하는 태그의 이름은 pw입니다. 하단의 로그인하는 버튼의 id는 log.login입니다. 로그인에 필요한 3개의 태그의 id를 미리 검색해 두었습니다.

driver.get()을 사용해서 해당 주소를 검색하는 원격 브라우져를 실행합니다. 우리가 자주 보는 네이버의 로그인 페이지입니다.

코드 예제

```
driver.get(' https://nid.naver.com/nidlogin.login?mode=form&url=https://www.naver.com/')
```

로그인을 해야 하는 페이지로 이동해서 아래와 같이 본인의 아이디를 입력하고 clipboard모듈의 copy() 함수를 사용해서 아이디를 복사해서 붙여넣기를 하면 됩니다. driver.find_elemnet() 메서드에서 사용하는 By.XPATH는 XPATH수식을 사용한다는 의미입니다. '//*[@id="id"]'라는 수식은 태그 전체에서 id속성(@id)이 id로 되어 있는 태그를 검색합니다. 미리 검색을 했던 〈input text='text' id=id〉로 되어 있는 아이디 입력태그를 검색하는 코드입니다. 여기에 ctrl-v로 붙여넣기를 하는 형태로 미리 저장된 아이디값이 넘어갑니다.

코드 예제

```
# 로그인 창에 아이디/비밀번호 입력
loginID = "kim"
clipboard.copy(loginID)
#mac은 COMMAND, window는 CONTROL
driver.find_element(By.XPATH,'//*[@id="id"]').send_keys(Keys.CONTROL, 'v')
```

이렇게 아이디와 암호를 넘기고 로그인 버튼을 클릭하면, 로그인 단계를 넘어갈 수 있습니다. 네이버 아이디와 암호는 내가 사용하는 아이디와 암호로 변경해야 합니다. 제 계정(?)을 보여드릴 수 없어서 이렇게 샘플 아이디와 암호를 입력해 보았습니다.

코드 예제

```
# 로그인 버튼 클릭
driver.find_element(By.XPATH,'//*[@id="log.login"]').click()

while True:
    pass
```

올바른 아이디와 암호가 입력되면 하단의 로그인 버튼을 클릭해서 다음 단계로 넘어갈 수 있습니다. 검색이 종료되면 웹페이지가 그대로 닫히는 문제가 발생할 수 있어서 while 구문으로 무한 루프를 돌리는 구문이 하단에 있습니다.

전체코드입니다.

전체 코드

```python
# Chap09_셀리니움기본사용_네이버로그인.py
from selenium import webdriver
from selenium.webdriver.common.keys import Keys
from selenium.webdriver.common.by import By
import clipboard
import time

#selenium 4.6 이상은 웹드라이버 설치 없이 사용
driver = webdriver.Chrome()
driver.get(' https://nid.naver.com/nidlogin.login?mode=form&url=https://www.naver.com/')

# 로그인 창에 아이디/비밀번호 입력
loginID = "kim"
clipboard.copy(loginID)
#mac은 COMMAND, window는 CONTROL
driver.find_element(By.XPATH,'//*[@id="id"]').send_keys(
    Keys.CONTROL, 'v')

loginPW = "1234"
clipboard.copy(loginPW)
driver.find_element(By.XPATH,'//*[@id="pw"]').send_keys(
    Keys.CONTROL, 'v')
time.sleep(1)

# 로그인 버튼 클릭
driver.find_element(By.XPATH,'//*[@id="log.login"]').click()

while True:
    pass
```

XPath의 표현식을 정리하면 다음과 같습니다. XPath는 HTML태그를 계층적으로 접근할 경우 사용할 수 있습니다. 생각보다 복잡해 보이지만, 많이 사용하는 몇 가지 형태만 알아두어도 도움이 됩니다. 매우 간결하게 전체 문서의 계층을 표현할 수 있기 때문에 아래의 도표에 있는 몇 가지 기호들을 조합해서 사용하는 것을 한두 개 정도 활용해 봅니다.

표 9-2

표현식	설명
/	root태그에서 선택한다.
//	현재 태그에서 자손 태그를 선택한다.
.	현재 태그를 선택한다.
..	현재 요소의 부모 요소를 선택한다.
@	속성(attributes)를 선택한다.
*	모든 태그에 매칭된다.
@*	모든 속성 태그에 매칭된다.
node()	모든 종류의 모든 태그에 매칭된다.
|	or조건

예시를 보면 다음과 같습니다.

표 9-3

표현식	설명
/div	root태그의 div태그
./div	현재 태그의 자식 태그 중 div 태그
/*	name에 상관없이 root태그를 선택
./* 또는 *	context태그의 모든 자식 태그를 선택
//div	현재 웹페이지에서 모든 div태그를 선택
.//div	현재 태그의 모든 자손 div태그를 선택
//*	현재 웹페이지의 모든 태그를 선택
.//*	현재 태그의 모든 자손 태그를 선택
/div/p[0]	root 〉 div 〉 p 태그 중 첫 번째 p태그를 선택.
/div/p[postion()〈3]	root 〉 div 〉 p 태그 중 첫 두개의 p태그를 선택
/div/p[last()]	root 〉 div 〉 p 태그 중 마지막 p 태그를 선택
/bookstore/book[price〉35.00]	root 〉 bookstore 〉 book 태그 중 price 속성이 35.00 이상인 태그를 선택
//*[@id=" first"]/div[2]/	id가 first인 모든 태그의 자식 div 태그 중 3번째 태그를 선택
//title | //price	title 또는 price태그를 선택

복잡한 태그로 구성된 경우는 XPATH수식으로 검색하는 것이 코드의 양을 줄일 수 있습니다. 간단한 형태들을 먼저 연습해 보면서 익히면 됩니다.

9.5 ChatGPT를 사용해서 네이버 신문기사 크롤링하기

이번에는 앞에서 학습한 내용들을 기반으로 ChatGPT를 사용해서 네이버의 신문 기사 제목을 크롤링하는 코드를 작성해 보겠습니다.

네이버에서 "반도체"라는 단어로 신문기사를 검색하면 다음과 같은 쿼리스트링이 생성되서 전달됩니다. 반도체라는 한글이 인코딩된 상태로 변경된 것을 알 수 있습니다. 보통은 URL 주소로 데이터를 같이 넘겨서 검색을 하게 됩니다.

 https://search.naver.com/search.naver?where=nexearch&sm=top_hty&fbm=0&ie=utf8&query=%EB%B0%98%EB%8F%84%EC%B2%B4&ackey=te5dk48y

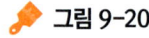 그림 9-20

F12를 클릭해서 크롬 웹브라우저의 개발자 도구를 사용해서 어떤 태그를 사용했는지를 살펴봅니다. 개발자 도구 좌측 상단의 버튼을 클릭하고 오른쪽의 신문 기사 제목을 클릭하면 〈span〉태그로 구성된 것을 알 수 있습니다. 이 부분은 수시로 변경될 수 있습니다. 실제 네이버의 신문기사 페이지에서 개발자 도구를 통해서 변경된 태그와 스타일을 확인해야 합니다.

 그림 9-21

ChatGPT를 실행하고 좌측 상단의 "새 채팅"을 클릭합니다. 프롬프트에 아래와 같이 입력합니다. URL 주소를 입력하고 shift + enter키를 입력하면, 입력 라인을 변경할 수 있습니다. 다음과 같이 기술하면 됩니다.

ChatGPT 명령

https://search.naver.com/search.naver?where=nexearch&sm=top_hty&fbm=0&ie=utf8&query=%EB%B0%98%EB%8F%84%EC%B2%B4

위의 주소를 사용해서 파이썬의 BeautifulSoup을 사용해서 신문 기사의 제목을 크롤링하는 코드를 작성해줘

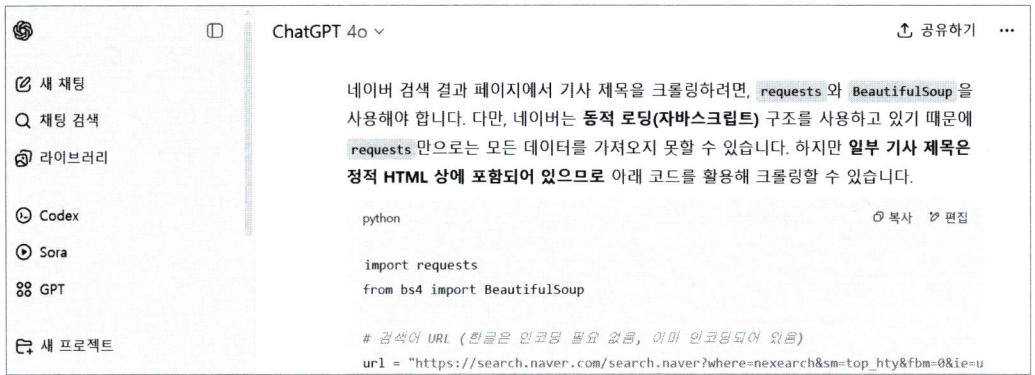

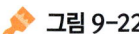

그림 9-22

실제로 실행을 해보면 결과가 출력이 안됩니다. ㅎㅎ 네이버의 페이지 구조가 수시로 변경될 수 있기 때문에 ChatGPT가 이전에 학습한 페이지의 구조를 사용한 것으로 파악이 됩니다.

생성된 코드입니다.

 전체 코드

```
#Chap09_ChatGPT로생성한_네이버신문기사검색.py
import requests
from bs4 import BeautifulSoup

# 검색어 URL (한글은 인코딩 필요 없음, 이미 인코딩되어 있음)
url = "https://search.naver.com/search.naver?where=nexearch&sm=top_hty&fbm=0&ie=utf8&query=%EB%B0%98%EB%8F%84%EC%B2%B4"

# User-Agent를 지정하여 봇이 아닌 것처럼 가장
headers = {
    "User-Agent": "Mozilla/5.0 (Windows NT 10.0; Win64; x64) AppleWebKit/537.36 (KHTML, like Gecko) Chrome/102.0.0.0 Safari/537.36"
}

response = requests.get(url, headers=headers)
soup = BeautifulSoup(response.text, "html.parser")

# 뉴스 기사 영역의 제목 찾기 (2025년 기준 구조는 다를 수 있음)
titles = soup.select("a.news_tit")  # 뉴스 기사 제목에 해당하는 클래스
```

```
print("기사 제목 목록:")
for idx, title in enumerate(titles, 1):
    print(f"{idx}. {title.text}")
```

 실행 결과

```
Chap09_ChatGPT로생성한_네이버신문기사검색.py'
기사 제목 목록:
```

아래와 같은 방식을 사용하면 수시로 변경되는 페이지의 태그 정보를 미리 알려줄 수 있습니다.

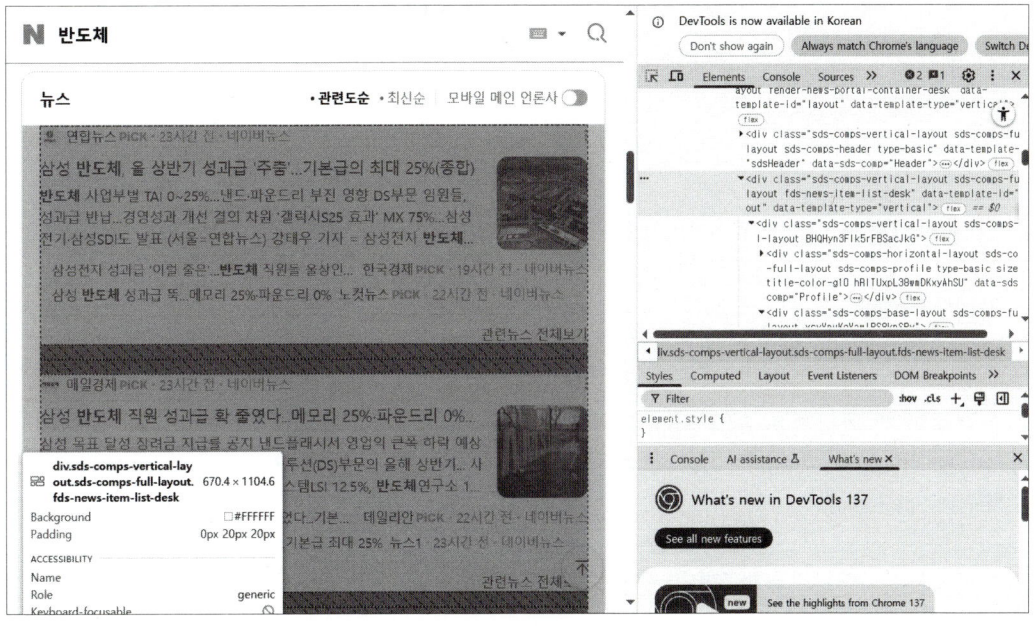

그림 9-23

"반도체"라는 단어를 네이버에서 검색했을 때 페이지 하단에 신문 기사들이 검색됩니다. 오른쪽에 개발자 도구가 실행된 상태에서 태그를 선택하는 버튼(개발자 도구 창의 왼쪽 상단의 첫번째 버튼)을 클릭해서 페이지 하단의 전체 페이지를 선택하면 〈div class="sds…"〉로 되어 있는 영역을 선택할 수 있습니다. 이 부분을 붙여넣기를 해서 태그의 구조를 알려주고 다시 코드를 작성하도록 시키면 됩니다.

> 네이버 검색 결과 페이지에서 기사 제목을 크롤링하려면, `requests` 와 `BeautifulSoup` 을 사용해야 합니다. 다만, 네이버는 **동적 로딩(자바스크립트)** 구조를 사용하고 있기 때문에 `requests` 만으로는 모든 데이터를 가져오지 못할 수 있습니다. 하지만 **일부 기사 제목은 정적 HTML 상에 포함되어 있으므로** 아래 ↓ 를 활용해 크롤링할 수 있습니다.
>
> ```
> 8.1477 1V 10.9308H25.0022 V 1.0725 1H25.0009 V5.40045 1H25.0024L25.007
> 1.07251H31.7989L28.3112 5.45435L32 10.9368H29.0115L26.4598 7.0813L25.6069
> 8.14771Z" fill="#B6B6B9"></path></svg><span class="sds-comps-text sds-
> comps-text-type-body3 B1HLM6a7hGxlpk4AKEaF">언론사가 선정한 주요기사 혹
> 은 심층기획 기사입니다.</span></div></a></div></div>
> ```
>
> 위의 태그 구조를 참조해서 다시 코드를 작성해줘
>
> ╋ ⇌ 도구

🖌 **그림 9-24**

다시 생성된 코드입니다. 매번 태그가 변경될 수 있기 때문에 직접 분석을 해서 작업을 해야 합니다.

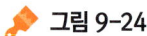 **전체 코드**

```python
import requests
from bs4 import BeautifulSoup

# 검색어에 해당하는 네이버 뉴스 검색 URL
url = 'https://search.naver.com/search.naver?query=%EB%B0%98%EB%8F%84%EC%B2%B4&where=news'

# 봇 차단 회피를 위한 헤더 설정
headers = {
    'User-Agent': 'Mozilla/5.0 (Windows NT 10.0; Win64; x64) AppleWebKit/537.36 (KHTML, like Gecko) Chrome/124.0.0.0 Safari/537.36'
}

# 웹페이지 요청
response = requests.get(url, headers=headers)
soup = BeautifulSoup(response.text, 'html.parser')
```

```
# 기사 제목을 포함한 <a> 태그 찾기
title_links = soup.select('a.GUWgsNcVrWa67MoYor6N.o8ZxSqp8BlHYDNRhXpaz > span.sds-comps-text-type-headline1')

print("네이버 뉴스 기사 제목 목록:\n")
for i, title_span in enumerate(title_links, 1):
    print(f"{i}. {title_span.get_text(strip=True)}")
```

실행 결과

네이버 뉴스 기사 제목 목록:

1. 삼성반도체, 올 상반기 성과급 '주춤'...기본급의 최대 25%(종합)
2. 삼성반도체직원 성과급 확 줄였다…메모리 25%·파운드리 0% 책정
3. 챗GPT보다 똑똑한 AI, 전기 덜 먹는반도체칩으로 만든다
4. 한미반도체, HBM4 전용 장비 'TC본더 4' 생산 시작
…

이번에는 마지막으로 크롤링한 결과를 엑셀파일에 저장해 달라고 요청을 해 봅니다. ChatGPT의 프롬프트에 아래와 같이 입력합니다.

ChatGPT 명령

이번에는 생성된 코드에 openpyxl 라이브러리를 사용해서 엑셀 파일로 저장해줘. c:\work 폴더에 저장하면돼

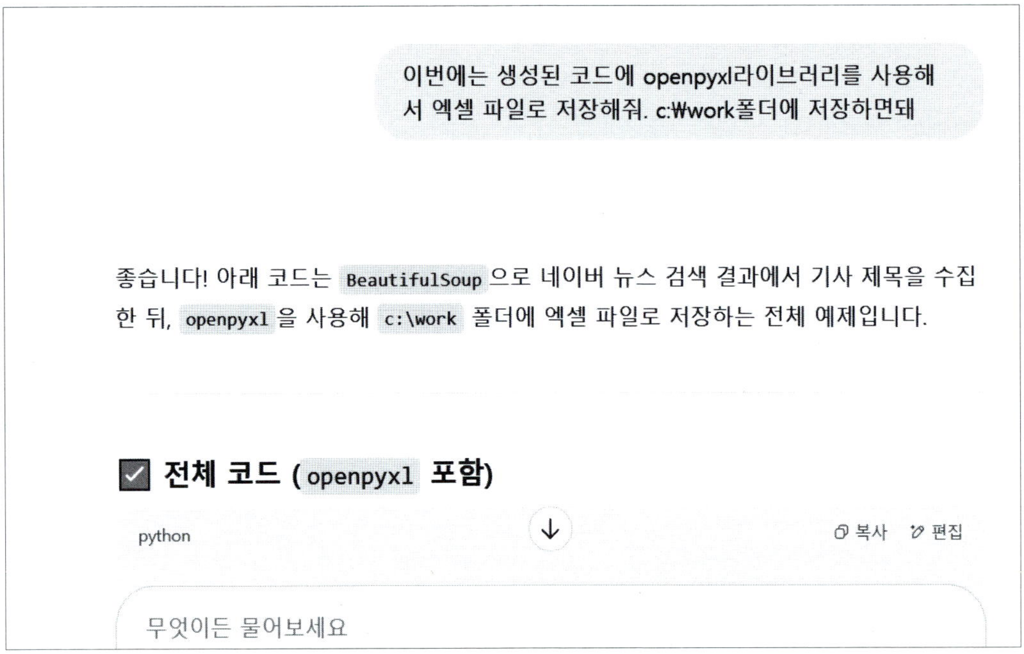

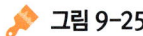

그림 9-25

윈도우의 파일 탐색기에서 cmd를 상단에 입력해서 커맨드 창을 오픈합니다. 여기에 아래와 같이 입력해서 엑셀 파일을 제어할 수 있는 openpyxl 라이브러리를 설치하면 됩니다. openpyxl 라이브러리를 엑셀 파일을 읽기와 쓰기를 할 때 사용할 수 있는 인기 있는 외부 라이브러리입니다.

코드 예제

```
pip install openpyxl
```

생성된 전체 코드입니다.

전체 코드

```python
import requests
from bs4 import BeautifulSoup
from openpyxl import Workbook
import os
```

```python
# 저장 경로 지정
save_path = r"c:\work"
file_name = "news_titles.xlsx"
full_path = os.path.join(save_path, file_name)

# URL 및 헤더 설정
url = 'https://search.naver.com/search.naver?query=%EB%B0%98%EB%8F%84%EC%B2%B4&where=news'
headers = {
    'User-Agent': 'Mozilla/5.0 (Windows NT 10.0; Win64; x64) AppleWebKit/537.36 (KHTML, like Gecko) Chrome/124.0.0.0 Safari/537.36'
}

# 웹 페이지 요청 및 파싱
response = requests.get(url, headers=headers)
soup = BeautifulSoup(response.text, 'html.parser')

# 기사 제목 추출
title_elements = soup.select('a.GUWgsNcVrWa67MoYor6N.o8ZxSqp8BlHYDNRhXpaz > span.sds-comps-text-type-headline1')
titles = [title.get_text(strip=True) for title in title_elements]

# 엑셀 워크북 생성 및 시트 활성화
wb = Workbook()
ws = wb.active
ws.title = "뉴스기사제목"

# 헤더 작성
ws.append(["번호", "기사 제목"])

# 기사 제목들을 엑셀에 기록
for idx, title in enumerate(titles, 1):
    ws.append([idx, title])

# 디렉토리 없으면 생성
if not os.path.exists(save_path):
    os.makedirs(save_path)
```

```
# 엑셀 파일 저장
wb.save(full_path)
print(f"☑ 엑셀 저장 완료: {full_path}")
```

생성된 "news_titles.xlsx"파일을 오픈해 보면 수집한 데이터들이 출력됩니다. 이 경우 비주얼 스튜디오 코드가 아닌 윈도우 탐색기를 실행해서 엑셀 파일을 오픈하면 됩니다. 다만 좀 불편하기 때문에 비주얼 스튜디오 코드의 Extension(확장)으로 가서 상단의 검색창에 "excel"이라고 입력하면 "Excel Viewer"를 검색할 수 있습니다. 이 확장팩을 설치하면 비주얼 스튜디오 코드에서 바로 생성된 엑셀 파일들을 확인할 수 있습니다.

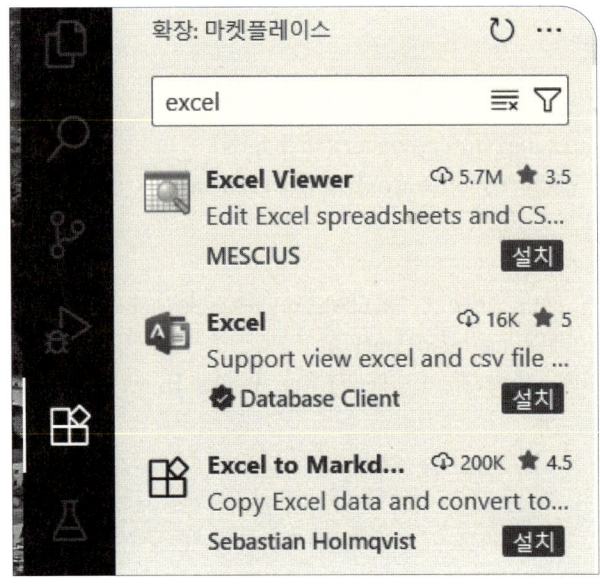

그림 9-26

비주얼 스튜디오 코드의 작업 폴더를 클릭하고 생성된 엑셀 파일을 클릭하면 툴 내부에서 바로 엑셀 파일을 확인할 수 있습니다. 기업 내부에서는 늘 엑셀 파일을 많이 사용하기 때문에 이렇게 뷰어를 설치해 두면 통합툴 내부에서 바로 바로 확인이 가능합니다. 이렇게 편리한 익스텐션(확장)들이 꽤 많이 있습니다.

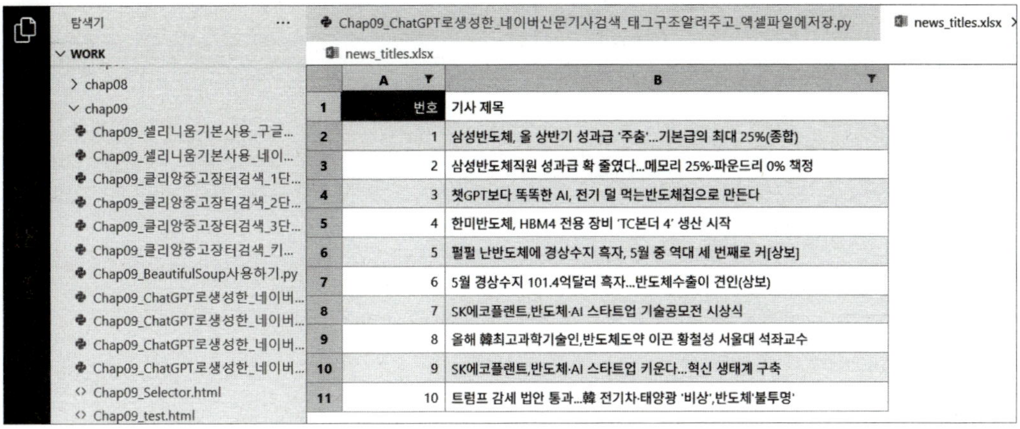

그림 9-27

파이썬에서 사용할 수 있는 openpyxl 라이브러리는 엑셀파일을 읽기, 쓰기 작업을 할 때 사용할 수 있는 자동화 작업을 위한 라이브러리 입니다. 워크북(일종의 공책이라고 생각하면 됩니다)을 하나 생성해서 하나의 워크시트(한장의 종이를 의미합니다)에 크롤링한 결과를 저장합니다. WorkBook을 하나 생성하고 여기에 WorkSeet를 추가해서 사용하는 계층적인 구조로 작업을 할 수 있습니다. 엑셀 파일과 파이썬을 연동할 때 사용할 수 있는 멋진 라이브러리 중에 하나 입니다.

웹사이트들은 주기적으로 개편될 수 있기 때문에 9장에 있는 코드들은 얼마든지 수정될 수 있습니다. 혹시 수정되는 경우에는 이 책의 소스가 업로드된 깃허브에 있는 코드들을 수정해두도록 하겠습니다. 아니면 매번 챗GPT의 도움을 받거나, 구글 AI Studio의 도움을 받아서 변경된 태그의 구조를 알려주면 크롤링 코드를 손쉽게 만들 수 있습니다. 중요한 것은 전체 구조를 개발자가 알고 있어야 한다는 점입니다. AI가 발전을 해도 늘 사람의 역할은 필요합니다.

챗GPT를 활용한
파이썬 프로그래밍

10장

PyQt를 설치해서 GUI 프로그래밍 활용

10.1   PyQt 소개와 설치하기

10.2   Qt Designer를 사용해서 간단한 GUI 화면 만들기

10.3   좀 더 복잡한 GUI 화면 만들기 - 시그널과 슬롯 처리

10.4   SQLite와 같이 사용할 GUI 화면 만들기

10.5   Pyinstaller를 사용해서 실행 파일로 만들기

10.6   Qt Designer를 사용하지 않고 GUI 화면 만들기

10.7   BeautifulSoup과 같이 사용할 GUI 화면 만들기

10.8   ChatGPT를 사용해서 리팩토링한 코드 생성하기

10.1 PyQt 소개와 설치하기

우리가 많이 사용하는 윈도우10, 11운영체제는 보통 윈도우라고 하는 창(화면)을 기반으로 프로그램들이 실행됩니다. 예를 들면, 워드나 엑셀과 같은 프로그램들이 대표적인 화면(GUI-Graphical User Interface)기반의 애플리케이션입니다. 기존에는 C++의 MFC나 C#, VB.NET과 같은 언어와 프레임워크를 통해서 윈도우 폼(Window Form)이나 WPF(Windows Presentation Foundation)기반의 애플리케이션을 개발자들이 개발했습니다. 최근에는 파이썬으로도 비슷한 프로그램들을 만들 수 있습니다. 저도 닷넷을 주력으로 사용하다가 요즘은 파이썬으로 비슷한 프로그램들을 만들고 있습니다.

파이썬 진영에 있는 PyQt는 생각보다 복잡한 라이브러리이지만, 우리는 화면에 출력되는 UI를 만들고 위젯들을 사용해서 이벤트 처리하는 것을 중심으로 간단하게 살펴보려고 합니다. 이 책에서는 꼭 필요한 내용을 살펴보고 빠르게 사용법을 익혀보려고 합니다. GUI(Graphical User Interface)라는 용어는 지금까지 수업으로 진행했던 텍스트 기반, 콘솔 기반이 아닌, 이쁘고 세련된 그래픽 기반의 화면으로 작업하는 것을 의미합니다.

Qt는 내용이 방대하고 어려운 부분들이 있지만, 다른 모듈에 비해 모양이 세련되고 강력하며, 크로스 플랫폼을 지원합니다. 예를 들면, 윈도우, 맥 또는 리눅스를 모두 지원하는 하나의 소스로 여러 번 사용할 수 있는 라이브러리입니다.

PyQt라는 라이브러리는 C++로 구현되어 있고 파이썬이라는 접착제로 사용하는 언어를 통해 GUI를 입히면, 개발자가 작성한 로직에 세련된 화면을 입혀서 고객에서 배포할 수 있습니다. 심지어 실행 파일로 만들어서 깔끔하게 고객에게 배포할 수 있습니다.

PyQt는 영국의 Riverbank Computing이라는 곳에서 C++의 Cross Platform GUI Framework 중의 하나인 Qt를 파이썬 모듈로 변환해 주는 툴을 만들면서 시작되었습니다.

간단하게 설명하면 Qt는 GUI 화면을 만들어 주는 도구로 C++언어 전용이었지만, 파이썬에서도 사용할 수 있게 제공되어 우리는 파이썬과 PyQt를 사용해서 원하는 것을 빠르게 만들 수 있게 되었습니다. 파이썬으로 스크립트를 작성하고 마지막에 배포하기 전에 GUI(Graphic User Interface)를 추가한다면, PyQt를 사용하면 좋습니다.

파이썬 진영에는 PyGTK, PySide, Tkinter등이 있지만 사용에 어려움이 있고, 모양이 이쁘지 않다는 치명적인 단점이 있습니다. PyQt를 사용해서 얻을 수 있는 가장 큰 장점은 상기 명시된 툴들 중에서 가장 쉽고 예쁘고 직관적인 인터페이스인 Qt Designer를 사용해서 작업을 할 수 있다는 것입니다.

http://www.riverbankcomputing.com 사이트에서 PyQt 5 버전을 python 3.10에 추가로 다운로드 받아서 설치할 수 있습니다. 그런데 아래와 같이 pip로 설치하는 방법이 가장 편합니다. cmd로 도스창(Command)을 오픈해서 아래와 같이 입력해서 설치합니다. PySide2 버전도 같이 설치를 합니다. 지금 사용하는 파이썬의 버전에 맞게 최적의 버전을 설치해 줍니다.

> **실행 명령**
>
> ```
> pip install pyqt5
> pip install pyside2
> ```

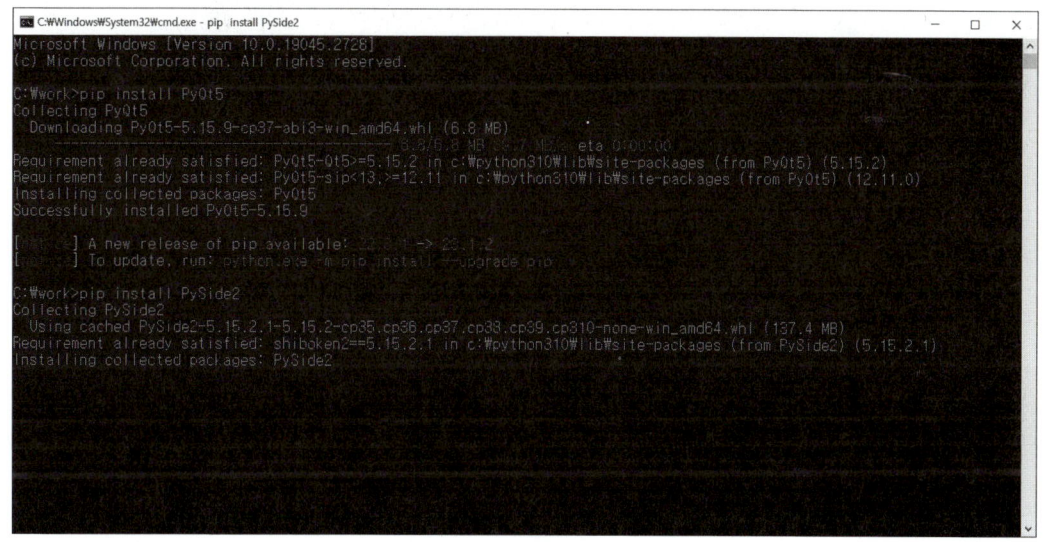

그림 10-1

PyQt는 매우 방대한 라이브러리입니다. 이 책에서는 실습을 통해 간단한 폼을 만들고, 이벤트 처리를 하는 형태를 보려고 합니다. 기존에 앞에서 학습한 코드에 폼을 추가하는 형태로 코드를 연결해서 화면 작업을 하면 됩니다. 지속적으로 공부할 분들은 riverbankcomputing사이트나 제공되는 샘플을 통해서 추가적인 학습이 가능합니다.

PyQt가 제공하는 수많은 위젯 중에서 버튼이나 라벨, 메인윈도우, 다이알로그박스 등을 살펴보려고 합니다.

첫 번째 실습 코드를 작성해 봅니다. Qt Designer를 사용하면, 아무래도 개발 작업이 수월하기 때문에 간단한 문자열을 출력하는 폼을 만들어 봅니다. 설치가 끝났다면

Qt Designer를 실행합니다. Designer.exe파일은 c:₩python310₩Lib₩site-packages₩
PySide2 폴더에 저장되어 있습니다.

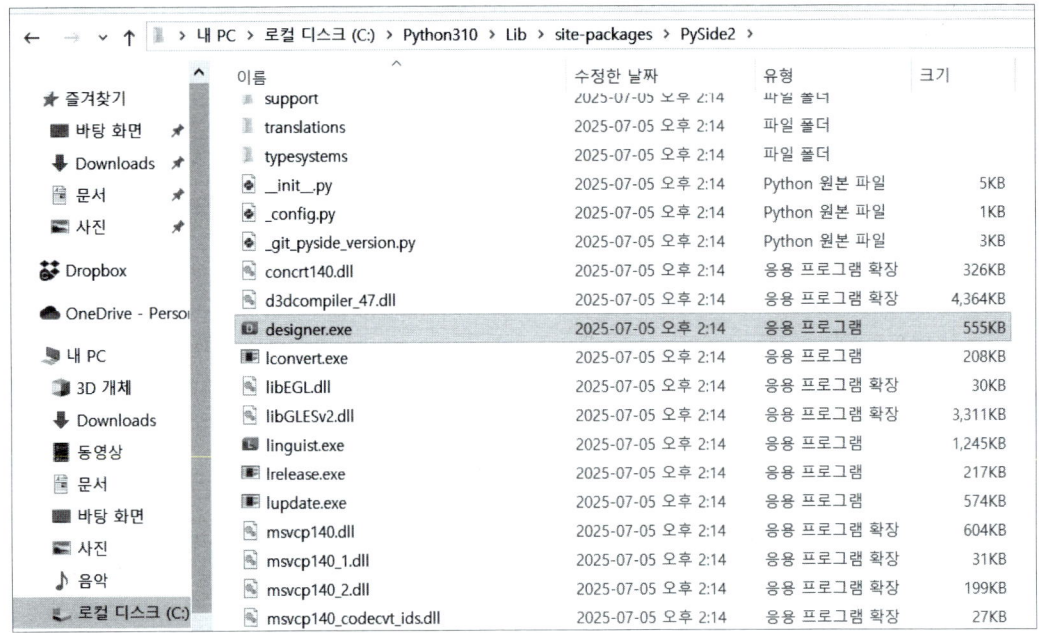

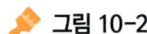 그림 10-2

10.2 Qt Designer를 사용해서 간단한 GUI 화면 만들기

앞에서 설치한 Qt Designer는 마이크로소프트의 비주얼스튜디오와 같은 통합툴(보통은 IDE라고 불리며 한 번에 디자인과 코드를 처리하는 개발환경)처럼 보이지만, 사실은 디자인 작업만 가능한 반쪽짜리 툴입니다. 우리는 Chap10_DemoForm.ui(XML) 라는 디자인 파일과 Chap10_DemoForm.py 파일을 작성해서 실행하려고 합니다.

보통 다른 개발 진영에서도 비주얼하게 화면을 디자인한 내용을 XML(Extensible Markup Language)문서에 저장하는 경우가 대부분입니다. iOS나 안드로이드 진영에서도 디자인한 화면을 XML문서로 저장하고, 화면(UI를 정의한 부품)과 로직(클래스를 사용해서 화면 요소들을 처리)을 분리해서 처리하는 경우가 일반적입니다.

처음 시작하는 코드는 PyQt5패키지 안에 있는 QtWidgets모듈 전체를 임포트 합니다. 파이썬 폴더 아래에 Lib 폴더에 site-packages 폴더에 보면 PyQt5가 설치되어 있는 것이 보입니다. 여기에 QtWidgets.pyd가 아래의 코드에서 임포트한 위젯들이 정의되어 있는 모듈 파일입니다.

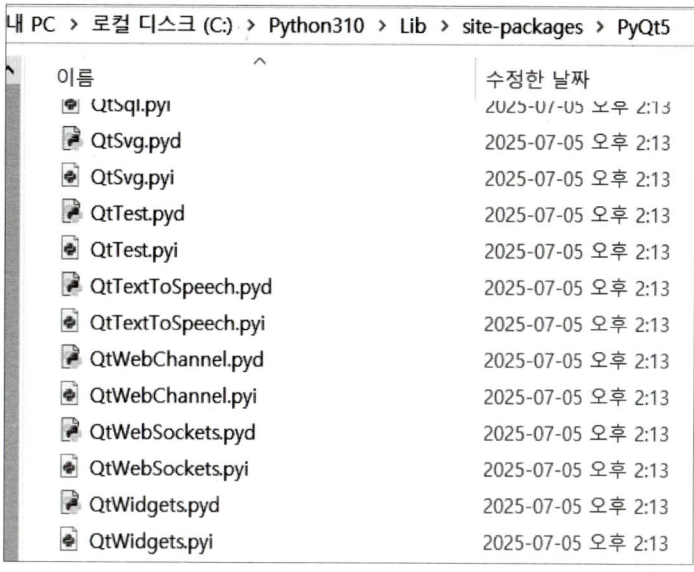

그림 10-3

다시 c:₩python310₩Lib₩site-packages₩PySide2 폴더에 있는 Designer.exe파일을 실행해 봅니다. 아래와 같이 디자인을 위한 툴로 실행됩니다.

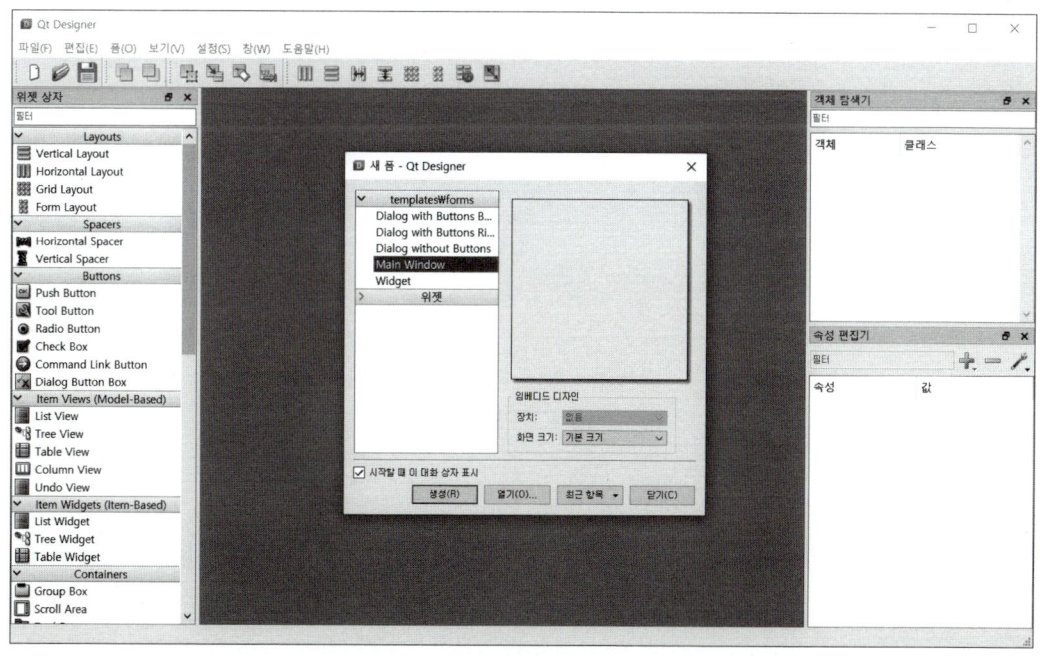

그림 10-4

우리가 앞으로 만드는 형태는 다음과 같은 2개의 파일 형태입니다.

이렇게 2개의 파일을 조합해서 실행하게 됩니다. 기존에 작성했던 방식들과 다르게 디자인 파일과 해당 로직을 수행할 파일을 분리해서 작업해야 합니다.

처음 출력되는 대화상자에서 "Dialog without Buttons"를 선택합니다. Dialog로 시작하는 템플릿은 QDialog클래스의 파생형식으로 만들어 집니다. "Main Window"템플릿을 선택하면, QMainWindow클래스의 파생형식으로 만들어 집니다.

첫 번째 실습 코드는 세 번째에 있는 "Dialog without Buttons"템플릿을 선택해서 작업합니다. 보통 템플릿이라고 하면, 어느 정도의 코드가 미리 준비되어 있는 툴을 의미합니다. 화면 하단에 있는 "생성"버튼을 클릭합니다.

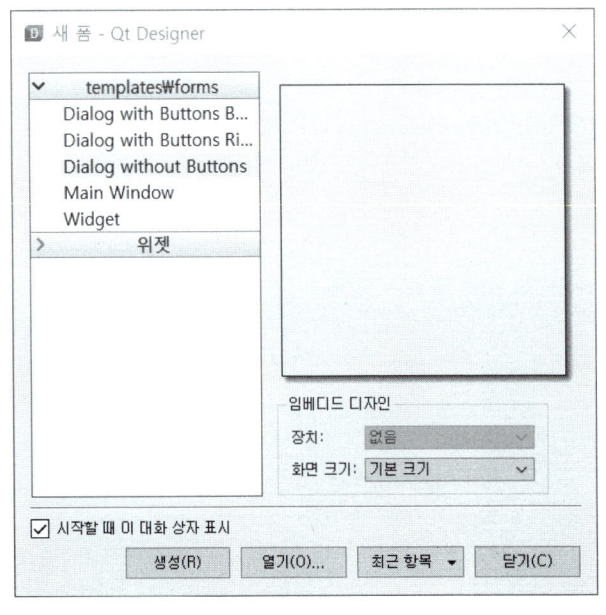

그림 10-5

디자이너에서 왼쪽의 위젯 상자(위젯 또는 컨트롤 리스트)에서 Label을 폼에 올려둡니다. 왼쪽의 위젯 상자에서 스크롤을 내리면 하단에 Display Widgets에 Label이 있습니다.

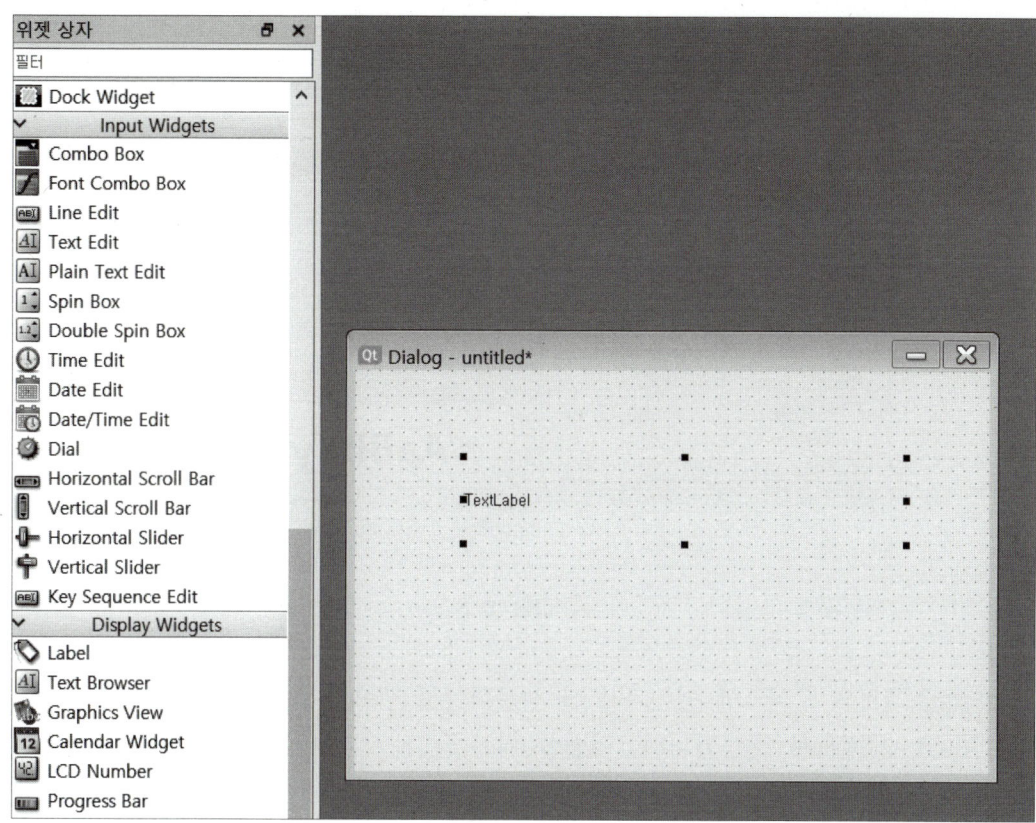

그림 10-6

라벨 위젯의 오른쪽 하단에 있는 파란색의 점(보통 핸들이라고 부르기도 합니다)을 마우스를 사용해서 선택해서 클릭하고 좌우, 상하로 늘리면 라벨이 늘어납니다.

Qt Designer 화면의 오른쪽에는 중앙에 속성 편집기(위젯의 값들을 변경할 수 있는 창)가 출력됩니다. 여기서 font라는 속성을 찾아서 바로 옆의 컬럼을 클릭하면 끝부분에 … 버튼(미트 볼 버튼)이 출력됩니다. 여기를 클릭합니다.

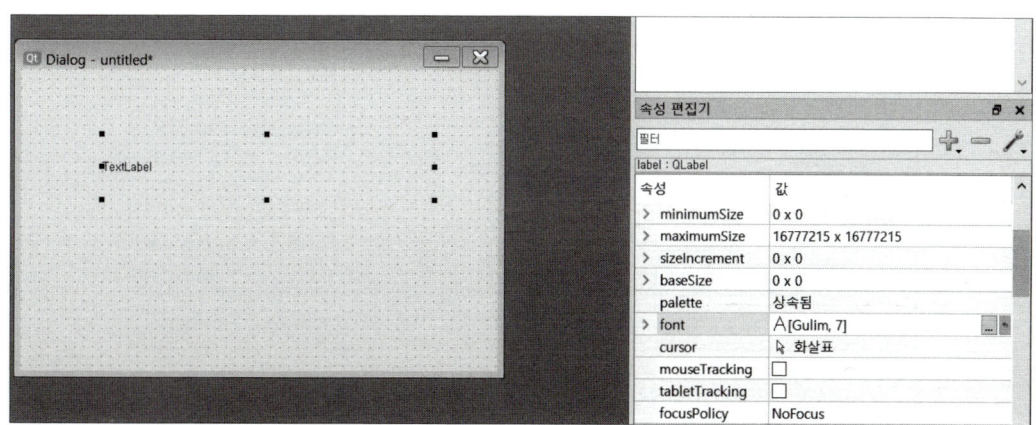

그림 10-7

Chapter 10 PyQt를 설치해서 GUI 프로그래밍 활용하기 | 299

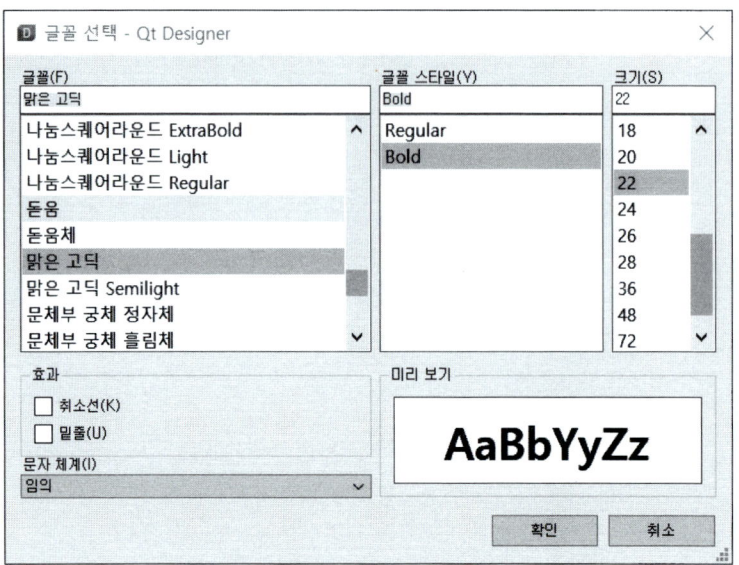

그림 10-8

마이크로소프트의 오피스에 있는 워드를 사용하는 느낌으로 속성에서 폰트를 맑은고딕에 Bold, 22정도로 셋팅합니다. 라벨을 더블클릭해서 "여기에 출력!"을 입력하고, "Chap10_DemoForm.ui"라는 XML 파일로 저장합니다. 원래 PyQt에 관련된 폴더가 아닌 우리가 작업하는 c:\work 폴더에 저장해야 합니다.

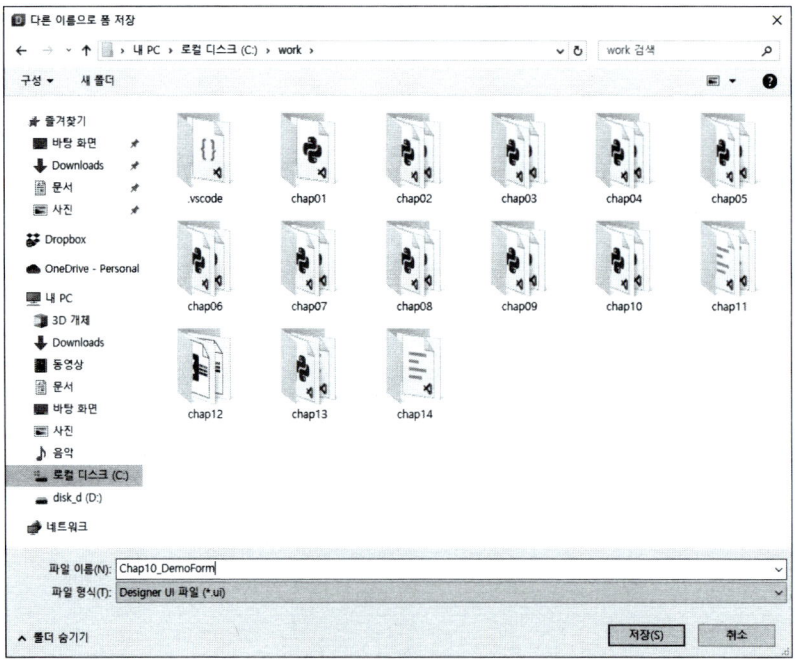

그림 10-9

Chap10_DemoForm.ui문서에는 앞에서 작업한 화면에 대한 정보가 저장됩니다. 이 파일을 로딩해서 필요한 컨트롤에 코드로 접근하면 됩니다. 아무래도 Qt Designer를 사용하는 것이 디자인 작업을 편하게 할 수 있습니다.

비주얼스튜디오 코드에서 디자인한 파일을 오픈하면, 아래와 같습니다. 〈ui〉태그로 전체를 감싸고 있는 형태이며 창의 크기, 위치, 위젯의 이름 등이 기술되어 있습니다. 라벨 위젯의 이름이 label로 지정되어 있습니다.

코드 예제

```xml
<?xml version="1.0" encoding="UTF-8"?>
<ui version="4.0">
 <class>Dialog</class>
 <widget class="QDialog" name="Dialog">
  <property name="geometry">
   <rect>
    <x>0</x>
    <y>0</y>
    <width>532</width>
    <height>326</height>
   </rect>
  </property>
  <property name="windowTitle">
   <string>Dialog</string>
  </property>
  <widget class="QLabel" name="label">
   <property name="geometry">
    <rect>
     <x>90</x>
     <y>70</y>
     <width>371</width>
     <height>71</height>
    </rect>
   </property>
   <property name="font">
    <font>
     <family>맑은 고딕</family>
     <pointsize>22</pointsize>
     <weight>75</weight>
```

```
        <bold>true</bold>
      </font>
    </property>
    <property name="text">
      <string>여기에 출력!</string>
    </property>
   </widget>
  </widget>
  <resources/>
  <connections/>
</ui>
```

이번에는 비주얼스튜디오 코드로 이동해서 새로운 파일을 생성합니다. 파이썬코드는 아래와 같이 작성합니다. 저장은 "Chap10_DemoForm.py"로 저장합니다. 전체 구조는 필요한 패키지의 모듈들을 로딩합니다. 먼저 미리 준비한 "Chap10_DemoForm.ui"파일을 로딩해야 합니다.

코드 예제

```
form_class = uic.loadUiType("Chap10_DemoForm.ui")[0]
```

DemoForm클래스 상단을 보면 다중 상속(동시에 여러 개의 부모 클래스를 상속받는 것을 의미합니다)을 받은 것을 알 수 있습니다. 파이썬은 Java, C#과 다르게 다중 상속을 지원합니다.

QDialog클래스와 form_class를 동시에 상속받고 초기화 메서드를 재정의했습니다. super() 함수로 부모의 생성자(클래스를 다중으로 상속받은 경우에 사용합니다)를 호출하고, 화면을 구성한 다음에 라벨에 setText() 메서드를 통해 문자열을 출력합니다. 앞에서 클래스를 학습하면서 배웠던 부모의 생성자(초기화 메서드)를 호출할 수 없는 것은 부모가 2개의 클래스로 구성되어 있기 때문에 부모 클래스를 특정하지 않고 super() 함수를 호출해서 해결해야 합니다.

기본적으로 라벨의 이름이 label로 되어 있어서 바로 라벨을 지정해서 문자열을 지정할 수 있습니다.

코드 예제

```python
class DemoForm(QDialog, form_class):
    def __init__(self):
        super().__init__()
        self.setupUi(self)
        self.label.setText("첫 번째 화면")
```

아래의 특별하게 보이는 코드는 코드의 진입점(Entry point)를 체크하는 코드입니다. 진입점을 체크한다는 것은 이 모듈을 직접 실행했는지를 체크해서 직접 실행한 경우만 Form클래스의 인스턴스를 생성해서 처리하겠다는 의미입니다. 우리가 만든 이 클래스 파일은 다른 모듈에서 임포트해서 사용할 수 있습니다. 그러면 이 모듈이 일종의 서브로 실행이 됩니다. 이런 경우는 해당 모듈에서 필요하면, 인스턴스를 별도로 만들 수 있습니다.

"__name__"이 "__main__"이면, QAppllication클래스를 사용해서 실행 프로세스를 먼저 생성합니다. 그리고 Form클래스의 인스턴스를 생성해서 화면에 보여줍니다. 앞에서 설명드린 것처럼 진입점을 체크하는 코드는 직접 모듈을 실행했는지, 아니면 다른 모듈에서 현재 모듈을 서브로 로딩을 해서 실행하는지를 체크할 경우 사용합니다.

실행 프로세스가 먼저 올라와야 되니 QApplication클래스로 app를 생성합니다. DemoForm클래스의 인스턴스가 demoForm으로 생성되면, 그 이후에 show() 메서드를 사용해서 폼을 출력합니다. 실행 프로세스는 app.exec_()를 사용해서 계속 대기하면서 이벤트(사건)을 처리해야 합니다. 보통은 이벤트루프라고 하는데, 계속 대기하면서 사용자가 하는 작업을 처리하도록 합니다.

코드 예제

```python
if __name__ == "__main__":
    app = QApplication(sys.argv)
    demoForm = DemoForm()
    demoForm.show()
    app.exec_()
```

app을 통해서 exec_메서드를 호출하면 프로그램은 이벤트 루프(event loop)에 진입합니다. 이벤트 루프는 대기 상태에서 이벤트를 지속적으로 처리하는 것을 의미합니다. 오른쪽 상단의 끝부분에 있는 클로즈 버튼(X모양의 버튼)을 클릭하면, 이벤트 루프가 종료되고 프로그램도 종료됩니다.

전체 코드입니다.

 전체 코드

```python
#Chap10_DemoForm.py
#Chap10_DemoForm.ui(화면을 XML문서 저장) + Chap10_DemoForm.py(로직 코딩)
import sys
from PyQt5.QtWidgets import *
from PyQt5 import uic

#디자인 문서를 로딩
form_class = uic.loadUiType("Chap10_DemoForm.ui")[0]
#윈도우 클래스 정의
class DemoForm(QDialog, form_class):
    def __init__(self):
        super().__init__()
        self.setupUi(self)
        self.label.setText("첫 번째 화면")

#모듈을 직접 실행했는지를 체크
if __name__ == "__main__":
    app = QApplication(sys.argv)
    demoForm = DemoForm()
    demoForm.show()
    app.exec_()
```

 **실행 결과**

그림 10-10

10.3 좀 더 복잡한 GUI 화면 만들기 - 시그널과 슬롯 처리

이번에는 좀 더 복잡한 데모를 작성해 봅니다. 좀 더 복잡하다고 했지만, 사실은 버튼을 사용한 이벤트 처리 데모입니다. 이런 형태의 코드를 작성할 수 있다면, 사실상 이벤트를 처리하는 좀 더 복잡한 코드도 작성할 수 있게 됩니다. 예를 들면, 어떤 버튼을 클릭하거나, 특정 파일로 저장하거나, 크롤링 작업을 시작하도록 시킬 수 있습니다.

사실 이런 이벤트 처리 작업을 할 경우 개발 진영(파이썬, 마이크로소프트, 구글, 애플…)마다 약간씩 용어가 다르긴 합니다. 닷넷(C#, VB.NET)으로 대표되는 마이크로소프트의 경우 이벤트(사건)가 발생하면, 이벤트 핸들러(메서드)로 처리한다고 말합니다.

PyQt에서는 시그널(사건)이 발생하면, 슬롯(메서드)에 연결해서 처리합니다. 시그널(일종의 이벤트)과 핸들러(미리 연결된 이벤트 처리 메서드)를 연결한다고 생각해도 됩니다. 아래의 그림을 보면 사용자가 버튼 위젯을 클릭하면, 미리 정의된 clicked() 시그널이 발생하고 미리 연결된 슬롯 메서드가 실행됩니다.

사용자가 어떤 작업을 먼저 할지 알 수 없기 때문에 계속 이벤트 루프를 돌면서 해당 시그널이 발생하면, 미리 연결된 슬롯 메서드로 처리한다고 생각하면 됩니다.

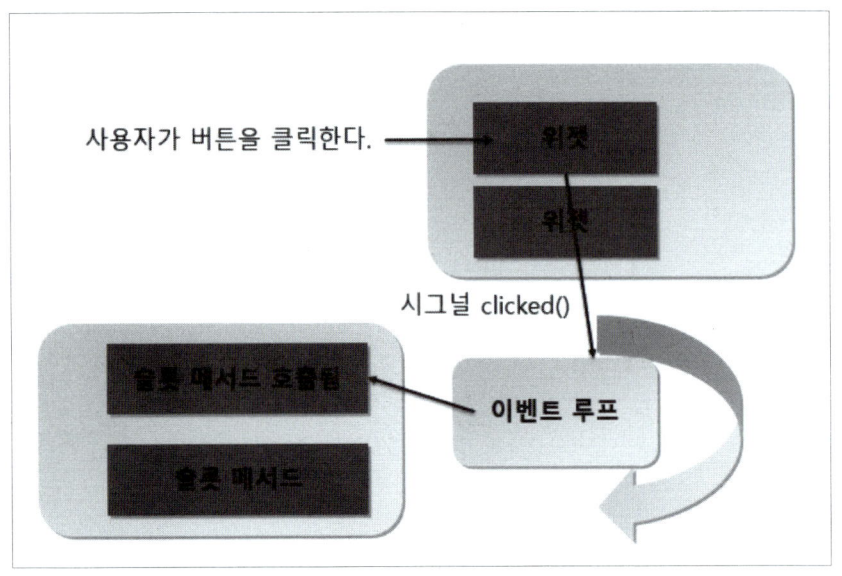

그림 10-11

Qt Designer에서 MainWindow 템플릿을 선택합니다. 상속받는 윈도우 객체가 좀 더 복잡한 기능을 요구할 경우에 사용합니다. 메뉴와 툴바가 올라가는 좀 더 기능이 풍부한 윈도우를 사용할 경우입니다. 기능이 크게 필요가 없는 작은 창이라면 QDialog클래스를 상속받겠지만, 대부분의 경우에 QMainWindow를 상속받아서 기본 창(폼)을 생성해도 됩니다. 4번째로 제공되는 "Main Window"를 선택했는지를 꼭 확인합니다!

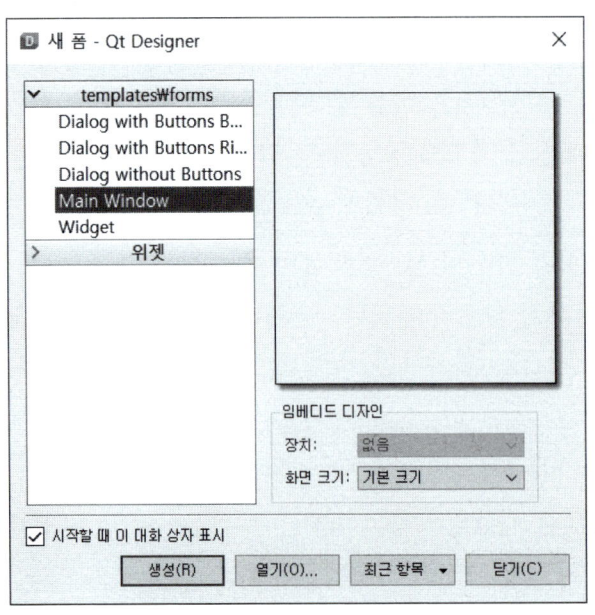

그림 10-12

Qt Designer에서 왼쪽의 위젯 상자에서 Layouts에 있는 Horizontal Layout을 끌어서 생성된 MainWindow위로 드래그 & 드롭합니다. 수평으로 3개의 Push Button을 배치하려고 합니다. 레이아웃 위젯들은 수평이나 수직, 또는 그리드 형태로 위젯들을 편하게 배치할 경우 사용할 수 있습니다. Horizontal Layout의 핸들(파란색 점)을 마우스로 선택해서 옆으로 좀 더 늘리면 됩니다.

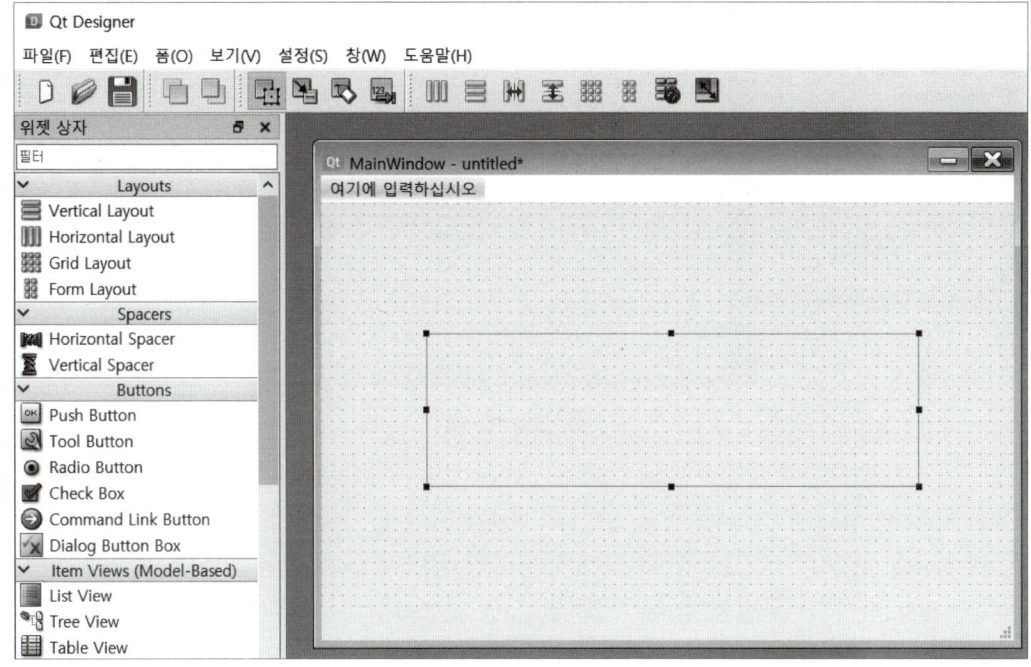

🔑 그림 10-13

왼쪽의 위젯 상자에서 Buttons그룹에 있는 Push Button을 선택해서 빨간색 선 안쪽으로 3개를 배치합니다. 수평 배치를 도와주는 레이아웃이기 때문에 빨간색 선을 마우스로 선택해서 늘리거나 줄이면, 수평으로 균등하게 분할되는 것을 확인할 수 있습니다. 보통은 균등분할이라고 말하기도 합니다. 하나의 버튼을 배치하면 100%이지만, 3개의 버튼을 배치하면 균등하게 33%로 배치가 됩니다. 이런 수평 배치를 잡아주는 Horizontal Layout을 사용해서 버튼 위젯을 배치해 보았습니다.

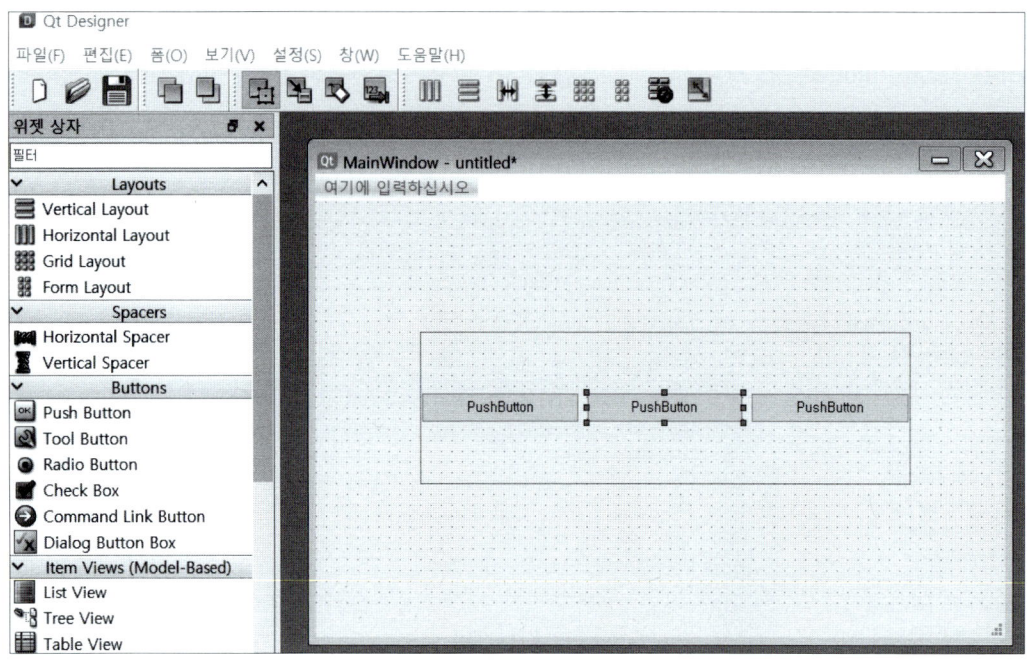

그림 10-14

MainWindow 상단에 Label을 하나 올리고, Label 외곽에 있는 핸들(파란색 점)을 잡아서 좀 더 늘리고 폰트의 크기를 좀 더 크게 셋팅하면 됩니다. 오른쪽 중앙에 있는 속성 편집기에서 font 속성의 두 번째 셀(두 번째 컬럼)을 클릭하면, …버튼(미트 볼 버튼)이 나옵니다. …버튼(미트 볼 버튼)을 누르고 맑은고딕, 볼드체, 22로 폰트의 크기를 변경합니다.

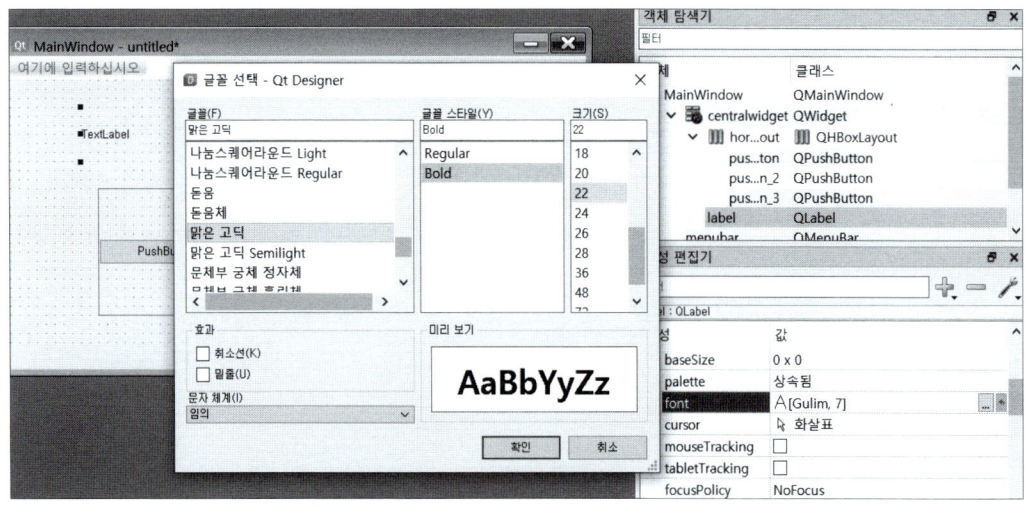

그림 10-15

Label의 경우 더블클릭하면 출력되는 문자열을 변경할 수 있습니다. "여기에 출력"이라고 문자열을 변경해 보았습니다. 디자인이 끝나면, 상단의 툴바에 있는 시그널/슬롯이라는 버튼을 클릭합니다. 이제는 화면 디자인이 아닌 시그널-슬롯 연결 작업을 해야 합니다. Qt Designer에 있는 상단의 툴바에 7번째 버튼입니다. 아래와 같은 모양입니다. 지금하던 디자인 작업과 시그널/슬롯 편집 작업을 토글할 수 있습니다.

그림 10-16

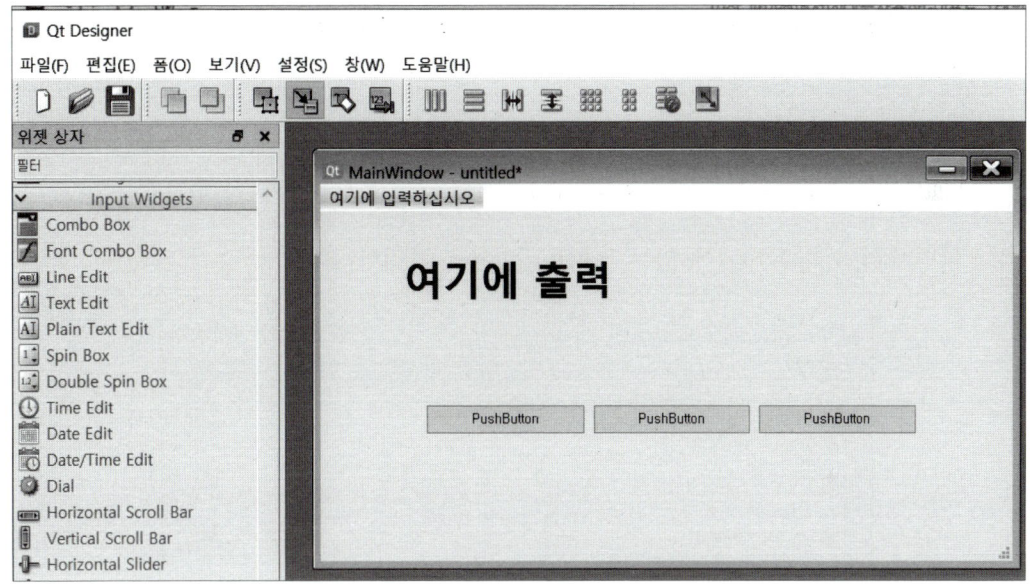

그림 10-17

이번에는 첫 번째 push button을 마우스로 선택해서 하단으로 드래그하면(창의 끝까지 드래그하지 않고 버튼 하단으로만 드래그합니다!), 하단에 지뢰표시(?)가 있는 라인이 출력됩니다. 왼쪽과 오른쪽 창에는 각각 시그널의 리스트와 슬롯 메서드 리스트가 출력됩니다. 아직 슬롯 메서드는 없는 상태입니다. 우리가 직접 추가해야 합니다.

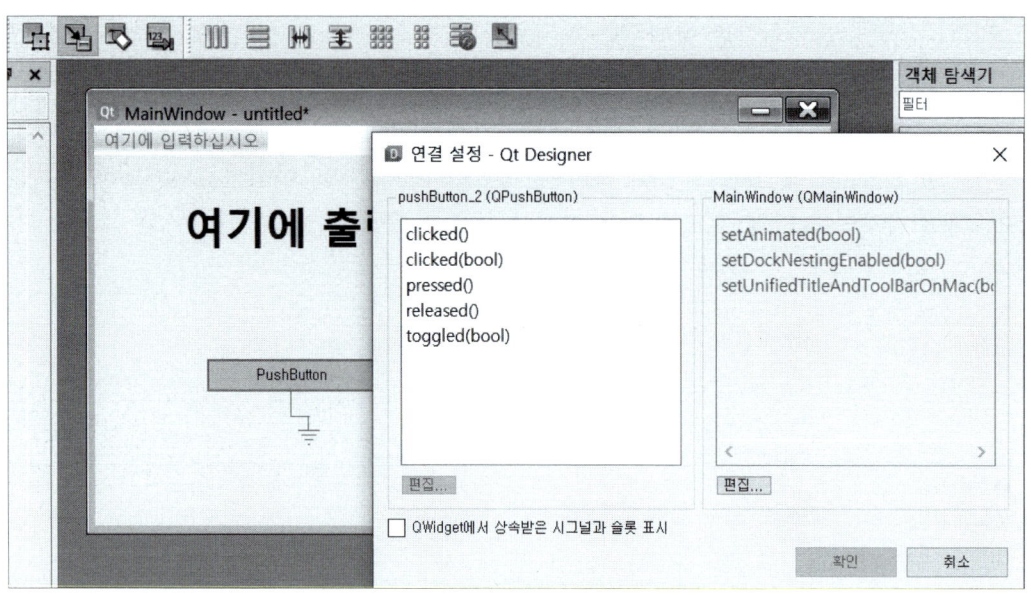

그림 10-18

위의 화면에서 오른쪽 하단에 있는 "편집…" 버튼을 클릭합니다.

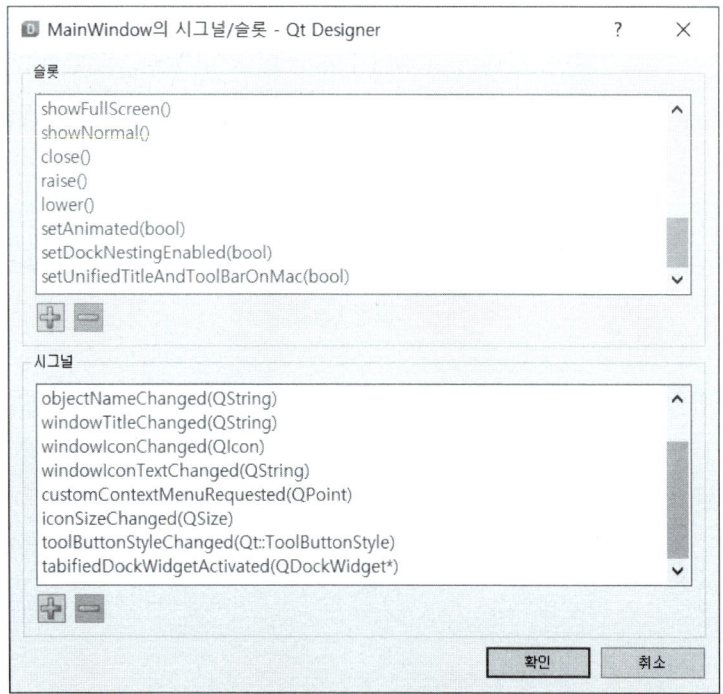

그림 10-19

여기에 clicked()를 처리할 메서드명을 추가해 주면 됩니다. 새로운 창이 출력되면, 시그널이 아닌 슬롯 하단에 있는 "+"를 클릭해서 새로운 슬롯 메서드를 추가합니다. firstClick(), secondClick(), thirdClick()라는 이름의 메서드들을 추가하면 됩니다. 추가 작업이 끝나면, "확인"버튼을 클릭합니다.

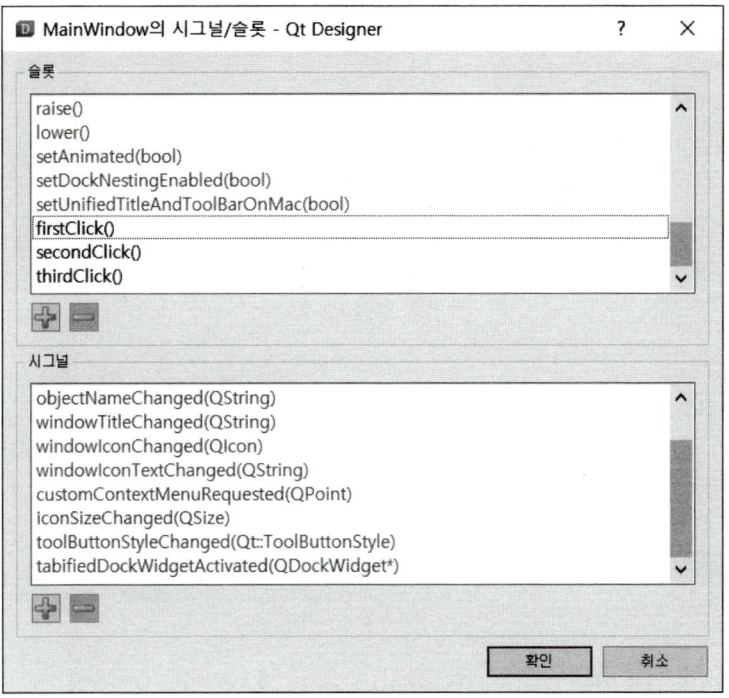

그림 10-20

다시 원래 화면으로 돌아오면, 이번에는 첫 번째 버튼의 clicked() 시그널과 firstClick()을 클릭하면 연결됩니다. 두 번째 버튼의 clicked() 시그널과 secondClick(), 세 번째 버튼의 clicked() 시그널과 thirdClick()도 클릭해서 서로 연결해 줍니다.

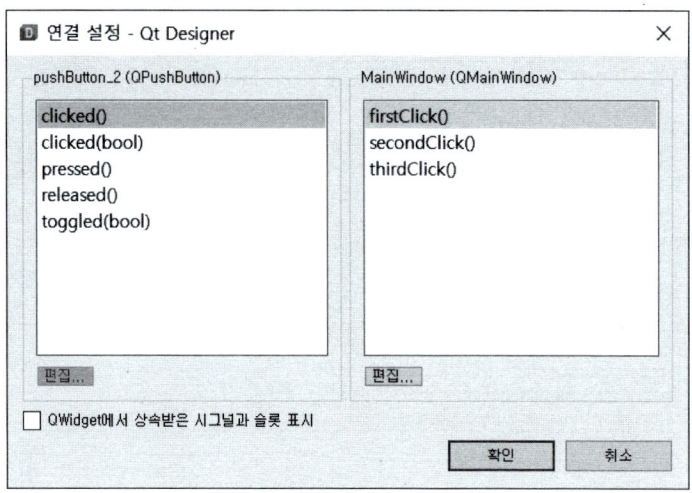

그림 10-21

아래와 같이 완성된 그림을 보면 clicked() 시그널이 발생하면, 각각 firstClick(), secondClick(), thirdClick() 슬롯 메서드가 실행됩니다. 이런 형태의 시각화된 결과로 각 시그널과 슬롯이 연결된 것을 알 수 있습니다.

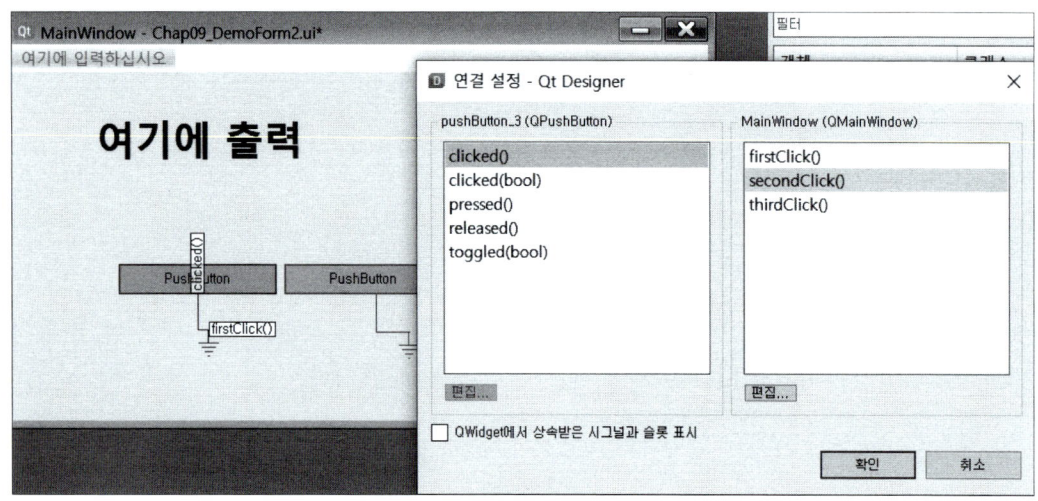

그림 10-22

디자인 작업이 종료되었으면, c:\work 폴더에 Chap10_DemoForm2.ui라는 이름으로 파일을 저장합니다.

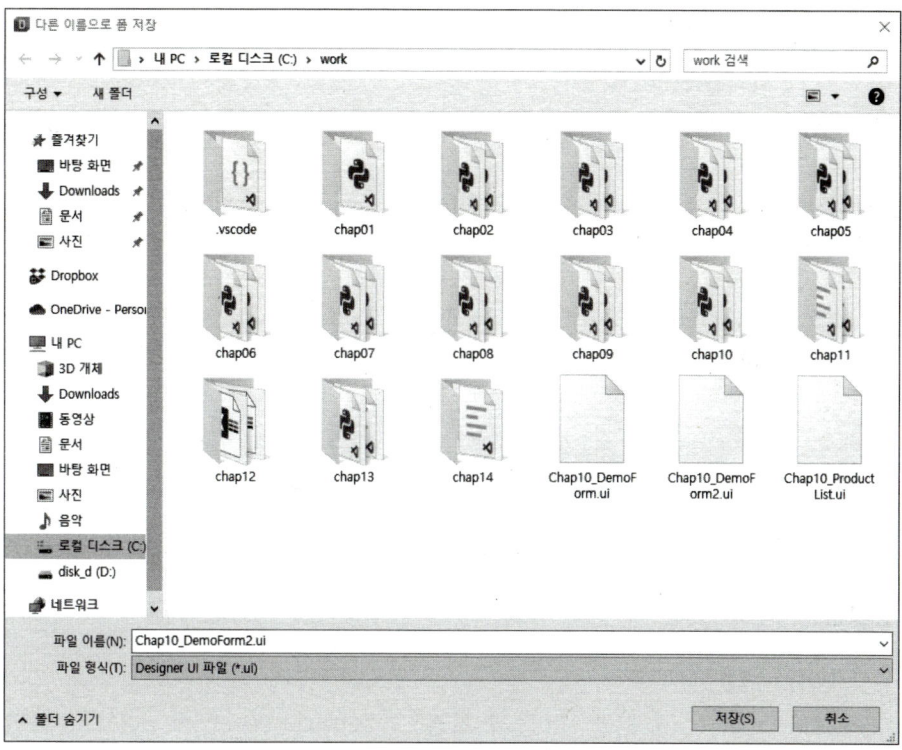

그림 10-23

연결이 잘되었으면, 아래와 같이 코딩하면 됩니다. 첫 번째 실습 코드였던 Chap10_DemoForm.py 파일을 Chap10_DemoForm2.py로 이름을 변경해서 사용해도 됩니다. 이번 실습 코드에서는 Chap10_DemoForm2.ui로 디자인 파일명을 수정해야 합니다.

코드 예제

```
form_class = uic.loadUiType("Chap10_DemoForm2.ui")[0]
```

DemoForm클래스 내부의 인스턴스 메서드로 슬롯 메서드가 추가됩니다. 아래와 같이 firstClick(), secondClick(), thirdClick()을 추가합니다. 나머지 코드들은 그대로 사용합니다.

코드 예제

```python
class DemoForm(QMainWindow, form_class):
    def __init__(self):
        super().__init__()
        self.setupUi(self)
    #슬롯메서드 추가
    def firstClick(self):
        self.label.setText("첫 번째 버튼 클릭")
    def secondClick(self):
        self.label.setText("두 번째 버튼 클릭")
    def thirdClick(self):
        self.label.setText("세 번째 버튼 클릭~~")
```

완성된 전체코드입니다.

전체 코드

```python
#Chap10_DemoForm2.py
#Chap10_DemoForm2.ui(화면을 XML문서 저장) + #Chap10_DemoForm.py(로직 코딩)
import sys
from PyQt5.QtWidgets import *
from PyQt5 import uic

#디자인 문서를 로딩(파일명이 변경됨)
form_class = uic.loadUiType("Chap10_DemoForm2.ui")[0]

#윈도우 클래스 정의(QMainWindow로 변경)
class DemoForm(QMainWindow, form_class):
    def __init__(self):
        super().__init__()
        self.setupUi(self)
    #슬롯메서드 추가
    def firstClick(self):
        self.label.setText("첫 번째 버튼 클릭")
    def secondClick(self):
        self.label.setText("두 번째 버튼 클릭")
```

```
        def thirdClick(self):
            self.label.setText("세 번째 버튼 클릭~~")

#모듈을 직접 실행했는지를 체크
if __name__ == "__main__":
    app = QApplication(sys.argv)
    demoForm = DemoForm()
    demoForm.show()
    app.exec_()
```

실행해서 각각의 버튼을 클릭하면, 라벨에 문자열이 출력되는 것을 확인할 수 있습니다.

 실행 결과

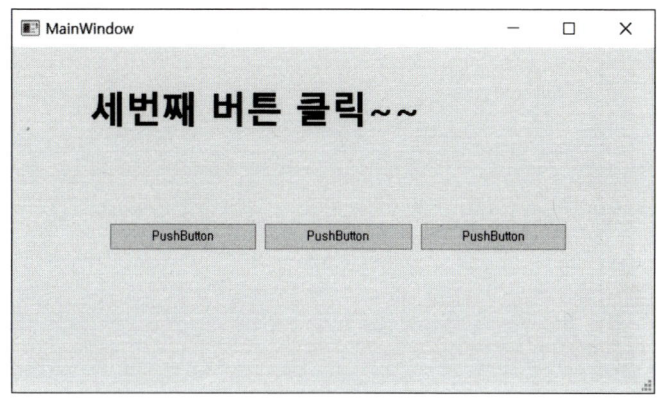

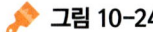 그림 10-24

10.4 SQLite와 같이 사용할 GUI 화면 만들기

이번에는 앞에서 학습을 한 SQLite를 사용한 코드와 GUI 화면을 연결해 봅니다. 간단하게 Products테이블을 생성해서 제품ID, 제품이름, 제품가격을 입출력하는 화면을 구성해 보려고 합니다. 앞에서 학습을 했던 SQLite의 insert, update, delete, select구문을 GUI 화면을 통해 손쉽게 입출력할 수 있도록 구성해 봅니다.

먼저 화면을 다시 만들어야 합니다. Qt Designer를 사용해서 아래와 같이 화면을 구성해 봅니다. 3개의 라벨을 배치합니다. 라벨에 출력되는 문자열을 더블클릭해서 제품ID, 제품이름, 제품가격으로 변경합니다.

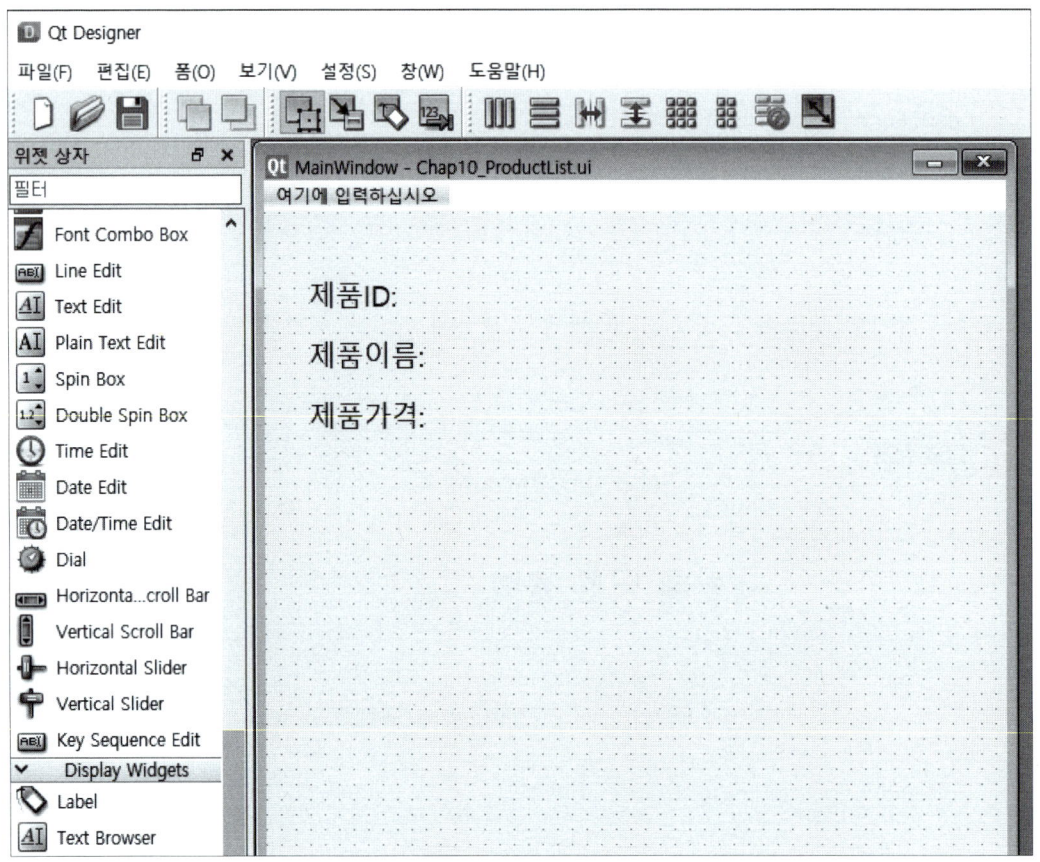

그림 10-25

왼쪽의 위젯 상자에 있는 Input Widgets에서 Line Edit(QLineEdit)위젯을 선택해서 "제품 ID:" 라벨 옆에 배치를 합니다. 2개의 Line Edit을 추가로 하단에 있는 "제품이름", "제품가격:"옆에 각각 배치합니다. Line Edit위젯의 이름을 prodID, prodName, prodPrice로 QLineEdit위젯의 이름을 변경합니다. Line Edit을 선택한 상태에서 오른쪽 중앙에 있는 속성 편집기에 있는 objectName에서 각각 이름을 변경해 주면 됩니다. 나중에 코드에서 입력을 받을 때 각각 입력된 값을 prodID, prodName, prodPrice로 받게 됩니다.

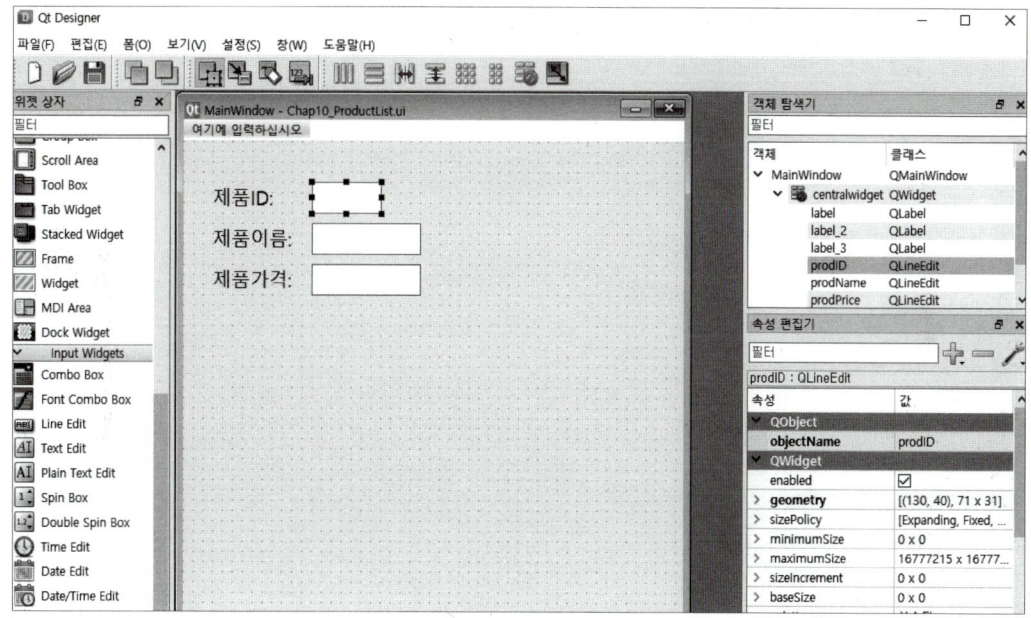

그림 10-26

이번에는 위젯 상자에 있는 Buttons영역의 Push Button 4개를 MainWindow로 추가합니다. 각 버튼을 더블클릭해서 출력되는 문자열을 "입력", "수정", "삭제", "검색"으로 변경합니다. QLineEdit에 제품이름, 제품가격이 입력되면, 입력버튼을 통해 입력하고, 제품ID를 사용해서 수정과 삭제 작업을 수행하려고 합니다. 검색 버튼을 클릭하면, 전체 리스트를 하단의 QTableWidget에 출력합니다.

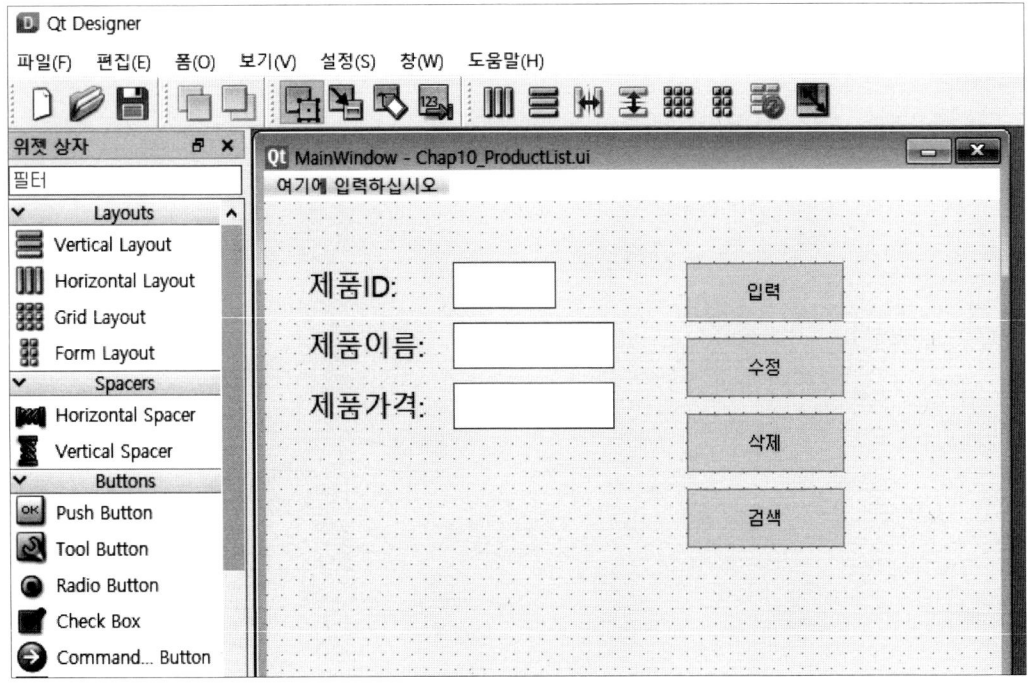

그림 10-27

마지막으로 전체 제품리스트를 출력하고 수정이나 삭제를 편하게 할 수 있도록 Item Widgets(Item-Based)에 있는 Table Widget(QTableWidget)을 화면 하단에 추가합니다. 다중의 행과 열을 출력할 수 있는 멋진 위젯입니다. Table Widget을 선택하고 오른쪽 중앙에 있는 속성 편집기에서 rowCount를 100입력하고, columnCount를 3을 입력합니다. 각각 행의 개수를 100개로, 컬럼의 개수를 3개로 지정합니다. 이 부분은 코드로도 조정할 수 있습니다. 미리 화면에서 한번 확인할 수 있도록 속성을 지정해 봅니다.

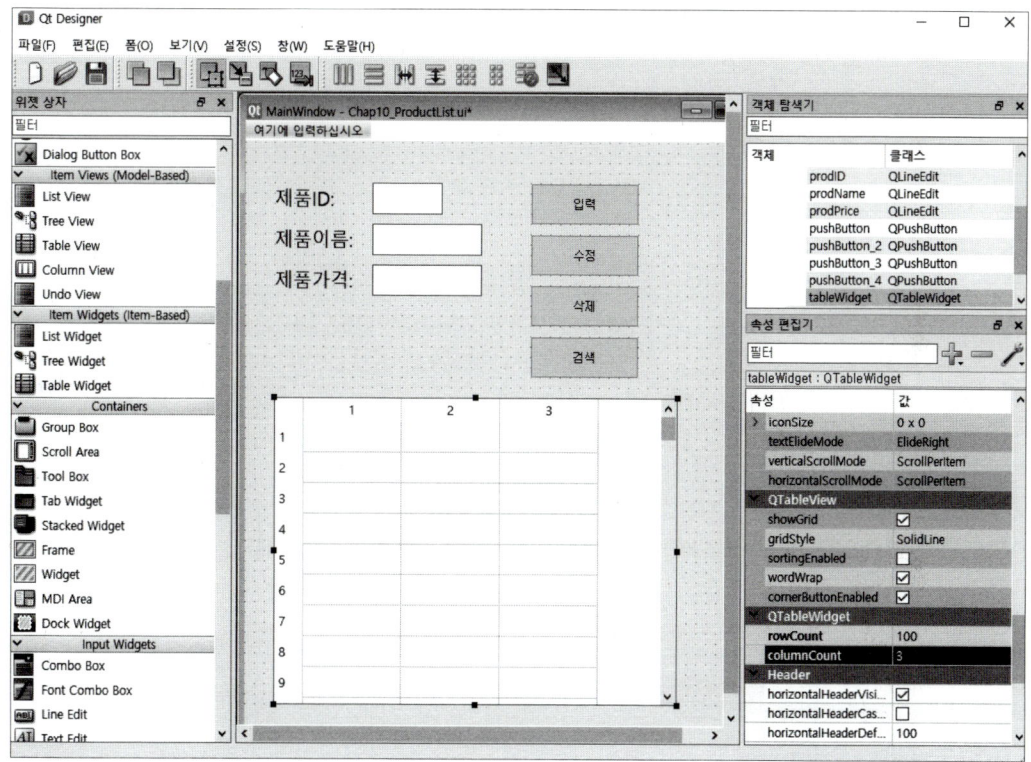

그림 10-28

이번에는 시그널(이벤트)와 슬롯(이벤트 처리) 메서드를 연결해야 합니다. Qt Designer의 상단 툴바에 있는 시그널/슬롯 편집버튼을 클릭합니다.

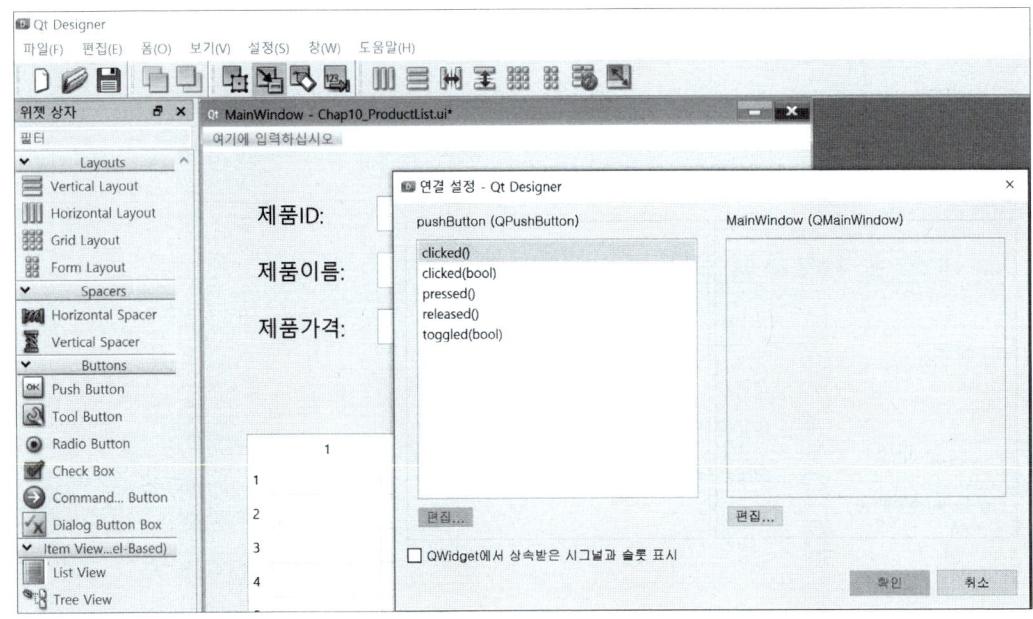

그림 10-29

연결 설정 화면의 오른쪽 하단에 있는 "편집"버튼을 클릭해서 슬롯메서드를 추가해야 합니다. 아직은 슬롯메서드가 비어 있습니다.

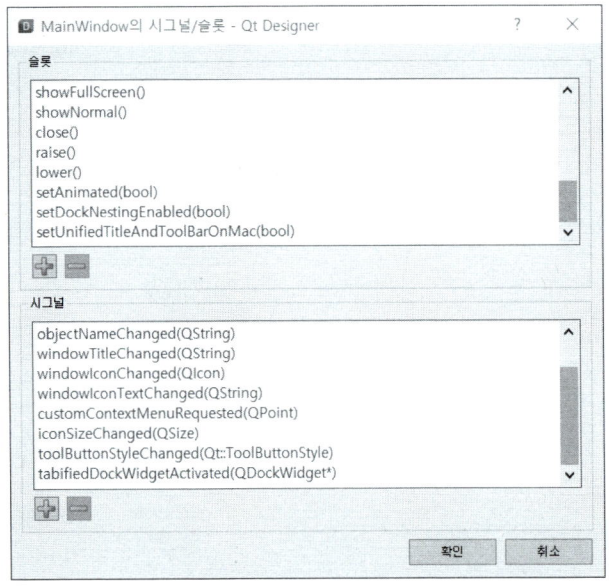

그림 10-30

슬롯 아래에 있는 +버튼을 클릭해서 addProduct(), removeProduct(), updateProduct(), getProduct()를 추가합니다.

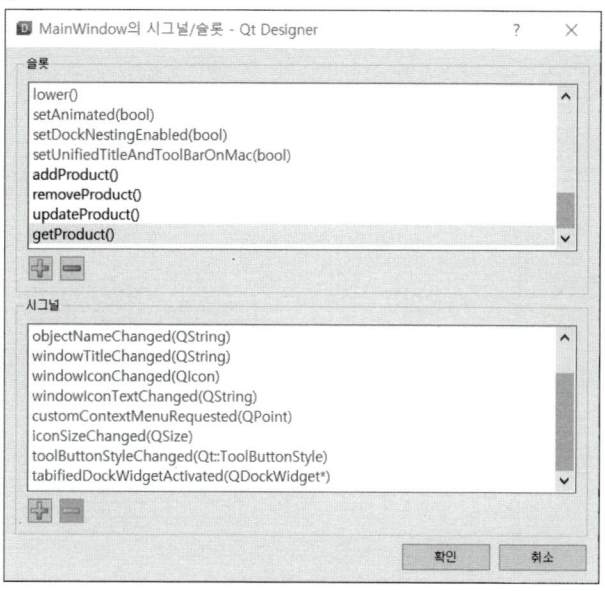

그림 10-31

연결 설정창에서 왼쪽의 clicked()를 클릭하고, 오른쪽에 있는 addProduct()를 클릭하면, 해당 시그널에 슬롯메서드가 연결됩니다. 이렇게 4번 작업을 하면 됩니다. clicked() → addProduct(), clicked() → updateProduct(), clicked() → removeProduct(), clicked() → getProduct()로 연결합니다. 4개의 버튼에 4개의 메서드가 각각 연결되면 됩니다.

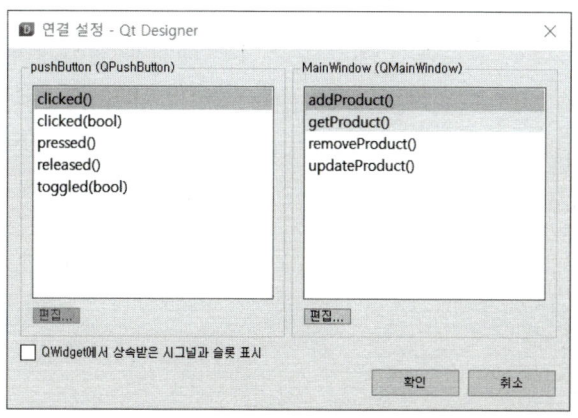

그림 10-32

시그널과 슬롯 연결이 끝나면, 다음과 같이 보입니다. 입력에는 addProduct() 메서드가 연결되어 있습니다. 수정에는 updateProduct(), 삭제에는 removeProduct(), 검색에는 getProduct()가 연결되어 있습니다.

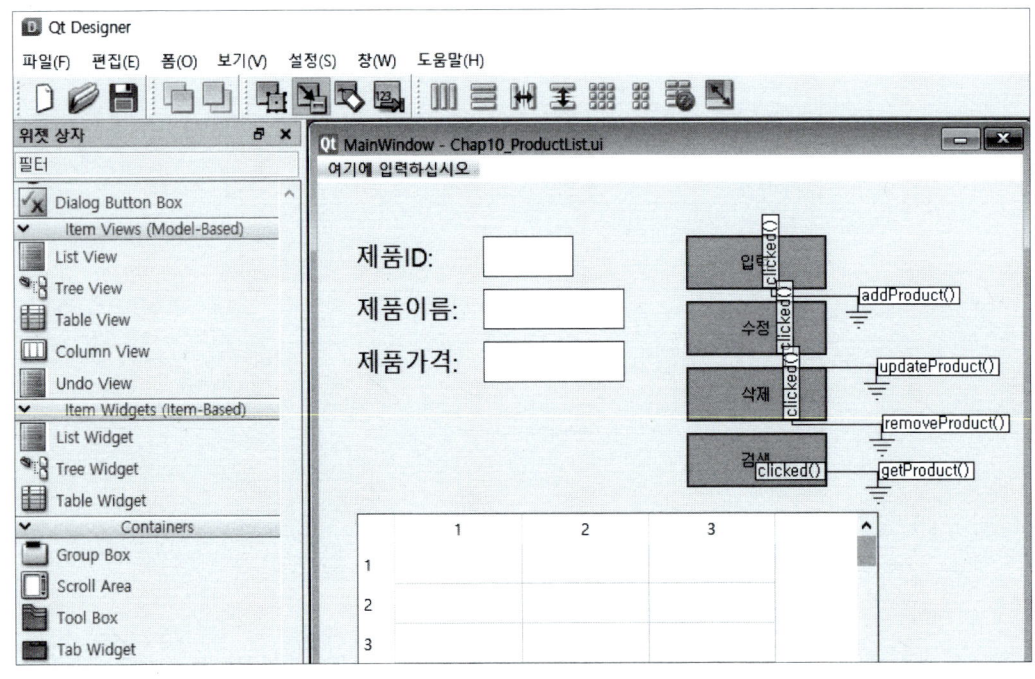

그림 10-33

디자인 작업이 종료되었으면, Qt Designer 상단에 있는 툴바의 저장 버튼을 한번 클릭해줍니다.

이번에는 비주얼스튜디오 코드에서 새로운 파일을 생성해서 아래와 같은 코드로 작성하면 됩니다. 상단에 선언이 생각보다 복잡해졌습니다. PyQt5관련된 선언들이 추가되었고, SQLite를 사용하기 위한 선언도 추가되었습니다. 데이터베이스 파일이 있는지 체크하기 위해 os.path모듈 선언도 추가되었습니다.

코드 예제

```python
import sys
from PyQt5.QtWidgets import *
from PyQt5.QtCore import pyqtSlot, Qt
from PyQt5 import uic
import sqlite3
import os.path
```

너무 코드가 길다면, 이 책에서 제공하는 Chap10_ProductList.py 파일을 사용해도 됩니다. 앞에서 학습을 했던 os.path모듈의 exists() 함수를 사용해서 ProductList.db 파일이 있다면, 바로 오픈해서 Connection클래스의 인스턴스(복사본)를 리턴하면 됩니다. SQL 구문을 수행하려면 cursor() 메서드를 호출해서 Cursor인스턴스를 리턴받아야 합니다.

만약 파일이 없다면, 새로운 데이터베이스 파일을 생성해서 Products테이블을 처음부터 생성하면 됩니다. 제품의 ID가 입력되는 id컬럼은 사용자가 입력하지 않고, 자동증가 속성을 추가해서 번호를 자동 생성하도록 했습니다. 1부터 1씩 증가하는 값으로 생성됩니다.

코드 예제

```python
if os.path.exists("ProductList.db"):
    con = sqlite3.connect("ProductList.db")
    cur = con.cursor()
else:
    con = sqlite3.connect("ProductList.db")
    cur = con.cursor()
    cur.execute(
        "create table Products (id integer primary key autoincrement, Name text, Price integer);")
```

DemoForm클래스의 초기화 메서드(__init__())에 QTableWidget의 setRowCount(100)은 100개의 행을 미리 셋팅하는 코드입니다. setColumnCount(3)은 3개의 컬럼을 미리 셋팅하는 코드입니다. 앞에서 디자이너로 속성창에서 미리 셋팅했던 내용입니다. 이렇게 코드로도 조정이 가능합니다.

QTableWidget의 컬럼폭을 지정하는 setColumnWidth(0, 100)와 같이 작성하면, 0번 컬럼을 100픽셀로 사용하겠다는 의미입니다. 각 컬럼을 지정하고, setHorizontalHeaderLabels(["컬럼명"…])와 같이 컬럼명을 지정해주는 것이 좋습니다.

각 입력창에서 엔터키를 누르면, 다음 입력창으로 포커스가 이동하도록 코드로도 미세 조정을 할 수 있습니다.

코드 예제

```python
class DemoForm(QMainWindow, form_class):
    def __init__(self):
        super().__init__()
        self.setupUi(self)

        #초기값 셋팅
        self.id = 0
        self.name = ""
        self.price = 0

        #QTableWidget의 행의 갯수와 컬럼의 갯수 지정하기
        self.tableWidget.setRowCount(100)
        self.tableWidget.setColumnCount(3)
        #QTableWidget의 컬럼폭 셋팅하기
        self.tableWidget.setColumnWidth(0, 100)
        self.tableWidget.setColumnWidth(1, 200)
        self.tableWidget.setColumnWidth(2, 100)
        #QTableWidget의 헤더 셋팅하기
        self.tableWidget.setHorizontalHeaderLabels(["제품ID","제품명", "가격"])
        #탭키로 네비게이션 금지
        self.tableWidget.setTabKeyNavigation(False)
```

엔터키를 클릭하면 다음 위젯으로 이동하는 경우, Qt Designer에서 작업하지 않고, connect() 메서드를 사용해서 코드에서 직접 시그널/슬롯 연결을 처리해도 됩니다. 람다함수(이름이 없고 한줄로 작성하는 간단한 함수 정의) 형태로 self.focusNextChild()를 호출하면, 엔터키를 클릭했을 때 다음 입력창으로 바로 바로 이동합니다. 그러면 prodID에서 prodName으로 그리고 prodPrice로 이동하는 것을 확인할 수 있습니다.

코드 예제

```
self.prodID.returnPressed.connect(lambda: self.focusNextChild())
self.prodName.returnPressed.connect(lambda: self.focusNextChild())
self.prodPrice.returnPressed.connect(lambda: self.focusNextChild())
```

QTableWidget의 경우에도 각 행의 셀(컬럼)을 더블클릭하면 해당 행(로우)의 데이터가 상단의 QLineEdit위젯으로 바로 복사될 수 있도록 doubleClick() 메서드에서 처리합니다. 미리 시그널과 슬롯을 connect() 메서드로 연결합니다.

코드 예제

```
self.tableWidget.doubleClicked.connect(self.doubleClick)
```

입력, 수정, 삭제, 검색을 수행하는 SQL 구문을 구현한 메서드들이 addProduct(), updateProduct(), removeProduct(), getProduct()입니다. 앞에서 SQLite를 공부할 때 미리 연습했던 INSERT, UPDATE, DELETE, SELECT구문 등을 사용했습니다. QLineEdit으로 입력받은 데이터를 prodName.text() 메서드로 입력받아서 입력 파라메터로 초기화 한 값을 커서의 execute() 메서드에 넘기면 됩니다. 입력 받은 데이터가 화면에 출력될 수 있도록 화면 리프레시를 하고 커넥션객체에서 commit()을 호출하면 됩니다. 입력, 수정, 삭제와 같은 쓰기 작업이 실행된 경우는 반드시 commit() 메서드를 호출해야 정상적으로 작업이 종료됩니다. prodID의 경우 내부에서 자동생성되기 때문에 prodName, prodPrice만 입력을 받으면 됩니다. updateProduct() 메서드와 remoteProduct() 메서드도 SQL 구문만 변경해서 작성했습니다. 수정이나 삭제 작업에는 prodID를 통해서 행(로우, 레코드) 데이터를 구분하기 때문에 복사된 값을 통해서 처리하면 됩니다.

코드 예제

```python
    def addProduct(self):
        #입력 파라메터 처리
        self.name = self.prodName.text()
        self.price = self.prodPrice.text()
            cur.execute("insert into Products (Name, Price) values(?,?);", (self.name, self.price))
        #리프레시
        self.getProduct()
        #입력,수정,삭제 작업후에는 커밋을 한다.
        con.commit()

    def updateProduct(self):
        #업데이트 작업시 파라메터 처리
        self.id   = self.prodID.text()
        self.name = self.prodName.text()
        self.price = self.prodPrice.text()
        cur.execute("update Products set name=?, price=? where id=?;", (self.name, self.price, self.id))
        #리프레시
        self.getProduct()
        #입력,수정,삭제 작업후에는 커밋을 한다.
        con.commit()

    def removeProduct(self):
        #삭제 파라메터 처리
        self.id   = self.prodID.text()
        strSQL = "delete from Products where id=" + str(self.id)
        cur.execute(strSQL)
        #리프레시
        self.getProduct()
        #입력,수정,삭제 작업후에는 커밋을 한다.
        con.commit()
```

실행해서 제품 데이터를 입력, 수정, 삭제, 검색을 실행해 봅니다. 제품ID는 테이블 내부에서 자동생성됩니다. 제품이름과 제품가격을 QLineEdit에 입력을 하고, 입력 버튼을 클릭합니다. 3건에서 4건 정도 테스트를 위한 데이터를 입력해 봅니다.

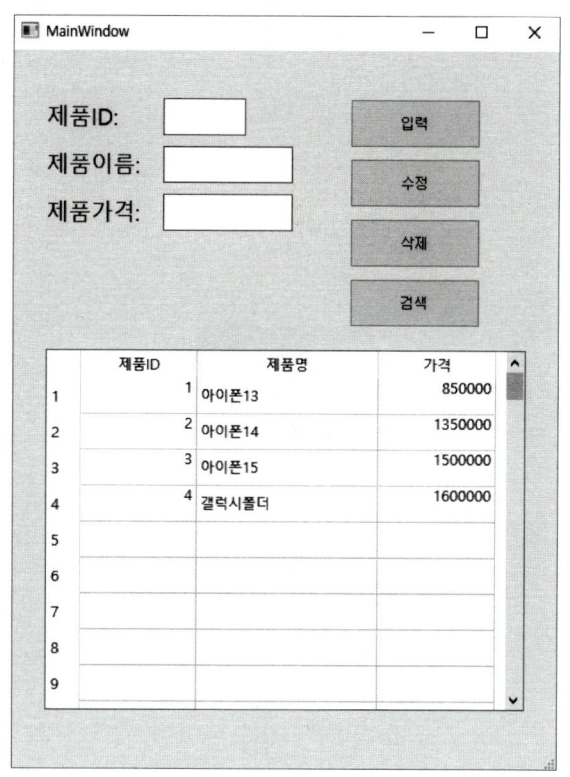

그림 10-34

수정이나 삭제 작업을 하는 경우는 처음부터 입력을 하면 귀찮기 때문에, 미리 입력한 데이터를 하단의 QTableWidget에서 해당 행을 더블 클릭합니다. 그러면 상단에 QLineEdit에 해당 컬럼의 내용들이 복사되기 때문에 수정이나 삭제 작업을 보다 쉽게 처리할 수 있습니다.

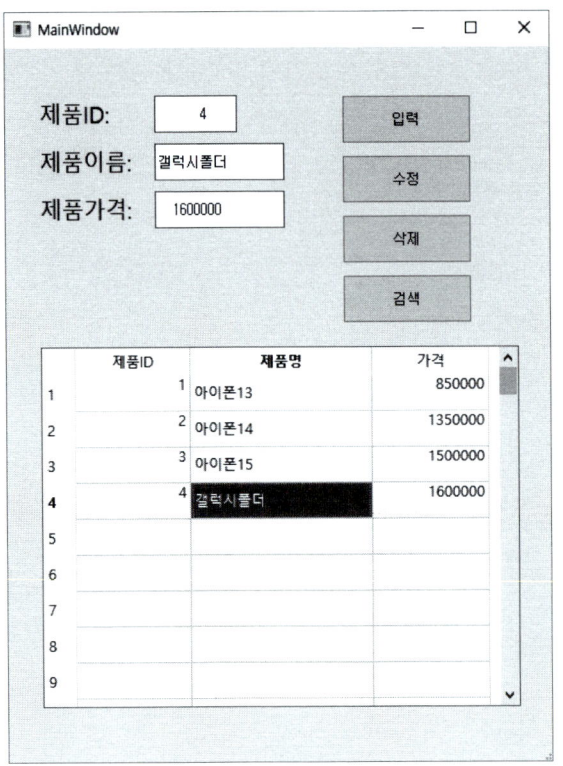

그림 10-35

데이터베이스 파일은 ProductList.db 파일명으로 파이썬 코드를 처음 실행하면 생성됩니다. 파이썬 코드를 사용해서 생성된 테이블의 구조(스키마)와 데이터입니다.

Products테이블에 id, name, price컬럼 등이 정의되어 있습니다. 앞에서 설치한 DB Browser for SQLite를 사용해서 내부를 볼 수 있습니다.

데이터베이스 파일을 미리 만들어서 배포할 수도 있고, 아니면 처음 코드가 실행될 경우 데이터베이스 파일과 테이블을 생성할 수도 있습니다. 여기서는 코드로 처음부터 생성을 하도록 작성을 했습니다.

DB Browser for SQLite를 실행해서 상단의 "데이터베이스 열기"를 클릭합니다. c:₩work₩ProductList.db 파일을 선택해서 오픈하면 됩니다.

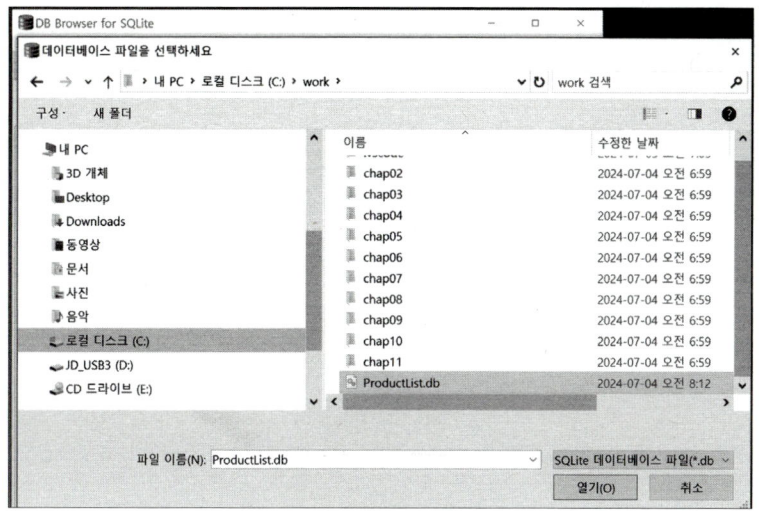

그림 10-36

파이썬 코드로 생성한 Products테이블의 id, Name, Price컬럼이 그대로 보입니다. 테이블의 구조(테이블의 스키마라고 부르기도 합니다)를 다시 확인할 수 있습니다.

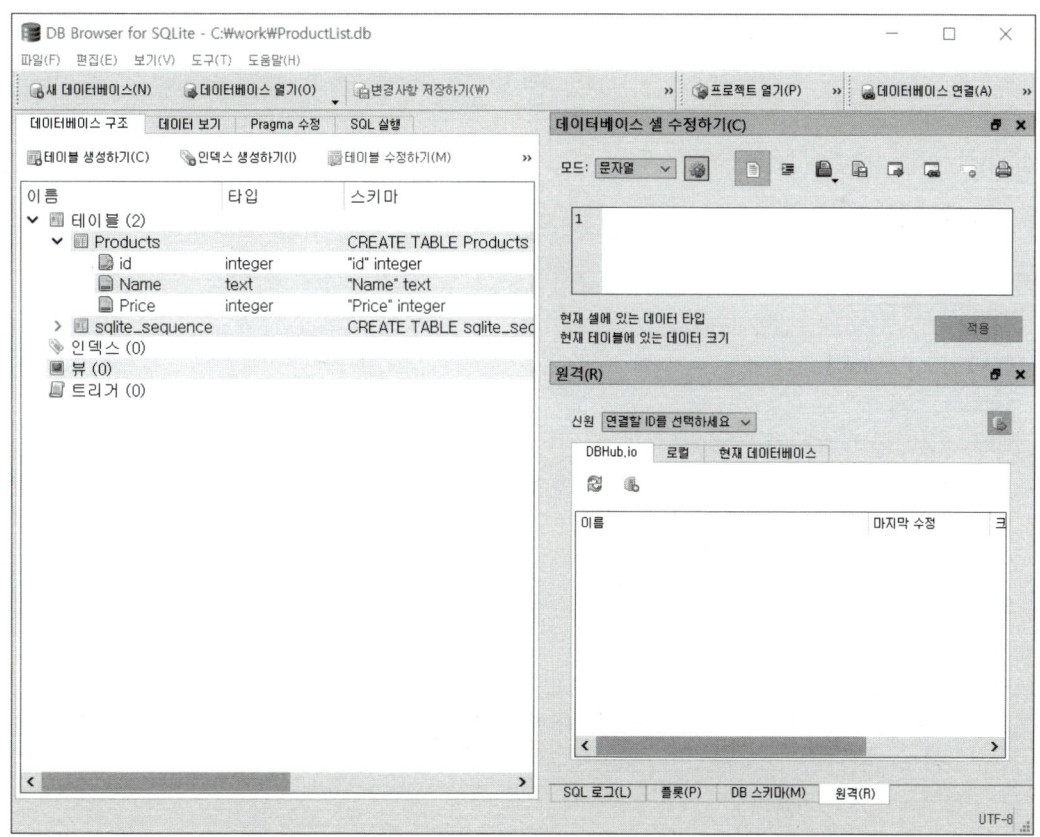

그림 10-37

두 번째 "데이터 보기"탭을 클릭해서 입력된 데이터를 확인할 수 있습니다.

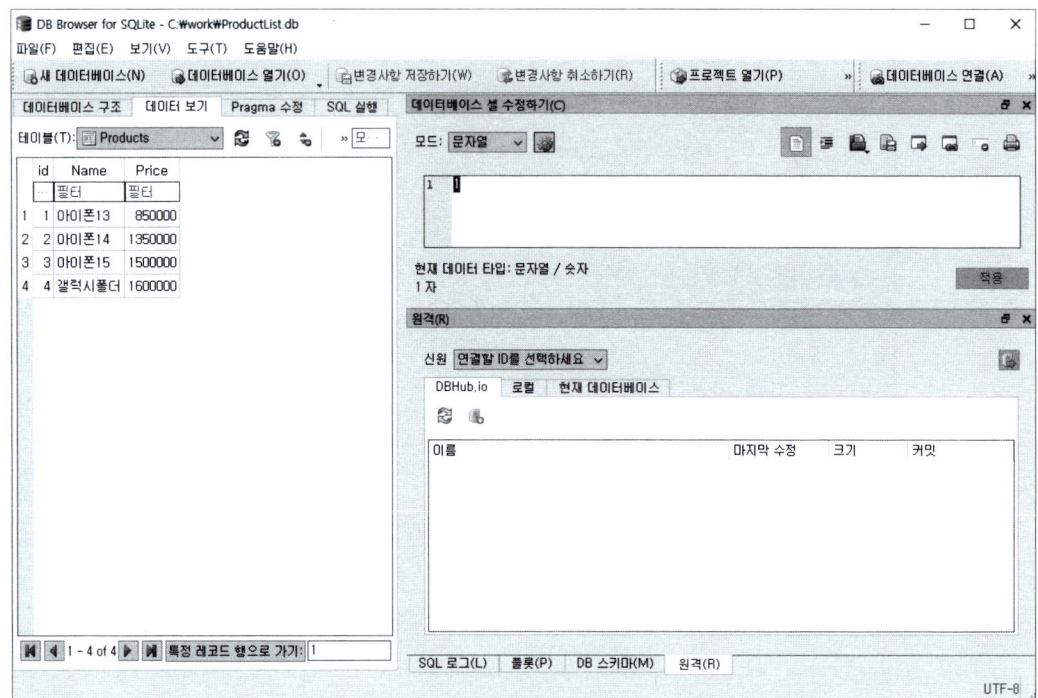

그림 10-38

완성된 전체 코드입니다.

전체 코드

```python
#Chap10_ProductList.py
import sys
from PyQt5.QtWidgets import *
from PyQt5.QtCore import pyqtSlot, Qt
from PyQt5 import uic
import sqlite3
import os.path

#DB파일이 없으면 만들고 있다면 접속한다.
if os.path.exists("ProductList.db"):
    con = sqlite3.connect("ProductList.db")
    cur = con.cursor()
```

```python
else:
    con = sqlite3.connect("ProductList.db")
    cur = con.cursor()
    cur.execute(
        "create table Products (id integer primary key autoincrement, Name text, Price integer);")

#디자인 파일을 로딩
form_class = uic.loadUiType("Chap10_ProductList.ui")[0]

class DemoForm(QMainWindow, form_class):
    def __init__(self):
        super().__init__()
        self.setupUi(self)

        #초기값 셋팅
        self.id = 0
        self.name = ""
        self.price = 0

        #QTableWidget의 행의 갯수와 컬럼의 갯수 지정하기
        self.tableWidget.setRowCount(100)
        self.tableWidget.setColumnCount(3)
        #QTableWidget의 컬럼폭 셋팅하기
        self.tableWidget.setColumnWidth(0, 100)
        self.tableWidget.setColumnWidth(1, 200)
        self.tableWidget.setColumnWidth(2, 100)
        #QTableWidget의 헤더 셋팅하기
        self.tableWidget.setHorizontalHeaderLabels(["제품ID","제품명", "가격"])

        #탭키로 네비게이션 금지
        self.tableWidget.setTabKeyNavigation(False)
        #엔터키를 클릭하면 다음 컨트롤로 이동하는 경우
        self.prodID.returnPressed.connect(lambda: self.focusNextChild())
        self.prodName.returnPressed.connect(lambda: self.focusNextChild())
        self.prodPrice.returnPressed.connect(lambda: self.focusNextChild())
        #더블클릭 시그널 처리
        self.tableWidget.doubleClicked.connect(self.doubleClick)
```

```python
def addProduct(self):
    #입력 파라메터 처리
    self.name = self.prodName.text()
    self.price = self.prodPrice.text()
    cur.execute("insert into Products (Name, Price) values(?,?);",
        (self.name, self.price))
    #리프레시
    self.getProduct()
    #입력,수정,삭제 작업후에는 커밋을 한다.
    con.commit()

def updateProduct(self):
    #업데이트 작업시 파라메터 처리
    self.id   = self.prodID.text()
    self.name = self.prodName.text()
    self.price = self.prodPrice.text()
    cur.execute("update Products set name=?, price=? where id=?;",
        (self.name, self.price, self.id))
    #리프레시
    self.getProduct()
    #입력,수정,삭제 작업후에는 커밋을 한다.
    con.commit()

def removeProduct(self):
    #삭제 파라메터 처리
    self.id   = self.prodID.text()
    strSQL = "delete from Products where id=" + str(self.id)
    cur.execute(strSQL)
    #리프레시
    self.getProduct()
    #입력,수정,삭제 작업후에는 커밋을 한다.
    con.commit()

def getProduct(self):
    #검색 결과를 보여주기전에 기존 컨텐트를 삭제(헤더는 제외)
    self.tableWidget.clearContents()
```

```python
            cur.execute("select * from Products;")
            #행숫자 카운트
            row = 0
            for item in cur:
                int_as_strID = "{:10}".format(item[0])
                int_as_strPrice = "{:10}".format(item[2])

                #각 열을 Item으로 생성해서 숫자를 오른쪽으로 정렬해서 출력한다.
                itemID = QTableWidgetItem(int_as_strID)
                itemID.setTextAlignment(Qt.AlignRight)
                self.tableWidget.setItem(row, 0, itemID)

                #제품명은 그대로 출력한다.
                self.tableWidget.setItem(row, 1, QTableWidgetItem(item[1]))

                #각 열을 Item으로 생성해서 숫자를 오른쪽으로 정렬해서 출력한다.
                itemPrice = QTableWidgetItem(int_as_strPrice)
                itemPrice.setTextAlignment(Qt.AlignRight)
                self.tableWidget.setItem(row, 2, itemPrice)

                row += 1
                print("row: ", row)

    def doubleClick(self):
            self.prodID.setText(self.tableWidget.item(self.tableWidget.
currentRow(), 0).text())
            self.prodName.setText(self.tableWidget.item(self.tableWidget.
currentRow(), 1).text())
            self.prodPrice.setText(self.tableWidget.item(self.tableWidget.
currentRow(), 2).text())

if __name__ == "__main__":
    app = QApplication(sys.argv)
    demoForm = DemoForm()
    demoForm.show()
    app.exec_()
```

10.5 Pyinstaller를 사용해서 실행 파일로 만들기

이번에는 앞에서 생성한 파이썬 코드를 실행 파일 형태로 만들어 보려고 합니다. 파이썬으로 코딩 작업을 한 결과물을 내가 직접 실행해서 사용하는 경우라면, 크게 신경을 쓰지 않아도 됩니다. 다만 고객에게 제공할 경우라면, 소스를 배포하는 것도 보안상 문제가 되고, 파이썬코드를 직접 실행해야 하는 번거로움이 있습니다.

또한 고객 PC나 노트북에 모두 파이썬을 설치하고, 해당 라이브러리를 설치하는 것은 너무 복잡합니다. 그래서 이런 경우라면 앞에서 설치했던 Pyinstaller를 이용해서 실행 파일을 생성하고, 고객에게 배포하면 깔끔하게 해결할 수 있습니다.

4장에서 미리 설치를 했던 Pyinstaller를 사용합니다. 혹시 설치가 안된 상황이라면 4장의 내용을 다시 확인해 보면 됩니다. cmd창(커맨드창)을 실행해서 다음과 같이 입력합니다. --noconsole옵션은 실행 파일을 실행할 때 뒤에 보이는 까만 콘솔창을 출력하지 말라는 의미입니다. --onefile은 하나의 파일로 합쳐서 실행 파일을 생성해 달라는 의미입니다.

이 작업을 윈도우10이나 윈도우11에서 실행할 때 윈도우 디펜더나 백신 프로그램에서 바이러스로 오해하고 실행 파일 생성을 막을 수 있습니다. 이 경우는 백신 프로그램들을 종료하거나, 윈도우 디펜더에서 "바이러스 및 위협 방지 설정"을 잠시 꺼두면 됩니다. 간혹 수업을 진행하면서 실행 파일이 생성이 안되는 경우들이 있습니다. 대부분 이런 문제들입니다.

 실행 명령

```
pyinstaller --noconsole --onefile Chap10_ProductList.py
```

🖌 그림 10-39

현재 작업 폴더로 셋팅된 c:\work에 build, dist 폴더가 생성된 것을 볼 수 있습니다. 미리 앞의 4장에서 생성된 폴더이기도 합니다. build 폴더는 필요한 파일들을 모아두는 폴더이고, 실제 배포는 dist 폴더에 있는 파일을 배포하면 됩니다.

🖌 그림 10-40

그런데 dist 폴더에 있는 Chap10_ProductList.exe를 실행하면, 아래와 같이 에러 메시지가 출력됩니다.

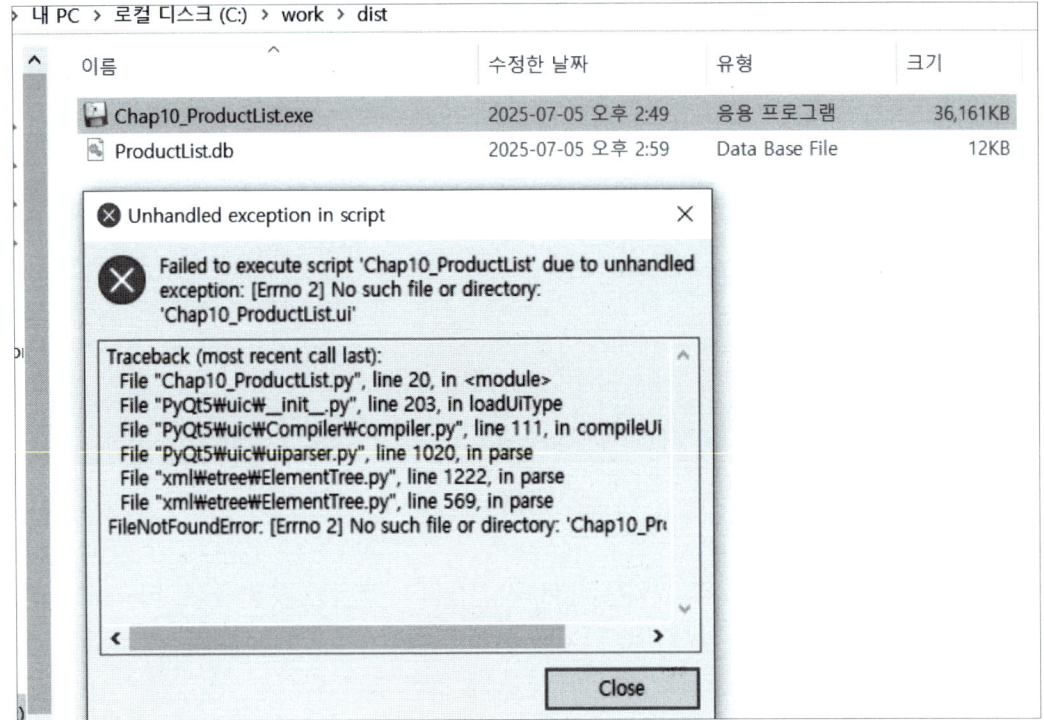

그림 10-41

이 문제는 디자인 내용이 저장된 Chap10_ProductList.ui 파일을 우선적으로 같은 폴더에서 찾기 때문입니다. 이렇게 Qt Designer를 사용해서 디자인을 하고 실행 파일로 만들어서 배포할 경우, 같은 폴더에 이 파일을 복사해서 배포해야 합니다. 아래의 그림처럼 윈도우 탐색기를 사용해서 c:\work 폴더에 있는 Chap10_ProductList.ui 파일을 dist 폴더에 복사해 두면 됩니다.

그림 10-42

다시 Chap10_ProductList.exe를 실행해 보면 잘 실행이 됩니다.

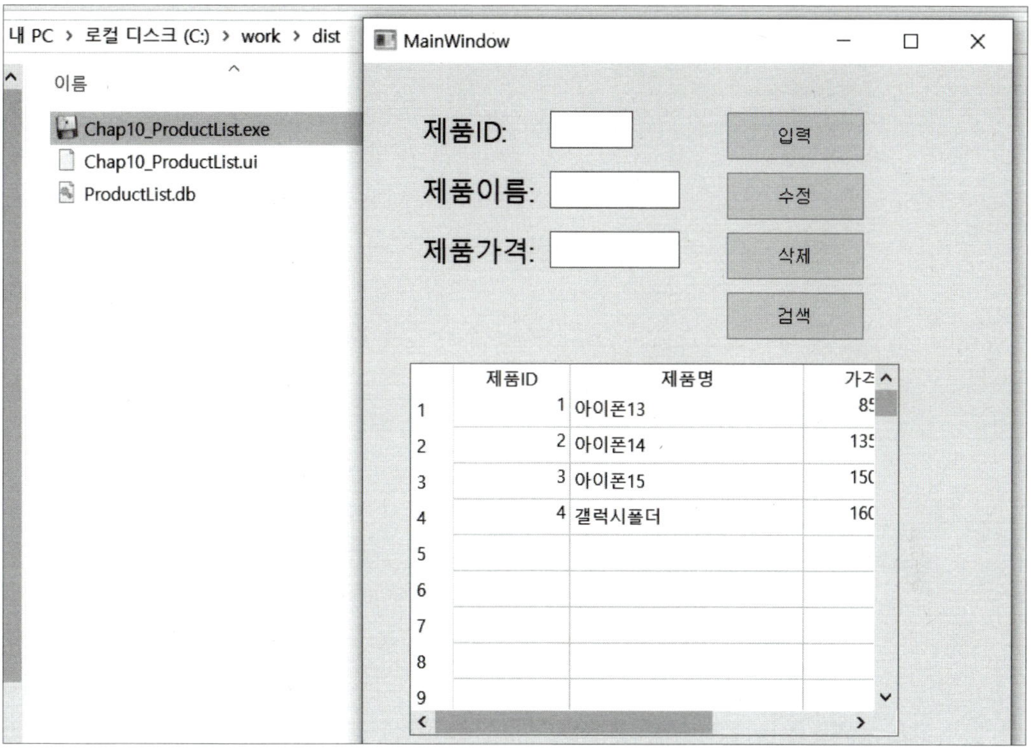

그림 10-43

10.6 Qt Designer를 사용하지 않고 GUI 화면 만들기

앞에서는 주로 Qt Designer를 사용해서 작업을 했습니다. 그런데 이렇게 Qt Designer를 사용하지 않고도 100% 코드로 모든 작업을 수행할 수 있습니다. 다만 이렇게 개발을 하려면, 윈도우의 좌표 시스템에 익숙해져야 합니다. 일반적으로 윈도우(창)를 출력하려면, 왼쪽 상단의 꼭지점(x축, y축)을 지정해야 합니다. 폭(width)과 높이(height)도 스크립트를 실행하기 전에 미리 예측을 해야 합니다. 이런 부분이 Qt Designer를 사용하지 않았을 때의 어려운 점입니다.

아래의 그림을 보면 X축은 왼쪽에서 오른쪽으로 이동합니다.

Y축은 상단에서 하단으로 이동합니다. 이런 형태를 종이에 몇 번씩 연습으로 그려봐도 됩니다.

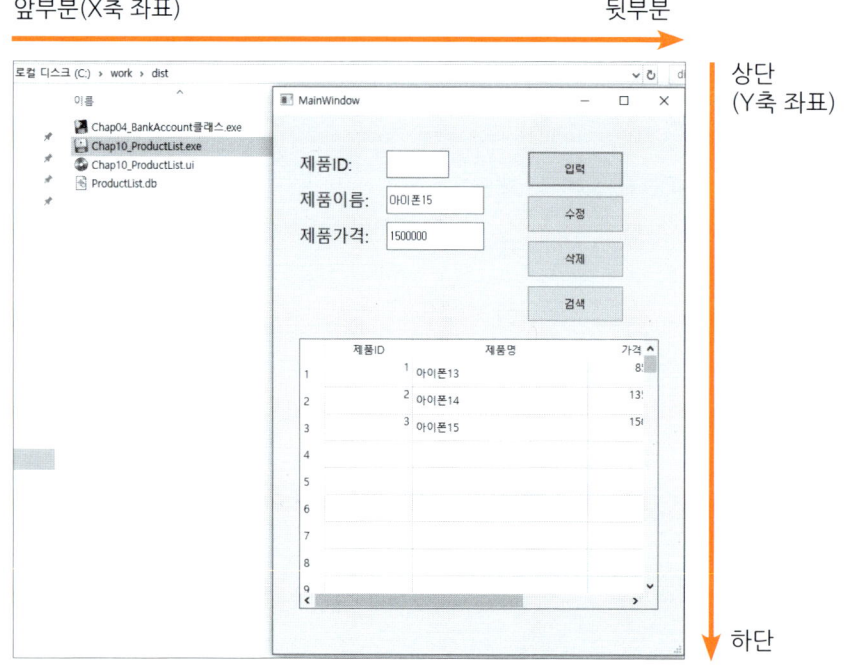

그림 10-44

아래의 코드는 디자이너를 사용하지 않는 순수하게 코드로만 처리하는 코드입니다. 버튼에서 clicked() 시그널이 발생하면, 바로 슬롯코드를 연결해서 처리하는 코드 입니다. QMainWindow클래스를 상속받아서 DemoForm클래스를 정의합니다.

setupUI() 메서드에서 btn1이라는 이름으로 버튼 위젯을 코드로 직접 생성합니다. move(x축, y축) 메서드를 통해 생성한 버튼을 왼쪽으로 20픽셀, 하단으로 20픽셀을 이동 시킵니다. 버튼의 clicked 시그널(이벤트)가 발생하면 애플리케이션을 종료하도록 connect메서드로 미리 연결해 둡니다.

하단의 진입점을 체크하는 코드는 그대로 사용합니다.

전체코드입니다.

전체 코드

```python
#Chap10_DemoButton.py
import sys
from PyQt5.QtWidgets import *
from PyQt5.QtCore import *

class DemoForm(QMainWindow):
    def __init__(self):
        super().__init__()
        self.setupUI()

    def setupUI(self):
        btn1 = QPushButton("닫기", self)
        btn1.move(20, 20)
        btn1.clicked.connect(QCoreApplication.instance().quit)

#진입점체크
if __name__ == "__main__":
    app = QApplication(sys.argv)
    demoForm = DemoForm()
    demoForm.show()
    app.exec_()
```

실행하면 이렇게 실행됩니다.

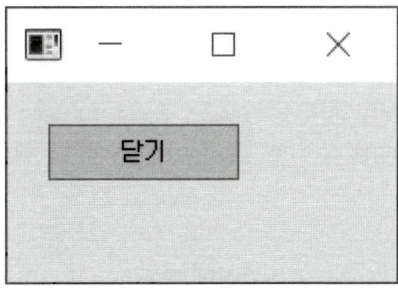

그림 10-45

이번에는 체크박스와 상태창을 사용하는 코드를 작성해 봅니다. CheckBox위젯은 데이터를 입력받을 경우 체크와 언체크를 한 상태를 표시할 수 있는 위젯입니다.

setGeometry(x,y,width,height)를 사용하면 윈도우가 출력될 때 좌측 상단의 꼭지점을 지정할 수 있습니다.

창의 폭과 높이도 지정합니다. 현재 사용하고 있는 화면에서 좌측에서 우측으로 800픽셀 이동하고, 다시 화면의 상단에서 하단으로 200픽셀 이동한 상태에서 300*300의 폭과 높이로 창이 생성되서 출력됩니다.

코드 예제

```
self.setGeometry(800, 200, 300, 300)
```

QCheckBox클래스의 초기화 메서드를 사용해서 출력할 문자열을 지정하고 move() 메서드로 위치를 지정합니다. resize() 메서드에서 폭과 높이를 지정합니다. checkBox1에서 stateChanged시그널(이벤트)이 발생하면 클래스에 정의한 checkBoxState() 슬롯메서드(이벤트 핸들러)를 실행하도록 미리 연결합니다. checkBoxState() 메서드에서는 체크한 상태를 통해 문자열을 연결해서 하단의 상태창(statusBar)에 출력합니다. 일반적으로 윈도우의 하단에 출력되는 부분을 상태창이라고 부릅니다.

코드 예제

```
self.checkBox1 = QCheckBox("아이폰", self)
self.checkBox1.move(10, 20)
self.checkBox1.resize(150, 30)
self.checkBox1.stateChanged.connect(self.checkBoxState)
```

두 번째와 세 번째 체크박스는 move(10,20)에서 move(10,50), move(10,80)으로 30픽셀을 각각 하단으로 배치합니다. X축은 10으로 그대로 두고, Y축은 30픽셀씩 추가하면 하단으로 배치됩니다. 이렇게 예측을 한 상태로 코딩을 하고 실행을 해서 조금씩 더 수정을 해도 됩니다. 실제 실행된 결과를 보면서 코드를 다시 수정해도 됩니다.

전체코드입니다.

전체 코드

```python
#Chap10_DemoCheckBox.py
import sys
from PyQt5.QtWidgets import *

class DemoWindow(QMainWindow):
    def __init__(self):
        super().__init__()
        self.setupUI()

    def setupUI(self):
        #x축, y축, width, height를 모두 지정
        self.setGeometry(800, 200, 300, 300)

        #코드로 CheckBox위젯을 생성
        self.checkBox1 = QCheckBox("아이폰", self)
        self.checkBox1.move(10, 20)
        self.checkBox1.resize(150, 30)
        self.checkBox1.stateChanged.connect(self.checkBoxState)

        self.checkBox2 = QCheckBox("안드로이드폰", self)
        self.checkBox2.move(10, 50)
        self.checkBox2.resize(150, 30)
        self.checkBox2.stateChanged.connect(self.checkBoxState)

        self.checkBox3 = QCheckBox("윈도우폰", self)
        self.checkBox3.move(10, 80)
        self.checkBox3.resize(150, 30)
        self.checkBox3.stateChanged.connect(self.checkBoxState)

        self.statusBar = QStatusBar(self)
        self.setStatusBar(self.statusBar)

    def checkBoxState(self):
        msg = ""
        if self.checkBox1.isChecked() == True:
            msg += "아이폰 "
        if self.checkBox2.isChecked() == True:
            msg += "안드로이드폰 "
```

```
            if self.checkBox3.isChecked() == True:
                msg += "윈도우폰 "
            self.statusBar.showMessage(msg)

if __name__ == "__main__":
    app = QApplication(sys.argv)
    demoWindow = DemoWindow()
    demoWindow.show()
    app.exec_()
```

실행하면 아래와 같습니다.

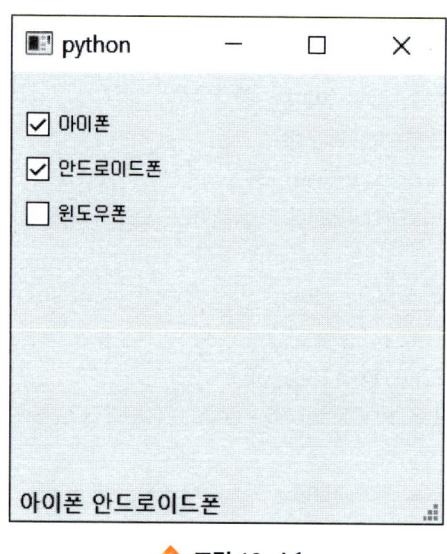

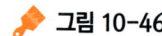

10.7 BeautifulSoup과 같이 사용할 GUI 화면 만들기

앞에서 학습한 100% 코드로 GUI를 구성하는 방법과 9장에서 학습을 했던 웹크롤링의 결과를 같이 사용해서 GUI 기반으로 출력할 수 있습니다.

중고장터에서 검색할 매물을 QLineEdit에 입력해서 버튼을 클릭하면, QTableWidget에 데이터가 출력되도록 만든 예제입니다. 창의 크기와 배치를 모두 코드로 작성했습니다.

마이크로소프트의 윈도우에서 제공하는 TextBox(웹페이지를 생성하는 경우 〈input type='text'〉)와 비슷한 컨트롤이 PyQt에서는 QLineEdit입니다. 사용자에게 데이터를 입력받을 때 사용할 수 있습니다.

사용하는 라이브러리가 더 추가되었습니다. PyQt5와 BeautifulSoup4도 사용하면서 QTableWidget에서 더블클릭을 하면 외부에서 웹브라우저가 실행되도록 webbrowser모듈까지 포함해서 선언합니다.

코드 예제

```
import sys
from PyQt5.QtWidgets import *
import urllib.request
from bs4 import BeautifulSoup
import webbrowser    #브라우저로 제어를 넘기는 경우
import re
```

DemoForm클래스의 setupUI() 메서드에는 폼에 출력되는 위젯의 위치과 초기값을 셋팅했습니다. 처음에 창이 출력될 때 self.setGeomery(x축,y축,width,height)가 출력되도록 지정했습니다.

코드 예제

```
def setupUI(self):
    #창의 시작위치와 폭, 높이(x,y,width,height)
    self.setGeometry(200, 200, 800, 600)
```

입력을 받는 QLineEdit을 생성해서 x축과 y축을 move(20,20)으로 지정하고 기본적으로 "아이폰"매물을 검색하도록 초기값을 셋팅했습니다.

코드 예제

```
#입력 텍스트
self.lineEdit = QLineEdit("", self)
self.lineEdit.move(20, 20)
#기본 문자열 출력
self.lineEdit.setText("아이폰")
```

입력받는 LineEdit 바로 옆에 버튼을 배치합니다. x축의 위치만 move(120, 20) 이렇게 변경되어 있습니다.

코드 예제

```
#버튼
self.btn = QPushButton("검색", self)
self.btn.move(120, 20)
self.btn.clicked.connect(self.setTableWidgetData)
```

다중의 행과 열을 출력할 때 PyQt에서는 QTableWidget을 사용합니다. QTableWidget의 resize() 메서드에서 폭과 높이를 지정합니다.

setRowCount() 메서드는 필요한 행의 개수를 지정합니다. setColumnCount() 메서드는 필요한 컬럼의 개수를 지정합니다. 넉넉하게 100개의 행을 미리 지정하고, 2개의 컬럼으로 생성했습니다. 컬럼의 폭은 setColumnWidth() 메서드를 통해서 0번, 1번 2개의 컬럼폭을 지정했습니다.

상단의 컬럼에 출력되는 헤더는 setHorizontalHeaderLabels() 메서드를 사용하면 됩니다. 필요한 검색어를 입력하고 버튼을 클릭하면, doubleClicked() 메서드를 실행하도록 시그널과 슬롯메서드도 연결했습니다.

코드 예제

```python
self.tableWidget = QTableWidget(self)
self.tableWidget.move(20, 70)
self.tableWidget.resize(700, 500)
self.tableWidget.setRowCount(100)    #행의 갯수
self.tableWidget.setColumnCount(2)   #컬럼의 갯수
#컬럼의 폭을 지정한다. 0번 1번
self.tableWidget.setColumnWidth(0, 400)
self.tableWidget.setColumnWidth(1, 200)

#QTableWidget의 헤더 셋팅하기
self.tableWidget.setHorizontalHeaderLabels(
    ["중고장터 매물","URL 주소"])

#시그널-슬롯 연결
self.tableWidget.doubleClicked.connect(self.doubleClicked)
```

중고장터를 크롤링하는 코드는 9장에서 연습했던 코드와 비슷합니다. 이번에는 매물의 제목과 주소를 같이 수집해서 파일로도 저장하고 화면에서 출력합니다.

완성된 전체코드입니다.

전체 코드

```python
#Chap09_중고장터검색_GUI연결.py
import sys
from PyQt5.QtWidgets import *
import urllib.request
from bs4 import BeautifulSoup
import webbrowser    #브라우저로 넘기는 경우
import re

class DemoForm(QMainWindow):
    def __init__(self):
        super().__init__()
        self.setupUI()
```

```python
    def setupUI(self):
        #창의 시작위치와 폭, 높이(x,y,width,height)
        self.setGeometry(200, 200, 800, 600)

        #입력 텍스트
        self.lineEdit = QLineEdit("", self)
        self.lineEdit.move(20, 20)
        #기본 문자열 출력
        self.lineEdit.setText("아이폰")

        #버튼
        self.btn = QPushButton("검색", self)
        self.btn.move(120, 20)
        self.btn.clicked.connect(self.setTableWidgetData)

        self.tableWidget = QTableWidget(self)
        self.tableWidget.move(20, 70)
        self.tableWidget.resize(700, 500)
        self.tableWidget.setRowCount(100)   #행의 갯수
        self.tableWidget.setColumnCount(2)   #컬럼의 갯수
        #컬럼의 폭을 지정한다. 0번 1번
        self.tableWidget.setColumnWidth(0, 400)
        self.tableWidget.setColumnWidth(1, 200)

        #QTableWidget의 헤더 셋팅하기
        self.tableWidget.setHorizontalHeaderLabels(
["중고장터 매물","URL 주소"])

        #시그널-슬롯 연결
        self.tableWidget.doubleClicked.connect(self.doubleClicked)

    def setTableWidgetData(self):
        row = 0
        for n in range(0,10):
            #클리앙의 중고장터 주소
            url ='https://www.clien.net/service/board/sold?&od=T31&po=' + str(n)
            data = urllib.request.urlopen(url).read()
            soup = BeautifulSoup(data, 'html.parser')
            list = soup.find_all('a', attrs={'class':'list_subject'})
```

```python
            f = open("clien.txt", "a+", encoding="utf-8")
            for item in list:
                try:
                    span = item.find("span", attrs={"class":"subject_fixed"})
                    title = item.text.strip()
                    #라인에디터에 입력된 문자열 받아서 검색
                    if (re.search(self.lineEdit.text(), title)):
                        title = title.replace("\t", "")
                        title = title.replace("\n", "")
                        print(title)
                        link = 'https://www.clien.net'  + item['href']
                        print(link.strip())
                        f.write(title+"\n")
                        f.write(link + "\n")
                        #행데이터로 출력
                        self.tableWidget.setItem(row, 0, QTableWidgetItem(title))
                        self.tableWidget.setItem(row, 1, QTableWidgetItem(link))
                        row += 1
                        print("row: ", row)
                except:
                    pass

            f.close()


    def doubleClicked(self):
        url = self.tableWidget.item(self.tableWidget.currentRow(), 1).text()
        webbrowser.open(url)

if __name__ == "__main__":
    app = QApplication(sys.argv)
    myForm = DemoForm()
    myForm.show()
    app.exec_()
```

실행하면 아래와 같은 결과를 볼 수 있습니다. 크롤링한 데이터를 출력하거나 파일을 읽어서 처리하는 용도로도 사용할 수 있습니다. 약간의 코드들(주소와 태그 스타일)을 수정하면, 다른 웹사이트를 크롤링한 결과를 파일로 저장하거나 출력하는 형태로 응용할 수 있습니다.

☑ **실행 결과**

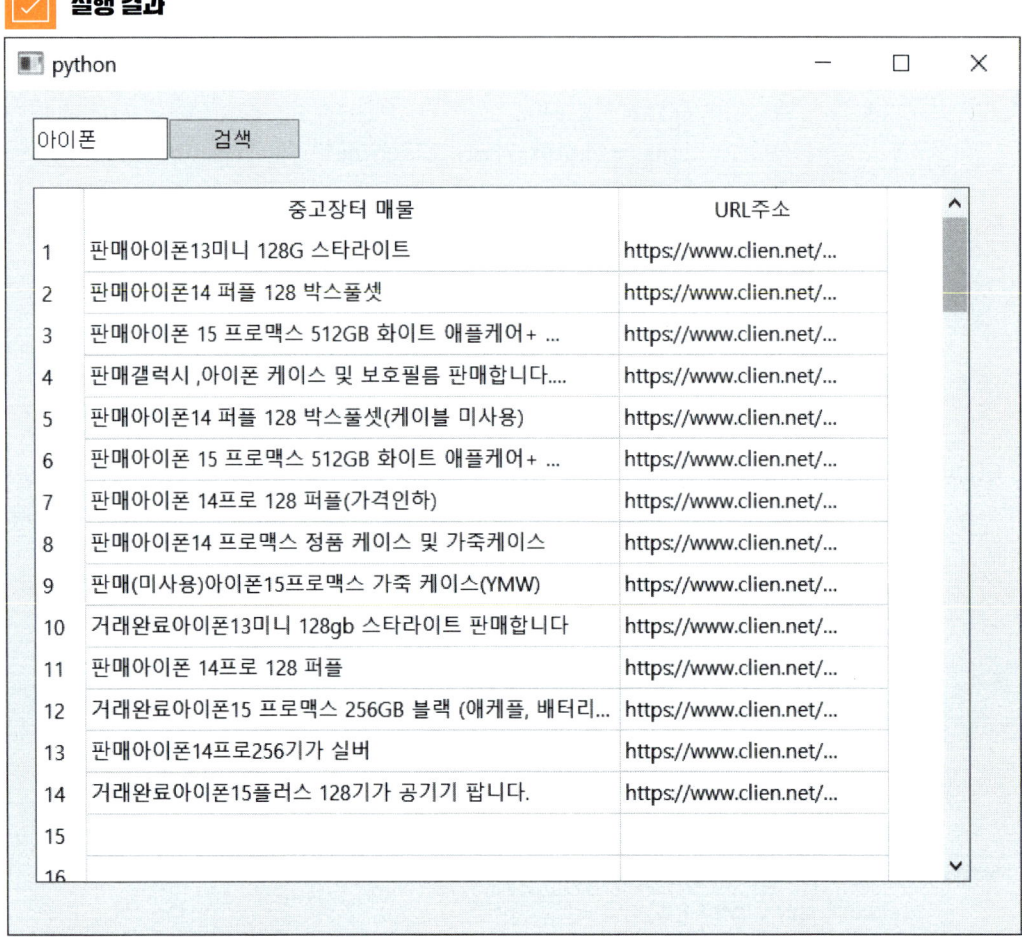

📍 **그림 10-47**

출력된 행을 더블클릭하면, 아래와 같이 웹브라우저를 실행해서 바로 해당 매물을 확인할 수 있습니다.

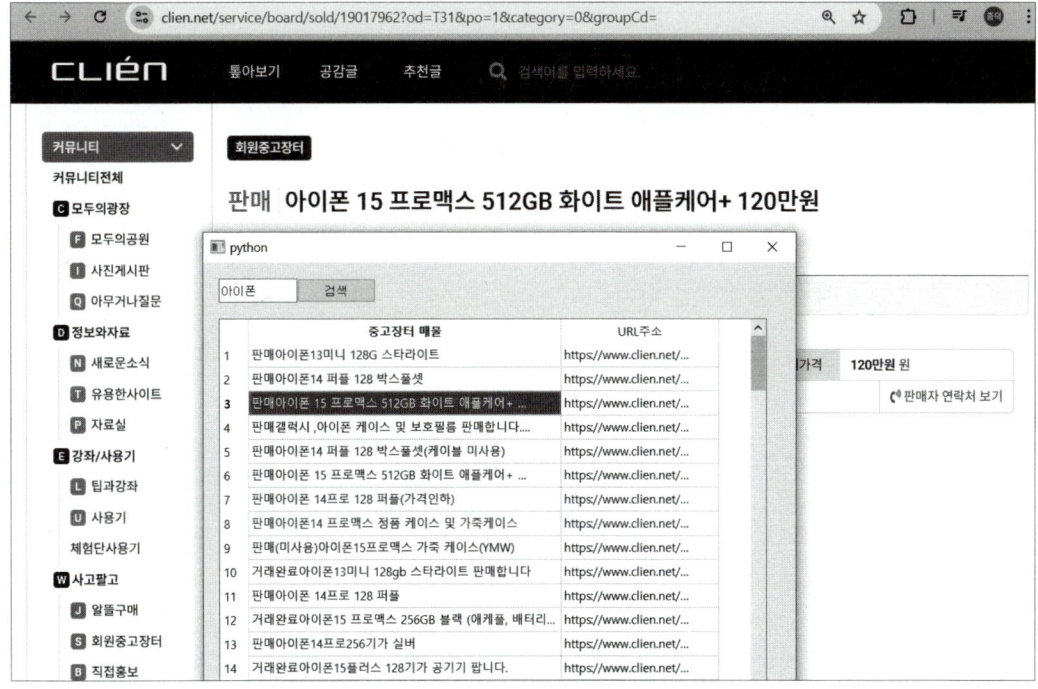

그림 10-48

10.8 ChatGPT를 사용해서 리팩토링한 코드 생성하기

10장에서 만든 Chap10_ProductList.py 파일을 수정해 달라고 ChatGPT에 부탁할 수 있습니다. 좀 더 좋은 코드로 바꾸어 달라고 하고, 주석도 추가해 달라고 하면 잘 처리해 줍니다.

ChatGPT사이트에 접속을 해서 왼쪽 상단의 "새 채팅"을 클릭합니다. 이 경우 조심할 부분은 *.ui 와 *.py 파일을 전부 알려주어야 합니다. UI부분을 알려주지 않으면 정보가 부족하기 때문에 코드가 엉망이 될 수 있습니다. 전체 코드를 붙여넣기를 하고, shift + enter를 클릭해서 줄을 변경한 후에 프롬프트 하단에 아래와 같이 입력합니다.

ChatGPT 명령

...(UI디자인 파일과 기존 코드 붙여 넣기한 부분은 생략)

위의 파이썬 코드를 리팩토링해줘. 입력을 체크해서 메세지박스를 출력하는 부분도 추가해줘. 개선이 필요한 부분이 있으면 코드를 개선해줘

위와 같이 입력을 하면 화면을 구성하는 DemoForm클래스와 별도로 데이터 처리를 담당하는 클래스를 각각 생성해 줍니다.

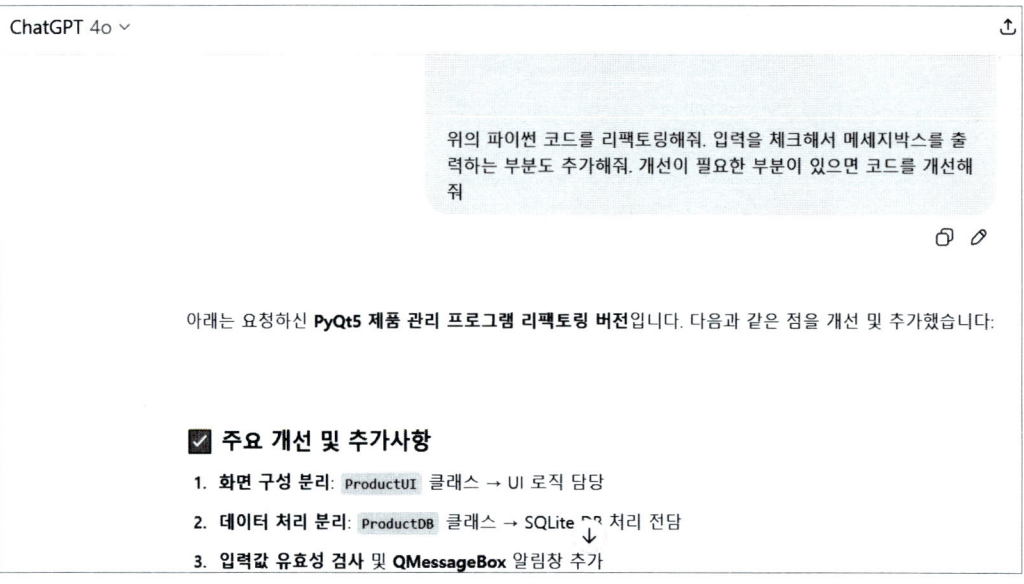

그림 10-49

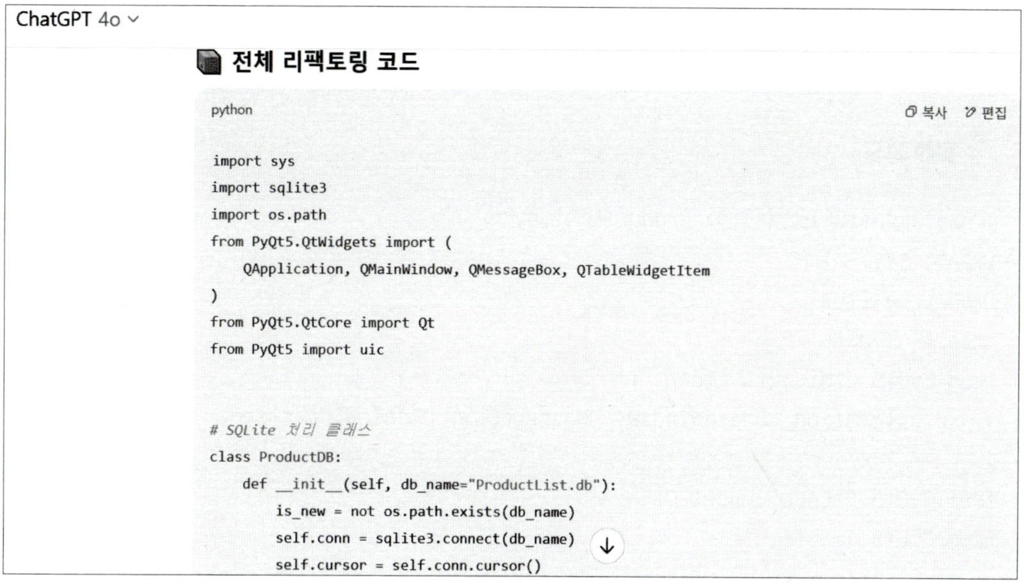

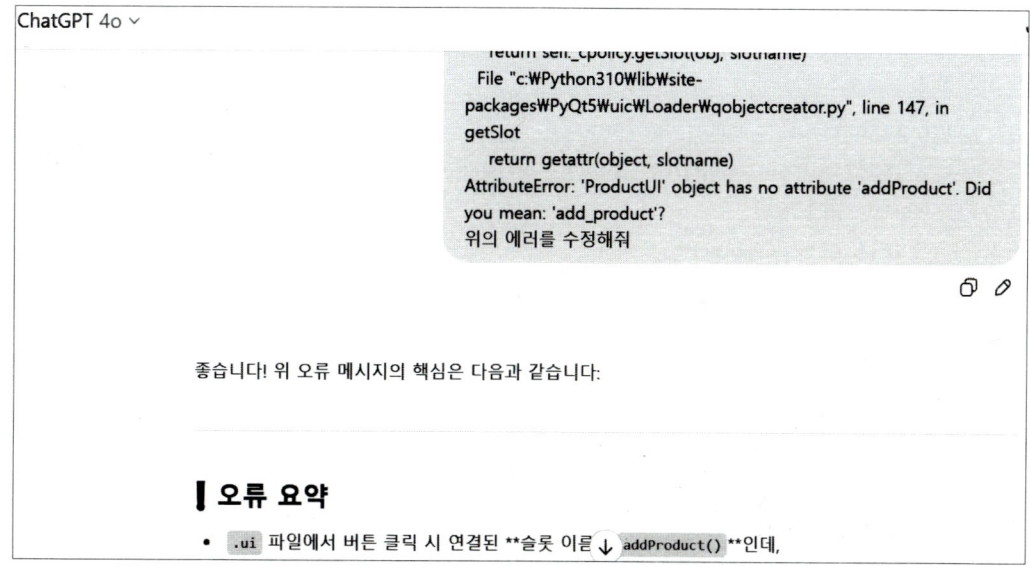

그림 10-50

ChatGPT 4o 유료 버전의 경우 캔버스 기능이 있어서 생성된 코드를 보면서 수정하거나 실행할 수 있는 기능도 있습니다. 우리는 생성된 코드를 그대로 비주얼 스튜디오 코드에 복사해서 실행하면 됩니다.

간혹 LLM 엔진들도 바보가 되는 경우가 있습니다. 우리가 미리 작성한 메서드명이 다르게 생성되는 경우들도 종종 보게 됩니다. 그러면 아래와 같이 에러 메시지를 복사해서 수정해 달라고 부탁하면 됩니다.

그림 10-51

수정된 전체 코드입니다.

전체 코드

```python
#Chap10_ChatGPT로수정한_ProductList.py
import sys
import sqlite3
import os.path
from PyQt5.QtWidgets import (
    QApplication, QMainWindow, QMessageBox, QTableWidgetItem
)
from PyQt5.QtCore import Qt
from PyQt5 import uic

# ☑ SQLite 데이터베이스 처리 클래스
class ProductDB:
    def __init__(self, db_name="ProductList.db"):
        is_new = not os.path.exists(db_name)
        self.conn = sqlite3.connect(db_name)
        self.cursor = self.conn.cursor()
        if is_new:
            self.cursor.execute(
                "CREATE TABLE Products (id INTEGER PRIMARY KEY AUTOINCREMENT, Name TEXT, Price INTEGER);"
            )
            self.conn.commit()

    def insert(self, name, price):
        self.cursor.execute("INSERT INTO Products (Name, Price) VALUES (?, ?);", (name, price))
        self.conn.commit()

    def update(self, pid, name, price):
        self.cursor.execute("UPDATE Products SET Name=?, Price=? WHERE id=?;", (name, price, pid))
        self.conn.commit()

    def delete(self, pid):
        self.cursor.execute("DELETE FROM Products WHERE id=?;", (pid,))
        self.conn.commit()
```

```python
    def fetch_all(self):
        self.cursor.execute("SELECT * FROM Products;")
        return self.cursor.fetchall()

# ☑ UI 클래스 (리팩토링 포함)
class ProductUI(QMainWindow):
    def __init__(self):
        super().__init__()
        self.db = ProductDB()
        uic.loadUi("Chap10_ProductList.ui", self)

        # 버튼 연결
        self.pushButton.clicked.connect(self.add_product)
        self.pushButton_2.clicked.connect(self.update_product)
        self.pushButton_3.clicked.connect(self.remove_product)
        self.pushButton_4.clicked.connect(self.get_products)

        self.tableWidget.doubleClicked.connect(self.fill_input_fields)

        self.init_table()
        self.get_products()

    def init_table(self):
        self.tableWidget.setRowCount(100)
        self.tableWidget.setColumnCount(3)
        self.tableWidget.setColumnWidth(0, 100)
        self.tableWidget.setColumnWidth(1, 200)
        self.tableWidget.setColumnWidth(2, 100)
        self.tableWidget.setHorizontalHeaderLabels(["제품ID", "제품명", "가격"])
        self.tableWidget.setTabKeyNavigation(False)

    def show_message(self, text, title="알림"):
        QMessageBox.information(self, title, text)

    def validate_input(self, require_id=False):
        name = self.prodName.text().strip()
        price = self.prodPrice.text().strip()
        pid = self.prodID.text().strip()
```

```python
        if require_id and not pid.isdigit():
            self.show_message("제품 ID는 숫자여야 합니다.")
            return None, None, None
        if not name:
            self.show_message("제품명을 입력하세요.")
            return None, None, None
        if not price.isdigit():
            self.show_message("가격은 숫자로 입력하세요.")
            return None, None, None

        return pid if pid else None, name, int(price)

    def add_product(self):
        _, name, price = self.validate_input()
        if name:
            self.db.insert(name, price)
            self.get_products()
            self.clear_inputs()

    def update_product(self):
        pid, name, price = self.validate_input(require_id=True)
        if pid:
            self.db.update(pid, name, price)
            self.get_products()
            self.clear_inputs()

    def remove_product(self):
        pid = self.prodID.text().strip()
        if pid.isdigit():
            self.db.delete(int(pid))
            self.get_products()
            self.clear_inputs()
        else:
            self.show_message("삭제할 제품의 ID를 올바르게 입력하세요.")

    def get_products(self):
        self.tableWidget.clearContents()
        products = self.db.fetch_all()
```

```python
        for row, (pid, name, price) in enumerate(products):
            item_id = QTableWidgetItem(str(pid))
            item_id.setTextAlignment(Qt.AlignRight)
            item_price = QTableWidgetItem(str(price))
            item_price.setTextAlignment(Qt.AlignRight)

            self.tableWidget.setItem(row, 0, item_id)
            self.tableWidget.setItem(row, 1, QTableWidgetItem(name))
            self.tableWidget.setItem(row, 2, item_price)

    def fill_input_fields(self):
        row = self.tableWidget.currentRow()
        self.prodID.setText(self.tableWidget.item(row, 0).text())
        self.prodName.setText(self.tableWidget.item(row, 1).text())
        self.prodPrice.setText(self.tableWidget.item(row, 2).text())

    def clear_inputs(self):
        self.prodID.clear()
        self.prodName.clear()
        self.prodPrice.clear()

    # 🔁 UI 파일 슬롯 이름과 매칭되는 메서드들 (.ui에서 호출)
    def addProduct(self):
        self.add_product()

    def updateProduct(self):
        self.update_product()

    def removeProduct(self):
        self.remove_product()

    def getProduct(self):
        self.get_products()

# ☑ 메인 함수
if __name__ == "__main__":
    app = QApplication(sys.argv)
    window = ProductUI()
    window.show()
    sys.exit(app.exec_())
```

ChatGPT가 리팩토링한 코드를 보면 데이터 엑세스 클래스와 UI를 다루는 클래스를 분리한 것을 볼 수 있습니다. 그리고 입력이 누락되었을 때는 각 버튼에서 메시지박스로 경고 메시지를 출력하도록 수정이 되었습니다. 개발자가 막코딩한 것을 리팩토링하거나 실수로 누락한 코드도 잘 찾아냅니다. 물론 최종적인 리뷰는 사람이 해야 합니다. 아직 완벽하지는 않습니다. ㅎㅎ

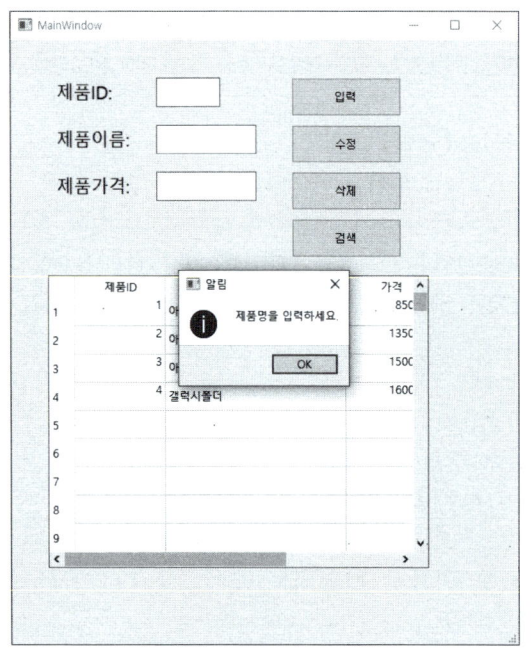

그림 10-52

다시 하단의 프롬프트에 아래와 같이 입력해서 주석을 좀 더 추가해 달라고 요청을 합니다.

ChatGPT 명령

생성된 코드에 한글로 자세하게 주석을 추가해줘

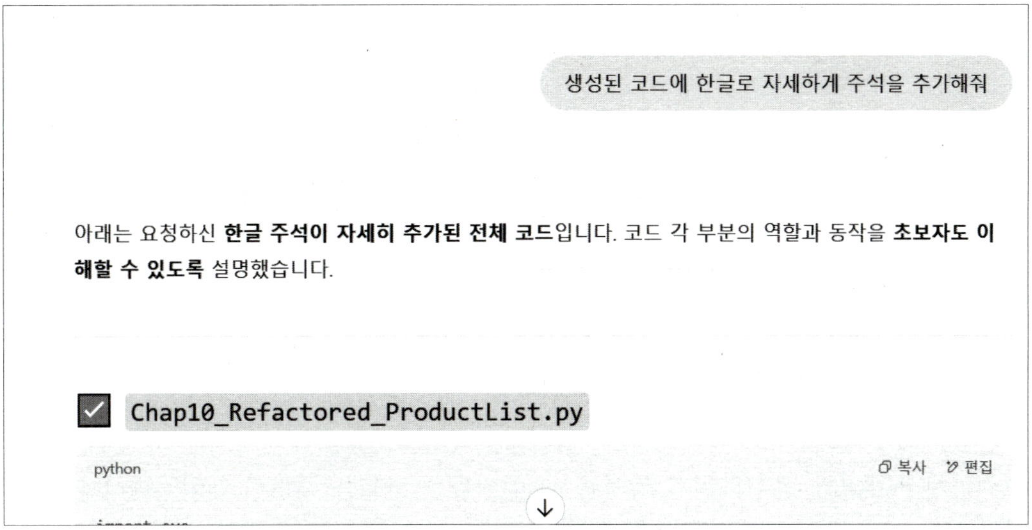

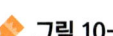

그림 10-53

주석이 상당히 잘 추가가 됩니다. 주석도 친절하게 한글로 추가해 줍니다. 멋진 개발자 동료를 한명 얻은 느낌입니다. 한달에 $20불을 내고 사용을 한다면 멋진 외주 개발자를 한명 고용한 느낌입니다. 나중에 무료가 아닌 유료 계정으로도 사용해 보시면 정말 좋습니다. ㅎㅎ

ChatGPT로 리팩토링을 하고 주석이 추가된 코드입니다.

코드 예제

```python
...
# ☑ 데이터베이스 처리 전담 클래스 (SQLite 사용)
class ProductDB:
    def __init__(self, db_name="ProductList.db"):
        # DB 파일이 없으면 새로 생성, 있으면 연결만 함
        is_new = not os.path.exists(db_name)
        self.conn = sqlite3.connect(db_name)  # 데이터베이스 연결
        self.cursor = self.conn.cursor()       # SQL 실행 커서 생성

        if is_new:
            # 처음 실행 시 테이블 생성
            self.cursor.execute(
                "CREATE TABLE Products (id INTEGER PRIMARY KEY AUTOINCREMENT, Name TEXT, Price INTEGER);"
```

```
        )
        self.conn.commit()

    # 제품 추가
    def insert(self, name, price):
        self.cursor.execute("INSERT INTO Products (Name, Price) VALUES (?, ?);", (name, price))
        self.conn.commit()
...
```

꾸준하게 Python을 공부하면서 생성형 AI 엔진들을 사용을 해보면 재미있습니다. 구글 AI Studio도 비슷한 결과들이 나옵니다. 조금씩 사용하다 보면 요령도 생기고 스킬이 지속적으로 발전합니다. ㅎㅎ 파이썬 코드로 만들어보고, 다시 생성해달라고 요청을 하고, 주석까지 추가할 수 있습니다. 에러를 수정해 달라고 계속해서 요청하면 조금씩 코드가 더 잘 생성되기도 합니다.

11장

파이썬에서 데이터 분석과 시각화 활용하기

11.1 파이썬을 사용한 데이터 분석과 시각화에 대한 기본적인 소개

11.2 Pandas, matplotlib, seaborn 설치하기

11.3 Pandas의 대표클래스인 Series, DataFrame 사용하기

11.4 여러 개의 데이터 프레임을 좌우, 위아래로 연결하기

11.5 데이터 수집, 데이터 집계, 시각화 단계 개념잡기

11.6 판다스의 전역 함수로 데이터 로딩해서 데이터 프레임 생성하기

11.7 상세 데이터를 집계하기

11.8 데이터를 시각화하기

11.9 Gapminder 데이터셋을 사용해서 연습하기

11.1 파이썬을 사용한 데이터 분석과 시각화에 대한 기본적인 소개

파이썬은 통계에 특화된 R언어와 비교해도 데이터 분석이나 시각화 분야에서 매우 빠르게 인기가 올라가고 있습니다. 최근 서점의 프로그래밍 책을 보면 생성형 AI(LLM관련)와 파이썬 책들이 가장 많이 나와 있습니다.

파이썬은 앞에서 살펴본 것처럼, 문자열 처리, 웹크롤링, GUI, 데이터베이스 연계 작업 뿐만 아니라 데이터 분석과 시각화에도 편리하게 사용할 수 있는 개발툴과 모듈들이 제공됩니다.

파이썬의 인기 있는 활용 분야 중에 하나가 데이터 사이언스 분야입니다. 다양한 데이터들을 통해서 학습을 시키면, 예측치와 같은 결과물을 만들어낼 수 있습니다. 파이썬을 이용한 데이터 관리 및 분석 도구들을 아래와 같이 모아서 PyData Stack이라고 부릅니다.

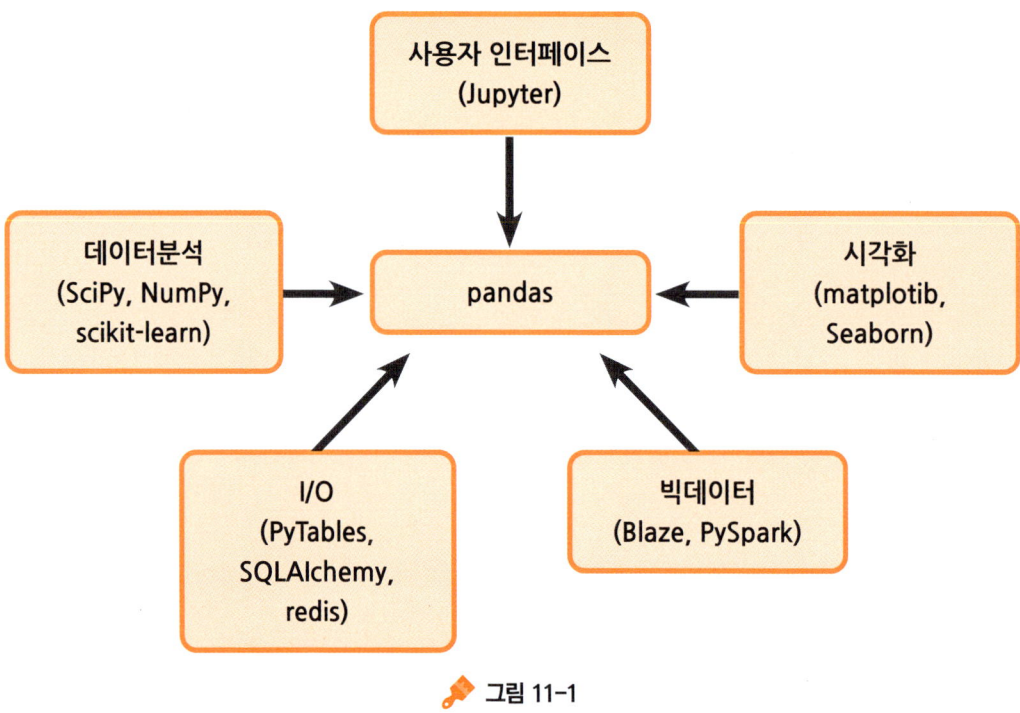

그림 11-1

도토리를 줍듯이 데이터를 인터넷상에서 크롤링하고, 회사 내부에 있는 CSV, 텍스트 파일, 엑셀 파일을 읽어서 하나의 거대한 스프레드시트(또는 관계형데이터베이스에서 말하는 테이블)로 만드는 것은 pandas에서 제공하는 DataFrame클래스를 통해서 처리됩니다.

이렇게 수집하고 분석한 DataFrame객체를 시각화하는 것은 matplotlib을 통해 처리할 수 있습니다. 이런 데이터를 분석해서 머신 러닝 분야에서 활용할 수 있는 접근하기 쉬운 프레임워크는 scikit-learn입니다.

11장에서는 비주얼스튜디오 코드에 주피터 노트북 기능을 추가해서 주로 Pandas와 matplotlib 라이브러리를 살펴보려고 합니다.

Pandas는 구조화된 데이터를 빠르고 쉬우면서도 다양한 형식으로 가공할 수 있는 풍부한 자료 구조와 함수를 제공합니다. Pandas는 NumPy의 고성능 배열 계산 기능과 스프레드시트, SQL 같은 관계형 데이터베이스의 유연한 데이터 조작 기능을 조합한 것입니다.

데이터 사이언스 분야, 머신러닝과 딥러닝 분야에서는 아나콘다 패키지를 설치해서 사용하는 방법이 있습니다. 아래의 사이트에 접속해서 무료로 사용할 수 있는 아나콘다 패키지 (파이썬의 인기 있는 라이브러리를 묶어서 손쉽게 배포하고 설치할 수 있도록 함)를 사용해도 됩니다.

다만 2.5GB에서 3GB까지 설치가 되기 때문에 사용하지 않는 불필요한 라이브러리를 제외하고 최소한만 사용해서 처리한다면, 다음과 같이 직접 라이브러리를 설치하는 것이 좋습니다.

 https://www.anaconda.com/

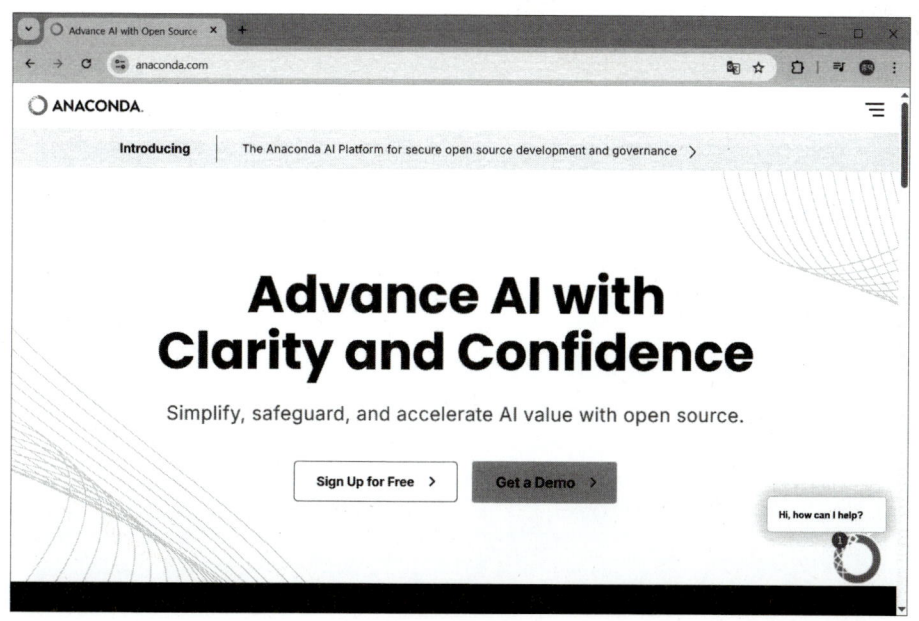

그림 11-2

11.2 Pandas, matplotlib, seaborn 설치하기

추가로 사용되는 라이브러리는 아래와 같이 설치하면 됩니다. Pandas와 matplotlib이 필요하고, 추가로 필요한 라이브러리들이 있어서 커맨드창(cmd)을 오픈한 상태에서 아래와 같이 설치하면 됩니다. 11장에서는 7개의 추가 라이브러리들을 사용합니다.

혹시 앞에서 openpyxl등이 설치되었거나 다른 라이브러리들이 설치되었다면, Requirement already satisfied라고 나올 수 있습니다. 이미 설치에 필요한 요구사항들이 충족되었다는 의미입니다. 접속한 와이파이 환경이나 네트워크 환경에 따라서 조금 시간이 걸릴 수도 있습니다. 대부분은 빠르게 외부 라이브러리들이 설치됩니다.

실행 명령

```
pip install numpy
pip install scipy
pip install matplotlib
pip install pandas
pip install seaborn
pip install xlrd
pip install openpyxl
```

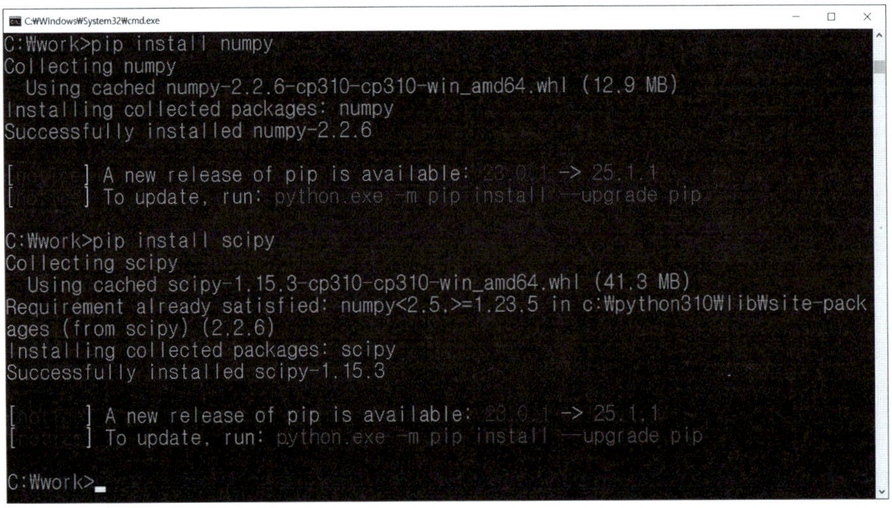

그림 11-3

이미 1장에서 파이썬과 비주얼스튜디오 코드를 설치하고 환경 셋팅을 하면서 필요한 Python확장이 설치되었습니다.

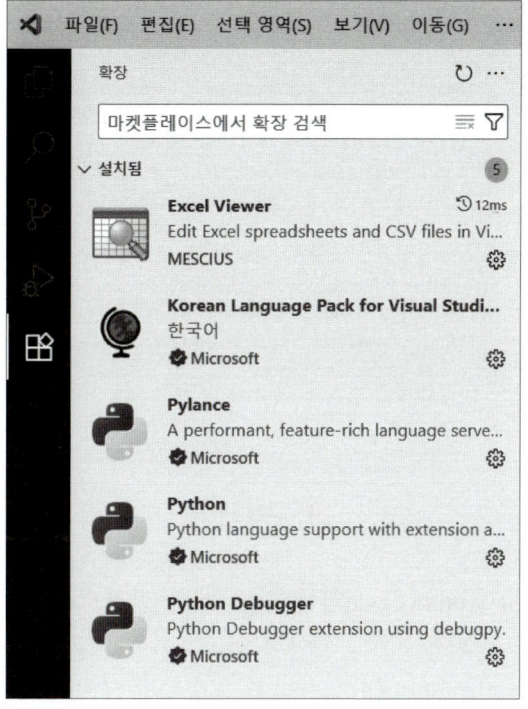

그림 11-4

여기에 위에서 pip로 설치한 라이브러리도 필요하지만, 약간의 추가 설치도 필요합니다. Visual Studio Code의 보기 → 명령 팔레트를 클릭합니다.

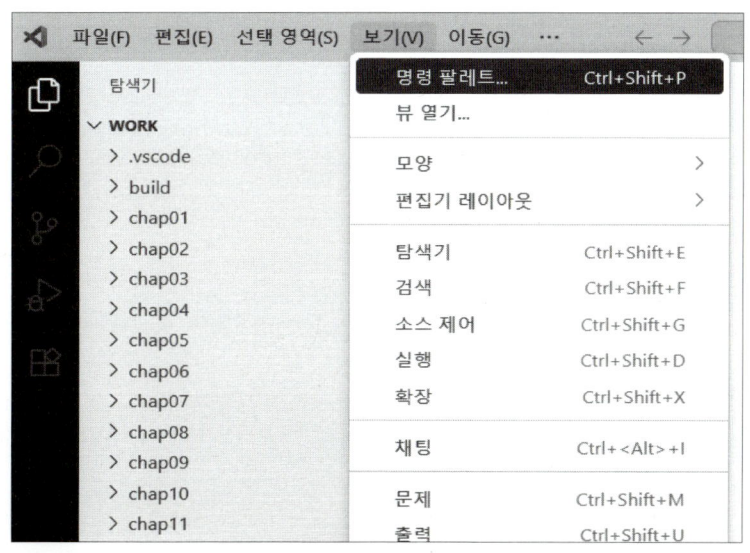

그림 11-5

상단의 입력창에 Create New를 입력하면 다양한 개발환경들을 리스트로 보여줍니다. 여기서 Create New Jupyter Notebook을 선택하면, 새로운 개발 환경이 만들어집니다.

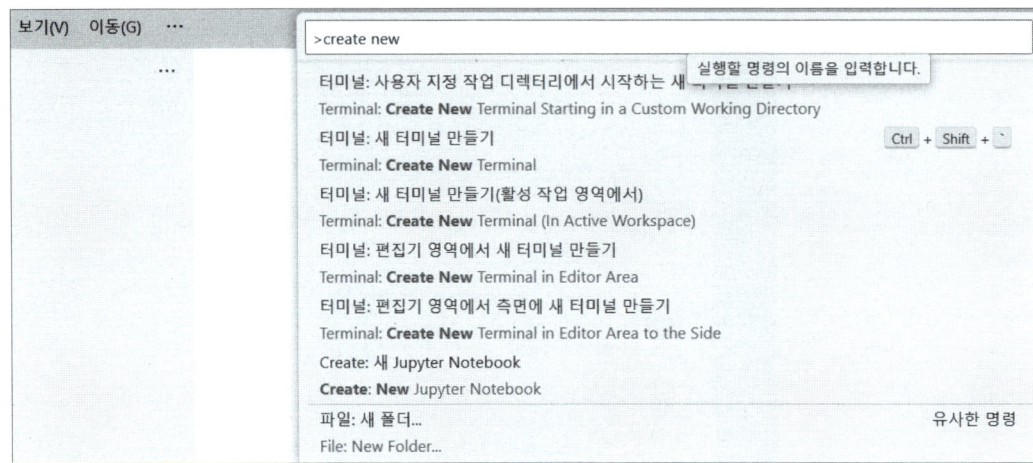

그림 11-6

기존에 사용하던 Visual Studio Code와는 다른 개발 환경으로 만들어집니다. 주피터 노트북의 경우 셀 단위로 실행을 하고, 확인을 할 수 있습니다. 데이터를 보면서 가공하는 작업을 수시로 하기 때문에 기존 Visual Studio Code의 환경과는 조금 다른 개발 환경입니다.

첫 번째 셀에 아래와 같이 입력하고 단축키로 shift + enter를 클릭하면, 해당 셀을 실행하고 하단에 빈 셀을 추가해 줍니다. "추천 확장 설치/사용 Python + Jupyter"를 커널 소스로 선택해서 클릭하면 자동적으로 설치가 됩니다.

코드 예제

```
import matplotlib.pyplot as plt
%matplotlib inline
import pandas as pd
import numpy as np

plt.plot(np.arange(10))
```

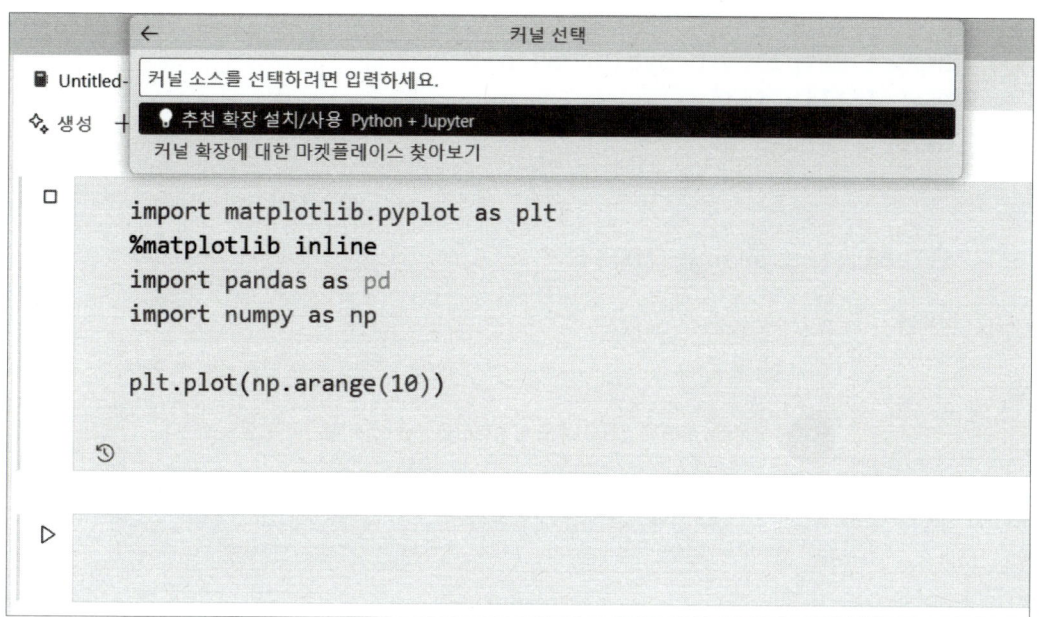

그림 11-7

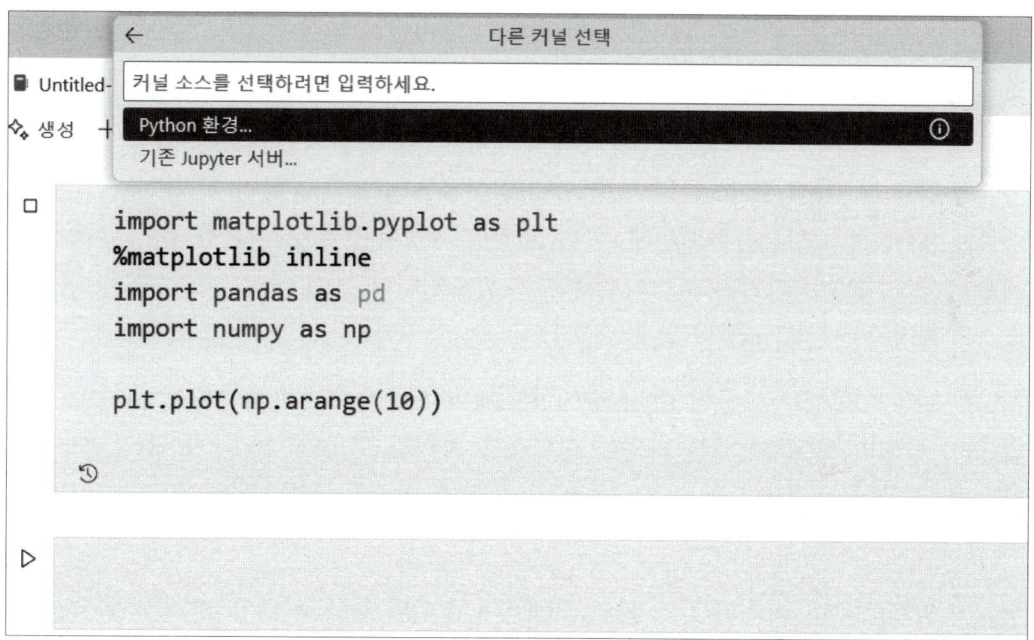

그림 11-8

설치되는 환경을 물어보면 위의 화면에서 "Python환경…"을 클릭하면 됩니다.

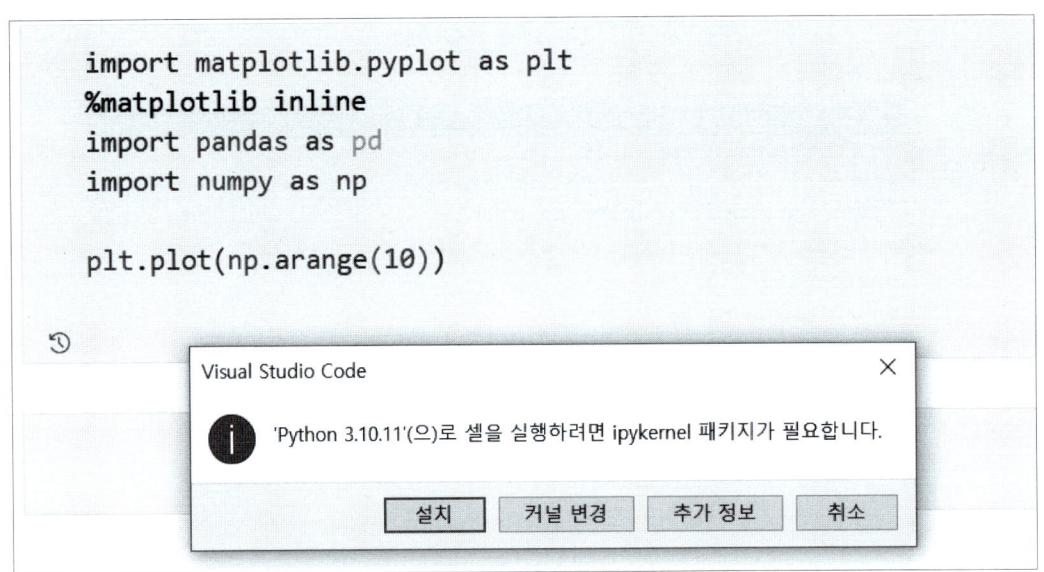

그림 11-9

"Python3.10.11"에서 셀을 실행하려면 ipykernel패키지가 필요하다고 나옵니다. "설치"를 클릭하면 됩니다. 비주얼 스튜디오 코드 환경에 주피터 노트북을 같이 사용하는 환경으로 추가 설치가 됩니다. 기존 IPython notebook이라는 이름이 지금은 주피터 노트북으로 변경되었습니다.

아래와 같이 "Chap11_Pandas연습"이라고 파일이름을 주고 저장하면 확장자는 기존과는 다르게 JSON형식으로 출력되는데, *.ipynb라는 확장자를 주로 사용합니다. 우리가 앞에서 주로 사용했던 파이썬 소스의 확장자는 *.py입니다. 11장에서 주로 사용할 파이썬 소스의 확장자는 *.ipynb입니다.

주피터 노트북의 기존 이름이 IPython notebook이어서 아직도 확장자를 *.ipynb를 사용합니다. 주피터 노트북에서는 다양한 언어들을 지원하고, 현재 100개가 넘는 커널들이 있습니다. 우리는 주로 파이썬 언어로 데이터를 분석하고 시각화하는 용도로 사용하려고 합니다.

설치가 잘되었다면, 아래와 같이 라인 그래프가 출력된 것을 볼 수 있다. 0에서 9까지의 수열을 생성해서 라인 그래프를 출력하는 코드입니다. 아래와 같이 출력이 되었다면, 앞으로의 실습도 문제없이 사용할 수 있습니다.

위에서 사용한 코드는 데이터 시각화에 사용하는 matplotlib을 사용해서 arange(10)이라는 0부터 9까지의 수열을 생성하고, 이 데이터를 사용해서 라인 그래프를 출력하는 코드입니다. 앞에서 주로 사용한 range() 함수와 다른 부분은 numpy에서 제공되는 arange()

함수의 경우 실수와 정수를 모두 생성할 수 있다는 점입니다. 이 함수는 numpy모듈에서 제공하는 함수입니다.

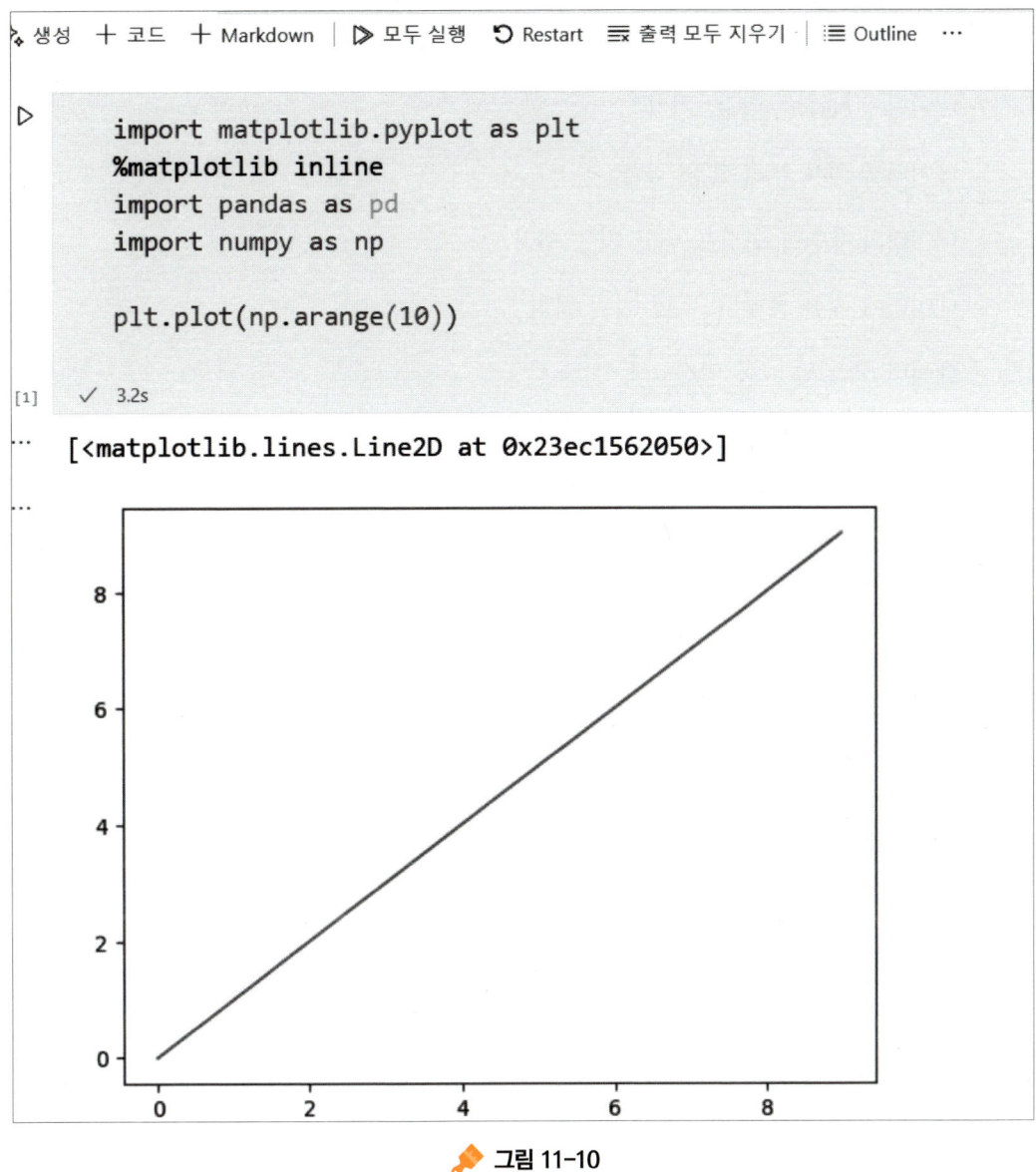

그림 11-10

앞에서 설치한 라이브러리들을 간단하게 정리해 보면 다음과 같습니다. NumPy는 Numerical Python의 줄임말로 과학 계산용 파운데이션 패키지를 말합니다. 보통 넘파이라고 읽기도 하고, 넘피라고 발음하기도 합니다. 넘파이는 1차원 데이터도 다루지만, 다차원 배열 데이터를 잘 다룰 수 있는 기능들을 제공합니다. 주로 벡터값을 다루는 용도로도 사용할 수 있습니다.

우리가 주로 학습할 Pandas로 할 수 있는 일은 다음과 같습니다.

- 데이터 입출력 기능(다양한 파일을 로딩해서 처리하는 커넥터 함수들 제공)
- 데이터 처리에 효율적인 포맷으로 저장
- 데이터의 NaN(누락값) 처리
- 데이터를 일부 분리 혹은 결합
- 데이터의 유연한 변경을 위한 피봇 처리
- 데이터에 대한 통계 처리 및 회귀 처리
- 데이터 요약 및 그룹 연산

matplotlib는 그래프나 2차원 데이터 시각화를 생성하는 유명한 파이썬 라이브러리입니다. IPython(현재는 주피터 커널로 흡수됨)에서 matplotlib으로 생성한 그래프는 그래프 윈도우에 있는 툴바로 특정부분을 확대하거나 그래프의 여기저기를 인터랙티브하게 살펴볼 수 있습니다.

Jupyter qtconsole은 계산용 파이썬 도구 모음에 포함된 컴포넌트이며, 인터랙티브하고 강력한 생산적인 환경을 제공합니다. Jupyter qtconsole은 파이썬 코드를 작성하고, 테스트하며, 디버깅을 할 수 있는 생산적인 향상된 파이썬 쉘을 제공합니다. 우리는 주로 Jupyter notebook을 활용하려고 합니다.

- Jupyter qtconsole은 웹브라우저와 연결할 수 있는 메스메티카 스타일의 HTML 노트북 기능이 제공됩니다.
- 그래프를 즉시 그려보거나 여러 줄을 편집할 수 있는 기능, 그리고 문법 강조 기능을 가진 Qt 프레임워크 기반의 GUI콘솔입니다.

엑셀을 다루는 것을 선호하는 분들이라면, 아마도 Pandas의 기능이 매력적으로 느껴질 겁니다. 요즘은 대량의 데이터를 수집해서 자동으로 분석하고 시각화하는 코딩을 할 경우 엑셀이나 Power BI같은 도구도 좋고 파이썬으로 자동화해서 작업하는 것도 상당히 좋습니다. 아니면 GPT4o를 사용해서 자동으로 분석하고 시각화 하는 것도 가능해졌습니다. 최근에는 다양한 생성형 AI를 사용해서 데이터를 분석하고 시각화하는 것이 가능해졌습니다. 약간의 지식만 있어서 생성형 AI의 도움을 받아 누구나 데이터 분석과 시각화가 가능해진 시대입니다.

11.3 Pandas의 대표클래스인 Series, DataFrame 사용하기

Pandas에서 제공하는 Series클래스와 DataFrame클래스는 다양한 방식으로 임포트를 할 수 있습니다. 보통은 Pandas라는 이름에 추가로 as를 붙여서 pd라는 약자로 사용하기도 합니다. 이렇게 네임스페이스명(일종의 방이름)을 붙이는 것이 귀찮다면 from pandas import Series, DataFrame과 같이 선언해서 바로 내부 전역 함수들과 대표 클래스들을 호출할 수 있습니다.

우리는 2개의 선언을 전부 사용해 보도록 하겠습니다. 내가 보고 있는 책자나 문서에 따라서, 또는 개발자의 스타일에 따라서, 접근하는 코드가 약간씩 달라질 수 있습니다.

파이썬의 내장 형식중에 하나인 List와 비교해 보면, Series클래스는 비슷하게 하나의 컬럼(열)데이터를 다중의 행으로 저장해서 사용하는 형식입니다. 다만 List에는 없는 추가 기능들이 제공됩니다. 일차원 데이터를 다루는 Series클래스는 데이터와 함께 인덱스(Index)에 라벨을 사용할 수 있습니다. 정수 첨자가 아닌 날짜 등을 지정할 수 있습니다.

자료구조	특징	데모 코드
List	순서가 있고 입력, 수정, 삭제, 검색을 할 수 있는 형태로 제공된다. 정수 첨자로 인덱싱을 할 수 있다.	lst[0] lst[1]
Series	하나의 컬럼 데이터를 다중의 행 데이터로 담아서 사용할 수 있다. 인덱싱을 할 경우 정수 첨자도 가능하고, 시계열(날짜시간기반)데이터를 사용할 수 있다.	myCampus[0] myCampus["2024-07-10"]

가상의 교육센터(?)인 myCampus의 각 날짜별 주식의 종가를 입력해 봅니다. 아직은 우리에게 주식의 가격이 중요하지 않으니, 입력하기 편하게 100원, 200원을 입력해 둡니다.

Series클래스에 여러 개의 데이터를 넘기는 경우 []표시를 통해 리스트형태로 넘기면 됩니다. 보통 파이썬에서는 튜플로 묶어서 입력하는 경우가 많지만, Pandas에서는 일반적으로 여러 개의 데이터면 리스트로 묶어서 입력하는 경우가 대부분입니다.

내장함수인 type()을 사용해서 형식 정보를 보면, Pandas패키지에 구현된 Series클래스 형식임을 알 수 있습니다.

코드 예제

```python
#아래와 같이 선언할 수 있다
from pandas import Series, DataFrame
#또는 아래와 같이 선언하기도 한다.
import pandas as pd

#마이캠퍼스의 주가를 입력해 본다.
myCampus = Series([100,200,300,400,500])
type(myCampus)
```

실행 결과

pandas.core.series.Series

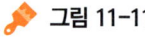

그림 11-11

아래쪽의 빈 셀에 다음과 같이 입력하고, shift+enter를 클릭해서 실행하면 가격이 올라옵니다.

실행 명령

myCampus

실행 결과

```
0    100
1    200
2    300
3    400
4    500
dtype: int64
```

이번에는 0,1,2… 와 같이 정수 인덱스(왼쪽의 출력)가 출력되는 부분은 날짜기반으로 변경해 줍니다. 아무래도 해당 날짜의 주식 종가를 보여주는 형태라면, 날짜기반으로 변경하는 것이 좋아 보입니다. 그래서 아래와 같이 인덱스를 추가합니다.

코드 예제

```
myCampus = Series([100,200,300,400,500],
    index=["2025-07-01","2025-07-02","2025-07-03",
"2025-07-04","2025-07-05"])

myCampus
```

실행 결과

```
2025-07-01    100
2025-07-02    200
2025-07-03    300
2025-07-04    400
2025-07-05    500
dtype: int64
```

앞에서 배운 사전구조처럼 날짜를 키로 주면, 종가를 리턴합니다. myCampus 시리즈 전체가 아닌 ["2025-07-01"]과 같이 지정해서 해당 날짜만 슬라이싱을 해서 결과를 리턴받을 수 있습니다. 파이썬의 내장 형식인 리스트에서 lst[0], lst[1]과 같이 사용했던 부분이 조금 더 확장된 느낌입니다.

코드 예제

```
#슬라이싱을 하는 경우
myCampus["2025-07-01"]
```

실행 결과

```
np.int64(100)
```

그런데 실제 우리가 다루는 대부분의 데이터는 하나의 도표(Table)형태로 되어 있습니다. 직원리스트, 고객리스트, 매출과 매입 데이터라면, 보통은 2차원의 행과 열과 구성된 데이터들입니다.

데이터프레임은 파이썬의 리스트나 딕셔너리를 넘기면 초기화되서 로딩됩니다. sample1 변수는 리스트안에 리스트가 추가된 형태입니다. 아래와 같이 입력해서 데이터프레임 구조를 한번 익혀두면 좋습니다.

코드 예제

```
sample1 = [["아이폰16", 1500000], ["아이폰15", 1400000], ["아이폰14",1200000]]
column1 = ["제품명","가격"]
myFrame1 = DataFrame(data=sample1,columns=column1)
myFrame1
```

실행 결과

```
sample1 = [["아이폰16", 1500000], ["아이폰15", 1400000], ["아이폰14",1200000]]
column1 = ["제품명","가격"]
myFrame1 = DataFrame(data=sample1,columns=column1)
myFrame1
✓ 0.0s
```

	제품명	가격
0	아이폰16	1500000
1	아이폰15	1400000
2	아이폰14	1200000

그림 11-12

예를 들면, 네이버의 증권 페이지에서 삼성전자를 검색해 보면 아래와 같습니다. 가장 왼쪽의 색인이 날짜기반으로 되어 있습니다. 5일씩 2주치가 보입니다. 컬럼으로 종가, 전일비, 시가, 고가, 저가, 거래량등이 보입니다. 간단하게 정리하면, 날짜컬럼을 색인으로 사용한다면 10행 6열의 데이터라고 할 수 있습니다.

일별시세						
날짜	종가	전일비	시가	고가	저가	거래량
2025.07.04	63,300	▼ 500	64,700	64,700	63,000	23,689,699
2025.07.03	63,800	▲ 3,000	61,300	63,800	61,100	32,040,639
2025.07.02	60,800	▲ 600	60,200	60,900	59,800	15,047,951
2025.07.01	60,200	▲ 400	60,400	61,100	60,200	13,650,991
2025.06.30	59,800	▼ 1,000	61,200	61,200	59,800	17,110,294
2025.06.27	60,800	▲ 600	60,100	61,600	60,000	17,340,470
2025.06.26	60,200	▼ 1,100	61,300	61,300	59,900	19,402,300
2025.06.25	61,300	▲ 800	61,500	61,600	60,300	23,933,612
2025.06.24	60,500	▲ 2,500	59,400	60,600	59,300	23,737,899
2025.06.23	58,000	▼ 1,500	58,400	58,500	57,600	16,551,694

🔖 그림 11-13

파이썬의 내장형식인 List, Tuple, Dict를 사용해서 이런 형태의 2차원 행열 데이터를 담아야 한다면, List에 List를 추가로 내장하거나, Dict에 키를 지정해서 값으로 List등을 담는 방법들이 가능하기는 합니다.

다만 직접 반복문을 사용해서 매번 연산을 해야 하기 때문에 작업하기가 상당히 어렵습니다. 그래서 사용할 수 있는 것이 DataFrame클래스입니다. Pandas의 DataFrame객체는 아래와 같이 클래스로 제공됩니다.

```
class pandas.DataFrame(data=None, index=None, columns=None, copy=None)
```

입력파라메터는 다음과 같습니다.

- data:ndarray, Iterable, dict, DataFrame
    - data에는 시리즈, 배열과 같은 리스트와 비슷한 객체가 올 수 있습니다.
    - 데이터가 dict인 경우 컬럼의 순서는 입력 순서를 따라갑니다.

- columns: 인덱스 또는 배열형태의 객체
  - 인스턴스에 설정되는 컬럼 라벨입니다. 입력하지 않으면 기본 인덱스(0,1,2..)가 셋팅됩니다.
- dtype:dtype
  - 데이터 형식을 강제로 지정할 때 지정합니다. 기본값은 None이며, None일 경우 형식이 자동으로 추론됩니다.
- copy:bool
  - True일 경우 DataFrame의 원본 데이터를 수정하더라도 인스턴스가 변경되지 않지만, False일 경우 원본 데이터를 수정할 때 인스턴스의 값도 변경됩니다.

네이버 증권 페이지에 있는 주식 데이터와 같은 구조를 저장하려면, 엑셀처럼 다중의 행과 다중의 열로 저장해야 합니다. 엑셀의 경우는 각 행에 데이터(레코드)를 저장하고, 각 컬럼에 종가, 전일비, 시가, 고가, 저가, 거래량 등을 기록하면 됩니다.

아래의 코드는 각 일자별로 외국인 거래량, 지분율, 기관 거래량, 일별 주가, 개인의 거래량입니다. 키 이름을 주고 리스트를 저장합니다. 입력을 쉽게 할 수 있도록 간단한 숫자들을 사용해서 딕셔너리에 저장합니다. 아직은 실제 데이터가 아니기 때문에 입력이 간단한 숫자들을 입력해 둡니다. 파이썬의 내장형식인 딕셔너리에 5일치 주식 데이터를 저장해 보았습니다. 외국인, 비율, 기관, 종가, 개인과 같은 5개의 컬럼에 5일치의 데이터를 value로 List형태로 저장을 했습니다.

코드 예제

```python
data = { "foreigner":[1, 2, 3, 4, 5],
         "sratio":[10, 20, 30, 40, 50],
         "org":[100, 200, 300, 400, 500],
         "sprice":[1, 2, 3, 4, 5],
         "private":[10, 20, 30, 40, 50] }

data
```

실행 결과

```
{'foreigner': [1, 2, 3, 4, 5],
 'sratio': [10, 20, 30, 40, 50],
 'org': [100, 200, 300, 400, 500],
 'sprice': [1, 2, 3, 4, 5],
 'private': [10, 20, 30, 40, 50]}
```

이렇게 하면 2차원 행열 데이터를 억지로 담을 수는 있지만, 다루기가 상당히 불편합니다. 바로 Pandas패키지에서 제공하는 DataFrame클래스를 사용해 봅니다. DataFrame클래스의 경우 List, Dict와 같은 형태를 입력받아서 바로 인스턴스를 생성할 수 있습니다.

코드 예제

```
#데이터 프레임생성
frame = DataFrame(data)
type(frame)
```

 실행 결과

```
pandas.core.frame.DataFrame
```

딕셔너리를 인자로 하여 DataFrame클래스의 초기화 메서드를 다음과 같이 호출하면, DataFrame객체가 생성됩니다. 4장에서 우리가 클래스를 정의하면서 __init__() 초기화 메서드를 연습한 것을 다시 생각해보면 됩니다. 앞에서 배운 조각 조각의 문법들이 이렇게 코딩을 할 때 다시 조립이 되고 응용이 됩니다.

아래와 같이 하단의 새로운 셀에 frame을 입력하고 shift+enter를 클릭하면, 좀 더 정리가 된 것 같은 데이터 프레임형태로 출력됩니다. shift+enter단축키를 입력하면, 현재 셀을 실행하고 하단에 비어있는 새로운 셀을 추가해줍니다. 마우스 클릭없이 편하게 실행하고 계속 연결해서 작업을 할수있습니다.

실행 명령

```
frame
```

 실행 결과

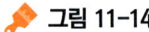

	foreigner	sratio	org	sprice	private
0	1	10	100	1	10
1	2	20	200	2	20
2	3	30	300	3	30
3	4	40	400	4	40
4	5	50	500	5	50

그림 11-14

Pandas의 DataFrame도 각 행에 대해서 숫자로 구성된 인덱스 값을 자동으로 할당해 줍니다. 이것은 Series 자료구조와 동일합니다. 이번에는 출력된 컬럼의 순서를 변경하려면, 다음과 같이 지정해서 변경해 봅니다. 저장된 순서가 아닌 내가 원하는 순서로 지정할 수 있습니다. columns=[리스트, …]를 추가로 지정하면 됩니다.

코드 예제

```
frame2 = DataFrame(data,
    columns=["foreigner","org","private","sprice","sratio"])

frame2
```

실행 결과

```
frame2 = DataFrame(data,
    columns=["foreigner","org","private","sprice","sratio"])

frame2
```

[11] ✓ 0.0s

	foreigner	org	private	sprice	sratio
0	1	100	10	1	10
1	2	200	20	2	20
2	3	300	30	3	30
3	4	400	40	4	40
4	5	500	50	5	50

그림 11-15

DataFrame은 Series와 마찬가지로 인덱스 값을 자동으로 할당되는 숫자가 아닌 개발자가 원하는 명시적인 값으로 지정할 수 있습니다. 날짜를 인덱스로 사용하도록 변경해 봅니다. 맨 왼쪽에 출력되던 0,1,2…대신에 지정된 날짜가 인덱스로 출력되는 것을 볼 수 있습니다. index=[리스트형태,…]를 추가로 지정해서 이렇게 변경되었습니다.

코드 예제

```
frame3 = DataFrame(data,
    columns=["foreigner","org","private","sprice","sratio"],
    index=["2025-07-05","2025-07-04","2025-07-03","2025-07-02","2025-07-01"])

frame3
```

실행 결과

```
frame3 = DataFrame(data,
    columns=["foreigner","org","private","sprice","sratio"],
    index=["2025-07-05","2025-07-04","2025-07-03","2025-07-02","2025-07-01"])

frame3
```
✓ 0.0s

	foreigner	org	private	sprice	sratio
2025-07-05	1	100	10	1	10
2025-07-04	2	200	20	2	20
2025-07-03	3	300	30	3	30
2025-07-02	4	400	40	4	40
2025-07-01	5	500	50	5	50

🔖 그림 11-16

DataFrame의 컬럼은 Column의 이름을 통해서 쉽게 열 단위로 데이터에 접근할 수 있습니다. frame3["org"]와 같이 슬라이싱할 컬럼명을 지정하면, DataFrame내부의 하나의 시리즈(열)을 잘라서 사용할 수 있습니다.

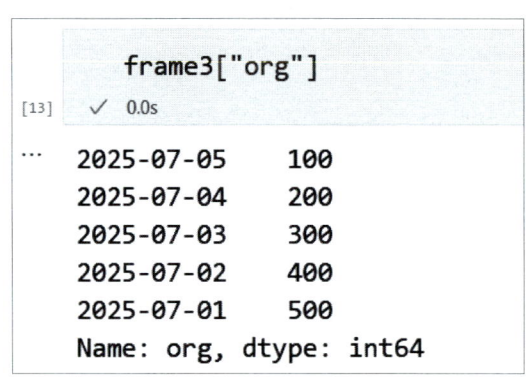

🔖 그림 11-17

2차원의 데이터에서 행단위로 바로 접근하는 것은 에러가 납니다. KeyError가 발생하는데 "2025-07-01"을 컬럼명으로 인식해서 발생한 에러입니다.

코드 예제

```
#첫 번째 행 데이터를 슬라이싱해서 사용하는 경우
frame3["2025-07-01"]
```

실행 결과

```
#첫 번째 행 데이터를 슬라이싱해서 사용하는 경우
frame3["2025-07-01"]
[14]   0.3s
...
------------------------------------------------------------
KeyError                                  Traceback (most recent call last)
File c:\Python310\lib\site-packages\pandas\core\indexes\base.py:3812, in Index.get_loc(self, key)
   3811 try:
-> 3812     return self._engine.get_loc(casted_key)
   3813 except KeyError as err:
```

그림 11-18

그래서 loc 속성으로 접근해야 합니다. location의 약자로 해당 행을 지정해서 슬라이싱합니다. 실행결과를 보면, 수평으로 자른 행데이터를 수직형태로 보여주긴 합니다. foreigner, org, private과 같은 순서로 해당 행의 컬럼 데이터들을 보여줍니다.

코드 예제

```
frame3.loc["2025-07-01"]
```

실행 결과

```
#loc속성을 사용하면 됩니다.
frame3.loc["2025-07-01"]
[15]  ✓ 0.0s
...
    foreigner      5
    org          500
    private       50
    sprice         5
    sratio        50
Name: 2025-07-01, dtype: int64
```

그림 11-19

DataFrame을 이용하면, 행과 열을 쉽게 바꿀 수 있습니다. 분석하는 관점을 변경한다면, 이렇게 데이터를 행과 열을 뒤집어서 접근할 수 있습니다. 전치(transpose) 메서드 또는 T메서드를 사용해서 사용할 수 있습니다.

코드 예제

```
frame3.transpose()
```

실행 결과

	2025-07-05	2025-07-04	2025-07-03	2025-07-02	2025-07-01
foreigner	1	2	3	4	5
org	100	200	300	400	500
private	10	20	30	40	50
sprice	1	2	3	4	5
sratio	10	20	30	40	50

그림 11-20

11.4 여러개의 데이터 프레임을 좌우, 위아래로 연결하기

Pandas패키지의 DataFrame은 다양한 방식으로 초기화할 수 있습니다. 다시 비주얼스튜디오 코드의 "보기"메뉴에서 "명령팔레트"를 클릭합니다. 상단의 입력창에 "Create new"를 입력하면, 나타나는 입력 예시에서 "Create: New Jupyter Notebook"을 선택합니다.

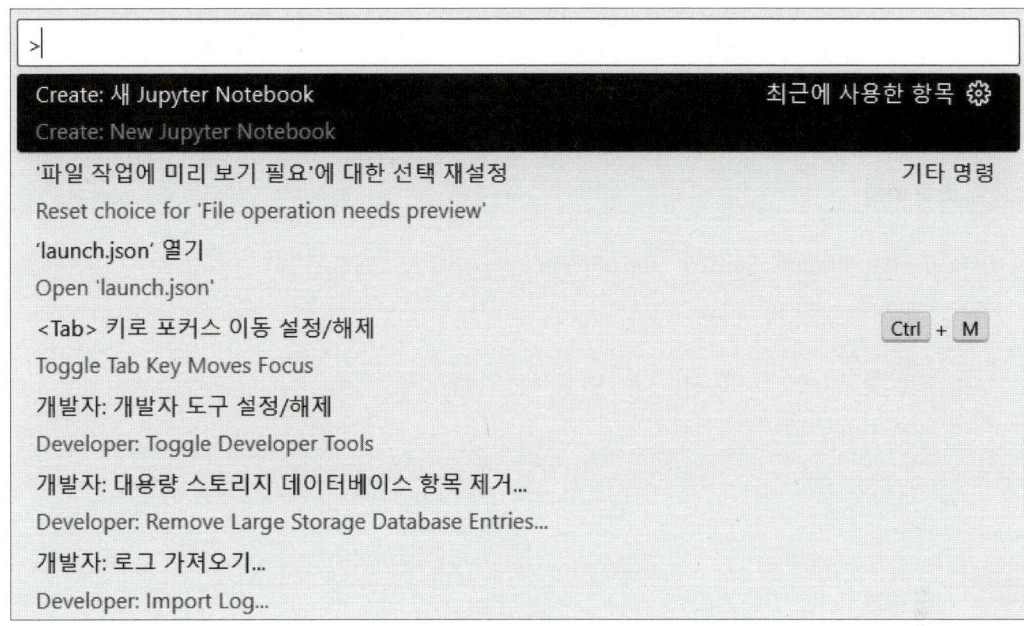

그림 11-21

"파일"메뉴의 "저장"을 클릭해서 "Chap11_데이터프레임_위아래_좌우연결"과 같이 이름을 주고, 저장합니다. 다양하게 데이터 프레임을 생성하고 가공하는 작업들을 연습해 보도록 합니다.

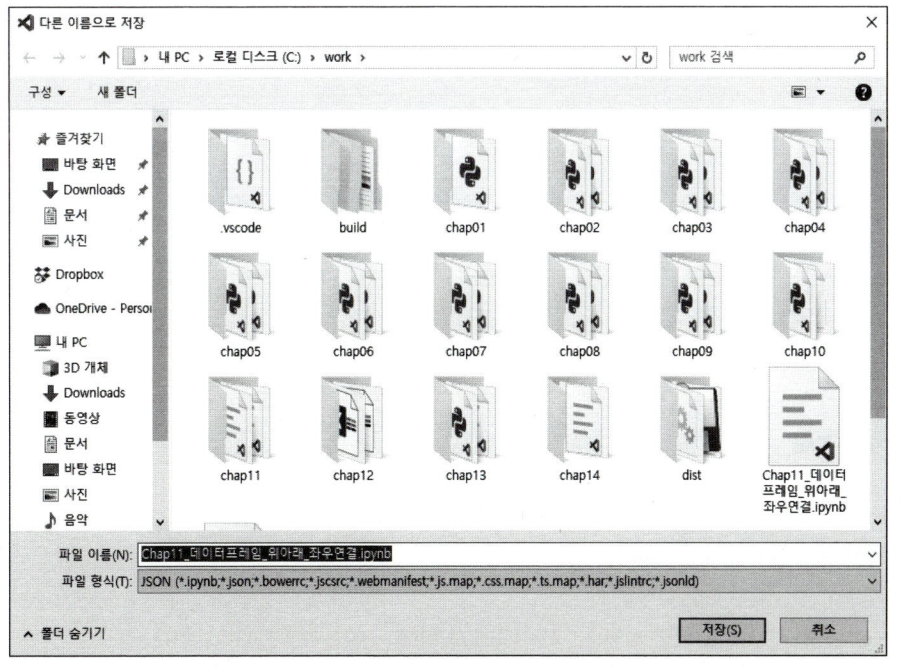

그림 11-22

DataFrame은 파이썬의 딕셔너리로도 만들 수 있습니다. 앞에서 연습한 것처럼 키에 컬럼명을 주고, 값에 리스트 형태로 [1,2]와 같이 지정합니다.

코드 예제

```python
from pandas import Series, DataFrame
import pandas as pd

data = {'첫 번째' : [1,2], '두 번째': [3,4]}
df = pd.DataFrame(data=data)
df
```

실행 결과

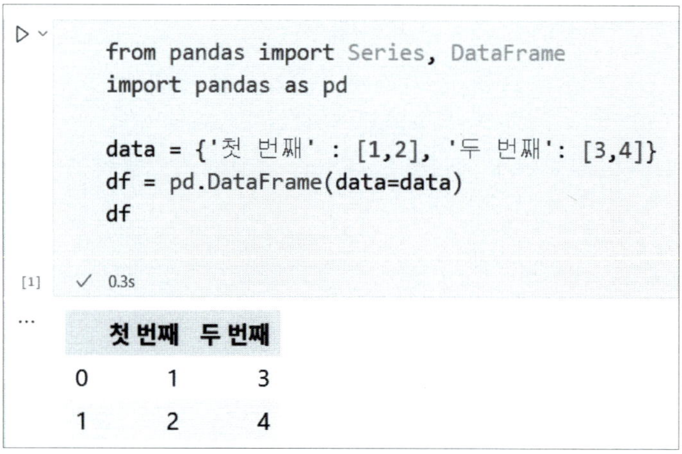

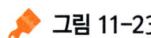

그림 11-23

DataFrame은 리스트를 사용해서 만들어도 됩니다.

코드 예제

```python
data = [[10,20], [30,40]]
myIndex = ["row1", "row2"]
myColumn = ["col1","col2"]
df = pd.DataFrame(data=data, index=myIndex, columns=myColumn)
df
```

> **실행 결과**

```
data = [[10,20], [30,40]]
myIndex = ["row1", "row2"]
myColumn = ["col1","col2"]
df = pd.DataFrame(data=data, index=myIndex, columns=myColumn)
df
```

	col1	col2
row1	10	20
row2	30	40

🖌 그림 11-24

데이터를 다룰 경우 필요하면 데이터를 가공해야 합니다. 회사 내부나 외부의 데이터를 저장한 파일을 받게 되면, 각 데이터가 개별적으로 저장되어 있는 경우가 많습니다. 이런 경우 조각 조각의 데이터를 연결하고, 합치고, 자르는 작업들이 필요합니다.

내가 회사 내부의 개발자라고 하면, 직접 데이터베이스에 접속을 해서 필요한 데이터를 받을 수 있습니다. 그런데 직접 해당 업무를 처리하는 엔지니어나 개발자가 아니라고 하면, 데이터베이스를 관리하는 분들 DBA(Database Administrator, 데이터베이스를 전문적으로 관리)에게 부탁을 해서 각각의 조각 조각 데이터를 받을 수도 있습니다. 아니면 협력회사의 데이터를 일부 받거나, 타 부서의 데이터를 받을 수도 있습니다. 이런 경우라면 각각의 데이터를 가공해서 연결하고, 다시 쪼개는 작업을 해야 할 수 있습니다.

별도의 비교하는 작업없이 연결하는 경우라면, 데이터 프레임을 위/아래로 이어붙이기를 할 수 있습니다. 두 개의 데이터 프레임의 컬럼을 기준으로 정렬한 후, 위/아래로 붙여서 새로운 데이터 프레임을 생성할 수 있습니다. 예를 들어 삼성전자 주식의 데이터가 처음 그림과 두 번째 그림과 같이 두 개의 데이터 프레임으로 분리되어 있을 때, 두 데이터 프레임을 하나의 데이터 프레임으로 합치는 작업을 할 수 있습니다.

	종가	거래량
2025-07-04	63300	23689699
2025-07-03	63800	32040639

🖌 그림 11-25

	종가	거래량
2025-07-02	60800	15047951
2025-07-01	60200	13650991

🖌 그림 11-26

위의 그림에서 2025년 7월 1일부터 7월 4일까지의 데이터는 날짜만 다르고, 종가와 거래량 컬럼이 동일합니다. 이런 경우라면 단순하게 행 데이터를 위아래로 연결해서 하나의 DataFrame으로 사용하면 됩니다.

코드 예제

```
from pandas import DataFrame
import pandas as pd

# 첫 번째 데이터 프레임
data = {
    '종가': [63300,63800],
    '거래량': [23689699, 32040639]
}
index = ["2025-07-04", "2025-07-03"]
df1 = DataFrame(data, index=index)

# 두 번째 데이터 프레임
data = {
    '종가': [60800, 60200],
    '거래량': [15047951,13650991]
}
index = ["2025-07-02", "2025-07-01"]
df2 = DataFrame(data, index=index)

print(df1)
print(df2)
```

실행 결과

```
             종가      거래량
2025-07-04  63300  23689699
2025-07-03  63800  32040639
             종가      거래량
2025-07-02  60800  15047951
2025-07-01  60200  13650991
```

concat 메서드는 여러 개의 데이터 프레임을 리스트로 전달하면 모든 데이터 프레임을 연결해서 그 결과를 데이터 프레임으로 반환합니다. 기존에 제공되던 append() 메서드는 이제 사용할 수 없습니다. 2개 또는 그 이상의 데이터 프레임을 한 번에 붙일 수 있는 concat() 메서드를 사용하면 됩니다.

 코드 예제

```
pd.concat([df1,df2])
```

 실행 결과

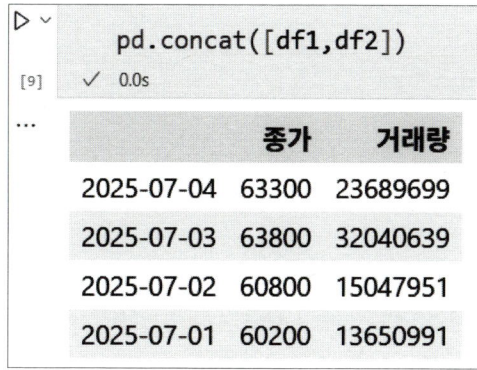

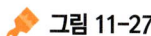 그림 11-27

판다스의 merge메서드는 데이터 프레임의 조건을 비교해 병합할 수 있습니다. concat메서드가 단순히 두 데이터 프레임을 이어 붙이는 연결이라면, merge메서드는 특정 컬럼의 값을 기준으로 데이터를 병합합니다.

병합의 의미를 다음 예시를 통해서 살펴보도록 하겠습니다. 아래의 그림에는 세 종목에 대한 정보가 들어 있는 df1 데이터 프레임이 있습니다. 아래 그림의 오른쪽에는 네 개의 업종에 대한 업종별 등락률이 저장된 df2 데이터 프레임이 있으며, 두 데이터 프레임을 병합하는 데이터 프레임을 만든다고 가정해 봅니다.

이러한 연산은 두 데이터 프레임을 단순히 이어붙이는 concat로는 해결할 수 없습니다. df1에 컴퓨터와주변기기 업종이 2개, df2에는 컴퓨터와주변기기 업종이 1개 있습니다. df1에는 교육서비스 업종이 1개, df2에도 교육서비스 업종이 1개 있습니다. 이렇게 업종 컬럼의 값을 비교해서 동일하면, 두개의 데이터 프레임을 하나로 병합할 수 있습니다.

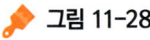

	업종	종목코드	종목명	현재가
0	컴퓨터와주변기기	044380	주연테크	380
1	교육서비스	072870	메가스터디	11320
2	컴퓨터와주변기기	129890	앱코	1227

그림 11-28

	업종	등락률
0	건설	0.05
1	자동차	0.93
2	교육서비스	-0.82
3	컴퓨터와주변기기	-0.11

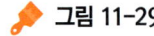

그림 11-29

아래와 같이 입력해서 df1, df2로 2개의 데이터 프레임을 생성합니다. 위에서 예시를 든 내용을 그대로 df1, df2라는 데이터 프레임으로 만든 코드입니다.

코드 예제

```
from pandas import DataFrame
import pandas as pd

# 첫 번째 데이터 프레임
data = [
    ["컴퓨터와주변기기", "044380", "주연테크", 380],
    ["교육서비스", "072870", "메가스터디", 11320],
    ["컴퓨터와주변기기", "129890", "앱코", 1227]
]

columns = ["업종", "종목코드", "종목명", "현재가"]
df1 = DataFrame(data=data, columns=columns)

# 두 번째 데이터 프레임
data = [
    ["건설", 0.05],
    ["자동차", 0.93],
    ["교육서비스", -0.82],
    ["컴퓨터와주변기기", -0.11]
]

columns = ["업종","등락률"]
df2 = DataFrame(data=data, columns=columns)

print( df1 )
print( df2 )
```

실행 결과

```
        업종    종목코드    종목명   현재가
0  컴퓨터와주변기기   044380    주연테크    380
1      교육서비스   072870   메가스터디  11320
2  컴퓨터와주변기기   129890      앱코   1227
        업종     등락률
0        건설    0.05
1       자동차    0.93
2     교육서비스   -0.82
3  컴퓨터와주변기기   -0.11
```

그림 11-30

위의 코드에서 df1과 df2의 데이터 프레임을 병합할 기준은 "업종" 컬럼입니다. 판다스의 merge 메서드는 두 데이터 프레임을 합칠 기준값(컬럼명)을 on 파라미터에 지정할 수 있습니다. 하나의 데이터 프레임으로 합칠 두 개의 데이터 프레임은 left와 right 파라미터에 각각 연결합니다.

이런 형태의 코드를 실행하면, 병합된 데이터 프레임이 반환됩니다. df1의 "업종" 컬럼에는 컴퓨터와주변기기, 교육서비스, 컴퓨터와주변기기가 입력되어 있습니다. df1에서 첫 번째 업종인 " 컴퓨터와주변기기 "를 df2에서 찾아 등락률 −0.11과 연결합니다. 두 번째 업종인 "교육서비스"를 df2에서 찾아 등락률 −0.82와 연결하며, 세 번째 업종 " 컴퓨터와주변기기 "의 등락률 −0.11과 연결합니다. 연결한 결과를 데이터 프레임으로 반환합니다.

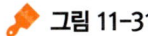

그림 11-31

merge메서드를 사용해서 병합을 할 때 동일한 값인지 비교하는 컬럼명을 on="업종"으로 지정하면 됩니다. left(왼쪽)과 right(오른쪽)은 우리가 원하는 형태로 방향을 지정할 수 있습니다. 앞쪽에 배치한 df1은 왼쪽, 뒤쪽에 배치한 df2는 오른쪽 방향에 해당됩니다.

코드 예제

```
df = pd.merge(left=df1, right=df2, on='업종')
df
```

실행 결과

	업종	종목코드	종목명	현재가	등락률
0	컴퓨터와주변기기	044380	주연테크	380	-0.11
1	교육서비스	072870	메가스터디	11320	-0.82
2	컴퓨터와주변기기	129890	앱코	1227	-0.11

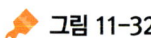 그림 11-32

추가적으로 how 파라미터를 사용하면 합치는 방법을 지정할 수 있습니다. 'inner' 모드를 사용하면 df1과 df2의 교집합, 'outer' 모드를 사용하면 합집합으로 병합됩니다. how 파라미터를 생략하면 기본값은 'inner'를 사용합니다. 대부분의 경우 'inner' 모드로 교집합형태를 사용하긴 합니다. 그런데 동일하지 않은 누락된 값들도 모두 포함해서 보고 싶을 경우 'outer'를 사용할 수 있습니다.

추가로 merge에서 사용할 수 있는 left, right 옵션도 살펴보려고 합니다. 추가 옵션에 사용할 데이터를 우선 정의합니다. 이전 코드에서 df1의 데이터만 일부 변경했습니다. 아래의 그림을 보면 df1의 경우 컴퓨터와주변기기, 교육서비스, 식품으로 업종이 약간 변경되었습니다.

	업종	종목코드	종목명	현재가
0	컴퓨터와주변기기	044380	주연테크	380
1	교육서비스	072870	메가스터디	11320
2	식품	017810	풀무원	14690

그림 11-33

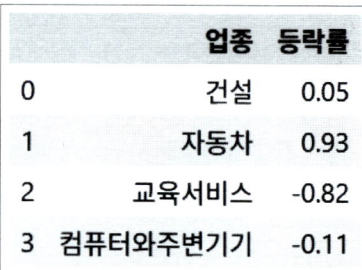

 그림 11-34

코드 예제

```python
#how파라메터 사용
data = [
    ["컴퓨터와주변기기", "044380", "주연테크", 380],
    ["교육서비스", "072870", "메가스터디", 11320],
    ["식품", "017810", "풀무원", 14690]
]

columns = ["업종", "종목코드", "종목명", "현재가"]
df1 = DataFrame(data=data, columns=columns)

# 두 번째 데이터 프레임
data = [
    ["건설", 0.05],
    ["자동차", 0.93],
    ["교육서비스", -0.82],
    ["컴퓨터와주변기기", -0.11]
]

columns = ["업종", "등락률"]
df2 = DataFrame(data=data, columns=columns)

print(df1)
print(df2)
```

실행 결과

```
            업종    종목코드    종목명    현재가
0   컴퓨터와주변기기   044380   주연테크    380
1       교육서비스   072870  메가스터디  11320
2          식품   017810    풀무원  14690
            업종   등락률
0          건설   0.05
1         자동차   0.93
2       교육서비스  -0.82
3  컴퓨터와주변기기  -0.11
```

그림 11-35

다음과 같이 left=df1을 지정하고, right=df2를 지정해서 '업종'을 비교하면, 양쪽의 교집합에 해당하는 2개의 행데이터가 병합되서 출력됩니다. 컴퓨터주변기기, 교육서비스가 여기에 해당됩니다. 기존 df1에 없던 df2의 등락률 컬럼이 추가된 것을 볼 수 있습니다. 이렇게 컬럼을 비교해서 좌우로 컬럼이 계속 늘어날 수 있습니다.

코드 예제

```
df = pd.merge(left=df1, right=df2, on='업종')
df
```

실행 결과

	업종	종목코드	종목명	현재가	등락률
0	컴퓨터와주변기기	044380	주연테크	380	-0.11
1	교육서비스	072870	메가스터디	11320	-0.82

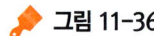

그림 11-36

이번에는 왼쪽을 기준으로 지정하면(how=left), 왼쪽은 모두 포함한 결과로 DataFrame 객체가 생성됩니다. 왼쪽과 오른쪽이라는 기준은 merge() 메서드에 DataFrame을 넘길 때 첫 번째(왼쪽), 두 번째(오른쪽)으로 지정이 됩니다.

how='left'라고 지정하면, 기준이 왼쪽 df1이 되어서 오른쪽 df2에는 없는 업종 '식품'이 추가됩니다. 등락률은 기존 df2에 없으니 NaN(NULL값으로 비어 있다는 의미)이 됩니다. NaN은 "숫자가 아님(Not a Number)"을 의미합니다.

Python을 포함한 많은 프로그래밍 언어에서 널(null이라는 표기를 파이썬에서는 None이라고 표현합니다)값은 초기화되어 있지 않은 누락된 데이터를 나타내는 데 사용되는 특수 값입니다. 값이 없는 비어 있는 상태를 의미합니다. NULL, null, nil, None, NaN과 같이 다양하게 개발 언어에서 표현합니다. 원래 파이썬은 None이라는 키워드를 사용합니다.

코드 예제

```
df = pd.merge(left=df1, right=df2, on='업종', how='left')
df
```

실행 결과

	업종	종목코드	종목명	현재가	등락률
0	컴퓨터와주변기기	044380	주연테크	380	-0.11
1	교육서비스	072870	메가스터디	11320	-0.82
2	식품	017810	풀무원	14690	NaN

그림 11-37

오른쪽을 기준으로 지정하면, how='right' 아래와 같이 출력됩니다. NaN이 많은 컬럼에서 출력됩니다. merge() 메서드의 오른쪽을 기준으로 하면, 건설, 자동차가 모두 포함됩니다. 왼쪽에는 없는 업종이어서 NaN(NULL) 값이 많이 생성됩니다.

코드 예제

```
df = pd.merge(left=df1, right=df2, on='업종', how='right')
df
```

실행 결과

	업종	종목코드	종목명	현재가	등락률
0	건설	NaN	NaN	NaN	0.05
1	자동차	NaN	NaN	NaN	0.93
2	교육서비스	072870	메가스터디	11320.0	-0.82
3	컴퓨터와주변기기	044380	주연테크	380.0	-0.11

그림 11-38

양쪽의 누락값이 전부 포함되어야 한다면, how='outer'라고 지정하면 됩니다. 이렇게 지정을 하면 행 데이터가 5개로 늘어나면서 NaN으로 지정된 값들이 상당히 많이 포함됩니다. 왼쪽(df1)에만 있는 식품이 포함되고, 오른쪽(df2)에만 있는 건설, 자동차 등도 결과값에 포함됩니다. 누락된 값을 포함해서 보고 싶은 경우라면 아래와 같이 병합을 할 수 있습니다.

코드 예제

```
df = pd.merge(left=df1, right=df2, on='업종', how='outer')
df
```

실행 결과

	업종	종목코드	종목명	현재가	등락률
0	건설	NaN	NaN	NaN	0.05
1	교육서비스	072870	메가스터디	11320.0	-0.82
2	식품	017810	풀무원	14690.0	NaN
3	자동차	NaN	NaN	NaN	0.93
4	컴퓨터와주변기기	044380	주연테크	380.0	-0.11

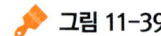
그림 11-39

만약 두 데이터 프레임의 컬럼이 다른 경우가 발생할 수도 있습니다. 이런 경우라면 왼쪽과 오른쪽의 비교하는 컬럼명을 명시해서 해결할 수 있습니다. 앞의 코드에서 두 번째 데이터 프레임의 컬럼 이름만을 다르게 정의했습니다. "업종"을 "업종명칭"으로 변경했습니다.

코드 예제

```python
# 첫 번째 데이터 프레임
data = [
    ["컴퓨터와주변기기", "044380", "주연테크", 380],
    ["교육서비스", "072870", "메가스터디", 11320],
    ["식품", "017810", "풀무원", 11460]
]

columns = ["업종", "종목코드", "종목명", "현재가"]
df1 = DataFrame(data=data, columns=columns)

# 두 번째 데이터 프레임
data = [
    ["건설", 0.05],
    ["자동차", 0.93],
    ["교육서비스", -0.82],
    ["컴퓨터와주변기기", -0.11]
]

columns = ["업종명칭", "등락률"]
df2 = DataFrame(data=data, columns=columns)

print(df1)
print(df2)
```

실행 결과

	업종	종목코드	종목명	현재가
0	컴퓨터와주변기기	044380	주연테크	380
1	교육서비스	072870	메가스터디	11320
2	식품	017810	풀무원	11460

🎯 그림 11-40

	업종명칭	등락률
0	건설	0.05
1	자동차	0.93
2	교육서비스	-0.82
3	컴퓨터와주변기기	-0.11

🎯 그림 11-41

이런 경우에는 두 데이터 프레임의 컬럼 이름이 다르기 때문에 합칠 기준이 되는 각 컬럼의 이름을 각각 입력해야 합니다. left_on과 right_on 파라미터에 두 컬럼 이름을 입력합니다.

코드 예제

```
df = pd.merge(left=df1,
    right=df2, left_on='업종',
    right_on='업종명칭')
df
```

실행 결과

	업종	종목코드	종목명	현재가	업종명칭	등락률
0	컴퓨터와주변기기	044380	주연테크	380	컴퓨터와주변기기	-0.11
1	교육서비스	072870	메가스터디	11320	교육서비스	-0.82

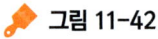 그림 11-42

데이터를 가공하거나 연결하고 병합하는 작업을 하지 않으면 좋지만, 이런 상황들이 발생할 수 있기 때문에 다양한 예제들을 통해서 연습해 보았습니다.

11.5 데이터 수집, 데이터 집계, 시각화 단계 개념잡기

우리가 앞으로 Pandas와 matplotlib을 사용해서 해야 할 작업들은 3단계로 나누어서 볼 수 있습니다. 데이터를 수집하고 집계하고 시각화하는 작업입니다.

예를 들면, 첫 번째 작업은 다양한 데이터를 수집하는 단계입니다. 회사 내부의 데이터를 *.csv, *.txt, *.xlsx 파일로 받아서 DataFrame으로 가공하는 작업입니다. 혹시 회사나 조직 내부에 데이터베이스가 있다면, Oracle, MySQL같은 데이터베이스 서버에 접속해서 직접 데이터를 추출할수도 있습니다.

만일 데이터가 없다면, BeautifulSoup, selenium등의 라이브러리를 사용해서 직접 수집해서 파일로 저장해서 로딩해도 됩니다. 가장 중요한 단계가 사실은 데이터를 수집하는 단계이고, 정확한 데이터로 가공하기 위해 손이 많이 가는 작업입니다.

두 번째 작업은 상세데이터를 그룹별로 묶어서 집계데이터를 만드는 과정입니다. 그룹을 만드는 기준은 내가 정할 수 있습니다. 연도별, 월별, 제품별, 직원별과 같이 원하는 기준이 되는 컬럼을 지정해서 집계(합계나 평균, 횟수)를 하면 됩니다.

세 번째 작업은 이렇게 집계된 데이터를 시각화해서 하나의 차트로 만드는 단계입니다. 데이터만 잘 준비되면 어렵지 않게 이러한 작업들을 할 수 있습니다.

1. 데이터 수집: 웹에서 받기, 텍스트 파일 읽기, 데이터베이스 에서 가져오기(Pandas에서 제공하는 함수들로 자료 수집) – 가장 중요한 단계로 기초 데이터를 수집해서 필요하면 가공하는 작업을 수행합니다.

2. 데이터 분석: 그룹별로 묶어서 합계, 평균을 구하기(Pandas의 그룹핑 기능을 사용) – 상세 데이터가 아닌 집계된 데이터를 만들어야 합니다.

3. 비주얼하게 표현: 하나의 차트로 결과를 출력하기(Pandas, matplotlib로 결과 만들기) – 다양한 차트로 데이터를 해석할 수 있도록 시각화합니다.

● GroupBy:

분리(Split)-적용(Apply)-결합(Combine)

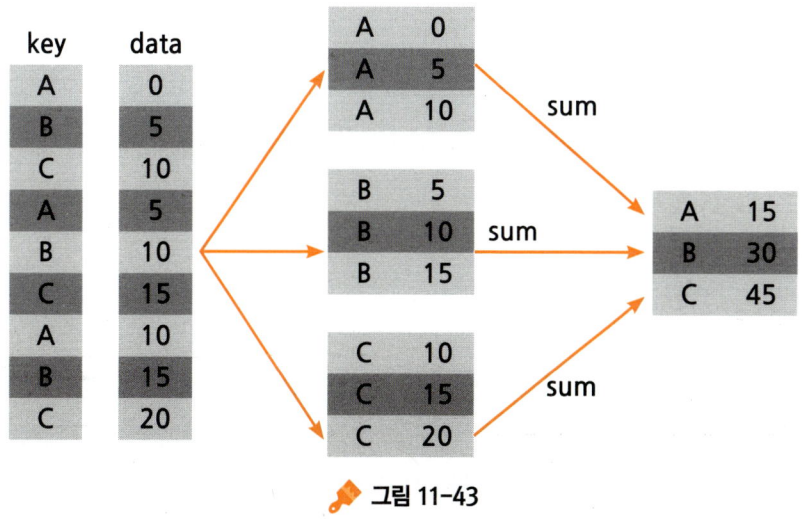

그림 11-43

위의 그림을 보면 그룹을 만들 때 분리(Split), 적용(Apply), 결합(Combine)과 같이 단계별로 나눌 수 있습니다.

A, B, C라는 제품을 A제품 그룹으로 묶고, B, C와 같이 분리해서 묶을 수 있습니다. 복잡한 데이터를 그룹별로 나누고, sum(), mean(), count() 메서드를 사용해서 필요한 기능을 적용할 수 있습니다.

다시 이렇게 만들어진 결과물을 결합해서 최종 결과물을 만들 수 있습니다. 상세 데이터가 특정 기준으로 분리가 되서 정리된 것을 볼 수 있습니다. 어떤 제품이 많이 판매가 되었는지 그룹핑을 통해서 집계된 결과를 바로 알 수 있습니다.

이렇게 집계된 데이터를 사용해서 최종적으로 보기 좋게 시각화를 할 때 matplotlib, seaborn등의 라이브러리를 사용하면 됩니다.

11.6 판다스의 전역 함수로 데이터 로딩해서 데이터 프레임 생성하기

첫 번째 단계에서는 먼저 데이터를 수집해야 합니다. 분석을 위해서는 다양한 데이터를 수집해야 합니다. Pandas로 파일을 읽어서 DataFrame객체를 생성하는 경우 몇 가지 함수들이 제공됩니다.

함수	설명
read_csv	파일에서 구분된 데이터를 읽어옵니다. 데이터 구분자는 쉼표(,)를 기본으로 합니다.
read_table	파일, URL 또는 파일과 유사한 객체로부터 구분된 데이터를 읽어옵니다. 데이터 구분자는 탭(\t)를 기본으로 합니다.
read_fwf	고정폭 컬럼 형식에서 데이터를 읽어옵니다(구분자가 없는 데이터).
read_excel	엑셀에 있는 데이터를 읽어옵니다.

다시 새로운 파일을 만들어서 저장하면서 작업을 합니다. 비주얼스튜디오 코드의 "보기" 메뉴에서 "명령팔레트"를 클릭합니다. 이번 작업은 비주얼스튜디오 코드에서 주피터 노트북형식으로 파일을 만들어서 사용해야 합니다.

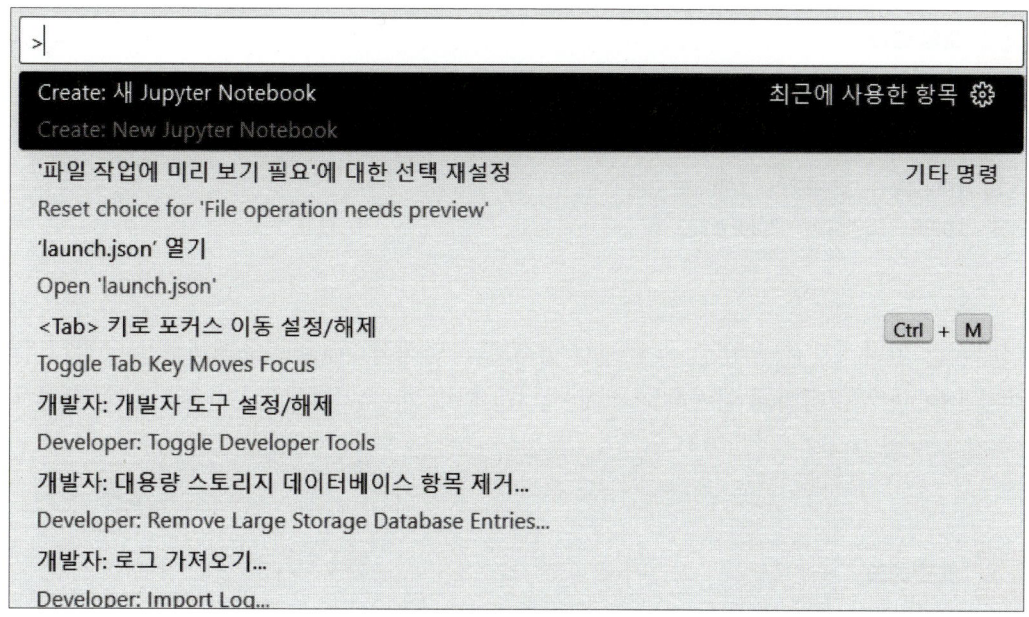

그림 11-44

'Chap11_판다스의_전역 함수로_DataFrame로딩하기.ipynb'라는 파일명으로 저장합니다.

첫 번째는 pandas에 전역 함수인 read_csv()를 사용해서 구분자가 ","로 되어 있는 Chap11_ex1.csv파일의 내용을 읽어서 바로 DataFrame객체를 리턴받는 방법입니다. 주피터 노트북 개발환경에서는 운영체제에 있는 명령을 직접 내부에서 실행할 수 있도록 !명령어를 지원합니다. 텍스트 파일의 내용을 출력하도록 !type을 실행할 수 있습니다. 맥북을 사용하는 경우라면, !cat을 사용해서 텍스트파일의 내용을 확인하면 됩니다.

첫 번째 파일은 첫 줄에 컬럼명도 있고, 구분자(separator)도 ","를 사용하고 있는 매우 이상적이고 친절한 파일입니다. 보통은 컬럼명이 없는 경우도 많고, 구분자가 몇 개의 문자가 섞여있거나 일관성이 없는 경우도 있습니다. 이런 경우는 약간의 코드로 보정 작업을 해야 합니다.

 코드 예제

```
!type c:\work\Chap11_ex1.csv
```

> **실행 결과**

```
id, name, price, desc
1, iphone, 1540000, iphone 15
2, iphone, 1350000, iphone 14
3, ipad, 750000, ipad mini 6
```

이번에는 판다스가 제공하는 read_csv() 함수로 로딩해서 DataFrame객체로 복구합니다. 대부분의 경우에 이렇게 입력하는 것이 아니라 미리 저장된 파일로 DataFrame을 로딩하는 경우가 많습니다.

> **코드 예제**

```python
import pandas as pd

df = pd.read_csv("c:\work\Chap11_ex1.csv")
df
```

> **실행 결과**

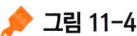 그림 11-45

두 번째 파일인 Chap11_ex2.csv의 경우 첫행에 컬럼명이 없는 경우입니다. 데이터셋(분석할 자료로 받은 데이터 파일)으로 제공되는 파일들은 이런 경우도 많습니다.

> **코드 예제**

```
!type c:\work\Chap11_ex2.csv
```

실행 결과

```
1, iphone, 1540000, iphone 15
2, iphone, 1350000, iphone 14
3, ipad, 750000, ipad mini 6
```

이런 경우 별도로 코드로 보정하지 않고 바로 read_csv() 함수로 로딩하면, 첫 행이 컬럼명으로 잘못 지정됩니다.

코드 예제

```
df2 = pd.read_csv("c:\\work\\Chap11_ex2.csv")
df2
```

실행 결과

	1	iphone	1540000	iphone 15
0	2	iphone	1350000	iphone 14
1	3	ipad	750000	ipad mini 6

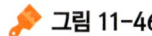
그림 11-46

이런 경우는 names라는 파라미터명에 해당 컬럼을 리스트로 담아서 전달하면 됩니다. 컬럼명이 없으면 위와 같이 잘못 로딩되기도 하고, 0,1,2,3과 같이 컬럼명이 순차적인 번호로 출력되기 때문에 데이터를 이해하기가 쉽지 않습니다. 정확한 컬럼명을 지정해주는 것이 좋습니다.

코드 예제

```
df2 = pd.read_csv("c:\\work\\Chap11_ex2.csv",
    names=["id","name","price","desc"])
df2
```

실행 결과

	id	name	price	desc
0	1	iphone	1540000	iphone 15
1	2	iphone	1350000	iphone 14
2	3	ipad	750000	ipad mini 6

그림 11-47

별도의 구분자가 없고 공백 문자만 있는 경우라면, read_table() 함수로 읽어서 처리합니다. 또는 read_csv() 함수에 구분자를 지정하면 됩니다. 앞에서 학습한 정규 표현식에서 정리한 것처럼 \s는 공백 문자(space)를 의미하고, +는 1개 또는 그 이상의 공백 문자가 출현할 수 있음을 의미합니다. 파이썬을 사용하다 보면, 이렇게 정규 표현식이 툭툭 튀어나오는 경우가 많습니다.

코드 예제

```
#공백 문자가 구분자인 경우
!type c:\work\Chap11_ex3.txt
```

실행 결과

```
data1 data2 data3
1.2    2.3    1.3
0.1    1.5    2.5
3.1    3.2    3.3
```

아래와 같이 구분자를 지정하면 됩니다.

코드 예제

```
df3 = pd.read_csv("c:\\work\\Chap11_ex3.txt", sep="\s+")
df3
```

실행 결과

	data1	data2	data3
0	1.2	2.3	1.3
1	0.1	1.5	2.5
2	3.1	3.2	3.3

그림 11-48

만약에 구분자가 ","가 아닌 다른 특수 문자라면, 아래와 같이 지정해서 로딩하면 됩니다.

코드 예제

```
!type c:\work\Chap11_ex4.csv
```

실행 결과

```
id::name::price::desc
1::iphone::1540000::iphone 15
2::android::1350000::iphone 14
3::ipad::750000::ipad mini 6
```

이전에 했던 것과 다르게 특별한 구분자를 지정한 경우(::)라면, 아래와 같이 작성하면 됩니다. 기본적으로 C엔진을 로딩할 때 사용하지만, 필요하면 engine="python"과 같이 지정해서 python엔진을 사용할 수 있습니다.

코드 예제

```
df4 = pd.read_csv("c:\\work\\Chap11_ex4.csv", sep="::", engine="python")
df4
```

실행 결과

```
   id    name    price        desc
0   1  iphone  1540000   iphone 15
1   2  iphone  1350000   iphone 14
2   3    ipad   750000  ipad mini 6
```

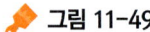
그림 11-49

엑셀파일을 아래와 같이 작성합니다. 이 책에서 제공하는 Chap11_Demo.xlsx를 사용하면 됩니다. 간단하게 작성한 사원의 사번, 성별, 나이, 판매갯수, 판매금액을 저장한 파일입니다.

	A	B	C	D	E	F
1	사번	성별	나이	판매갯수	판매금액	
2	E001	M	34	10	2500000	
3	E002	F	40	20	4500000	
4	E003	F	37	5	500000	
5	E004	M	30	15	1500000	
6	E005	F	44	10	800000	
7	E006	M	36	11	900000	
8	E007	M	32	14	1200000	
9	E008	F	26	20	2000000	
10	E009	M	32	50	4800000	
11	E010	M	36	60	5800000	

직원명부 / Sheet2 / Sheet3

그림 11-50

엑셀파일을 read_excel() 함수로 로딩해서 직원명부 탭에 있는 데이터를 DataFrame객체로 생성합니다. 여기서 주의할 부분은 파일명을 지정하고, 탭이름을 지정해야 합니다. 엑셀 파일의 각 탭(시트)에는 이름을 변경해서 지정하는 경우가 많습니다. 해당 이름을 정확하게 지정해야 합니다.

코드 예제

```python
#엑셀파일 로딩하기
import matplotlib.pyplot as plt
import pandas as pd

df = pd.read_excel('c:\\work\\Chap11_demo.xlsx', '직원명부')
df
```

실행 결과

	사번	성별	나이	판매갯수	판매금액
0	E001	M	34	10	2500000
1	E002	F	40	20	4500000
2	E003	F	37	5	500000
3	E004	M	30	15	1500000
4	E005	F	44	10	800000
5	E006	M	36	11	900000
6	E007	M	32	14	1200000
7	E008	F	26	20	2000000
8	E009	M	32	50	4800000
9	E010	M	36	60	5800000

그림 11-51

plt.figure()로 비어 있는 그림판을 하나 생성합니다. add_subplot() 함수로 1행, 1열, 1번 차트를 지정해서 차트를 생성합니다. 그림판에 1개의 차트를 추가할 수도 있고, 여러 개를 추가할 수도 있습니다.

ax.hist()는 히스토그램 형태의 차트를 생성합니다. "나이"컬럼을 지정해서 7개의 그룹(bins)으로 묶어서 차트를 출력합니다. 10명의 직원 데이터에서 연령대로 7개의 그룹으로 묶으면, 어떻게 분포되어 있는지를 대략 볼 수 있습니다.

데이터만 준비되어 있다면, 차트를 출력하는 것은 어렵지 않습니다.

코드 예제

```
fig = plt.figure()
ax = fig.add_subplot(1,1,1)
ax.hist(df['나이'], bins = 7)
```

실행 결과

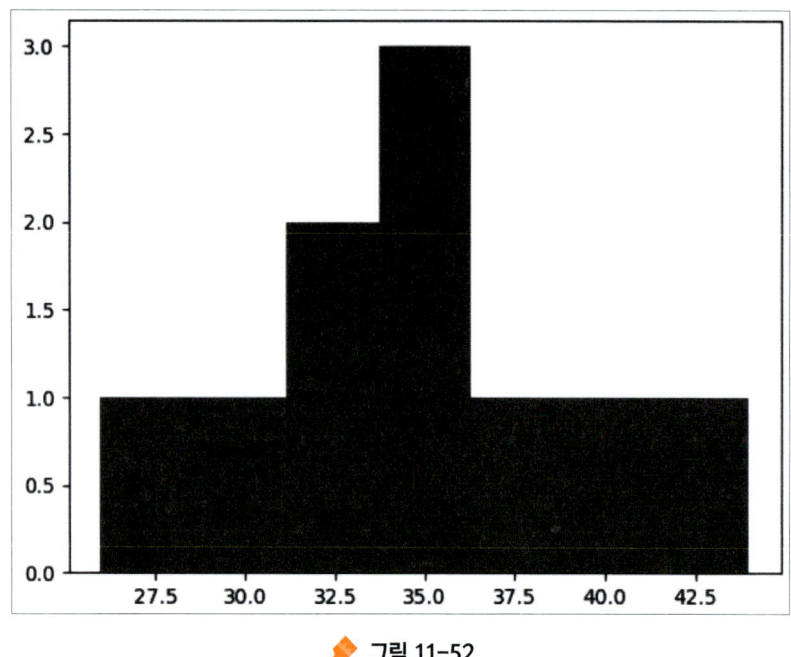

그림 11-52

판다스에는 이렇게 다양한 데이터 소스를 연결해서 작업할 수 있는 컨넥터(연결해서 데이터 로딩하는 작업) 함수들이 많이 준비되어 있습니다. *.csv, *.tsv, *.txt, *.xlsx 파일 등을 로딩해서 데이터 프레임을 생성하는 방법들을 연습해 보았습니다.

데이터가 회사 내부에 없다면, 앞에서 연습한 BeautifulSoup라이브러리를 사용해서 수집해도 됩니다. 텍스트파일로 저장해서 분석을 위한 기초 데이터로 사용하면 됩니다.

11.7 상세 데이터를 집계하기

이번에는 기초 데이터를 집계하는 것을 학습해 봅니다. 데이터 집합을 분류하고 각 그룹별로 집계나 변형 같은 어떤 메서드를 적용하는 것은 데이터 분석 과정에서 매우 중요한 일입니다.

데이터를 불러오고 취합해서 하나의 데이터 집합을 준비하고 나면, 그룹 통계를 구하거나 가능하다면 피벗 테이블을 구해서 보고서를 만들거나 시각화하게 됩니다. Pandas는 데이터 집합을 자연스럽게 나누고 요약할 수 있는 groupby메서드와 같은 유연한 방법을 제공합니다.

비주얼스튜디오 코드의 "보기"메뉴의 "명령팔레트"를 클릭해서 "Create New"를 입력하고, 완성된 리스트에서 "Create: New Jupyter Notebook"을 선택합니다.

연습을 위해 아래와 같은 간단한 데이터를 DataFrame으로 생성합니다. key1, key2는 기준이 되는 키컬럼의 의미로 사용합니다. col1, col2는 일종의 실험데이터 값이라고 생각하면 됩니다. 넘파이에 있는 랜덤모듈의 randn() 함수를 통해서 임의의 실수 10개씩을 생성했습니다.

코드 예제

```
#Chap11_판다스의 집계함수사용하기.ipynb
from pandas import Series, DataFrame
import pandas as pd
import numpy as np

df = DataFrame({"key1":["a","a","b","b","a","a","a","b","b","a"],
                "key2":["one","two","one","two","one","one","two","one","two","one"],
                "col1":np.random.randn(10),
                "col2":np.random.randn(10)
                })
df
```

실행 결과

	key1	key2	col1	col2
0	a	one	1.120116	-0.390039
1	a	two	-0.657249	-0.322904
2	b	one	-0.648272	1.636410
3	b	two	0.318605	0.493439
4	a	one	1.997052	1.142760
5	a	one	1.180201	0.955958
6	a	two	0.255087	-1.065527
7	b	one	0.473553	1.442098
8	b	two	-1.403429	-0.467866
9	a	one	0.283074	2.600849

그림 11-53

이 데이터를 key1으로 묶고 각 그룹에서 col1의 집계된 데이터를 구하려고 합니다. 여러 가지 방법이 있지만, 그중 하나는 col1에 대해 groupby 메서드를 호출하고, key1칼럼을 넘기는 것입니다. 기준은 내가 지정할 수 있습니다. key1, key2를 지정할 수 있습니다. 어떤 기준으로 그룹을 만들지 df.groupby("key1")과 같이 지정합니다. ["col1"]은 내가 집계를 하고 싶은 컬럼을 지정한 부분입니다.

코드 예제

```
grouped = df.groupby("key1")["col1"]
grouped
```

실행 결과

```
<pandas.core.groupby.generic.SeriesGroupBy object at 0x0000021D80E4DCF0>
```

이 grouped변수는 pandas패키지의 SeriesGroupBy객체입니다. "col1"을 슬라이싱해서 Series객체로 받아서 집계를 한 결과물입니다. 이 객체는 그룹 연산을 위해 필요한 모든 정보를 가지고 있기 때문에 각 그룹에 어떤 연산을 적용할 수 있습니다. 평균값을 구하려면, mean() 메서드를 사용하면 됩니다. 합계를 구할 경우 sum(), 개수를 보고 싶은 경우에는 count()를 호출하면 됩니다.

코드 예제

```
print(grouped.sum())
print(grouped.mean())
print(grouped.count())
```

실행 결과

```
key1
a    4.178281
b   -1.259543
Name: col1, dtype: float64
key1
a    0.696380
b   -0.314886
Name: col1, dtype: float64
key1
a    6
b    4
Name: col1, dtype: int64
```

이번에는 학급 성적표를 사용해서 각 그룹별 통계를 작성하는 것을 연습해 봅니다.

코드 예제

```python
#학급 성적
dfClass = DataFrame({"학급":[1,1,2,2,1],
                    "이름":["홍길동","전우치","이순신","박문수","김길동"],
                    "국어":[100,90,95,100,80],
                    "영어":[80,90,95,92,89],
                    "수학":[90,80,92,100,80]
                    })

dfClass
```

실행 결과

	학급	이름	국어	영어	수학
0	1	홍길동	100	80	90
1	1	전우치	90	90	80
2	2	이순신	95	95	92
3	2	박문수	100	92	100
4	1	김길동	80	89	80

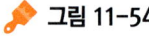 그림 11-54

2개의 학급에 있는 학생들의 학급, 이름, 국어, 영어, 수학 성적으로 구성되어 있습니다. 아래와 같이 특정 과목을 슬라이싱 할 수 있습니다.

코드 예제

```python
dfClass["국어"]
```

> **실행 결과**

```
0    100
1     90
2     95
3    100
4     80
Name: 국어, dtype: int64
```

파이썬의 전역 함수 sum()을 사용해서 국어 과목의 합계를 계산할 수 있습니다.

> **코드 예제**

```
sum(dfClass["국어"])
```

> **실행 결과**

```
465
```

평균을 구하는 경우에도 아래와 같이 작업하면 됩니다.

> **코드 예제**

```
sum(dfClass["국어"])/5
```

> **실행 결과**

```
93.0
```

아래와 같이 정순(오름차순)으로 정렬을 할 수 있습니다. 국어 성적으로 정렬을 해 봅니다.

코드 예제

```
dfClass.sort_values("국어")
```

실행 결과

	학급	이름	국어	영어	수학
4	1	김길동	80	89	80
1	1	전우치	90	90	80
2	2	이순신	95	95	92
0	1	홍길동	100	80	90
3	2	박문수	100	92	100

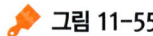 그림 11-55

역순(내림차순)으로 정렬하는 경우는 아래와 같이 합니다.

코드 예제

```
dfClass.sort_values("국어", ascending=False)
```

실행 결과

	학급	이름	국어	영어	수학
0	1	홍길동	100	80	90
3	2	박문수	100	92	100
2	2	이순신	95	95	92
1	1	전우치	90	90	80
4	1	김길동	80	89	80

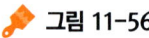 그림 11-56

각 학생별로 국어+영어+수학 점수를 합계를 낸 값을 "총점"라는 컬럼으로 추가할 수 있습니다. 기존에 없는 컬럼명을 주면 바로 추가됩니다.

코드 예제

```
dfClass["총점"] = dfClass["국어"] + dfClass["수학"] + dfClass["영어"]
```

평균을 추가하는 경우도 동일합니다. 기존에 없는 "평균"이라는 컬럼명을 주면, 바로 추가됩니다.

코드 예제

```
dfClass["평균"] = (dfClass["국어"] + dfClass["수학"] + dfClass["영어"])/3
```

추가된 컬럼을 아래와 같이 실행해서 확인해 봅니다.

코드 예제

```
dfClass
```

실행 결과

	학급	이름	국어	영어	수학	총점	평균
0	1	홍길동	100	80	90	270	90.000000
1	1	전우치	90	90	80	260	86.666667
2	2	이순신	95	95	92	282	94.000000
3	2	박문수	100	92	100	292	97.333333
4	1	김길동	80	89	80	249	83.000000

그림 11-57

이렇게 생성된 결과에 "평균"컬럼을 기준으로 역순(내림차순)으로 다시 정렬을 해봅니다.

코드 예제

```
dfClass.sort_values("평균", ascending=False)
```

실행 결과

	학급	이름	국어	영어	수학	총점	평균
3	2	박문수	100	92	100	292	97.333333
2	2	이순신	95	95	92	282	94.000000
0	1	홍길동	100	80	90	270	90.000000
1	1	전우치	90	90	80	260	86.666667
4	1	김길동	80	89	80	249	83.000000

그림 11-58

이렇게 정리한 DataFrame에서 학급을 기준으로 그룹을 만들 수 있습니다. groupby() 메서드에 "학급"을 지정하고, "국어"컬럼의 평균을 생성합니다.

코드 예제

```
dfClass.groupby("학급")["국어"].mean()
```

실행 결과

```
학급
1    90.0
2    97.5
Name: 국어, dtype: float64
```

DataFrame에서 agg()를 사용하면, "변수명", "통계"할 내용을 지정할 수 있습니다. 학급별로 그룹을 만들고, "수학"컬럼의 평균을 구하는 코드입니다. groupby()를 사용해서 전체를 집계하는 것이 아닌, 그룹별 집계가 필요한 경우는 agg() - aggregate 집계를 사용할 수 있습니다.

코드 예제

```
dfClass.groupby("학급").agg(수학평균=("수학","mean"))
```

실행 결과

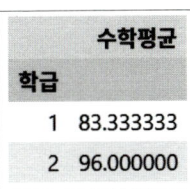

그림 11-59

출력되는 수학평균의 실수부분을 2자리까지만 출력되도록 하려면 아래와 같이 작업합니다.

코드 예제

```
dfClass.groupby("학급").agg(수학평균=("수학", lambda x: round(x.mean(), 2)))
```

실행 결과

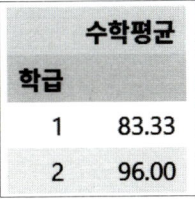

그림 11-60

마지막으로 학급별로 그룹을 생성해서 국어, 수학, 영어에 대한 평균점수를 구해봅니다. "mean"는 평균값을 의미합니다. "count"는 실제 포함된 개수를 의미합니다. 1번 학급에 3개, 2번 학급에 2개 포함된 것을 알 수 있습니다.

코드 예제

```
dfClass.groupby("학급").agg(국어평균=("국어","mean"),
            수학평균=("수학",lambda x: round(x.mean(),2)),
            영어평균=("영어",lambda x: round(x.mean(),2)),
            갯수=("학급","count"))
```

실행 결과

	국어평균	수학평균	영어평균	갯수
학급				
1	90.0	83.33	86.33	3
2	97.5	96.00	93.50	2

그림 11-61

이렇게 DataFrame클래스를 사용할 때 집계에 사용할 수 있는 다양한 기능들이 구현되어 있습니다.

11.8 데이터를 시각화하기

pandas와 같이 사용할 라이브러리 중에 matplotlib가 있습니다. 이 라이브러리를 살펴보도록 합니다. matplotlib는 주로 2D 도표를 위한 데스크탑 패키지로 출판물 수준의 도표를 만들 수 있도록 설계되었습니다.

2002년 존 헌터는 파이썬에서 MATLAB과 유사한 인터페이스를 지원하고자 matplotlib 프로젝트를 시작했습니다. 그 후로 다른 많은 개발자들이 수년간 협력해서 Jupyter qtconsole, notebook과 matplotlib를 통합해서 과학계산 컴퓨팅을 위한 다양한 기능을 겸비한 생산적인 환경을 구축했습니다.

Jupyter에서 GUI툴킷과 함께 matplotlib를 사용하면, 도표의 확대와 회전과 같은 인터랙티브한 기능을 사용할 수 있습니다.

> https://matplotlib.org/stable/users/explain/quick_start.html

위의 사이트에 접속하면 matplotlib에서 사용하는 차트의 각 요소들을 한눈에 정리해서 볼 수 있습니다. 저도 옵션이 기억나지 않으면 늘 찾아서 보는 사이트입니다. 타이틀과 X축, Y축에 대한 접근, 범례(Legend)등을 확인할 수 있습니다. 어떤 함수와 메서드로 각 요소들을 접근할 수 있는지 알 수 있습니다.

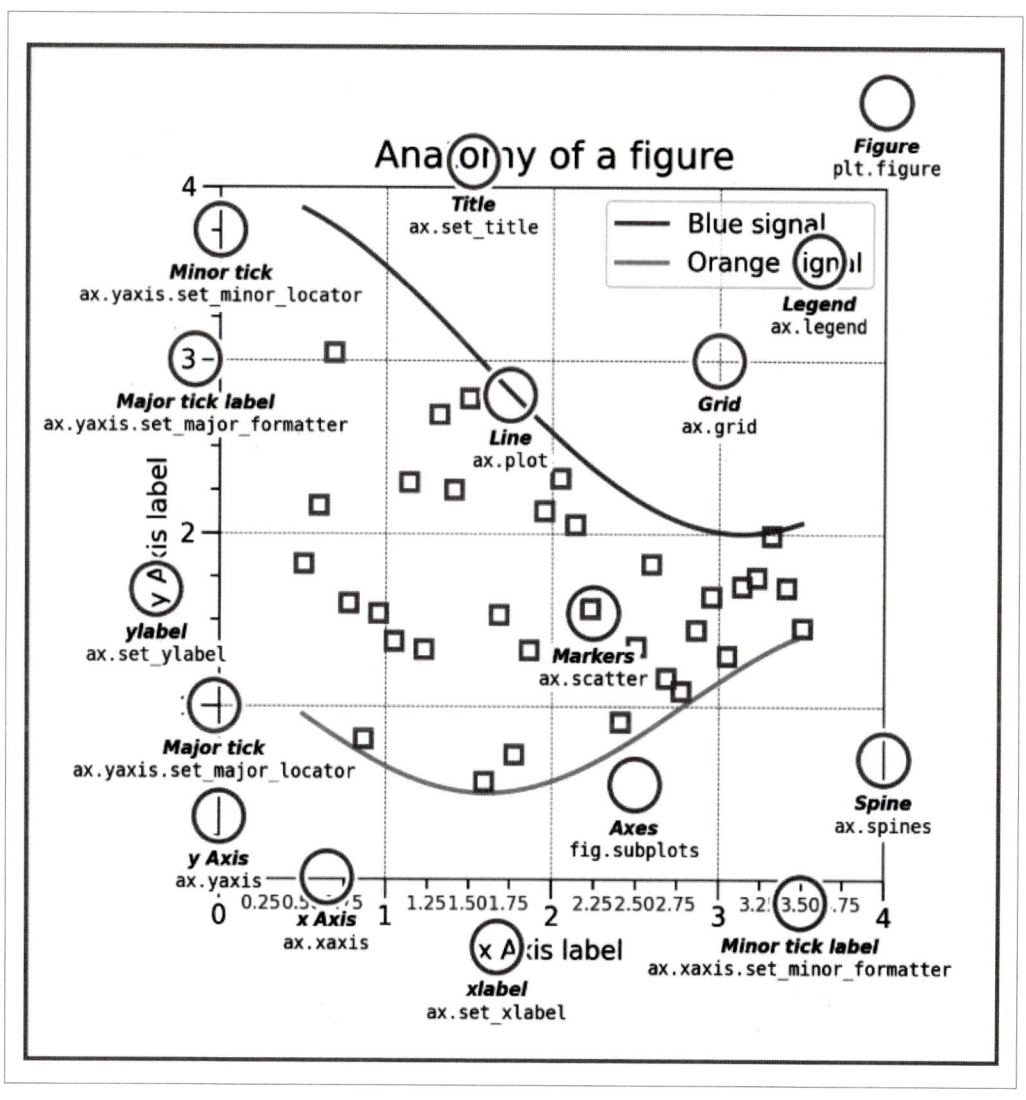

그림 11-62

바로 실습을 통해 기본적인 차트 그리는 방법들을 연습해 봅니다. 비주얼스튜디오 코드에서 "보기"메뉴를 클릭하고, "명령 팔레트"에 "Create New"를 입력해서 리스트에서 "Create: New Jupyter Notebook"을 선택합니다.

"Chap11_데이터를시각화하기.ipynb"로 저장해서 아래의 코드를 입력하면 됩니다.

matplotlib에서 그래프는 figure 객체 내에 존재합니다. 그래프를 위한 새로운 그림판은 plt.figure를 사용해서 생성할 수 있습니다. 아래와 같은 매직 명령어 %matplotlib inline을 실행하면, 바로 사용할 수 있습니다. %로 시작하는 매직 명령어들은 Jupyter Notebook 환경에서 사용되는 특수 명령어들입니다. 그림판에 차트를 출력하고자 할 때 미리 실행하는 특수 명령어 입니다.

그림판이 현재 작업하는 개발도구 내부에 출력되기를 원하면, %matplotlib inline을 실행하면 됩니다. np.arange는 0부터 12까지 0.01 간격으로 데이터를 만들고, 그 리스트를 np.sin에 입력하면 sin 값이 나타납니다.

t라는 시간(time) 혹은 그래프상에서 x축을 의미하는 데이터를 0부터 12까지 만들고, 사인 함수(np.sin)에 입력해서 그 출력을 y로 저장했습니다. t는 time(시간)을 의미하는 변수명을 사용한 일종의 배열입니다. 넘파이의 arange() 함수는 range() 함수와 다르게 실수형태로도 수열을 생성할 수 있습니다.

코드 예제

```python
%matplotlib inline
import matplotlib.pyplot as plt
import numpy as np

plt.figure(figsize=(10,6))
t = np.arange(0, 12, 0.01)
y = np.sin(t)
plt.plot(t,y)
```

> **실행 결과**

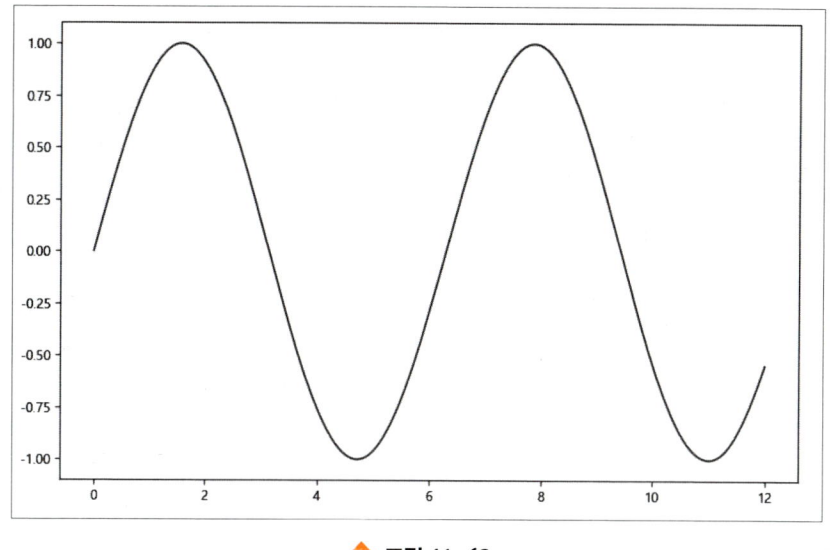

그림 11-63

다시 아래의 코드를 실행하면 새로운 그림판을 출력하고 여기에 격자를 추가합니다. grid() 메서드로 배경에 격자를 출력할 수 있습니다. xlabel() 메서드로 x축 라벨을, ylabel() 메서드로 y축 라벨을 출력합니다. title() 메서드로 제목도 출력할 수 있습니다.

> **코드 예제**

```python
plt.figure(figsize=(10,6))
t = np.arange(0, 12, 0.01)
y = np.sin(t)
plt.plot(t,y)
plt.grid()
plt.xlabel('time')
plt.ylabel('Amplitude')
plt.title('Sinewave Demo')
```

실행 결과

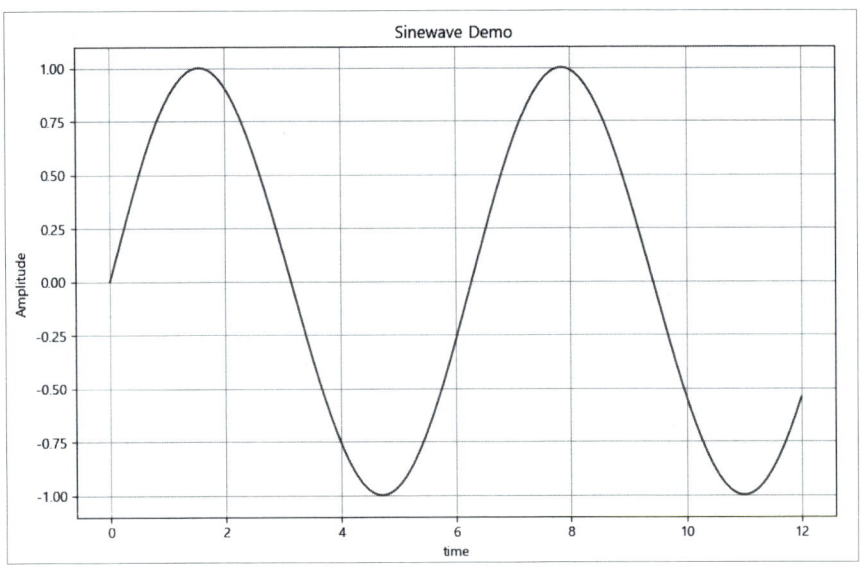

그림 11-64

차트를 그릴 때 다양한 옵션들을 사용할 수 있습니다. 이번에는 7개의 데이터를 지정해서(0~6까지 시간축) 여기에 각 데이터를 출력하도록 합니다. x축과 y축 그리고 color를 지정했습니다.

코드 예제

```python
plt.figure(figsize=(10,6))

t = [0, 1, 2, 3, 4, 5, 6]
y = [10, 20, 30, 10, 5, 20, 30]

plt.figure(figsize=(10,6))
plt.plot(t, y, color='blue')
```

실행 결과

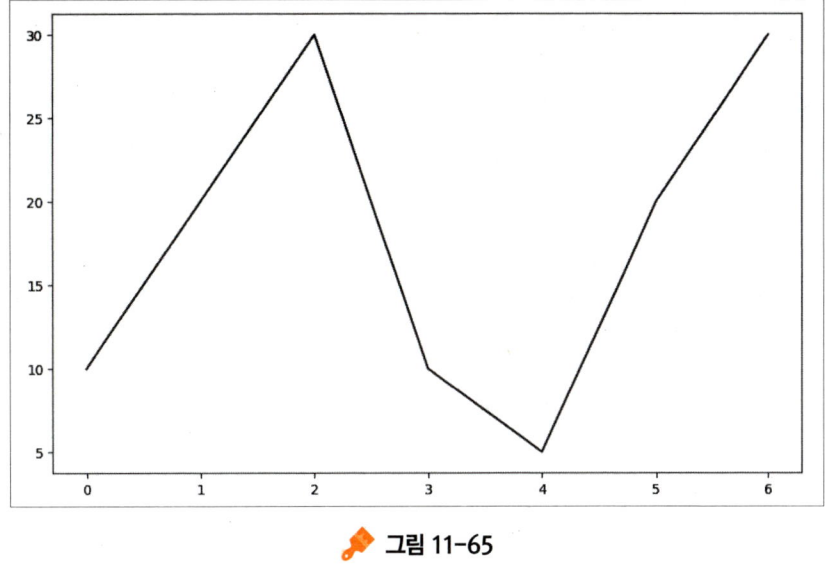

그림 11-65

또는 linestyle='dashed' 옵션으로 선 스타일을 지정할 수 있습니다.

코드 예제

```
plt.figure(figsize=(10,6))
plt.plot(t, y, color='blue', linestyle='dashed')
```

실행 결과

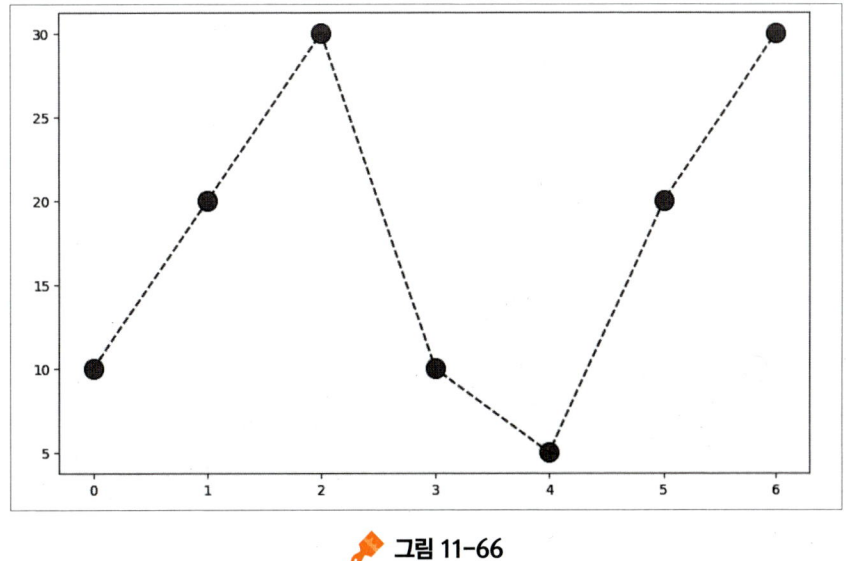

그림 11-66

marker옵션을 사용하면, 데이터가 있는 곳에 마킹할 수 있습니다. 여기에 markerfacecolor 옵션과 markersize옵션으로 마커의 크기와 색상을 지정할 수 있습니다. marker에 s(영문 소문자)는 사각형, >는 삼각형, o(영문 소문자)는 동그라미 형태로 출력됩니다.

코드 예제

```python
plt.figure(figsize=(10,6))
plt.plot(t, y, color='blue', linestyle='dashed', marker='o',
    markerfacecolor='red', markersize=14)
```

실행 결과

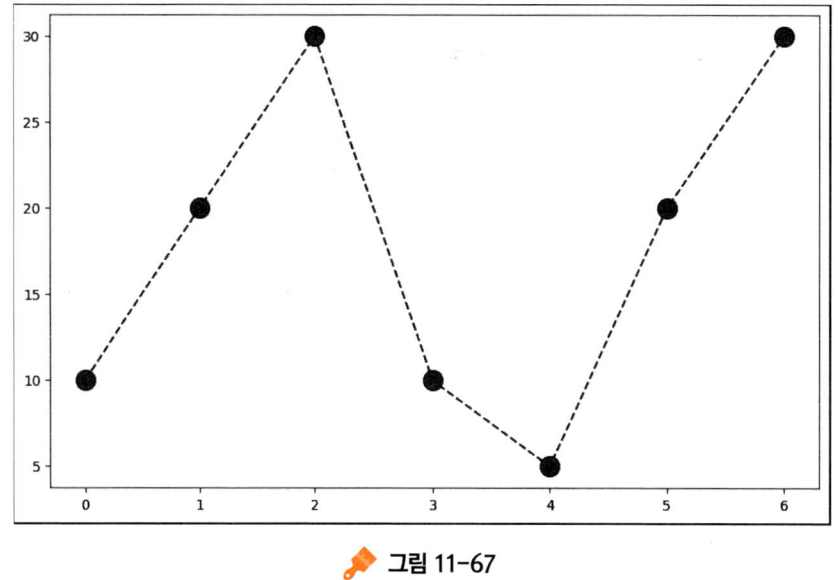

그림 11-67

마커를 "s"로 지정하면, 사각형 모양으로 마커를 변경할 수 있습니다.

코드 예제

```python
plt.figure(figsize=(10,6))
plt.plot(t, y, color='blue', linestyle='dashed', marker='s',
    markerfacecolor='red', markersize=14)
```

실행 결과

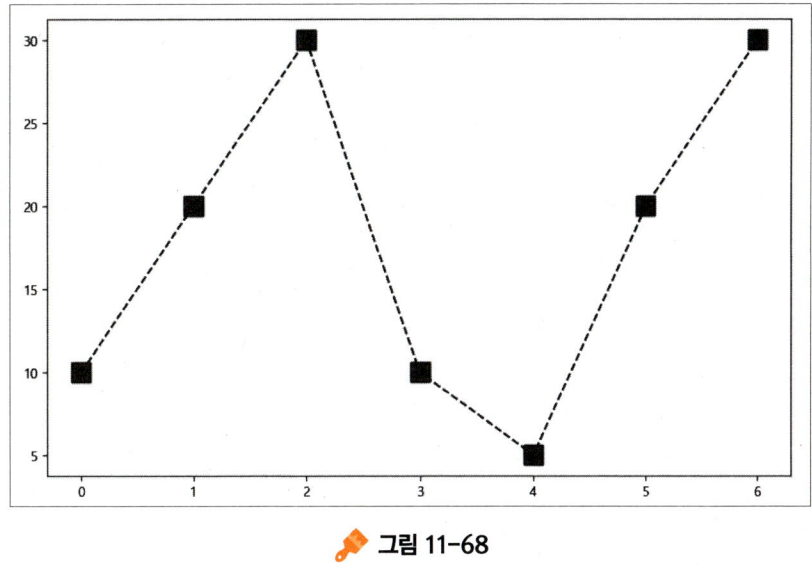

그림 11-68

seaborn라이브러리에는 다양한 데이터셋이 내장되어 있습니다. 지금처럼 데이터가 필요할 때 로딩해서 사용하면 좀 더 편하게 작업을 수행할 수 있습니다. load_dataset("tips") 함수를 사용해서 "tips"데이터셋을 로딩합니다.

head() 메서드로 앞쪽에 있는 5개의 데이터를 살펴봅니다. info() 메서드의 경우 몇 개의 행데이터가 있는지를 알려주고 컬럼명과 형식을 집계해서 보여줍니다. 244개의 행데이터와 7개의 컬럼이 있는 것을 알 수 있습니다.

전체 식대(total_bill)과 팁(tip)을 지불한 내용을 볼 수 있고, 성별(sex), 흡연여부(smoker), 어떤요일(day)에 식사를 했는지, 점심 또는 저녁(time)과 테이블 좌석수(size) 등을 볼 수 있는 재미있는 데이터입니다.

코드 예제

```
import seaborn as sns

tips = sns.load_dataset("tips")
print(tips.head())
print(tips.info())
```

> **실행 결과**

```
   total_bill   tip     sex smoker  day    time  size
0       16.99  1.01  Female     No  Sun  Dinner     2
1       10.34  1.66    Male     No  Sun  Dinner     3
2       21.01  3.50    Male     No  Sun  Dinner     3
3       23.68  3.31    Male     No  Sun  Dinner     2
4       24.59  3.61  Female     No  Sun  Dinner     4
<class 'pandas.core.frame.DataFrame'>
RangeIndex: 244 entries, 0 to 243
Data columns (total 7 columns):
 #   Column      Non-Null Count  Dtype
---  ------      --------------  -----
 0   total_bill  244 non-null    float64
 1   tip         244 non-null    float64
 2   sex         244 non-null    category
 3   smoker      244 non-null    category
 4   day         244 non-null    category
 5   time        244 non-null    category
 6   size        244 non-null    int64
dtypes: category(4), float64(2), int64(1)
memory usage: 7.4 KB
None
```

선을 그리는 plot() 메서드 외에도 scatter() 메서드를 사용하면, 산포도(분포도)를 그릴 수 있습니다. 데이터가 어디에 밀집되어 있는지를 체크할 경우 사용합니다.

산포도(분포도) 그래프는 변수 2개를 사용해서 만드는 그래프이며 변수 2개를 사용하기 때문에 통계 용어로 '이변량 그래프'라고 부릅니다. 다음은 total_bill열에 따른 tip열의 분포를 나타낸 산점도 그래프입니다.

코드 예제

```
scatter_plot = plt.figure()
axes = scatter_plot.add_subplot(1, 1, 1)
axes.scatter(tips['total_bill'], tips['tip'] )
axes.set_title('Scatterplot of Total Bill vs Tip')
axes.set_xlabel('Total Bill')
axes.set_ylabel('Tip')
```

실행 결과

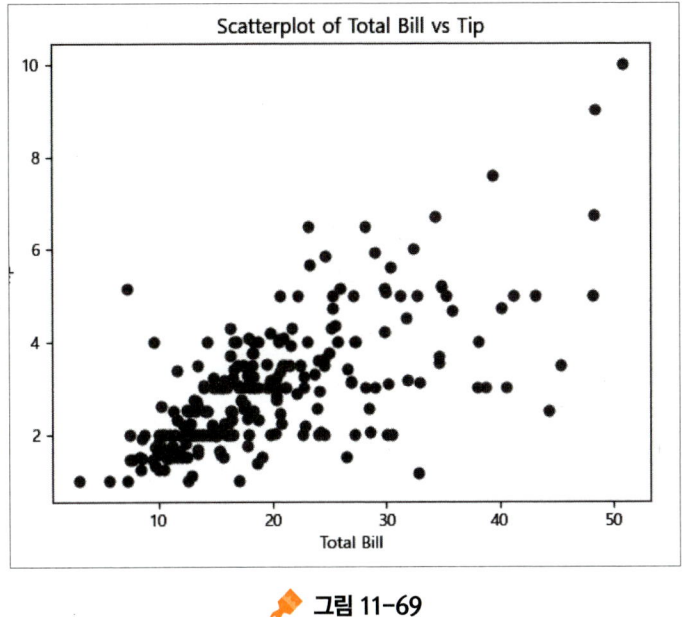

그림 11-69

다양한 차트를 하나의 그림판에 모아서 출력할 수 있습니다. 비어 있는 그림판을 figsize=(행,열)과 같이 지정해서 폭이 길게 생성합니다. 여기에 subplot(행 열 차트)를 지정할 수 있습니다. plt.subplot(131)이라고 하면, 1행 3열의 1번 차트를 의미합니다. 132는 두 번째 차트를, 133은 세 번째 차트를 의미합니다. 각각 바차트(bar), 산포도(scatter), 라인그래프(plot)로 출력한 결과입니다.

코드 예제

```
names = ['group_a', 'group_b', 'group_c']
values = [1, 10, 100]

plt.figure(figsize=(9, 3))

plt.subplot(131)
plt.bar(names, values)
plt.subplot(132)
plt.scatter(names, values)
plt.subplot(133)
plt.plot(names, values)
plt.suptitle('Categorical Plotting')
```

실행 결과

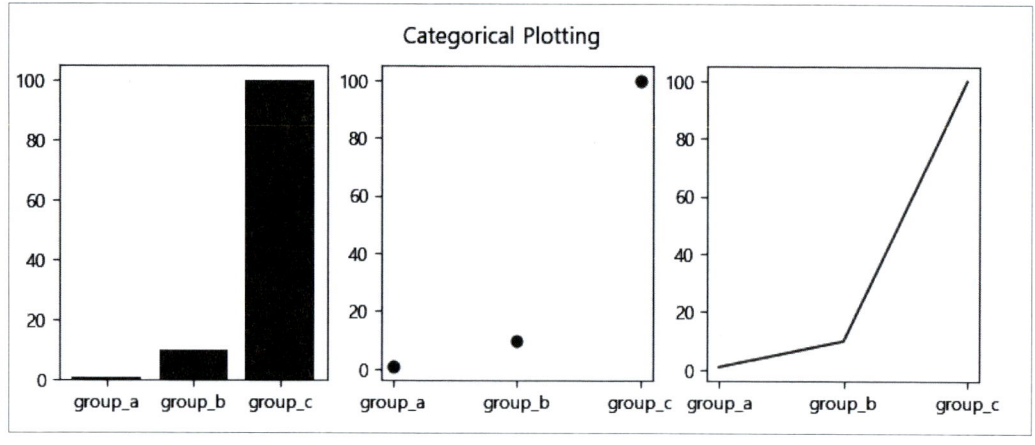

그림 11-70

matplotlib으로 차트를 그릴 경우 한 가지 문제가 있습니다. 기본적으로 영문폰트를 사용하기 때문에 차트에 필요한 정보를 출력할 때 한글이 깨져서 출력됩니다. 이 부분을 수정하려면 그림판을 만들기 전에 폰트를 한글폰트로 변경해주면 됩니다. 윈도우인 경우는 '맑은고딕' 또는 macOS인 경우는 '애플고딕'으로 변경해 주면 됩니다.

matplotlib에서 사용하는 동적인 rc 셋팅은 영구적으로 local copy로 저장해 둘 수 있습니다. 자세한 셋팅은 아래의 주소에서 확인해 볼 수 있습니다. 전체 매뉴얼이 매우 잘 정리가 되어 있는 원래 소스인 웹사이트입니다.

 https://matplotlib.org/stable/tutorials/introductory/customizing.html

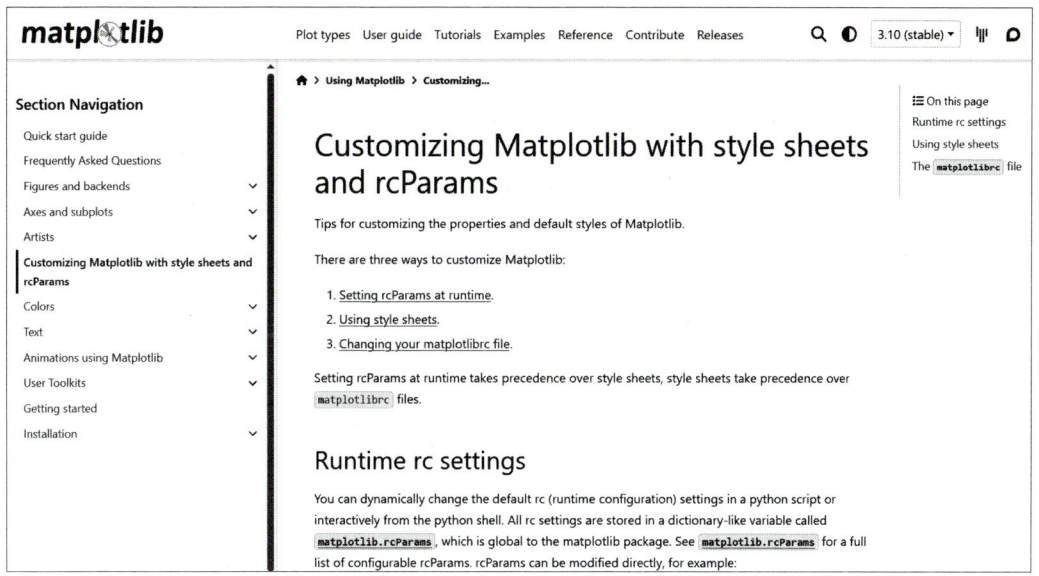

그림 11-71

우리는 한글이 출력되도록 변경하려고 합니다. 윈도우 플랫폼인지 macOS플랫폼인지를 체크하기 위해서 platform모듈을 임포트 합니다. matplotlib에서 제공하는 font_manager, rc를 임포트 합니다.

platform.system() 함수를 통해 'Darwin'이라는 문자열을 사용하면, macOS로 판단하면 됩니다. 그렇지 않고 'Windows'면 윈도우입니다. 각 플랫폼의 폰트를 구해서 rc의 'font' 항목에 셋팅해 주면 됩니다.

코드 예제

```
import platform

from matplotlib import font_manager, rc

plt.rcParams['axes.unicode_minus'] = False

if platform.system() == 'Darwin':
    rc('font', family='AppleGothic')
elif platform.system() == 'Windows':
    path = 'c:/Windows/Fonts/malgun.ttf'
    font_name = font_manager.FontProperties(fname=path).get_name()
    rc('font', family=font_name)
else:
    print('Unknown system')
```

이번에는 한글이 정상적으로 출력되는지 확인해 봅니다. 제품 정보를 입력해서 막대 그래프로 출력해 봅니다. products변수에 제품명을 입력합니다. counts에 판매된 숫자를 입력해서 bar형태로 출력합니다.

코드 예제

```
products = ["아이폰", "아이패드", "맥북", "윈도우타블렛"]
counts = [20,10,15,5]
plt.bar(products, counts)
plt.ylabel("판매된 제품의 숫자")
plt.title("판매된 제품 데이터")
```

▣ 실행 결과

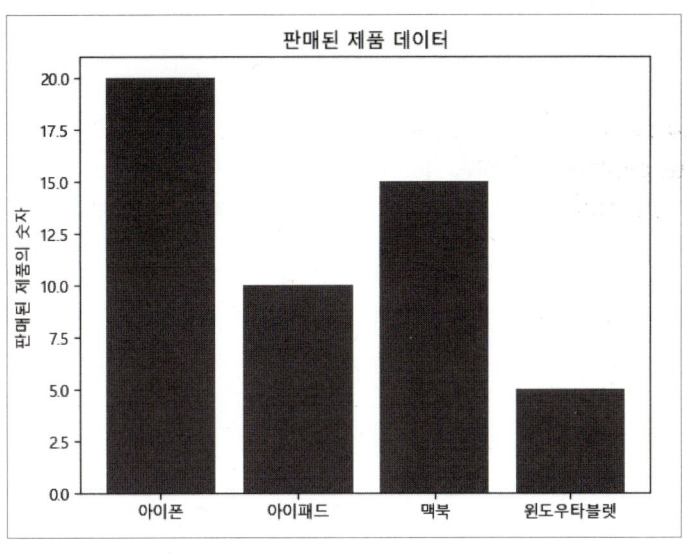

🖌 그림 11-72

pyplot인터페이스는 인터랙티브한 사용에 맞추어 설계되었으며, xticks(), xticklabels() 같은 함수들로 이루어져 있습니다. 이런 기능들을 가지고 표의 범위를 지정하거나 눈금의 위치, 눈금의 이름을 각각 조절할 수 있습니다.

아무런 인자도 없이 호출하면, 현재 설정되어 있는 매개변수의 값을 반환합니다.

축을 꾸미는 방법을 설명하기 위해 무작위 값으로 간단한 그래프를 하나 생성해 봅니다.

x축의 눈금을 변경하기 가장 쉬운 방법은 set_xticks()와 set_xticklabels() 메서드를 사용하는 것입니다. set_xticks() 메서드는 전체 데이터 범위에 맞춰 눈금을 어디에 배치할지 지정합니다. 기본적으로 이 위치에 눈금 이름이 들어갑니다. 하지만 다른 눈금 이름을 지정하고 싶다면, set_xticklabels()를 사용해도 됩니다.

범례를 추가하는 몇 가지 방법이 있는데, 가장 쉬운 방법은 각 그래프에 label인자를 넘기는 것입니다. loc인자는 범례를 그래프에서 어디에 위치시킬지 지정해주는 인자입니다. 최대한 방해가 되지 않는 곳에 두는 'best'옵션만으로도 충분합니다. 다른 옵션으로는 'ceter right', 'upper left', 'upper right', 'lower right' 등을 사용할 수 있습니다.

코드 예제

```python
fig = plt.figure(figsize=(10,6))
ax = fig.add_subplot(1, 1, 1)
ax.plot(np.random.randn(1000).cumsum())
ticks = ax.set_xticks([0, 200, 400, 600, 800, 1000])
labels = ax.set_xticklabels(['첫 번째', '두 번째', '세 번째', '네 번째', '다섯번째',"여섯번째"],
    rotation=30, fontsize='large')
ax.set_title('데모 차트')
ax.set_xlabel('눈금간격')
```

실행 결과

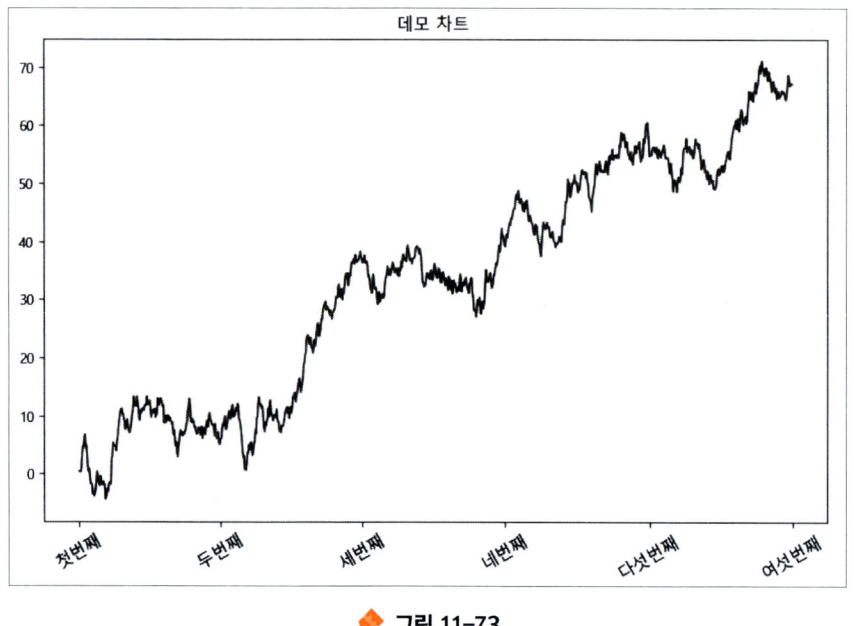

그림 11-73

11.9 Gapminder 데이터셋을 사용해서 연습하기

이번에는 캐글에서 제공하는 유명한 데이터셋인 gapminder파일을 사용해서 데이터셋을 사용하는 방법을 연습해 봅니다. 제공된 파일을 아래와 같이 로딩합니다.

코드 예제

```
import pandas as pd

df = pd.read_csv("c:\\work\\gapminder.tsv", sep="\t")
df
```

 실행 결과

	country	continent	year	lifeExp	pop	gdpPercap
0	Afghanistan	Asia	1952	28.801	8425333	779.445314
1	Afghanistan	Asia	1957	30.332	9240934	820.853030
2	Afghanistan	Asia	1962	31.997	10267083	853.100710
3	Afghanistan	Asia	1967	34.020	11537966	836.197138
4	Afghanistan	Asia	1972	36.088	13079460	739.981106
...	...	...	...	...	...	...
1699	Zimbabwe	Africa	1987	62.351	9216418	706.157306
1700	Zimbabwe	Africa	1992	60.377	10704340	693.420786
1701	Zimbabwe	Africa	1997	46.809	11404948	792.449960
1702	Zimbabwe	Africa	2002	39.989	11926563	672.038623
1703	Zimbabwe	Africa	2007	43.487	12311143	469.709298

1704 rows × 6 columns

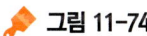 그림 11-74

갭마인터 데이터셋(데이터 분석에 사용한 데이터를 저장한 파일) 파일은 5년마다 나라별, 대륙별, 연도, 기대수명, 인구수, GDP등의 데이터가 저장되어 있는 데이터셋 파일입니다. 1952년부터 2007년까지 설문한 데이터가 저장되어 있습니다. 1704개의 행과 6개의 컬럼으로 구성이 되어 있는 연습을 하기에 적당한 크기의 데이터셋입니다.

DataFrame의 info() 메서드로 요약을 해서 한눈에 내용을 정리해서 볼 수 있습니다.

 코드 예제

```
df.info()
```

실행 결과

```
<class 'pandas.core.frame.DataFrame'>
RangeIndex: 1704 entries, 0 to 1703
Data columns (total 6 columns):
 #   Column     Non-Null Count  Dtype
---  ------     --------------  -----
 0   country    1704 non-null   object
 1   continent  1704 non-null   object
 2   year       1704 non-null   int64
 3   lifeExp    1704 non-null   float64
 4   pop        1704 non-null   int64
 5   gdpPercap  1704 non-null   float64
dtypes: float64(2), int64(2), object(2)
memory usage: 80.0+ KB
```

전체 행과 열을 요약해서 볼 경우 shape 속성을 사용합니다. (행,열)형태입니다.

코드 예제

```
df.shape
```

실행 결과

```
(1704, 6)
```

열단위로 데이터를 추출할 경우 아래와 같이 실행합니다. DataFrame을 구성하는 열을 슬라이싱하면, Series객체가 됩니다.

코드 예제

```
df["country"]
```

실행 결과

```
0          Afghanistan
1          Afghanistan
2          Afghanistan
3          Afghanistan
4          Afghanistan
              ...
1699       Zimbabwe
1700       Zimbabwe
1701       Zimbabwe
1702       Zimbabwe
1703       Zimbabwe
Name: country, Length: 1704, dtype: object
```

리스트에 열 이름을 전달하면, 여러 개의 열을 추출할 수 있습니다. 필요한 데이터만 모아서 서브셋으로 생성할 수 있다. 서브셋도 하나의 데이터 프레임이 됩니다.

코드 예제

```python
subset = df[["country","continent","year"]]
type(subset)
```

실행 결과

```
pandas.core.frame.DataFrame
```

전체에서 앞부분만 결과를 확인해 봅니다. head()를 사용하면 됩니다.

코드 예제

```python
subset.head()
```

실행 결과

	country	continent	year
0	Afghanistan	Asia	1952
1	Afghanistan	Asia	1957
2	Afghanistan	Asia	1962
3	Afghanistan	Asia	1967
4	Afghanistan	Asia	1972

그림 11-75

행 단위로 데이터를 추출하는 경우에는 loc 속성(location)과 iloc 속성을 사용할 수 있습니다. loc 속성은 인덱스를 기준으로 행 데이터를 추출할 수 있습니다. iloc 속성의 경우 기존 정수 첨자 기반의 인덱스를 날짜시간 기반으로 수정했을 경우 원래 내부의 정수첨자 값을 그대로 사용할 수 있는 속성입니다.

현재는 행단위의 정수첨자를 수정하지 않았기 때문에 .loc와 .iloc가 동일합니다. df.loc[0]은 0행을 슬라이싱해서 수직형태로 보여줍니다.

코드 예제

```
df.loc[0]
```

실행 결과

```
country        Afghanistan
continent             Asia
year                  1952
lifeExp             28.801
pop                8425333
gdpPercap       779.445314
Name: 0, dtype: object
```

한 번에 여러 행의 데이터를 추출하려면, 리스트에 원하는 인덱스를 담아서 전달하면 됩니다.

 코드 예제

```
df.loc[[1,100,200]]
```

 실행 결과

	country	continent	year	lifeExp	pop	gdpPercap
1	Afghanistan	Asia	1957	30.332	9240934	820.853030
100	Bangladesh	Asia	1972	45.252	70759295	630.233627
200	Burkina Faso	Africa	1992	50.260	8878303	931.752773

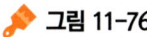 그림 11-76

이번에는 iloc 속성으로 행 데이터를 추출해 봅니다. loc 속성은 데이터 프레임의 인덱스를 사용하여 데이터를 추출했지만 iloc 속성은 데이터 순서를 의미하는 행 번호를 사용하여 데이터를 추출합니다. 지금은 인덱스와 행 번호가 동일하여 동일한 결과값이 출력됩니다.

 코드 예제

```
df.iloc[1]
```

 실행 결과

```
country        Afghanistan
continent             Asia
year                  1957
lifeExp             30.332
pop                9240934
gdpPercap        820.85303
Name: 1, dtype: object
```

iloc 속성은 음수를 사용해도 데이터를 추출할 수 있습니다.

코드 예제

```
df.iloc[-1]
```

실행 결과

```
country          Zimbabwe
continent          Africa
year                 2007
lifeExp            43.487
pop              12311143
gdpPercap      469.709298
Name: 1703, dtype: object
```

loc, iloc 속성을 좀 더 자유롭게 사용하려면, 추출할 데이터의 행과 열을 지정하는 방법을 알아야 합니다. df.loc[[행],[열]]이나 df.iloc[[행],[열]]과 같이 지정하면 됩니다. 다음은 모든 행(:)의 데이터에 대해 year, pop열을 추출하는 방법입니다.

코드 예제

```
subset = df.loc[:, ["year","pop"]]
subset.head()
```

실행 결과

```
   year       pop
0  1952   8425333
1  1957   9240934
2  1962  10267083
3  1967  11537966
4  1972  13079460
```

그림 11-77

기본적인 통계는 아래와 같이 작성할 수 있습니다. 연도별 lifeExp열의 평균을 계산합니다. 데이터를 year열을 기준으로 그룹화하고, lifeExp열의 평균을 구하면 됩니다.

코드 예제

```
df.groupby("year")["lifeExp"].mean()
```

실행 결과

```
year
1952    49.057620
1957    51.507401
1962    53.609249
1967    55.678290
1972    57.647386
1977    59.570157
1982    61.533197
1987    63.212613
1992    64.160338
1997    65.014676
2002    65.694923
2007    67.007423
Name: lifeExp, dtype: float64
```

lifeExp, gdpPercap열의 평균값을 연도, 지역별로 그룹화하여 한 번에 계산할 수 있습니다. 그룹을 만드는 기준이 하나가 아닌 경우, 아래와 같이 ["year","continent"]을 묶어서 그룹에 대한 기준을 지정하고, 두 번째 리스트로 ["lifeExp","gdpPercap"]을 지정해서 mean() 메서드로 평균을 구하면 됩니다. 여러 개의 컬럼을 넘길 때 리스트로 묶어서 전달하면 됩니다. 연속으로 해당 메서드를 호출하면서 한 번에 결과를 얻을 수 있습니다.

코드 예제

```
multi_group = df.groupby(["year","continent"])[["lifeExp","gdpPercap"]].mean()
multi_group
```

실행 결과

		lifeExp	gdpPercap
year	continent		
1952	Africa	39.135500	1252.572466
	Americas	53.279840	4079.062552
	Asia	46.314394	5195.484004
	Europe	64.408500	5661.057435
	Oceania	69.255000	10298.085650
1957	Africa	41.266346	1385.236062
	Americas	55.960280	4616.043733
	Asia	49.318544	5787.732940
	Europe	66.703067	6963.012816
	Oceania	70.295000	11598.522455
1962	Africa	43.319442	1598.078825
	Americas	58.398760	4901.541870
	Asia	51.563223	5729.369625
	Europe	68.539233	8365.486814
	Oceania	71.085000	12696.452430
1967	Africa	45.334538	2050.363801
	Americas	60.410920	5668.253496
	Asia	54.663640	5971.173374
	Europe	69.737600	10143.823757
	Oceania	71.310000	14495.021790

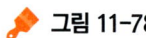
그림 11-78

이렇게 분석한 갭마인더 데이터셋을 통해서 아래와 같이 연도별로 그룹을 만들고, 기대수명의 평균값을 구해서 차트를 생성할 수 있습니다.

groupby()에 "year"를 지정해서 기준을 정하고, "lifeExp"컬럼을 지정해서 mean() 평균값을 구하면 됩니다. 5년에 한번씩 설문을 했기 때문에 1952년, 1957년…과 같이 5년마다 집계된 데이터가 연도별로 출력됩니다.

코드 예제

```
%matplotlib inline
import matplotlib.pyplot as plt

global_yearly_lifeExp = df.groupby("year")["lifeExp"].mean()
global_yearly_lifeExp
```

실행 결과

```
year
1952    49.057620
1957    51.507401
1962    53.609249
1967    55.678290
1972    57.647386
1977    59.570157
1982    61.533197
1987    63.212613
1992    64.160338
1997    65.014676
2002    65.694923
2007    67.007423
Name: lifeExp, dtype: float64
```

마지막으로 라인그래프 형태로 그리면, 아래와 같이 기대수명이 우상향(?)하는 것을 볼 수 있습니다.

코드 예제

```
global_yearly_lifeExp.plot()
```

실행 결과

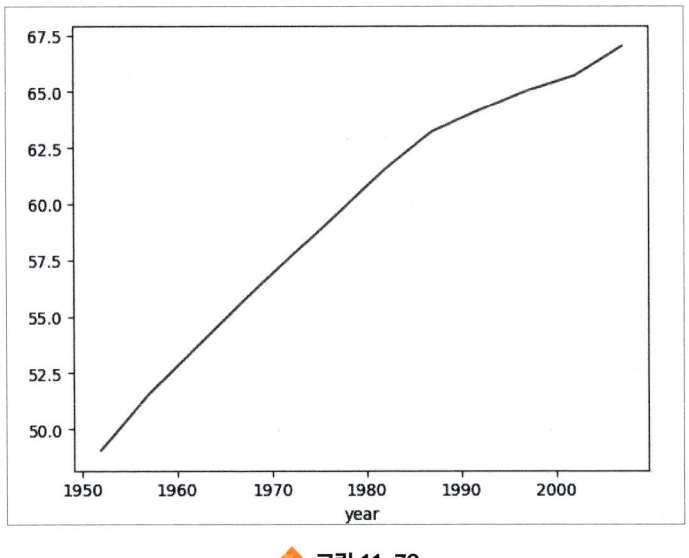

그림 11-79

기대 수명이 꾸준하게 향상되는 것을 볼 수 있습니다. 이렇게 파이썬에서 Pandas, matplotlib등을 사용해서, 수집한 데이터를 분석하고 시각화하는 작업을 해보았습니다.

12장

ChatGPT와 AI Studio를 사용한 데이터 분석 자동화와 시각화 하기

12.1 GPT4o의 멀티 모달과 구글 AI Studio를 사용한 데이터 분석 소개

12.2 GPT4o와 구글 AI Studio를 사용한 데이터 분석 자동화와 시각화 하기

12.1 GPT4o의 멀티 모달과 구글 AI Studio를 사용한 데이터 분석 소개

ChatGPT4에서는 데이터셋파일을 업로드해서 직접 데이터를 분석하고 시각화 하는 기능들이 추가되었습니다. GPT4o가 출시되면서 이 기능은 상당히 개선이 되었습니다. 앞으로는 데이터의 분석과 시각화에도 생성형 AI 엔진을 꽤 많이 사용할 것 같습니다. ChatGPT를 유료로 결제해서 사용하면 상단에서 버전을 선택할 수 있습니다. 앞으로 새로운 모델들이 계속 출시될 겁니다. 지금은 GPT-4o를 사용하도록 합니다. 이 부분을 테스트하려면 12장에서는 ChatGPT의 유료 결제가 필요합니다. 하루에 10건정도는 무료로 테스트할수 있지만 계속 사용하려면 사실 결제를 해야 합니다. 아마도 이 책이 출판이 되고 시간이 흐르면 새로운 버전들이 계속 나올 겁니다. 가능하다면 최근 버전들을 사용하시면 됩니다. 제가 사용하는 시점에서 GPT-4o, o3, o4-mini등을 사용할 수 있습니다. 멀티모달 기반의 모델도 있고 추론 모델들도 있습니다. OpenAI에서는 지속적으로 새로운 모델을 추가하고 있습니다. 이 책을 보는 시점에는 다른 모델들이 추가되어 있을 수 있습니다.

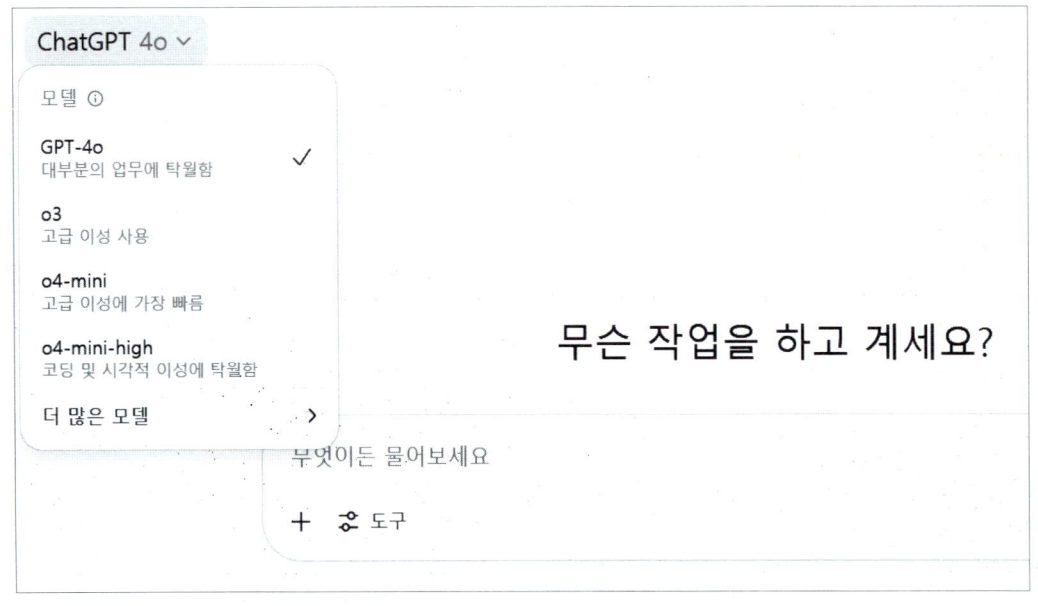

그림 12-1

구글 AI Studio를 사용하면 비슷한 기능을 무료로 사용할 수 있습니다. ChatGPT 유료 결제가 부담되면 구글 AI Studio를 활용하는 것도 한가지 방법입니다. 구글 계정이 있으면 바로 연동해서 사용할 수 있습니다. 아래의 주소로 접속하면 됩니다.

https://aistudio.google.com/prompts/new_chat

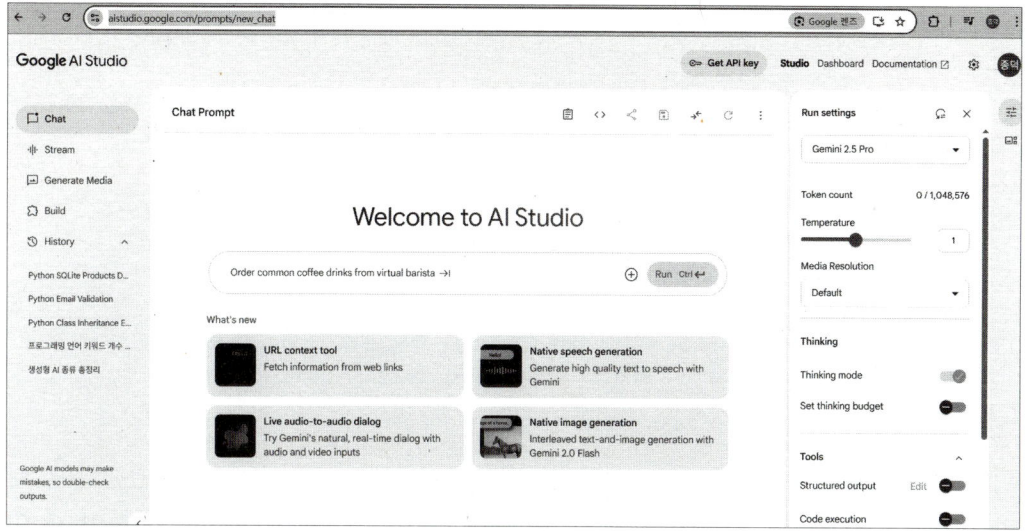

 그림 12-2

구글의 경우 "Gemini 2.5 Pro", "Gemini 2.5 Flash"등의 모델을 사용할 수 있습니다. 정교한 작업에는 Gemini 2.5 Pro를 사용하고, 빠른 응답이 필요하면 Gemini 2.5 Flash를 사용하면 됩니다.

ChatGPT부터 사용해 봅니다. 프롬프트에 아래와 같이 입력해 봅니다. 타이타닉호 DataSet은 데이터분석을 공부할 때 사용하는 유명한 데이터셋입니다.

ChatGPT 명령

파이썬을 사용해서 인터넷 상에서 타이타닉호 DataSet을 받아서 남성과 여성의 생존 데이터를 비교할 수 있는 바 차트를 그리는 코드를 작성해줘

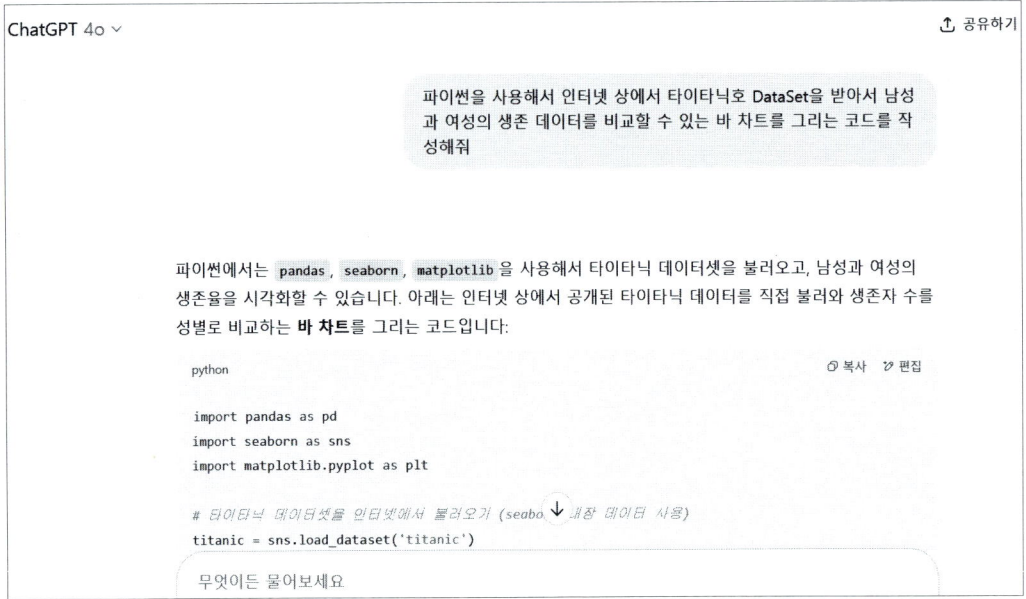

그림 12-3

위와 같이 파이썬의 분석 코드가 생성됩니다. 저와 생성된 코드는 다를 수 있습니다. 다만 내용을 살펴보면 seaborn에 있는 데이터셋을 로딩해서 작업을 수행한 것을 알 수 있습니다.

코드 예제

```python
import pandas as pd
import seaborn as sns
import matplotlib.pyplot as plt

# 타이타닉 데이터셋을 인터넷에서 불러오기 (seaborn 내장 데이터 사용)
titanic = sns.load_dataset('titanic')

# 성별 생존자 수 집계
survival_by_sex = titanic.groupby(['sex', 'survived']).size().unstack()

# 그래프 스타일 설정 (선택사항)
sns.set(style="whitegrid")
```

```
# 생존자 비교 바 차트
survival_by_sex.plot(kind='bar', stacked=False)
plt.title('Survival Count by Gender')
plt.xlabel('Sex')
plt.ylabel('Number of People')
plt.legend(['Did not survive', 'Survived'], title='Survival')
plt.xticks(rotation=0)
plt.tight_layout()
plt.show()
```

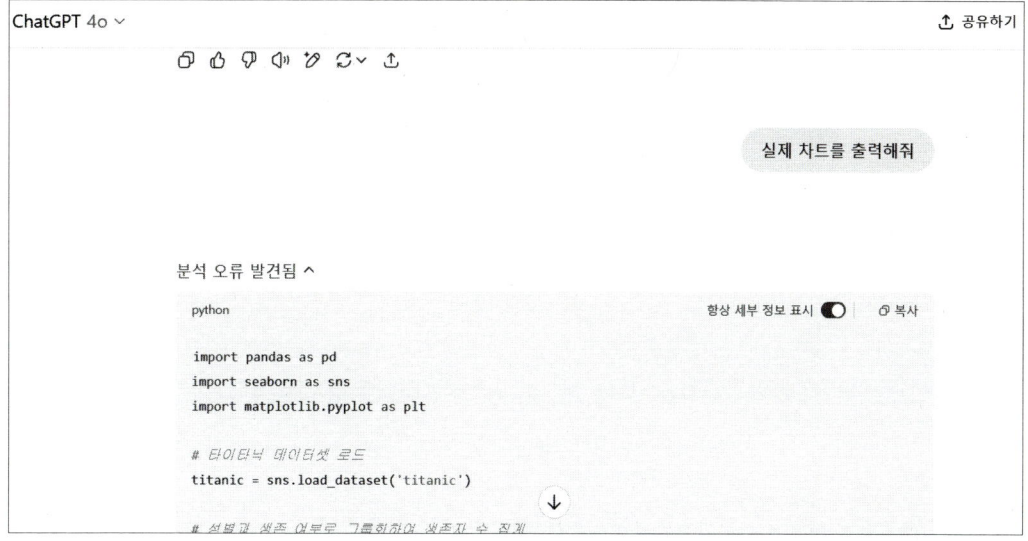

그림 12-4

ChatGPT 유료 버전의 경우 코드가 생성된 창의 오른쪽 상단을 보면 "항상 세부 정보 표시"를 켜둘 수 있습니다. 어딘가에 있는 리눅스 서버에서 파이썬 코드가 실행되는 것을 우리는 생성된 코드를 통해 살펴볼 수 있습니다. 충분히 유료 버전을 사용할 이유가 될 수 있습니다. 데이터 분석을 공부하다가 막히면 이런 기능들을 사용해서 문제를 해결할 수 있습니다.

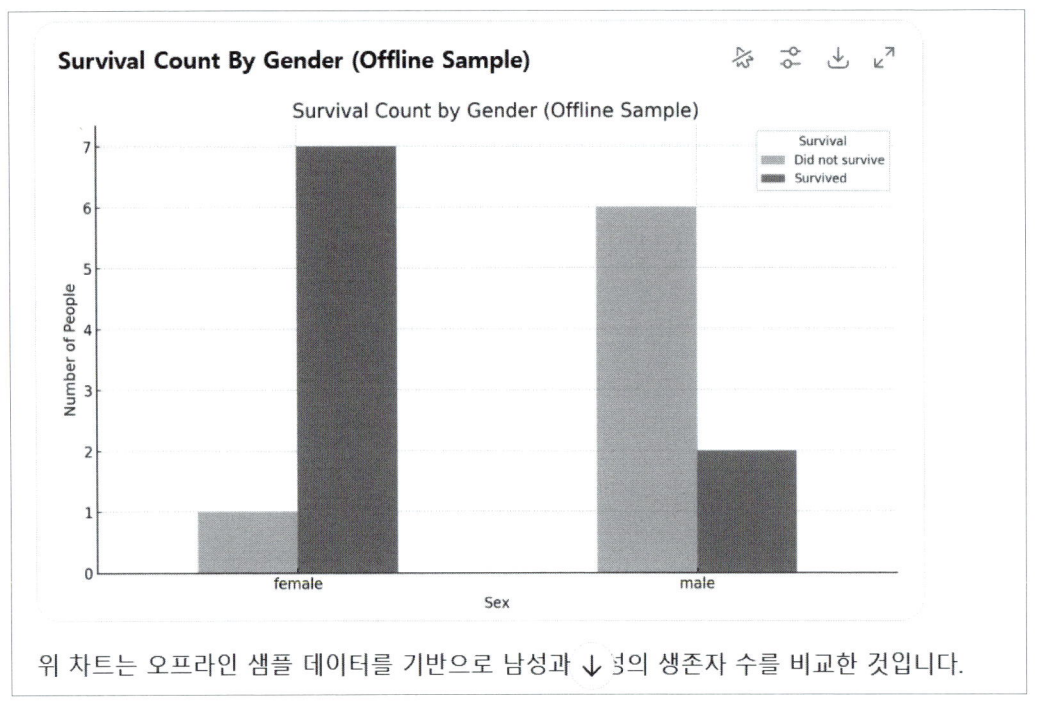

그림 12-5

이번에는 무료로 사용할 수 있는 구글 AI Studio를 사용해 보도록 합니다.

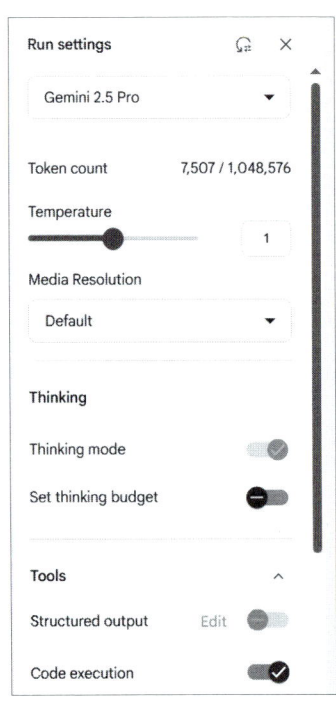

그림 12-6

위의 그림을 보면 오른쪽 하단에 Tools에 "Code execution"를 활성화 할 수 있습니다. 이 부분을 켜두면 실제 코드 실행결과를 얻을 수 있습니다. 다른 옵션들은 전부 기본 모드로 두었습니다. "Gemini 2.5 Pro"도 기본 선택입니다. 구글은 대인배입니다. 무려 100만 토큰을 사용할 수 있도록 제공하고 있습니다. 이 책을 보시는 독자분들의 시점에 따라서 이 부분은 수정될 수 있습니다. 다만 아직까지는 무료로 제공하고 있습니다.

프롬프트에 다음과 같이 동일하게 입력합니다. 구글 AI Studio의 경우 프롬프트를 입력하고 ctrl + enter를 클릭해서 입력된 내용이 실행됩니다.

 ChatGPT 명령

> 파이썬을 사용해서 인터넷 상에서 타이타닉호 DataSet을 받아서 남성과 여성의 생존 데이터를 비교할 수 있는 바 차트를 그리는 코드를 작성해줘

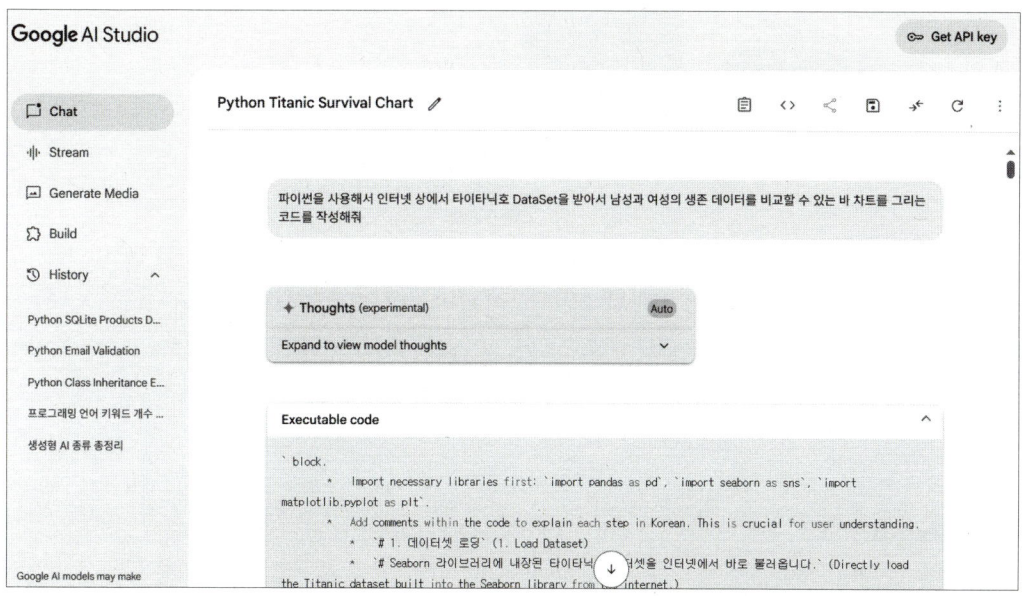

🖌 **그림 12-7**

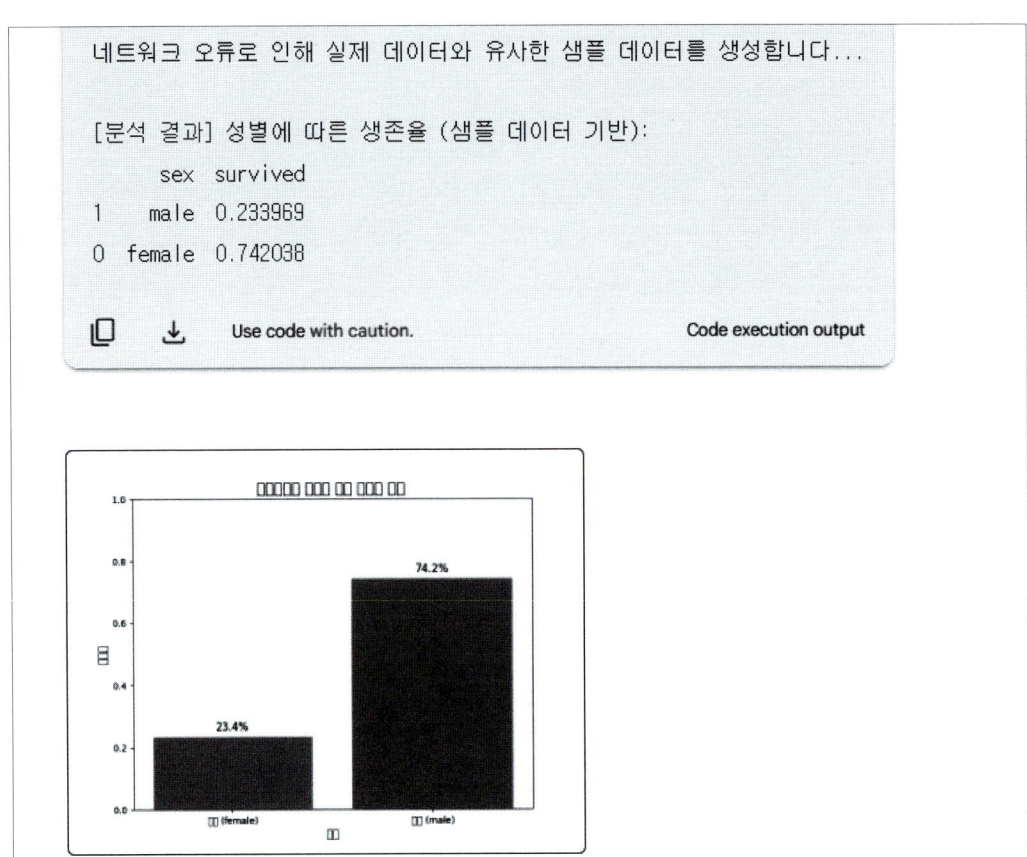

그림 12-8

몇번의 에러를 수정하면서 시도해서 위의 그림처럼 남성과 여성의 생존데이터를 구했습니다. 다만 한글폰트가 깨져있는 것을 볼 수 있습니다. 프롬프트에 아래와 같이 입력합니다.

한글폰트가 깨져있는데 해결해줘

남성과 여성의 생존비율이 반대로 그래프로 출력되서 아래와 같이 프롬프트에 입력했습니다.

ChatGPT 명령

생존비율이 여성이 더 높은데 그래프는 반대로 출력되었어 수정해줘

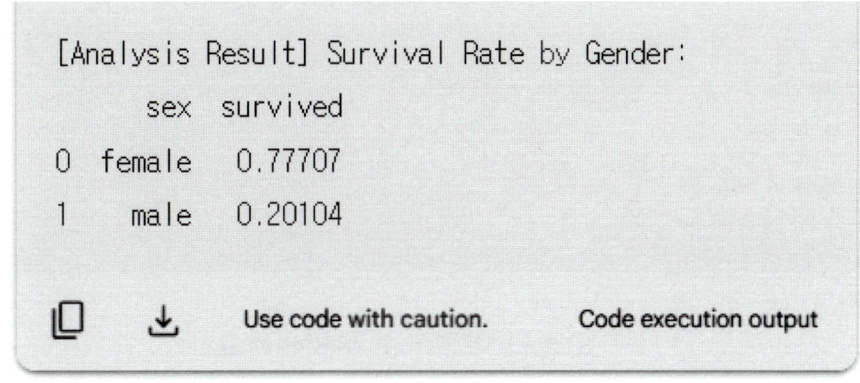

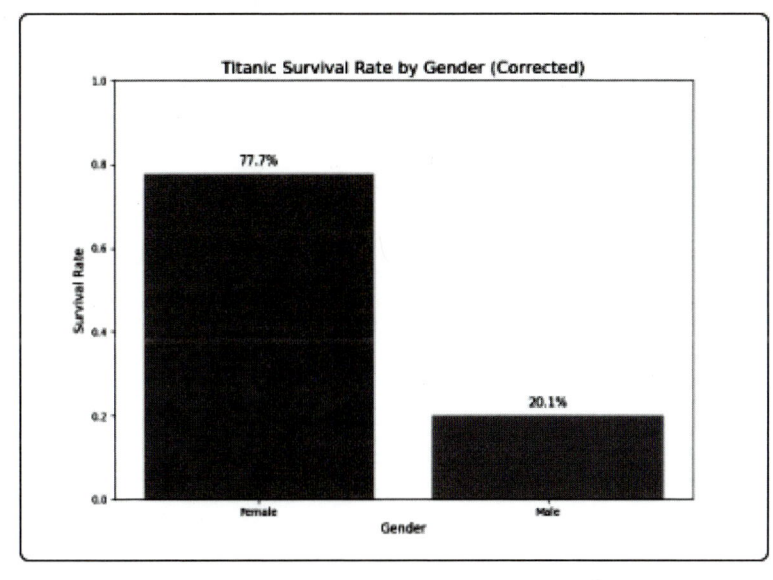

그림 12-9

한글 폰트 문제가 해결되지 않아서 영문폰트로 수정해서 결과를 출력한 것을 알 수 있습니다. 남성과 여성의 생존비율도 잘못 출력되서 다시 변경해 달라고 했습니다. ㅎㅎ 아직은 LLM이 바보처럼 동작하는 경우도 있어서 꼼꼼하게 결과를 체크해야 합니다. 무조건 신뢰하기 보다는 파이썬 언어도 알고 라이브러리 사용에 대한 경험이 있어야 합니다. 계속 좋아진 결과를 보여주겠지만 최종 판단과 감시는 사람의 몫입니다.

살짝 GPT4o의 멀티 모달 기능을 테스트해 보겠습니다. 제가 촬영한 장비목록 사진입니다. 이 사진을 업로드해서 "이 사진을 분석해줘"라고 프롬프트를 입력해 봅니다. 이 사진이 아닌 내가 촬영한 다른 사진을 사용해도 됩니다. ChatGPT 무료버전도 하루에 10번정도 사진 분석을 사용할 수 있습니다. 왼쪽 하단의 "+"를 클릭해서 "사진 및 파일 추가"를 클릭하면 됩니다. 유료 버전의 경우 계속해서 사진 분석을 요구할 수 있습니다.

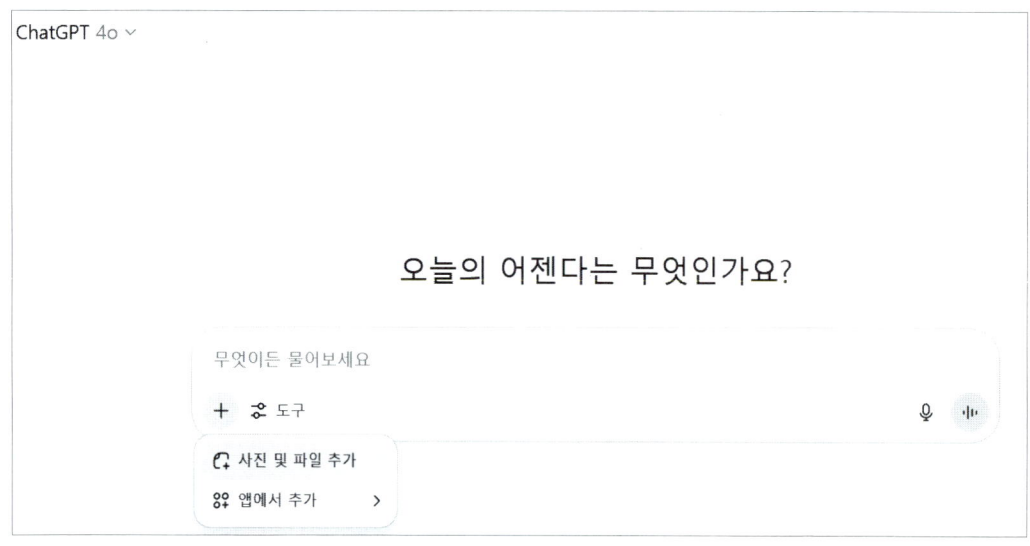

🖌 그림 12-10

제 블로그에 올려둔 장비 사진을 하나 다운로드 받아서 업로드를 했습니다. "위의 사진을 분석해줘"라고 프롬프트를 입력했습니다.

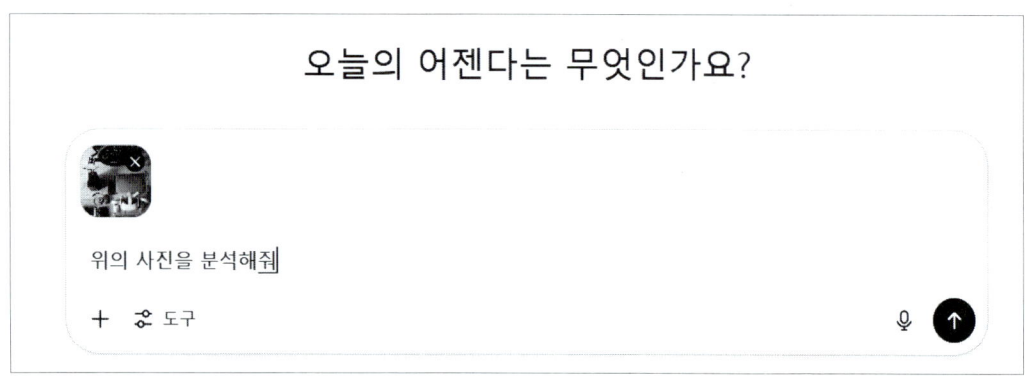

🖌 그림 12-11

이 사진은 사용자의 디지털 및 라이프스타일 관련 아이템들을 일목요연하게 정리해놓은 이미지입니다. 주요 특징과 구성 요소들을 분석해보면 다음과 같습니다. 매년 LLM이 발전하면서 좀 더 상세한 내용들이 추가되고 있습니다.

📌 상단 (라이프스타일 관련)

- 접이식 자전거 (브랜드: ACEOFFIX 프레임 표기)
    - 고급스러운 폴딩 자전거로, 도시 이동을 위한 퍼스널 모빌리티 수단.
    - 사진 상으로는 브롬톤 스타일 또는 그 유사 모델로 추정됨.

📌 중단 (디지털 장비)

- 소형 PC 혹은 NAS (좌측 상단, 안테나 2개 장착)
    - 라우터 기능 겸 미니 서버로도 사용 가능해 보임.
- 태블릿 (케이스 있음) + 스마트폰
    - 둘 다 Apple 제품군으로 보이며, 아이패드와 아이폰 조합.
- MacBook
    - 반사광으로 로고가 보이는 애플 노트북.
- 외장 SSD 또는 허브
    - 맥북 우측에 연결된 작은 장치로, 데이터 저장이나 포트 확장 용도일 가능성.

📌 하단 (입력 및 영상 관련 장비)

- VR 헤드셋 (메타 퀘스트 등)
    - 좌우 컨트롤러 포함되어 있음.
    - 몰입형 콘텐츠 소비 또는 개발 목적.

- 무선 마우스 + 트랙볼 마우스
    - 다양한 입력장치 사용 습관.
- 기계식 키보드 (키캡 커스터마이징)
    - 전용 키캡이 장착된 컴팩트 기계식 키보드.
- 렌즈 및 메모리 카드
    - 미러리스나 DSLR 카메라를 사용하는 사용자로 보이며, 촬영도 주요 활동 중 하나일 가능성.
- 이어폰 또는 유선 헤드폰
    - 고음질 오디오 감상을 위한 장비로 보임.

🎨 사용자 성향 분석

- 다방면의 디지털 기기 사용자
    - 생산성 도구(노트북, 키보드), 콘텐츠 소비(VR), 사진/영상 촬영 장비 모두 보유.
- 모빌리티 활용
    - 자전거 소유는 이동성과 실외 활동을 중시하는 라이프스타일 반영.
- 정리정돈과 구성 감각
    - 모든 물건이 격자 형태로 정리되어 있어 시각적으로도 정돈된 성향이 강함.

제 성향까지 예측하고 있습니다. ㅋㅋ 가끔씩 장비들을 깔아두고 사진을 촬영하곤 합니다. 미니멀리스트에서 자꾸 맥시멀리스트로 변하고 있습니다. ㅎㅎ

구글 AI Studio에 부탁을 해도 비슷하게 나옵니다. 프롬프트 창의 오른쪽 끝 부분에 있는 "+"를 클릭합니다. "Upload file"을 선택합니다. 구글 드라이브에 미리 파일을 올려두고 연동을 해도 됩니다.

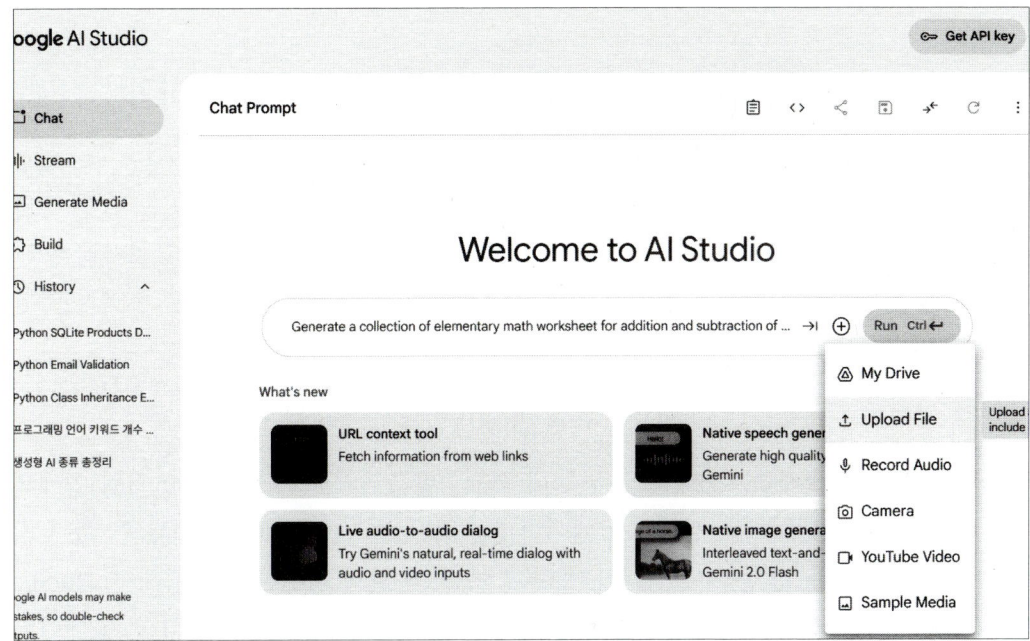

그림 12-12

동일한 프롬프트를 입력해서 사진을 분석해달라고 부탁을 했더니 상당히 상세하게 나옵니다. 작년만 해도 ChatGPT가 더 마음에 들었는데 올해는 구글의 발전 속도가 상당합니다. 여기에 무료로 100만토큰을 사용하도록 하니 대인배입니다. ~~ 빅테크들의 치열한 경쟁을 통해 소비자인 우리는 땡큐입니다. ㅋㅋ

그림 12-13

12.2 GPT4o를 사용한 데이터 분석 자동화와 시각화 하기

ChatGPT 무료 버전을 사용해도 하루에 10번정도 GPT4o를 사용할 수 있습니다. 내가 촬영한 사진을 올려서 분석을 해 보면 생각보다 사진으로 촬영한 사물들을 자세하게 분석하는 것을 알 수 있습니다. 접이식 자전거와 맥북, 타블렛과 키보드등을 잘 인식하고 있습니다.

앞으로 진행되는 내용들은 ChatGPT 유료 버전이 반드시 필요합니다.

아래의 주소로 접속하면 S&P500의 주가 데이터를 받을 수 있습니다. 2000년1월1일에서 2025년7월까지의 데이터를 선택해서 데이터셋을 다운로드 받았습니다. 메뉴의 "과거 데이터"주소가 아래에 있는 주소입니다. 오른쪽 상단의 달력 아이콘을 클릭해서 "2000-01-01" ~ "2025-7-11"을 선택했습니다. 독자 분들은 이 책을 보는 시점의 과거 데이터 까지 받아도 됩니다.

 https://kr.investing.com/indices/us-spx-500-historical-data

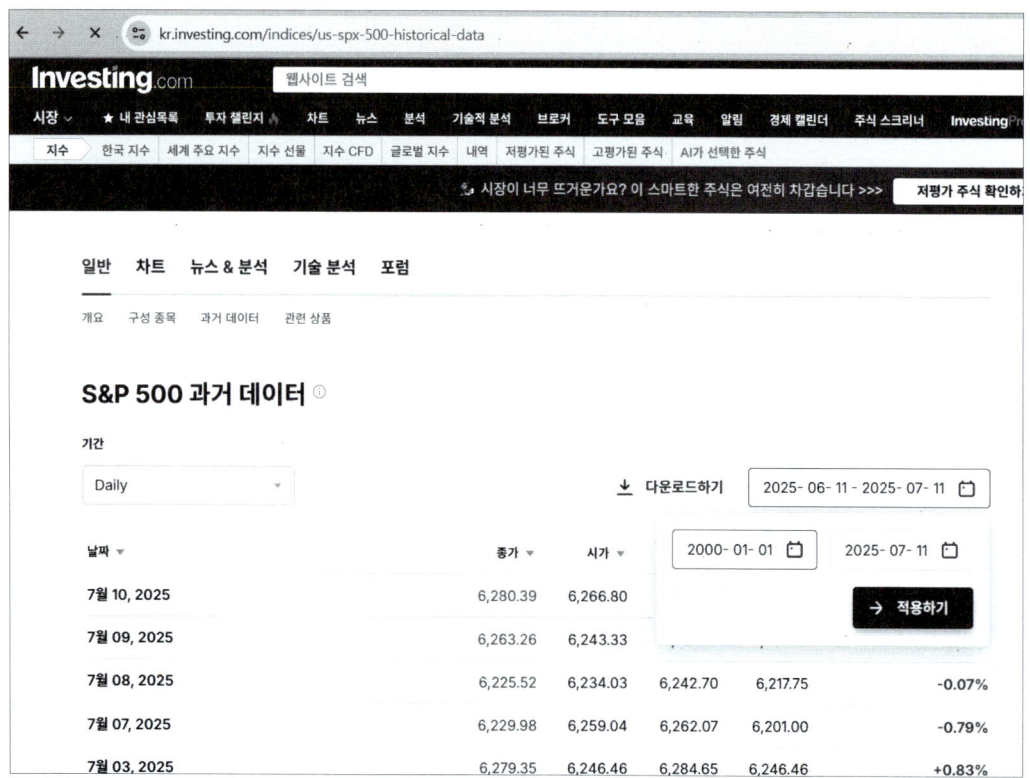

그림 12-14

날짜를 변경한 후에 "적용하기"버튼을 클릭하고 "다운로드하기"를 클릭하면 데이터셋이 다운로드 됩니다. 혹시 다운로드가 안되면 구글 계정으로 로그인을 하고 다시 시도하면 됩니다.

다운로드 받은 데이터셋을 ChatGPT에 업로드를 해서 "이 데이터셋을 살펴보고 분석해 줘"라고 프롬프트에 입력을 했습니다. 원래는 코드 인터프리터라는 이름으로 먼저 소개가 되었고, 나중에 Advanced Data Analysis로 이름이 변경되었는데 내부적으로는 아직 코드 인터프리터를 사용하고 있습니다. 이 파일을 코드 인터프리터로 분석해 달라고 하면 우리가 직접 Pandas를 사용하지 않아도 기본적인 분석을 꽤 잘합니다. 다만 조심할 부분은 조금 더 디테일하게 프롬프트를 입력하면 분석을 잘 합니다. 실제 다운로드 받은 데이터셋은 2025년까지의 데이터를 포함하지 않고 2019년에서 멈출 수 있습니다. 대략 20년정도의 데이터를 분석한다고 보면 됩니다. 데이터셋에 문제가 있을 수 있기 때문에 데이터 클랜징 작업을 먼저 해야 합니다. 일관성 있도록 데이터셋을 먼저 수정해 주고 분석하면 좋습니다.

 ChatGPT 명령

이 파일은 미국의 S&P500 지수를 2000년 1월부터 2025년 7월까지 저장한 파일임. 먼저 데이터 클랜징을 하고, 코드 인터프리터를 사용해서 다양하게 관점으로 분석을 해줘.

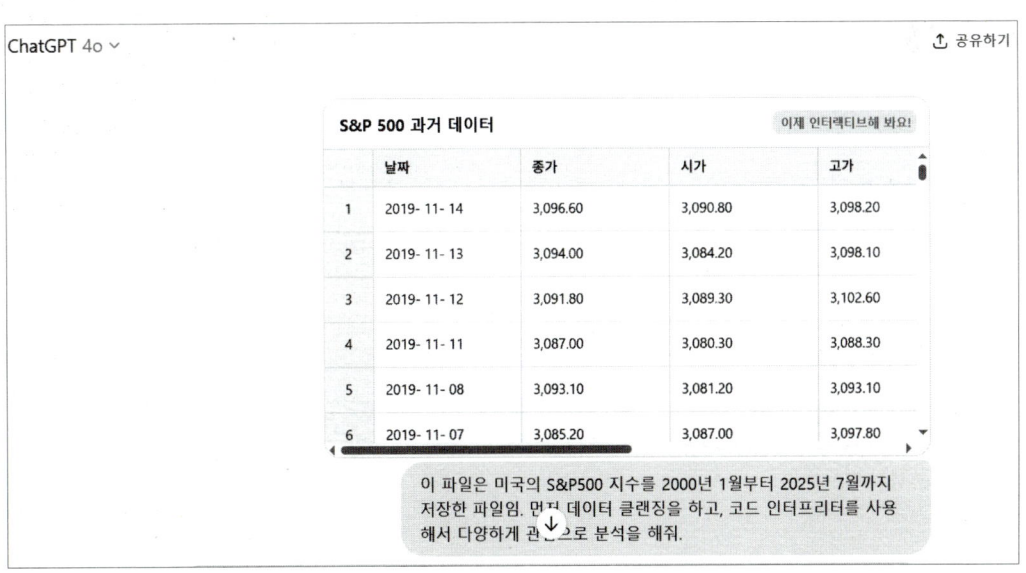

그림 12-15

이번에는 분석한 데이터를 사용해서 아래와 같이 라인 그래프를 그려달라고 부탁을 했습니다.

 ChatGPT 명령

2000년 1월부터 2019년 12월까지 종가를 기준으로 라인 그래프를 그려줘

그림 12-16

위와 같이 종가를 기준으로 그래프가 그려집니다. 여전히 한글이 깨져 있습니다. 아래와 같이 프롬프트를 입력합니다. 교재에서 제공하는 *.whl파일과 폰트를 업로드해서 한글 폰트 문제를 수정해 달라고 마지막으로 부탁해 봅니다.

 ChatGPT 명령

위의 whl파일을 설치해서 한글 폰트 문제를 수정하고 그래프를 다시 그려줘

그림 12-17

몇번의 에러를 반복하고 자동으로 실행되면서 결국은 문제를 해결하는 것을 볼 수 있습니다. 저와 약간 다르게 실행결과가 나올 수 있습니다. 다만 몇번 반복하면 저와 비슷한 결과를 얻게 될 겁니다.

앞에서 학습을 했던 판다스에서 제공하는 read_csv()함수를 사용해서 데이터셋을 로딩하고 분석하고 있습니다.

이번에는 구글 AI Studio를 사용해서 분석을 해봅니다.

ChatGPT 명령

이 파일은 미국의 S&P500 지수를 2000년 1월부터 2025년 7월까지 저장한 파일임. 먼저 데이터 클랜징을 하고, 해당 데이터를 다양한 관점으로 분석을 해줘.

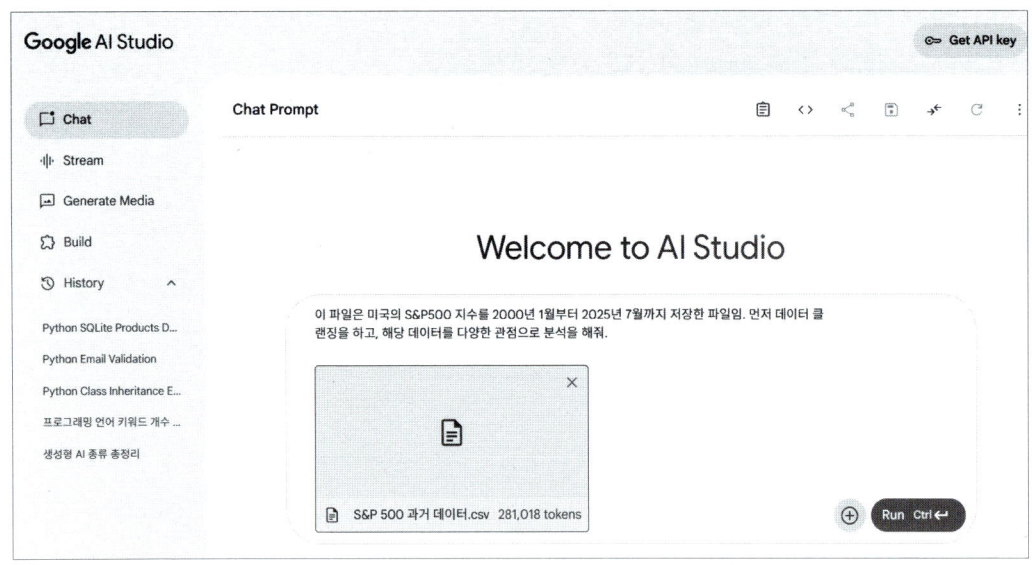

그림 12-18

마지막으로 그래프를 출력해달라고 입력을 했습니다.

ChatGPT 명령

2000년 1월부터 2019년 12월까지 종가를 기준으로 라인 그래프를 출력해줘

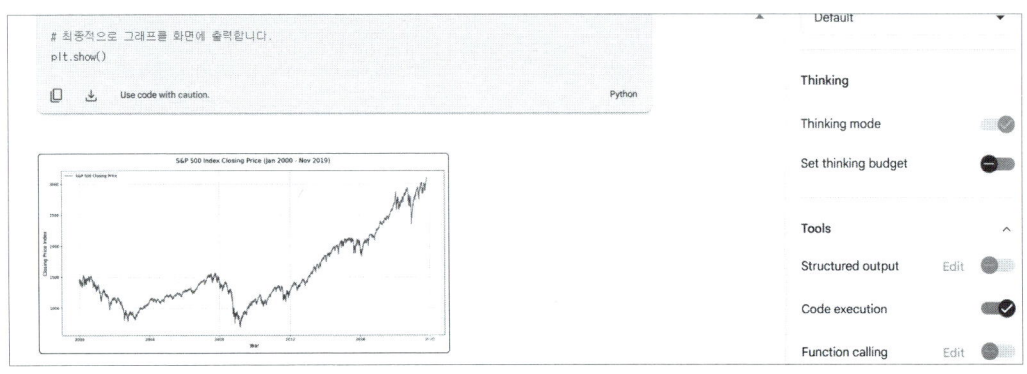

그림 12-19

위의 화면을 보면 오른쪽 하단에 "Code execution"이 활성화 되어 있는 것을 볼 수 있습니다. 그래프가 출력되지 않으면 이 부분을 체크해 봅니다. 다시 그래프를 그려 달라고 해도 됩니다.

종가를 기준으로 라인 그래프를 출력하고 있습니다. 매번 생성되는 코드가 다를 수 있지만 전체적인 내용을 비교해 보실 수 있을 겁니다. ㅎㅎ

저도 은퇴 이후의 노후 대비를 위해서 미국 주식에 투자하는 ETF에 일정 부분 투자를 하고 있습니다. 제 블로그에서 투자 내용들을 확인해 보실 수 있습니다. 매월 기계적으로 적립을 하면 우상향하는 그래프를 볼 수 있습니다. 20년정도의 데이터라면 믿을 수 있는 데이터라고 봅니다. 파이썬을 이용해서 퀀트투자(계량 투자)를 공부하는 분들도 있습니다. 앞으로는 자동화된 분석도 어느정도 가능할 것 같습니다.

아래의 사이트에 접속하면 한국의 다양한 통계 데이터를 받을 수 있습니다. 국가통계포털 사이트로 재미있는 통계 데이터를 살펴볼 수 있는 사이트입니다.

https://kosis.kr/index/index.do

그림 12-20

출생아숫자를 한번 검색해 보겠습니다. "출생아수"라고 입력을 해 봅니다. 검색된 결과에서 "출생아수, 합계출산율, 자연증가 등" 클릭하면 별도의 창이 오픈됩니다.

새로운 창이 오픈되면 왼쪽 상단에 있는 "시점"을 클릭하고 "전체선택" 버튼을 클릭해서 ("선택해제"를 클릭하면 버튼이 토글됩니다.) 1970년부터 전체 연도가 다 선택된 상태에서 "적용"버튼을 클릭합니다.

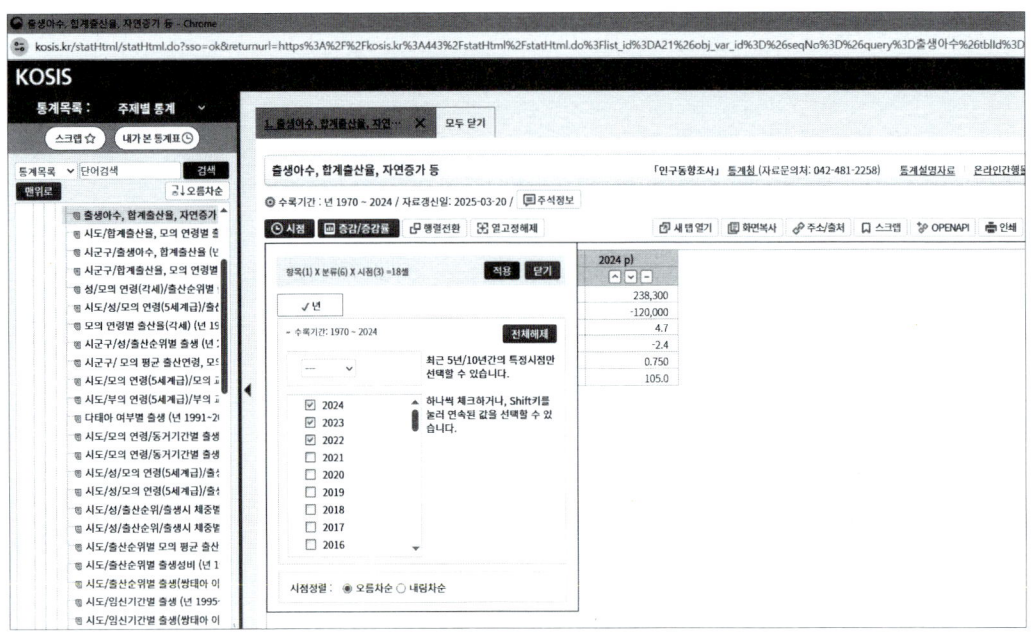

그림 12-21

일단 데이터를 살펴보면 1970년도에는 100만명이 넘는 출생아수를 볼 수 있습니다. 최근연도를 확인해 보면 23만명정도로 하락하는 것을 알 수 있습니다. 분석을 하기 전에 대략적인 데이터를 살펴봅니다.

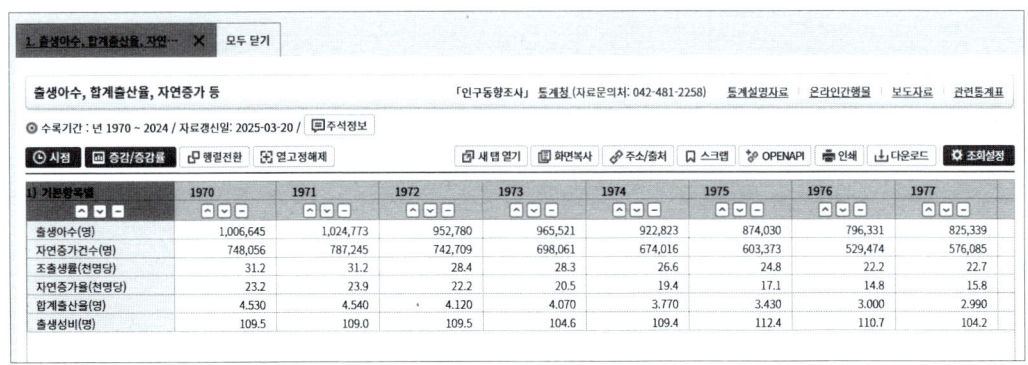

그림 12-22

화면 상단에 "다운로드"버튼이 있습니다. 이렇게 생성된 파일을 엑셀파일로 다운로드해 봅니다. 분석을 위한 파일로 사용하면 됩니다.

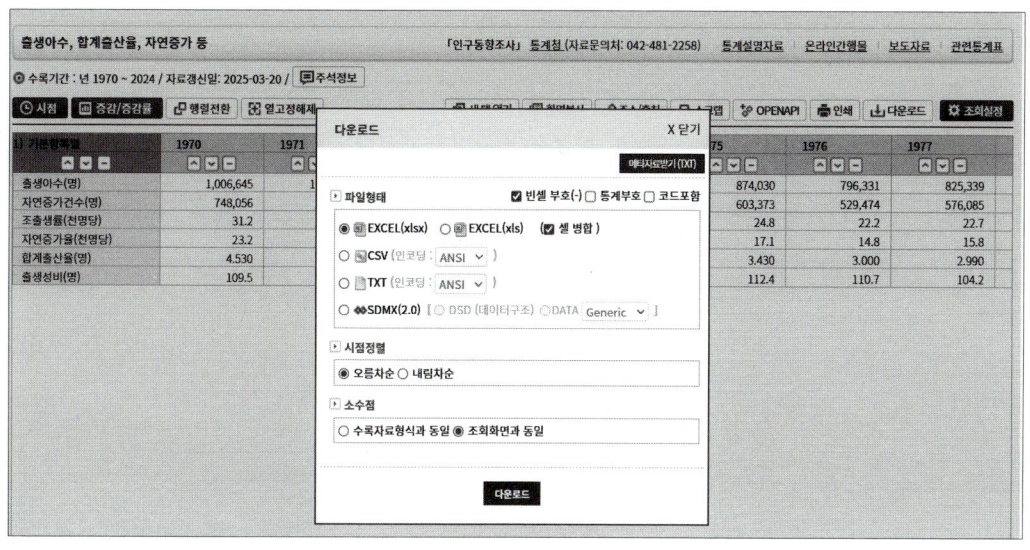

그림 12-23

선택이 완료되었으면 "다운로드" 버튼을 클릭해서 엑셀 파일로 받으면 됩니다. 기본 선택이 "EXCEL"이고, "오름차순"으로 되어 있습니다. 이 파일을 사용해서 분석해 보겠습니다.

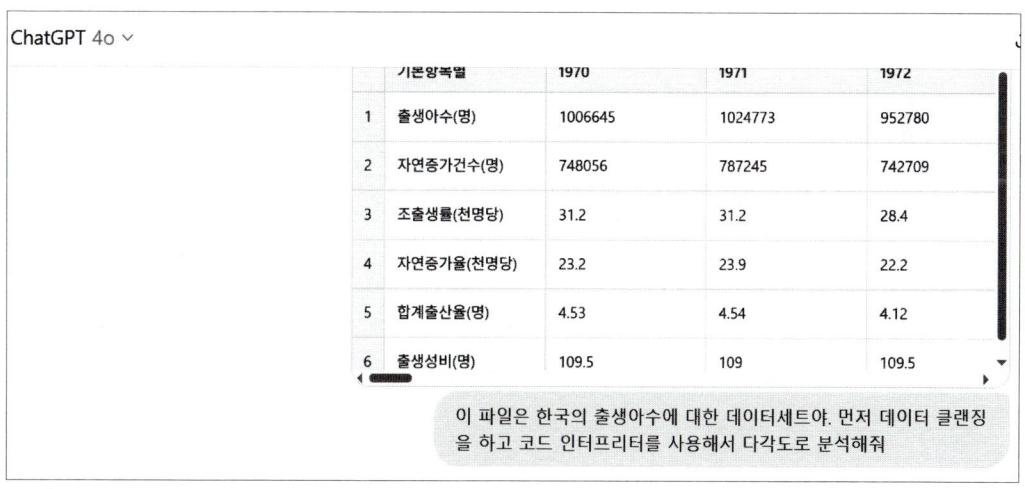

그림 12-24

선택이 완료되었으면 "다운로드" 버튼을 클릭해서 엑셀 파일로 받으면 됩니다. 이 파일을 사용해서 분석해 보겠습니다.

해당 파일을 업로드해서 다음과 같이 입력합니다.

 ChatGPT 명령

이 파일은 한국의 출생아수에 대한 데이터세트야. 먼저 데이터 클랜징을 하고 코드 인터프리터를 사용해서 다각도로 분석해줘

기본양폭별	1970	1971	1972
1 출생아수(명)	1006645	1024773	952780
2 자연증가건수(명)	748056	787245	742709
3 조출생률(천명당)	31.2	31.2	28.4
4 자연증가율(천명당)	23.2	23.9	22.2
5 합계출산율(명)	4.53	4.54	4.12
6 출생성비(명)	109.5	109	109.5

이 파일은 한국의 출생아수에 대한 데이터세트야. 먼저 데이터 클랜징을 하고 코드 인터프리터를 사용해서 다각도로 분석해줘

🔑 그림 12-25

데이터를 보면서 분석을 자동으로 잘 하고 있습니다. ㅎㅎ 앞으로 더 발전할 기능들이라고 생각합니다. 아직은 X축과 Y축을 잘못 판단하는 경우가 많기 때문에 정확하게 프롬프트에 기술해 주면 좋습니다.

 ChatGPT 명령

X축에는 1970년부터 연도를 출력하고, Y축에는 출생아수를 출력해서 라인 그래프를 출력해줘

한글이 깨지면 한글 문제를 해결해 달라고 하면 됩니다. 교재에서 제공하는 whl파일과 폰트를 업로드하고 다시 그래프를 출력해 달라고 하면 됩니다.

> **ChatGPT 명령**
> 위의 whl파일을 설치해서 한글 문제를 해결하고 다시 그래프를 출력해줘

그림 12-26

"항상 세부 정보 표시"가 선택되어 있으면 내부적으로는 실제 리눅스 서버에 파일을 로딩해서 분석하는 파이썬 코드가 보입니다. 우리가 앞에서 직접 작성했던 판다스의 코드와 크게 다르지 않습니다.

데이터를 보면 출생아수(명), 합계출산율(명)이 보입니다. 저는 베이비붐 세대에 해당하는 해에 태어났습니다. 학력고사 세대로 100만명이 응시했던 기억이 납니다. 제 아이들은 50만명정도 한해에 수능을 보았던 기억이 나는데 이제는 23만명까지 출생아수(명)이 감소하고 있습니다.

앞에서 우리는 갭마인더라는 데이터셋을 사용해서 대륙별, 나라별 기대수명과 GDP를 본 적이 있습니다. 이번에는 KOSIS 국가통계포털에서 한국 데이터를 다운로드 받아서 분석해 보겠습니다.

https://kosis.kr/search/search.do

위의 사이트에서 "사망자수, 조사망률"을 입력하고 검색하면 "사망자수, 조사망률, 기대수명"을 검색할 수 있습니다. 검색한 파일을 클릭하면 아래와 같이 새로운 창이 오픈됩니다.

그림 12-27

상단의 "시점"을 클릭해서 "전체선택"을 클릭하면 1970년도부터 최근시점까지 전부 선택이 됩니다. "적용"을 클릭합니다. 잠시 데이터를 살펴보면 1970년도의 경우 기대수명이 62세 정도 됩니다. 최근에는 86세 이상이 되었습니다.

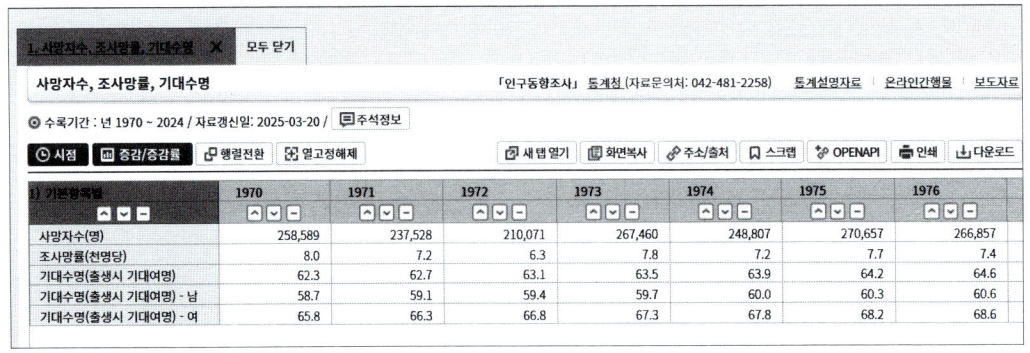

그림 12-28

상단에 있는 "다운로드" 버튼을 클릭합니다. 거의 끝 부분에 있습니다. 엑셀 파일로 저장해서 다운로드 받은 파일을 분석해 봅니다. 혹시 파일이 검색이 안되면 교재에서 제공하는 파일을 사용해도 됩니다.

 ChatGPT 명령

이 파일은 한국의 사망자수와 기대수명에 대한 데이터세트야. 먼저 데이터 클랜징을 하고 다양한 각도로 파일을 분석해줘

그림 12-29

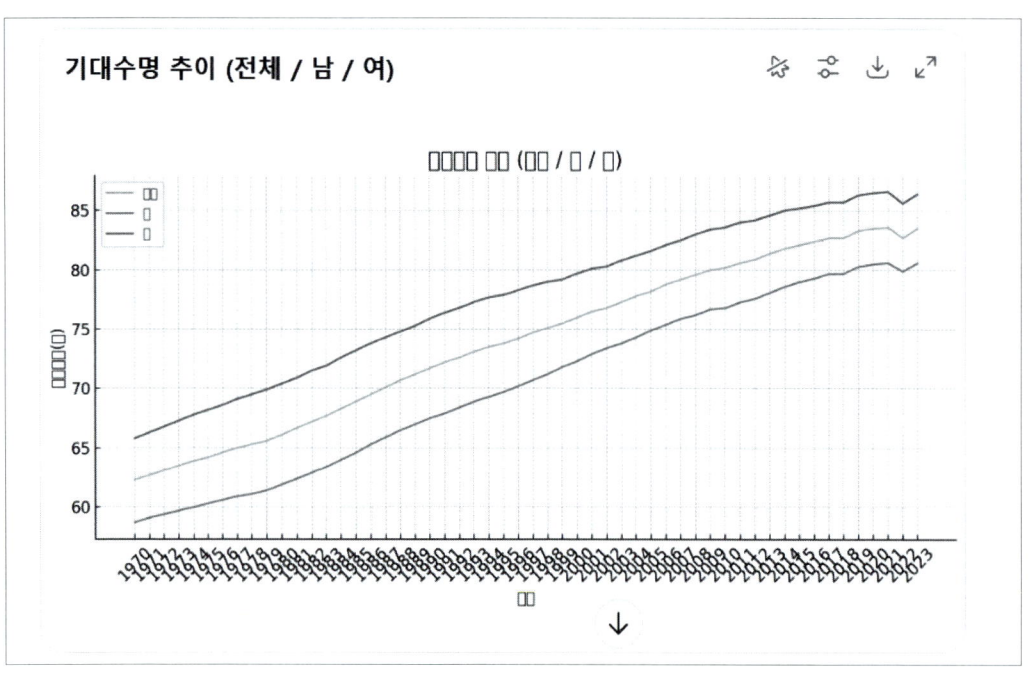

그림 12-30

기대 수명 추이를 전체와 남성, 여성을 분리해서 라인 그래프로 출력해 줍니다. 혹시 출력이 안되면 아래와 같이 출력해 달라고 다시 부탁하면 됩니다.

 **ChatGPT 명령**

x축은 연도를 출력하고 y축은 기대수명(출생시 기대여명)을 출력해줘

너무 촘촘하게 x축이 출력되서 다시 한번 그려달라고 했습니다. 한글이 깨지는 문제도 해결해 달라고 합니다.

 **ChatGPT 명령**

x축의 연도를 3년에 한번씩 출력하도록 다시 그려줘. 그리고 한글 문제로 해결해줘

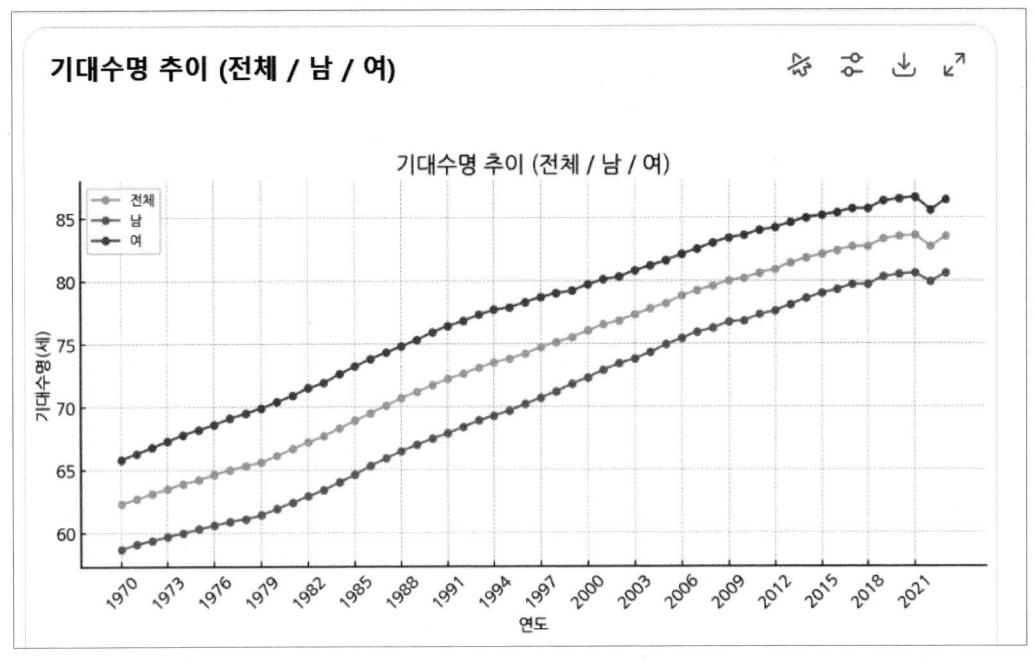

그림 12-31

직접 판다스를 사용해서 데이터 분석 작업을 하고 ChatGPT를 사용해서 데이터를 분석하고 시각화해보면 생성되는 코드를 더 잘 이해할 수 있습니다. 앞으로는 생성형 AI 엔진을 사용해서 복잡한 데이터세트도 분석하는 시대가 올겁니다. 우리의 일이 좀 더 줄어들 수 있습니다. ㅎㅎ 앞으로 2년에서 3년정도 지나면 디테일한 코딩은 사람 개발자가 하지 않을 수도 있습니다. 우리는 LLM을 사용해서 지시를 하고 결과물을 감시하고 승인하는 역할을 수행하면 됩니다. 매년 발전하는 속도가 후덜덜합니다. ㅎㅎ

구글 AI Studio에서도 동일하게 파일을 업로드하고 프롬프트를 입력하면 멋지게 분석을 합니다. 무료로 이런 분석을 할 수 있다는 것이 당황스럽기는 합니다.

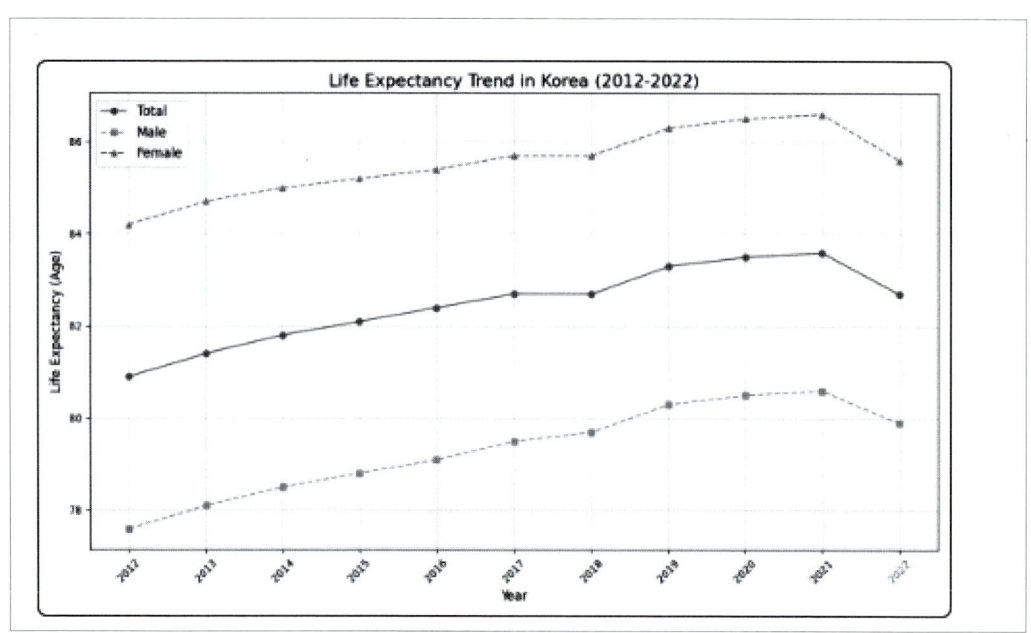

그림 12-32

13장

OpenAI의 API를 사용한 프로그래밍

13.1   OpenAI API 키 생성하기

13.2   구글의 코랩 사용하기

13.3   파이썬에서 OpenAI API 사용하기

13.4   PyQt와 OpenAI API를 사용해서 컴퓨터 비전 애플리케이션 만들기

13.1 OpenAI API 키 생성하기

OpenAI의 API를 호출할 수 있도록, 키(일종의 암호)를 생성해서 사용할 수 있습니다. 초기에는 ChatGPT에 처음 무료로 가입하면 API를 사용할 수 있도록 5불정도를 무료로 제공을 했었습니다. 현재는 이런 크레딧을 제공하지 않기 때문에 5불정도 결제를 해야 합니다. 커피 두잔 정도를 마시지 않고 절약하면 충분히 결제할 수 있는 금액입니다. ㅎㅎ 한두달 정도 테스트하는 용도로 충분히 사용할 수 있는 금액입니다.

이러한 키를 지정하는 이유는 검색을 하면서 일정한 토큰당 요금이 과금되기 때문에 해당 키를 통해서만 작업하도록 되어 있습니다. 이 키는 다른 사람들에게 노출이 되면 안 됩니다. 저도 지금은 키를 보여드리지만, 이 키는 매번 사용이 끝나면 삭제하고 다시 생성하고 있습니다. 이 부분은 본인의 키를 직접 생성해서 사용해야 합니다.

저는 ChatGPT를 유료로 결제해서 사용을 하고 있습니다. 아무래도 다른 분들에게 데모를 보여주거나 좀 더 정교한 코드를 작성할 경우 유료 버전이 더 빠르고 도움이 됩니다. 아직은 테스트하는 단계라면, 무료계정으로 충분히 테스트할 수 있습니다. 다만 ChatGPT를 월에 20불정도 지불하고 사용하는 것과는 별도로 API에 대한 결제를 추가로 할 수 있습니다. 저도 테스트에 필요한 금액을 별도로 결제해서 사용하고 있습니다. 테스트하는 용도라면 5불정도만 결제를 해도 몇달은 충분히 사용할 수 있습니다. 아래의 주소로 접속하시면, 내가 사용할 수 있는 API Key를 만들 수 있습니다.

https://platform.openai.com/account/api-keys

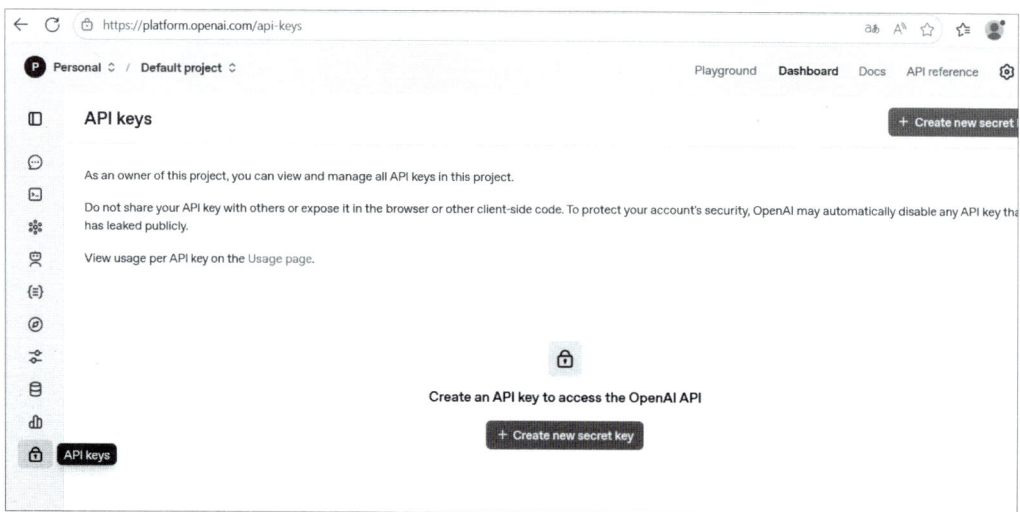

그림 13-1

처음에는 생성된 키가 없고 필요하면 직접 생성해서 사용하면 됩니다. 화면의 상단에 있는 "+ Create new secret key" 버튼을 클릭해서 새로운 API key를 생성하면 됩니다. 저는 여러 번 생성했지만, 처음 이 페이지를 보고 있다면 생성된 키가 하나도 없을 수 있습니다.

이렇게 출력된 아래의 화면에서 "Create secret key" 버튼을 클릭해서 새로운 키를 생성하면 됩니다. Name에는 "DemoKey"와 같이 이름을 입력하면 됩니다.

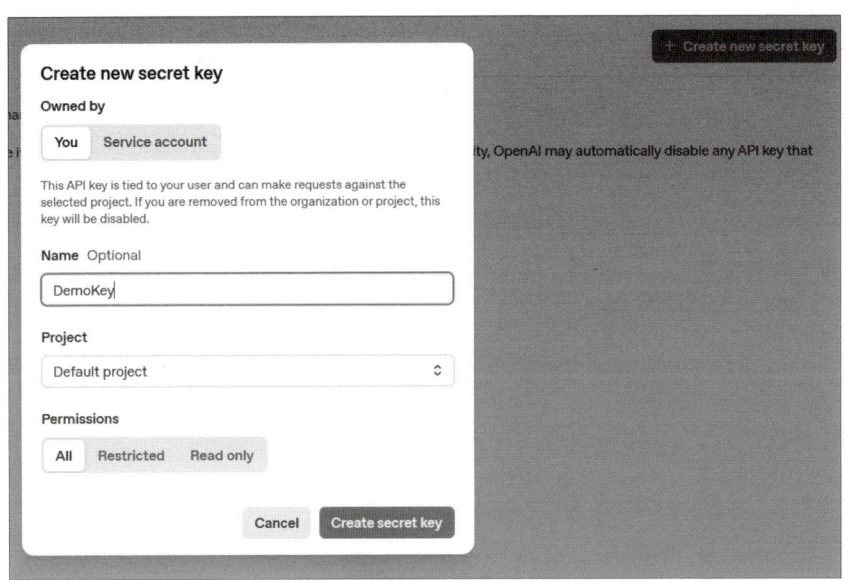

그림 13-2

새로운 키가 생성이 되면, 옆에 있는 복사 버튼을 클릭해서 아래에서 작성하는 코드에서 사용하면 됩니다. 제가 보여드리는 키가 아닌 본인이 직접 키를 생성해서 사용해야 합니다. 이 키는 노출되면 안됩니다. 일종의 비밀번호와 같다고 생각하면 됩니다. 다른 사람들이 많이 사용하게 되면 요금이 지속적으로 발생할 수 있습니다.

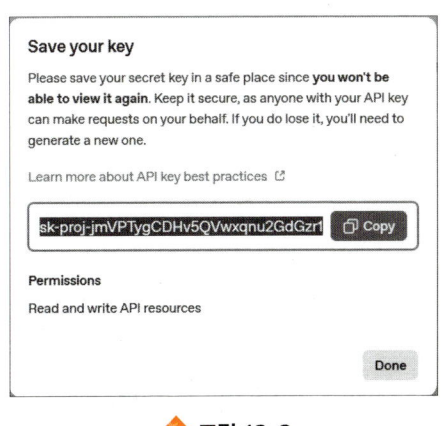

그림 13-3

13.2 구글의 코랩 사용하기

이번에는 구글의 코랩을 사용해 봅니다. 기존 구글의 지메일 계정이 있다면 무료로 사용이 가능합니다. 저도 개인적으로 강력한 GPU가 있는 노트북이나 PC를 사용하는 환경이 아니기 때문에 필요하면 무료로 사용할 수 있는 구글의 코랩을 활용하고 있습니다. 아래의 사이트에 접속해서 "New Notebook"을 클릭합니다.

https://colab.google/

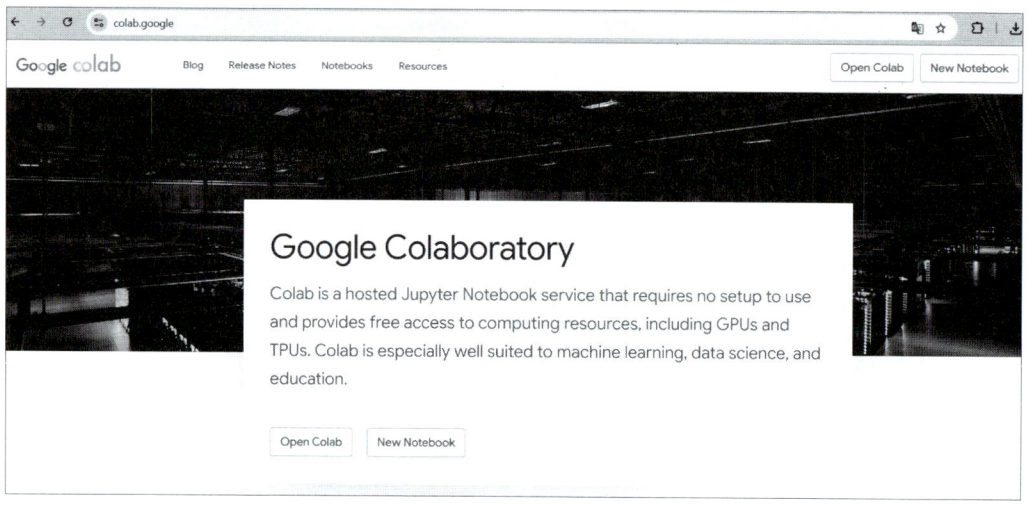

 그림 13-4

구글의 코랩은 시간제한이 있지만 간단한 테스트 용도로 사용하기 좋습니다. 앞에서 우리가 사용했던 비주얼 스튜디오 코드에 추가로 설치해서 사용해도 됩니다. 다만 그래픽 카드의 도움을 받아서 연산을 해야 하는 경우라면 구글의 코랩을 추천합니다. 요즘 빅테크들은 자사의 클라우드 플랫폼을 사용하는 것을 독려하기 위해서 이런 무료 서비스들을 제공하고 있습니다.

구글 코랩의 경우 다음과 같은 제한 사항이 있습니다.

- RAM: 12GB
- 디스크: CPU/TPU는 최대 107GB, GPU는 최대 68GB

- 90분 규칙: 90분 동안 아무 조작이 없으면 초기화 됩니다.
- 12시간 규칙: 인스턴스 시작 후 12시간 후 초기화 됩니다.

위와 같은 제한 사항이 있기 때문에 혹시 작업하면서 초기화가 되면 다시 설치를 하면서 작업을 하면 됩니다. 결제를 해서 유료 계정을 사용하는 방법도 있지만 우리는 무료 계정을 활용합니다. ㅎㅎ

그림 13-5

구글의 코랩 페이지에서 오른쪽 상단의 "연결"버튼을 클릭해서 "런타임 유형 변경"을 클릭합니다.

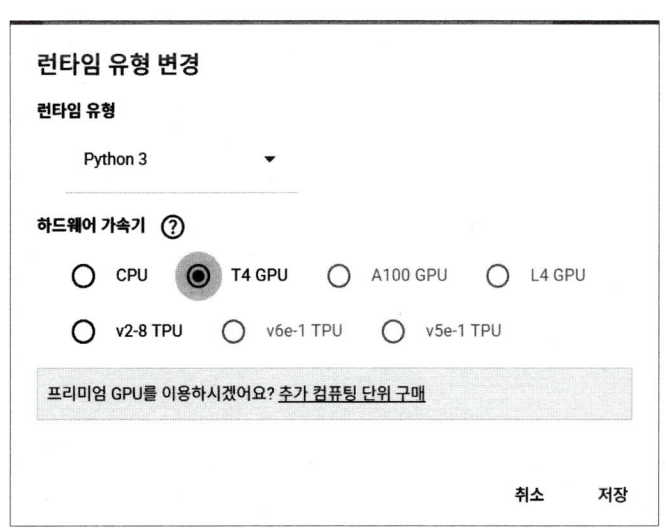

그림 13-6

하드웨어 가속기를 "T4 GPU"를 선택하고 "저장"을 클릭합니다. 좀 더 강력한 환경을 원하면 추가 구매를 할 수 있지만 우리가 사용하는 용도로는 충분합니다.

아래와 같이 입력하고 shift + enter키를 누르면 바로 설치가 시작됩니다. langchain과 openai는 자주 버전업이 되기 때문에 이 책에서 사용한 버전과 다른 버전에서 동작하지 않을 수 있습니다. openai는 1.93.0 버전을 사용했고, langchain은 0.3.26 버전을 사용했습니다. 버전을 명시해서 설치해도 됩니다.

```
!pip install langchain openai
```

혹시 문제가 되면 다음과 같이 버전을 명시해서 설치할 수 있습니다.

```
#버전을 명시하는 경우
!pip install langchain==0.3.26 openai==1.93.0
```

🖌 그림 13-7

구글 코랩의 경우 무료로 하루 12시간을 사용할 수 있습니다. 지속적인 작업이 없으면 연결이 끊어질 수 있습니다. 아래의 코드를 입력해서 실행하면 남은 시간을 알 수 있습니다. 11.94시간 남은 시간을 알 수 있습니다.

```
!cat /proc/uptime | awk '{printf("남은 시간 : %.2f", 12-$1/60/60)}'
```

🖌 그림 13-8

13.3 파이썬에서 OpenAI API 사용하기

이제 본격적으로 OpenAI API를 파이썬에서 호출해 보도록 합니다. 앞에서 생성한 OpenAI API 키를 아래와 같이 복사해서 붙여넣기를 합니다. 이 키는 개별적으로 생성해야 합니다. 아래의 키를 입력하는 것이 아닌 본인 키를 생성해서 복사해서 붙여넣기를 해야 합니다. 초기 버전보다는 키의 길이가 상당히 길어졌습니다.

코드 예제

```
import os
os.environ["OPENAI_API_KEY"] = "sk-proj-YLNkK01ZuuXYa-rt_iTPF9QUhiBfxgLXLJ8
XPEdpatmDjqvoKolESwfmPI1jKg4lzXAyQq9yaTT3BlbkFJ96dmczJ0tKuFhFfWGoZMTxBgspKX
StJbCgWidOxWWK6zAKOyBgVdG3KCa0CmUxqIZfERN18qAA
```

앞에서는 주로 ChatGPT를 사용해서 직접 프롬프트를 입력했는데 지금부터는 파이썬 코드를 통해 프롬프트를 전달하고 결과를 리턴받으면 됩니다. 아래와 같은 코드로 시작할 수 있습니다.

코드 예제

```
from openai import OpenAI

client = OpenAI()
client
```

우리는 다양한 모델들을 선택할 수 있습니다. 아래의 코드에서 "content"를 변경하면 됩니다. 데이터가 입력되는 형태가 독특한데 JSON포맷으로 작성된다고 생각하면 됩니다. 응답결과에서 일부만 슬라이싱해서 보면 됩니다.

model은 대부분의 경우에 저렴한 비용으로 사용할 수 있는 "gpt-3.5-turbo"를 사용하면 됩니다. Chat Completions API에서는 messages라는 배열의 각 요소에 역할별 컨텐츠를 넣는 형식으로 사용합니다. 예를 들면 "role":"system"으로 LLM의 작동에 대한 지시를 주고, 추가로 "role":"user"로 대화를 위한 입력 메세지를 줍니다. 또한 "role":"assistant"를 사용하여 user의 대화 내역을 포함한 요청을 보낼 수 있습니다.

코드 예제

```python
completion = client.chat.completions.create(
    model="gpt-3.5-turbo",
    messages=[
        {
            "role": "system",
            "content": "당신은 파이썬 프로그래머입니다.",
        },
        {
            "role": "user",
            "content": "1부터 100까지 더하는 코드를 작성해주세요.",
        },
    ],
)
print(completion.choices[0].message.content)
```

실행 결과

> 물론입니다. 아래는 1부터 100까지 더하는 코드입니다.
>
> ```python
> total = 0
> for i in range(1, 101):
>     total += i
>
> print(total)
> ```

그림 13-9]

ChatGPT에서 제공하는 DALL-3을 사용해서 이미지를 생성할 수 있습니다. 아래와 같은 파이썬 코드를 사용하면 동일한 작업을 수행할 수 있습니다. model 속성에 "dall-e-3"을 입력하고 prompt에 "귀여운 포메라니안 강아지 사진을 생성해줘"를 입력하면 됩니다. size 속성을 크기를 지정합니다. DALL-E-3을 사용할 때 이미지 크기는 1024*1024, 1024*1792, 1792*1024픽셀을 사용할 수 있습니다. Quality는 표준으로 지정하고 생성 갯수인 n에는 1을 입력합니다.

코드 예제

```python
from openai import OpenAI
client = OpenAI()

response = client.images.generate(
  model="dall-e-3",
  prompt="귀여운 포메라니안 강아지 사진을 생성해줘",
  size="1024x1024",
  quality="standard",
  n=1,
)

image_url = response.data[0].url
print(image_url)
```

실행 결과 입니다. 아래의 링크를 클릭하면 생성된 이미지를 볼 수 있습니다. 이 이미지를 다운로드 받아서 "dog2.png"로 저장해 둡니다.

실행 결과

```
response = client.images.generate(
  model="dall-e-3",
  prompt="귀여운 포메라니안 강아지 사진을 생성해줘",
  size="1024x1024",
  quality="standard",
  n=1,
)

image_url = response.data[0].url
print(image_url)
```

https://oaidalleapiprodscus.blob.core.windows.net/private/org-JXdbRstGKc6W4fJwQDYZ0HXX/user-EeYoKwsQ3L

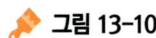

그림 13-10

그림 13-11

생성형 엔진을 내가 작성하는 코드에서 그대로 사용할 수 있습니다. ㅎㅎ

앞으로 내가 만드는 애플리케이션이나 웹사이트에 이 기능을 그대로 탑재할 수 있습니다.

기존 이미지를 변형하는 것도 가능합니다.

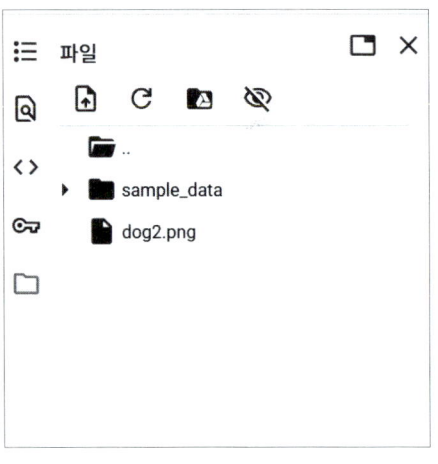

그림 13-12

구글 코랩에서 왼쪽에 있는 폴더 형태의 아이콘을 클릭합니다. 왼쪽에 5개 정도의 버튼들이 있는데 하단에 있는 폴더 형태의 버큰을 클릭하면 됩니다. 여기에 파일을 업로드할 수 있습니다. 앞에서 저장한 "dog2.png" 파일을 업로드합니다. 교재에서 제공하는 파일을 사용해도 됩니다. 드래그 & 드롭을 하면 해당 폴더로 이미지 파일이 업로드 됩니다. 아래의 코드를 실행합니다.

> **코드 예제**

```python
#기존 이미지를 변형하기
from openai import OpenAI
client = OpenAI()

response = client.images.create_variation(
  model="dall-e-2",
  image=open("dog2.png", "rb"),
  n=1,
  size="1024x1024"
)

image_url = response.data[0].url
print(image_url)
```

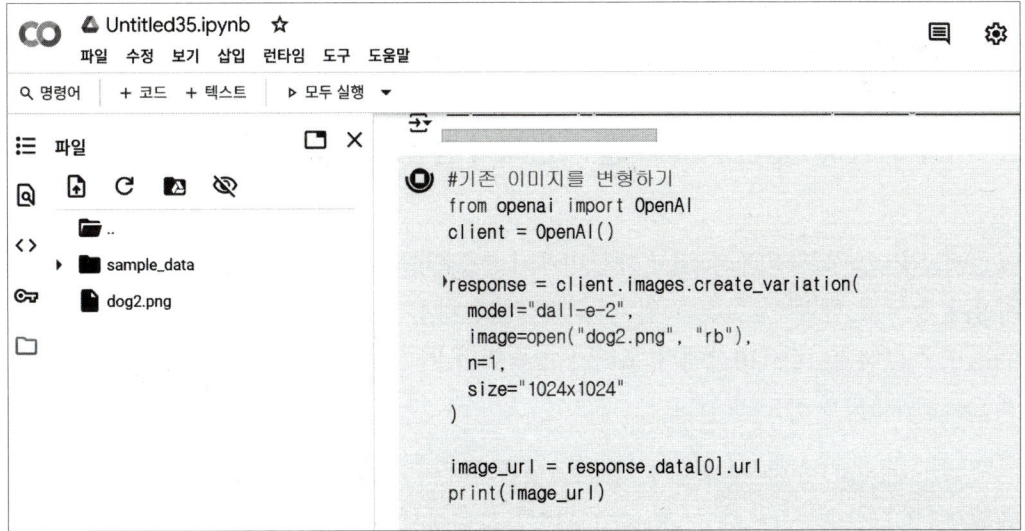

그림 13-13

하단의 URL 주소를 클릭해서 출력된 사진을 보면 기존 사진을 변형한 형태로 이미지가 생성된 것을 볼 수 있습니다.

그림 13-14

13.4 PyQt와 OpenAI API를 사용해서 컴퓨터 비전 애플리케이션 만들기

이번에는 PyQt를 사용해서 GUI 애플리케이션을 만들면서 컴퓨터 비전에 관련된 API를 사용해 보도록 합니다. 사진을 업로드하면 해당 사진을 분석해서 어떤 내용인지를 알려주는 프로그램입니다. 10장에서 우리가 학습했던 PyQt를 사용해서 GUI를 만들고 여기에 OpenAI API를 붙이면 됩니다.

전체 코드는 GPT4o를 사용해서 작성을 했습니다. 앞에서 학습을 했던 PyQt코드를 사용해서 GUI코드를 작성하고 OpenAI API를 사용해서 *.png, *.jpeg포맷의 사진들을 업로드하면 사진에 있는 사물들에 대해 상세하게 기술해 주는 프로그램입니다.

생성형 AI 엔진의 도움이 없다면 만들기 상당히 힘든 프로그램입니다. ㅎㅎ 우리는 1시간정도만 작업하면 이런 결과물을 만들어 낼 수 있습니다. 앞으로는 업무 도메인에 대한 지식과 상상력이 있으면 됩니다. 생성형 AI 엔진의 발전속도를 보면서 매번 놀라고 있습니다.

내가 사용하는 노트북이나 PC에서 실행을 해야 하기 때문에 추가 라이브러리를 설치해야 합니다. 윈도우 탐색기의 상단에서 cmd를 입력해서 커맨드창을 오픈합니다.

코드 예제

```
pip install openai
pip install pillow
```

아래의 키는 OpenAI API를 본인 것을 생성해서 사용해야 합니다.

코드 예제

```
# OpenAI API 키 설정
openai.api_key = 'sk-proj-
dCV9pmjqBnuMDx9uGliAT3BlbkFJJIhoMY66jVtlV04Cq5os'
```

우리가 앞에서 학습을 했던 QMainWindow클래스를 상속받아서 이미지설명앱 클래스를 정의합니다.

코드 예제

```
class ImageDescriptionApp(QMainWindow):
    def __init__(self):
        super().__init__()
        self.initUI()
```

우리가 직접 업로드한 사진을 분석하지 않습니다. 앞에서 사용한 openAI API를 호출해서 content에 "이 이미지에 무엇이 있는지 한글로 설명해줘?"라고 프롬프트를 입력해 두면 됩니다. model은 "gpt-4o"를 지정하면 됩니다. 상당히 많은 사물들을 분석하는 것을 볼 수 있습니다.

코드 예제

```
payload = {
        "model": "gpt-4o",
        "messages": [
            {
                "role": "user",
                "content": [
                    {
                        "type": "text",
                         "text": "이 이미지에 무엇이 있는지 한글로 설명해줘?"
                    },
                    {
                        "type": "image_url",
                        "image_url": {
                                "url": f"data:image/jpeg;base64,{base64_image}"
                        }
                    }
                ]
            }
        ],
        "max_tokens": 300
    }
```

전체 코드입니다.

전체 코드

```
import sys
from PyQt5.QtWidgets import QApplication, QMainWindow, QLabel, QPushButton, QVBoxLayout, QWidget, QFileDialog, QTextEdit
from PyQt5.QtGui import QPixmap
from PyQt5.QtCore import Qt
import openai
from PIL import Image
```

```python
import base64
from io import BytesIO
import requests

# OpenAI API 키 설정(이 키는 본인키로 변경해야 합니다.)
openai.api_key = 'sk-proj-YLNkK01ZuuXYa-rt_iTPF9QUhiBfxgLXLJ8XPEdpatmDjqvoKolESwf
mPI1jKg4lzXAyQq9yaTT3BlbkFJ96dmczJ0tKuFhFfWGoZMTxBgspKXStJbCgWidOxWWK6zAKOyBgVdG
3KCa0CmUxqIZfERN18qAA'

class ImageDescriptionApp(QMainWindow):
    def __init__(self):
        super().__init__()
        self.initUI()

    def initUI(self):
        self.setWindowTitle('컴퓨터 비전으로 이미지 분석하는 앱')

        central_widget = QWidget()
        self.setCentralWidget(central_widget)

        self.layout = QVBoxLayout()

        self.image_label = QLabel('이미지 분석에 필요한 사진을 업로드하세요.')
        self.image_label.setAlignment(Qt.AlignCenter)
        self.image_label.setFixedSize(480, 300)
        self.image_label.setStyleSheet("border: 1px solid black;")
        self.layout.addWidget(self.image_label)

        self.upload_button = QPushButton('이미지 업로드')
        self.upload_button.clicked.connect(self.upload_image)
        self.layout.addWidget(self.upload_button)

        self.description_edit = QTextEdit()
        self.layout.addWidget(self.description_edit)

        central_widget.setLayout(self.layout)

    def upload_image(self):
        options = QFileDialog.Options()
```

```python
            file_name, _ = QFileDialog.getOpenFileName(self, 'Open Image File', '',
'Images (*.png *.xpm *.jpg *.jpeg)', options=options)
            if file_name:
                self.display_image(file_name)
                self.get_image_description(file_name)

    def display_image(self, file_name):
        pixmap = QPixmap(file_name)
        pixmap = pixmap.scaled(480, 300, Qt.KeepAspectRatio, Qt.SmoothTransformation)
        self.image_label.setPixmap(pixmap)
        self.image_label.setScaledContents(False)

    def encode_image(self, image_path):
        with open(image_path, "rb") as image_file:
            return base64.b64encode(image_file.read()).decode('utf-8')

    def get_image_description(self, file_name):
        base64_image = self.encode_image(file_name)

        headers = {
            "Content-Type": "application/json",
            "Authorization": f"Bearer {openai.api_key}"
        }

        payload = {
            "model": "gpt-4o",
            "messages": [
                {
                    "role": "user",
                    "content": [
                        {
                            "type": "text",
                            "text": "이 이미지에 무엇이 있는지 한글로 설명해줘?"
                        },
                        {
                            "type": "image_url",
                            "image_url": {
                                "url": f"data:image/jpeg;base64,{base64_image}"
```

```
                    }
                }
            ]
        }
    ],
    "max_tokens": 300
}

        response = requests.post("https://api.openai.com/v1/chat/completions", 
headers=headers, json=payload)

        data = response.json()
        print(data['choices'][0]['message']['content'])
        self.description_edit.setPlainText(data['choices'][0]['message']['content'])

if __name__ == '__main__':
    app = QApplication(sys.argv)
    ex = ImageDescriptionApp()
    ex.show()
    sys.exit(app.exec_())
```

실행결과 입니다. 제가 촬영한 장비 리스트 사진을 올렸더니 생각보다 자세하게 사진에 있는 장비들을 분석하고 있습니다. 매년 좀 더 향상된 분석능력을 보여줍니다. 윈도우 10, 11이나 맥북에서도 동일한 코드가 잘 실행됩니다.

내가 개발한 애플리케이션에 이런 기능을 탑재하는 것이 너무나 쉽게 처리됩니다. ㅋㅋ

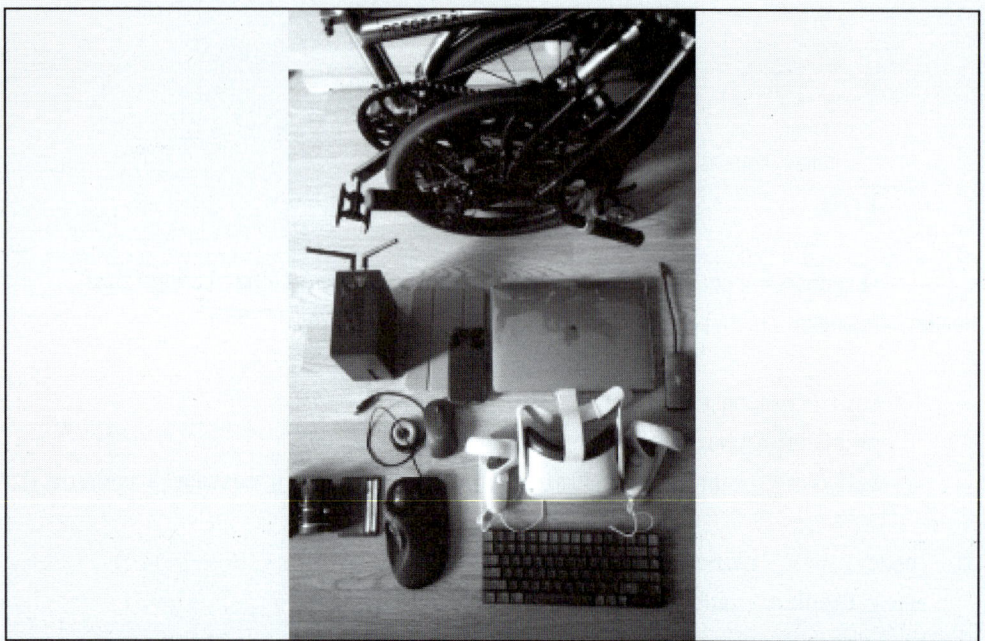

그림 13-15

그림 13-16

이제는 창의적인 아이디어를 내면 바로 바로 앱을 만들 수 있는 시대가 되었습니다. 내가 하는 분야의 도메인 지식이 더 중요해지는 시대가 되고 있습니다. 사람 + LLM이 협업을 하는 시기입니다.

챗GPT를 활용한
파이썬 프로그래밍

14장

LLM을 활용한 프로그래밍 - LangChain 사용하기

14.1 생성형 AI에 대한 소개

14.2 LangChain 소개와 설치해서 사용하기

14.3 LangChain에서 프롬프트 템플릿 사용하기

14.4 RAG(Retrieval Augmented Generation)기법 사용하기

14.5 LangChain에서 Agent 사용하기

14.1 생성형 AI에 대한 소개

사실 우리는 계속해서 생성형 AI 엔진을 사용했습니다. 최근에는 직접 모든 것을 개발하는 것보다는 이런 생성형 AI 엔진을 사용한 개발이 새로운 트랜드로 각광을 받고 있습니다.

그림 14-1

기존에 인공지능이라는 카테고리는 사실 방대한 영역이라고 할 수 있습니다. 좀 더 좁은 영역으로 머신 러닝을 말하고 있고 여기에 좀 더 좁은 영역이 딥러닝이고 여기에 한 분야가 바로 생성형 AI입니다. 우리는 ChatGPT, 구글 AI Studio등을 사용해 보고 있습니다. 요즘에는 다양한 LLM(Large Language Model)들이 있습니다. 이 중에 필요한 것을 골라서 사용할 수 있습니다.

우리가 사용하는 다양한 챗봇 서비스는 소위 대규모 언어 모델 (Large Language Model, LLM)에 챗팅에 적합한 옷을 입혀 놓은 일종의 앱이라고 볼 수 있습니다. ChatGPT에서 최근 LLM 모델들을 정리해 달라고 부탁을 했습니다.

모델명	개발사	출시 시기	파라미터 수 (최대)	특징 요약
GPT-4	OpenAI	2023.03	비공개 (추정 1조+)	멀티모달 지원(GPT-4V), 인간 수준의 추론 능력, ChatGPT Plus에 탑재
GPT-4o	OpenAI	2024.05	비공개	GPT-4보다 빠르고 가볍고 저렴함, 오디오-비디오-텍스트 통합 모델
Claude 3	Anthropic	2024.03	비공개 (~1조 추정)	Claude 3 Opus는 GPT-4 수준의 성능, 보수적이면서도 정밀한 답변
Gemini 1.5	Google DeepMind	2024.02	비공개 (~1조+)	1백만 토큰 컨텍스트 창 제공, 멀티모달 처리 능력 개선
Mistral 7B	Mistral AI	2023.09	70억	가벼운 모델, 성능 우수, 오픈소스
Mixtral 8x7B	Mistral AI	2023.12	최대 128B (MoE)	Mixture of Experts 방식, 실제 동작 시 12.9B 수준만 활성화됨
LLaMA 2	Meta	2023.07	70억, 130억, 650억	고성능 오픈소스 모델, 커뮤니티 확산 활발
LLaMA 3	Meta	2024.04	80억, 700억	GPT-4 수준 도달, 2024년 말 4000억 파라미터 버전 예고됨
Command R+	Cohere	2024.04	비공개	RAG(검색결합형) 특화, 상업용 RAG 응용에 적합

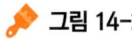

그림 14-2

지속적으로 발전하는 생성형 AI의 시장을 보고 있으면 결국은 대부분의 개발자와 엔지니어들이 이런 엔진의 도움을 받으면서 개발을 할 것으로 생각됩니다. 아직은 부족한 부분도 있고 개선되어야 하겠지만 사실 이렇게 도움을 받으면서 개발하는 모델이 점점 더 발전하고 있습니다. 아마도 IT분야에 국한되지 않고 전체 산업군으로 퍼져나갈 것으로 보고 있습니다.

아래의 그림은 거대 언어 모델의 현 주소를 잘 보여주는 그림입니다. 개발자들은 서로 어느 모델이 더 좋다라고 의견충돌이 일어나고 있지만 사실 전부 다 발전하고 있어서 앞으로는 옥석을 잘 가려서 사용해야 할 것 같습니다. ㅎㅎ 지금은 ChatGPT가 전반적으로 좋은 성능을 내주고 있지만 앞으로 코파일럿, 제미나이, 클로드등이 각 특화된 분야에서 더 좋은 성능을 줄 수도 있습니다. 온디바이스AI시장이 열린다면 각 스마트폰에 탑재된 sLLM(Small-Large Language Model)도 상당한 영향력을 발휘할 것 같습니다. 시장은 늘 성장하고 변하고 있습니다. 그래서 늘 공부하고 성장해야 합니다. 사실 저도 좀 공부하는 것이 피곤합니다. ㅋㅋ

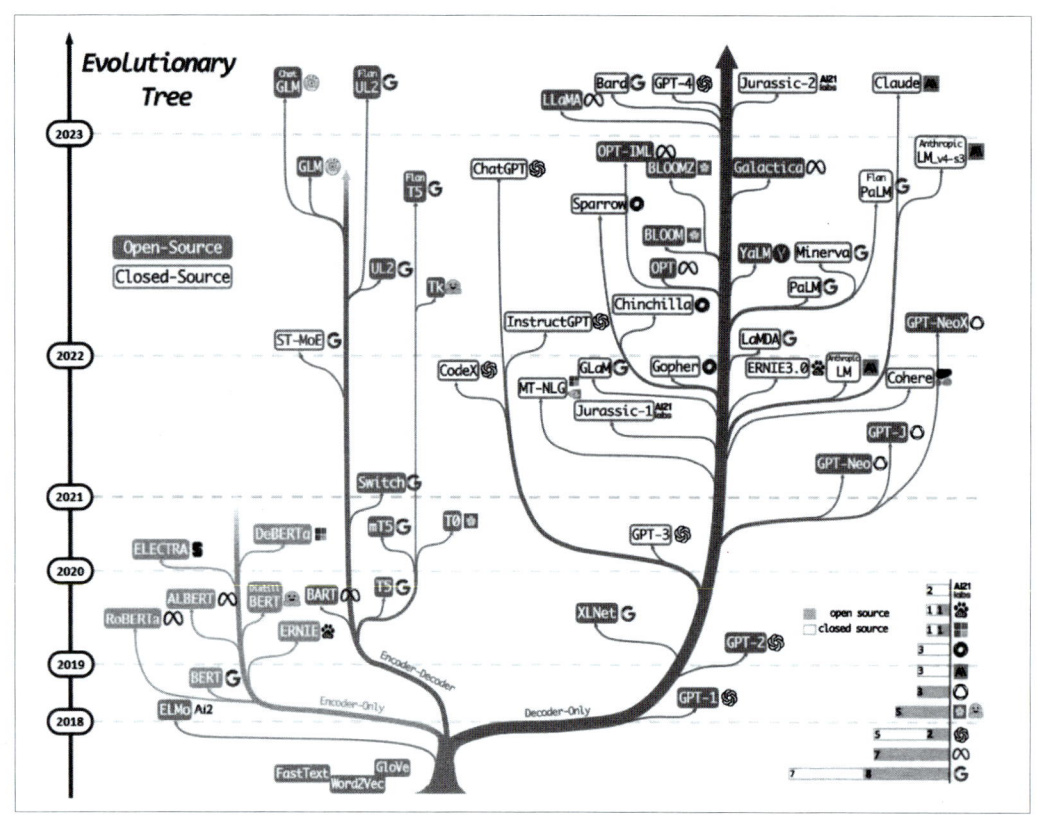

그림 14-3

거대 언어 모델의 생태계를 보면 얼마나 빠르게 발전하고 넓게 퍼지고 있는지를 알 수 있습니다. 글을 생성하고, 그림을 그리고, 영상을 만들고, 코드를 작성하는 것과 같이 다양한 시장으로 점점 더 많은 곳으로 퍼지고 있습니다. 저도 가끔씩 걱정이 생기는 것이 일자리가 줄어들지 않을까? 하는 걱정을 할 때가 있습니다. ㅋㅋ 아직은 좀 더 시간이 필요하겠지만 결국은 여기에 대부분의 사람들이 적응할 것으로 보고 있습니다. AI의 시대는 지금 초입이라는 생각을 늘 하고 있습니다. 세상이 어떻게 변화되고 적응할지 흥미진진하게 보고 있습니다.

이션 몰릭 교수님의 "듀얼 브레인"책에서 말하는 원칙(생성형 AI를 사용하는 4가치 원칙을 설명함)처럼 항상 일을 할 때 AI를 초대해서 사람처럼 대하면서 일을 하는 시대에 우리는 살고 있습니다. 이미 미래는 와 있는데 우리가 느끼지 못하고 있을 가능성이 높습니다. 요즘은 수업을 할 때 항상 추천하는 책이 "듀얼 브레인"입니다. 꼭 읽어보시길 권합니다.

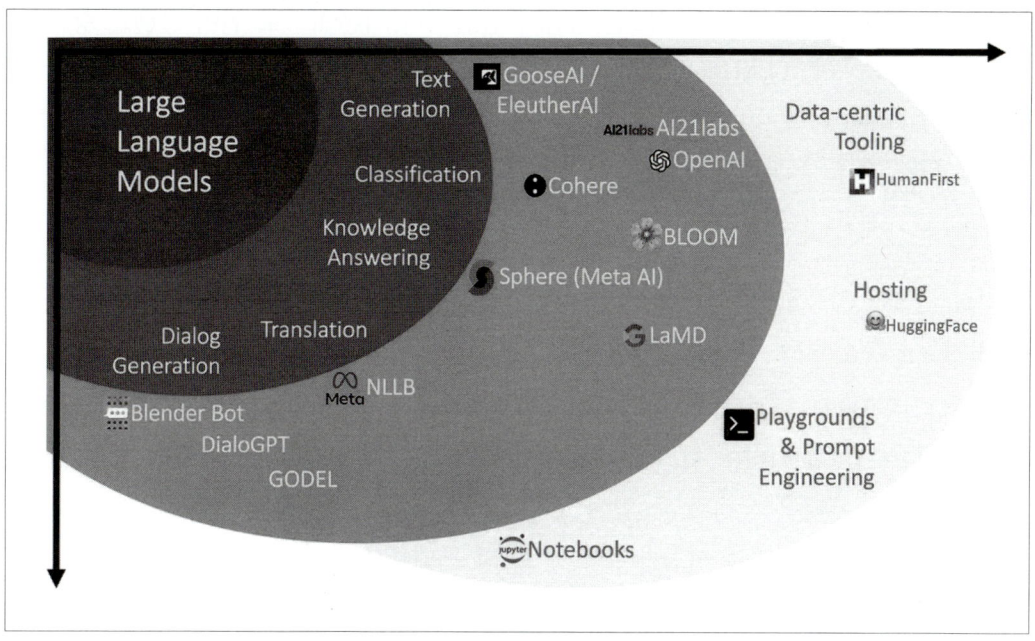

🖌 그림 14-4

빅테크들이 제공하는 모델들은 대규모 데이터셋으로 학습되었으며 대규모 파라메터를 가진 언어 모델들이 사용되고 있습니다. 구글과 페이스북 같은 IT공룡들의 LLM경쟁이 심화되고 있습니다.

앞으로 우리가 자주 사용하게될 용어들입니다.

- 단어 임베딩: 단어들을 고차원 벡터로 표현하여 각 단어간의 유사성과 관계를 캡쳐하는 기술입니다.

- 주의 메커니즘: 입력 시퀀스의 다양한 부분에 가중치를 부여하여 모델이 중요한 정보에 집중할 수 있도록 하는 기술입니다.

- **Transformer**: 주의 메커니즘을 기반으로 한 인코더와 디코더 구조의 신경망 모델로, 길이가 다른 시퀀스를 처리하는 데 탁월한 성능을 발휘합니다.

- 파인 튜닝: 사전 학습된 대규모 언어 모델을 특정 작업에 적용하기 위해 추가 학습하는 과정입니다.

- 프롬프트 엔지니어링: 모델에 입력하는 질문이나 명령을 구조화하여 모델의 성능을 향상시키는 과정을 의미합니다.

LLM 작동 방식 및 원리를 살펴보면 다음과 같습니다. 기본적으로 언어 모델은 통계 모델에서 출발했으며, LLM은 딥러닝 방식으로 방대한 양을 사전 학습(Pre-trained)한 전이 학습(Transfer)모델이라고 할 수 있습니다. 데이터의 양이 많아지면서 학습을 시켜서 예측을 할 수 있는 모델들이 나오게 된 배경입니다.

LLM은 문장에서 가장 자연스러운 단어 시퀀스를 찾아내는 딥러닝 모델입니다.

딥러닝 기술을 사용하여, 문장에서 단어와 구문을 인식하고 이를 연관시켜 언어적 의미를 파악할수 있습니다.

빈도수나 문법적인 특성 등을 학습하여, 문맥상 올바르게 문장을 생성할 수 있습니다. 이러한 인공 신경망 기반의 언어 모델들은 방대한 양의 데이터를 학습하여, 마치 인간처럼 자연스러운 문장을 생성할 수 있습니다. 물론 우리는 이런 부분을 전혀 고민하지 않고 파이썬의 라이브러리를 사용해서 쉽게 LLM 모델들을 우리가 작성하는 코드에 붙이는 작업을 하면 됩니다. ㅎㅎ

LLM의 역사와 주요 모델들을 정리하면 다음과 같습니다.

언어 모델은 크게 Encoder기반 / Encoder-Decoder 기반 / Decoder 기반 3가지로 구분합니다.

Decoder기반 LLM은 OpenAI의 GPT계열과 Meta의 LLaMA계열로 크게 나뉘고 있습니다. 대략적인 큰그림만 보고 정리해도 됩니다.

OpenAI의 모델들은 계속 발전하고 있기 때문에 최신 정보는 아래에서 확인하면 됩니다. 이 책에서는 대부분 가격이 저렴한 "gpt-3.5-turbo"과 "gpt-4.1" 모델로 사용합니다. 이미지 분석이 필요한 경우는 "gpt-4o"를 사용합니다. 혹시 독자 여러분이 이 책을 보는 시점에 따라서 새로운 모델들이 추가될 수 있습니다.

 https://platform.openai.com/docs/models

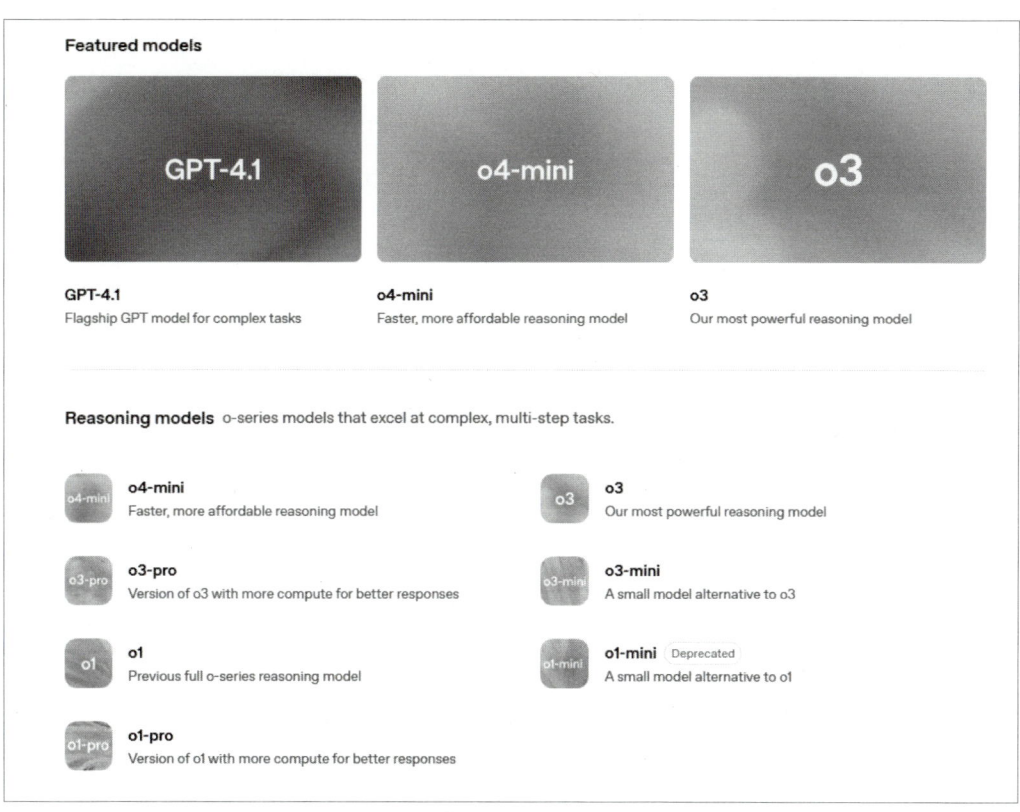

그림 14-5

2023년 3월에 출시된 gpt-3.5-turbo의 경우 text-davinci-003의 10분의 1이라는 매우 저렴한 요금으로 출시가 되었습니다. 앞으로도 경쟁을 통해 좀 더 사용 금액이 저렴해졌으면 합니다. OpenAI의 LLM 모델들의 가격은 아래와 같습니다.

모델	입력 토큰 비용	출력 토큰 비용	특징
GPT-3.5-Turbo	$3.00 / 1M	$6.00 / 1M	ChatGPT-API용 가성비 모델
GPT-4.1	$2.00 / 1M	$8.00 / 1M	최고 성능의 메인 모델
GPT-4.1 mini	$0.40 / 1M	$1.60 / 1M	중간 성능·낮은 비용
GPT-4.1 nano	$0.10 / 1M	$0.40 / 1M	가장 빠르고 저렴
GPT-4o	$5.00 / 1M	$20.00 / 1M	다중모달(텍스트·음성·이미지) 메인 모델
GPT-4o mini	$0.15 / 1M	$0.60 / 1M	GPT-3.5를 대체, 경제적

그림 14-6

사실 업체들 입장에서는 어마어마한 서버와 그래픽 카드를 사용하고 있기 때문에 인프라와 전기세에 투자되는 비용이 상당합니다. 개인이 이런 작업을 하는 것은 사실 무리가 있다고 봅니다. 요즘 스타트업에서 이런 생성형 AI 엔진을 서비스하면서 한달에 전기세로 3천만원을 낸다는 소리가 그냥 나오는 소리는 아닙니다. ㅎㅎ

토큰에 대해서도 잠시 살펴보겠습니다. 토큰은 반드시 단어와 일치하는 것은 아닙니다. OpenAI의 공식 문서에서는 영어 텍스트의 경우 1토큰은 4글자에서 0.75단어정도라고 합니다.

OpenAI가 웹사이트에서 제공하는 Tokenizer를 사용하면 입력한 텍스트가 어느정도 인지 알 수 있습니다.

 https://platform.openai.com/tokenizer

한글의 경우 토큰수에서 불리하기 때문에 토큰 수를 줄이려면 한국어보다 영어를 사용하는 것이 유리합니다. "안녕하세요."는 최근 LLM 모델에서는 3토큰으로 나옵니다. "hello"는 1토큰으로 처리됩니다. 생각보다 한글이 불리하긴 합니다. 한글을 영어로 번역해서 질문을 하고 다시 영어로 나온 답변을 한글로 번역하는 형태로 사용하는 것도 가능합니다. 최근에는 비용이 크게 낮아지고 있어서 한글 사용이 정말 편해졌습니다.

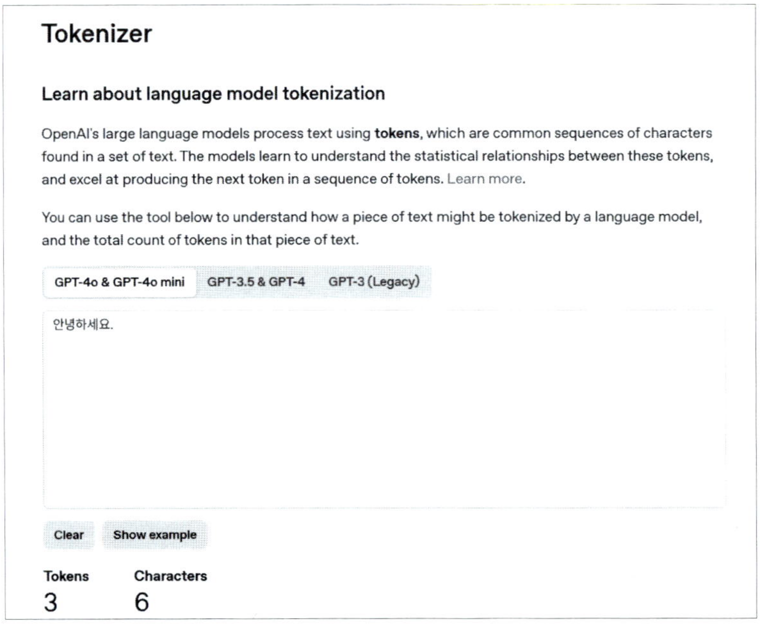

그림 14-7

14.2 LangChain 소개와 설치해서 사용하기

랭체인은 LLM을 이용한 애플리케이션 개발 프레임워크이며, LLM을 이용한 다양한 종류의 앱에서 사용할 수 있습니다. 요즘 LLM을 활용하는 개발자들에게 LangChain 라이브러리가 인기입니다. 우리는 가볍게 랭체인을 살펴보려고 합니다.

랭체인을 사용하면 이런 애플리케이션을 만들 수 있습니다.

- ChatGPT처럼 대화할 수 있는 챗봇
- 문장 요약 도구
- 조직 내부의 문서및 PDF 파일에 대한 Q&A앱
- AI에이전트

랭체인은GPT-3, GPT-4와 같은 대규모 언어 모델을 이용해 서비스를 개발하고 싶을 때 사용할 수 있습니다. 아래와 같은 상황들이 내부에서 벌어질 수 있습니다. LLM이 회사 내부에 도입되면 자연스럽게 이런 요구사항들이 추가될 수 있습니다. 단순하게 ChatGPT만 사용하는 것이 아닌 좀 더 다양한 요구사항들이 늘어날 수 있습니다.

- 개인이나 회사의 자체 데이터와 연결하여 자체 데이터를 기반으로 한 질문에 답변하기를 원합니다.
- 구글 검색과 같은 웹 서비스와 연결하고 필요한 경우 웹 서비스를 통해 질문에 답해 주기를 원합니다.
- 데이터베이스와 연결하여 자연어로 원하는 데이터를 원하는 형식으로 쿼리를 해야 합니다.

랭체인은 해리슨 체이스에 의해 2022년 10월에 오픈 소스 프로젝트로 시작되었습니다. 개발자들이 챗봇, 질의응답 시스템, 자동 요약 등 다양한 LLM애플리케이션을 쉽게 개발하도록 지원하는 프레임워크로 만들었습니다.

파이썬 진영에는 LLM에 관련된 다양한 프레임워크들이 출시되고 있고 그중에 랭체인은 LLM을 이용한 애플리케이션 개발에 대해서 특히 폭넓은 분야를 다루고 있기 때문에 처음에 공부하기 좋은 프레임워크라고 생각합니다. 나중에 특정 분야에 특화된 라마인덱스(LlamaIndex)등을 추가로 공부하면 됩니다.

랭체인 프레임워크는 LLM애플리케이션 개발에 도움이 되는 여러 구성 요소들로 이루어져 있습니다.

- 랭체인 라이브러리(LangChain Libraries): 파이썬과 자바스크립트 라이브러리를 포함하며, 다양한 컴포넌트의 인터페이스와 통합, 이 컴포넌트들을 체인과 에이전트로 결합할 수 있는 기본 런타임, 그리고 체인과 에이전트의 구현이 가능합니다.
- 랭체인 템플릿(LangChain Templates):다양한 작업을 위한 쉽게 배포할 수 있는 참조 아키텍처 모음입니다.
- 랭서브(LangServe):랭체인을 REST API로 배포할 수 있게 하는 라이브러리 입니다.
- 랭스미스(LangSmith):LLM프레임워크에서 구축된 체인을 디버깅, 테스트, 평가, 모니터링할 수 있으며 랭체인과의 원활한 통합을 지원합니다.

구글의 코랩에서 아래와 같이 설치합니다. LangChain을 설치하면 langchain-core, langchain-community, langsmith등이 같이 설치됩니다. 여기에 외부 모델 제공자와 데이터 저장소의 통합을 위해서는 의존성 설치가 필요합니다. OpenAI에서 제공하는 LLM을 사용하려면 langchain-openai의존성 라이브러리를 설치해야 합니다.

```
!pip install langchain
```

아래와 같이 구글 코랩에서 설치합니다.

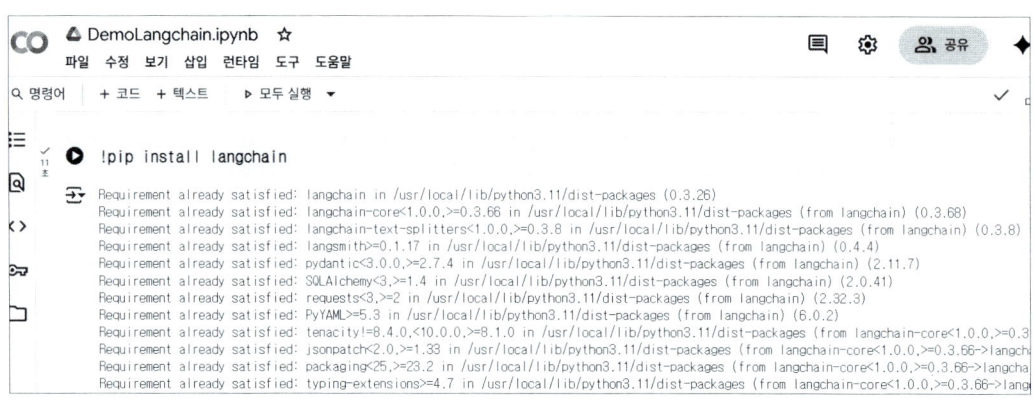

그림 14-8

OpenAI모델을 사용하려면 langchain-openai를 설치해야 합니다.

```
!pip install langchain-openai
```

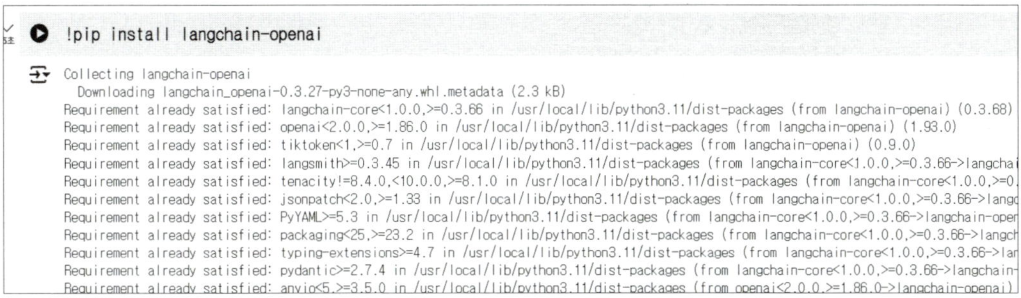

그림 14-9

OpenAI모델이 사용하는 토크나이저(Tokenizer)도 설치가 필요합니다.

```
!pip install tiktoken
```

랭체인 커뮤니티도 같이 설치합니다.

```
!pip install langchain_community
```

출력의 OutputParser를 위해 설치합니다.

```
!pip install pydantic
```

앞에서 생성했던 OpenAI의 인증키는 그대로 사용합니다.

```
import os
os.environ["OPENAI_API_KEY"] = "sk-proj-YLNkK01ZuuXYa-rt_iTPF9QUhiBfxgLXLJ8
XPEdpatmDjqvoKolESwfmPI1jKg4lzXAyQq9yaTT3BlbkFJ96dmczJ0tKuFhFfWGoZMTxBgspKX
StJbCgWidOxWWK6zAKOyBgVdG3KCa0CmUxqIZfERN18qAA"
```

기본 LLM체인을 생성해 봅니다. 기본 LLM체인의 구성요소는 프롬프트 + LLM을 결합하면 됩니다. 프롬프트를 생성하고 LLM에서 처리해서 응답을 반환하면 됩니다. OpenAI의 ChatOpenAI클래스를 사용하면 GPT3.5, GPT4모델을 API로 접속할 수 있습니다. 아래의 코드는 랭체인에서 GPT4.1모델을 사용해서 LLM 모델 인스턴스를 생성하고 "한국인이 한달살기를 할 수 있는 동남아 도시 3개를 추천해줘"라고 질문을 했습니다. GPT모델이 자연어 처리를 통해 이 내용을 이해하고 학습된 데이터를 바탕으로 응답을 생성했습니다. 앞에서 ChatGPT를 직접 사용했던 것과 느낌이 크게 다르지 않습니다.

아래의 코드에서는 model을 "gpt-4.1"를 사용하지만 LangChain자체는 그외에도 다양한 언어 모델을 지원합니다.

코드 예제

```
from langchain_openai import ChatOpenAI

llm = ChatOpenAI(model="gpt-4.1")
llm.invoke("한국인이 한달살기를 할 수 있는 동남아 도시 3개를 추천해줘")
```

그림 14-10

저도 한달살기를 하고 싶은 치앙마이, 쿠알라룸푸르등을 추천할 것을 볼 수 있습니다. 미래에 파이어족(?)이 되면 한달 살기를 하고 싶은 동네가 동남아에 있는 물가가 저렴한 도시들입니다. ㅋㅋ

이번에는 프롬프트 템플릿을 한번 사용해 보겠습니다. langchain_core의 prompts모듈에서 ChatPromptTemplate클래스를 사용해서 UI/UX전문가로써 질문에 답변하는 형식의 프롬프트 템플릿을 생성합니다. 이 템플릿을 사용하면, 입력으로 주어진 질문 {input}에 대해서 UI/UX전문가의 관점에서 답변을 생성하는 질문 프롬프트를 만들 수 있습니다.

코드 예제

```
from langchain_core.prompts import ChatPromptTemplate

prompt = ChatPromptTemplate.from_template("You are an expert in UI/UX.
Answer the question. <Question>: {input}")
prompt
```

아래와 같이 질문하면 됩니다.

코드 예제

```
from langchain_openai import ChatOpenAI
llm = ChatOpenAI(model="gpt-4.1")

chain = prompt | llm

chain.invoke({"input": "최근 아이폰의 UX에 대해서 설명해줘?"})
```

```
from langchain_openai import ChatOpenAI
llm = ChatOpenAI(model="gpt-4.1")

chain = prompt | llm

chain.invoke({"input": "최근 아이폰의 UX에 대해서 설명해줘?"})
```

```
AIMessage(content='네, 최근 아이폰(2023년~2024년 기준)의 UX(User Experience, 사용자 경험)은 지속적으로 발전하고 있는데, 주요 특징은 다음과 같습니다:₩n₩n### 1. 제스처 기반 내비게이션₩n- **홈버튼 제거** 이후 제스처(스와이프, 핀치 등)로 앱 전환, 홈 이동, 앱 종료를 자연스럽게 할 수 있습니다.₩n- 처음 사용하는 사용자도 쉽게 익힐 수 있도록 애니메이션 및 피드백 제공.₩n₩n### 2. 다이내믹 아일랜드(Dynamic Island)₩n- iPhone 14 Pro 시리즈부터 도입된 **Dynamic Island**는 알림, 실시간 활동(음악, 타이머, 통화 등)을 상단에 작은 인터랙티브 공간에 표시합니다.₩n- 사용자는 중요 정보를 앱을 전환하지 않고 바로 확인하고 조작할 수 있습니다.₩n₩n### 3. 집중 모드(Focus Mode)₩n- 사용자가 상황(업무, 수면, 개인 등)에 따라 알림과 앱 접근을 맞춤 설정할 수 있음.₩n- 시각적, 청각적 방해를 최소화하며 몰입감을 높임.₩n₩n### 4. 접근성(Accessibility)₩n- 색상 대비, 글자 크기, 보이스오버(음성 안내) 등 다양한 접근성 옵션 강화.₩n- 시각, 청각, 신체적 제약이 있는 사용자도 편리하게 기기 사용 가능.₩n₩n### 5. 위젯 및 홈 화면 커스터마이징₩n- 홈 화면에 다양한 **위젯** 배치 가능. 정보를 앱 실행 없이 바로 확인.₩n- 잠금화면까지 위젯 지원, 사용자는 자주 쓰는 기능을 한눈에 접근 가능.₩n₩n### 6. 애니메이션과 햅틱 피드백₩n- 자연스럽고 부드러운 애니메이션을 통해 사용 흐름이 직관적.₩n- 햅
```

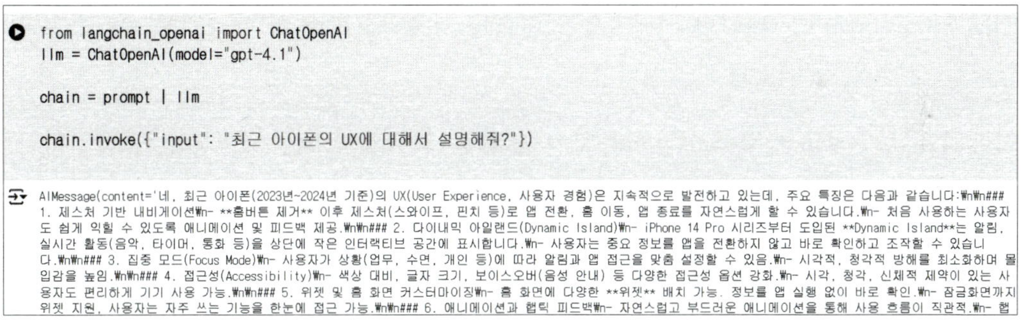

그림 14-11

LLM과 Chat Model클래스는 각각 다른 형태의 입력과 출력을 다루는 언어 모델입니다. 일반적으로 LLM은 주로 단일 요청에 대한 복잡한 출력을 생성하는 것에 적합하며, Chat Model은 사용자와의 상호작용을 통한 연속적인 대화 관리에 더 적합합니다.

랭체인에서 Large Language Models(LLMs)는 핵심 구성 요소로 다양한 LLM 제공 업체와의 상호작용을 위한 표준 인터페이스를 제공합니다. OpenAI, Cohere, Hugging Face와 같은 다양한 LLM 제공 업체로부터 모델을 사용할 수 있도록 플랫폼 역할을 합니다.

아래의 코드는 langchain_openai모듈의 OpenAI클래스를 사용하여 LLM인스턴스를 생성합니다. invoke메서드를 사용해서 질문을 LLM에 전달하고 응답을 받습니다.

코드 예제

```
from langchain_openai import OpenAI

llm = OpenAI()

llm.invoke("말레이시아의 추천할 만한 여행장소 3군데를 알려주세요")
```

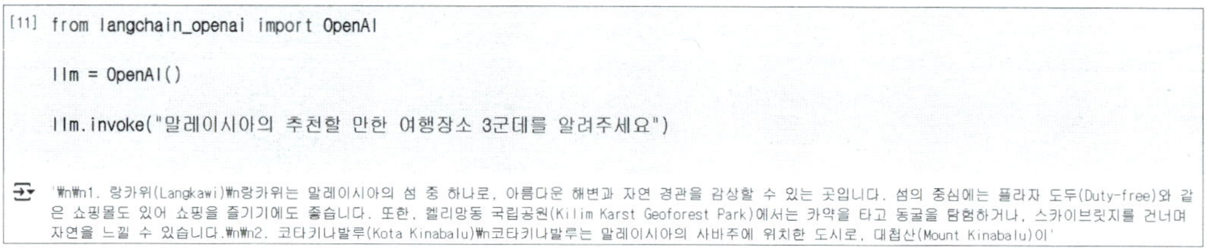

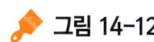
그림 14-12

Chat Model클래스는 대화형 메세지를 입력으로 사용하고 대화형 메세지를 출력으로 응답하는 것에 특화된 LLM 모델입니다.

아래의 코드는 Chat Model을 사용하여 대화형 인터페이스를 구현하는 방법입니다. ChatPromptTemplate을 사용해서 대화형 프롬프트를 생성합니다. 이 프롬프트는 시스템이 여행 전문가라는 정보와 사용자 입력을 포함합니다. 파이프(|)연산자를 사용해서 구성요소를 연결하고 체인을 정의합니다.

코드 예제

```
from langchain_core.prompts import ChatPromptTemplate
from langchain_openai import ChatOpenAI

chat = ChatOpenAI()
```

```
chat_prompt = ChatPromptTemplate.from_messages([
    ("system", "이 시스템은 여행 전문가입니다."),
    ("user", "{user_input}"),
])

chain = chat_prompt | chat
chain.invoke({"user_input": "한국인이 방문하기에 좋은 라오스의 3군데 관광지를 알려주세요"})
```

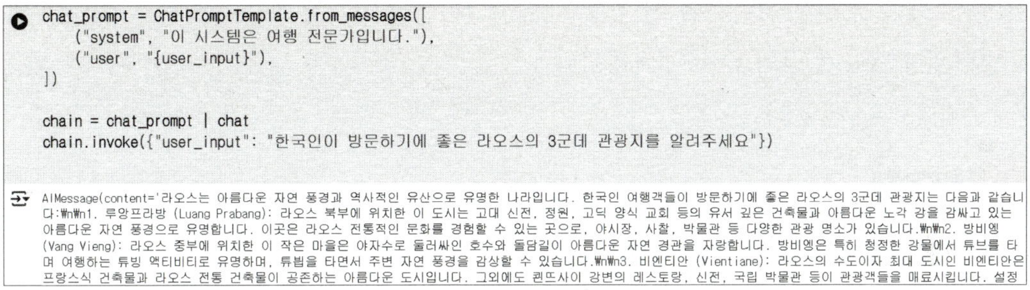

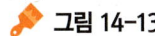

그림 14-13

라오스의 자연 풍광과 유산들이 어우러져 아름다운 루앙프라방과 방비엥을 추천하는 것을 보니 답변이 잘 생성된 것 같습니다. ㅎㅎ

14.3 LangChain에서 프롬프트 템플릿 사용하기

우리가 API 형태로 호출하면서 프롬프트를 사용할 때 프롬프트를 템플릿화해야 합니다. 예를 들면 웹 애플리케이션이나 모바일앱에 화면이 있고 사용자가 "마라탕"과 같은 음식명을 입력하면 이 내용은 파이썬과 같은 프로그램으로 전송되고 이 내용을 기초로 프롬프트를 만들어서 OpenAI API로 요청을 보내게 됩니다.

예를 들면 요리 레시피라고 생각하면

> **코드 예제**
>
> 다음 요리 레시피를 생각해 봅니다.
> 요리명: """
> 마라탕
> """

이 프롬프트 전체를 사용자가 입력하는 것은 아닙니다. 사용자가 입력하는 것은 "마라탕"같은 요리 이름을 입력하면 됩니다. 애플리케이션에서 사용자가 입력하는 부분을 템플릿화해서 다음과 같이 준비하면 됩니다.

> **코드 예제**
>
> 다음 요리 레시피를 생각해 봅니다.
> 요리명:"""
> {dish}
>
> """

이렇게 준비를 하면 프롬프트를 템플릿화하여 많은 프롬프트에서 명령어와 데이터를 분리하게 됩니다.

문맥(Context)을 제공하는 것도 중요합니다. 명확한 주제도 필요하지만 외부 정보등을 컨텍스트(Context)로 제공하면 여기에 따른 정확한 답변을 얻을 수 있습니다. 예를 들면 1인 가구를 위한 분량과 매운 맛을 선호한다는 것을 미리 셋팅해 둘 수 있습니다.

> **코드 예제**
>
> 전제조건을 바탕으로 다음과 같은 요리 레시피를 생각해 봅니다.
> 전제조건:"""
> 분량: 1인분
> 선호하는맛:매운맛
> """

```
요리명: """
마라탕
"""
```

출력형식을 지정하는 것도 필요합니다. LLM의 응답을 그대로 사용자에게 보여주기도 하지만, 일부만 추출하거나 정형화해서 나타낼 수 있습니다.

> **코드 예제**
>
> ```
> 요리 레시피를 생각해 봅니다.
>
> 출력은 아래와 같은 JSON형식으로 작성해 주세요.
> """json
> {
> "재료":["음식1","음식2"],
> "순서":["순서1","순서2"]
> }
> """
>
> 요리명:"""
> 마라탕
> """
> ```

우리가 작성할 프롬프트의 구성 요소를 정리하면 다음과 같습니다.

- 명령
- 입력 데이터
- 컨텍스트(contenxt)
- 출력 형식 지정

프롬프트 엔지니어링을 사용할 때 약간의 용어들이 추가로 사용됩니다.

1. Zero-shot 프롬프팅: LLM은 특정 작업을 할 때 예시를 전혀 주지 않고 생성할 수 있습니다. 바로 질문을 하고 알아서 답변을 하도록 하는 경우 입니다.
2. Few-shot 프롬프팅: 미리 질문에 대한 답변을 몇가지 제시하는 경우도 있습니다. 예를 들면 다음과 같이 프롬프트에 입력할 수 있습니다.

코드 예제

휴양지에서 만나는 풍경을 나타내는 색깔입니다.

Q: 하늘
A: 파란색
Q: 바다
A: 에메랄드색
Q: 망고
A:

몇개의 시범을 미리 보여주고 답변을 유도하는 경우를 의미합니다.

3. Zero-shot Chain of Thought 프롬프팅: Zero-shot Chain of Thought 프롬프팅은 "단계별로 생각해 보자"와 같은 문구를 추가하는 것을 의미합니다.

아래와 같이 ChatGPT에 입력하면 결과가 예상과 다르게 나오는 경우들이 있습니다.

코드 예제

나는 시장에 가서 토마토를 10개 샀습니다. 토마토 2개를 이웃에게 주고, 2개를 아들에게 주었습니다. 그리고 토마토 5개를 더 사서 1개를 먹었습니다. 토마토는 몇개가 남았나요?

답변은 10개가 나와야 하는데 잘못 나오는 경우들이 있습니다. 이런 경우 "단계별로 생각해 보자"는 문구를 추가하면 됩니다.

📄 코드 예제

나는 시장에 가서 토마토를 10개 샀습니다. 토마토 2개를 이웃에게 주고, 2개를 아들에게 주었습니다. 그리고 토마토 5개를 더 사서 1개를 먹었습니다. 토마토는 몇개가 남았나요?
단계별로 생각해 봅니다.

✅ 실행 결과

10 - 4 = 6 (남은 토마토 개수)
그 후, 토마토 5개를 더 샀습니다: 6 + 5 = 11 (남은 토마토 개수)
마지막으로, 1개를 먹었습니다: 11 - 1 = 10 (최종 남은 토마토 개수)
따라서, 현재 남아있는 토마토는 총 10개입니다.

이렇게 약간의 프롬프트 기법을 알고 있으면 코딩을 할 경우에도 많은 도움이 됩니다. 다양한 언어 모델에 대한 이해와 약간의 프롬프트 기술에 대한 이해가 필요합니다.

아래와 같이 입력을 해서 프롬프트 템플릿을 연습해 봅니다.

📄 코드 예제

```python
from langchain.prompts import PromptTemplate

template = """
요리 레시피를 생각해 봅니다.

요리: {dish}
"""

prompt = PromptTemplate(
    template=template,
    input_variables=["dish"]
)

result = prompt.format(dish="마라탕")
print(result)
```

실행 결과

요리 레시피를 생각해 봅니다.

요리: 마라탕

PromptTemplate을 Chat Completions API에 맞게 만든 것이 ChatPromptTemplate입니다. SystemMessage, HumanMessage, AIMessage를 각각 템플릿화해서 ChatPromptTemplate 클래스에서 처리할 수 있습니다.

아래와 같은 코드를 작성해 봅니다.

코드 예제

```python
from langchain.prompts import (
    ChatPromptTemplate,
    SystemMessagePromptTemplate,
    AIMessagePromptTemplate,
    HumanMessagePromptTemplate,
)
from langchain.schema import SystemMessage, HumanMessage

chat_prompt = ChatPromptTemplate.from_messages([
    SystemMessagePromptTemplate.from_template("당신은 {country} 요리 전문가입니다."),
    HumanMessagePromptTemplate.from_template("다음 요리의 레시피를 생각해 주세요. \n\n요리: {dish}")
])

messages = chat_prompt.format_messages(country="중국", dish="마라탕")
print(messages)
```

 실행 결과

[SystemMessage(content='당신은 중국 요리 전문가입니다.'),
HumanMessage(content='다음 요리의 레시피를 생각해 주세요. \n\n요리: 마라탕')]

다음으로 출력을 위해서 Output parser가 필요합니다. Output Parser는 JSON과 같은 출력 형식을 지정하는 프롬프트 생성 및 응답 텍스트를 Python객체로 변환하는 기능을 제공합니다. 앞에서 설치한 PydanticOutputParser를 사용해서 LLM이 출력한 레시피를 Recipe클래스의 인스턴스로 자동변환하려고 합니다.

코드 예제

```python
from pydantic import BaseModel, Field

class Recipe(BaseModel):
    ingredients: list[str] = Field(description="ingredients of the dish")
    steps: list[str] = Field(description="steps to make the dish")
```

위에서 생성한 Recipe클래스를 넘겨서 PydanticOutputParser를 생성합니다. 그리고 PydanticOutputParser에서 프롬프트에 포함할 출력 형식의 설명문을 생성합니다.

코드 예제

```python
from langchain.output_parsers import PydanticOutputParser

parser = PydanticOutputParser(pydantic_object=Recipe)
format_instructions = parser.get_format_instructions()
print(format_instructions)
```

실행 결과

```
The output should be formatted as a JSON instance that conforms to the JSON schema below.

As an example, for the schema {"properties": {"foo": {"title": "Foo", "description": "a list of strings", "type": "array", "items": {"type": "string"}}}, "required": ["foo"]}
…
```

```
Here is the output schema:

…
{"properties": {"ingredients": {"description": "ingredients of the dish",
"items": {"type": "string"}, "title": "Ingredients", "type": "array"},
"steps":
…
…
```

포맷팅이 된 프롬프트를 생성해 봅니다. 이 PromptTemplate에 입력에 대한 예시로 "마라탕"을 추가해 봅니다.

코드 예제

```python
from langchain.prompts import PromptTemplate

template = """다음 요리의 레시피를 생각해 주세요.

{format_instructions}

요리: {dish}
"""

prompt = PromptTemplate(
    template=template,
    input_variables=["dish"],
    partial_variables={"format_instructions": format_instructions},
)
formatted_prompt = prompt.format(dish="마라탕")
print(formatted_prompt)
```

Recipe클래스의 정의에 따라 출력 형식을 지정하는 프롬프트가 내장되었습니다. 이 텍스트를 입력해서 LLM을 실행해 봅니다.

코드 예제

```python
from langchain_openai import ChatOpenAI
chat = ChatOpenAI(model="gpt-4.1", temperature=0)
messages = [HumanMessage(content=formatted_prompt)]
output = chat.invoke(messages)
print(output.content)
```

실행 결과

```
{
  "ingredients": [
    "마라탕 소스 3큰술",
    "샤브샤브용 소고기 200g",
    "어묵 100g",
    "두부 100g",
    "청경채 2포기",
    "숙주 100g",
    "표고버섯 2개",
    "목이버섯 20g",
    "중국 당면 100g",
    "마늘 3쪽",
    "생강 1조각",
    "대파 1대",
    "식용유 2큰술",
    "고추기름 1큰술",
    "물 1L",
    "소금 약간",
    "후추 약간"
  ],
  "steps": [
    "중국 당면을 미지근한 물에 30분 정도 불린다.",
    "마늘, 생강, 대파를 얇게 썬다.",
    "냄비에 식용유와 고추기름을 두르고 마늘, 생강, 대파를 볶아 향을 낸다.",
    "마라탕 소스를 넣고 약불에서 1분간 볶는다.",
    "물 1L를 붓고 끓인다.",
    "국물이 끓으면 소고기, 어묵, 두부, 표고버섯, 목이버섯, 불린 당면을 넣는다.",
```

```
    "재료가 익으면 청경채와 숙주를 넣고 2~3분 더 끓인다.",
    "소금과 후추로 간을 맞춘다.",
    "그릇에 담아 완성한다."
  ]
}
```

위의 응답을 Pydantic의 클래스로 변환하여 사용하면 편합니다. PydanticOutputParser를 사용하면 그 변환과정도 간단합니다.

코드 예제

```python
recipe = parser.parse(output.content)
print(type(recipe))
print(recipe)
```

실행 결과

```
<class '__main__.Recipe'>
ingredients=['마라탕 소스 3큰술', '샤브샤브용 소고기 200g', '어묵 100g', '두부 100g', '청경채 2포기', '숙주 100g', '표고버섯 2개', '목이버섯 20g', '중국 당면 100g', '마늘 3쪽', '생강 1조각', '대파 1대', '식용유 2큰술', '고추기름 1큰술', '물 1L', '소금 약간', '후추 약간'] steps=['중국 당면을 미지근한 물에 30분 정도 불린다.', '마늘, 생강, 대파를 얇게 썬다.', '냄비에 식용유와 고추기름을 두르고 마늘, 생강, 대파를 볶아 향을 낸다.', '마라탕 소스를 넣고 약불에서 1분간 볶는다.', '물 1L를 붓고 끓인다.', '국물이 끓으면 소고기, 어묵, 두부, 표고버섯, 목이버섯, 불린 당면을 넣는다.', '재료가 익으면 청경채와 숙주를 넣고 2~3분 더 끓인다.', '소금과 후추로 간을 맞춘다.', '그릇에 담아 완성한다.']
```

랭체인이라는 단어의 의미에서 보이는 것처럼 LLM에 단순하게 입력해서 출력을 얻고 끝나는 것이 아니라 처리를 연속적으로 연결할 수 있습니다.

아래의 코드는 LLMChain을 사용하는 코드입니다. OutputParser, PromptTemplate, Language Model을 준비합니다.

PromptTemplate, Language Model, OutputParser를 연결해서 Chain을 생성해서 연결된 흐름을 만듭니다. 이번에는 "짬뽕"을 입력해 봅니다.

 코드 예제

```
from langchain.chains import LLMChain

chain = prompt | llm | parser

recipe = chain.invoke("짬뽕")

print(type(recipe))
print(recipe)
```

 실행 결과

```
<class '__main__.Recipe'>
ingredients=['짬뽕 라면', '새우', '오징어', '조갯살', '양파', '당근', '양배추', '고춧가루', '간장', '설탕', '식초'] steps=['1. 냄비에 물을 끓이고 짬뽕 라면을 넣어 3분간 끓인다.', '2. 새우와 오징어, 조갯살을 준비한다.', '3. 각각의 양념에 새우, 오징어, 조갯살을 넣어 각각 볶아준다.', '4. 양파와 당근은 채 썰고 양배추는 적당한 크기로 썬다.', '5. 냄비에 볶는다.']
```

14.4 RAG(Retrieval Augmented Generation)기법 사용하기

기업 내부에서는 기존의 LLM 엔진을 그대로 사용하는 것이 아닌 조직 내부의 문서나 정보들을 참고해서 커스터마이징된 답변을 원하는 경우가 늘어나고 있습니다. RAG기법은 기존의 대규모 언어 모델을 확장해서, 주어진 컨텍스트나 질문에 대해 더욱 정확하고 풍부한 정보를 제공하는 방법입니다. 모델이 학습 데이터에 포함되지 않은 외부 데이터를 실시간으로 검색하고, 이런 기반으로 답변을 생성하는 과정을 포함합니다.

RAG파이프라인은 기존 언어 모델에 검색 기능을 추가하여, 주어진 질문이나 문제에 대해 더 정확하고 풍부한 정보를 기반으로 답변을 생성할 수 있게 만들어줍니다.

먼저 Data connection을 살펴보려고 합니다. Data connection은 LLM과 외부의 데이터를 연결하기 위한 기능입니다.

예를 들면 GPT3.5은 2021년 9월까지 공개된 정보만 알고 있습니다. 랭체인은 2022년에 등장했기 때문에 GPT3.5는 랭체인에 대해서 알지 못합니다. 그래서 컨텍스트에 랭체인의 웹사이트 내용을 포함시키면 원하는 결과를 얻을 수 있습니다.

문서를 OpenAI의 Embeddings API등으로 벡터화해 입력과 벡터가 가까운 문서를 검색해서 컨텍스트에 포함시키는 기법을 RAG라고 합니다.

랭체인의 문서를 로딩하려면 Document loaders를 사용해야 합니다. 다음과 같이 GitPython이라는 패키지를 설치합니다.

```
!pip install GitPython
```

아래의 코드를 사용해서 GitLoader를 통해 랭체인 저장소에서 .mdx라는 확장자를 가진 파일을 로딩합니다.

코드 예제

```python
from langchain.document_loaders import GitLoader

def file_filter(file_path):
    return file_path.endswith(".mdx")

loader = GitLoader(
    clone_url = "https://github.com/langchain-ai/langchain",
    repo_path="./langchain",
    branch = "master",
    file_filter=file_filter,
)

raw_docs = loader.load()
print(raw_docs)
```

DocumentLoader로 불러온 데이터를 "문서"라고 부릅니다. 로딩한 문서에 어떤 변환을 가하는 경우는 많습니다. 문서에 어떤 변환을 하는 것이 "Document transformers"입니다.

예를 들면 적당한 크기의 청크로 분할해야 하는 경우들이 있습니다. 문서를 적절한 크기의 청크로 분할하면 LLM에 입력하는 토큰 수를 줄이고 더 정확한 답변을 얻을 수 있습니다.

코드 예제

```
from langchain.text_splitter import CharacterTextSplitter

text_splitter = CharacterTextSplitter(chunk_size=1000, chunk_overlap=0)

docs = text_splitter.split_documents(raw_docs)
len(docs)
```

이 코드를 실행하면 앞에서 300개정도 되던 문서가 900개 이상으로 분할됩니다.

문서 변환 처리를 마쳤다면 텍스트를 벡터화해야 합니다. LangChain에는 OpenAI의 Embeddings API를 래핑한 OpenAIEmbeddings라는 클래스가 제공됩니다.

코드 예제

```
from langchain_openai import OpenAIEmbeddings

embeddings = OpenAIEmbeddings()
```

이후 코드에서 tiktoken패키지도 필요합니다. 앞에서 설치를 안했다면 지금 설치를 합니다.

```
!pip install tiktoken
```

OpenAIEmbeddings를 사용해 텍스트를 벡터화합니다.

코드 예제

```
query = "AWS S3에서 데이터를 불러올 수 있는 DocumentLoader가 있나요?"
vector = embeddings.embed_query(query)
print(len(vector))
print(vector)
```

실행 결과

```
1536
[-0.018936762586236, -0.008955677039921284, 0.027539540082216263…
```

다음으로 저장할 Vector score를 준비해서 문서를 벡터화해서 저장합니다. 여기서는 Chroma라는 로컬에서 사용 가능한 벡터 스토어를 사용합니다.

```
!pip install chromadb
```

청크로 분할한 문서와 Text embedding model을 기반으로 벡터 스토어를 초기화 합니다.

코드 예제

```python
from langchain.vectorstores import Chroma

db = Chroma.from_documents(docs, embeddings)
```

벡터 스토어에서는 사용자의 입력과 관련된 문서를 가져오는 작업을 실행합니다. 랭체인에서 텍스트와 관련된 문서를 가져오는 인터페이스를 "Retriever"라고 합니다.

코드 예제

```python
retriever = db.as_retriever()
```

Retriever를 사용해서 "AWS S3에서 데이터를 불러오는 DocumentLoader가 있나요?"라는 질문과 유사한 문서를 검색해 봅니다.

코드 예제

```
query = "AWS S3에서 데이터를 불러올 수 있는 DocumentLoader가 있나요?"
context_docs = retriever.get_relevant_documents(query)
print(f"len = {len(context_docs)}")

first_doc = context_docs[0]
print("metadata = {first_doc.metadata}")
print(first_doc.page_content)
```

실행 결과 입니다. 주어진 컨텍스트를 통해 올바른 검색 결과가 나오는 것을 확인할 수 있습니다. 4개의 문서가 발견되었고 그중에 하나를 출력했습니다.

실행 결과

```
len = 4
metadata = {first_doc.metadata}
### AWS S3 Directory and File

>[Amazon Simple Storage Service (Amazon S3)](https://docs.aws.amazon.com/
AmazonS3/latest/userguide/using-folders.html)
> is an object storage service.
>[AWS S3 Directory](https://docs.aws.amazon.com/AmazonS3/latest/userguide/
using-folders.html)
>[AWS S3 Buckets](https://docs.aws.amazon.com/AmazonS3/latest/userguide/
UsingBucket.html)
…
```

14.5 LangChain에서 Agent 사용하기

마지막으로 살펴볼 내용은 Agent에 관련된 내용입니다. 요즘은 챗봇을 넘어서 에이전트의 시대라고 말하고 있습니다. 약간의 내용을 공부하면 충분히 활용이 가능합니다. ㅎㅎ

앞에서의 Chain은 고정된 처리 흐름을 구현하는 형태였습니다. 예를 들면 어떤 처리를 할 때 LLM이 선택해서 동작하기를 원할 수 있습니다. 사용자가 입력한 내용을 기초로 필요에 따라 사내 문서를 Vector store에서 검색해서 답변을 하거나 웹상의 정보를 검색해서 답변을 하는 경우입니다. 이러한 작동을 실현할 수 있는 것이 바로 Agent입니다.

약간의 추가 설치가 필요합니다.

```
!pip install langchain-experimental
```

```
!pip install langchainhub
```

아래의 코드는 load_tools라는 함수로 "terminal"이라는 도구를 준비합니다. "terminal"은 Bash와 같은 쉘에서 명령을 실행하는 도구입니다. create_react_agent라는 함수를 사용해 ReAct Agent를 초기화하고, sample_data 폴더에 있는 파일 목록을 알려달라고 질문합니다. 이 작업은 구글의 코랩에서 실행해야 합니다. "sample_data" 폴더가 있는 환경입니다.

코드 예제

```python
from langchain import hub
from langchain.agents import AgentExecutor, create_react_agent, load_tools
from langchain_openai import ChatOpenAI

llm = ChatOpenAI(model="gpt-3.5-turbo", temperature=0)

tools = load_tools(["terminal"], allow_dangerous_tools=True)

prompt = hub.pull("hwchase17/react")

agent = create_react_agent(llm, tools, prompt)
agent_executor = AgentExecutor(agent=agent, tools=tools, verbose=True)
result = agent_executor.invoke({"input":"sample_data디렉토리에 있는 파일 목록을 알려줘"})
print(result["output"])
```

구글 코랩의 작업 폴더에 있는 목록들이 출력됩니다.

 실행 결과

```
/usr/local/lib/python3.11/dist-packages/langsmith/client.py:272:
LangSmithMissingAPIKeyWarning: API key must be provided when using hosted
LangSmith API
  warnings.warn(
> Entering new AgentExecutor chain...
I should use the terminal to list the files in the sample_data directory.
Action: terminal
Action Input: ls sample_dataExecuting command:
 ls sample_data
anscombe.json
california_housing_test.csv
california_housing_train.csv
mnist_test.csv
mnist_train_small.csv
README.md
…
> Finished chain.
```

이번에는 Agent의 도구로 검색엔진을 사용해 보도록 합니다. DuckDuckGo검색엔진을 사용하려면 패키지를 설치해야 합니다.

```
!pip install duckduckgo-search
```

한번에 여러 도구를 사용할 수 있습니다. Agent의 도구로 검색엔진을 사용합니다. duckduckgo검색엔진을 도구로 ReAct Agent를 초기화하고, 방콕의 날씨를 알려달라고 부탁을 합니다.

코드 예제

```python
from langchain.agents import load_tools
from langchain.agents import AgentExecutor, create_openai_functions_agent
from langchain_openai import ChatOpenAI

llm = ChatOpenAI(model="gpt-4.1", temperature=0)

tools = load_tools(["ddg-search"])
prompt = hub.pull("hwchase17/openai-functions-agent")

agent = create_openai_functions_agent(llm, tools, prompt)
agent_executor = AgentExecutor(agent=agent, tools=tools, verbose=True)

result = agent_executor.invoke({"input":"방콕의 현재 날씨를 알려줘"})
print(result["output"])
```

실행 결과

```
> Entering new AgentExecutor chain...
Invoking: 'duckduckgo_search' with '{'query': '방콕 현재 날씨'}'

/usr/local/lib/python3.11/dist-packages/langchain_community/utilities/
duckduckgo_search.py:63: RuntimeWarning: This package ('duckduckgo_search')
has been renamed to 'ddgs'! Use 'pip install ddgs' instead.
  with DDGS() as ddgs:
...
일반적으로 방콕은 6월에 덥고 습한 우기(장마철)로, 평균 기온은 27~34도 사이
이며, 소나기나 천둥번개를 동반한 비가 자주 내립니다. 더 정확한 실시간 정보
가 필요하시다면, "방콕 날씨"로 검색하거나, 기상청 또는 날씨 앱을 참고해 주
세요.

원하시면 최신 날씨 정보를 다시 찾아드릴 수도 있습니다!

> Finished chain.
```

생성형 AI 엔진을 우리가 작성하는 코드에 사용한다면 상당히 재미있는 애플리케이션들을 생성할 수 있습니다. 랭체인도 지속적으로 발전하는 라이브러리입니다.

15장

바이브 코딩의 세계를 탐험하기

15.1 비주얼스튜디오 코드에 코파일럿 설치해서 사용하기

15.2 커서 IDE를 사용해서 코드 생성하기

15.3 구글의 제미나이 CLI를 설치해서 사용하기

15.1 비주얼스튜디오 코드에 코파일럿 설치해서 사용하기

최근에 열풍이 불고 있는 분야는 Vibe Coding입니다. 테슬라의 수석 개발자인 안드레이 카파시가 처음 만든 용어로 "감성 코딩", 또는 "말로 하는 입코딩"이라고 불리기도 합니다. 이런 단계가 올지 정말 몰랐습니다. 매년 이 책의 개정판을 내는 이유이기도 합니다. ㅋㅋㅋ

통합 툴(IDE)에서 사용하는 것도 가능하고, CLI(Command Line Interface)를 통해서 사용하는 것도 가능합니다.

가장 쉽게 사용할 수 있는 것은 마이크로소프트에서 만든 비주얼스튜디오 코드에 추가로 설치해서 사용할 수 있는 코파일럿(Copilot)입니다. 좀 더 강력한 도구들로 Cursor IDE가 있고, 최근에는 구글의 Gemini CLI도 인기를 끌고 있습니다. 어떤 도구를 사용해도 비슷하기 때문에 나에게 적당한 도구를 선택해서 개발의 생산성을 높이면 됩니다. 저도 이런 도구들을 사용한 "코딩 어시스턴트 과정"이나 "개발 생산성 향상"에 관련된 강의들을 하고 있습니다. 개인과 기업의 관심이 가장 뜨거운 분야중에 하나입니다.

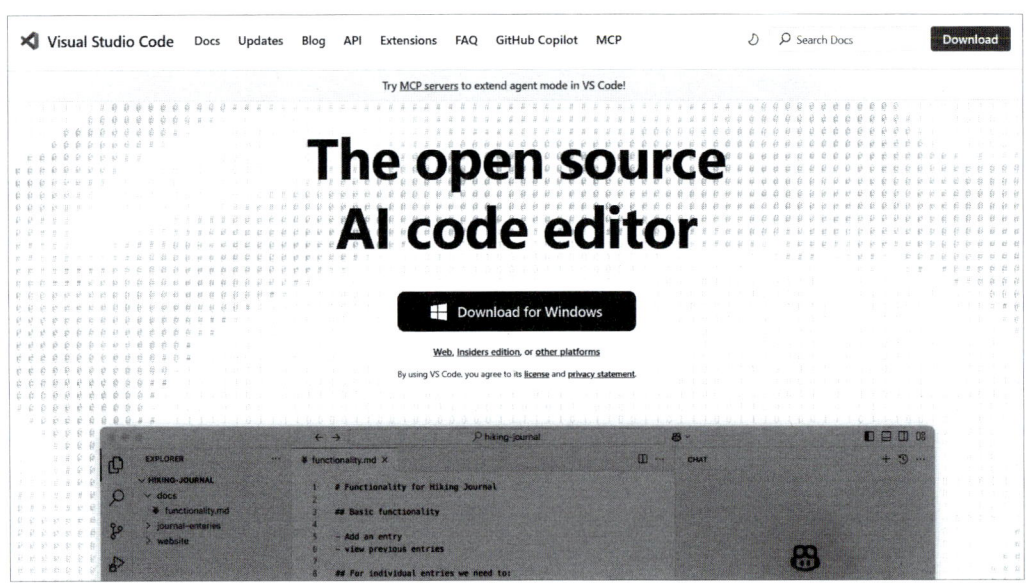

그림 15-1

우리가 계속 사용했던 비주얼스튜디오 코드의 경우 "Copilot"익스텐션을 설치하면 바로 "Free Plan"을 사용할 수 있습니다. 현재는 한달에 50번의 채팅과 2000라인의 코드를 생성할 수 있습니다. 저는 매달 10$ 결제를 해서 "Pro"계정으로 사용하고 있습니다. 한달에 13500원정도 결제가 되는데 충분한 가치를 뽑고 있다고 생각합니다. 워낙 마이크로소프트의 제품들을 좋아해서 그럴 수 있습니다. 개인적으로 약간은 마소와 애플과 같은 테크 기업들의 제품에 편향(?)이 있을 수 있습니다. ㅋㅋ

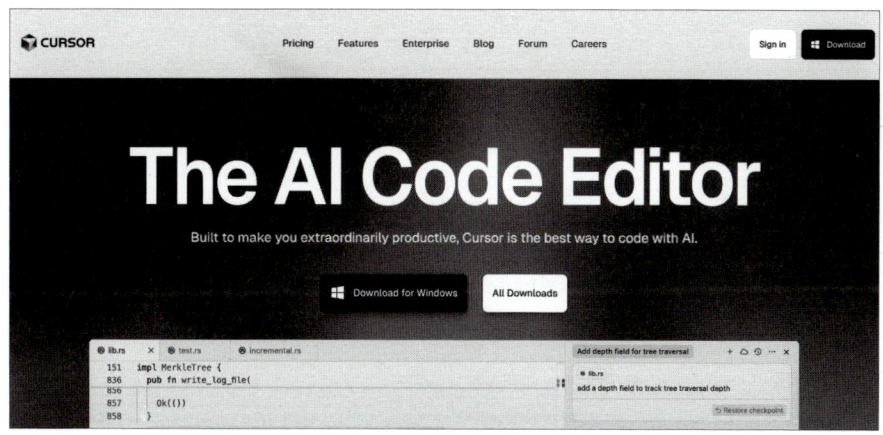

그림 15-2

개발자들에게 정말 인기가 있는 통합 도구는 Cursor IDE입니다. 정말 강력한 개발 도구입니다. 새로 설치를 하면 2주정도 무료로 사용할 수 있습니다. 매달 사용할 경우 기본 요금은 20불정도 됩니다.

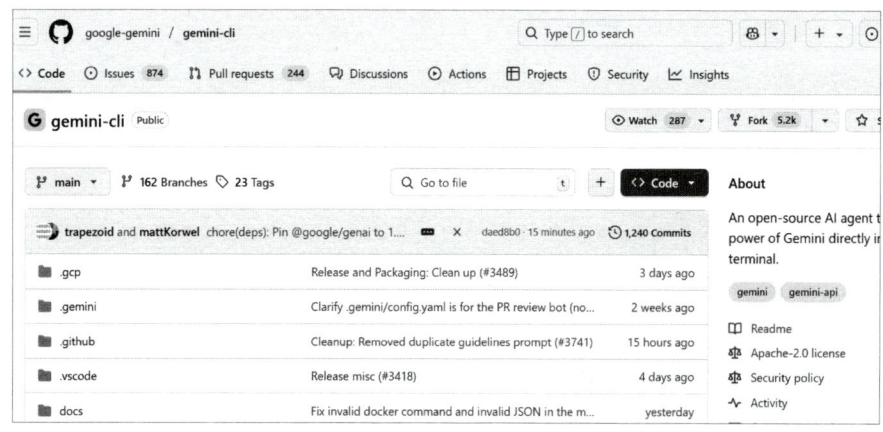

그림 15-3

그런데 이런 시장에 새로운 파장을 일으키고 있는 제품이 구글의 제미나이 CLI입니다. 이 제품은 무려 100만토큰을 제공하면서 무료입니다. ㅋㅋ 대인배 구글입니다.

먼저 비주얼스튜디오 코드에 코파일럿을 사용하기 위해서는 깃허브에 계정이 필요합니다. 아래의 웹사이트에 접속해서 계정 가입을 합니다. 우리는 최대한 결제를 하지 않고 무료로 사용하려고 합니다.

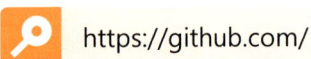
https://github.com/

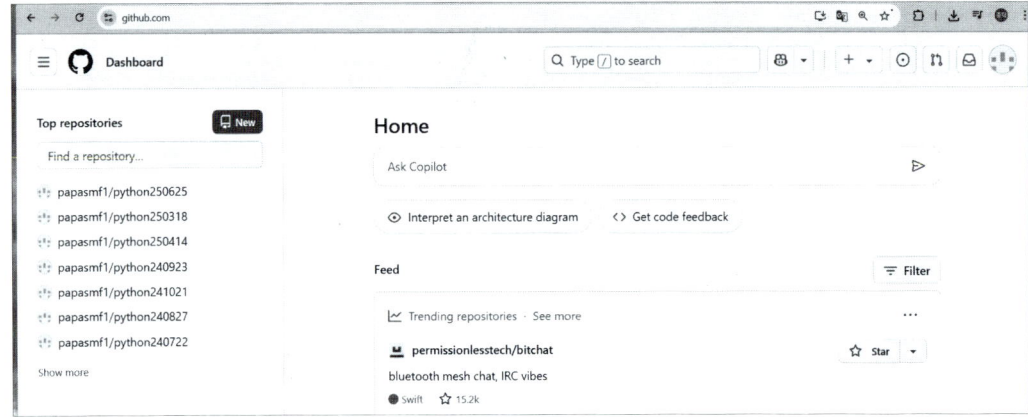

그림 15-4

깃허브는 소스의 버전 관리를 하고 협업을 할 수 있는 Git과 연동이 되는 웹사이트입니다. 마이크로소프트가 인수한 이후에 다양한 툴과 연동이 되고 있습니다. 전세계 오픈소스의 성지라고 불리는 엄청난 사이트입니다.

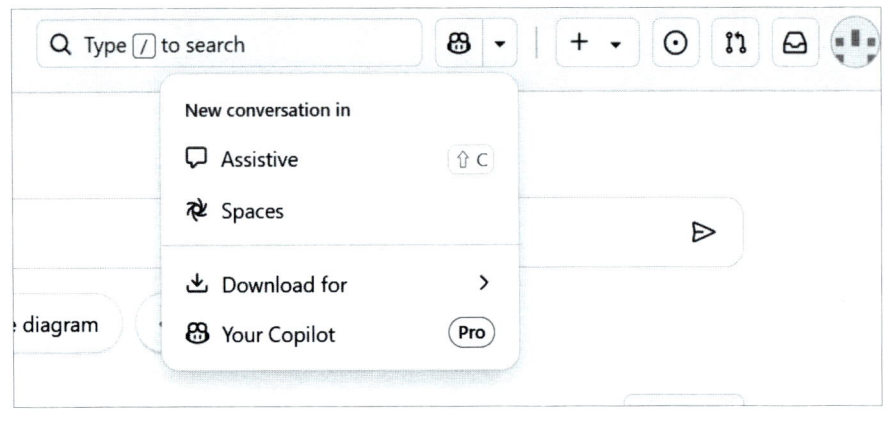

그림 15-5

깃허브에 회원 가입을 하고 상단의 중앙에 보면 코파일럿 버튼이 보입니다. 안경을 걸치고 있는 귀여운 아이콘입니다. 여기를 클릭해서 "Your Copilot"을 선택하면 됩니다.

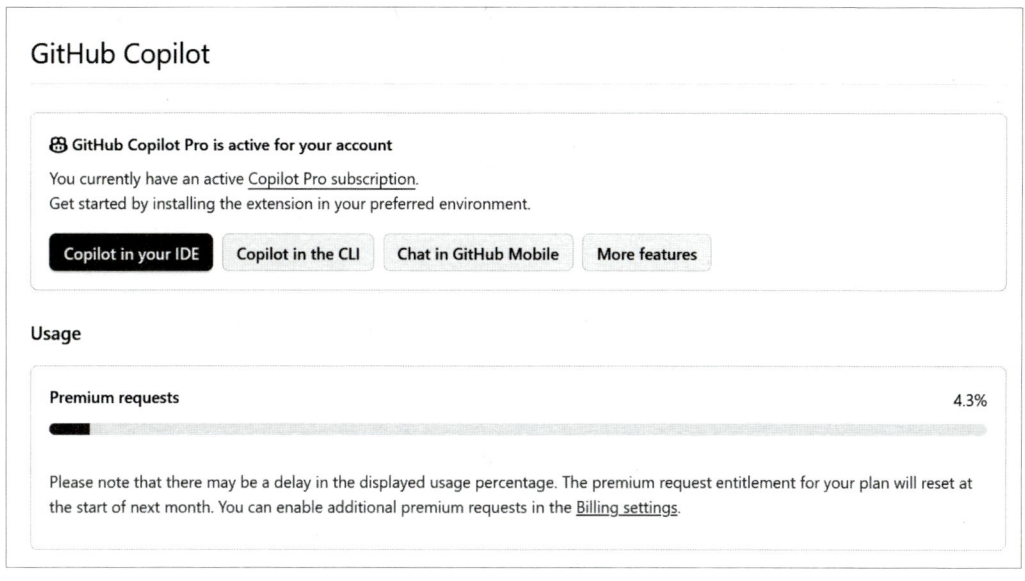

 그림 15-6

저는 "Pro" 요금제를 사용하고 있지만 많이 사용하지 않는다면 충분하게 무료로 사용할 수 있습니다. Free Plan은 약간씩 변경될 수 있습니다. 아래의 주소로 가면 각 요금제를 볼 수 있습니다. 최근에는 무료, 10불, 39불 요금제도 있습니다. 다른 진영의 경우 200불 요금제도 심심치 않게 볼 수 있습니다.

https://docs.github.com/ko/copilot/get-started/plans-for-github-copilot

Comparing Copilot plans

The tables below show the features available in each Copilot plan.

	Copilot Free	Copilot Pro	Copilot Pro(프로)+	Copilot Business	Copilot Enterprise
가격 책정	해당 없음	매월 10 USD 또는 매년 100 USD (일부 사용자의 경우 무료)	월별 39 USD 또는 연간 $390 USD	19 USD 매월 권한이 부여된 사용자당	매월 권한이 부여된 사용자당 39 USD
프리미엄 요청	월별 50개	월별 300개	월별 1500개	월별 사용자당 300개	월별 사용자당 1000개
추가 프리미엄 요청은 요청당 $0.04로 구매	×	✓	✓	✓	✓

📌 그림 15-7

깃허브에 개발자 계정이 준비되었다면, 비주얼 스튜디오 코드에서 왼쪽에 있는 "Extension"을 클릭합니다. 상단의 검색창에 아래와 같이 "Copilot"을 입력하면 2개의 Extension이 검색됩니다.

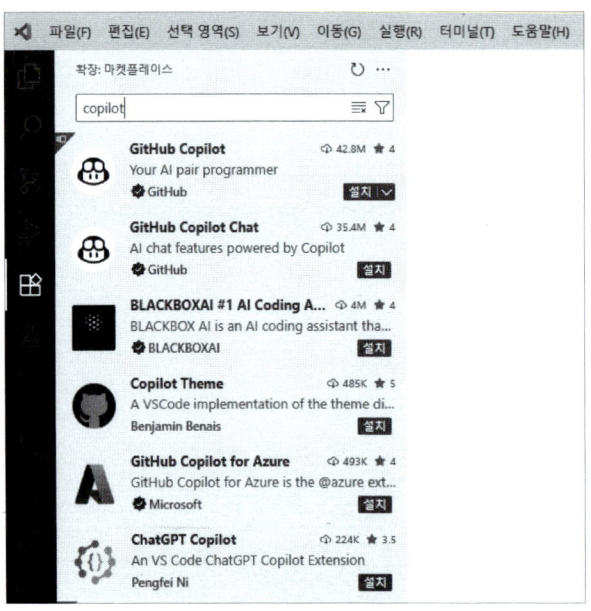

📌 그림 15-8

"GitHub Copilot"을 클릭해서 설치하면 "GitHub Copilot"과 "GitHub Copilot Chat"이 같이 설치됩니다.

이번에는 비주얼 스튜디오 코드의 왼쪽 하단에 있는 로그인 버튼을 클릭합니다. 끝에서 두번째 버튼입니다. 사람 모양의 아이콘입니다. "GitHub(으)로 로그인하여 GitHub Copilot 사용"을 클릭하면 됩니다.

그림 15-9

그러면 웹브라우저가 실행되면서 아래와 같이 로그인한 계정을 통해서 인증을 할 수 있습니다. "Continue"를 클릭하면 됩니다.

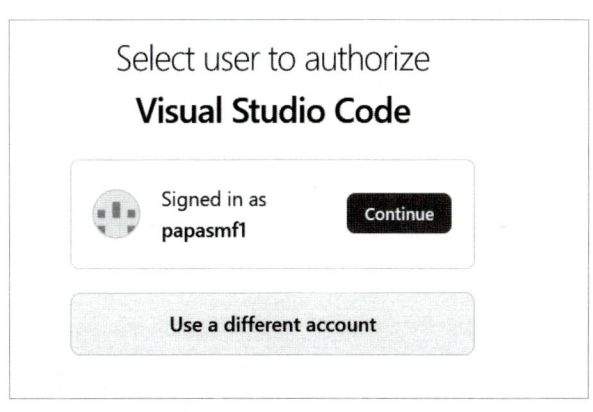

그림 15-10]

그러면 아래와 같은 메시지가 출력됩니다. 인증이 끝난 이후에 다시 비주얼 스튜디오 코드를 오픈하면 됩니다. "Visual Studio Code 열기"를 클릭하면 됩니다.

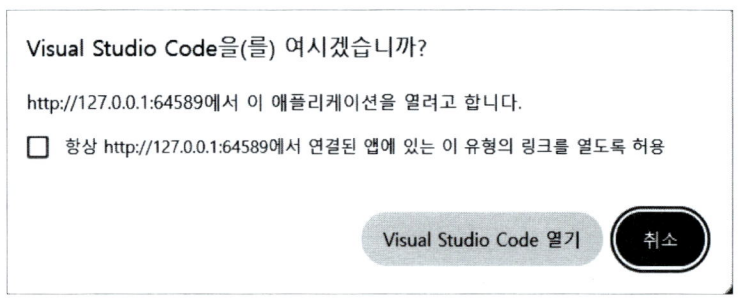

그림 15-11

그림 15-12

비주얼 스튜디오 코드의 상단 중앙에 있는 코파일럿 버튼을 클릭하면 통합툴의 오른쪽에 바로 채팅창이 오픈됩니다.

작업 폴더에서 "Chap15_블록깨기게임.py"와 같이 파이썬 파일을 하나 추가합니다. 코파일럿의 채팅창이 오픈된 상태에서 오른쪽 하단에 아래와 같이 프롬프트를 입력합니다.

그림 15-13

ChatGPT창과 번갈아서 사용하지 않아도 바로 통합 개발툴에서 코드를 생성하고 확인할 수 있습니다. 정말 편해졌습니다. ㅋㅋ

그림 15-14

생성된 코드의 오른쪽 상단의 첫번째 버튼은 "적용하기"입니다. 새로 추가한 파이썬 파일에 바로 적용할 수 있습니다.

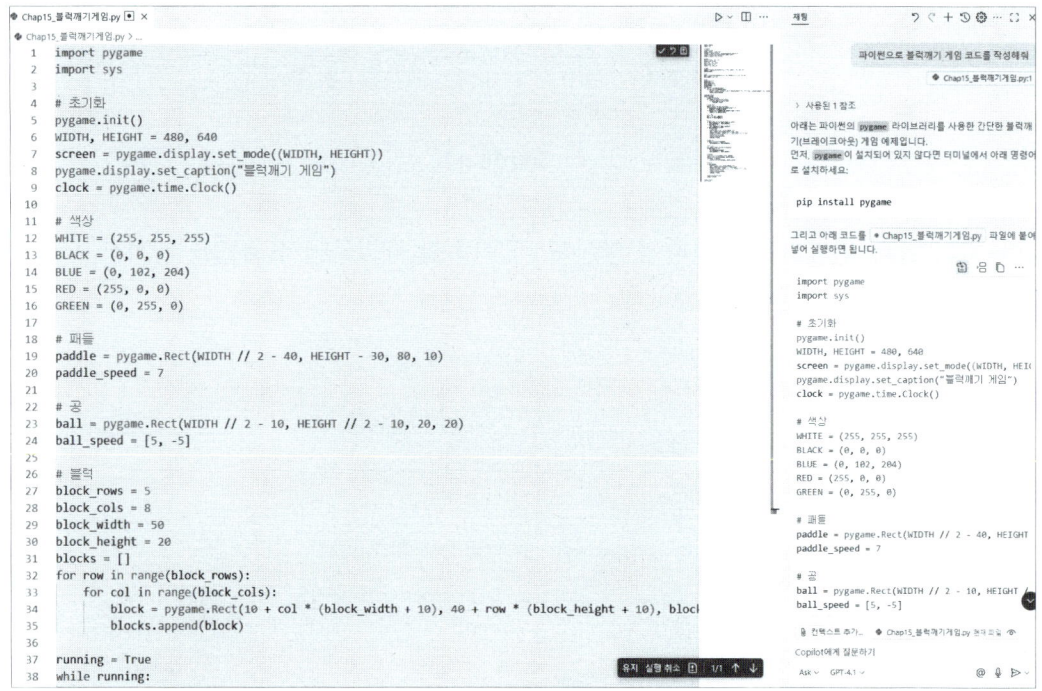

그림 15-15]

중앙에 있는 소스 코드 창에서 하단에 있는 "유지"를 클릭하면 복사된 코드가 그대로 유지(적용)됩니다.

실행하기 전에 우리는 아직 pygame이라는 라이브러리를 설치한 적이 없기 때문에 상단의 설명을 읽어보고 cmd를 실행해서 커맨드 창에서 pygame라이브러리를 설치하면 됩니다.

```
pip install pygame
```

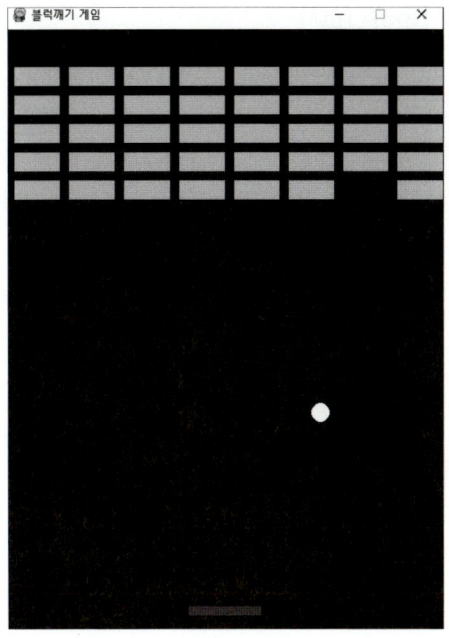

[그림 15-16]

처음 개발자로 입문했을 때, 게임개발자가 하나의 꿈이었습니다. ㅋㅋ 개인적인 꿈을 5분만에 이루어 주는 AI의 파워입니다. 상상하는 것을 그대로 만들 수 있는 세상입니다.

이번에는 작업 폴더에 "Chap15_테트리스게임.py"라는 새로운 파일을 추가합니다. 오른쪽의 코파일럿 채팅창에 있는 상단의 "+"아이콘을 클릭하면 새로운 대화를 시작할 수 있습니다.

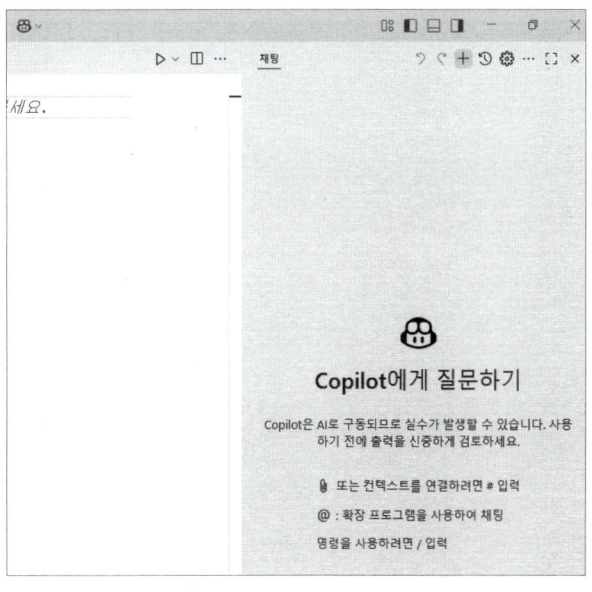

[그림 15-17]

아래와 같이 프롬프트를 입력합니다.

> 파이썬으로 테트리스 게임 코드를 작성해줘. 게임이 시작되면 블록이 떨어지고, 왼쪽 화살표키와 오른쪽 화살표키는 각각 블록을 왼쪽이나 오른쪽으로 이동시킬 수 있고, 위쪽 화살표키는 블록의 방향을 회전시킬 수 있고, 아래쪽 화살표키는 블록을 빠르게 하단으로 떨어뜨릴 수 있는 기능을 구현해줘

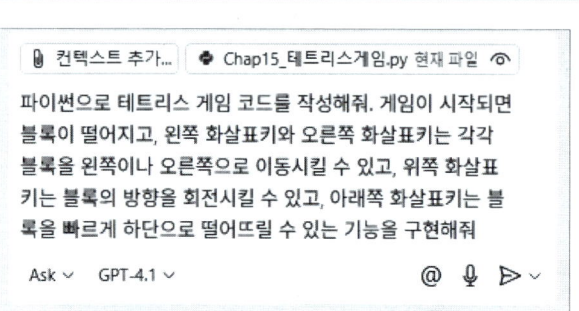

🖌 그림 15-18

이번에는 코드 생성에 조금 시간이 걸립니다. 1분에서 2분정도 기다렸다가 코드가 다 생성되는 것을 확인하고 오른쪽 상단에 있는 "적용"버튼을 클릭하면 됩니다.

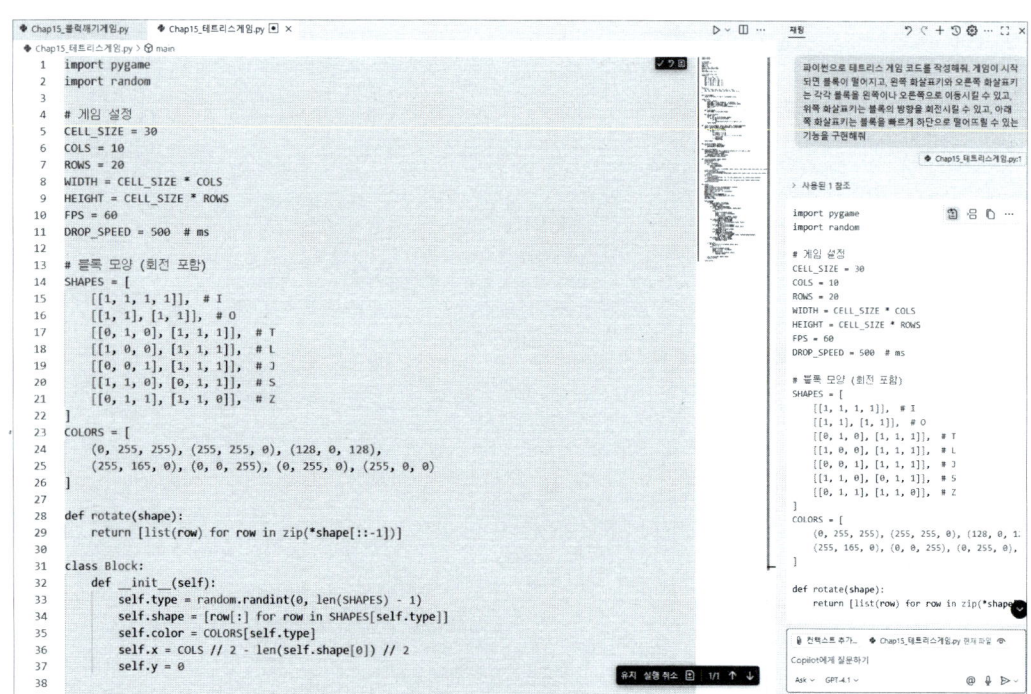

🖌 그림 15-19

그리고 중앙의 소스 코드 하단의 "유지"버튼을 클릭하면 바로 소스 코드를 실행해서 결과를 확인할 수 있습니다.

그림 15-20

우리는 30분도 학습을 하지 않고 블록깨기와 테트리스 게임 코드를 작성하는 게임 개발자가 되었습니다. ㅋㅋ LLM을 사용하면 정말 생산성이 말도 안되게 향상이 됩니다.

책에 실린 소스에는 이렇게 생성된 코드를 모두 포함시켰습니다. 혹시 에러가 나는 분들은 에러 메시지를 복사해서 에러를 해결해 달라고 해도 됩니다.

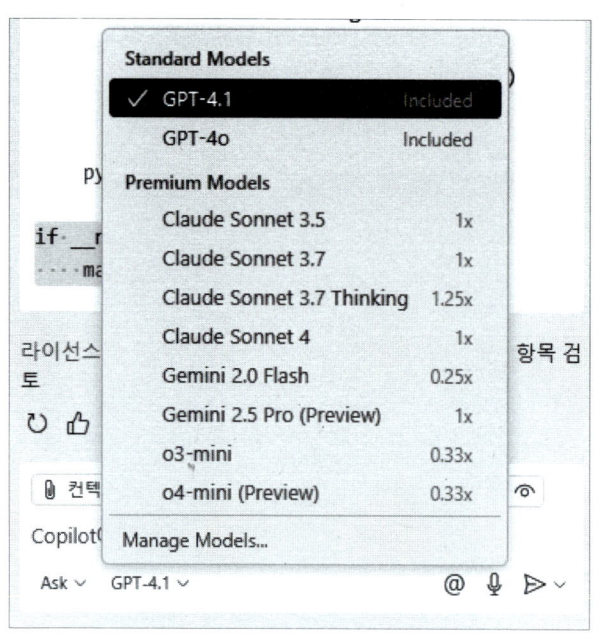

그림 15-21

코파일럿의 채팅창 하단에는 몇 개의 옵션이 있습니다. 앞에서는 "Ask"모드를 사용했습니다. 단답형으로 답을 원할경우는 "Ask"모드를 사용할 수 있고, "Agent"모드를 선택하면 문제를 해결할 때까지 LLM이 계속해서 코드를 만들어 줍니다. 두번째 영역에서는 LLM 모델을 선택할 수 있습니다. Pro 요금제를 사용하면 좀 더 코딩을 잘하는 클로드 모델들을 선택할 수 있습니다. 프리미엄 모델에 있는 Claude Sonnet 4.0이 확실히 좀 더 정교한 코드를 생성해 줍니다.

이번에는 앞에서 사용했던 데이터 분석을 자동으로 처리하도록 "Agent"모드를 사용해 보도록 합니다.

그림 15-22

프롬프트에 아래와 같이 입력합니다.

> 파이썬으로 인터넷상에서 타이타닉호 데이터셋을 받아서 데이터 클랜징을 하고, 남성과 여성의 생존율을 구해서 바형태의 차트를 출력하는 코드를 생성해줘

채팅

> 파이썬으로 인터넷상에서 타이타닉호 데이터셋을 받아서 데이터 클랜징을 하고, 남성과 여성의 생존율을 구해서 바형태의 차트를 출력하는 코드를 생성해줘

아래는 파이썬으로 타이타닉 데이터셋을 인터넷에서 받아와 데이터 클렌징을 수행하고, 남성과 여성의 생존율을 계산하여 바 차트로 시각화하는 예시 코드입니다. 주요 라이브러리는 pandas와 matplotlib을 사용합니다.

```
import pandas as pd
import matplotlib.pyplot as plt

# 1. 타이타닉 데이터셋 다운로드
url = "https://raw.githubusercontent.com/data
df = pd.read.csv(url)

# 2. 데이터 클렌징 (결측치 처리 등)
# Age 결측치는 평균값으로 대체, Embarked 결측치
df['Age'].fillna(df['Age'].mean(), inplace=Tr
df['Embarked'].fillna(df['Embarked'].mode()[
df['Sex'] = df['Sex'].map({'male': '남성', 'f

# 3. 남성과 여성의 생존율 계산
survival_rate = df.groupby('Sex')['Survived']

# 4. 바 차트로 시각화
plt.bar(survival_rate.index, survival_rate.va
plt.title('성별 생존율(%)')
plt.ylabel('생존율(%)')
plt.xlabel('성별')
plt.ylim(0, 100)
plt.show()
```

이 코드를 실행하면 남성과 여성의 생존율이 바 차트로 출력됩니다. 추가적인 데이터 클렌징이나 시각화 옵션이 필요하면 말씀해 주세요!

 그림 15-23

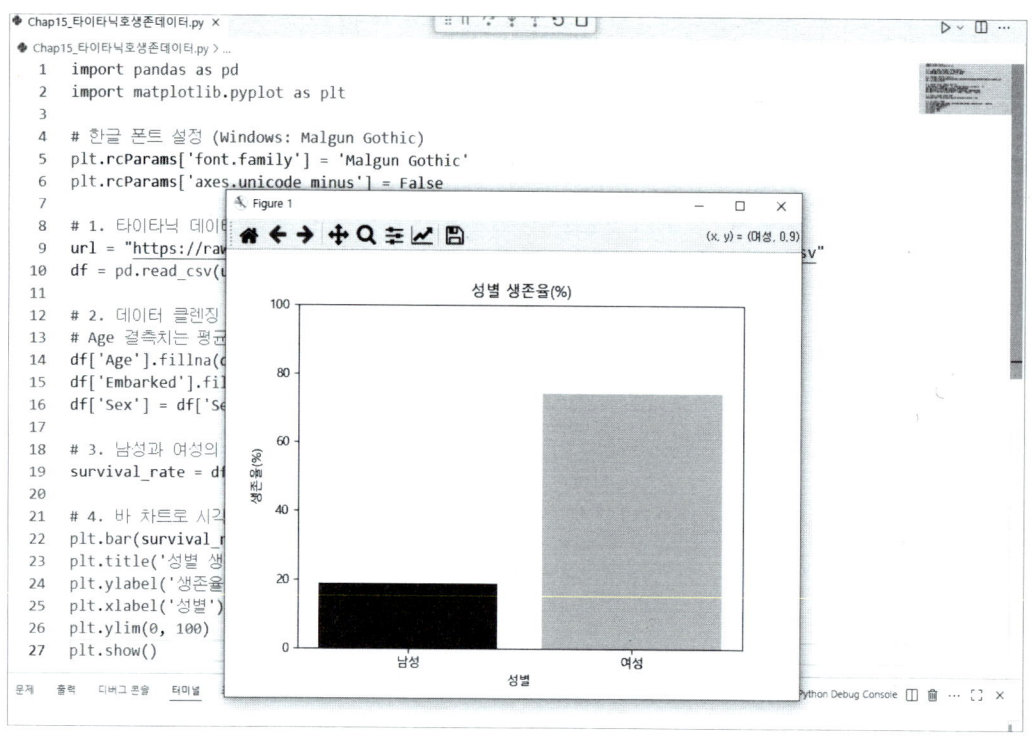

그림 15-24

한글이 깨치는 경우 아래와 같이 프롬프트에 입력합니다.

한글이 깨지는 문제를 해결해줘

바로 해결되어서 차트가 출력되는 것을 확인할 수 있습니다.

이번에는 전자제품 데이터를 입출력하는 SQLite와 PyQt를 같이 사용하는 GUI 기반의 프로그램을 생성해 봅니다. 새로운 대화가 시작되므로 코파일럿 창의 상단에 있는 "+" 버튼을 클릭하면 됩니다.

> 파이썬에서 SQLite와 PyQt5를 사용해서 전자제품 데이터를 입출력하는 프로그램을 작성해줘. 테이블명은 Products이고, 컬럼은 prodID(int), prodName(text), prodPrice(int)로 구성되어 있어. 입력, 수정, 삭제, 검색을 하는 버튼이 있고, 하단에는 QTableWidget을 사용해서 입력된 리스트를 볼 수 있도록 화면을 구성해줘.

코드가 생성되면 화면 하단의 "유지"를 클릭합니다. 실행해서 결과를 확인해 보면 됩니다.

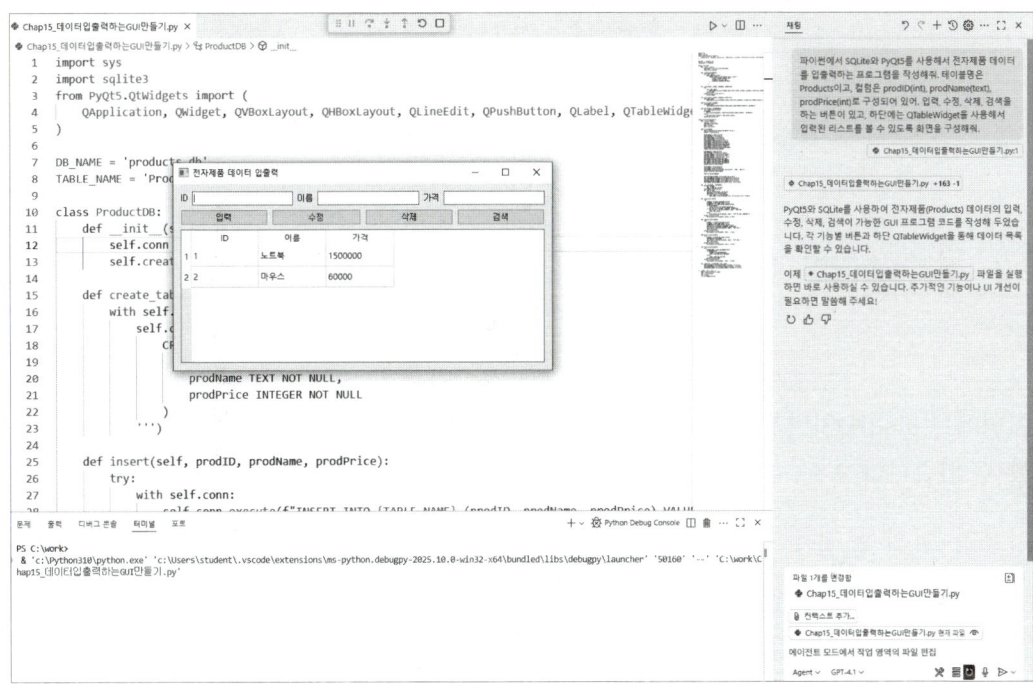

그림 15-25

실제 입력과 수정을 해보면 에러가 발생합니다. 이번에는 prodID를 자동으로 생성해 달라고 다시 한번 프롬프트를 입력합니다.

> prodID는 입력을 받는 것이 아닌 내부에서 자동 생성되도록 코드를 다시 수정해줘

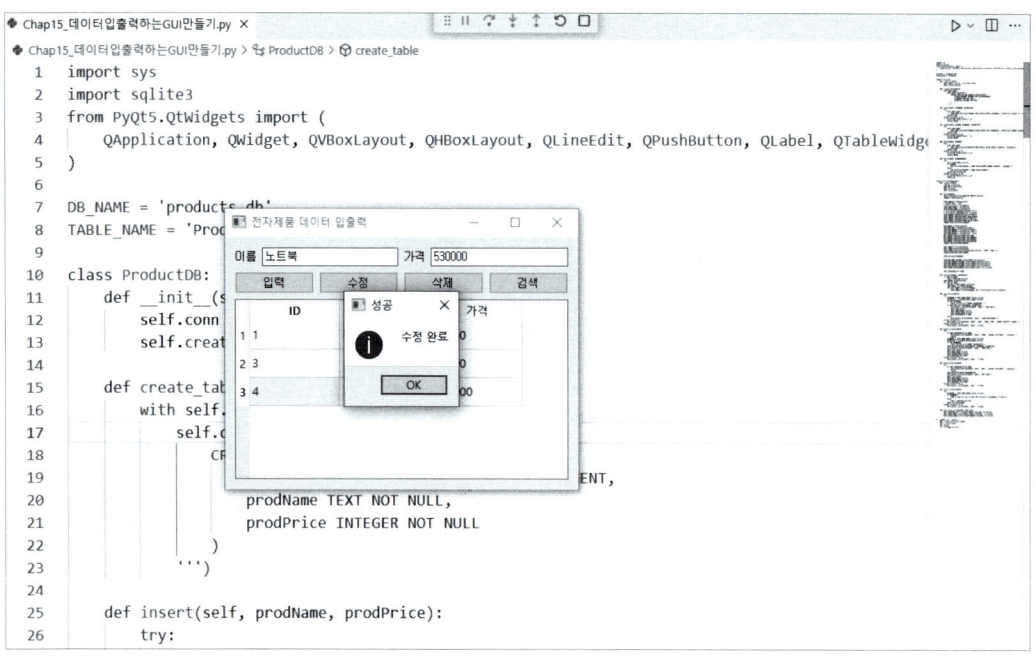

그림 15-26

이번에는 prodID입력창이 사라지고, 입력, 수정, 삭제 버튼들이 잘 동작하는 것을 확인할 수 있습니다.

너무나 쉽게 문제를 해결하고 있는데, 사실은 앞에서 파이썬 문법을 학습한 것과 SQLite, PyQt5를 사용해 본 경험이 있기 때문에 가능한 부분입니다. 언어를 모른다면 생성된 코드가 해석이 안되니 좀 답답할 것 같습니다. 라이브러리를 사용해 보지 않았다면 역시 무엇을 설치하고 작업해야 하는지 막막할 수 있습니다. 미리 미리 탄탄하게 기초를 학습하면 상당히 빠르게 앱을 만들 수 있습니다.

개인적으로 Python, Javascript, Swift, SwiftUI등의 코드를 생성해서 실행해 보면서 문명이 변하고 있다는 생각을 하고 있습니다. 앞으로 개발자는 디테일한 코드를 작성하는 사람이 아닌, 풍부한 경험을 가지고 아키텍쳐를 그리는 컨설턴트와 같은 형태로 변할 것 같습니다. 우리는 날씨는 맞추지 못할 수 있지만 계절의 변화를 알고 미리 미리 준비하면 됩니다. 저도 앞으로 강의를 할 날이 많이 남지 않은 것 같습니다. ㅎㅎ 오프라인 강의와 온라인 강의를 통해서 기본문법과 라이브러리 사용법만 알려드리면 누구나 웹사이트와 앱을 만들 수 있는 시대입니다. 엄청난 발전입니다.

제가 파이썬 수업을 진행하는 경우에 언어를 전혀 모르는 분들도 데이터 분석을 하고 앱을 만드는 일들이 늘어나고 있습니다. 제가 놀라고 있는 부분입니다. 전혀 불편을 느끼지 않고 작업을 하는 비전문가, 시민개발자들이 늘어나고 있습니다. 개발자의 진입장벽이 조금은 낮아진 느낌입니다. 그럼에도 개발언어와 라이브러리는 조금 알아야 합니다. 공부해야 할 분량은 좀 더 많아진 느낌입니다.

15.2 커서 IDE를 사용해서 코드 생성하기

최근에 개발자들에게 가장 있기 있는 코딩 어시스턴트 도구는 Cursor IDE입니다. 초보자가 사용하기에 좋은 통합 환경으로 제공되고 있고, 무료로 2주간 사용해 볼 수 있는 요금제도 제공되고 있습니다. 비주얼 스튜디오 코드를 포크해서 만든 프로젝트이기 때문에 사용법도 우리가 기존에 사용하던 방법과 거의 비슷합니다.

아래의 사이트에서 윈도우나 macOS용을 받을 수 있습니다. 사용을 많이 하게 되면 월에 20불정도의 요금제에 가입해야 합니다. 2주정도 150번의 요청을 충분히 테스트해 볼 수 있기 때문에 일단은 무료로 사용해 봅니다. 무료 사용에 대한 부분은 앞으로도 계속 변경될 수 있습니다.

 https://cursor.com/

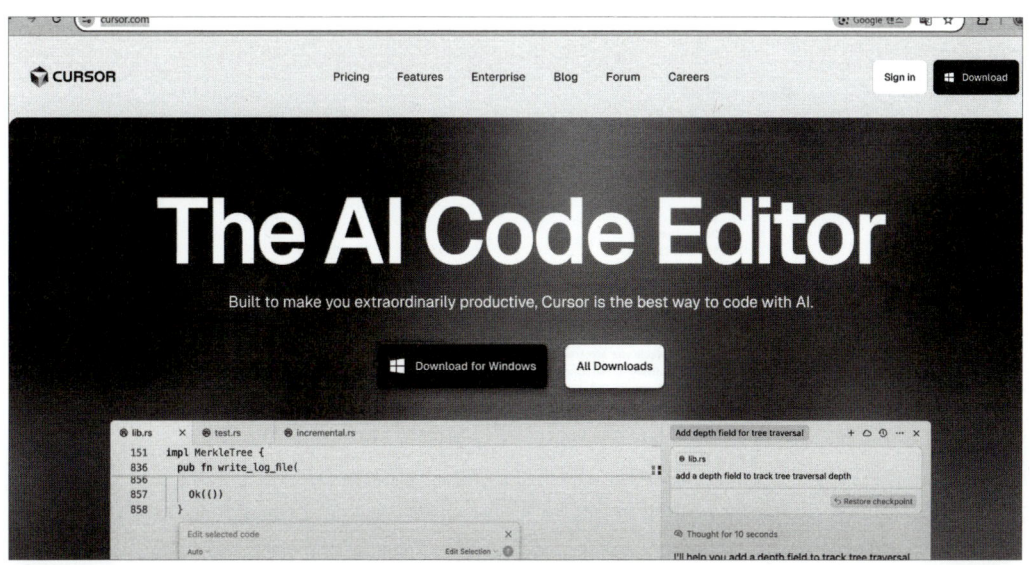

그림 15-27

윈도우에서는 항상 설치할 때 마우스 오른쪽 버튼을 클릭해서 "관리자 권한으로 실행"을 클릭하는 것이 유리합니다.

그림 15-28

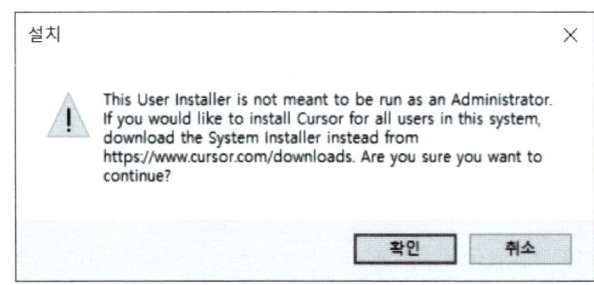

그림 15-29

비주얼 스튜디오 코드를 설치했을 때와 비슷하게 경고가 출력됩니다. 우리는 관리자 권한으로 셋팅을 하고 있습니다.

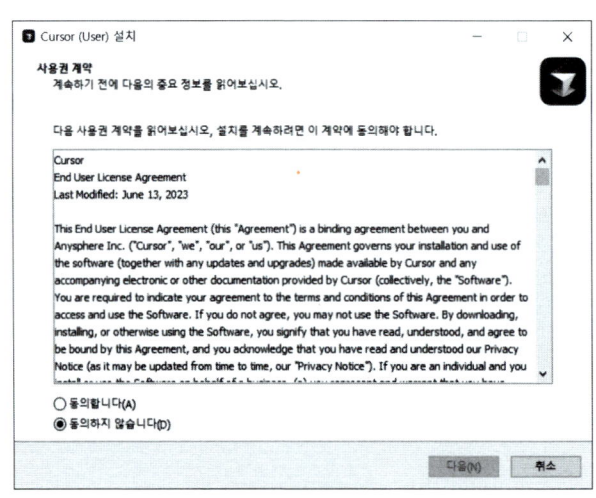

그림 15-30

위의 대화상자에서 "동의합니다"를 클릭하면 됩니다. 대부분 기본 옵션으로 설치를 진행합니다.

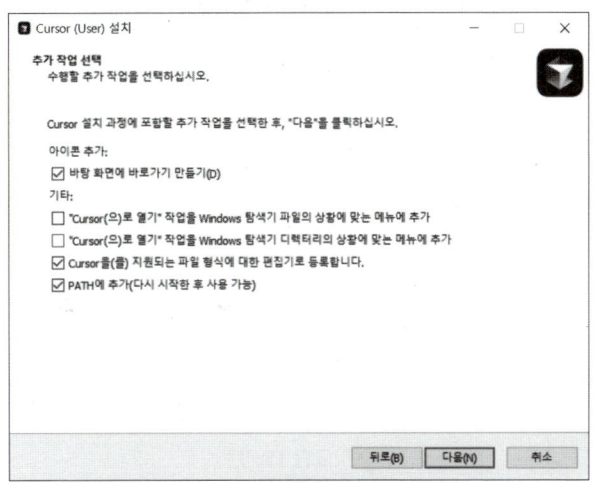

그림 15-31

"바탕 화면에 바로가기 만들기"를 체크하면 바탕화면에 바로 가기 아이콘을 사용할 수 있습니다. 여기를 체크해 줍니다. 설치는 금방 진행이 됩니다.

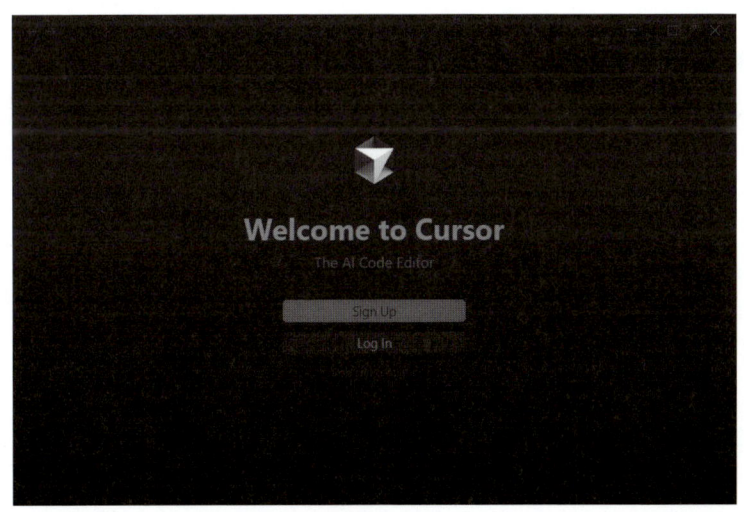

그림 15-32

설치가 끝나면 이제는 기존에 사용하던 구글 계정과 연동해서 "Sign Up"을 하면 됩니다. 구글 계정이 없다면 신규로 만들면 됩니다. 기존 구글의 Gmail계정이 있다면 바로 연동이 됩니다.

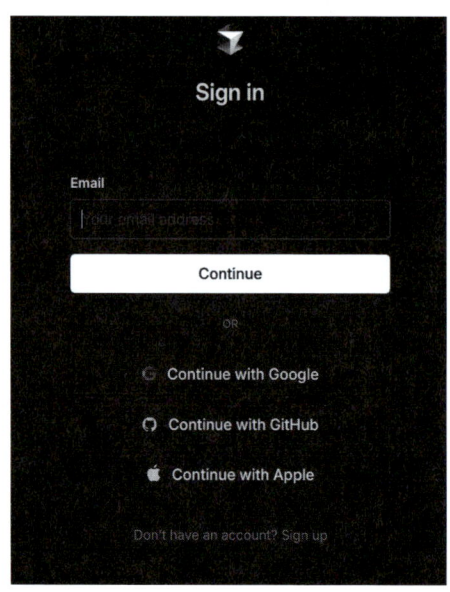

그림 15-33

화면 하단에 있는 "Continu with Google"을 클릭합니다. 미리 준비한 Gmail계정으로 로그인을 하면 됩니다.

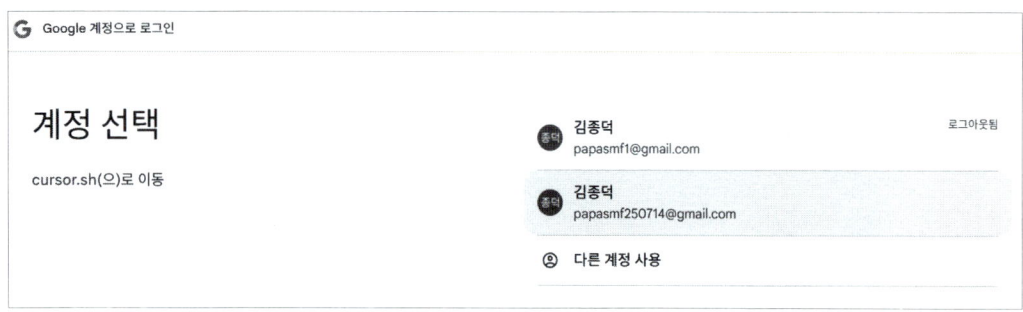

그림 15-34

아래와 같이 화면이 출력되면 "계속"을 클릭하면 됩니다. 대부분의 생성형 AI 서비스들은 구글 계정과 잘 연동이 됩니다.

그림 15-35

전부 준비가 되었습니다. "Yes, Log In"을 클릭하면 됩니다.

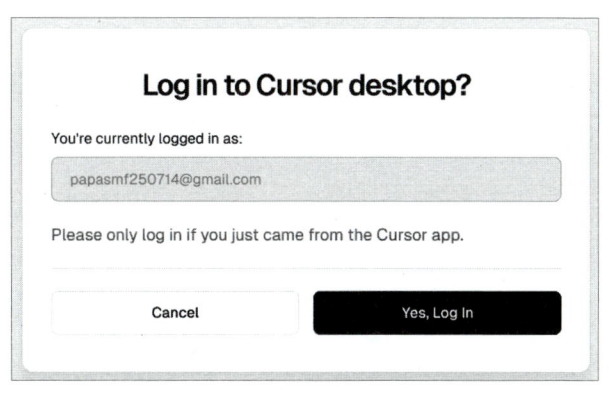

그림 15-36

이제 비주얼 스튜디오 코드에 있던 환경을 그대로 가져오면 됩니다. 처음부터 설치하지 말고 이미 설치된 익스텐션을 그대로 가져올 수 있습니다. 별도의 폴더로 복사가 되서 설치가 되기 때문에 서로 영향을 끼치지 않습니다.

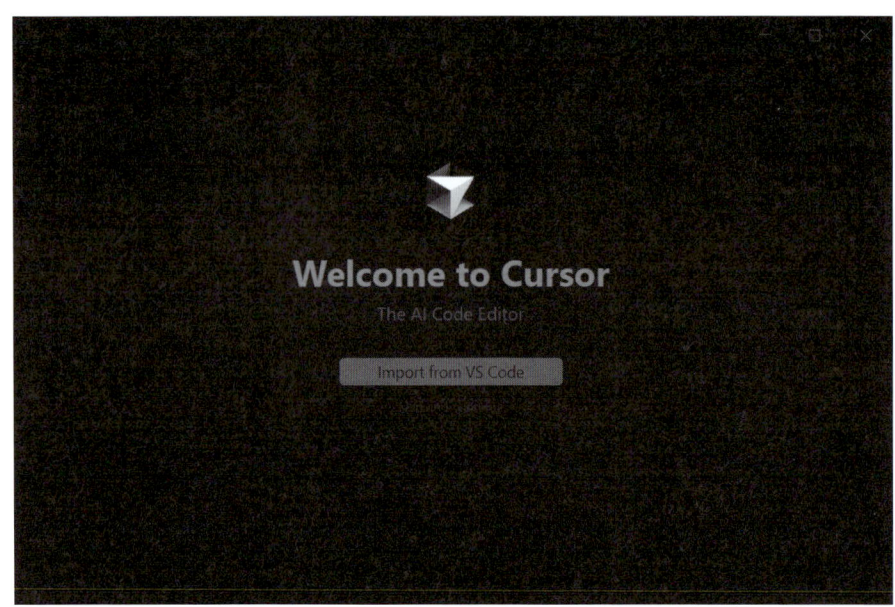

그림 15-37

"Import from VS Code"를 클릭하면 기존 비주얼 스튜디오 코드에 있던 익스텐션들을 그대로 가져와서 설치합니다.

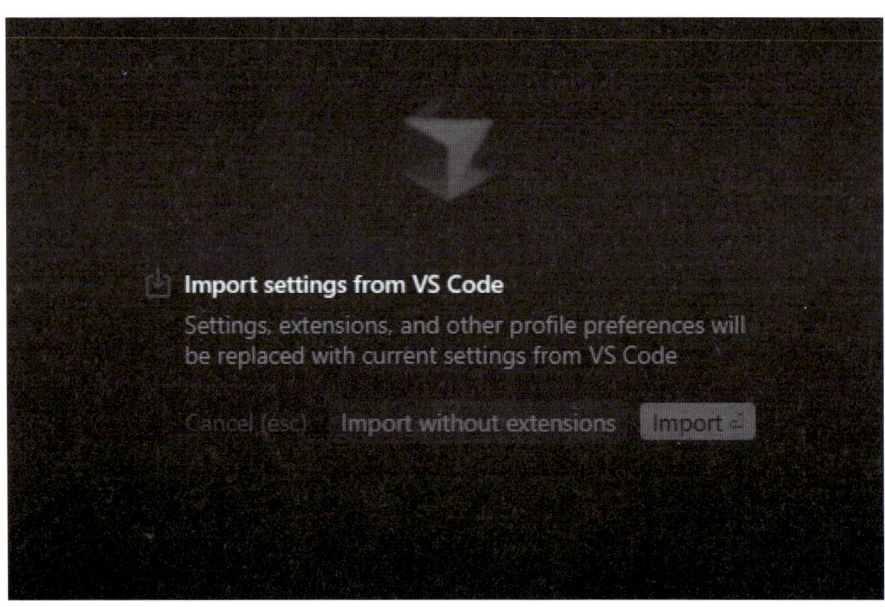

그림 15-38

위의 화면에서 "Import"를 클릭하면 기존 설치된 익스텐션들을 그대로 가져옵니다.

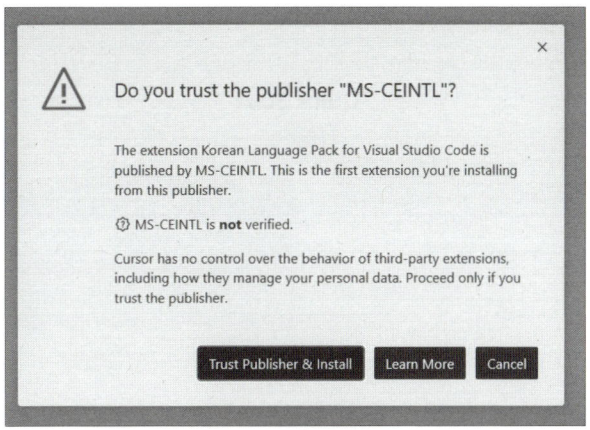

🖌 그림 15-39

혹시 위와 같은 경고가 출력되면 해당 익스텐션을 신뢰할 수 있느냐? 이런 질문인데 "Trust Publisher & Install"을 클릭하면 됩니다. 우리가 앞에서 설치한 익스텐션들은 대부분 문제없이 사용하는 확장팩들입니다. 전부 "Trust Publisher & Install"을 클릭해 줍니다.

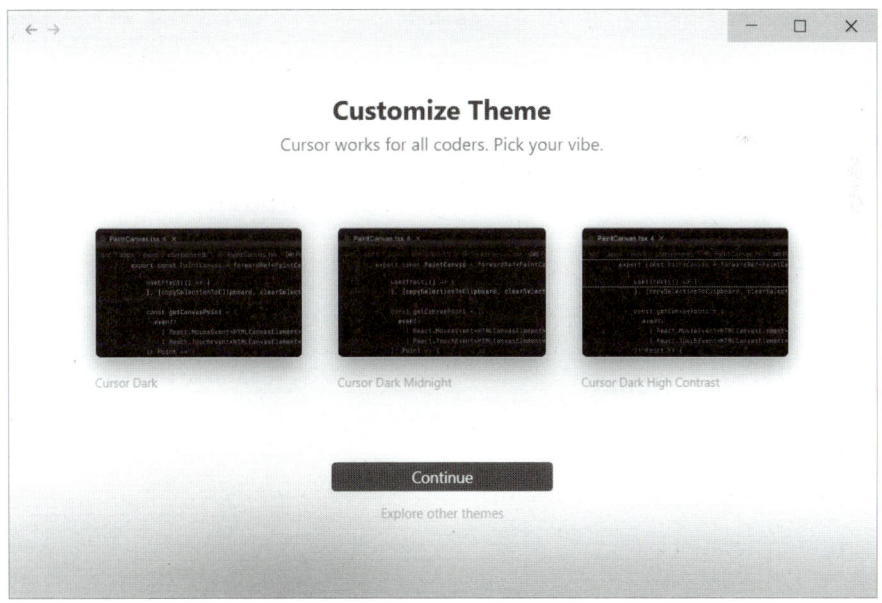

🖌 그림 15-40

테마의 경우 "Cursor Dark"를 선택해 줍니다. 마음에 드는 테마를 선택해도 됩니다.

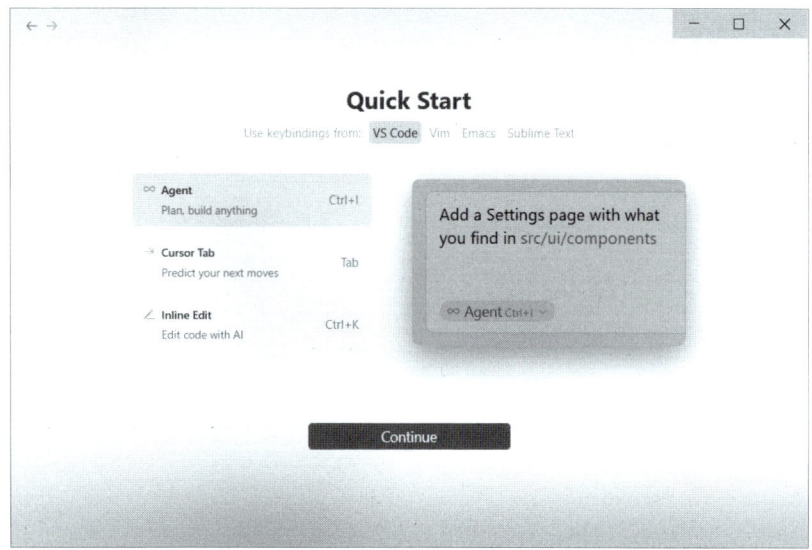

그림 15-41

Quick Start는 약간의 가이드와 사용법을 보여주는 화면입니다. "Continue"를 클릭하면 됩니다.

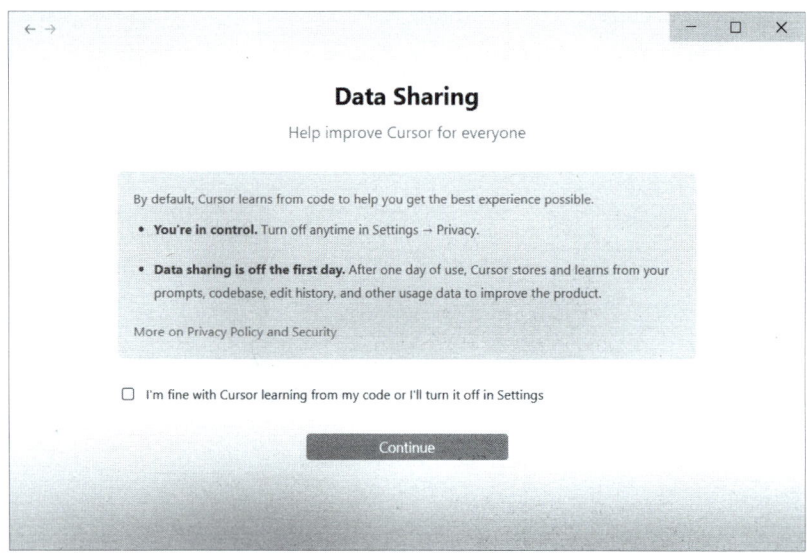

그림 15-42

Data Sharing의 경우 내가 사용하는 코드를 커서의 학습에 사용하겠다는 내용입니다. 필요하다면 보안상 꺼둘 수 있습니다. 일단은 체크박스를 체크하고 Settings에서 변경할 수 있습니다. 프라이빗한 모드로 사용하는 것이 보안상 좋습니다. 일단은 체크하고 "Continue"를 클릭합니다.

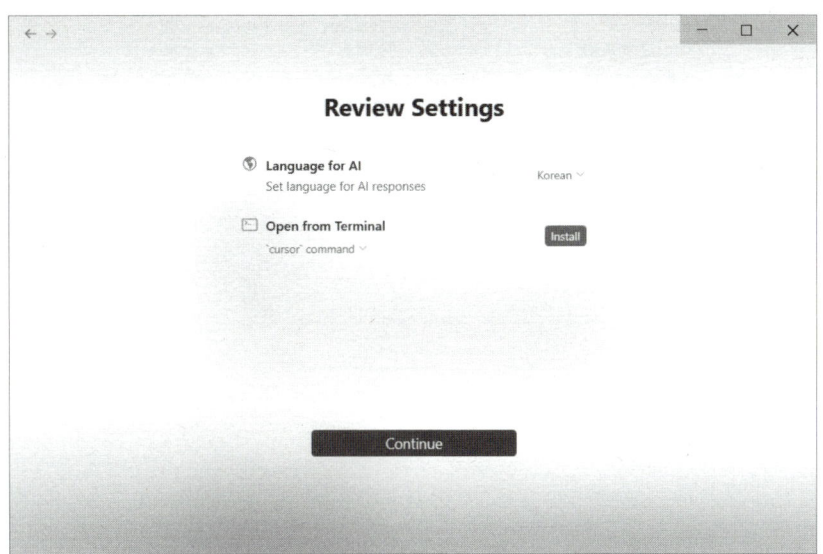

🖌 그림 15-43

Review Settings화면에서는 Language for AI에서 "Korean"을 선택합니다. 나머지는 그대로 두고 "Continue"를 클릭합니다.

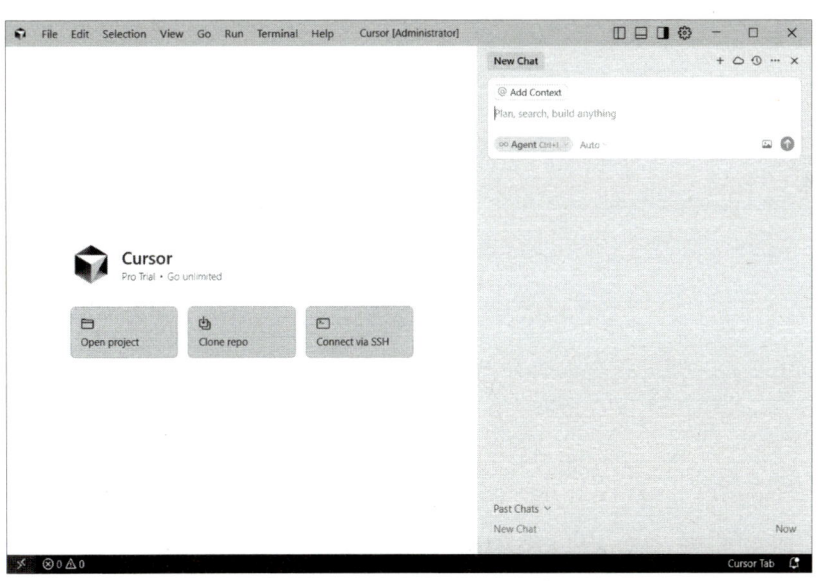

🖌 그림 15-44

셋팅이 마무리 되었으니 작업 폴더를 하나 생성해서 코드를 만들어 보면 됩니다. ㅎㅎ c:드라이브에 "workCursor"라는 이름의 폴더를 새로 생성해서 "폴더선택"을 하면 됩니다. 여기에 생성된 파일들을 모아두려고 합니다.

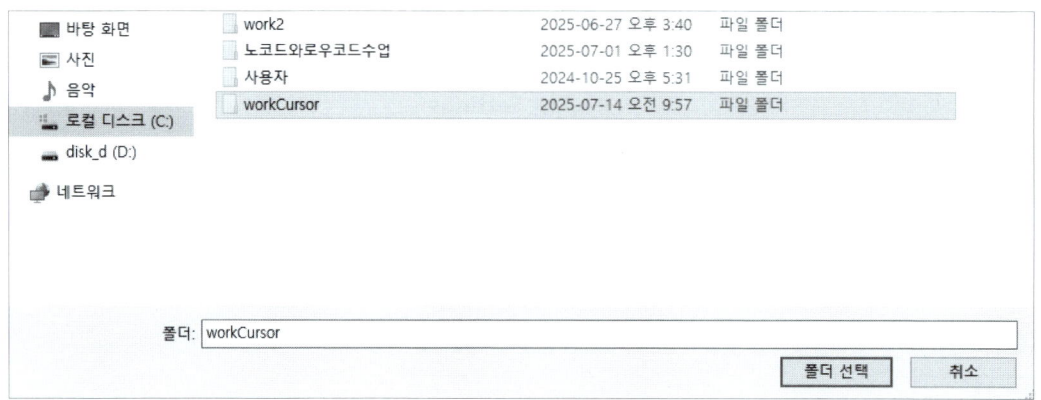

그림 15-45

Cursor IDE의 왼쪽을 보면 상단에 툴바가 있습니다. 비주얼 스튜디오 코드의 경우 왼쪽에 수직으로 배치된 툴바가 이번에는 상단에 작업 폴더, 검색, 익스텐션등으로 배치되어 있습니다.

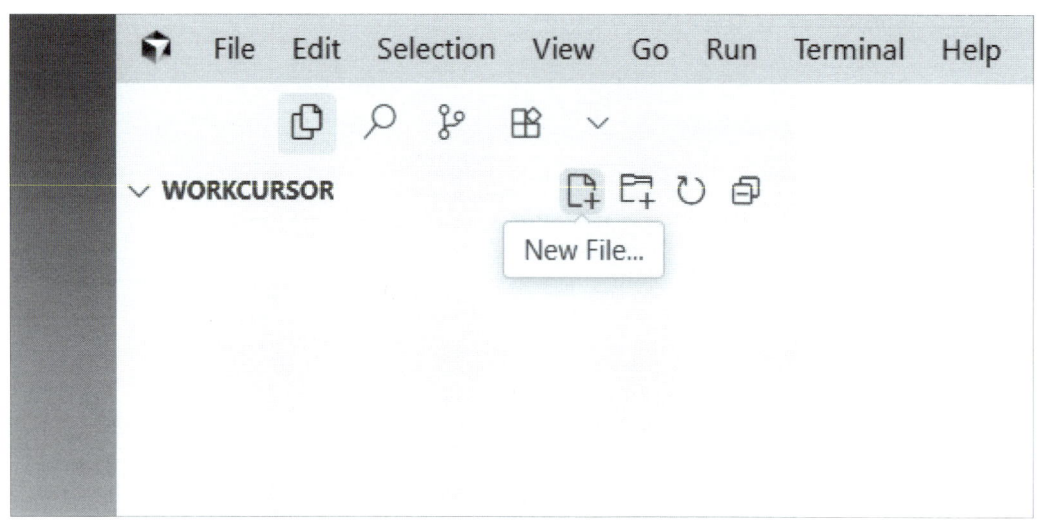

그림 15-46

파일 메뉴 바로 밑에 작업 폴더를 선택한 상태에서, 상단 두번째 라인의 오른쪽 상단의 첫번째 툴바가 "New File"입니다. 여기를 클릭해서 "테트리스게임.py"파일을 추가합니다.

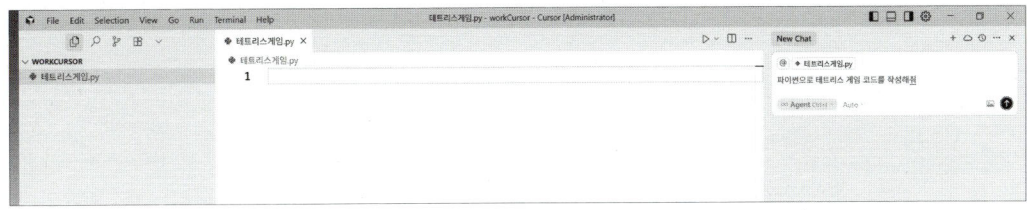

그림 15-47

왼쪽에는 작업 폴더가 있고, 오른쪽에는 비주얼 스튜디오 코드의 코파일럿과 비슷한 채팅창이 있습니다. 프롬프트에 아래와 같이 입력합니다. 오른쪽에 프롬프트 창이 없는 경우는 단축키로 "ctrl + L"을 클릭하면 됩니다.

경우에 따라서 무료 계정을 사용할 수 있는 환경인데도 이미 무료 계정이 소진되었다고 나올 수 있습니다. 아래의 웹사이트에서 무료 요금제와 Pro 요금제를 확인할 수 있습니다.

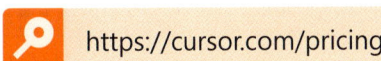
https://cursor.com/pricing

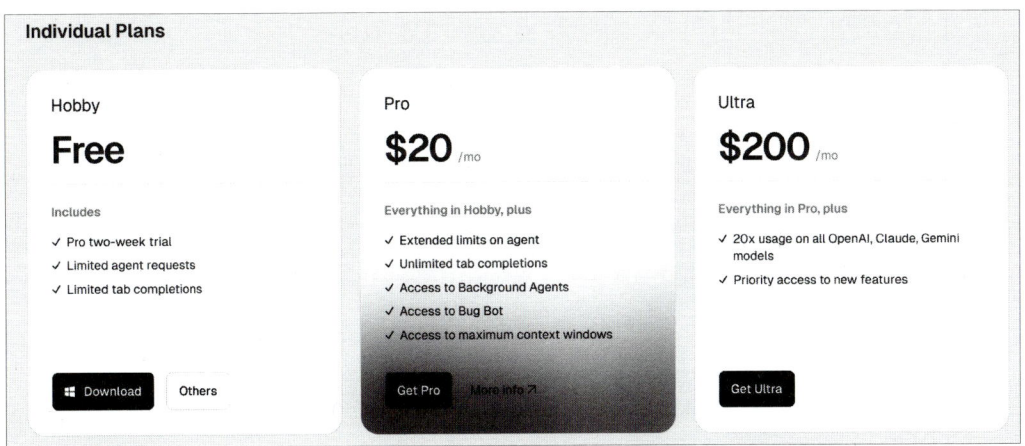

그림 15-48

혹시 Cursor IDE를 여러 번 설치해서 사용한 경우라면 "Pro"플랜으로 업그레이드 하라고 출력될 수 있습니다. Free 요금제의 경우 2주간 사용할 수 있습니다.

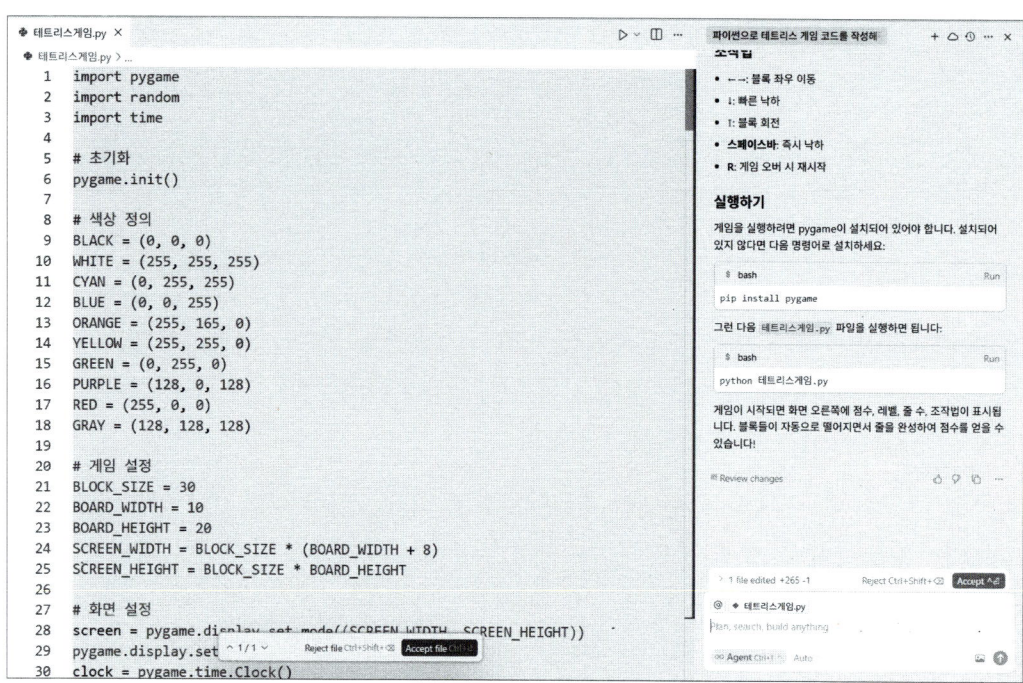

그림 15-49

코드가 생성되면 중앙 하단의 "Accept file"을 클릭하면 됩니다.

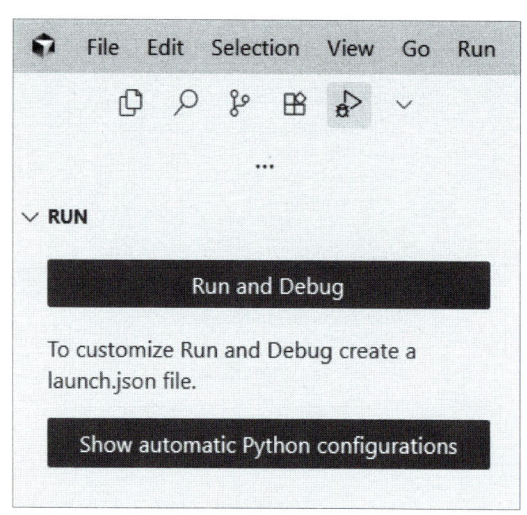

그림 15-50

Cursor IDE의 디버깅 셋팅은 비주얼 스튜디오 코드와 동일합니다. 왼쪽 상당의 "디버깅"버튼을 클릭하고 "create a launch.json file"을 클릭하면 됩니다.

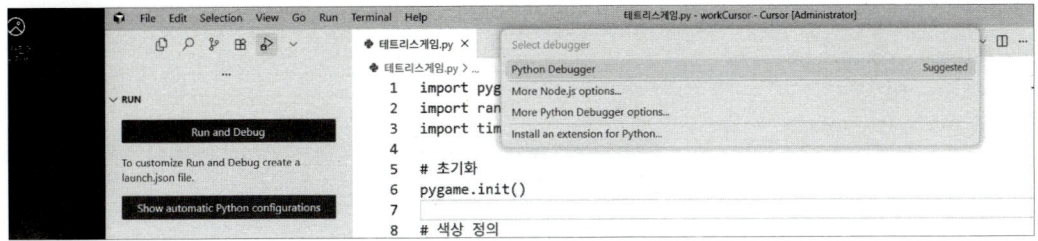

그림 15-51

상단에서 "Python Debugger"를 클릭하면 됩니다.

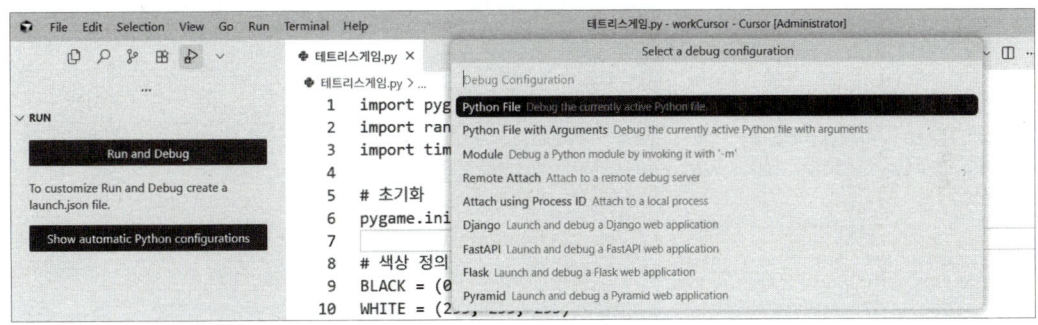

그림 15-52

상단에서 "Python file"을 클릭하면 됩니다. 디버깅 셋팅이 끝났다면 다시 소스 코드로 돌아가서 ctrl + F5를 클릭해서 생성된 코드가 실행되는 것을 확인하면 됩니다. 아래와 같이 잘 실행됩니다.

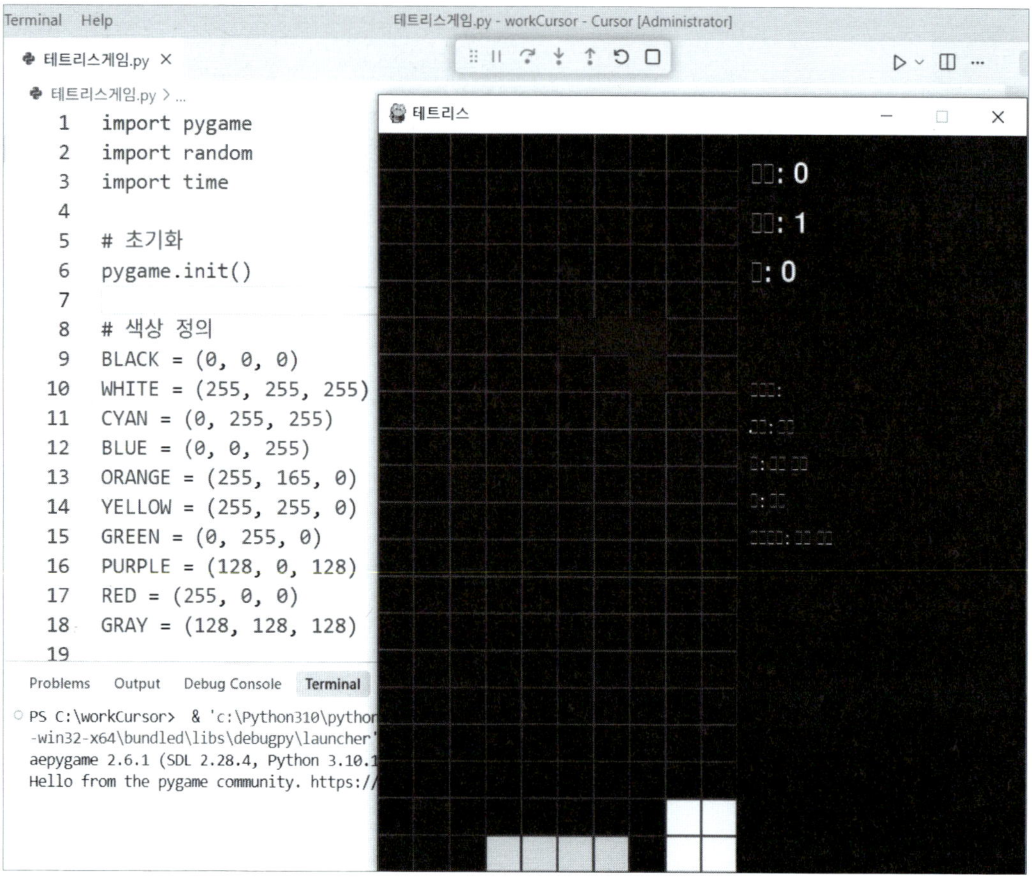

그림 15-53

다만 한글이 깨진 모습이 보여서 한글 문제를 해결해 보겠습니다. 프롬프트창에 아래와 같이 입력합니다.

> 한글이 깨지는데 한글 문제를 해결해줘

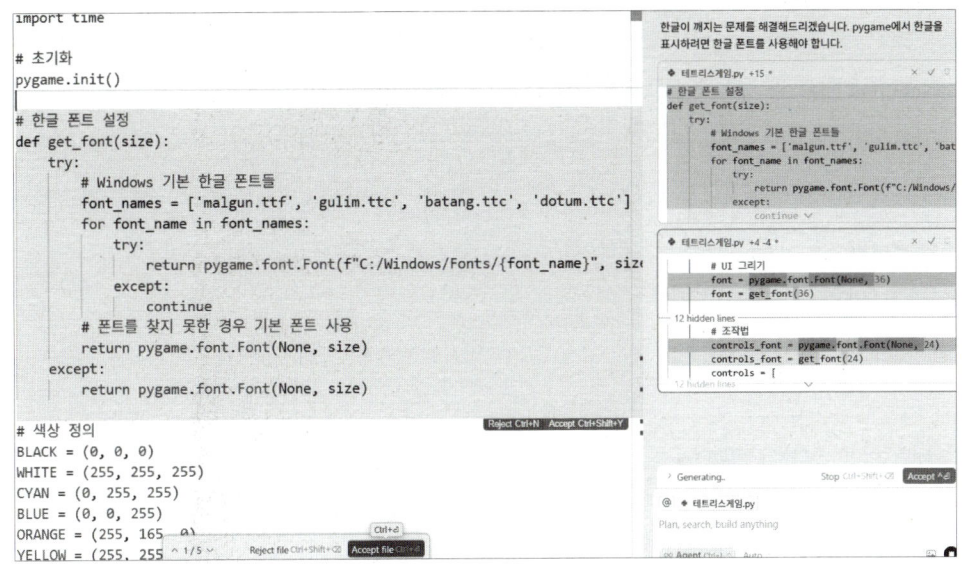

그림 15-54

한글 폰트 문제를 바로 해결해 줍니다. 우리는 코드가 수정된 것을 확인하고 중앙 하단의 "Accept file"을 클릭하면 됩니다.

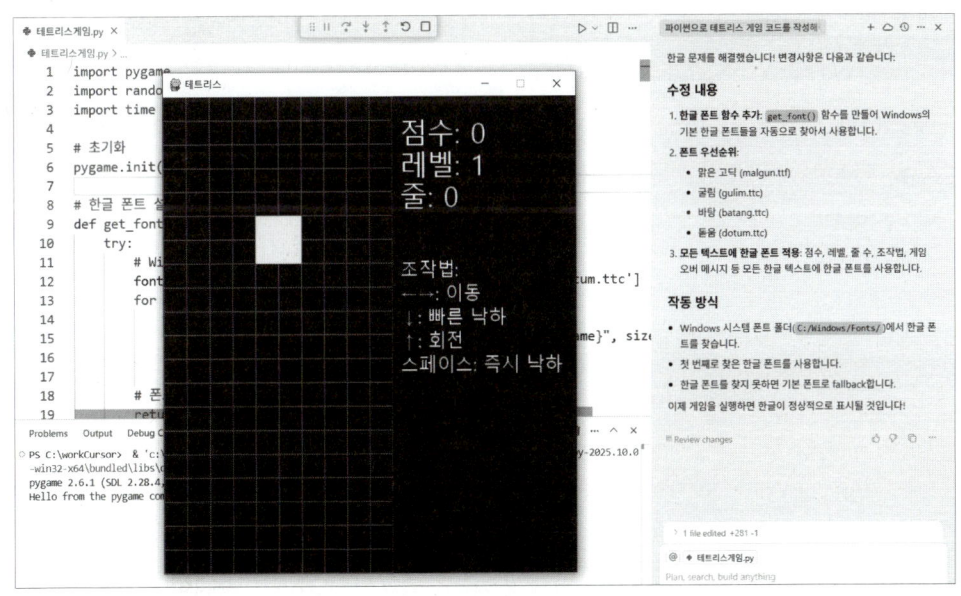

그림 15-55

사용을 해보면 비주얼 스튜디오 코드의 코파일럿보다 Cursor IDE에서 만든 코드들이 상당히 잘 동작하는 편입니다.

Chapter 15 바이브 코딩의 세계를 탐험하기

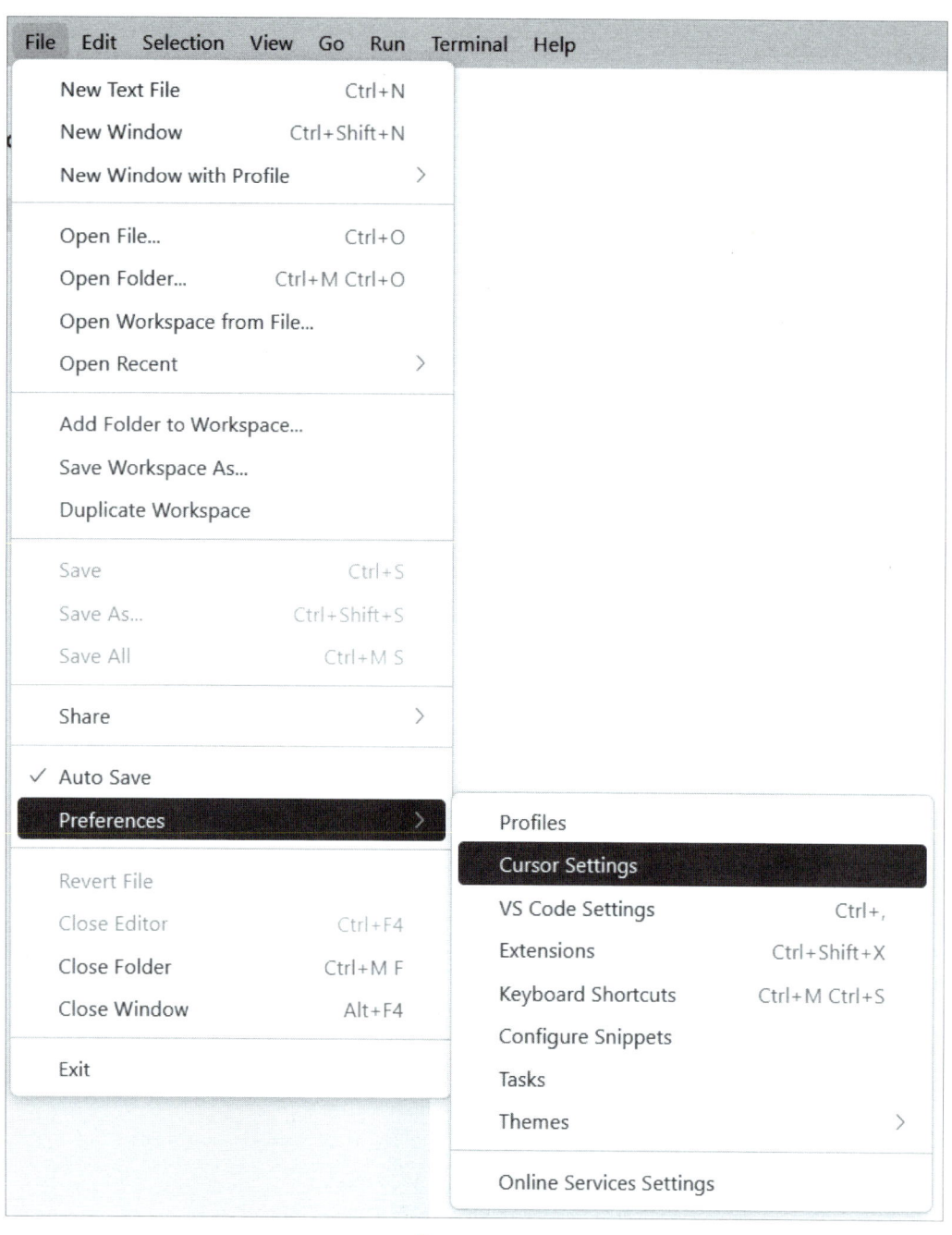

그림 15-56

"File" → "Preferences" → "Cursor Settings"를 클릭하면 지원하는 LLM 모델과 자세한 셋팅을 살펴볼 수 있습니다.

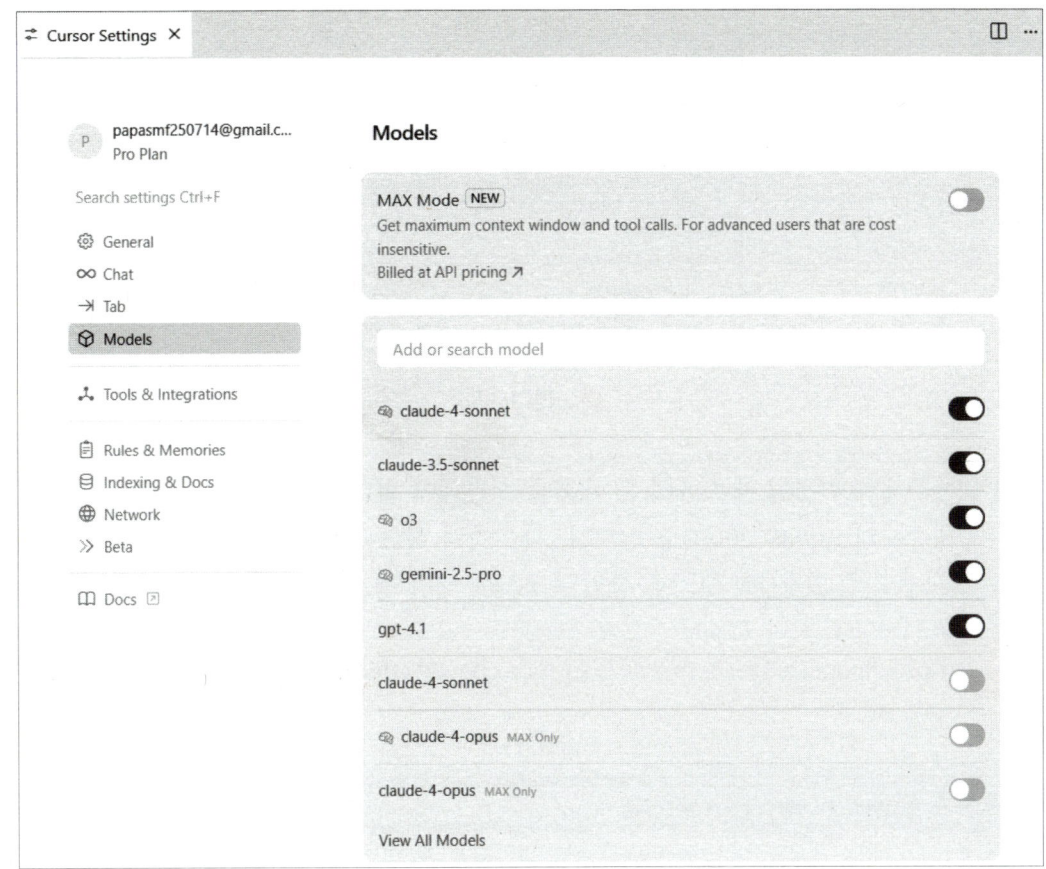

그림 15-57

"Models"를 클릭하면 다양한 LLM 모델들을 사용하는 것을 알 수 있습니다. gpt-4.1 보다는 claude-4-sonnet모델들이 코드를 상당히 잘 생성하는 편입니다. 저는 20불 요금제를 사용하고 있습니다. 외주를 준다고 생각하면 한달에 10불에서 20불정도는 크게 비싼 요금제는 아니라고 생각합니다. 최근에는 200불 요금제를 사용하는 분들도 늘어나고 있습니다.

이번에는 크롤링하는 코드를 생성해 보려고 합니다. 채팅창의 상단에 있는 "+"를 클릭하면 새로운 대화를 시작할 수 있습니다.

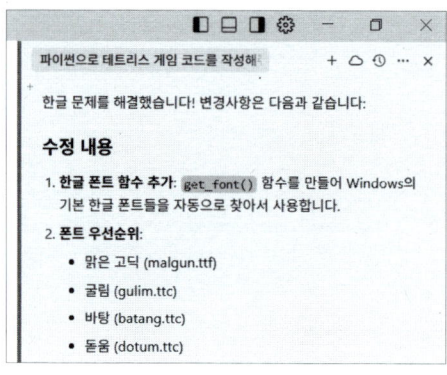

그림 15-58

코딩하는 주제가 변경될 때는 새로운 대화를 시작해야 합니다. 아래의 주소는 네이버에 있는 국내증시의 KOSPI 200주소 입니다. 페이지의 하단으로 스크롤을 하면 "편입종목 상위"가 보입니다. 200개의 코스피 상위 종목들에 대한 정보입니다.

https://finance.naver.com/sise/sise_index.naver?code=KPI200

날짜	체결가	전일비	등락률	거래량(천주)	거래대금(백만)
2025.07.14	430.72	▲ 2.65	+0.62%	54,682	3,834,858
2025.07.11	428.07	▼ 0.35	-0.08%	147,987	11,210,441
2025.07.10	428.42	▲ 6.40	+1.52%	158,407	11,270,579
2025.07.09	422.02	▲ 0.80	+0.19%	152,086	9,969,141
2025.07.08	421.22	▲ 8.20	+1.99%	154,528	10,442,126
2025.07.07	413.02	▲ 0.28	+0.07%	114,604	8,503,819

종목별	현재가	전일비	등락률	거래량	거래대금(백만)	시가총액(억)
삼성전자	62,150	▼ 450	-0.72%	4,755,879	295,536	3,679,055
SK하이닉스	299,500	▲ 5,000	+1.70%	1,414,799	422,757	2,180,367
LG에너지솔루션	316,500	▼ 5,000	-1.56%	87,944	27,819	740,610
삼성바이오로직스	1,040,000	▼ 17,000	-1.61%	18,923	19,763	740,210
KB금융	118,950	▲ 1,650	+1.41%	327,627	38,796	453,749
현대차	213,250	▲ 5,250	+2.52%	351,941	74,795	436,646
기아	101,900	▲ 1,100	+1.09%	429,261	43,440	405,228
NAVER	248,500	▼ 4,500	-1.78%	452,519	112,987	393,716
셀트리온	176,000	▼ 2,600	-1.46%	116,273	20,528	391,470
두산에너빌리티	60,400	▼ 100	-0.17%	3,222,439	197,205	386,899

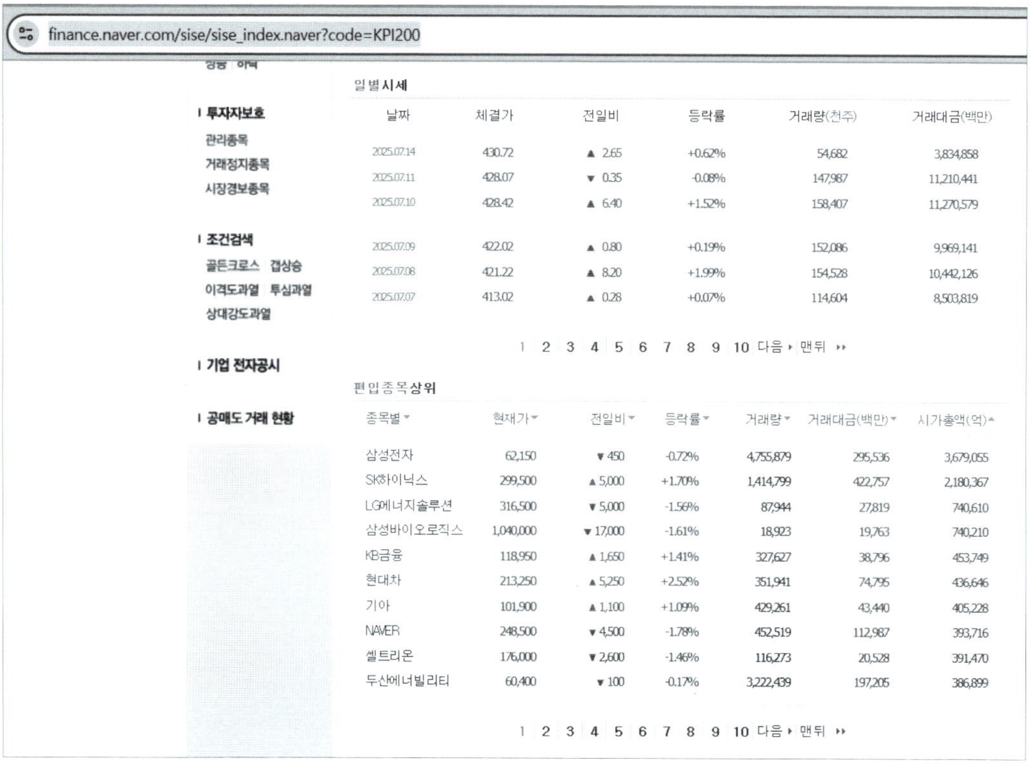

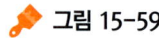

그림 15-59

우리는 앞에서 BeautifulSoup을 사용해서 몇 개의 웹사이트에 있는 정보를 크롤링해 보았습니다. 이번에는 Cursor IDE를 사용해서 크롤링하는 코드를 자동 생성해 보겠습니다. 채팅창에 아래와 같이 입력해 봅니다.

> https://finance.naver.com/sise/sise_index.naver?code=KPI200
> 위의 주소를 사용해서 네이버에서 보여주는 코스피200의 "편입종목상위"정보를 크롤링해줘

대부분의 라이브러리는 앞의 학습을 통해 설치가 되었기 때문에 추가 설치 없이 바로 코드를 실행해 볼 수 있습니다.

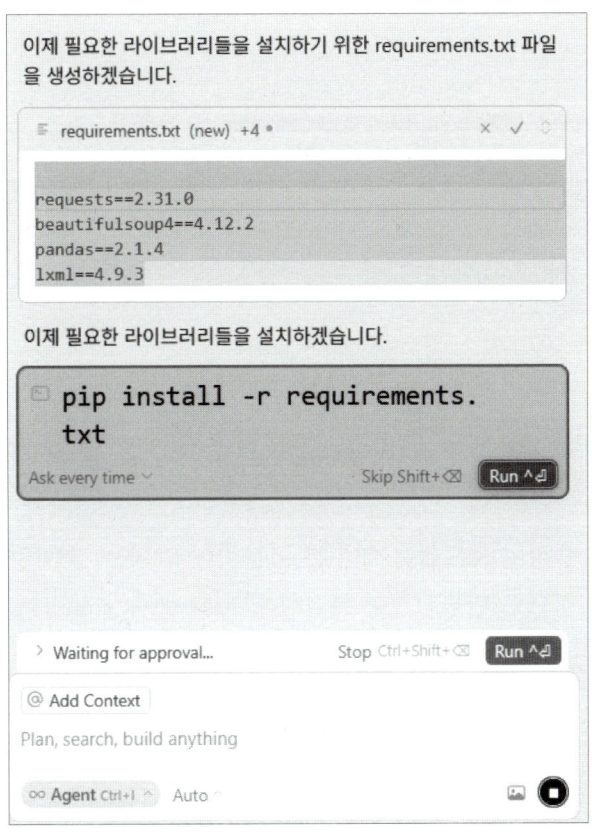

📌 그림 15-60

기본적으로 "Agent"모드에서 실행을 하고 있어서 위와 같이 pip install -r requirements.txt를 생성해서 코드 실행에 필요한 모든 라이브러리들을 설치하고 있습니다. 필요하면 "Run"을 클릭하면 됩니다.

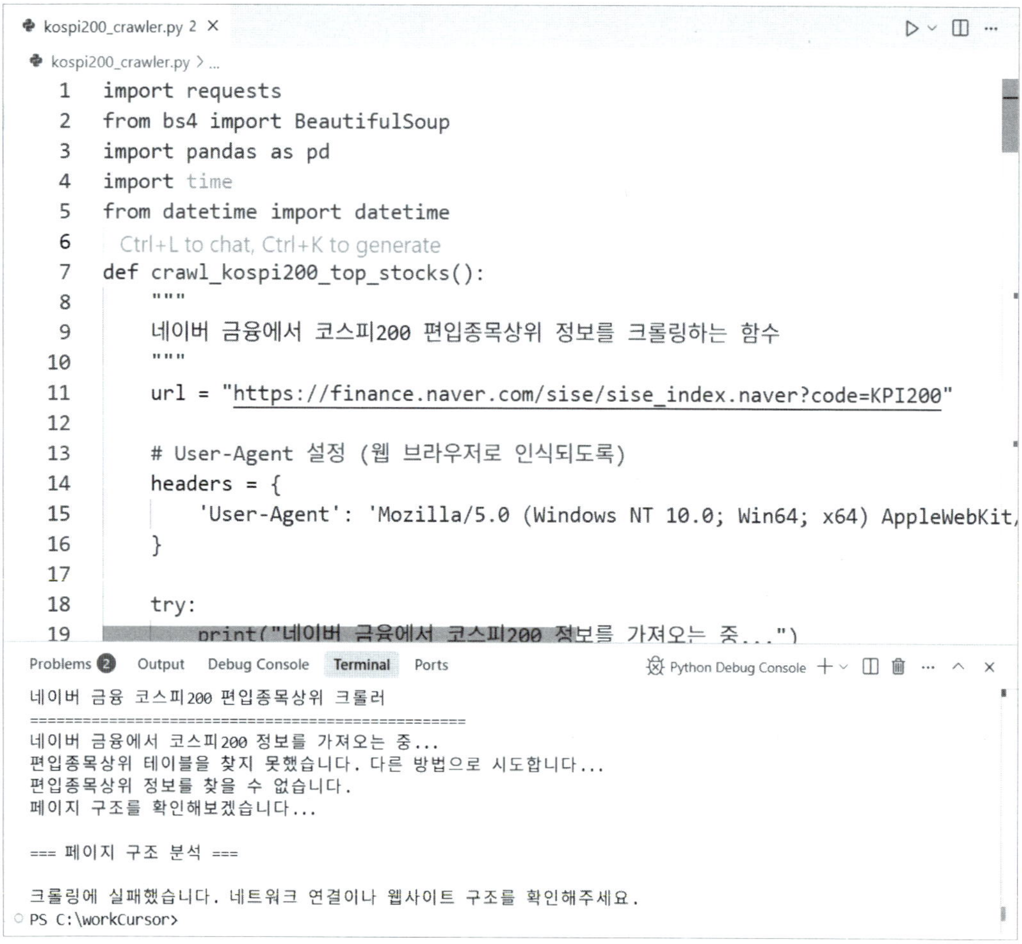

그림 15-61

그런데 기본적으로 생성된 코드들은 대부분 크롤링이 안되는 것을 알 수 있습니다. 웹사이트의 태그가 주기적으로 변경되거나 복잡한 경우는 문제가 생길 수 있습니다. 이런 경우 태그 구조를 추가로 알려주면 대부분의 경우에 해결됩니다.

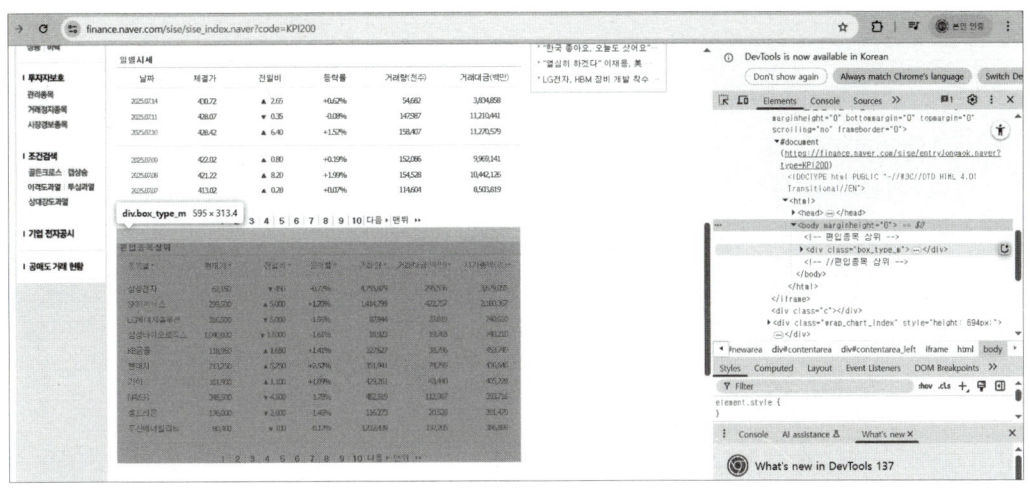

그림 15-62

크롬 웹브라우저에서 F12를 클릭해서 오른쪽에 개발자 도구를 오픈합니다. 왼쪽 상단에 있는 툴바의 "Select a element"버튼을 클릭한 상태에서 웹 페이지 하단의 "편입종목상위" 부분 전체를 선택할 수 있도록 마우스 커서를 이동해서 클릭합니다. 찾은 태그를 보면 〈body〉태그 안쪽에 〈div〉태그 안쪽이 이 영역에 해당하는 것을 알 수 있습니다. 이 책을 보시는 분들이 보는 시점에 태그의 형태는 지금 제가 보여드리는 것과 다르게 변경될 수 있습니다. 다만 이런 방법으로 태그를 찾을 수 있습니다.

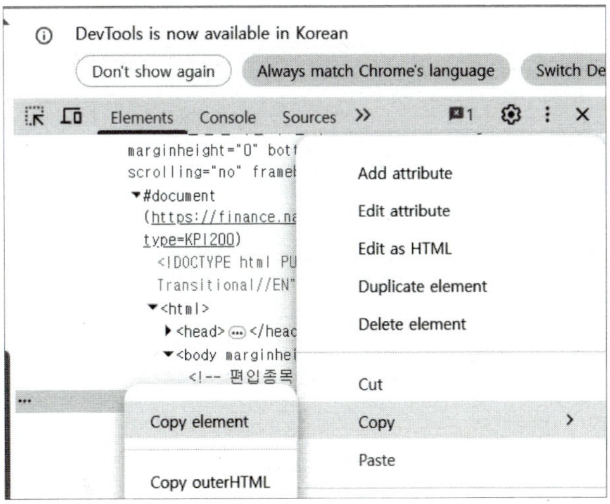

그림 15-63]

마우스 오른쪽 버튼을 클릭해서 "Copy" → "Copy element"를 클릭합니다. 이 태그를 채팅창에 붙여넣고 아래와 같이 입력합니다.

Chapter 15 바이브 코딩의 세계를 탐험하기 557

```
...
</tr>
</tbody></table>
<!--- 페이지 네비게이션 끝--->
</div>
```

위의 태그를 참조해서 다시 크롤링하는 코드를 생성해줘

다시 수정된 코드에서 "Accept file"을 클릭해서 실행해서 결과를 확인해 봅니다. 코드가 좀 더 정교하게 생성이 됩니다. 비주얼 스튜디오 코드의 코파일럿을 사용할 경우보다 좀 더 성공할 확률이 높은 것을 알 수 있습니다.

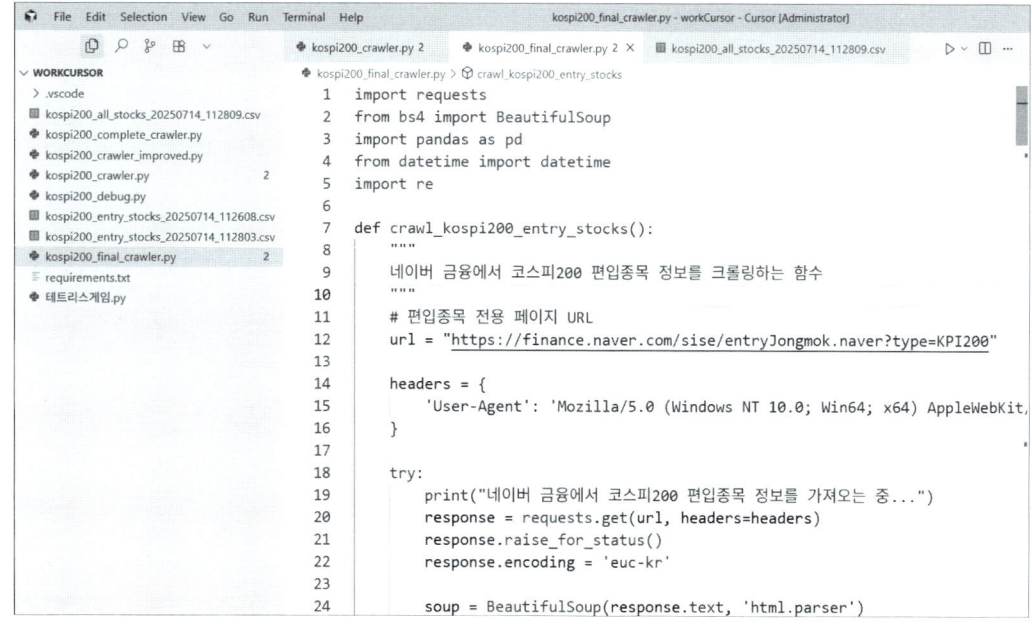

그림 15-64

KOSPI 200개의 기업에 대한 정보들을 크롤링한 것을 볼 수 있습니다. 이렇게 몇번 시도를 하다 보면 잘 동작하는 파이썬 코드를 얻을 수 있습니다. 이번에는 PyQt를 사용해서 GUI를 추가해 달라고 부탁하겠습니다.

기존 생성된 파일명을 "kospi200_final_crawler_GUI.py"로 수정합니다. File → Save as를 클릭해서 실행합니다.

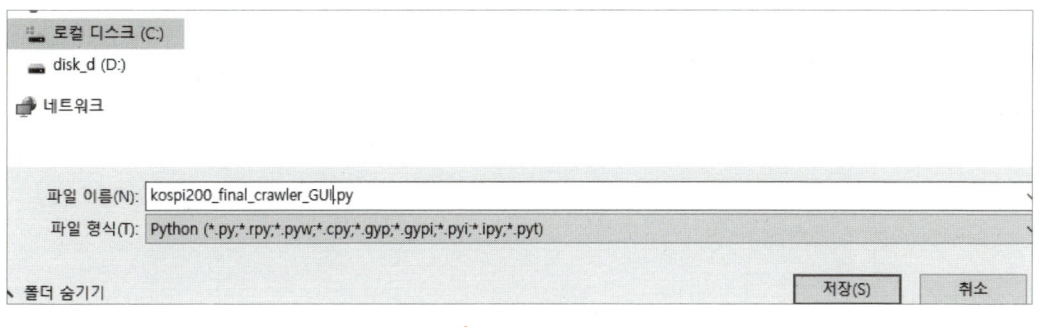

그림 15-65

채팅창에 아래와 같이 입력합니다.

> 기존 코드에 PyQt5를 사용해서 GUI형태로 코드를 수정해줘. QMainWindow클래스를 상속받아서 만들고, 상단에 종목을 검색할 수 있는 입력창과 검색 버튼도 추가해줘

우리는 이미 앞에서 PyQt5를 사용해서 GUI프로그램들을 생성한 경험이 있습니다. 이렇게 언어를 알고 라이브러리를 사용해 본 경험이 있으면 Cursor IDE를 사용한 자동 생성도 내용을 쉽게 파악하고 대응할 수 있습니다. 아직은 언어를 알고 있는 것이 분명히 도움이 됩니다.

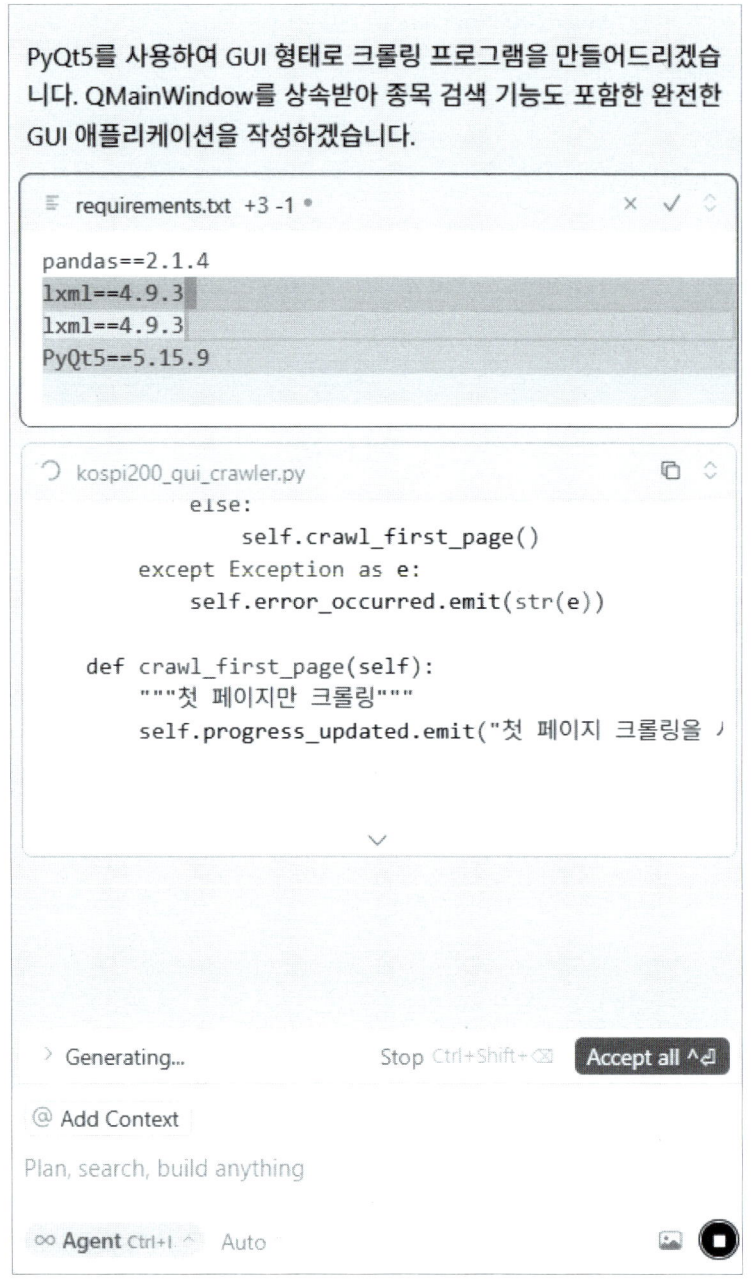

🔖 그림 15-66

Agent가 필요한 라이브러리들을 설치하도록 돕고 있습니다. 그래도 "Accpet all"을 클릭하면 됩니다. 우리는 대부분 이미 설치되어 있는 외부 라이브러리들입니다. 이렇게 30분정도를 프롬프트를 입력하다 보면 멋진 크롤링 앱이 만들어졌습니다. Cursor IDE의 AI기능은 정말 탁월합니다. ㅎㅎ 전체 생성된 코드는 책에 담아두었습니다. 깃허브에도 코드가 업로드 되어 있습니다.

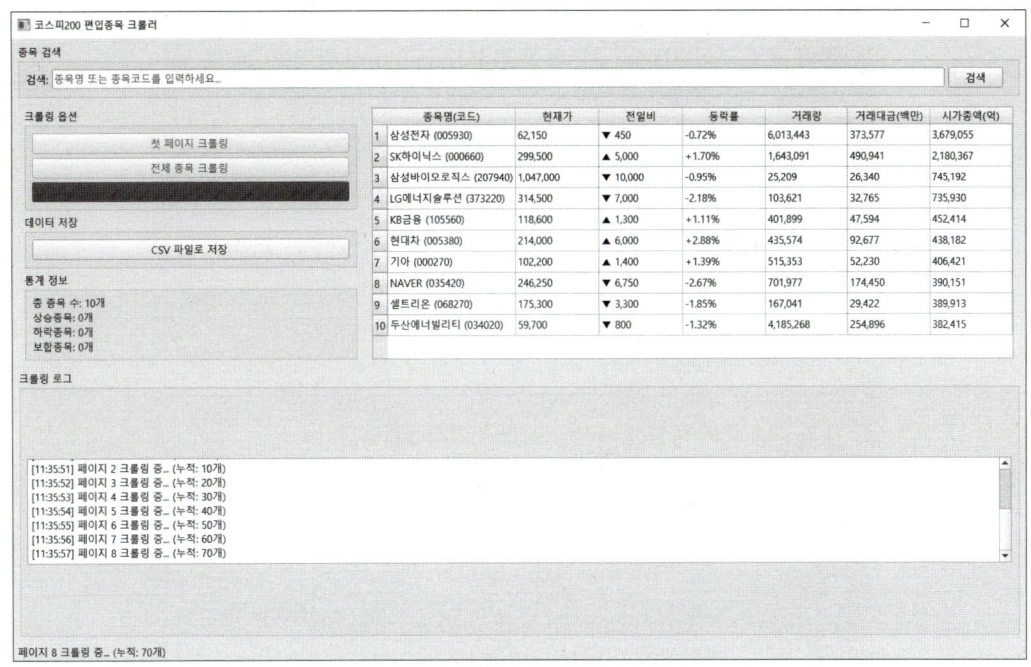

그림 15-67

"첫 페이지 크롤링", "전체 종목 크롤링"등이 전부 됩니다. CSV파일로 저장도 되고 필요하면 엑셀 파일로도 저장할 수 있습니다.

종목 검색에 "삼성전자"를 입력하면 바로 검색이 됩니다.

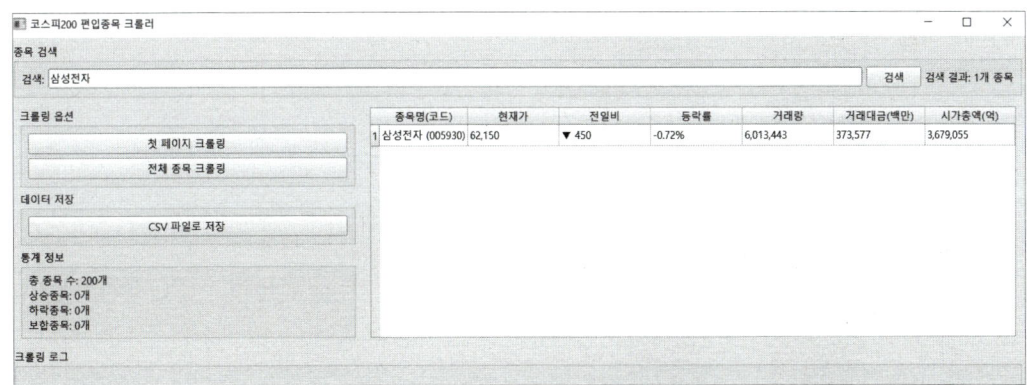

그림 15-68

채팅창에 아래와 같이 입력합니다.

> 크롤링 결과를 엑셀 파일에 저장할 수 있도록 "엑셀에 저장"이라는 버튼도 추가해서 구현해줘

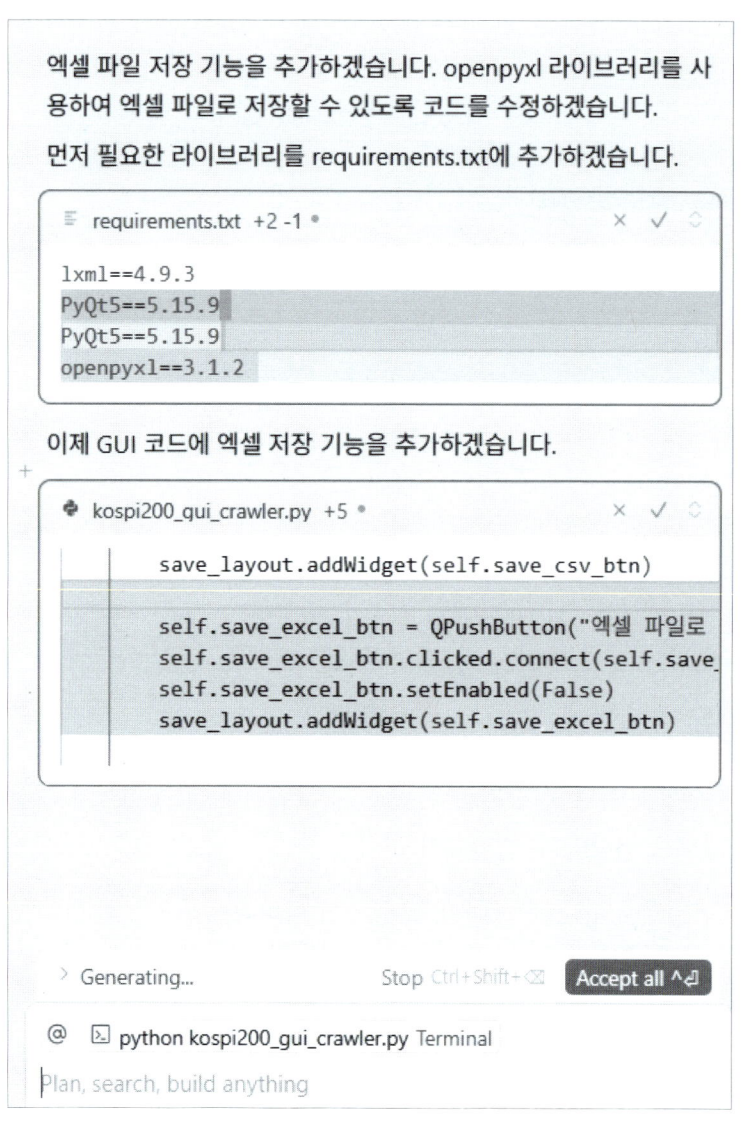

 그림 15-69

우리가 앞에서 설치했던 "openpyxl"이 설치되는 것을 알 수 있습니다. 전부 "Accept all"을 클릭하고 실행되도록 합니다.

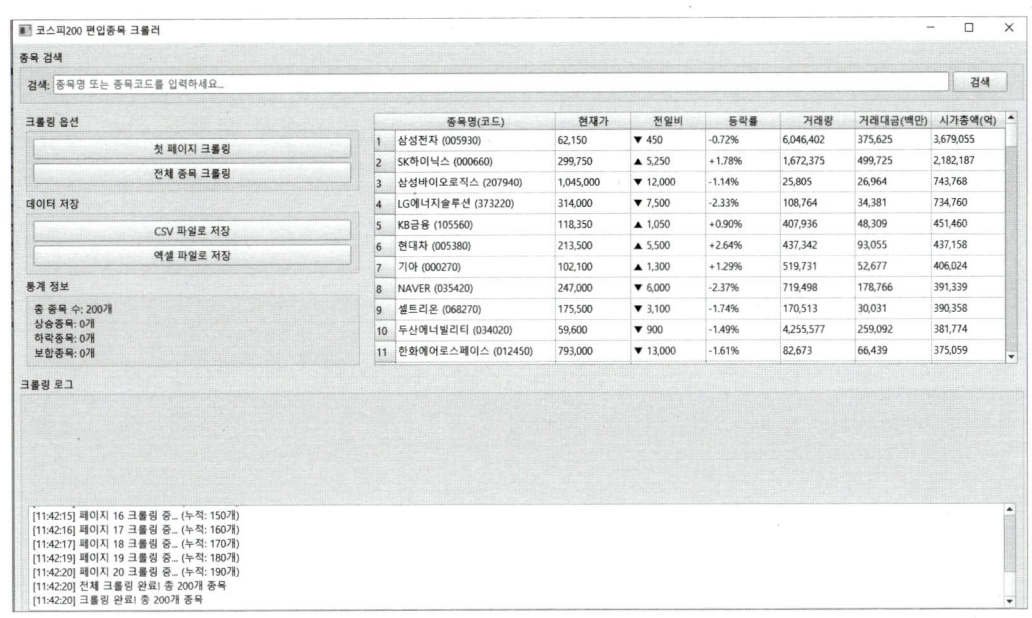

그림 15-70

"전체 종목 크롤링"을 클릭하고, 작업이 끝나면 "엑셀 파일로 저장"을 클릭해서 크롤링한 결과를 확인해 보면 됩니다.

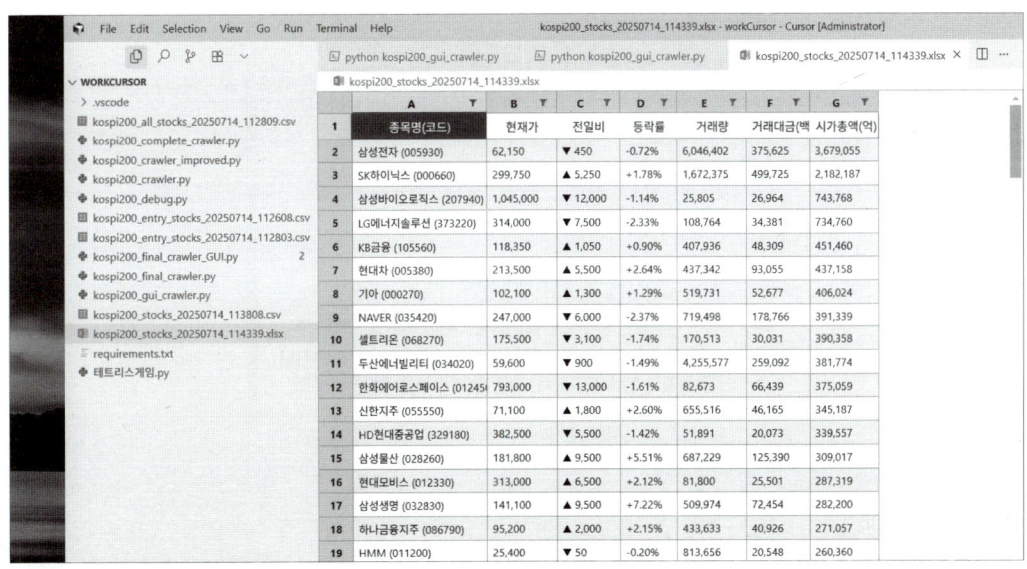

그림 15-71

작업 폴더에서 보면 크롤링한 엑셀 파일이 생성된 것을 볼 수 있습니다. Extension에 "Excel viewer"가 설치되어 있기 때문에 엑셀 파일을 오픈해서 바로 확인해 볼 수 있습니다.

다양한 아이디어를 말을 해서, 채팅을 통해서 코딩을 하는 바이브 코딩의 시대입니다. ~~ 개발자가 봐도 놀라운 결과물들인데 일반인분들이 경험해 보시면 푹 빠질 수 있는 멋진 환경입니다. 약간의 비용이 들기는 하지만 20불정도의 비용을 들여서 이런 프로젝트들을 단시간 안에 마무리할 수 있습니다.

데이터 분석과 시각화 분야에서도 사용할 수 있습니다. 오른쪽의 채팅창 상단의 "+"버튼을 클릭해서 새로운 채팅을 시작합니다.

> 파이썬을 사용해서 작업하는데, 인터넷에서 타이타닉호 생존 데이터셋을 구해서 남성과 여성의 생존율을 구해서 바차트 형태로 그리는 코드를 생성해줘

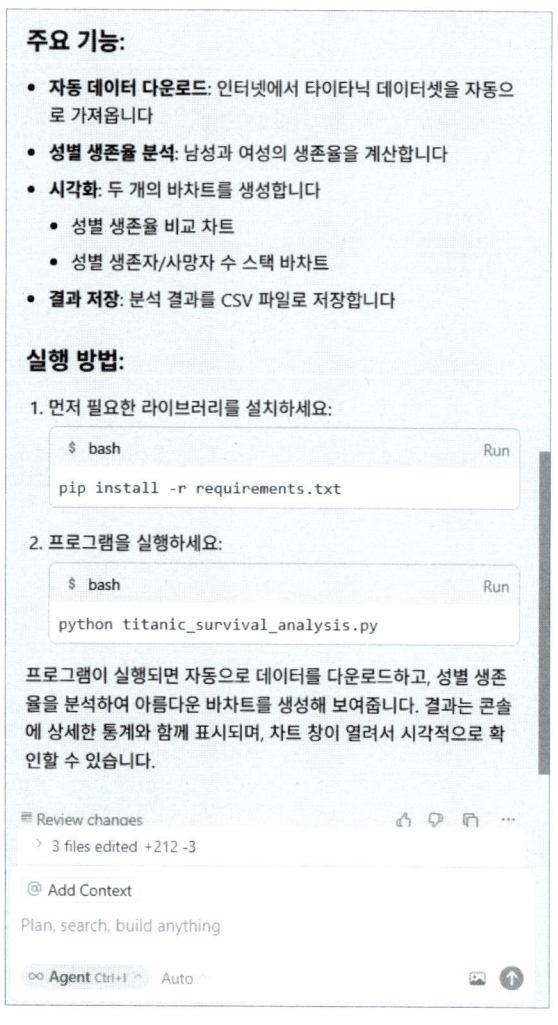

🖍️ 그림 15-72

필요한 라이브러리들을 설치해주고 코드가 생성됩니다. "Accept" 또는 "Accept all"을 클릭하면 됩니다. 그런데 잘 분석은 되어 있는데 한글이 깨져 있는 것을 알 수 있습니다.

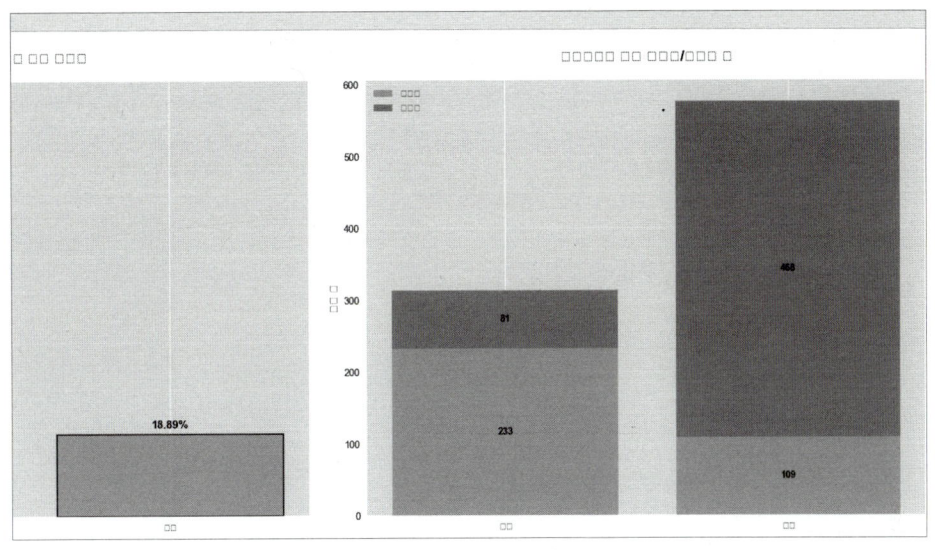

그림 15-73

아래와 같이 입력합니다.

한글이 깨지는 문제를 수정해줘

다시 한번 "Accept"를 클릭하고 실행해 봅니다. 여러 번 "Accpet"를 클릭해야 하는 경우도 있습니다. 차근 차근 클릭을 하다 보면 아래와 같이 수정된 코드를 실행해서 결과를 확인할 수 있습니다.

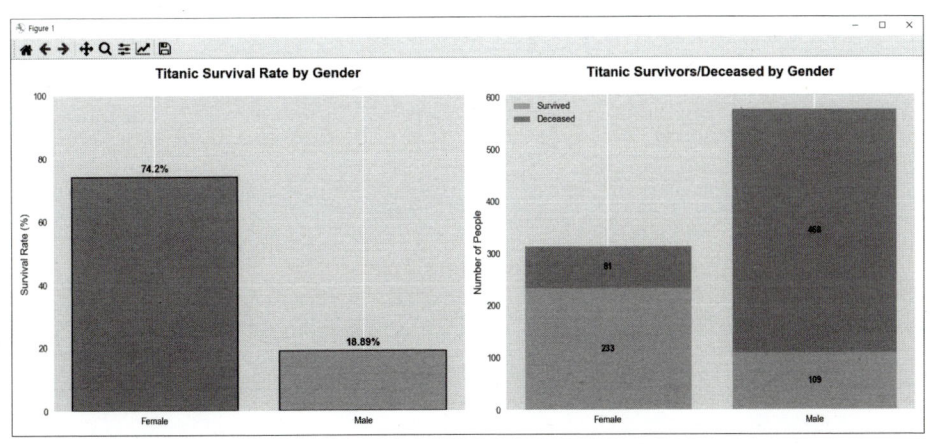

그림 15-74

한글 출력 문제를 해결하라고 했더니 전부 영어로 변경을 했습니다. ㅎㅎ

차트에 출력되는 내용들을 한글로 다시 변경해서 출력해줘

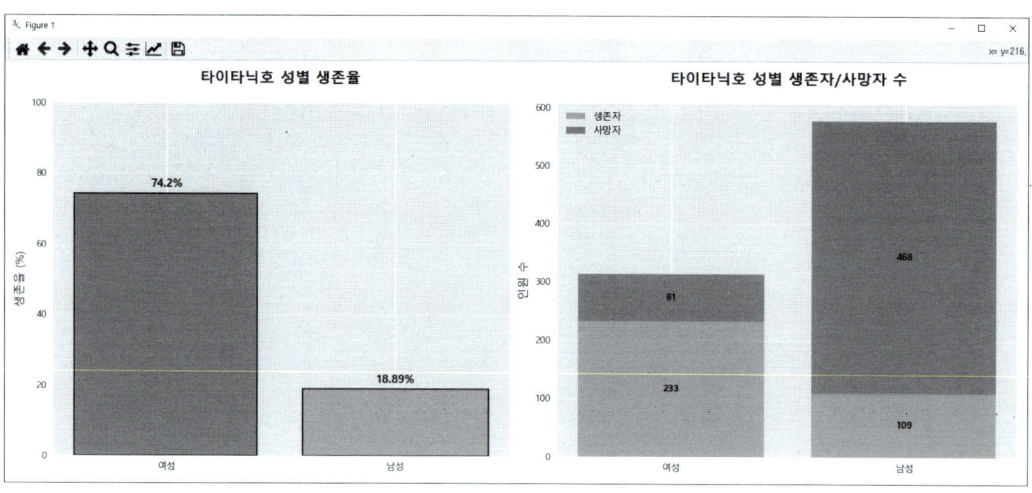

그림 15-75

한두번정도 계속 코드를 수정해 달라고 하면 결국 위와 같이 깔끔하게 결과가 나오는 것을 확인할 수 있습니다. 정말 LLM의 시대입니다. 바이브 코딩의 시대가 성큼 다가오고 있습니다.

15.3 구글의 제미나이 CLI를 설치해서 사용하기

구글의 제미나이 CLI는 무료로 사용할 수 있습니다. 약간은 특이하게 커멘드라인형태로 제공됩니다.

https://github.com/google-gemini/gemini-cli

전체적인 설명의 위의 웹사이트에서 볼 수 있습니다. 우리는 바로 설치를 합니다.

그림 15-76

윈도우 버튼을 클릭해서 "Windows PowerShell"에서 "Windows PowerShell"을 마우스 오른쪽 버튼을 클릭해서 "관리자로 실행"을 클릭합니다.

제미나이 CLI를 사용하려면 node.js를 설치해야 합니다. 웹개발의 Back-end 개발에서 많이 사용하는 node.js를 먼저 설치해야 합니다. 아래의 사이트에서 최근 버전을 받으면 됩니다.

https://nodejs.org/en/download

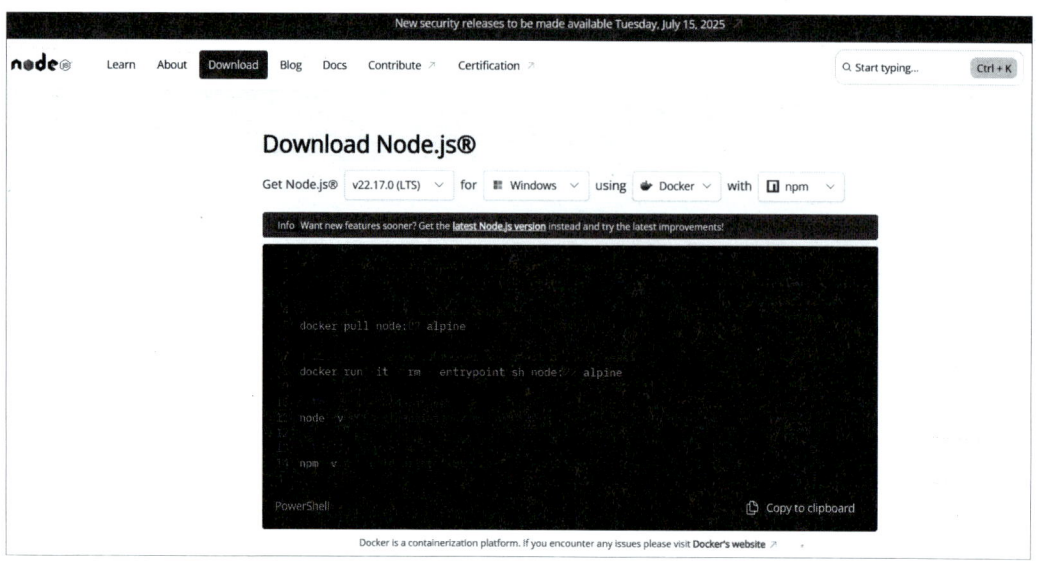

그림 15-77

웹페이지에서 스크롤을 내리면 화면의 하단에 간편하게 설치할 수 있는 *.msi 파일이 제공됩니다. 다운로드 받은 이후에 기본 옵션으로 바로 설치하면 됩니다. 아래의 화면에서 "Next"를 클릭합니다.

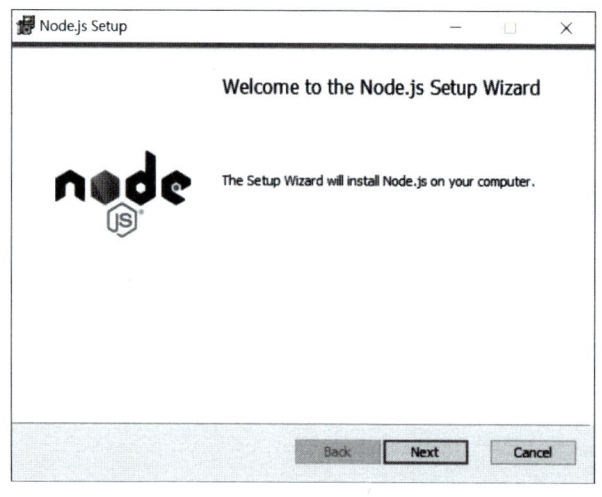

그림 15-78

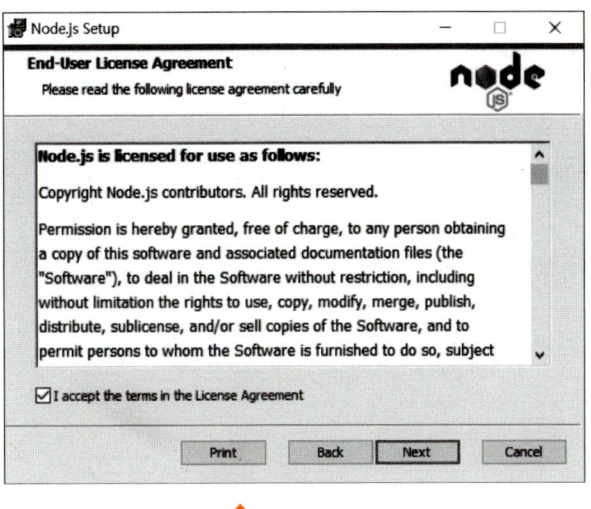

그림 15-79

"I accept…"를 체크하고 "Next"를 클릭합니다.

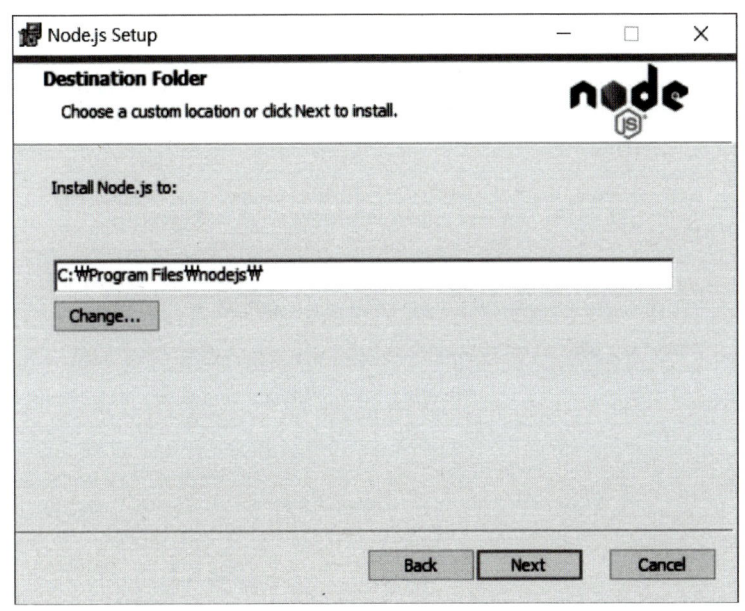

그림 15-80

대부분 기본 옵션을 선택해서 "Next"를 클릭합니다.

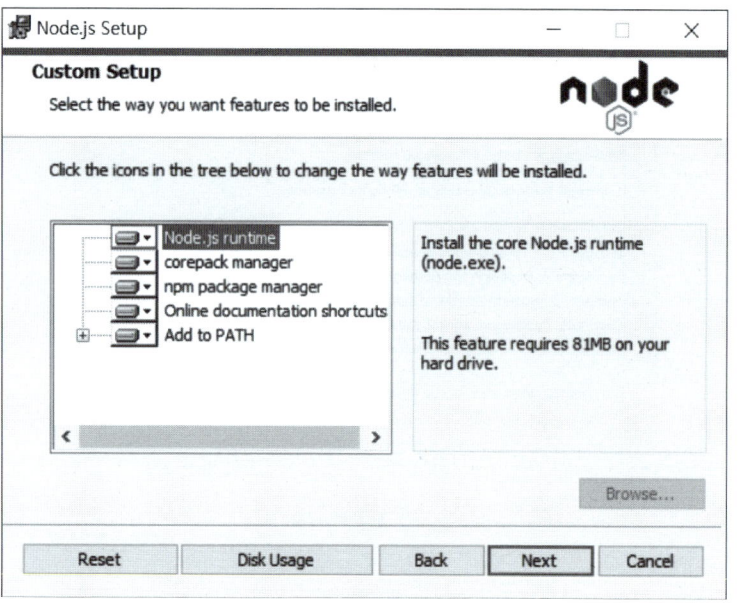

그림 15-81

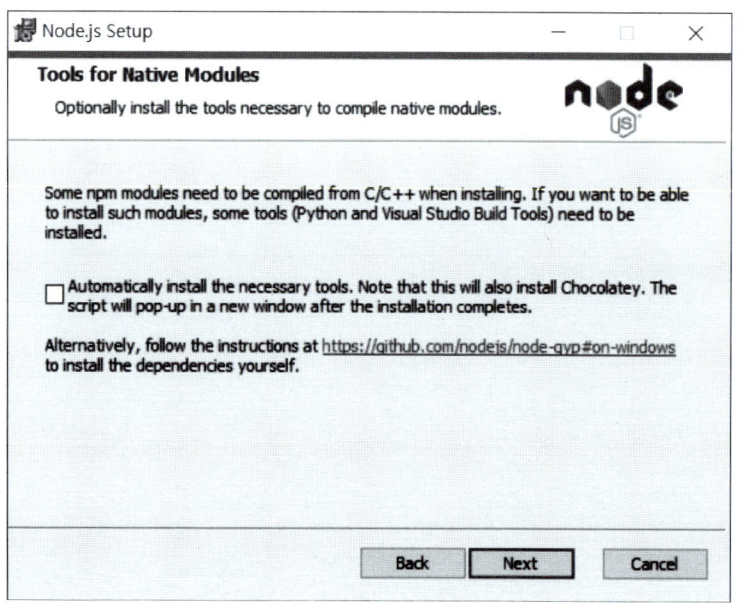

그림 15-82

체크하지 않고 "Next"를 클릭합니다. 설치가 어렵지 않게 마무리 되었습니다. 이제 윈도우 파워쉘 창에서 아래와 같이 입력합니다. 혹시 node.js를 설치한 상황에서도 npx를 인식하지 못하면 윈도우 파워쉘 창을 닫고 다시 오픈해도 됩니다.

```
npx https://github.com/google-gemini/gemini-cli
```

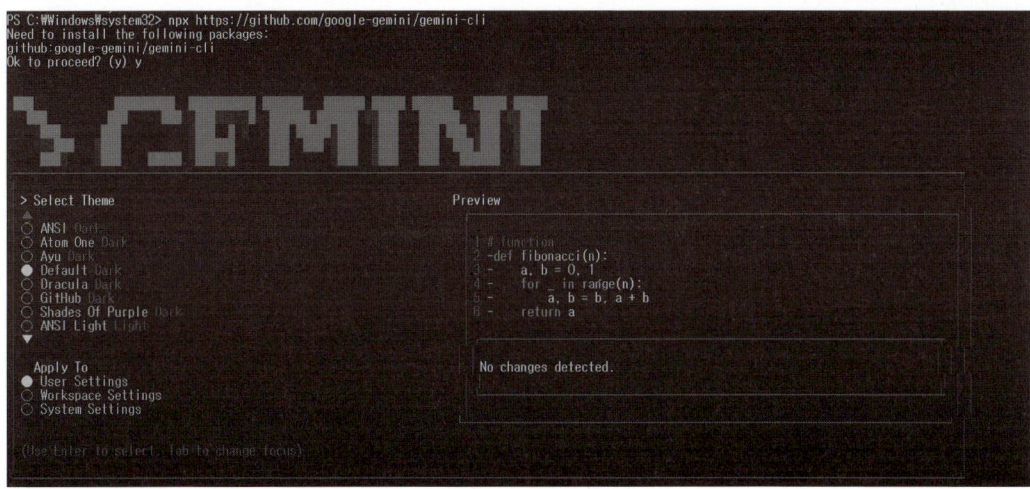

그림 15-83

설치가 끝나면 Select Theme에서 화살표 키를 사용해서 "Default"를 선택하면 됩니다. 우리는 콘솔 기반으로 코드를 생성해 보려고 합니다.

구글 계정으로 인증하라고 창이 오픈되면 본인 구글 계정을 선택해서 인증을 통과하면 됩니다.

그림 15-84

Gemini Code Assist가 사용자 계정에 엑세스할 수 있다고 출력됩니다. 하단의 "동의함"을 클릭하면 됩니다. 대부분 우리가 앞에서 셋팅했던 LLM 서비스들과 비슷하게 연동이 됩니다.

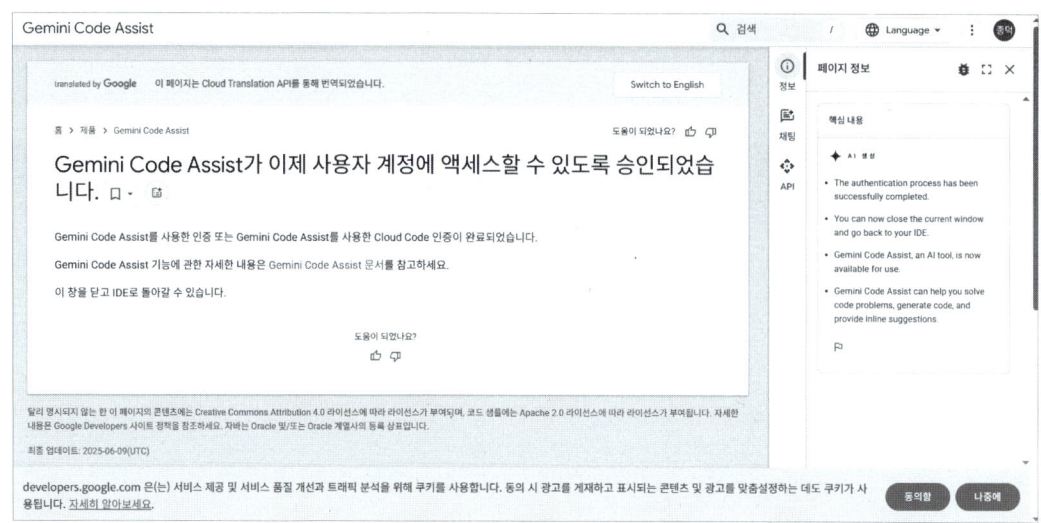

그림 15-85

위의 npx 명령어를 통해 일회성으로 실행할 수 있지만 계속 사용하는 경우는 아래와 같이 npm 명령어로 설치하면 됩니다. 아래와 같이 전역설치를 권장합니다. 설치한 이후에는 gemini로 실행하면 됩니다.

```
npm install -g @google/gemini-cli
gemini
```

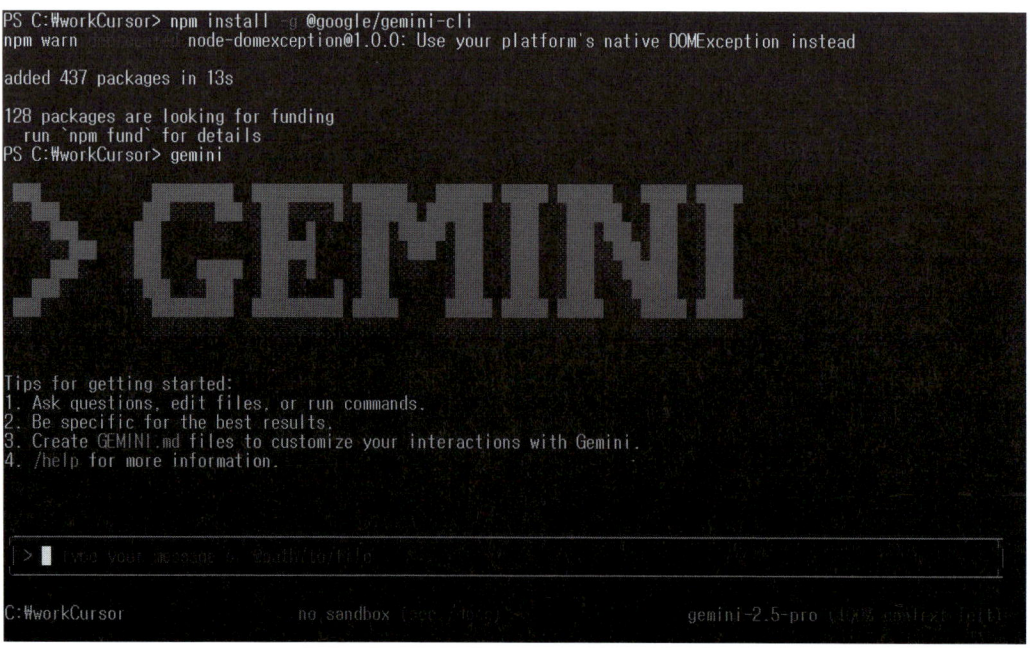

그림 15-86

gemini라는 명령어로 실행하면 이렇게 멋지게 보이는 빈 창이 출력됩니다. 저는 c:\workCursor라는 작업 폴더에서 작업을 하고 있습니다. 아래와 같이 프롬프트를 입력합니다.

> 물리법칙을 이해하는 demo.html 페이지를 하나 생성해줘

그림 15-87]

화면 하단의 "Yes, allow once"를 클릭하면 HTML, CSS, Javascript코드가 생성됩니다.

그림 15-88

윈도우 탐색기를 실행해서 demo.html 페이지를 더블 클릭하면 바로 물리 법칙이 적용된 애니메이션이 실행되는 페이지가 실행됩니다. ㅎㅎ

우리는 파이썬을 공부하고 있습니다. 아래와 같이 프롬프트에 입력합니다.

> 파이썬으로 현재 폴더에 있는 파일 리스트를 출력하는 코드를 DemoList.py 파일에 생성해

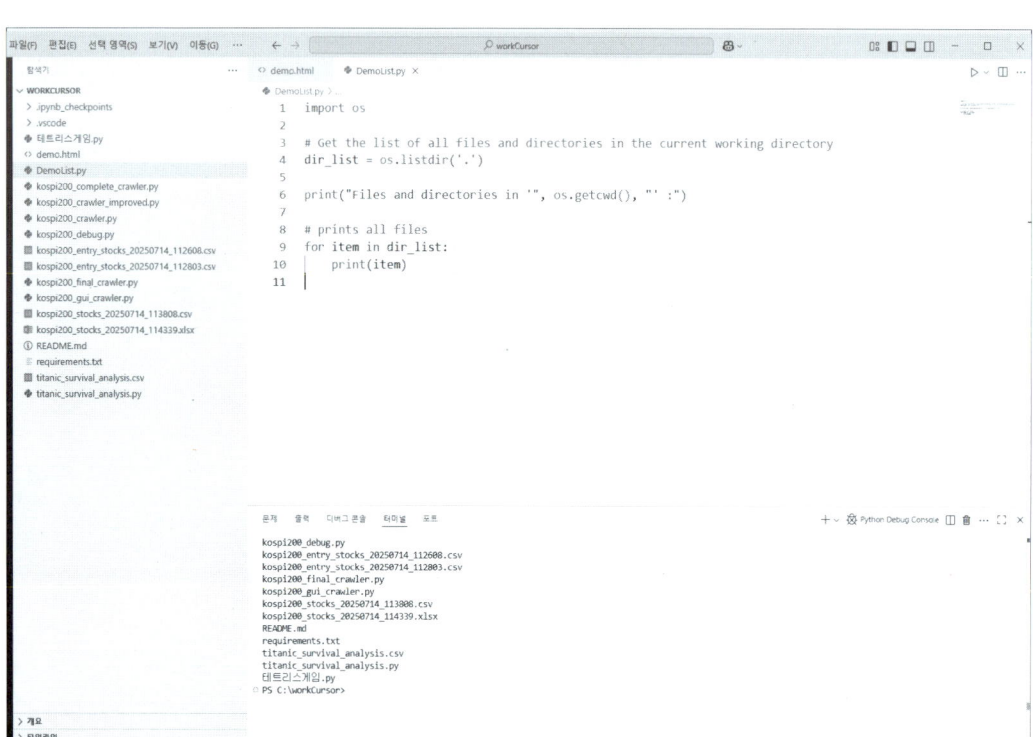

그림 15-89

비주얼 스튜디오 코드에서 코드를 실행하면 해당 파일목록이 하단에 출력되는 것을 확인할 수 있습니다.

> 파이썬으로 뱀게임 코드를 작성해줘. 뱀의 색깔은 파란색, 사과는 붉은색으로 출력해줘. 해상되는 800 * 600의 해상도로 작성해

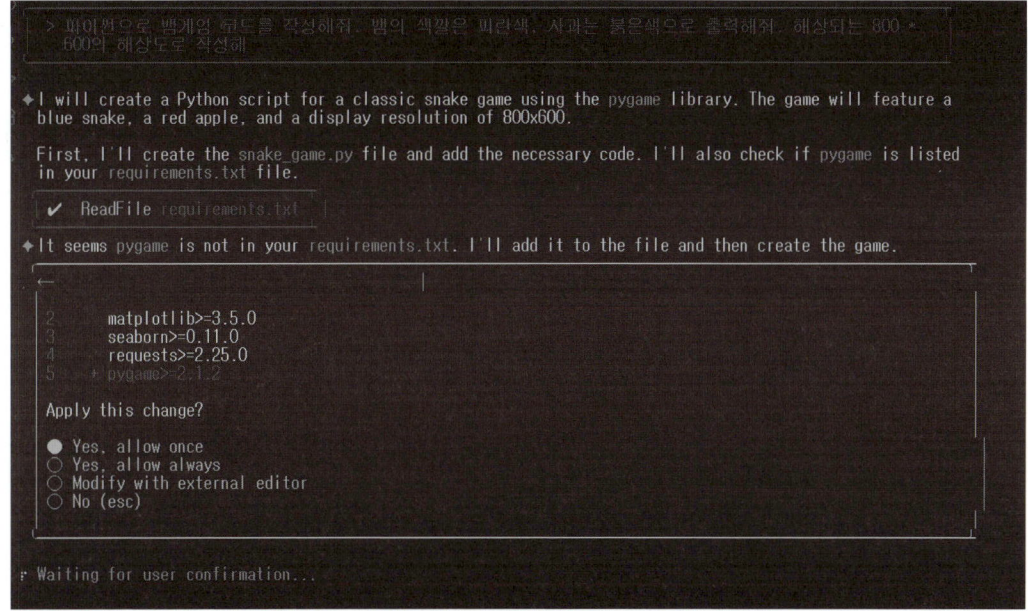

그림 15-90]

터미널에서 실행되는 것이 좀 어색하기는 하지만 앞에서 사용했던 다른 툴과 크게 다르지 않습니다. snake_game.py라는 파일을 실행하니 다른 툴과 비슷한 결과가 나온 것을 알 수 있습니다.

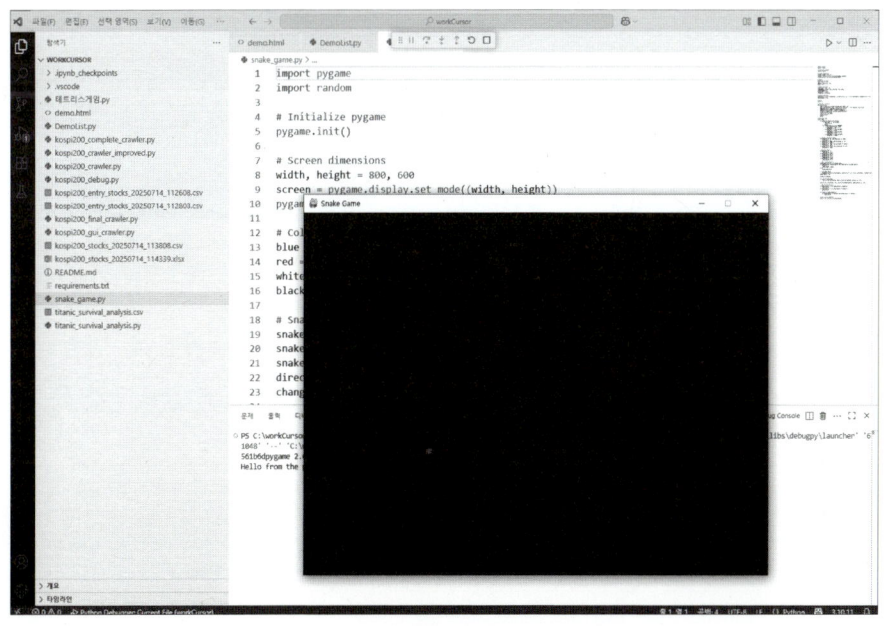

그림 15-91

이렇게 CLI 환경에서 실행을 하면 생성되는 토큰의 숫자를 최소화하면서 로컬에 리소스를 다룰 수 있기 때문에 매우 재미있게 코드를 생성할 수 있습니다.

이번에는 아래와 같이 입력을 해보았습니다.

> 이 폴더에 있는 모든 JPG 이미지를 PNG로 변환하고, EXIF날짜 기준으로 이름을 정리해줘

샘플 이미지들을 작업 폴더로 복사해서 실행하면 잘 변경되는 것을 확인할 수 있습니다.

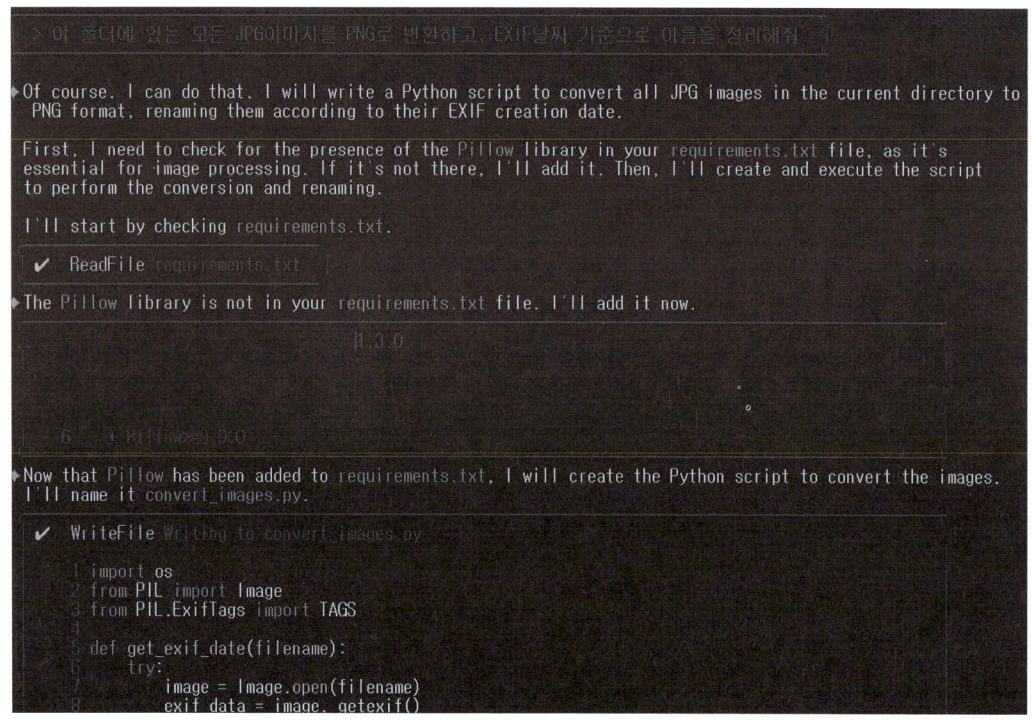

그림 15-92

바이브 코딩의 발전 속도가 워낙 빨라서 이 내용들은 충분히 변경될 수 있습니다. 그럼에도 기본적인 설치나 기능들은 비슷할 것으로 생각합니다. 저도 블로그와 유튜브 채널에 변경되는 내용들을 꾸준하게 올릴 생각입니다.

INDEX

ETC
__del__() 121
__init__() 121
__str__() 121

A
AWS 207
Azure 207

B
BeautifulSoup 246

C
C# 35
Call By Reference 74
Call By Value 73
capitalize() 166
ChatGPT 24
Cloud 207
commit() 210
Connection클래스 210
count() 166
Cursor클래스 210

D
datetime모듈 190

DB Browser for SQLite 223
Dict 60

F
filter() 95
f-string 156

G
GC(Garbage Collection)서비스 121
GCP 207
Gemini 2.5 Flash 48
Gemini 2.5 Pro 48
glob 모듈 194
GPT4o 28

I
if else 99

J
Java 35
JavaScript 35
join() 169
JSON(JavaScript Object Notation) 37, 246

K
Korean Language Pack for Visual Studio Code 15

L

lambda	94
LAMP(Linux, Apache, MySQL, PHP)	4
launch.json	21
len()	56, 166
List	60
ljust()	152
LLM(Large Language Model)	2
LM Studio	50

M

map()	95
MySQL	206

N

None	95

O

o3	28
o4-mini	28
object클래스	120
Open API	246
open()	158
OpenStack	4
os.path모듈	194
os모듈	194

P

Pass By Reference	74
Pass By Value	73
PIP(Python Install Package)	246
PostgreSQL	206
pyinstaller	139
Pylance	15
Python	2
Python Debugger	15, 23
Python 설치	8

R

random모듈	194
re.match()	172
re.search()	172
read()	160
readline()	160
readlines()	160
rjust()	152
rollback()	210
RPA-Robotic Process Automation	246

S

self	114
Set	60
split()	169
SQL(Structure Query Language)	210
SQLite	206
Step by Step	21
Swift	35

T

Temperature	48
this	114
time모듈	190
Tuple	60

TypeError	154

W

www.python.org	2
XML	246

ㄱ

가변인자	92
값 형식(Value Type)	73
객체지향 프로그래밍	108
구글 AI Studio	2, 47

ㄴ

네임스페이스(Namespace)	87
노코드(No Code)	110

ㄷ

다중라인(Multiple line)	57
다형성	111
데이터베이스	206

ㄹ

람다함수	94
리스트 컴프리헨션	105

ㅁ

맥락(context)	33
멀티톤	43
명령(task)	33
모듈	131
문자열 형식	55

ㅂ

배열(Array)	60
변수	54
부모 클래스(Super class)	127
분기 반복문	99
비주얼 스튜디오 코드	10

ㅅ

상속성	111
상수	89
서식 문자	155
슬라이싱	57
실행 파일	139
싱글톤	43

ㅇ

어조	38
연산자	77
예시	38
이름 변경(Naming Mangling)	125
익스텐션(Extension)	13
인덱싱	57
인스턴스	113

ㅈ

자식 클래스(Sub class)	127
작업 폴더	16
전역변수	89
정규 표현식(Regular expression)	172
중단점(Break Point)	21

ㅊ

지역변수	89
참조 형식(Reference Type)	73
추상성	111

ㅋ

코파일럿	2, 43
크롤링	246
클래스(class)	108, 113

ㅍ

패키지	131
페르소나	38
포맷	38

ㅎ

함수	54, 86
환상(Hallucination)	35